江西省圖書館古籍普查登記目録

（四）

全國古籍普查登記目録

國家圖書館出版社
National Library of China Publishing House

360000－1901－0030995　123541
萬年橋志八卷　(清)洪汝濂修　(清)謝寄雲等纂　清光緒二十一年(1895)刻本　四册

360000－1901－0030996　230508
萬年書十二卷　(清)欽天監編　清内府抄本　四册

360000－1901－0030997　302837
萬山綱目二十一卷　(清)李誠撰　清光緒二十六年(1900)長沙刻本　八册

360000－1901－0030998　302838
萬善花室文稾六卷續編一卷附錄一卷　(清)方履籛撰　清道光九年(1829)刻本　三册　存七卷(萬善花室文稾六卷、續編一卷)

360000－1901－0030999　302843
萬善花室文稾六卷續編一卷附錄一卷　(清)方履籛撰　清道光九年(1829)刻本　四册

360000－1901－0031000　302839
萬善花室文稾六卷續編一卷附錄一卷　(清)方履籛撰　清光緒十二年(1886)溧陽繆氏小�山館刻本　四册

360000－1901－0031001　302840
萬善花室文稾六卷續編一卷附錄一卷　(清)方履籛撰　清光緒十二年(1886)溧陽繆氏小�山館刻本　四册

360000－1901－0031002　302841
萬善花室文稾六卷續編一卷附錄一卷　(清)方履籛撰　清光緒十二年(1886)溧陽繆氏小�山館刻本　四册

360000－1901－0031003　302842
萬善花室文稾六卷續編一卷附錄一卷　(清)方履籛撰　清光緒十二年(1886)溧陽繆氏小�山館刻本　四册

360000－1901－0031004　302844
萬善花室文稾六卷續編一卷附錄一卷　(清)方履籛撰　清光緒十二年(1886)溧陽繆氏小�山館刻本　四册

360000－1901－0031005　307936
萬善花室文稾六卷續編一卷附錄一卷　(清)方履籛撰　清光緒十二年(1886)溧陽繆氏小�山館刻本　三册

360000－1901－0031006　316459
萬善花室文稾六卷續編一卷附錄一卷　(清)方履籛撰　清光緒十二年(1886)溧陽繆氏小�山館刻本　四册

360000－1901－0031007　404942
萬善花室文稾六卷續編一卷附錄一卷　(清)方履籛撰　清刻本(續編配清小�山館刻本)　三册　存五卷(萬善花室文稾三至六、續編一卷)

360000－1901－0031008　310143
萬善同歸集三卷　(宋)釋延壽撰　清同治十一年(1872)金陵刻經處刻本　三册

360000－1901－0031009　417329
萬善先資集四卷　(清)周思仁撰　清同治五年(1866)刻本　一册

360000－1901－0031010　802570
萬氏婦人科二卷　(明)萬全撰　**達生編二卷**　(清)亟齋居士撰　清經元堂刻本　一册

360000－1901－0031011　802571
萬氏婦人科二卷　(明)萬全撰　**達生編二卷**　(清)亟齋居士撰　清經元堂刻本　一册

360000－1901－0031012　408180
萬氏婦人科三卷　(明)萬全撰　清康熙五十三年(1714)西昌裘琅刻本　一册

360000－1901－0031013　408181
萬氏婦人科三卷　(明)萬全撰　清刻本　一册

360000－1901－0031014　408182
萬氏婦人科三卷　(明)萬全撰　清刻本　一册

360000－1901－0031015　408183
萬氏婦人科三卷　(明)萬全撰　清鳴盛堂刻本　一册

360000－1901－0031016　408183－1

萬氏婦人科三卷　(明)萬全撰　清鳴盛堂刻本　一册

360000－1901－0031017　408186
萬氏婦人科三卷　(明)萬全撰　清乾隆十六年(1751)商城黄縉、黄約刻本　一册

360000－1901－0031018　408185
萬氏婦人科三卷　(明)萬全撰　清慶善堂刻本　一册

360000－1901－0031019　408191
萬氏婦人科三卷　(明)萬全撰　達生編一卷　(清)亟齋居士撰　清經元升刻本　二册

360000－1901－0031020　408188
萬氏婦人科三卷　(明)萬全撰　達生編一卷　(清)亟齋居士撰　清刻本　一册

360000－1901－0031021　408190
萬氏婦人科三卷　(明)萬全撰　達生編一卷　(清)亟齋居士撰　清兩儀堂刻本　二册

360000－1901－0031022　408192
萬氏婦人科三卷　(明)萬全撰　達生編一卷　(清)亟齋居士撰　清末石印本　二册

360000－1901－0031023　408189
萬氏婦人科三卷　(明)萬全撰　達生編一卷　(清)亟齋居士撰　清三讓堂刻本　一册

360000－1901－0031024　408187
萬氏婦人科三卷　(明)萬全撰　達生編一卷　(清)亟齋居士撰　清務本堂刻本　二册

360000－1901－0031025　408193
萬氏婦人科三卷　(明)萬全撰　達生編一卷　(清)亟齋居士撰　清務本堂刻本　一册

360000－1901－0031026　408194
萬氏婦人科三卷　(明)萬全撰　達生編一卷　(清)亟齋居士撰　清英德堂刻本　一册

360000－1901－0031027　408178
萬氏婦人科四卷　(明)萬全撰　清道光十一年(1831)秀雅堂刻本　一册

360000－1901－0031028　164847
萬氏家傳保命歌括三十五卷　(明)萬全撰　清視履堂刻本　六册　存二十六卷(一至二、八至十、十五至三十五)

360000－1901－0031029　803251
萬氏家傳保命歌括三十五卷　(明)萬全撰　清余漢雲抄本　一册　存一卷(八)

360000－1901－0031030　408176
萬氏家傳痘疹心法二十三卷　(明)萬全撰　清清畏堂刻本　一册　存十二卷(一至十二)

360000－1901－0031031　241320
萬首唐人絶句一百一卷　(宋)洪邁輯　明嘉靖十九年(1540)陳敬學德星堂刻本　十三册　缺四十卷(七言八至十二、二十八至三十二、五十八至六十一,五言一至二十六)

360000－1901－0031032　241319
萬首唐人絶句一百一卷　(宋)洪邁輯　明嘉靖十九年(1540)陳敬學德星堂刻本(卷八至十二、四十八至五十二配清抄本)　十八册　缺十五卷(七言二十三、六十二至六十六,五言七至十三、二十五至二十六)

360000－1901－0031033　318845
萬壽仙書四卷　(明)羅洪先撰　(清)曹無極增輯　清道光十二年(1832)刻本　二册

360000－1901－0031034　417328
萬壽仙書四卷　(明)羅洪先撰　(清)曹無極增輯　清道光延古齋刻本　二册　存三卷(一至二、四)

360000－1901－0031035　305961
萬物炊累室類稿三編　沈同芳撰　清宣統三年(1911)鉛印本　二册　存三種

360000－1901－0031036　407895
萬物炊累室駢文一卷　沈同芳撰　清光緒木活字印本　一册

360000－1901－0031037　407896
萬物炊累室文乙集二卷　沈同芳撰　清光緒二十二年(1896)廣州刻本　一册

360000－1901－0031038　164155

萬姓統譜一百四十六卷氏族博考十四卷 (明)淩迪知撰　清初刻本　九册　存五十六卷(一至五十六)

360000－1901－0031039　901247
萬邑六區樂泮堂册不分卷　(清)□□撰　清光緒六年(1880)刻本　一册

360000－1901－0031040　317730
萬邑西南山石刻記二卷附錄一卷　況周頤撰　清光緒二十九年(1903)白巖講舍刻本　一册

360000－1901－0031041　802800
萬應靈方集六卷附禁方一卷　(清)費梧撰　清刻本　一册　存二卷(五至六)

360000－1901－0031042　408956
萬應靈方集六卷附禁方一卷　(清)費梧撰　清同治七年(1868)省過齋刻本　一册　存二卷(一至二)

360000－1901－0031043　408956－1
萬應靈方集六卷附禁方一卷　(清)費梧撰　清同治七年(1868)省過齋刻本　一册　存二卷(一至二)

360000－1901－0031044　721190
萬載北界勘定本末一卷　(清)徐得勝等撰　清光緒三十一年(1905)同興堂刻本　一册

360000－1901－0031045　721190－1
萬載北界勘定本末一卷　(清)徐得勝等撰　清光緒三十一年(1905)同興堂刻本　一册

360000－1901－0031046　901207
萬載賓興堂册二卷　(清)郭賡平等撰　清刻本　二册

360000－1901－0031047　901208
萬載賓興堂册二卷　(清)郭賡平等撰　清刻本　二册

360000－1901－0031048　901209
萬載賓興堂册二卷　(清)郭賡平等撰　清刻本　一册　存一卷(上)

360000－1901－0031049　900932
萬載賓興堂册三卷　(清)□□撰　清木活字印本　二册

360000－1901－0031050　900932－1
萬載賓興堂册三卷　(清)□□撰　清木活字印本　一册　存一卷(二)

360000－1901－0031051　900932－2
萬載賓興堂續捐册不分卷　(清)□□撰　清道光二十三年(1843)木活字印本　一册

360000－1901－0031052　601909
萬載賓興堂續捐册二卷　(清)郭賡平等撰　清光緒七年(1881)刻本　一册　存一卷(上)

360000－1901－0031053　901204
萬載賓興堂續捐册二卷　(清)郭賡平等撰　清光緒七年(1881)刻本　二册

360000－1901－0031054　901205
萬載賓興堂續捐册二卷　(清)郭賡平等撰　清光緒七年(1881)刻本　二册

360000－1901－0031055　901206
萬載賓興堂續捐册二卷　(清)郭賡平等撰　清光緒七年(1881)刻本　二册

360000－1901－0031056　901248
萬載蘆溪萬壽宮坤勝費圖册不分卷　(清)□□撰　清光緒十九年(1893)刻本　一册

360000－1901－0031057　900280
萬載馬腦山房册不分卷　(清)盧䛳等撰　清咸豐二年(1852)木活字印本　一册

360000－1901－0031058　413456
萬載馬腦山房册不分卷　(清)汪敷德等撰　清同治十三年(1874)木活字印本　一册

360000－1901－0031059　900281
萬載惜牛堂册一卷　(清)辛炳晟等撰　清嘉慶十五年(1810)木活字印本　一册

360000－1901－0031060　901582
萬載縣康樂橋會册不分卷　(清)□□撰　清木活字印本　一册

360000－1901－0031061　901473

萬載縣一二區安泰義倉冊不分卷　（清）辛再福等撰　清刻本　二冊

360000－1901－0031062　901474
萬載縣一二區安泰義倉冊不分卷　（清）辛再福等撰　清刻本　二冊

360000－1901－0031063　900946
萬載縣一二區公所冊不分卷　（清）□□撰　清刻本　一冊

360000－1901－0031064　900931
萬載縣義務教育章程不分卷　（清）□□編　清末刻本　一冊

360000－1901－0031065　123465
萬載縣志都圖甲戶籍貫冊一卷　（清）□□纂修　清刻本　一冊

360000－1901－0031066　123466
萬載縣志都圖甲戶籍貫冊一卷　（清）□□纂修　清刻本　一冊

360000－1901－0031067　901234
萬載學馨堂冊不分卷　（清）胥寅亮等撰　清光緒元年（1875）刻本　一冊

360000－1901－0031068　901235
萬載學馨堂冊不分卷　（清）胥寅亮等撰　清光緒元年（1875）刻本　一冊

360000－1901－0031069　901236
萬載學馨堂冊不分卷　（清）胥寅亮等撰　清光緒元年（1875）刻本　一冊

360000－1901－0031070　901237
萬載學馨堂冊不分卷　（清）胥寅亮等撰　清光緒元年（1875）刻本　一冊

360000－1901－0031071　901238
萬載學馨堂冊不分卷　（清）胥寅亮等撰　清光緒元年（1875）刻本　一冊

360000－1901－0031072　901476
萬載義倉章程不分卷　（清）□□撰　清光緒四年（1878）刻本　一冊

360000－1901－0031073　900925
萬載育才堂續修圖冊不分卷　（清）□□撰　清刻本　一冊

360000－1901－0031074　901252
萬載育嬰堂冊不分卷　（清）盧譈等撰　清同治四年（1865）刻本　一冊

360000－1901－0031075　601908
萬載樂泮堂冊三卷　（清）盧譈等撰　清咸豐二年（1852）刻本　一冊　存二卷（上、中）

360000－1901－0031076　901239
萬載樂泮堂冊三卷　（清）盧譈等撰　清咸豐二年（1852）刻本　二冊

360000－1901－0031077　901240
萬載樂泮堂冊三卷　（清）盧譈等撰　清咸豐二年（1852）刻本　二冊

360000－1901－0031078　901241
萬載樂泮堂冊三卷　（清）盧譈等撰　清咸豐二年（1852）刻本　二冊

360000－1901－0031079　901242
萬載樂泮堂冊三卷　（清）盧譈等撰　清咸豐二年（1852）刻本　二冊

360000－1901－0031080　901243
萬載樂泮堂冊三卷　（清）盧譈等撰　清咸豐二年（1852）刻本　二冊

360000－1901－0031081　901244
萬載樂泮堂冊三卷　（清）盧譈等撰　清咸豐二年（1852）刻本　二冊

360000－1901－0031082　901245
萬載樂泮堂冊三卷　（清）盧譈等撰　清咸豐二年（1852）刻本　一冊　存二卷（上、中）

360000－1901－0031083　901245－1
萬載樂泮堂冊三卷　（清）盧譈等撰　清咸豐二年（1852）刻本　一冊　存二卷（上、中）

360000－1901－0031084　901245－2
萬載樂泮堂冊三卷　（清）盧譈等撰　清咸豐二年（1852）刻本　一冊　存二卷（上、中）

360000－1901－0031085　901245－3

萬載樂泮堂冊三卷　(清)盧蕻等撰　清咸豐二年(1852)刻本　一冊　存二卷(上、中)

360000－1901－0031086　121978
萬子迂談八卷　(明)萬衣撰　清道光三十年(1850)刻本　四冊

360000－1901－0031087　121979
萬子迂談八卷　(明)萬衣撰　清道光三十年(1850)刻本　四冊

360000－1901－0031088　404941
萬子迂談八卷　(明)萬衣撰　清道光三十年(1850)刻本　一冊　存二卷(三至四)

360000－1901－0031089　313936
汪本隸釋刊誤一卷　(清)黄丕烈撰　清嘉慶二十一年(1816)黄丕烈刻士禮居叢書本　一冊

360000－1901－0031090　240843
汪鈍翁文鈔十二卷　(清)汪琬撰　(清)宋犖　(清)許汝霖選　清康熙三十三年(1694)刻國朝三家文鈔本　三冊

360000－1901－0031091　411104
汪鈍翁文鈔十二卷　(清)汪琬撰　(清)宋犖　(清)許汝霖選　清康熙三十三年(1694)刻國朝三家文鈔本　一冊　存三卷(二至四)

360000－1901－0031092　411113
汪羅彭薛四家合鈔　(清)國學扶輪社輯　清宣統二年(1910)國學扶輪社鉛印本　六冊

360000－1901－0031093　301868
汪梅村先生文集十二卷文外集一卷　(清)汪士鐸撰　清光緒七年(1881)刻本　四冊

360000－1901－0031094　240663
汪南溟集九卷　(明)汪道昆撰　(明)張汝瑚評選　清康熙二十一年(1682)郢雪書林刻明六名家集本　四冊

360000－1901－0031095　240664
汪南溟集九卷　(明)汪道昆撰　(明)張汝瑚評選　清康熙二十一年(1682)郢雪書林刻明六名家集本　八冊

360000－1901－0031096　801825
汪容普文錄一卷　(清)□□輯　清抄本　一冊

360000－1901－0031097　803537
汪氏通宗世譜不分卷　(清)汪應蛟輯　清光緒二十三年(1897)抄本　一冊

360000－1901－0031098　411108
汪氏學行記六卷　(清)汪喜孫撰　清道光刻本　一冊

360000－1901－0031099　122960
汪雙池先生[紱]行狀墓表不分卷　(清)余元遴撰　清刻本　一冊

360000－1901－0031100　123290
汪雙池先生[紱]年譜四卷　(清)余龍光撰　清同治五年(1866)刻光緒九年(1883)補刻本　二冊

360000－1901－0031101　601910
汪雙池先生[紱]年譜四卷　(清)余龍光撰　清同治五年(1866)刻光緒九年(1883)補刻本　二冊

360000－1901－0031102　603290
汪雙池先生[紱]年譜四卷　(清)余龍光撰　清同治五年(1866)刻光緒九年(1883)補刻本　二冊

360000－1901－0031103　603290－1
汪雙池先生[紱]年譜四卷　(清)余龍光撰　清同治五年(1866)刻光緒九年(1883)補刻本　二冊

360000－1901－0031104　603290－2
汪雙池先生[紱]年譜四卷　(清)余龍光撰　清同治五年(1866)刻光緒九年(1883)補刻本　二冊

360000－1901－0031105　603290－3
汪雙池先生[紱]年譜四卷　(清)余龍光撰　清同治五年(1866)刻光緒九年(1883)補刻本　二冊

360000－1901－0031106　603290－4

汪雙池先生[紱]年譜四卷　(清)余龍光撰　清同治五年(1866)刻光緒九年(1883)補刻本　二冊

360000－1901－0031107　603290－5
汪雙池先生[紱]年譜四卷　(清)余龍光撰　清同治五年(1866)刻光緒九年(1883)補刻本　二冊

360000－1901－0031108　603290－6
汪雙池先生[紱]年譜四卷　(清)余龍光撰　清同治五年(1866)刻光緒九年(1883)補刻本　二冊

360000－1901－0031109　802763
汪雙池先生陽宅不分卷　(清)汪紱撰　清抄本　一冊

360000－1901－0031110　161691
汪王廟志略不分卷　(清)汪文炳輯　清光緒三十一年(1905)刻本　一冊

360000－1901－0031111　901246
汪樂育堂家塾冊不分卷　(清)汪敷德等撰　清光緒七年(1881)刻本　一冊

360000－1901－0031112　901253
汪樂育堂家塾冊不分卷　(清)汪敷德等撰　清光緒七年(1881)刻本　一冊

360000－1901－0031113　901254
汪樂育堂家塾冊不分卷　(清)汪敷德等撰　清光緒七年(1881)刻本　一冊

360000－1901－0031114　901255
汪樂育堂家塾冊不分卷　(清)汪敷德等撰　清光緒七年(1881)刻本　一冊

360000－1901－0031115　901256
汪樂育堂家塾冊不分卷　(清)汪敷德等撰　清光緒七年(1881)刻本　一冊

360000－1901－0031116　901257
汪樂育堂家塾冊不分卷　(清)汪敷德等撰　清光緒七年(1881)刻本　一冊

360000－1901－0031117　901258
汪樂育堂家塾冊不分卷　(清)汪敷德等撰　清光緒七年(1881)刻本　一冊

360000－1901－0031118　901259
汪樂育堂家塾冊不分卷　(清)汪敷德等撰　清光緒七年(1881)刻本　一冊

360000－1901－0031119　901260
汪樂育堂家塾冊不分卷　(清)汪敷德等撰　清光緒七年(1881)刻本　一冊

360000－1901－0031120　901261
汪樂育堂家塾冊不分卷　(清)汪敷德等撰　清光緒七年(1881)刻本　一冊

360000－1901－0031121　901262
汪樂育堂家塾冊不分卷　(清)汪敷德等撰　清光緒七年(1881)刻本　一冊

360000－1901－0031122　901263
汪樂育堂家塾冊不分卷　(清)汪敷德等撰　清光緒七年(1881)刻本　一冊

360000－1901－0031123　901264
汪樂育堂家塾冊不分卷　(清)汪敷德等撰　清光緒七年(1881)刻本　一冊

360000－1901－0031124　901265
汪樂育堂家塾冊不分卷　(清)汪敷德等撰　清光緒七年(1881)刻本　一冊

360000－1901－0031125　164514
汪子文錄十卷附錄一卷二錄二卷錄後一卷附一卷三錄三卷詩錄四卷　(清)汪縉撰　清抄本　二冊　存七卷(二錄二卷、錄後一卷、附一卷、三錄三卷)

360000－1901－0031126　411117
汪子遺書　(清)汪縉撰　清光緒八年(1882)刻本　五冊

360000－1901－0031127　230100
汪子中詮六卷　(明)汪應蛟撰　明萬曆四十六年(1618)敬思堂刻本　一冊　存二卷(五至六)

360000－1901－0031128　418028
汪子中詮六卷　(明)汪應蛟撰　清刻本　一冊　存一卷(一)

360000－1901－0031129　418028－1

汪子中詮六卷　（明）汪應蛟撰　清刻本　一冊　存一卷（一）

360000－1901－0031130　303157

王本史記一百三十卷　（漢）司馬遷撰　（南朝宋）裴駰集解　（唐）司馬貞索隱　（唐）張守節正義　清同治九年（1870）崇文書局刻本　二十四冊

360000－1901－0031131　802548

王辰北通書不分卷　（清）王辰北輯　清光緒九年（1883）刻本　一冊

360000－1901－0031132　300630

王船山先生［夫之］年譜二卷　（清）劉毓崧撰　清光緒十二年（1886）江南書局刻本　二冊

360000－1901－0031133　150341

王船山先生經史論八種　（清）王夫之撰　清光緒二十七年（1901）簡青書局石印本　十四冊

360000－1901－0031134　410663

王船山先生經史論八種　（清）王夫之撰　清光緒二十七年（1901）簡青書局石印本　十冊

360000－1901－0031135　410664

王船山先生經史論八種　（清）王夫之撰　清光緒二十七年（1901）簡青書局石印本　十一冊　存七種

360000－1901－0031136　410665

王船山先生經史論八種　（清）王夫之撰　清光緒二十七年（1901）簡青書局石印本　六冊　存六種

360000－1901－0031137　410665－1

王船山先生經史論八種　（清）王夫之撰　清光緒二十七年（1901）簡青書局石印本　六冊　存六種

360000－1901－0031138　410665－2

王船山先生經史論八種　（清）王夫之撰　清光緒二十七年（1901）簡青書局石印本　三冊　存三種

360000－1901－0031139　160107

王船山先生經史論八種　（清）王夫之撰　清光緒二十五年（1899）石印本　十六冊

360000－1901－0031140　411225

王鳳喈稿不分卷　（清）王鳴盛撰　清刻本　一冊

360000－1901－0031141　220183

王鳳洲先生綱鑑正史全編二十四卷　（明）王世貞撰　（明）陳仁錫等評　（明）張睿卿輯　明崇禎十二年（1639）刻本　十二冊

360000－1901－0031142　240718

王光祿詩九卷　（明）王德新撰　明刻本　四冊

360000－1901－0031143　411228

王光祿遺文集六卷　（清）王念孫撰　清咸豐七年（1857）刻本　一冊

360000－1901－0031144　900988－1

王洪緒先生外科證治全生不分卷　（清）王維德撰　清大興堂刻本　一冊

360000－1901－0031145　420552

王洪緒先生外科證治全生不分卷　（清）王維德撰　清兩儀堂刻本　一冊

360000－1901－0031146　420534

王洪緒先生外科證治全生不分卷　（清）王維德撰　清餘慶堂刻本　二冊

360000－1901－0031147　164764

王洪緒先生外科證治全生不分卷附跌打損傷一卷　（清）王維德撰　清二酉山房刻本　一冊

360000－1901－0031148　420554

王洪緒先生外科證治全生不分卷附增補跌打損傷一卷　（清）王維德撰　清二酉山房刻本　一冊

360000－1901－0031149　420533

王洪緒先生外科證治全生不分卷附增補跌打損傷一卷　（清）王維德撰　清刻本　一冊

360000－1901－0031150　420545

王洪緒先生外科證治全生不分卷附增補跌打損傷一卷　(清)王維德撰　清刻本　二册

360000－1901－0031151　900988
王洪緒先生外科證治全生合刊不分卷　(清)王維德撰　清光緒三年(1877)大興堂刻本　一册

360000－1901－0031152　420531
王洪緒先生外科證治全生三卷附增補跌打損傷一卷　(清)王維德撰　清文奎堂刻本　四册

360000－1901－0031153　420532
王洪緒先生外科證治全生三卷附增補跌打損傷一卷　(清)王維德撰　清文奎堂刻本　二册

360000－1901－0031154　420540
王洪緒先生外科證治全生五卷　(清)王維德撰　清刻本　一册

360000－1901－0031155　240164
王黄州小畜集三十卷　(宋)王禹偁撰　清抄本　清王鳴韶跋　三册

360000－1901－0031156　240095
王建詩八卷　(唐)王建撰　明崇禎毛氏汲古閣刻唐六名家集本　一册

360000－1901－0031157　240096
王建詩集十卷　(唐)王建撰　清康熙四十一年(1702)洞庭席氏琴川書屋刻唐詩百名家全集本　四册

360000－1901－0031158　241316
王荆公唐百家詩選二十卷　(宋)王安石輯　清康熙四十三年(1704)宋犖、丘迥刻本　四册

360000－1901－0031159　241317
王荆公唐百家詩選二十卷　(宋)王安石輯　清康熙四十三年(1704)宋犖、丘迥刻本　八册

360000－1901－0031160　241318
王荆公唐百家詩選二十卷　(宋)王安石輯　清康熙四十三年(1704)宋犖、丘迥刻本　二册

360000－1901－0031161　417661
王荆公唐百家詩選二十卷　(宋)王安石輯　清康熙四十三年(1704)宋犖、丘迥刻本　十二册

360000－1901－0031162　000066
王荆文公詩五十卷　(宋)王安石撰　(宋)李壁箋注　清乾隆五年至六年(1740－1741)清綺齋刻本　六册

360000－1901－0031163　120189
王臨川全集二十四卷　(宋)王安石撰　清宣統三年(1911)掃葉山房石印本　十一册

360000－1901－0031164　601096
王臨川全集一百卷目錄二卷　(宋)王安石撰　清光緒九年(1883)刻本　十六册

360000－1901－0031165　601097
王臨川全集一百卷目錄二卷　(宋)王安石撰　清光緒九年(1883)刻本　二十册

360000－1901－0031166　120192
王臨川全集一百卷目錄二卷　(宋)王安石撰　清光緒九年(1883)溧陽繆氏小岍山館刻本　二十册

360000－1901－0031167　120193
王臨川全集一百卷目錄二卷　(宋)王安石撰　清光緒九年(1883)溧陽繆氏小岍山館刻本　十六册

360000－1901－0031168　120194
王臨川全集一百卷目錄二卷　(宋)王安石撰　清光緒九年(1883)溧陽繆氏小岍山館刻本　十六册

360000－1901－0031169　417662
王臨川全集一百卷目錄二卷　(宋)王安石撰　清光緒九年(1883)溧陽繆氏小岍山館刻本　十六册

360000－1901－0031170　417829
王臨川全集一百卷目錄二卷　(宋)王安石撰

清光緒九年(1883)溧陽繆氏小�山館刻本　二十冊

360000－1901－0031171　417830
王臨川全集一百卷目錄二卷　(宋)王安石撰　清光緒九年(1883)溧陽繆氏小峄山館刻本　十三冊　存七十九卷(一至七十一、九十五至一百,目錄二卷)

360000－1901－0031172　417831
王臨川全集一百卷目錄二卷　(宋)王安石撰　清光緒九年(1883)溧陽繆氏小峄山館刻本　十三冊　存八十卷(一至七十八、目錄二卷)

360000－1901－0031173　417831－1
王臨川全集一百卷目錄二卷　(宋)王安石撰　清光緒九年(1883)溧陽繆氏小峄山館刻本　二冊　存十一卷(六十二至六十六、八十九至九十四)

360000－1901－0031174　417831－2
王臨川全集一百卷目錄二卷　(宋)王安石撰　清光緒九年(1883)溧陽繆氏小峄山館刻本　一冊　存六卷(三十九至四十四)

360000－1901－0031175　601094
王臨川全集一百卷目錄二卷　(宋)王安石撰　清光緒九年(1883)溧陽繆氏小峄山館刻本　十五冊　存九十六卷(一至九十四、目錄二卷)

360000－1901－0031176　601095
王臨川全集一百卷目錄二卷　(宋)王安石撰　清光緒九年(1883)溧陽繆氏小峄山館刻本　二十冊

360000－1901－0031177　601906
王臨川全集一百卷目錄二卷　(宋)王安石撰　清光緒九年(1883)溧陽繆氏小峄山館刻本　十六冊

360000－1901－0031178　601906－1
王臨川全集一百卷目錄二卷　(宋)王安石撰　清光緒九年(1883)溧陽繆氏小峄山館刻本　十六冊

360000－1901－0031179　601906－2
王臨川全集一百卷目錄二卷　(宋)王安石撰　清光緒九年(1883)溧陽繆氏小峄山館刻本　十六冊

360000－1901－0031180　120190
王臨川全集一百卷目錄二卷　(宋)王安石撰　清光緒九年(1883)聽香館刻本　二十冊

360000－1901－0031181　120191
王臨川全集一百卷目錄二卷　(宋)王安石撰　清光緒九年(1883)聽香館刻本　十六冊

360000－1901－0031182　120186
王臨川文集四卷　(宋)王安石撰　清宣統二年(1910)上海會文堂書局石印本　四冊

360000－1901－0031183　120187
王臨川文集四卷　(宋)王安石撰　清宣統二年(1910)上海會文堂書局石印本　四冊

360000－1901－0031184　120188
王臨川文集四卷　(宋)王安石撰　清宣統二年(1910)上海會文堂書局石印本　四冊

360000－1901－0031185　300616
王龍谿先生全集二十卷　(明)王畿撰　清道光二年(1822)會稽莫晉刻本　六冊

360000－1901－0031186　300618
王龍谿先生全集二十卷　(明)王畿撰　清道光二年(1822)會稽莫晉刻本　八冊

360000－1901－0031187　412777
王龍谿先生全集二十卷　(明)王畿撰　清刻本　二冊　存四卷(十三至十六)

360000－1901－0031188　165139
王菉友先生著書四種　(清)王筠撰　清咸豐二年(1852)賀蕙、賀蓉、賀荃刻本　二冊

360000－1901－0031189　411339
王邁人傳文一卷　(清)王庭撰　(清)王延年　(清)王騰蛟輯　清湧輪居刻本　一冊

360000－1901－0031190　412905
王孟詩評九卷　(唐)孟浩然　(唐)王維撰　(宋)劉辰翁評　清光緒五年(1879)巴陵方氏

碧琳琅館刻朱墨套印本　四冊

360000－1901－0031191　240044
王摩詰集六卷　（唐）王維撰　明刻本　二冊

360000－1901－0031192　411229
王摩詰集六卷　（唐）王維撰　清光緒二十二年（1896）上海古香閣石印本　一冊　存三卷（一至三）

360000－1901－0031193　411230
王摩詰集六卷　（唐）王維撰　清光緒十年（1884）上海同文書局石印本　二冊

360000－1901－0031194　240049
王摩詰詩集六卷　（唐）王維撰　（宋）劉辰翁評　明刻本　二冊

360000－1901－0031195　411217
王農山稿一卷　（清）王廣心撰　清光緒二年（1876）鉛印本　一冊

360000－1901－0031196　418453
王篛林先生題跋十七卷　（清）王澍撰　**附金粟逸人逸事一卷**　（清）朱琰撰　清乾隆刻本　八冊　存八卷（竹雲題跋一至四、虛舟題跋原一至三，金粟逸人逸事一卷）

360000－1901－0031197　800873
王山遺響六卷　（清）張貞生撰　清康熙刻本　三冊

360000－1901－0031198　220752
王山遺響六卷　（清）張貞生撰　清康熙十八年（1679）張世坤、張世坊刻張篔山遺書本　三冊

360000－1901－0031199　220753
王山遺響六卷　（清）張貞生撰　清康熙十八年（1679）張世坤、張世坊刻張篔山遺書本　四冊

360000－1901－0031200　411222
王山遺響六卷　（清）張貞生撰　清康熙十八年（1679）張世坤、張世坊刻張篔山遺書本　三冊

360000－1901－0031201　411223
王山遺響六卷　（清）張貞生撰　清康熙十八年（1679）張世坤、張世坊刻張篔山遺書本　三冊

360000－1901－0031202　241033
王石和文八卷　（清）王珻撰　清雍正刻本　三冊　缺二卷（三至四）

360000－1901－0031203　304761
王氏彙刻唐人集　（清）王遐春輯　清嘉慶十五年（1810）福鼎王遐春麟後山房刻本　八冊

360000－1901－0031204　164714
王氏醫案二卷續編八卷　（清）王士雄撰　（清）周鑅輯　清咸豐元年（1851）吟香書屋刻本　三冊

360000－1901－0031205　420505
王氏醫案續編八卷　（清）王士雄撰　（清）張鴻輯　清刻本　一冊　存二卷（一至二）

360000－1901－0031206　420504
王氏醫案續編八卷　（清）王士雄撰　（清）張鴻輯　清末石印本　一冊　存五卷（四至八）

360000－1901－0031207　800776
王孫經秋興譜一卷　（清）元問道人撰　清光緒十八年（1892）程松樵抄本　一冊

360000－1901－0031208　240556
王文成公全書三十八卷　（明）王守仁撰　明隆慶六年（1572）謝廷傑應天府刻本（卷十七配清抄本）　三十冊　缺一卷（三十八）

360000－1901－0031209　413936
王文成公全書三十八卷　（明）王守仁撰　清刻本　四冊　存四卷（四、六至八）

360000－1901－0031210　421782
王文成公全書三十八卷　（明）王守仁撰　清刻本　一冊　存二卷（一至二）

360000－1901－0031211　417553
王文成公全書三十八卷　（明）王守仁撰　清宣統元年（1909）上海集成圖書公司鉛印本　十二冊

360000－1901－0031212　417554

王文成公全書三十八卷　(明)王守仁撰　清宣統元年(1909)上海集成圖書公司鉛印本　十一册　存三十五卷(一至三十、三十四至三十八)

360000－1901－0031213　240558
王文成公文選八卷　(明)王守仁撰　(明)王畿輯　(明)李贄删訂　(明)鍾惺評點　明崇禎六年(1633)刻本　一册　存二卷(七至八)

360000－1901－0031214　120158
王文公年譜考略節要四卷附存二卷　(清)蔡上翔撰　(清)楊希閔節録　清光緒四年(1878)新城楊希閔刻本　四册　缺一卷(附存二)

360000－1901－0031215　240540
王文恪公集三十六卷　(明)王鏊撰　**鶡音一卷白社詩草一卷**　(明)王禹聲撰　**名公筆記一卷**　明萬曆震澤王氏三槐堂刻本　八册

360000－1901－0031216　240541
王文恪公集三十六卷　(明)王鏊撰　**鶡音一卷白社詩草一卷**　(明)王禹聲撰　**名公筆記一卷**　明萬曆震澤王氏三槐堂刻清重修本　一册　存二卷(一、名公筆記一卷)

360000－1901－0031217　413588
王文肅公遺文一卷　(清)王安國撰　清道光二十一年(1841)刻本　一册

360000－1901－0031218　301187
王文雄年譜一卷　(清)王開雲撰　清咸豐七年(1857)刻本　一册

360000－1901－0031219　402798
王先生十七史蒙求十六卷　(宋)王令撰　清道光二十八年(1848)大文堂刻本　四册

360000－1901－0031220　402799
王先生十七史蒙求十六卷　(宋)王令撰　清道光二十八年(1848)大文堂刻本　四册

360000－1901－0031221　402800
王先生十七史蒙求十六卷　(宋)王令撰　清道光二十八年(1848)大文堂刻本　二册　存八卷(九至十六)

360000－1901－0031222　312651
王先生十七史蒙求十六卷　(宋)王令撰　清道光二十八年(1848)刻本　三册

360000－1901－0031223　302276
王先生十七史蒙求十六卷　(宋)王令撰　清光緒十五年(1889)文昌書局刻本　四册

360000－1901－0031224　709719
彙纂詩法度鍼三十三卷首一卷　(清)徐文弼輯　清刻本　四册

360000－1901－0031225　250085
王先生十七史蒙求十六卷　(宋)王令撰　清康熙五十二年(1713)刻本　二册

360000－1901－0031226　305708
王先生十七史蒙求十六卷　(宋)王令撰　清刻本　一册　存八卷(一至八)

360000－1901－0031227　240673
王弇州集二十卷　(明)王世貞撰　(清)張汝瑚評選　清康熙二十一年(1682)郢雪書林刻明六名家集本　十册

360000－1901－0031228　804838
王陽明先生傳習録五卷　(明)王守仁撰　清光緒三十二年(1906)國學保存會鉛印本　一册

360000－1901－0031229　309552
王陽明先生傳習録一卷　(明)王守仁撰　清刻本　一册

360000－1901－0031230　240550
王陽明先生全集二十二卷首一卷　(明)王守仁撰　(清)俞嶙輯　清康熙十二年(1673)餘姚俞嶙刻本　二十二册

360000－1901－0031231　308481
王陽明先生全集二十二卷首一卷　(明)王守仁撰　(清)俞嶙輯　清康熙十二年(1673)餘姚俞嶙刻本　十二册

360000－1901－0031232　802774－1
王陽明先生全集二十二卷首一卷　(明)王守

仁撰 (清)俞嶙輯 清康熙十二年(1673)餘姚俞嶙刻本 十冊 存十八卷(一至十七、首一卷)

360000－1901－0031233 240551
王陽明先生全集二十二卷首一卷 (明)王守仁撰 (清)俞嶙輯 清康熙十二年(1673)餘姚俞嶙刻十九年(1680)印本 二十四冊

360000－1901－0031234 304863
王陽明先生全集二十二卷首一卷 (明)王守仁撰 (清)俞嶙輯 清刻本 十三冊 存十三卷(四至九、十二至十三、十五至十六、十九至二十一)

360000－1901－0031235 805186－2
雞跖賦續刻二十八卷擬古二卷 (清)應泰泉輯 清刻本 八冊

360000－1901－0031236 316239
王陽明先生全集十六卷目錄二卷 (明)王守仁撰 (清)陶潯霍輯 清道光六年(1826)柳廷方等刻本 二十冊

360000－1901－0031237 415207
王陽明先生文鈔二十卷 (明)王守仁撰 (明)張問達輯 清康熙四十七年(1708)金陵映旭齋刻本 十冊

360000－1901－0031238 410239
王陽明先生文選七卷 (明)王守仁撰 (清)李祖陶評點 清道光二十五年(1845)刻本 三冊

360000－1901－0031239 410240
王陽明先生文選七卷 (明)王守仁撰 (清)李祖陶評點 清道光二十五年(1845)刻本 四冊

360000－1901－0031240 410241
王陽明先生文選七卷 (明)王守仁撰 (清)李祖陶評點 清道光二十五年(1845)刻本 三冊

360000－1901－0031241 150397
王益吾所刻書 王先謙輯 清光緒九年至十年(1883－1884)長沙王氏刻本 七冊 存七種

360000－1901－0031242 413151
王益吾所刻書 王先謙輯 清光緒九年至十年(1883－1884)長沙王氏刻本 四冊 存四種

360000－1901－0031243 401995
王隱晉書地道記一卷 (晉)王隱撰 (清)畢沅輯 **晉太康三年地記一卷** (清)畢沅輯 清乾隆四十九年(1784)畢氏靈巖山館刻經訓堂叢書本 一冊

360000－1901－0031244 401995－1
王隱晉書地道記一卷 (晉)王隱撰 (清)畢沅輯 **晉太康三年地記一卷** (清)畢沅輯 清乾隆四十九年(1784)畢氏靈巖山館刻經訓堂叢書本 一冊

360000－1901－0031245 240045
王右丞集二十八卷首一卷末一卷 (唐)王維撰 (清)趙殿成箋注 清乾隆刻本 八冊

360000－1901－0031246 240046
王右丞集二十八卷首一卷末一卷 (唐)王維撰 (清)趙殿成箋注 清乾隆刻本 八冊

360000－1901－0031247 240047
王右丞集二十八卷首一卷末一卷 (唐)王維撰 (清)趙殿成箋注 清乾隆刻本 十冊

360000－1901－0031248 713433
王右丞集二十八卷首一卷末一卷 (唐)王維撰 (清)趙殿成箋注 清乾隆刻本 五冊 存十八卷(一至二、十二至十九、二十三至二十八,首一卷,末一卷)

360000－1901－0031249 713434
王右丞集二十八卷首一卷末一卷 (唐)王維撰 (清)趙殿成箋注 清乾隆刻本 八冊

360000－1901－0031250 240048
王右丞集二十八卷首一卷末一卷 (唐)王維撰 (清)趙殿成箋注 清乾隆刻本 佚名批注 七冊 缺四卷(十一至十四)

360000－1901－0031251　250222
王漁洋遺書　（清）王士禛撰　清刻本　一冊　存二種

360000－1901－0031252　250223
王漁洋遺書　（清）王士禛撰　清刻本　一冊　存二種

360000－1901－0031253　230308
王宇泰先生訂補古今醫鑑十六卷　（明）龔信輯　（明）龔廷賢續　（明）王肯堂訂補　明萬曆十七年（1589）葉華生刻本　八冊

360000－1901－0031254　240672
王元美先生文選二十六卷　（明）王世貞撰　（明）喬時敏輯　明萬曆四十三年（1615）吳德聚刻本　一冊　存四卷（十九至二十二）

360000－1901－0031255　160103
王元圃雜著　（清）王繩祖撰　清光緒刻本　二冊

360000－1901－0031256　160104
王元圃雜著　（清）王繩祖撰　清光緒刻本　一冊

360000－1901－0031257　164299
王詹事集一卷　（南朝梁）王筠撰　明刻本　一冊

360000－1901－0031258　120167
王貞白詩一卷補遺一卷附録一卷　（唐）王貞白撰　清宣統元年（1909）餘姚邵氏刻本　一冊

360000－1901－0031259　120168
王貞白詩一卷補遺一卷附録一卷　（唐）王貞白撰　清宣統元年（1909）餘姚邵氏刻本　一冊

360000－1901－0031260　120169
王貞白詩一卷補遺一卷附録一卷　（唐）王貞白撰　清宣統元年（1909）餘姚邵氏刻本　一冊

360000－1901－0031261　601079
王貞白詩一卷補遺一卷附録一卷　（唐）王貞白撰　清宣統元年（1909）餘姚邵氏刻本　一冊

360000－1901－0031262　601080
王貞白詩一卷補遺一卷附録一卷　（唐）王貞白撰　清宣統元年（1909）餘姚邵氏刻本　一冊

360000－1901－0031263　240484
王徵士集四卷附録一卷　（明）王彝撰　（明）都穆輯　（清）陸廷燦重輯　清康熙三十九年（1700）嘉定陸廷燦刻本　四冊

360000－1901－0031264　300658
王忠文公集二十卷　（明）王禕撰　（清）胡鳳丹輯　清同治九年（1870）胡鳳丹退補齋刻本　八冊　存十三卷（一至十三）

360000－1901－0031265　315377
王忠文公集二十卷　（明）王禕撰　（清）胡鳳丹輯　清同治九年（1870）胡鳳丹退補齋刻本　十冊

360000－1901－0031266　411239
王忠文公集二十五卷　（明）王禕撰　（清）劉傑編　（清）劉同校　（清）張維樞選　（清）王延曾續編　清康熙三十年（1691）刻本　五冊　存十六卷（三至九、十四至十六、二十至二十五）

360000－1901－0031267　308388
王壯武公遺集二十四卷　（清）王鑫撰　**年譜二卷**　（清）羅正鈞撰　清光緒十八年（1892）湘鄉王氏江寧刻本　十二冊

360000－1901－0031268　300622
王子安集註二十卷首一卷末一卷　（唐）王勃撰　（清）蔣清翊注　清光緒九年（1883）吳縣蔣氏雙唐碑館刻本　六冊

360000－1901－0031269　240638
王遵巖集十卷　（明）王慎中撰　（清）張汝瑚評選　清康熙二十一年（1682）郢雪書林刻明十一大家集本　六冊

360000－1901－0031270　315925

枉川全集 （清）楊琪光撰　清光緒十年至十一年(1884－1885)武陵楊氏刻本　五册　存三種

360000－1901－0031271　803830
往還信號不分卷 （清）□□輯　清抄本　一册

360000－1901－0031272　802698
往來尺牘不分卷 （清）□□輯　清文林抄本　一册

360000－1901－0031273　162424
往生集三卷附普勸爲人必修淨土一卷 （明）釋袾宏輯　清光緒二十四年(1898)金陵刻經處刻本　一册

360000－1901－0031274　406901
往生集三卷附普勸爲人必修淨土一卷 （明）釋袾宏輯　清同治七年(1868)刻本　一册

360000－1901－0031275　310115
往生論注二卷 （三國魏）釋菩提支譯　（三國魏）釋曇鸞注　清光緒十九年(1893)金陵刻經處刻本　一册

360000－1901－0031276　241362
網師園唐詩箋十八卷 （清）宋宗元輯　清乾隆三十二年(1767)尚絅堂刻本　四册

360000－1901－0031277　404968
望山草堂詩鈔十卷 （清）林鶚撰　**望山堂詩續二卷** （清）林用霖撰　清光緒八年(1882)刻本　二册　存四卷(望山草堂詩鈔九至十、望山堂詩續二卷)

360000－1901－0031278　300454
望堂金石文字 楊守敬輯　清同治至宣統宜都楊氏飛青閣刻本　二册　存十二種

360000－1901－0031279　308478
望堂金石文字 楊守敬輯　清同治至宣統宜都楊氏飛青閣刻本　六册

360000－1901－0031280　314338
望堂金石文字 楊守敬輯　清同治至宣統宜都楊氏飛青閣刻本　十六册

360000－1901－0031281　314341
望堂金石文字 楊守敬輯　清同治至宣統宜都楊氏飛青閣刻本　十六册

360000－1901－0031282　415317
望溪文一卷望溪先生文偶鈔抄十四卷 （清）方苞撰　（清）程崟輯　清乾隆刻抗希堂十六種本　十册

360000－1901－0031283　415318
望溪文一卷望溪先生文偶鈔抄十四卷 （清）方苞撰　（清）程崟輯　清乾隆刻抗希堂十六種本　八册

360000－1901－0031284　415319
望溪文一卷望溪先生文偶鈔抄十四卷 （清）方苞撰　（清）程崟輯　清乾隆刻抗希堂十六種本　六册　缺五卷(墓表、哀辭、祭文、家誌銘狀表哀辭、騷)

360000－1901－0031285　308051
望溪先生文集十八卷 （清）方苞撰　清咸豐元年(1851)刻本　八册

360000－1901－0031286　300020
望溪先生文集十八卷集外文十卷集外文補遺二卷 （清）方苞撰　**望溪先生年譜二卷** （清）蘇惇元輯　清咸豐元年至二年(1851－1852)戴鈞衡刻本　十二册

360000－1901－0031287　304528
望溪先生文集十八卷集外文十卷集外文補遺二卷 （清）方苞撰　**望溪先生年譜二卷** （清）蘇惇元輯　清咸豐元年至二年(1851－1852)戴鈞衡刻本　一册　存三卷(望溪先生文集二至四)

360000－1901－0031288　307718
望溪先生文集十八卷集外文十卷集外文補遺二卷 （清）方苞撰　**望溪先生年譜二卷** （清）蘇惇元輯　清咸豐元年至二年(1851－1852)戴鈞衡刻本　六册　缺十八卷(望溪先生文集十八卷)

360000－1901－0031289　315436
望溪先生文集十八卷集外文十卷集外文補遺

二卷　(清)方苞撰　**望溪先生年譜二卷**　(清)蘇惇元輯　清咸豐元年至二年(1851－1852)戴鈞衡刻本　十六册

360000－1901－0031290　316672
望溪先生文集十八卷集外文十卷集外文補遺二卷　(清)方苞撰　**望溪先生年譜二卷**　(清)蘇惇元輯　清咸豐元年至二年(1851－1852)戴鈞衡刻本　十四册

360000－1901－0031291　415310
望溪先生文集十八卷集外文十卷集外文補遺二卷　(清)方苞撰　**望溪先生年譜二卷**　(清)蘇惇元輯　清咸豐元年至二年(1851－1852)戴鈞衡刻本　十六册

360000－1901－0031292　415311
望溪先生文集十八卷集外文十卷集外文補遺二卷　(清)方苞撰　**望溪先生年譜二卷**　(清)蘇惇元輯　清咸豐元年至二年(1851－1852)戴鈞衡刻本　十五册

360000－1901－0031293　415312
望溪先生文集十八卷集外文十卷集外文補遺二卷　(清)方苞撰　**望溪先生年譜二卷**　(清)蘇惇元輯　清咸豐元年至二年(1851－1852)戴鈞衡刻本　十三册　缺二卷(十二、望溪先生年譜一卷)

360000－1901－0031294　415313
望溪先生文集十八卷集外文十卷集外文補遺二卷　(清)方苞撰　**望溪先生年譜二卷**　(清)蘇惇元輯　清咸豐元年至二年(1851－1852)戴鈞衡刻本　七册　存八卷(望溪先生文集六、十五至十六,集外文一,集外文補遺二卷,望溪先生年譜一卷、年譜附録一卷)

360000－1901－0031295　902517
望溪先生文集十八卷集外文十卷集外文補遺二卷　(清)方苞撰　**望溪先生年譜二卷**　(清)蘇惇元輯　清咸豐元年至二年(1851－1852)戴鈞衡刻本　一册　存二卷(集外文三至四)

360000－1901－0031296　240948
望溪先生文偶抄不分卷　(清)方苞撰　(清)王兆符　(清)程崟輯　清乾隆十一年(1746)程崟刻本　十册

360000－1901－0031297　240949
望溪先生文偶抄不分卷　(清)方苞撰　(清)王兆符　(清)程崟輯　清乾隆十一年(1746)程崟刻本　六册

360000－1901－0031298　120632
危學士全集十四卷　(明)危素撰　(清)嚴紱璽等輯　清道光六年(1826)芳樹園刻本　四册

360000－1901－0031299　120633
危學士全集十四卷　(明)危素撰　(清)嚴紱璽等輯　清道光六年(1826)芳樹園刻本　六册

360000－1901－0031300　410798
危學士全集十四卷　(明)危素撰　(清)嚴紱璽等輯　清道光六年(1826)芳樹園刻本　五册

360000－1901－0031301　240458
危學士全集十四卷　(明)危素撰　(清)嚴紱璽等輯　清乾隆二十三年(1758)芳樹園刻本　六册

360000－1901－0031302　240459
危學士全集十四卷　(明)危素撰　(清)嚴紱璽等輯　清乾隆二十三年(1758)芳樹園刻道光六年(1826)金谿嚴氏重修本　六册

360000－1901－0031303　314149
危言四卷　(清)湯震撰　清光緒二十二年(1896)上海集成印書局鉛印本　二册

360000－1901－0031304　405161
危言四卷　(清)湯震撰　清光緒二十四年(1898)湖南興學書局刻本　二册

360000－1901－0031305　405160
危言四卷　(清)湯震撰　清光緒二十四年(1898)三魚書屋石印本　二册

360000－1901－0031306　302089

危言四卷　(清)湯震撰　清光緒二十四年(1898)文瀾堂刻本　四冊

360000－1901－0031307　301552
危言四卷　(清)湯震撰　清光緒刻本　二冊

360000－1901－0031308　409263
威毅伯曾宫保手札一卷　(清)曾國荃撰　清光緒岵瞻堂刻本　一冊

360000－1901－0031309　150554
微波榭遺書　(清)孔繼涵撰　清乾隆孔氏刻本　四冊

360000－1901－0031310　804509
微積初津不分卷　(清)華蘅芳撰　清光緒二十三年(1897)復古書齋石印本　一冊

360000－1901－0031311　317681
微積溯源八卷　(英國)華里司輯　(英國)傅蘭雅口譯　(清)華蘅芳筆述　清光緒二十二年(1896)上海著易堂石印本　四冊

360000－1901－0031312　417435
微積溯源八卷　(英國)華里司輯　(英國)傅蘭雅口譯　(清)華蘅芳筆述　清光緒二十三年(1897)積山書局石印本　六冊　存六卷(一至五、八)

360000－1901－0031313　417455
微積溯源八卷　(英國)華里司輯　(英國)傅蘭雅口譯　(清)華蘅芳筆述　清同治刻本　六冊

360000－1901－0031314　405166
微尚齋詩集初編四卷續集一卷　(清)馮志沂撰　清咸豐十一年(1861)刻本　一冊

360000－1901－0031315　302781
薇省同聲集五卷　(清)彭鑾輯　清光緒十六年(1890)刻本　一冊

360000－1901－0031316　302782
薇省同聲集五卷　(清)彭鑾輯　清光緒十六年(1890)刻本　一冊

360000－1901－0031317　220454
薇垣日記不分卷(清咸豐八年四月至同治八年八月)　(清)鮑康撰　稿本　十八冊

360000－1901－0031318　220263
薇垣雜記一卷　(清)鮑康撰　稿本　二冊

360000－1901－0031319　901686
薇雲小舍詩課續編二卷　(清)吴之俊撰　清刻本　一冊

360000－1901－0031320　900128
薇雲小舍試帖詩課二卷　(清)吴之俊撰　清刻本　一冊

360000－1901－0031321　900130
薇雲小舍試帖詩課二卷　(清)吴之俊撰　清刻本　一冊

360000－1901－0031322　900129
薇雲小舍試帖詩課二卷續編二卷　(清)吴之俊撰　清刻本　一冊

360000－1901－0031323　901597
薇雲小舍試帖詩課二卷續編二卷　(清)吴之俊撰　清刻本　一冊

360000－1901－0031324　802239
薇雲小舍試帖詩課二卷續編二卷　(清)吴之俊撰　清兩儀堂刻本　一冊　存三卷(薇雲小舍試帖詩課二卷、續編二)

360000－1901－0031325　241116
韋廬初集一卷續集一卷　(清)李秉禮撰　清乾隆刻本　二冊

360000－1901－0031326　316569
韋廬近集一卷　(清)李秉禮撰　清嘉慶刻本　一冊

360000－1901－0031327　121185
韋廬賸稿一卷　(清)李秉禮撰　清道光二年(1822)刻本　一冊

360000－1901－0031328　413533
韋廬詩内集四卷首一卷末一卷　(清)李秉禮撰　清刻本　一冊　存五卷(韋廬詩内集四卷、末一卷)

360000－1901－0031329　413534

韋廬詩内集四卷首一卷末一卷 (清)李秉禮撰 清刻本 一册 存三卷(三至四、末一卷)

360000－1901－0031330 121182
韋廬詩内集四卷首一卷末一卷外集四卷首一卷末一卷 (清)李秉禮撰 清道光十年(1830)知稼堂刻本 四册

360000－1901－0031331 121183
韋廬詩内集四卷首一卷末一卷外集四卷首一卷末一卷 (清)李秉禮撰 清道光十年(1830)知稼堂刻本 四册

360000－1901－0031332 121184
韋廬詩内集四卷首一卷末一卷外集四卷首一卷末一卷 (清)李秉禮撰 清光緒十三年(1887)刻本 四册

360000－1901－0031333 413532
韋廬詩内集四卷首一卷末一卷外集四卷首一卷末一卷賸稿一卷 (清)李秉禮撰 清李聯琇刻本 三册 存五卷(韋廬詩内集一至二、外集一至二、賸稿一卷)

360000－1901－0031334 160936
韋氏詩經考定二十四卷詩經傳授源流一卷總論一卷 (明)韋調鼎撰 清刻本 一册 存四卷(二十一至二十四)

360000－1901－0031335 314316
韋蘇州集十卷 (唐)韋應物撰 清末石印本 一册 存二卷(七至八)

360000－1901－0031336 302512
韋蘇州集十卷 (唐)韋應物撰 清宣統三年(1911)上海文寶書局石印本 六册

360000－1901－0031337 415170
韋蘇州集十卷 (唐)韋應物撰 清宣統三年(1911)水雲山房石印本 二册 存四卷(一至二、九至十)

360000－1901－0031338 302515
韋蘇州集十卷拾遺一卷 (唐)韋應物撰 清席氏琴川書屋刻本 六册

360000－1901－0031339 413531
韋齋集十二卷首一卷 (宋)朱松撰 **玉瀾集一卷** (宋)朱槔撰 清刻本 一册 存五卷(四至八)

360000－1901－0031340 121179
韋齋集十二卷首一卷 (宋)朱松撰 **玉瀾集一卷** (宋)朱槔撰 清同治七年(1868)刻本 二册 存五卷(韋齋集十至十二、首一卷,玉瀾集一卷)

360000－1901－0031341 310184
唯識二十論述記四卷 (唐)釋窺基撰 清宣統二年(1910)江西刻經處刻本 二册

360000－1901－0031342 310139
唯識開蒙問答二卷 (元)釋雲峰輯 清宣統三年(1911)揚州藏經禪院刻本 二册

360000－1901－0031343 310216
唯識問答一卷 (清)劉玉子撰 清刻本 一册

360000－1901－0031344 404722
唯識問答一卷 (清)劉玉子撰 清刻本 一册

360000－1901－0031345 801165
圍河北收用簿一卷(光緒二年) (□)□□輯 稿本 一册

360000－1901－0031346 162639
圍棋譜不分卷 (□)□□撰 清刻本 一册

360000－1901－0031347 121760
爲人草二卷 (清)羅彦清撰 清嘉慶二十五年(1820)深柳讀書堂刻本 一册

360000－1901－0031348 801590
爲善最樂一卷 (清)□□編 清梅占魁刻本 一册

360000－1901－0031349 406851
維摩詰所説經三卷 (後秦)釋鳩摩羅什譯 清同治九年(1870)金陵刻經處刻本 一册

360000－1901－0031350 406929
維摩詰所説經折衷疏六卷 (明)釋大賢撰

清刻本　一册　存二卷(一至二)

360000－1901－0031351　309365
維摩詰所說經註八卷　(後秦)釋鳩摩羅什譯　(晉)釋僧肇注　清光緒十三年(1887)金陵刻經處刻本　二册

360000－1901－0031352　310179
維摩詰所說經註八卷　(後秦)釋鳩摩羅什譯　(晉)釋僧肇注　清光緒十三年(1887)金陵刻經處刻本　二册

360000－1901－0031353　404694
維揚大成堂新刻增訂釋義經書便用通考雜字二卷外一卷　(清)徐三省輯　(清)戴啓達增訂　清刻本　二册

360000－1901－0031354　801056
維揚大成堂新刻增訂釋義經書便用通考雜字二卷外一卷　(清)徐三省輯　(清)戴啓達增訂　清刻本　一册　存一卷(上)

360000－1901－0031355　406084－3
維揚大成堂新刻增訂釋義經書便用通考雜字二卷外一卷　(清)徐三省輯　(清)戴啓達增訂　清務本堂刻本　一册

360000－1901－0031356　406084－4
維揚大成堂新刻增訂釋義經書便用通考雜字二卷外一卷　(清)徐三省輯　(清)戴啓達增訂　清務本堂刻本　一册　存一卷(維揚大成堂新刻增訂釋義經書便用通考雜字上)

360000－1901－0031357　406084－5
維揚大成堂新刻增訂釋義經書便用通考雜字二卷外一卷　(清)徐三省輯　(清)戴啓達增訂　清怡蓮堂刻本　一册

360000－1901－0031358　406084－1
維揚大成堂新刻增訂釋義經書便用通考雜字二卷外一卷　(清)徐三省輯　(清)戴啓達增訂　清刻本　一册　存一卷(維揚大成堂新刻增訂釋義經書便用通考雜字上)

360000－1901－0031359　406084－2
維揚大成堂新刻增訂釋義經書便用通考雜字二卷外一卷　(清)徐三省輯　(清)戴啓達增訂　清兩儀堂刻本　一册　存一卷(維揚大成堂新刻增訂釋義經書便用通考雜字上)

360000－1901－0031360　901415
闈鐙語要不分卷　(清)淩夢曾撰　清刻本　一册

360000－1901－0031361　901416
闈鐙語要不分卷　(清)淩夢曾撰　清刻本　一册

360000－1901－0031362　901196
闈墨不分卷　(清)□□輯　清刻本　一册

360000－1901－0031363　311766
委羽山志六卷　(明)胡昌賢輯　清同治九年(1870)委羽石室刻本　一册

360000－1901－0031364　164504
葦杭集十四卷　(清)陳豐撰　清刻本　一册　存八卷(三至十)

360000－1901－0031365　302894
葦間集五卷　(清)姜宸英撰　清道光四年(1824)葉元塏刻本　四册

360000－1901－0031366　316359
葦間詩集五卷　(清)姜宸英撰　清道光四年(1824)睿吾樓刻本　三册

360000－1901－0031367　240864
葦間詩集五卷　(清)姜宸英撰　清康熙五十二年(1713)唐執玉刻本　六册

360000－1901－0031368　161236
緯攟十四卷　(清)喬松年輯　清光緒三年(1877)強恕堂刻本　八册

360000－1901－0031369　150713
韡園醫學六種　(清)潘霨輯　清光緒九年(1883)江西書局刻本　十二册

360000－1901－0031370　150714
韡園醫學六種　(清)潘霨輯　清光緒九年(1883)江西書局刻本　十二册

360000－1901－0031371　150715

韓園醫學六種　(清)潘霨輯　清光緒九年(1883)江西書局刻本　十二册

360000－1901－0031372　150716
韓園醫學六種　(清)潘霨輯　清光緒九年(1883)江西書局刻本　三册　存三種

360000－1901－0031373　413578
未灰齋文集八卷　(清)徐鼒撰　清咸豐十一年(1861)福寧郡齋刻本　三册

360000－1901－0031374　303363
未灰齋文集八卷外集一卷　(清)徐鼒撰　清咸豐十一年(1861)刻本　四册

360000－1901－0031375　120327
未毁草文一卷詩一卷試帖一卷制義一卷　(清)丁亨撰　清光緒元年(1875)丁簡軒刻本　六册

360000－1901－0031376　405311
味菜堂詩集四卷　(清)汪淵撰　清光緒二十三年(1897)刻本　一册

360000－1901－0031377　405313
味塵軒詩集十四卷詩餘二卷　(清)李文瀚撰　清道光二十三年(1843)小羅浮刻增修本　五册

360000－1901－0031378　405312
味道集一卷　(清)段楨齡撰　清光緒十七年(1891)貴筑縣署刻本　一册

360000－1901－0031379　410216
味根堂文藁四卷　(清)易樹年撰　清光緒十八年(1892)刻本　二册

360000－1901－0031380　120858
味蕉小寮集　(清)蔡世鈸撰　清嘉慶十六年(1811)冰溪黄氏家塾刻本　四册

360000－1901－0031381　407639
味經得雋齋律賦一卷　(清)薛春黎撰　清同治七年(1868)全椒薛氏刻薛氏五種本　一册

360000－1901－0031382　303747
味經山館詩鈔六卷　(清)戴鈞衡撰　清咸豐二年(1852)王祐蕃刻本　二册

360000－1901－0031383　303742
味經山館詩鈔六卷文鈔四卷　(清)戴鈞衡撰　清道光三十年至咸豐三年(1850－1853)刻本　三册

360000－1901－0031384　316329
味經書屋詩稿十二卷　(清)張爕撰　清道光十一年(1831)奉勤堂刻本　八册

360000－1901－0031385　405310
味經堂稿不分卷　(清)戴繼堂評選　清嘉慶十六年(1811)刻本　一册

360000－1901－0031386　120857
味經齋存稿四卷　(清)宋鳴璜撰　清嘉慶十七年(1812)世恩堂刻本　二册

360000－1901－0031387　160514
味經齋遺書　(清)莊存與撰　清光緒八年至十二年(1882－1886)陽湖莊氏刻本　十二册　存八種

360000－1901－0031388　805259
味蘭軒百篇賦鈔四卷　(清)張世壽　(清)彭克惠輯　清嘉慶元年(1796)刻本　四册

360000－1901－0031389　241421
味蘭軒百篇賦鈔四卷　(清)張世燾　(清)彭克惠輯　清乾隆三十五年(1770)刻本　四册

360000－1901－0031390　301184
味蓼初藁不分卷　(清)毛燧傳撰　清刻本　三册

360000－1901－0031391　163734
味靈華館詩六卷　(清)商廷煥撰　清宣統二年(1910)刻本　一册

360000－1901－0031392　802622
味外味不分卷　(清)□□輯　清刻本　一册

360000－1901－0031393　163735
味無味齋詩鈔二卷　(清)朱臒撰　清咸豐五年(1855)刻本　一册

360000－1901－0031394　405315
味無味齋詩鈔七卷雜文一卷駢體文二卷　(清)董兆熊撰　清光緒元年(1875)刻本　二

册

360000－1901－0031395　407631
味閒堂賦鈔一卷續刻一卷三刻二卷　(清)陶然撰　清刻本　一册　存一卷(續刻一卷)

360000－1901－0031396　241118
味雪樓詩草一卷别稿一卷　(清)宋鳴瓊撰　清乾隆五十六年(1791)宋鳴璜刻本　一册

360000－1901－0031397　241119
味雪樓詩草一卷别稿一卷　(清)宋鳴瓊撰　清乾隆五十六年(1791)宋鳴璜刻本　一册

360000－1901－0031398　241120
味雪樓詩草一卷别稿一卷　(清)宋鳴瓊撰　清乾隆五十六年(1791)宋鳴璜刻本　一册

360000－1901－0031399　303746
味雪齋文鈔甲集十卷　(清)戴絅孫撰　清道光二十九年(1849)刻本　二册

360000－1901－0031400　415521
味餘書室全集定本四十卷目録四卷隨筆二卷　(清)仁宗顒琰撰　(清)慶桂等編　清嘉慶刻本　四册　存七卷(三十五至三十六、三十八至四十,隨筆二卷)

360000－1901－0031401　315683
味餘書室全集定本四十卷目録四卷隨筆二卷　(清)仁宗顒琰撰　(清)慶桂等編　清嘉慶五年(1800)武英殿刻本　三十二册

360000－1901－0031402　415520
味餘書室全集定本四十卷目録四卷隨筆二卷　(清)仁宗顒琰撰　(清)慶桂等編　清刻本　三十册

360000－1901－0031403　717176
味餘書室全集定本四十卷目録四卷隨筆二卷　(清)仁宗顒琰撰　(清)慶桂等編　清刻本　二册　存二卷(二十九至三十)

360000－1901－0031404　121202
畏軒文集二卷　(清)宋昌圖撰　清道光十七年(1837)刻雩都三宋集本　一册

360000－1901－0031405　413914
畏軒文集二卷　(清)宋昌圖撰　清道光十七年(1837)刻雩都三宋集本　一册

360000－1901－0031406　413914－1
畏軒文集二卷　(清)宋昌圖撰　清道光十七年(1837)刻雩都三宋集本　一册

360000－1901－0031407　210114
畏齋詩經客難二卷　(清)龔元玠撰　清乾隆三十八年(1773)刻本　一册

360000－1901－0031408　210089
畏齋書經客難三卷首一卷　(清)龔元玠撰　清乾隆三十八年(1773)刻本　一册

360000－1901－0031409　601447－1
畏齋四書客難四卷　(清)龔元玠撰　清嘉慶二十三年(1818)刻本　一册　存一卷(一)

360000－1901－0031410　601448
畏齋四書客難四卷　(清)龔元玠撰　清嘉慶二十三年(1818)刻本　一册　存一卷(一)

360000－1901－0031411　601449
畏齋四書客難四卷　(清)龔元玠撰　清嘉慶二十三年(1818)刻本　四册

360000－1901－0031412　601449－1
畏齋四書客難四卷　(清)龔元玠撰　清嘉慶二十三年(1818)刻本　一册　存一卷(三)

360000－1901－0031413　601446
畏齋文集四卷　(清)龔元玠撰　清刻本　三册　存三卷(二至四)

360000－1901－0031414　601447
畏齋文集四卷　(清)龔元玠撰　清刻本　三册

360000－1901－0031415　241063
畏齋文集四卷　(清)龔元玠撰　清乾隆二十八年(1763)北園書室刻道光印本　四册

360000－1901－0031416　241064
畏齋文集四卷　(清)龔元玠撰　清乾隆二十八年(1763)北園書室刻道光印本　四册

360000－1901－0031417　121203

畏齋文集四卷附黄淮安瀾編二卷 (清)龔元玠撰 清嘉慶二十三年(1818)刻本 五册

360000－1901－0031418 601446－1
畏齋文集四卷經策一卷史策一卷 (清)龔元玠撰 清刻本 三册 存四卷(一、三,經策一卷,史策一卷)

360000－1901－0031419 240361
渭南文集五十卷 (宋)陸游撰 明末海虞毛氏汲古閣刻陸放翁全集本 八册 缺五卷(三十五至三十九)

360000－1901－0031420 240362
渭南文集五十卷 (宋)陸游撰 明末海虞毛氏汲古閣刻陸放翁全集本 七册 缺十七卷(十六至二十、二十六至三十、三十六至四十、四十六、五十)

360000－1901－0031421 316657
渭南文集五十卷 (宋)陸游撰 明末海虞毛氏汲古閣刻陸放翁全集本 十册

360000－1901－0031422 316897
渭南文集五十卷 (宋)陸游撰 明末海虞毛氏汲古閣刻陸放翁全集本 十一册

360000－1901－0031423 308094
渭南文集五十卷首一卷 (宋)陸游撰 清養雲書屋木活字印本 十册 存四十二卷(一至二十一、二十七至四十二、四十七至五十,首一卷)

360000－1901－0031424 417666
渭南文集五十卷首一卷 (宋)陸游撰 清養雲書屋木活字印本 一册 存五卷(二十二至二十六)

360000－1901－0031425 115043
衛藏圖識五卷 (清)馬揭修 (清)盛繩祖纂 清刻本 三册 存二卷(識畧上、下)

360000－1901－0031426 404851
衛藏圖識五卷 (清)馬揭修 (清)盛繩祖纂 清乾隆五十七年(1792)刻本 四册

360000－1901－0031427 404851－1
衛藏圖識五卷 (清)馬揭修 (清)盛繩祖纂 清乾隆五十七年(1792)刻本 一册 存一卷(識畧上)

360000－1901－0031428 301222
衛道編二卷 (清)劉紹攽撰 清光緒元年(1875)帶經堂刻本 二册

360000－1901－0031429 416019
衛公兵法輯本三卷 (唐)李靖撰 **舊唐書李靖傳攷證一卷** (清)汪宗沂撰 清光緒二十年(1894)桐廬袁氏刻漸西村舍彙刊本 一册

360000－1901－0031430 416492
衛公兵法輯本三卷 (唐)李靖撰 **舊唐書李靖傳攷證一卷** (清)汪宗沂撰 清光緒二十年(1894)桐廬袁氏刻漸西村舍彙刊本 一册

360000－1901－0031431 408940
衛濟餘編十八卷 (清)王纕堂輯 清道光二十二年(1842)大文堂刻本 四册 存十六卷(一至八、十至十二、十四至十八)

360000－1901－0031432 408942
衛濟餘編十八卷 (清)王纕堂輯 清道光二十三年(1843)刻本 三册 存十三卷(一至十一、十三至十四)

360000－1901－0031433 408944
衛濟餘編十八卷 (清)王纕堂輯 清道光二十三年(1843)刻本 二册 存十二卷(一至十二)

360000－1901－0031434 408937
衛濟餘編十八卷 (清)王纕堂輯 清道光二十三年(1843)兩儀堂刻本 三册 存九卷(一至五、十一至十四)

360000－1901－0031435 408941
衛濟餘編十八卷 (清)王纕堂輯 清道光七年(1827)刻本 四册 存十四卷(一至十四)

360000－1901－0031436 801693
衛濟餘編十八卷 (清)王纕堂輯 清光緒八年(1882)刻本 三册 存三卷(一、三、十一)

360000－1901－0031437 408938

衛濟餘編十八卷 (清)王纕堂輯 清刻本 八冊

360000－1901－0031438 408943
衛濟餘編十八卷 (清)王纕堂輯 清刻本 二冊 存十卷(一至六、十一至十四)

360000－1901－0031439 801992
衛濟餘編十八卷 (清)王纕堂輯 清刻本 一冊 存一卷(十四)

360000－1901－0031440 802642
衛濟餘編十八卷 (清)王纕堂輯 清刻本 一冊 存一卷(十四)

360000－1901－0031441 408939
衛濟餘編十八卷 (清)王纕堂輯 清咸豐十一年(1861)刻本 五冊

360000－1901－0031442 407742
衛濟餘編五卷 (清)王纕堂輯 清同治二年(1863)古經閣刻本 二冊 存二卷(一、五)

360000－1901－0031443 408864
衛生利用方二卷 (清)許肇猷撰 清刻本 一冊

360000－1901－0031444 800366
衛生學問答不分卷 丁福保撰 清抄本 一冊

360000－1901－0031445 162870
衛生要術一卷 (清)潘霨輯 清光緒二年(1876)刻本 一冊

360000－1901－0031446 404829
慰悼編不分卷 (清)李大晉輯 清嘉慶十年(1805)嶺雲書屋刻本 一冊

360000－1901－0031447 404829－1
慰悼編不分卷 (清)李大晉輯 清嘉慶十年(1805)嶺雲書屋刻本 一冊

360000－1901－0031448 122526
魏伯子文集十卷首一卷 (清)魏際瑞撰 清道光二十五年(1845)寧都謝庭綬紱園書塾刻寧都三魏全集本 六冊

360000－1901－0031449 122527
魏伯子文集十卷首一卷 (清)魏際瑞撰 清道光二十五年(1845)寧都謝庭綬紱園書塾刻寧都三魏全集本 六冊

360000－1901－0031450 800503
魏伯子文集十卷首一卷 (清)魏際瑞撰 清刻本 三冊 存五卷(二至三、八至十)

360000－1901－0031451 405625
魏鶴山先生渠陽詩一卷 (宋)魏了翁撰 (宋)王德文注 清光緒貴池劉氏石印本 一冊

360000－1901－0031452 421810
魏季子文集十六卷 (清)魏禮撰 清道光二十五年(1845)寧都謝庭綬紱園書塾刻寧都三魏全集本 一冊 存一卷(七)

360000－1901－0031453 800501
魏季子文集十六卷 (清)魏禮撰 清刻本 三冊 存三卷(五至七)

360000－1901－0031454 122530
魏季子文集十六卷 (清)魏禮撰 清刻寧都三魏全集本 十冊

360000－1901－0031455 122532
魏敬士文集八卷 (清)魏世儼撰 清刻本 三冊

360000－1901－0031456 417969
魏默深先生文集三卷 (清)魏源撰 清光緒二十九年(1903)揚州益智書社鉛印本 二冊

360000－1901－0031457 301503
魏阮元瑜集一卷 (漢)阮瑀撰 **魏劉公幹集一卷** (漢)劉楨撰 清刻本 一冊

360000－1901－0031458 122529
魏叔子日錄三卷 (清)魏禧撰 清刻本 二冊

360000－1901－0031459 601683
魏叔子文鈔七卷 (清)魏禧撰 清道光十七年(1837)刻本 一冊 存二卷(一至二)

360000－1901－0031460 240835

魏叔子文鈔十二卷　(清)魏禧撰　清康熙三十三年(1694)刻國朝三家文鈔本　一冊　存六卷(七至十二)

360000－1901－0031461　710952
魏叔子文集外篇二十二卷日錄三卷詩集八卷　(清)魏禧撰　清道光二十五年(1845)寧都謝庭綬紱園書塾刻寧都三魏全集本　一冊　存一卷(魏叔子文集外篇八)

360000－1901－0031462　716326
魏叔子文集外篇二十二卷日錄三卷詩集八卷　(清)魏禧撰　清道光二十五年(1845)寧都謝庭綬紱園書塾刻寧都三魏全集本　四冊　存六卷(魏叔子文集外篇十二至十七)

360000－1901－0031463　722012
魏叔子文集外篇二十二卷日錄三卷詩集八卷　(清)魏禧撰　清道光二十五年(1845)寧都謝庭綬紱園書塾刻寧都三魏全集本　一冊　存一卷(魏叔子文集外篇十)

360000－1901－0031464　412742
魏叔子文集外篇二十二卷日錄三卷詩集八卷　(清)魏禧撰　清刻本　二冊　存三卷(日錄三卷)

360000－1901－0031465　800502
魏叔子文集外篇二十二卷日錄三卷詩集八卷　(清)魏禧撰　清刻本　一冊　存一卷(魏叔子文集外篇一)

360000－1901－0031466　301500
魏書校勘記一卷　(清)李慈銘等撰　王先謙輯　清光緒九年(1883)長沙王氏刻本　一冊

360000－1901－0031467　164144
魏書一百十四卷　(北齊)魏收撰　明崇禎九年(1636)毛氏汲古閣刻十七史本　十九冊

360000－1901－0031468　301496
魏書一百十四卷　(北齊)魏收撰　明崇禎九年(1636)毛氏汲古閣刻十七史本　三十冊

360000－1901－0031469　805253
魏書一百十四卷　(北齊)魏收撰　明崇禎九年(1636)毛氏汲古閣刻十七史本　十冊　存四十五卷(六十四至一百八)

360000－1901－0031470　164143
魏書一百十四卷　(北齊)魏收撰　明萬曆二十四年(1596)北京國子監刻二十一史本　二十四冊

360000－1901－0031471　318064
魏書一百十四卷　(北齊)魏收撰　清抄本　一冊　存二卷(八至九)

360000－1901－0031472　603926
魏書一百十四卷　(北齊)魏收撰　清光緒二十八年(1902)石印本　一冊　存十二卷(一至十二)

360000－1901－0031473　309262
魏書一百十四卷　(北齊)魏收撰　清刻本　三十四冊

360000－1901－0031474　306048
魏書一百十四卷　(北齊)魏收撰　清同治十一年(1872)金陵書局刻二十四史本　七冊　存三十五卷(一至三十五)

360000－1901－0031475　306049
魏書一百十四卷　(北齊)魏收撰　清同治十一年(1872)金陵書局刻二十四史本　十三冊　存七十九卷(十三至二十一、三十一至三十七、四十五至一百七)

360000－1901－0031476　603925
魏書一百十四卷　(北齊)魏收撰　清同治十一年(1872)金陵書局刻二十四史本　九冊　存六十卷(一至二十七、六十三至九十五)

360000－1901－0031477　800904
魏書一百十四卷　(北齊)魏收撰　清同治十一年(1872)金陵書局刻二十四史本　十四冊　存六十八卷(三十六至九十四、一百六至一百十四)

360000－1901－0031478　123082
魏塘南浦吟一卷　江峰青撰　清光緒二十六年(1900)刻本　一冊

360000－1901－0031479　123083
魏塘南浦吟一卷　江峰青撰　清光緒二十六年（1900）刻本　一冊

360000－1901－0031480　413863
魏塘南浦吟一卷　江峰青撰　清光緒二十六年（1900）刻本　一冊

360000－1901－0031481　123085
魏塘署齋隨筆一卷　江峰青撰　清宣統元年（1909）刻本　一冊

360000－1901－0031482　413859
魏塘署齋隨筆一卷　江峰青撰　清宣統元年（1909）刻本　一冊

360000－1901－0031483　413859－1
魏塘署齋隨筆一卷　江峰青撰　清宣統元年（1909）刻本　一冊

360000－1901－0031484　413859－2
魏塘署齋隨筆一卷　江峰青撰　清宣統元年（1909）刻本　一冊

360000－1901－0031485　123280
魏塘漱芳集一卷　江峰青撰　清光緒二十一年（1895）刻本　四冊

360000－1901－0031486　413860
魏塘漱芳集一卷　江峰青撰　清光緒二十一年（1895）刻本　一冊

360000－1901－0031487　413862
魏塘文告摘錄一卷　江峰青撰　清光緒二十五年（1899）刻本　一冊

360000－1901－0031488　413864
魏塘楹帖錄存一卷　江峰青撰　清光緒刻本　一冊

360000－1901－0031489　413864－1
魏塘楹帖錄存一卷　江峰青撰　清光緒刻本　一冊

360000－1901－0031490　413864－2
魏塘楹帖錄存一卷　江峰青撰　清光緒刻本　一冊

360000－1901－0031491　123084
魏塘楹帖錄存一卷　江峰青撰　清末刻本　一冊

360000－1901－0031492　803097
魏文二卷　（明）張運泰　（明）余元熹彙評　清刻漢魏六十名家本　一冊

360000－1901－0031493　301502
魏文貞公故事拾遺三卷　（清）王先恭輯　清光緒九年（1883）長沙王氏刻本　二冊

360000－1901－0031494　122533
魏興士文集六卷　（清）魏世傑撰　清刻本　一冊

360000－1901－0031495　601681
魏昭士文集十卷　（清）魏世傚撰　清道光二十五年（1845）寧都謝庭綬紱園書塾刻寧都三魏全集本　二冊　存三卷（一至三）

360000－1901－0031496　800500
魏昭士文集十卷　（清）魏世傚撰　清刻本　一冊　存一卷（三）

360000－1901－0031497　301501
魏鄭公諫錄五卷　（唐）王方慶輯　（清）王先恭校注　**魏鄭公諫續錄二卷**　（元）翟思忠輯　清光緒九年（1883）長沙王氏刻王益吾所刻書本　三冊

360000－1901－0031498　301498
魏鄭公諫錄五卷　（唐）王方慶輯　（清）王先恭校注　**魏鄭公諫續錄一卷**　（元）翟思忠輯　清光緒五年（1879）定州王氏謙德堂刻畿輔叢書本　一冊

360000－1901－0031499　164502
魏鄭公諫續錄二卷　（元）翟思忠輯　清抄本　一冊

360000－1901－0031500　402045
魏鄭公諫續錄二卷　（元）翟思忠輯　清光緒九年（1883）長沙王氏刻王益吾所刻書本　一冊

360000－1901－0031501　408558

溫病條辨六卷首一卷 (清)吳塘撰 清道光十五年(1835)慈溪葉金潮刻本 四冊 存四卷(一至三、首一卷)

360000－1901－0031502 408555
溫病條辨六卷首一卷 (清)吳塘撰 清光緒十九年(1893)上海圖書集成印書局鉛印本 四冊

360000－1901－0031503 603598
溫病條辨六卷首一卷 (清)吳塘撰 清刻本 一冊 存一卷(一)

360000－1901－0031504 408554
溫病條辨六卷首一卷 (清)吳塘撰 清同治四年(1865)刻本(卷四至六配清末鉛印本) 四冊

360000－1901－0031505 408552
溫病條辨六卷首一卷 (清)吳塘撰 **新增溫病條辨歌括一卷採補溫熱諸方一卷** (清)方內散人編 清光緒九年(1883)刻本 六冊

360000－1901－0031506 803951
溫病條辨六卷首一卷 (清)吳瑭撰 清抄本 一冊 存三卷(一至三)

360000－1901－0031507 802104
溫病條辨六卷首一卷 (清)吳瑭撰 清程篤輝抄本 一冊 存一卷(三)

360000－1901－0031508 164926
溫病條辨六卷首一卷 (清)吳瑭撰 **附采補溫熱諸方一卷新增溫病條辨歌括一卷** (清)方內散人編 清光緒七年(1881)刻本 六冊

360000－1901－0031509 164929
溫病條辨六卷首一卷 (清)吳瑭撰 **附雜瘟須知一卷** (清)汪期蓮編 清同治四年(1865)刻本 二冊

360000－1901－0031510 901657
溫病條辨湯頭歌括三卷 (清)柳溪氏輯 清抄本 一冊 存一卷(三)

360000－1901－0031511 408561
溫病條辨湯頭歌括一卷 (清)戴葆元編 清光緒四年(1878)刻本 一冊

360000－1901－0031512 408561－1
溫病條辨湯頭歌括一卷 (清)戴葆元編 清光緒四年(1878)刻本 一冊

360000－1901－0031513 408561－2
溫病條辨湯頭歌括一卷 (清)戴葆元編 清光緒四年(1878)刻本 一冊

360000－1901－0031514 601541
溫病條辨湯頭歌括一卷 (清)戴葆元編 清光緒四年(1878)刻本 一冊

360000－1901－0031515 601542
溫病條辨湯頭歌括一卷 (清)戴葆元編 清光緒四年(1878)刻本 一冊

360000－1901－0031516 121604
溫病條辨湯頭歌括一卷 (清)戴葆元編 清光緒四年(1878)思補堂刻本 一冊

360000－1901－0031517 121605
溫病條辨湯頭歌括一卷 (清)戴葆元編 清光緒四年(1878)思補堂刻本 一冊

360000－1901－0031518 121606
溫病條辨湯頭歌括一卷 (清)戴葆元編 清光緒四年(1878)思補堂刻本 一冊

360000－1901－0031519 801449
溫病條辨湯頭歌括一卷 (清)戴葆元編 (清)柳溪氏錄 清抄本 一冊

360000－1901－0031520 801975
溫病條辨雜說不分卷 (□)□□撰 清抄本 一冊

360000－1901－0031521 302087
溫飛卿詩集七卷別集一卷集外詩一卷附錄諸家詩評一卷 (唐)溫庭筠撰 (明)曾益注 (清)顧予咸補注 (清)顧嗣立續注 清光緒八年(1882)錢塘汪氏刻本 二冊

360000－1901－0031522 417619
溫飛卿詩集七卷別集一卷集外詩一卷附錄諸家詩評一卷 (唐)溫庭筠撰 (明)曾益注 (清)顧予咸補注 (清)顧嗣立續注 清光緒

十三年(1887)刻本　二冊

360000－1901－0031523　421839
溫飛卿詩集七卷別集一卷集外詩一卷附録諸家詩評一卷　(唐)溫庭筠撰　(明)曾益注　(清)顧予咸補注　(清)顧嗣立續注　清康熙三十六年(1697)長洲顧氏秀野草堂刻本　二冊

360000－1901－0031524　240155
溫飛卿詩集七卷別集一卷集外詩一卷附録諸家詩評一卷　(唐)溫庭筠撰　(明)曾益注　(清)顧予咸補注　(清)顧嗣立續注　清康熙三十六年(1697)長洲顧氏秀野草堂刻本　二冊

360000－1901－0031525　316953
溫飛卿詩集七卷別集一卷集外詩一卷附録諸家詩評一卷　(唐)溫庭筠撰　(明)曾益注　(清)顧予咸補注　(清)顧嗣立續注　清康熙三十六年(1697)長洲顧氏秀野草堂刻本　二冊

360000－1901－0031526　418484－1
溫飛卿詩集七卷別集一卷集外詩一卷附録諸家詩評一卷　(唐)溫庭筠撰　(明)曾益注　(清)顧予咸補注　(清)顧嗣立續注　清末石印本　一冊　存三卷(二至四)

360000－1901－0031527　418485
溫飛卿詩集七卷別集一卷集外詩一卷附録諸家詩評一卷　(唐)溫庭筠撰　(明)曾益注　(清)顧予咸補注　(清)顧嗣立續注　清宣統二年(1910)廣益書局石印本　三冊　存七卷(一至四、別集一卷、集外詩一卷、諸家詩評一卷)

360000－1901－0031528　305577
溫飛卿詩集七卷別集一卷集外詩一卷附録諸家詩評一卷　(唐)溫庭筠撰　(明)曾益注　(清)顧予咸補注　(清)顧嗣立續注　清宣統二年(1910)石印本　二冊　存四卷(一、五至七)

360000－1901－0031529　418484
溫飛卿詩集七卷別集一卷集外詩一卷附録諸家詩評一卷　(唐)溫庭筠撰　(明)曾益注　(清)顧予咸補注　(清)顧嗣立續注　清宣統二年(1910)石印本　四冊

360000－1901－0031530　302084
溫飛卿詩集七卷別集一卷集外詩一卷附録諸家詩評一卷　(唐)溫庭筠撰　(明)曾益注　(清)顧予咸補注　(清)顧嗣立續注　清宣統二年(1910)影印本　四冊

360000－1901－0031531　162644
溫熱經緯五卷　(清)王士雄撰　(清)楊照藜　(清)汪曰楨評　清光緒八年(1882)四川新繁東湖刻本　四冊

360000－1901－0031532　408573
溫熱經緯五卷　(清)王士雄撰　(清)楊照藜　(清)汪曰楨評　清光緒三十年(1904)石印本　一冊

360000－1901－0031533　164932
溫熱經緯五卷　(清)王士雄撰　(清)楊照藜　(清)汪曰楨評　清同治十三年(1874)湖北崇文書局刻本　四冊

360000－1901－0031534　162646
溫熱贅言一卷　(清)寄瓢子撰　清道光十二年(1832)刻本　一冊

360000－1901－0031535　801239
瘟病條辨六卷首一卷　(清)吴瑭撰　清末石印本　一冊　存一卷(三)

360000－1901－0031536　801220
瘟病條辨六卷首一卷　(清)吴瑭撰　清同治四年(1865)趙履鼇刻本　一冊　存二卷(一、首一卷)

360000－1901－0031537　801221
瘟病條辨六卷首一卷　(清)吴瑭撰　清同治四年(1865)趙履鼇刻本　一冊　存一卷(三)

360000－1901－0031538　801222
瘟病條辨雜説六卷首一卷　(清)吴瑭撰　清刻本　一冊　存二卷(三至四)

360000－1901－0031539　801915
瘟病條辨諸方一卷　(□)□□撰　清抄本　一册

360000－1901－0031540　408571
瘟疫病方論十七卷傷寒醫方歌訣一卷　(明)吳有性撰　清刻本　一册　存三卷(十六至十七、傷寒醫方歌訣一卷)

360000－1901－0031541　408543
瘟疫彙編十六卷　(明)吳有性撰　(清)戴天章增廣　(清)劉奎訂正　(清)汪期蓮編　清道光八年(1828)旌陽汪期蓮刻本　四册

360000－1901－0031542　408543－1
瘟疫彙編十六卷　(明)吳有性撰　(清)戴天章增廣　(清)劉奎訂正　(清)汪期蓮編　清道光八年(1828)旌陽汪期蓮刻本　一册　存三卷(六至八)

360000－1901－0031543　408536
瘟疫論二卷　(明)吳有性撰　清嘉慶十二年(1807)嘉定縣署刻本　一册

360000－1901－0031544　408528
瘟疫論二卷　(明)吳有性撰　清刻本　二册

360000－1901－0031545　408529
瘟疫論二卷　(明)吳有性撰　清刻本　二册

360000－1901－0031546　901930
瘟疫論二卷　(明)吳有性撰　清刻本　一册　存一卷(上)

360000－1901－0031547　408531
瘟疫論二卷　(明)吳有性撰　清咸豐二年(1852)刻本　一册

360000－1901－0031548　408532
瘟疫論二卷　(明)吳有性撰　清咸豐二年(1852)刻本　一册

360000－1901－0031549　408530
瘟疫論二卷　(明)吳有性撰　(清)孔毓禮評閲　清刻本　二册

360000－1901－0031550　163091
瘟疫論類編五卷　(明)吳有性撰　(清)劉奎等評釋　清刻本　二册

360000－1901－0031551　408539
瘟疫明辨四卷末一卷　(清)喻昌撰　清道光二十八年(1848)刻本　一册　存三卷(三至四、末一卷)

360000－1901－0031552　408538
瘟疫明辨四卷末一卷　(清)喻昌撰　清道光二十五年(1845)刻本　一册

360000－1901－0031553　408538－1
瘟疫明辨四卷末一卷　(清)喻昌撰　清道光二十五年(1845)刻本　一册

360000－1901－0031554　408538－10
瘟疫明辨四卷末一卷　(清)喻昌撰　清道光二十五年(1845)刻本　一册

360000－1901－0031555　408538－11
瘟疫明辨四卷末一卷　(清)喻昌撰　清道光二十五年(1845)刻本　一册

360000－1901－0031556　408538－12
瘟疫明辨四卷末一卷　(清)喻昌撰　清道光二十五年(1845)刻本　一册

360000－1901－0031557　408538－13
瘟疫明辨四卷末一卷　(清)喻昌撰　清道光二十五年(1845)刻本　一册

360000－1901－0031558　408538－14
瘟疫明辨四卷末一卷　(清)喻昌撰　清道光二十五年(1845)刻本　一册

360000－1901－0031559　408538－15
瘟疫明辨四卷末一卷　(清)喻昌撰　清道光二十五年(1845)刻本　一册

360000－1901－0031560　408538－16
瘟疫明辨四卷末一卷　(清)喻昌撰　清道光二十五年(1845)刻本　一册

360000－1901－0031561　408538－17
瘟疫明辨四卷末一卷　(清)喻昌撰　清道光二十五年(1845)刻本　一册

360000－1901－0031562　408538－18

瘟疫明辨四卷末一卷　(清)喻昌撰　清道光二十五年(1845)刻本　一册

360000－1901－0031563　408538－19
瘟疫明辨四卷末一卷　(清)喻昌撰　清道光二十五年(1845)刻本　一册

360000－1901－0031564　408538－2
瘟疫明辨四卷末一卷　(清)喻昌撰　清道光二十五年(1845)刻本　一册

360000－1901－0031565　408538－20
瘟疫明辨四卷末一卷　(清)喻昌撰　清道光二十五年(1845)刻本　一册

360000－1901－0031566　408538－21
瘟疫明辨四卷末一卷　(清)喻昌撰　清道光二十五年(1845)刻本　一册

360000－1901－0031567　408538－22
瘟疫明辨四卷末一卷　(清)喻昌撰　清道光二十五年(1845)刻本　一册

360000－1901－0031568　408538－23
瘟疫明辨四卷末一卷　(清)喻昌撰　清道光二十五年(1845)刻本　一册

360000－1901－0031569　408538－24
瘟疫明辨四卷末一卷　(清)喻昌撰　清道光二十五年(1845)刻本　一册

360000－1901－0031570　408538－25
瘟疫明辨四卷末一卷　(清)喻昌撰　清道光二十五年(1845)刻本　一册

360000－1901－0031571　408538－26
瘟疫明辨四卷末一卷　(清)喻昌撰　清道光二十五年(1845)刻本　一册

360000－1901－0031572　408538－27
瘟疫明辨四卷末一卷　(清)喻昌撰　清道光二十五年(1845)刻本　一册

360000－1901－0031573　408538－28
瘟疫明辨四卷末一卷　(清)喻昌撰　清道光二十五年(1845)刻本　一册

360000－1901－0031574　408538－29
瘟疫明辨四卷末一卷　(清)喻昌撰　清道光二十五年(1845)刻本　一册

360000－1901－0031575　408538－3
瘟疫明辨四卷末一卷　(清)喻昌撰　清道光二十五年(1845)刻本　一册　存三卷(三至四、末一卷)

360000－1901－0031576　408538－30
瘟疫明辨四卷末一卷　(清)喻昌撰　清道光二十五年(1845)刻本　一册

360000－1901－0031577　408538－31
瘟疫明辨四卷末一卷　(清)喻昌撰　清道光二十五年(1845)刻本　一册

360000－1901－0031578　408538－4
瘟疫明辨四卷末一卷　(清)喻昌撰　清道光二十五年(1845)刻本　一册

360000－1901－0031579　408538－5
瘟疫明辨四卷末一卷　(清)喻昌撰　清道光二十五年(1845)刻本　一册

360000－1901－0031580　408538－6
瘟疫明辨四卷末一卷　(清)喻昌撰　清道光二十五年(1845)刻本　一册

360000－1901－0031581　408538－7
瘟疫明辨四卷末一卷　(清)喻昌撰　清道光二十五年(1845)刻本　一册

360000－1901－0031582　408538－8
瘟疫明辨四卷末一卷　(清)喻昌撰　清道光二十五年(1845)刻本　一册

360000－1901－0031583　408538－9
瘟疫明辨四卷末一卷　(清)喻昌撰　清道光二十五年(1845)刻本　一册

360000－1901－0031584　122154
瘟疫明辨四卷末一卷　(清)喻昌撰　清光緒二十年(1894)高安胡贊實刻本　一册

360000－1901－0031585　408540
瘟疫明辨四卷末一卷　(清)喻昌撰　清光緒三年(1877)刻本　一册

360000－1901－0031586　408567

瘟疫明辨四卷末一卷　(清)喻昌撰　清刻本　一册　存二卷(四、末一卷)

360000－1901－0031587　408581

瘟疫明辨四卷末一卷　(清)喻昌撰　清王道生抄本　一册　存二卷(一、末一卷)

360000－1901－0031588　408541

瘟疫明辨四卷末一卷　(清)鄭奠一撰　清乾隆十七年(1752)刻本　一册　存二卷(一至二)

360000－1901－0031589　408570

瘟疫條辨摘要不分卷　(清)陳良佐　(清)楊璿撰　(清)呂田輯　清道光九年(1829)刻本　一册

360000－1901－0031590　408569

瘟疫條辨摘要不分卷　(清)陳良佐　(清)楊璿撰　(清)呂田輯　清光緒十一年(1885)刻本　二册

360000－1901－0031591　241260

文編六十四卷　(明)唐順之輯　明天啓元年(1621)陳元素刻本　十八册　缺二十八卷(一至二十三、三十一至三十四、四十)

360000－1901－0031592　415366

文標集三卷外錄一卷　(唐)盧肇撰　(清)袁際唐注　清嘉慶二十年(1815)刻本　二册

360000－1901－0031593　240156

文標集外錄一卷　(唐)盧肇撰　(清)李榮陛編　(清)辛炳喬等輯　清抄本　一册

360000－1901－0031594　804795

文昌帝君本願經一卷　清同治三年(1864)刻本　一册

360000－1901－0031595　804828

文昌帝君蕉牕十則直解不分卷　(□)□□撰　清刻本　一册

360000－1901－0031596　707176

文昌帝君勸敬惜字文詩一卷　(清)齊學培撰　(清)俞文炳注釋　(清)黄煥英評點　清道光十四年(1834)齊存誠堂刻本　一册

360000－1901－0031597　162232

文昌帝君四字孝經一卷　(清)沈溥輯　清同治八年(1869)刻本　一册

360000－1901－0031598　162238

文昌帝君孝經一卷　(明)丘濬等注　清宣統三年(1911)德化文社刻本　一册

360000－1901－0031599　604053

文昌帝君孝經一卷　(明)丘濬等注　清宣統三年(1911)德化文社刻本　一册

360000－1901－0031600　604053－1

文昌帝君孝經一卷　(明)丘濬等注　清宣統三年(1911)德化文社刻本　一册

360000－1901－0031601　604053－2

文昌帝君孝經一卷　(明)丘濬等注　清宣統三年(1911)德化文社刻本　一册

360000－1901－0031602　804792

文昌帝君陰隲圖錄不分卷　(清)□□輯　清光緒二十八年(1902)刻本　一册

360000－1901－0031603　803531

文昌帝君陰隲文詩箋不分卷　(清)王岱東撰　清光緒五年(1879)黄鴻森抄本　一册

360000－1901－0031604　407161

文昌帝君陰隲文註證不分卷　(明)陳文樞集注　清乾隆十二年(1747)刻本　一册

360000－1901－0031605　417389

文昌帝君陰隲文註證不分卷　(清)潘成雲撰　清刻本　一册

360000－1901－0031606　900519

文昌宫續捐册不分卷　(清)□□輯　清光緒十一年(1885)興賢莊木活字印本　四册

360000－1901－0031607　900520

文昌宫續捐册不分卷　(清)□□輯　清光緒十一年(1885)興賢莊木活字印本　一册

360000－1901－0031608　900927

文昌宫志不分卷　(清)□□撰　清嘉慶二十

四年(1819)刻本　一册

360000－1901－0031609　402917
文昌化書制藝不分卷　(清)顧南琴撰　清道光二十三年(1843)刻本　一册

360000－1901－0031610　311660
文昌橋志八卷附二卷　(清)湯茗孫等修　**續修文昌橋志略四卷附一卷**　(清)何元熙等修　**三修文昌橋志略二卷**　(清)童範等修　清光緒八年(1882)刻本　七册

360000－1901－0031611　707175
文昌孝經二卷　(清)湯萬煌注　清康熙六十一年(1722)刻本　一册

360000－1901－0031612　162237
文昌孝經二卷首一卷　(清)湯萬煌注　清嘉慶十年(1805)韻香書屋刻本　一册

360000－1901－0031613　802273
文誠公函牘二卷　(清)袁保恒撰　清宣統三年(1911)清芬閣鉛印項城袁氏家集本　一册　存一卷(一)

360000－1901－0031614　402911
文誠公奏議六卷函牘二卷文稿拾遺一卷詩稿拾遺一卷首一卷　(清)袁保恒撰　清宣統三年(1911)清芬閣鉛印項城袁氏家集本　二册　存二卷(文誠公奏議三、函牘二)

360000－1901－0031615　401137
文萃十三種　(清)張通緒輯　清嘉慶十六年(1811)人境軒刻本　十七册

360000－1901－0031616　150309
文道十書　(清)陳景雲撰　清同治抄本　三册

360000－1901－0031617　401097
文帝寶誥太上老君寶誥不分卷　(□)□□撰　清光緒五年(1879)饒州萬年齋刻本　一册

360000－1901－0031618　401087
文帝全書三十二卷　(清)劉體恕輯　清乾隆十一年(1746)刻本　二册　存七卷(二十六至三十二)

360000－1901－0031619　401089
文帝全書三十二卷附文昌宫羣真著述六種□□卷　(清)劉體恕輯　清乾隆八年(1743)刻本　二十册

360000－1901－0031620　230637
文帝全書三十二卷附文昌宫羣真著述六種□□卷　(清)劉體恕輯　清乾隆五十六年(1791)疏山寺刻本　十五册　存二十七卷(一至二十五,文昌宫羣真著述玉局心懺一卷、文昌宫羣真著述躬行心懺一卷)

360000－1901－0031621　401093
文帝全書三十二卷附文昌宫羣真著述六種□□卷　(清)劉體恕輯　清同治三年(1864)静香草堂刻本　十七册　存二十八卷(一至二、五至十二、十四至十五、十七至三十二)

360000－1901－0031622　401094
文帝全書三十三卷　(清)劉體恕輯　清同治七年(1868)刻本　十一册　存二十四卷(二至十三、十八至十九、二十一至二十四、二十八至三十三)

360000－1901－0031623　401086
文帝全書十四卷　(清)劉體恕輯　清乾隆三十八年(1773)承志堂刻本　四册

360000－1901－0031624　401088
文帝全書五十卷附録一卷　(清)劉體恕　(清)關槐輯　清乾隆三十九年(1774)刻本　一册　存一卷(一)

360000－1901－0031625　405755
文定待不分卷　(明)艾南英選評　清刻桃花源自課本　二册

360000－1901－0031626　415368
文定待不分卷　(明)艾南英選評　清刻桃花源自課本　二十五册

360000－1901－0031627　801111
文定待不分卷　(明)艾南英選評　清刻桃花源自課本　一册

360000－1901－0031628　411105

文定集二十四卷 (宋)汪應辰撰 清刻本 二冊 存八卷(一至八)

360000 - 1901 - 0031629 120126
文定集二十四卷拾遺一卷 (宋)汪應辰撰 清光緒二十一年(1895)刻本 六冊

360000 - 1901 - 0031630 161566
文端公[錢陳羣]年譜三卷 (清)錢儀吉輯 (清)錢志澄增訂 清光緒二十年(1894)刻本 三冊

360000 - 1901 - 0031631 800196
文法大全八卷增補虛字註釋六卷 (清)羅承澍輯 清光緒四年(1878)刻本 六冊

360000 - 1901 - 0031632 401961
文法度針不分卷 (清)聞人均輯 清光緒十年(1884)刻本 一冊

360000 - 1901 - 0031633 803499
文法狐白前集六卷後集四卷 (清)王賓評選 清謙亨堂刻本 一冊 存三卷(文法狐白前集五至六、後集一)

360000 - 1901 - 0031634 402830
文法狐白前集五卷後集五卷 (清)王賓評選 清英德堂刻本 一冊 存二卷(文法狐白前集一至二)

360000 - 1901 - 0031635 401959
文法入門不分卷 (清)許竹儕 (清)李芝山輯 清刻本 二冊

360000 - 1901 - 0031636 419173
文富堂古文觀止六卷 (清)吳乘權 (清)吳調侯輯 清兩儀堂刻本 三冊 存二卷(一、五)

360000 - 1901 - 0031637 210211
文公家禮儀節八卷 (明)丘濬撰 明刻本 四冊

360000 - 1901 - 0031638 210209
文公家禮儀節八卷 (宋)朱熹撰 (明)楊慎輯 明末金閶舒瀛溪刻本 四冊

360000 - 1901 - 0031639 210210
文公家禮儀節八卷 (宋)朱熹撰 (明)楊慎輯 明末金閶舒瀛溪刻本 四冊

360000 - 1901 - 0031640 401164
文公家禮儀節八卷 (宋)朱熹撰 (明)楊慎輯 清聚錦堂刻本 二冊

360000 - 1901 - 0031641 401166
文公家禮儀節八卷 (宋)朱熹撰 (明)楊慎輯 清聚錦堂刻本 五冊 存七卷(一至六、八)

360000 - 1901 - 0031642 120106
文公家禮儀節八卷 (宋)朱熹撰 (明)楊慎輯 清刻本 六冊

360000 - 1901 - 0031643 401165
文公家禮儀節八卷 (宋)朱熹撰 (明)楊慎輯 清刻本 四冊

360000 - 1901 - 0031644 401167
文公家禮儀節八卷 (宋)朱熹撰 (明)楊慎輯 清刻本 一冊 存二卷(五至六)

360000 - 1901 - 0031645 401167 - 1
文公家禮儀節八卷 (宋)朱熹撰 (明)楊慎輯 清刻本 一冊 存二卷(二至三)

360000 - 1901 - 0031646 401167 - 2
文公家禮儀節八卷 (宋)朱熹撰 (明)楊慎輯 清玉林堂刻本 一冊 存一卷(一)

360000 - 1901 - 0031647 240167
文恭集四十卷 (宋)胡宿撰 清光緒二十一年(1895)武進盛宣懷刻朱印本 十冊

360000 - 1901 - 0031648 303089
文恭集四十卷 (宋)胡宿撰 清刻本 十二冊

360000 - 1901 - 0031649 415376
文恭集四十卷 (宋)胡宿撰 清刻本 十冊

360000 - 1901 - 0031650 415377
文恭集四十卷 (宋)胡宿撰 清刻本 四冊 存二十一卷(一至四、十八至三十四)

360000 - 1901 - 0031651 415378

文恭集四十卷 （宋）胡宿撰　清刻本　四冊　存二十三卷（十八至四十）

360000－1901－0031652　305847
文館詞林一千卷 （唐）許敬宗等輯　清光緒十年（1884）遵義黎氏日本東京使署影刻古逸叢書本（原存卷一百五十六至一百五十八、三百四十七、四百五十二至四百五十三、四百五十七、四百五十九、六百六十五至六百六十七、六百七十、六百九十一、六百九十九）　四冊　存十一卷（一百五十六至一百五十八、三百四十七、四百五十二至四百五十三、四百五十七、四百五十九、六百六十五、六百九十一、六百九十九）

360000－1901－0031653　315924
文館詞林一千卷 （唐）許敬宗等輯　清光緒十年（1884）遵義黎氏日本東京使署影刻古逸叢書本（原存卷一百五十六至一百五十八、三百四十七、四百五十二至四百五十三、四百五十七、四百五十九、六百六十五至六百六十七、六百七十、六百九十一、六百九十九）　八冊

360000－1901－0031654　419189
文光堂古文觀止六卷 （清）吳乘權　（清）吳調侯輯　清文光堂刻本　五冊　存五卷（二至六）

360000－1901－0031655　403303
文光堂四書體註合講十九卷 （宋）朱熹章句（清）翁復編　清尚德堂刻本　一冊　存二卷（大學一卷、中庸一卷）

360000－1901－0031656　419041
文光堂重訂古文釋義新編八卷 （清）余誠評注　清光緒二十年（1894）尚德堂刻本　一冊　存一卷（一）

360000－1901－0031657　419048
文光堂重訂古文釋義新編八卷 （清）余誠評注　清文光堂刻本　四冊

360000－1901－0031658　300217
文海披沙八卷 （明）謝肇淛撰　清光緒三年（1877）申報館鉛印本　四冊

360000－1901－0031659　402912
文繼□□卷 （清）□□輯　清福禮堂刻本　一冊　存一卷（後卷）

360000－1901－0031660　250077
文家稽古編十卷首一卷 （清）劉旊錫　（清）程夢元輯　清乾隆慎詒堂刻本　八冊

360000－1901－0031661　250078
文家稽古編十卷首一卷 （清）劉旊錫　（清）程夢元輯　清乾隆慎詒堂刻本　五冊　存六卷（一至五、首一卷）

360000－1901－0031662　800888
文家稽古編十卷首一卷 （清）劉旊錫　（清）程夢元輯　清乾隆慎詒堂刻本　一冊　存一卷（七）

360000－1901－0031663　120136
文江留愛集一卷 （清）劉作霖輯　清光緒三十四年（1908）刻本　一冊

360000－1901－0031664　302544
文經堂古文析義六卷 （清）林雲銘評注　清刻本　六冊

360000－1901－0031665　240532
文敬胡先生集三卷 （明）胡居仁撰　清乾隆二十二年（1757）松陵刻本　二冊

360000－1901－0031666　402910
文訣七卷 （清）胡含川輯並評　清乾隆四十七年（1782）雙橋書屋刻本　一冊　存一卷（一）

360000－1901－0031667　803265
文訣幼學須知不分卷 （□）□□輯　清抄本　一冊

360000－1901－0031668　401958
文科大詞典十二集 國學扶輪社輯　清宣統三年（1911）國學扶輪社鉛印本　三冊

360000－1901－0031669　802209
文料補編不分卷 （清）□□輯　清刻本　一冊

360000－1901－0031670　402920
文料大成四卷　(清)冷香子撰　清光緒十三年(1887)上海萬珍書局鉛印本　四冊

360000－1901－0031671　402920－1
文料大成四卷　(清)冷香子撰　清光緒十三年(1887)上海萬珍書局鉛印本　一冊　存一卷(三)

360000－1901－0031672　802187
文料大成四卷　(清)冷香子撰　清末鉛印本　一冊　存一卷(三)

360000－1901－0031673　402921
文料大成四十卷補編一卷　(清)冷香子撰　清光緒八年(1882)刻本　十一冊

360000－1901－0031674　402921－1
文料大成四十卷補編一卷　(清)冷香子撰　清光緒八年(1882)刻本　一冊　存一卷(補編一卷)

360000－1901－0031675　603107
文料珠璣□□卷　(□)□□撰　清刻本　一冊　存三卷(十至十二)

360000－1901－0031676　150528
文林綺繡　(明)淩迪知輯　清光緒二十年(1894)上洋鴻寶齋石印本　六冊

360000－1901－0031677　402922
文林綺繡　(明)淩迪知輯　清光緒二十年(1894)上洋鴻寶齋石印本　六冊

360000－1901－0031678　308565
文林綺繡　(清)鴻寶齋書局輯　清光緒二十二年(1896)鴻寶齋書局石印本　八冊　存八種

360000－1901－0031679　310504
文廟丁祭譜四卷　(清)藍鍾瑞等輯　清道光二十五年(1845)刻本　八冊

360000－1901－0031680　300162
文廟紀畧四卷　(清)宗觀輯　(清)洪力行增訂　清康熙五十三年(1714)刻本　二冊

360000－1901－0031681　161573
文廟考略一卷　(清)劉元績等輯　清同治四年(1865)秦安非能園刻本　一冊

360000－1901－0031682　804887
文廟上丁禮樂備考四卷　(清)吳祖昌等纂　清刻本　一冊　存一卷(三)

360000－1901－0031683　300157
文廟上丁禮樂備考四卷　(清)吳祖昌等纂　清同治九年(1870)江右乙藜齋刻本　四冊

360000－1901－0031684　300158
文廟上丁禮樂備考四卷　(清)吳祖昌等纂　清同治九年(1870)江右乙藜齋刻本　四冊

360000－1901－0031685　300159
文廟上丁禮樂備考四卷　(清)吳祖昌等纂　清同治九年(1870)江右乙藜齋刻本　四冊

360000－1901－0031686　401102
文廟上丁禮樂備考四卷　(清)吳祖昌等纂　清同治九年(1870)江右乙藜齋刻本　三冊

360000－1901－0031687　401101
文廟祀典考五十卷首一卷　(清)龐鍾璐輯　清光緒五年(1879)刻本　一冊　存二卷(四十九至五十)

360000－1901－0031688　401098
文廟祀位一卷　(清)倭什琿布等撰　清同治八年(1869)楚北崇文書局刻本　一冊

360000－1901－0031689　161572
文廟通考六卷首一卷　(清)牛樹梅撰　清同治八年(1869)陜甘公所刻本　二冊

360000－1901－0031690　401096
文廟通考六卷首一卷　(清)牛樹梅撰　清同治八年(1869)陜甘公所刻本　一冊　存四卷(一至三、首一卷)

360000－1901－0031691　401096－1
文廟通考六卷首一卷　(清)牛樹梅撰　清同治八年(1869)陜甘公所刻本　一冊　存四卷(一至三、首一卷)

360000－1901－0031692　401096－2
文廟通考六卷首一卷　(清)牛樹梅撰　清同

治八年(1869)陝甘公所刻本　一册　存四卷(一至三、首一卷)

360000－1901－0031693　401095
文廟通録七卷　(清)唐學全輯　清刻本　一册　存二卷(六至七)

360000－1901－0031694　300192
文廟賢儒景行録六卷　(清)周家楣輯　(清)鄭沂補輯　清光緒十一年(1885)順天府學刻本　六册

360000－1901－0031695　804176
文明軒四書傳鏡□□卷　(清)鄧文煥撰　清刻本　一册　存一卷(下孟)

360000－1901－0031696　300225
文莫室詩八卷　王樹枏撰　清光緒十三年(1887)新城王氏文莫室刻本　一册　存六卷(一至六)

360000－1901－0031697　163481
文木山房集四卷　(清)吳敬梓撰　**附春華小草一卷靚裝詞鈔一卷**　(清)吳烺撰　清刻本　一册

360000－1901－0031698　240517
文清公薛先生文集二十四卷　(明)薛瑄撰　明萬曆四十二年(1614)津河薛士弘真寧官署刻本　十二册

360000－1901－0031699　316457
文清公薛先生文集二十四卷　(明)薛瑄撰　清雍正十二年(1734)刻本　十二册

360000－1901－0031700　120101
文山别集　(宋)文天祥撰　清宣統二年(1910)東雅社鉛印本　四册

360000－1901－0031701　240410
文山先生全集二十八卷　(宋)文天祥撰　明嘉靖三十一年(1552)鄢懋卿、甯寵刻本　十六册

360000－1901－0031702　240411
文山先生全集二十卷　(宋)文天祥撰　明嘉靖三十九年(1560)張元諭刻本　十册

360000－1901－0031703　120102
文山先生全集十六卷　(宋)文天祥撰　清道光二十五年(1845)延慶堂刻本　十一册

360000－1901－0031704　413411
文史通義八卷　(清)章學誠撰　清道光十三年(1833)章華紱刻本　二册　存四卷(一至二、七至八)

360000－1901－0031705　300222
文史通義八卷　(清)章學誠撰　清光緒二十三年(1897)豐城余氏寶墨齋刻本　四册

360000－1901－0031706　308528
文史通義八卷　(清)章學誠撰　清光緒二十四年(1898)長沙經文書局刻本　八册

360000－1901－0031707　308327
文史通義八卷校讐通義三卷文史通義補編一卷識語三卷　(清)章學誠撰　清光緒十五年(1889)成都志古堂刻本　十二册

360000－1901－0031708　900192
文室不分卷　(明)□□輯　明末刻本　五册

360000－1901－0031709　122735
文水李忠肅先生集六卷附傳神道碑墓誌銘輓詩一卷　(明)李邦華撰　(明)劉宗周選　(明)李世亨等編　清刻本　四册　存二卷(五至六)

360000－1901－0031710　240539
文肅公圭峯羅先生文集三十七卷附録一卷　(明)羅玘撰　明崇禎七年(1634)盱江羅氏代文堂刻本　八册

360000－1901－0031711　240527
文肅公文集三十四卷外集一卷　(明)何喬新撰　(明)羅玘校正　清康熙三十三年(1694)何源濬、何三臺等刻本　十六册

360000－1901－0031712　220524
文肅王公奏草二十三卷　(明)王錫爵撰　明萬曆王時敏刻本　十二册

360000－1901－0031713　241255
文髓九卷附録一卷　(宋)周應龍標注　明宣

德三年(1428)周岐鳳刻本　三冊

360000－1901－0031714　165154
文太青先生文集二卷　(明)文翔鳳撰　清抄本　一冊

360000－1901－0031715　401129
文壇博鈔□□卷　(清)魏元煜等撰　清同治三年(1864)萃英堂刻本　二十四冊　存二十八卷(大學一至三,中庸一至六,論語一至三、八,孟子一至八,上論一至四、下論五至七)

360000－1901－0031716　420327
文堂集驗方四卷　(清)何京輯　清刻本　一冊　存二卷(一至二)

360000－1901－0031717　241261
文體明辯六十一卷首一卷目錄六卷附錄十四卷附錄目錄二卷　(明)徐師曾輯　明萬曆十九年(1591)刻本　三十冊

360000－1901－0031718　241262
文體明辯六十一卷首一卷目錄六卷附錄十四卷附錄目錄二卷　(明)徐師曾輯　明萬曆十九年(1591)刻本(卷五十五至五十六配明抄本)　四十冊　缺二卷(目錄五至六)

360000－1901－0031719　241263
文體明辯四十八卷　(明)徐師曾輯　(明)沈芬　(明)沈騏箋　明崇禎十三年(1640)刻本　十三冊

360000－1901－0031720　415190
文文山傳信錄十二卷　(清)許浩基輯　清杏蔭堂刻本　三冊　存八卷(五至十二)

360000－1901－0031721　300165
文文忠公事略四卷　(清)文祥等撰　清光緒八年(1882)刻本　四冊

360000－1901－0031722　414924
文文忠公事略四卷　(清)文祥等撰　清光緒八年(1882)刻本　三冊　存三卷(二至四)

360000－1901－0031723　220475
文獻通考鈔二十四卷　(元)馬端臨撰　(清)史以遇輯　**續文獻通考鈔三十卷**　(明)王圻撰　(清)史以甲輯　清康熙二年(1663)刻本　十二冊

360000－1901－0031724　601071
文獻通考二十四卷首一卷　(元)馬端臨撰　清光緒二十九年(1903)上海點石齋石印本　二十三冊　存二十三卷(一至十四、十六至二十四)

360000－1901－0031725　400415
文獻通考二十四卷首一卷　(元)馬端臨撰　清光緒二十五年(1899)上海點石齋石印本　十一冊　存十三卷(一至五、九、十二至十四、十六、十八至十九、二十四)

360000－1901－0031726　400416
文獻通考二十四卷首一卷　(元)馬端臨撰　清光緒二十五年(1899)上海點石齋石印本　三冊　存六卷(一至四、十二至十三)

360000－1901－0031727　601073
文獻通考二十四卷首一卷　(元)馬端臨撰　清光緒十一年(1885)上海點石齋石印本　二十冊

360000－1901－0031728　601074
文獻通考二十四卷首一卷　(元)馬端臨撰　清光緒十一年(1885)上海點石齋石印本　二十二冊　缺一卷(十六)

360000－1901－0031729　601075
文獻通考二十四卷首一卷　(元)馬端臨撰　清光緒十一年(1885)上海點石齋石印本　十冊　存十二卷(一至四、十二至十三、十五至十八上、二十三至二十四)

360000－1901－0031730　120138
文獻通考二十四卷首一卷　(元)馬端臨撰　清光緒十一年(1885)上海石印本　二十冊

360000－1901－0031731　307780
文獻通考輯要二十四卷欽定續文獻通考輯要二十六卷皇朝文獻通考輯要二十六卷　(元)馬端臨撰　湯壽潛輯　清光緒二十五年(1899)通雅堂鉛印本　二十四冊　存五十四卷(文獻通考輯要二十四卷,欽定續文獻通考

輯要一至十四、二十至二十六，皇朝文獻通考輯要一至九）

360000－1901－0031732　801891
文獻通考紀要二卷　（□）□□撰　清抄本　一册　存一卷（上）

360000－1901－0031733　400446
文獻通考紀要二卷　（□）□□撰　清康熙、雍正刻本　一册

360000－1901－0031734　400446－1
文獻通考紀要二卷　（□）□□撰　清康熙、雍正刻本　一册　存一卷（下）

360000－1901－0031735　300176
文獻通考紀要二卷　（□）□□撰　清刻本　二册

360000－1901－0031736　312675
文獻通考紀要二卷　（□）□□撰　清刻本　四册

360000－1901－0031737　800914
文獻通考紀要二卷　（□）□□撰　清刻本　一册　存一卷（上）

360000－1901－0031738　312851
文獻通考紀要四卷　（□）□□撰　清光緒二十八年（1902）石印本　四册

360000－1901－0031739　601917
文獻通考三百四十八卷　（元）馬端臨撰　明崇禎三年（1630）刻本　一册　存四卷（三百三十六至三百三十九）

360000－1901－0031740　220470
文獻通考三百四十八卷　（元）馬端臨撰　明嘉靖馮天馭刻萬曆崇禎遞修本　三册　存十二卷（六十八至七十、一百九十九至二百二、二百七至二百十一）

360000－1901－0031741　220468
文獻通考三百四十八卷　（元）馬端臨撰　明嘉靖三年（1524）司禮監刻本　一百册

360000－1901－0031742　220469
文獻通考三百四十八卷　（元）馬端臨撰　明嘉靖三年（1524）司禮監刻本　一册　存三卷（三百四十二至三百四十四）

360000－1901－0031743　421938
文獻通考三百四十八卷　（元）馬端臨撰　明刻本　五十九册　存二百五十二卷（七十七至二百五十二、二百六十至二百六十四、二百七十八至三百四十八）

360000－1901－0031744　421939
文獻通考三百四十八卷　（元）馬端臨撰　明刻本　一册　存三卷（一百五至一百七）

360000－1901－0031745　805445
文獻通考三百四十八卷　（元）馬端臨撰　明刻本　六十册　存一百八十五卷（一至三、三十一至三十二、三十八至三十九、四十二至四十三、七十五至七十六、八十至八十二、九十一至九十五、九十八至一百十六、一百二十一至一百六十六、二百四至二百九、二百十五至二百九十一、二百九十四至二百九十九、三百二十五至三百三十六）

360000－1901－0031746　901999
文獻通考三百四十八卷　（元）馬端臨撰　明刻本　三十二册　存九十三卷（四至十、十三至二十七、一百六十七至一百八十五、一百八十七至二百一、三百至三百二十四、三百三十七至三百四十八）

360000－1901－0031747　220471
文獻通考三百四十八卷　（元）馬端臨撰　明末刻映旭齋印本　一百四十册

360000－1901－0031748　220472
文獻通考三百四十八卷　（元）馬端臨撰　明末刻映旭齋印本　二十册　存五十八卷（一至二十八、四十七至七十六）

360000－1901－0031749　220466
文獻通考三百四十八卷　（元）馬端臨撰　明正德十一年至十四年（1516－1519）劉洪慎獨齋刻本　三十二册　存一百二十四卷（二至六、十至二十一、二十七至七十四、八十三至一百三十九、二百八十一至二百八十二）

360000－1901－0031750　220467
文獻通考三百四十八卷　(元)馬端臨撰　明正德十一年至十四年(1516－1519)劉洪慎獨齋刻本　一冊　存五卷(二至六)

360000－1901－0031751　601069
文獻通考三百四十八卷　(元)馬端臨撰　清光緒二十八年(1902)貫吾齋石印本　二十冊

360000－1901－0031752　805325
文獻通考三百四十八卷　(元)馬端臨撰　清光緒二十八年(1902)上海鴻寶書局石印九通本　三十二冊

360000－1901－0031753　120133
文獻通考三百四十八卷　(元)馬端臨撰　清光緒二十二年(1896)浙江書局刻本　一百四十六冊

360000－1901－0031754　601072
文獻通考三百四十八卷　(元)馬端臨撰　清末石印本　十六冊　存二百八十六卷(二十九至四十六、六十一至三百二十八)

360000－1901－0031755　805299
文獻通考三百四十八卷　(元)馬端臨撰　清末石印本　一冊　存八卷(二十至二十七)

360000－1901－0031756　400425
文獻通考三百四十八卷　(元)馬端臨撰　清乾隆十二年(1747)武英殿刻三通本　五冊　存五十三卷(二百五十七至二百六十九、二百七十七至二百八十五、二百九十六至三百二十三、三百三十三至三百三十五)

360000－1901－0031757　400413
文獻通考三百四十八卷　(元)馬端臨撰　清咸豐九年(1859)崇仁謝氏刻三通本　六十冊　存一百五十六卷(一至一百五十六)

360000－1901－0031758　600275
文獻通考三百四十八卷　(元)馬端臨撰　清咸豐九年(1859)崇仁謝氏刻三通本　一冊　存一卷(一)

360000－1901－0031759　601066
文獻通考三百四十八卷　(元)馬端臨撰　清咸豐九年(1859)崇仁謝氏刻三通本　二冊　存七卷(二百九十九至三百二、三百十至三百十二)

360000－1901－0031760　601067
文獻通考三百四十八卷　(元)馬端臨撰　清咸豐九年(1859)崇仁謝氏刻三通本　六十九冊　存九十一卷(四十九至五十一、一百十八至一百二十九、一百三十五至一百四十二、二百六十三至二百七十二、二百七十六至三百三十、三百三十二至三百三十四)

360000－1901－0031761　805332
文獻通考三百四十八卷　(元)馬端臨撰　清咸豐九年(1859)崇仁謝氏刻三通本　六十八冊　存二百九卷(四十三至五十、五十六至七十一、七十五至八十、一百一至一百三、一百十至一百十四、一百二十七至一百三十三、一百三十八至一百四十、一百五十至一百五十二、一百五十五至一百七十五、一百八十二至一百八十五、一百九十至二百十一、二百十七至二百二十九、二百三十三至二百七十二、二百七十六至三百十六、三百二十四至三百二十七、三百三十六至三百四十八)

360000－1901－0031762　805333
文獻通考三百四十八卷　(元)馬端臨撰　清咸豐九年(1859)崇仁謝氏刻三通本　十一冊　存二十八卷(二至七、十四至十六、二十七至三十八、五十二至五十三、一百三十至一百三十四)

360000－1901－0031763　601068
文獻通考三百四十八卷考證三卷　(元)馬端臨撰　清光緒二十七年(1901)上海圖書集成印書局鉛印九通本　三十六冊　存二百八十四卷(一至二百八十四)

360000－1901－0031764　601070
文獻通考三百四十八卷考證三卷　(元)馬端臨撰　清光緒二十七年(1901)上海圖書集成印書局鉛印九通本　四十四冊

360000－1901－0031765　319789

文獻通考詳節二十四卷　（元）馬端臨撰（清）嚴虞惇輯　清光緒元年（1875）刻本　十二冊

360000－1901－0031766　400464
文獻通考詳節二十四卷　（元）馬端臨撰（清）嚴虞惇輯　清光緒二十八年（1902）上海詳記書莊石印本　二冊

360000－1901－0031767　902471
文獻通考詳節二十四卷　（元）馬端臨撰（清）嚴虞惇輯　清光緒二十八年（1902）石印本　六冊

360000－1901－0031768　304601
文獻通考詳節二十四卷　（元）馬端臨撰（清）嚴虞惇輯　清光緒二十七年（1901）鴻寶齋石印本　五冊　存十九卷（一至十九）

360000－1901－0031769　300172
文獻通考詳節二十四卷　（元）馬端臨撰（清）嚴虞惇輯　清光緒二十七年（1901）鴻寶齋書局石印本　六冊

360000－1901－0031770　300173
文獻通考詳節二十四卷　（元）馬端臨撰（清）嚴虞惇輯　清光緒二十七年（1901）鴻寶齋書局石印本　六冊

360000－1901－0031771　400463
文獻通考詳節二十四卷　（元）馬端臨撰（清）嚴虞惇輯　清光緒二十七年（1901）煥文書局石印本　一冊　存八卷（一至八）

360000－1901－0031772　311886
文獻通考詳節二十四卷　（元）馬端臨撰（清）嚴虞惇輯　清光緒二十五年（1899）鄂城求志學社刻本　十二冊

360000－1901－0031773　400462
文獻通考詳節二十四卷　（元）馬端臨撰（清）嚴虞惇輯　清光緒十五年（1889）上海珍藝書局鉛印本　四冊　存十九卷（一至八、十四至二十四）

360000－1901－0031774　400465
文獻通考詳節二十四卷　（元）馬端臨撰（清）嚴虞惇輯　清刻本　二冊　存五卷（一至四、十五）

360000－1901－0031775　601872
文獻通考詳節二十四卷　（元）馬端臨撰（清）嚴虞惇輯　清刻本　一冊　存二卷（二十三至二十四）

360000－1901－0031776　400466
文獻通考詳節二十四卷　（元）馬端臨撰（清）嚴虞惇輯　清末鉛印本　三冊　存六卷（十五至十七、二十二至二十四）

360000－1901－0031777　400467
文獻通考詳節二十四卷　（元）馬端臨撰（清）嚴虞惇輯　清末鉛印本　二冊　存五卷（十五至十六、二十二至二十四）

360000－1901－0031778　400467－1
文獻通考詳節二十四卷　（元）馬端臨撰（清）嚴虞惇輯　清末鉛印本　一冊　存七卷（十八至二十四）

360000－1901－0031779　220476
文獻通考詳節二十四卷　（元）馬端臨撰（清）嚴虞惇輯　清乾隆二十九年（1764）嚴有禧繩武堂刻本　十二冊

360000－1901－0031780　400447
文獻通考詳節二十四卷　（元）馬端臨撰（清）嚴虞惇輯　清乾隆二十九年（1764）嚴有禧繩武堂刻本　十冊

360000－1901－0031781　400448
文獻通考詳節二十四卷　（元）馬端臨撰（清）嚴虞惇輯　清乾隆二十九年（1764）嚴有禧繩武堂刻本　七冊　存十四卷（九至十、十三至二十四）

360000－1901－0031782　400449
文獻通考詳節二十四卷　（元）馬端臨撰（清）嚴虞惇輯　清乾隆二十九年（1764）嚴有禧繩武堂刻本　九冊

360000－1901－0031783　400449－1

文獻通考詳節二十四卷 (元)馬端臨撰 (清)嚴虞惇輯 清乾隆二十九年(1764)嚴有禧繩武堂刻本 三册 存五卷(十四至十五、十八、二十三至二十四)

360000-1901-0031784 902472
文獻通考詳節二十四卷 (元)馬端臨撰 (清)嚴虞惇輯 清乾隆二十九年(1764)嚴有禧繩武堂刻本 七册

360000-1901-0031785 220477
文獻通考詳節二十四卷 (元)馬端臨撰 (清)嚴虞惇輯 清乾隆二十九年(1764)嚴有禧繩武堂刻本 佚名批校 四册

360000-1901-0031786 310531
文獻通考詳節二十四卷 (元)馬端臨撰 (清)嚴虞惇輯 清乾隆刻本 十册

360000-1901-0031787 120450
文獻通考序一卷 (元)馬端臨撰 清光緒二十六年(1900)同好樓木活字印本 一册

360000-1901-0031788 400424
文獻通考序一卷 (元)馬端臨撰 清光緒二十六年(1900)同好樓木活字印本 一册

360000-1901-0031789 400426
文獻通考正續合編三十二卷首一卷 (清)盧宣旬編 清嘉慶武寧盧宣旬略識字齋刻本 三十册 存三十一卷(一至十、十二至三十一,首一卷)

360000-1901-0031790 400427
文獻通考正續合編三十二卷首一卷 (清)盧宣旬編 清嘉慶武寧盧宣旬略識字齋刻本 十七册 存十八卷(一至六、十、十二至十三、十六至二十、二十二、二十四、二十八至二十九)

360000-1901-0031791 601076
文獻通考正續合編三十二卷首一卷 (清)盧宣旬編 清嘉慶武寧盧宣旬略識字齋刻本 十二册 存十五卷(二至十六)

360000-1901-0031792 800907
文獻通考正續合編三十二卷首一卷 (清)盧宣旬編 清嘉慶武寧盧宣旬略識字齋刻本 二册 存四卷(十七、三十至三十二)

360000-1901-0031793 120139
文獻通考正續合編三十二卷首一卷 (清)盧宣旬編 清嘉慶武寧盧宣旬略識字齋刻光緒十二年(1886)豐城袁氏印本 三十二册

360000-1901-0031794 120140
文獻通考正續合編三十二卷首一卷 (清)盧宣旬編 清嘉慶武寧盧宣旬略識字齋刻光緒十二年(1886)豐城袁氏印本 三十二册

360000-1901-0031795 120141
文獻通考正續合編三十二卷首一卷 (清)盧宣旬編 清嘉慶武寧盧宣旬略識字齋刻光緒十二年(1886)豐城袁氏印本 三十二册

360000-1901-0031796 400428
文獻通考正續合編三十二卷首一卷 (清)盧宣旬編 清嘉慶武寧盧宣旬略識字齋刻光緒十二年(1886)豐城袁氏印本 三十二册

360000-1901-0031797 400450
文獻通考正續合纂四十四卷 (清)郎星等輯 清康熙三年(1664)刻本 二十四册

360000-1901-0031798 400453
文獻通考正續合纂四十四卷 (清)郎星等輯 清康熙三年(1664)刻本 十册 存二十六卷(文獻通考纂一至二、十一至十九,續文獻通考纂二至十六)

360000-1901-0031799 400453-1
文獻通考正續合纂四十四卷 (清)郎星等輯 清康熙三年(1664)刻本 一册 存五卷(續文獻通考纂十二至十六)

360000-1901-0031800 800505
文獻通考纂□□卷 (元)馬端臨撰 (□)□□輯 清抄本 一册 存五卷(十三至十七)

360000-1901-0031801 902481
文獻通考纂二十二卷 (元)馬端臨撰 (清)

郎星等輯　清康熙刻本　十六冊

360000－1901－0031802　220474
文獻通考纂二十四卷　(元)馬端臨撰　(明)胡震亨輯　明萬曆駱駸曾刻本　佚名批　八冊

360000－1901－0031803　304608
文獻徵存錄十卷　(清)錢林輯　(清)王藻編　清咸豐八年(1858)王氏有嘉樹軒刻本　十冊　存九卷(一至二、四至十)

360000－1901－0031804　309707
文獻徵存錄十卷　(清)錢林輯　(清)王藻編　清咸豐八年(1858)王氏有嘉樹軒刻本　十二冊　存九卷(二至十)

360000－1901－0031805　310363
文獻徵存錄十卷　(清)錢林輯　(清)王藻編　清咸豐八年(1858)王氏有嘉樹軒刻本　十冊

360000－1901－0031806　300175
文獻徵存錄十卷　(清)錢林撰　(清)王藻編　清咸豐八年(1858)王氏有嘉樹軒刻本　十冊

360000－1901－0031807　312184
文獻徵存錄十卷　(清)錢林撰　(清)王藻編　清咸豐八年(1858)王氏有嘉樹軒刻本　十冊

360000－1901－0031808　312185
文獻徵存錄十卷　(清)錢林撰　(清)王藻編　清咸豐八年(1858)王氏有嘉樹軒刻本　十冊

360000－1901－0031809　220519
文襄公奏議八卷補遺一卷　(明)桂萼撰　清乾隆二十七年(1762)刻本　四冊

360000－1901－0031810　241528
文心雕龍不分卷　(南朝梁)劉勰撰　(清)李安民評點　清乾隆四年(1739)刻本　四冊

360000－1901－0031811　800408
文心雕龍三卷　(南朝梁)劉勰撰　清榕城翁慶齡抄本　三冊　存二卷(上、中)

360000－1901－0031812　401157
文心雕龍十卷　(南朝梁)劉勰撰　清光緒三年(1877)湖北崇文書局刻本　二冊

360000－1901－0031813　401158
文心雕龍十卷　(南朝梁)劉勰撰　清光緒三年(1877)湖北崇文書局刻本　二冊

360000－1901－0031814　163482
文心雕龍十卷　(南朝梁)劉勰撰　(明)楊慎批點　(清)張松孫輯注　清乾隆五十六年(1791)長洲張氏刻本　三冊　存八卷(一至八)

360000－1901－0031815　241530
文心雕龍十卷　(南朝梁)劉勰撰　(清)黃叔琳輯注　清乾隆刻本　四冊

360000－1901－0031816　241531
文心雕龍十卷　(南朝梁)劉勰撰　(清)黃叔琳輯注　清乾隆刻本　四冊

360000－1901－0031817　241529
文心雕龍十卷　(南朝梁)劉勰撰　(清)黃叔琳輯注　清乾隆六年(1741)黃叔琳養素堂刻本　二冊

360000－1901－0031818　401154
文心雕龍十卷　(南朝梁)劉勰撰　(清)黃叔琳輯注　清乾隆六年(1741)黃叔琳養素堂刻本　二冊

360000－1901－0031819　401153
文心雕龍十卷　(南朝梁)劉勰撰　(清)黃叔琳輯注　清乾隆六年(1741)養素堂刻本　二冊

360000－1901－0031820　401155
文心雕龍十卷　(南朝梁)劉勰撰　(清)黃叔琳輯注　(清)紀昀評　清道光十三年(1833)粵東翰墨園刻朱墨套印本　三冊　存八卷(一至八)

360000－1901－0031821　300194
文心雕龍十卷　(南朝梁)劉勰撰　(清)黃叔

琳輯注　(清)紀昀評　清道光十三年(1833)涿州盧坤兩廣節署刻朱墨套印本　四册

360000－1901－0031822　308017
文心雕龍十卷　(南朝梁)劉勰撰　(清)黄叔琳輯注　(清)紀昀評　清道光十三年(1833)涿州盧坤兩廣節署刻朱墨套印本　四册

360000－1901－0031823　309447
文心雕龍十卷　(南朝梁)劉勰撰　(清)黄叔琳輯注　(清)紀昀評　清道光十三年(1833)涿州盧坤兩廣節署刻朱墨套印本　四册

360000－1901－0031824　315362
文心雕龍十卷　(南朝梁)劉勰撰　(清)黄叔琳輯注　(清)紀昀評　清道光十三年(1833)涿州盧坤兩廣節署刻朱墨套印本　四册

360000－1901－0031825　315408
文心雕龍十卷　(南朝梁)劉勰撰　(清)黄叔琳輯注　(清)紀昀評　清道光十三年(1833)涿州盧坤兩廣節署刻朱墨套印本　四册

360000－1901－0031826　315427
文心雕龍十卷　(南朝梁)劉勰撰　(清)黄叔琳輯注　(清)紀昀評　清道光十三年(1833)涿州盧坤兩廣節署刻朱墨套印本　四册

360000－1901－0031827　315428
文心雕龍十卷　(南朝梁)劉勰撰　(清)黄叔琳輯注　(清)紀昀評　清道光十三年(1833)涿州盧坤兩廣節署刻朱墨套印本　四册

360000－1901－0031828　401150
文心雕龍十卷　(南朝梁)劉勰撰　(清)黄叔琳輯注　(清)紀昀評　清道光吳蘭修刻本　四册

360000－1901－0031829　401156
文心雕龍十卷　(南朝梁)劉勰撰　(清)黄叔琳輯注　(清)紀昀評　清光緒二十一年(1895)學庫山房刻本　四册

360000－1901－0031830　600221－27
文心雕龍十卷　(南朝梁)劉勰撰　(清)黄叔琳輯注　(清)紀昀評　清光緒十九年(1893)思賢講舍刻本　四册

360000－1901－0031831　309649
文心雕龍十卷　(南朝梁)劉勰撰　(清)黄叔琳輯注　(清)紀昀評　清刻本　二册　存六卷(五至十)

360000－1901－0031832　804933
文心雕龍十卷　(南朝梁)劉勰撰　(清)黄叔琳輯注　(清)紀昀評　清刻本　一册　存二卷(九至十)

360000－1901－0031833　401151
文心雕龍十卷　(南朝梁)劉勰撰　(清)黄叔琳輯注　(清)紀昀評　清末石印本　四册

360000－1901－0031834　122921
文信國公集二十卷首一卷　(宋)文天祥撰　清光緒二十三年(1897)湘南書局刻本　十册　缺四卷(八、十四、十七至十八)

360000－1901－0031835　601056
文信國公集二十卷首一卷　(宋)文天祥撰　清刻本　八册　存十二卷(二至七、十至十四、十七)

360000－1901－0031836　120120
文信國公集二十卷首一卷　(宋)文天祥撰　清同治七年(1868)埜醴景萊書室刻本　十一册　缺一卷(十四)

360000－1901－0031837　300210
文選補遺四十卷　(元)陳仁子輯　清同治十年(1871)刻本　十二册

360000－1901－0031838　401130
文選補遺四十卷首一卷　(元)陳仁子輯　清道光二十五年(1845)琅嬛館刻本　十册　存二十三卷(一至七、十一至十七、二十一至二十二、二十六至三十一,首一卷)

360000－1901－0031839　401131
文選補遺四十卷首一卷　(元)陳仁子輯　清道光二十五年(1845)琅嬛館刻本　十一册　存三十九卷(二至四十)

360000－1901－0031840　802116

文選不分卷 （南朝梁）蕭統輯　清玉庚抄本　一册

360000－1901－0031841　800410
文選分韻彙編五卷 （清）程履豐輯　清抄本　二册　存二卷（上平聲、上聲）

360000－1901－0031842　314268
幾何原本十五卷 （意大利）利瑪竇口譯　（明）徐光啓筆受　（英國）偉烈亞力續譯　（清）李善蘭續筆　清同治四年（1865）金陵刻本　八册

360000－1901－0031843　300209
文選古字通補訓四卷拾遺一卷 （清）呂錦文撰　清光緒二十七年（1901）懷硯齋刻本　三册　存三卷（一至二、拾遺一卷）

360000－1901－0031844　401307
文選集評十五卷首一卷末一卷 （南朝梁）蕭統輯　（清）于光華編　清刻本　四册　存四卷（五、七、十二，首一卷）

360000－1901－0031845　401308
文選集評十五卷首一卷末一卷 （南朝梁）蕭統輯　（清）于光華編　清刻本　六册　存六卷（四至六、八、十、十四）

360000－1901－0031846　401308－1
文選集評十五卷首一卷末一卷 （南朝梁）蕭統輯　（清）于光華編　清刻本　十五册　缺一卷（首一卷）

360000－1901－0031847　401308－2
文選集評十五卷首一卷末一卷 （南朝梁）蕭統輯　（清）于光華編　清刻本　三册　存三卷（六、八、十二）

360000－1901－0031848　241197
文選集評十五卷首一卷末一卷 （南朝梁）蕭統輯　（清）于光華編　清乾隆三十七年（1772）友于堂刻本　十二册

360000－1901－0031849　401306
文選集評十五卷首一卷末一卷 （南朝梁）蕭統輯　（清）于光華編　清乾隆三十七年（1772）友于堂刻本　三册　存六卷（一至五、首一卷）

360000－1901－0031850　300204
文選集釋二十四卷 （清）朱琦撰　清道光十六年（1836）涇州朱氏小萬卷齋刻本　十二册

360000－1901－0031851　401189
文選集腋二卷 （清）胥斌輯　清光緒二十一年（1895）上海鴻寶齋石印本　一册

360000－1901－0031852　401177
文選集腋二卷 （清）胥斌輯　清刻本　一册　存一卷（上）

360000－1901－0031853　401177－1
文選集腋二卷 （清）胥斌輯　清刻本　一册　存一卷（下）

360000－1901－0031854　401178
文選集腋二卷 （清）胥斌輯　清刻本　一册　存一卷（上）

360000－1901－0031855　401181
文選集腋六卷 （清）胥斌輯　清嘉慶二十一年（1816）鋤經堂刻本　二册

360000－1901－0031856　401182
文選集腋六卷 （清）胥斌輯　清嘉慶二十一年（1816）鋤經堂刻本　二册

360000－1901－0031857　401183
文選集腋六卷 （清）胥斌輯　清嘉慶二十一年（1816）鋤經堂刻本　二册　存四卷（一至三、六）

360000－1901－0031858　401180
文選集腋六卷 （清）胥斌輯　清嘉慶二十一年（1816）玉書樓刻本　二册　存三卷（一至三）

360000－1901－0031859　401179
文選集腋六卷 （清）胥斌輯　清嘉慶二十一年（1816）玉軸樓刻本　一册

360000－1901－0031860　300208
文選集腋六卷 （清）胥斌輯　清嘉慶十八年（1813）問渠書屋刻本　四册

360000－1901－0031861　401124
文選集腋六卷　（清）胥斌輯　清嘉慶十八年(1813)問渠書屋刻本　一冊

360000－1901－0031862　401125
文選集腋六卷　（清）胥斌輯　清嘉慶十八年(1813)問渠書屋刻本　二冊

360000－1901－0031863　401126
文選集腋六卷　（清）胥斌輯　清嘉慶十八年(1813)問渠書屋刻本　二冊

360000－1901－0031864　401127
文選集腋六卷　（清）胥斌輯　清刻本　二冊

360000－1901－0031865　401128
文選集腋六卷　（清）胥斌輯　清刻本　二冊

360000－1901－0031866　300214
文選錦字錄二十一卷　（明）淩迪知輯　清光緒十九年(1893)上洋鴻寶齋石印本　二冊

360000－1901－0031867　401140
文選考異十卷　（清）胡克家撰　清嘉慶鄱陽胡氏刻本　二冊　存六卷(五至十)

360000－1901－0031868　401254
文選考異十卷　（清）胡克家撰　清末上海著易堂石印本　二冊

360000－1901－0031869　305436
寄園寄所寄十二卷　（清）趙吉士撰　清刻本　六冊　存五卷(四、六至九)

360000－1901－0031870　304619－1
文選考異十卷　（清）胡克家撰　清同治八年(1869)湖北崇文書局刻本　四冊

360000－1901－0031871　401138
文選課虛四卷　（清）杭世駿撰　清刻本　一冊

360000－1901－0031872　401188
文選課虛四卷　（清）杭世駿撰　清刻本　一冊　存一卷(一)

360000－1901－0031873　401190
文選類雋十四卷　（清）何松編　清光緒二十一年(1895)上海鴻寶齋石印本　一冊

360000－1901－0031874　401190－1
文選類雋十四卷　（清）何松編　清光緒二十一年(1895)上海鴻寶齋石印本　一冊　存六卷(一至六)

360000－1901－0031875　250080
文選類林十八卷　（宋）劉攽輯　明萬曆四十四年(1616)吳從志刻本　一冊　存三卷(一至三)

360000－1901－0031876　401191
文選類腋十六卷　（清）吳承烜輯　清末石印本　二冊　存十一卷(一至十一)

360000－1901－0031877　241178
文選六十卷　（南朝梁）蕭統輯　（唐）李善注　明末毛氏汲古閣刻本　十二冊

360000－1901－0031878　401202
文選六十卷　（南朝梁）蕭統輯　（唐）李善注　明末毛氏汲古閣刻本　二冊　存八卷(一至八)

360000－1901－0031879　401223
文選六十卷　（南朝梁）蕭統輯　（唐）李善注　明末毛氏汲古閣刻本　三冊　存十五卷(一至三、二十五至三十六)

360000－1901－0031880　401224
文選六十卷　（南朝梁）蕭統輯　（唐）李善注　明末毛氏汲古閣刻本　六冊　存四十五卷(一至六、二十二至六十)

360000－1901－0031881　401225
文選六十卷　（南朝梁）蕭統輯　（唐）李善注　明末毛氏汲古閣刻本　三冊　存十五卷(七至十二、二十三至二十六、四十七至五十一)

360000－1901－0031882　401226
文選六十卷　（南朝梁）蕭統輯　（唐）李善注　明末毛氏汲古閣刻本　一冊　存五卷(十五至十九)

360000－1901－0031883　401227

文選六十卷　(南朝梁)蕭統輯　(唐)李善注　明末毛氏汲古閣刻本　六册　存二十八卷(十七至三十八、四十三至四十八)

360000－1901－0031884　401228
文選六十卷　(南朝梁)蕭統輯　(唐)李善注　明末毛氏汲古閣刻本　八册　存四十三卷(一至四、十一至二十、二十四至三十二、四十一至六十)

360000－1901－0031885　401235－1
文選六十卷　(南朝梁)蕭統輯　(唐)李善注　明末毛氏汲古閣刻本　十册　存五十一卷(六至二十五、三十至六十)

360000－1901－0031886　401235－13
文選六十卷　(南朝梁)蕭統輯　(唐)李善注　明末毛氏汲古閣刻本　四册　存二十二卷(三十五至五十六)

360000－1901－0031887　401235－14
文選六十卷　(南朝梁)蕭統輯　(唐)李善注　明末毛氏汲古閣刻本　五册　存二十六卷(十一至二十四、二十九至三十六、四十六至四十九)

360000－1901－0031888　401235－15
文選六十卷　(南朝梁)蕭統輯　(唐)李善注　明末毛氏汲古閣刻本　四册　存二十八卷(八至十六、二十四至四十二)

360000－1901－0031889　401235－16
文選六十卷　(南朝梁)蕭統輯　(唐)李善注　明末毛氏汲古閣刻本　二册　存六卷(二十四至二十六、二十八至三十)

360000－1901－0031890　401235－6
文選六十卷　(南朝梁)蕭統輯　(唐)李善注　明末毛氏汲古閣刻本　二册　存九卷(六至十、二十六至二十九)

360000－1901－0031891　401235－7
文選六十卷　(南朝梁)蕭統輯　(唐)李善注　明末毛氏汲古閣刻本　二册　存十二卷(五至十六)

360000－1901－0031892　401235－8
文選六十卷　(南朝梁)蕭統輯　(唐)李善注　明末毛氏汲古閣刻本　三册　存十五卷(十六至二十、三十五至三十九、五十六至六十)

360000－1901－0031893　316675
文選六十卷　(南朝梁)蕭統輯　(唐)李善注　明末毛氏汲古閣刻清乾隆二十七年(1762)楊氏儒纓堂重修本　十二册

360000－1901－0031894　401213
文選六十卷　(南朝梁)蕭統輯　(唐)李善注　明末毛氏汲古閣刻清乾隆二十七年(1762)楊氏儒纓堂重修本　六册

360000－1901－0031895　401216
文選六十卷　(南朝梁)蕭統輯　(唐)李善注　明末毛氏汲古閣刻清乾隆二十七年(1762)楊氏儒纓堂重修本　一册　存四卷(一至四)

360000－1901－0031896　401211
文選六十卷　(南朝梁)蕭統輯　(唐)李善注　清光霽堂刻本　十四册

360000－1901－0031897　401212
文選六十卷　(南朝梁)蕭統輯　(唐)李善注　清光霽堂刻本　十二册

360000－1901－0031898　401245
文選六十卷　(南朝梁)蕭統輯　(唐)李善注　清光緒上海古香閣石印本　四册　存四十卷(二十一至六十)

360000－1901－0031899　401251
文選六十卷　(南朝梁)蕭統輯　(唐)李善注　清光緒上海古香閣石印本　九册　存四十五卷(十一至四十三、四十九至六十)

360000－1901－0031900　315313
文選六十卷　(南朝梁)蕭統輯　(唐)李善注　清光緒十八年(1892)翰墨園刻本　十二册

360000－1901－0031901　603110
文選六十卷　(南朝梁)蕭統輯　(唐)李善注　清光緒十八年(1892)上海廣百宋齋石印本

五冊　存三十卷(一至三十)

360000－1901－0031902　401244
文選六十卷　(南朝梁)蕭統輯　(唐)李善注　清光緒十一年(1885)上海同文書局石印本　五冊　存三十卷(一至六、十九至二十四、三十一至四十八)

360000－1901－0031903　401229
文選六十卷　(南朝梁)蕭統輯　(唐)李善注　清海錄軒刻朱墨套印本　十二冊

360000－1901－0031904　401230
文選六十卷　(南朝梁)蕭統輯　(唐)李善注　清海錄軒刻朱墨套印本　十六冊

360000－1901－0031905　401231
文選六十卷　(南朝梁)蕭統輯　(唐)李善注　清海錄軒刻朱墨套印本　十五冊　存五十五卷(一至五十五)

360000－1901－0031906　401235－17
文選六十卷　(南朝梁)蕭統輯　(唐)李善注　清海錄軒刻朱墨套印本　一冊　存四卷(二十一至二十四)

360000－1901－0031907　401249
文選六十卷　(南朝梁)蕭統輯　(唐)李善注　清湖南竹素書局刻本　十一冊　存五十三卷(一至八、十一至五十、五十六至六十)

360000－1901－0031908　163034
文選六十卷　(南朝梁)蕭統輯　(唐)李善注　清江右文彬堂刻朱墨套印本　十二冊

360000－1901－0031909　164494
文選六十卷　(南朝梁)蕭統輯　(唐)李善注　清江右文彬堂刻朱墨套印本　十二冊

360000－1901－0031910　164495
文選六十卷　(南朝梁)蕭統輯　(唐)李善注　清江右文彬堂刻朱墨套印本　十二冊

360000－1901－0031911　164496
文選六十卷　(南朝梁)蕭統輯　(唐)李善注　清江右文彬堂刻朱墨套印本　十六冊

360000－1901－0031912　164497
文選六十卷　(南朝梁)蕭統輯　(唐)李善注　清江右文彬堂刻朱墨套印本　十六冊

360000－1901－0031913　164498
文選六十卷　(南朝梁)蕭統輯　(唐)李善注　清江右文彬堂刻朱墨套印本　十六冊

360000－1901－0031914　401196
文選六十卷　(南朝梁)蕭統輯　(唐)李善注　清江右文彬堂刻朱墨套印本　十六冊

360000－1901－0031915　401209
文選六十卷　(南朝梁)蕭統輯　(唐)李善注　清刻本　二十冊

360000－1901－0031916　401219
文選六十卷　(南朝梁)蕭統輯　(唐)李善注　清刻本　六冊　存三十卷(五至二十一、二十七至三十、三十七至四十五)

360000－1901－0031917　401235－12
文選六十卷　(南朝梁)蕭統輯　(唐)李善注　清刻本　五冊　存二十九卷(二十一至二十四、三十六至六十)

360000－1901－0031918　401235－18
文選六十卷　(南朝梁)蕭統輯　(唐)李善注　清刻本　一冊　存三卷(四至六)

360000－1901－0031919　401235－3
文選六十卷　(南朝梁)蕭統輯　(唐)李善注　清刻本　七冊　存三十四卷(四至十一、十七至二十九、三十七至四十二、五十四至六十)

360000－1901－0031920　401194
文選六十卷　(南朝梁)蕭統輯　(唐)李善注　清刻朱墨套印本　十五冊

360000－1901－0031921　401195
文選六十卷　(南朝梁)蕭統輯　(唐)李善注　清刻朱墨套印本　十二冊

360000－1901－0031922　401198
文選六十卷　(南朝梁)蕭統輯　(唐)李善注　清刻朱墨套印本　十八冊

360000－1901－0031923　401199

文選六十卷　(南朝梁)蕭統輯　(唐)李善注　清刻朱墨套印本　十六册

360000－1901－0031924　401200
文選六十卷　(南朝梁)蕭統輯　(唐)李善注　清刻朱墨套印本　十二册　存十六卷(一至二、四十七至六十)

360000－1901－0031925　401203
文選六十卷　(南朝梁)蕭統輯　(唐)李善注　清刻朱墨套印本　五册　存二十五卷(一至十五、二十六至三十五)

360000－1901－0031926　401204
文選六十卷　(南朝梁)蕭統輯　(唐)李善注　清刻朱墨套印本　二册　存十一卷(九至十九)

360000－1901－0031927　401205
文選六十卷　(南朝梁)蕭統輯　(唐)李善注　清刻朱墨套印本　六册　存二十三卷(一至二十三)

360000－1901－0031928　401214
文選六十卷　(南朝梁)蕭統輯　(唐)李善注　清刻朱墨套印本　八册　存三十九卷(一至八、十至十五、二十至二十四、二十六至三十九、五十一至五十六)

360000－1901－0031929　401235－10
文選六十卷　(南朝梁)蕭統輯　(唐)李善注　清刻朱墨套印本　二册　存十五卷(三十一至四十五)

360000－1901－0031930　401235－11
文選六十卷　(南朝梁)蕭統輯　(唐)李善注　清刻朱墨套印本　二册　存九卷(三十六至四十四)

360000－1901－0031931　401235－4
文選六十卷　(南朝梁)蕭統輯　(唐)李善注　清刻朱墨套印本　三册　存十六卷(十至十五、四十六至五十五)

360000－1901－0031932　401235－9
文選六十卷　(南朝梁)蕭統輯　(唐)李善注　清刻朱墨套印本　三册　存十一卷(八至十一、三十四至四十)

360000－1901－0031933　401210
文選六十卷　(南朝梁)蕭統輯　(唐)李善注　清乾隆二十四年(1759)懷德堂刻本　十六册

360000－1901－0031934　241179
文選六十卷　(南朝梁)蕭統輯　(唐)李善注　清乾隆二十四年(1759)刻本　十二册

360000－1901－0031935　241180
文選六十卷　(南朝梁)蕭統輯　(唐)李善注　清乾隆四十九年(1784)刻本　十八册

360000－1901－0031936　401215
文選六十卷　(南朝梁)蕭統輯　(唐)李善注　清乾隆五十九年(1794)玉軸樓刻本　十二册　存四十六卷(一至四、十六至二十三、二十七至六十)

360000－1901－0031937　401206
文選六十卷　(南朝梁)蕭統輯　(唐)李善注　清善化經濟堂刻本　十六册

360000－1901－0031938　401207
文選六十卷　(南朝梁)蕭統輯　(唐)李善注　清善化經濟堂刻本　七册　存三十四卷(一至十五、二十至二十四、三十五至四十八)

360000－1901－0031939　401208
文選六十卷　(南朝梁)蕭統輯　(唐)李善注　清善化經濟堂刻本　十二册

360000－1901－0031940　401252
文選六十卷　(南朝梁)蕭統輯　(唐)李善注　清書業堂刻本　九册　存二十二卷(十五至二十七、三十至三十五、四十一至四十三)

360000－1901－0031941　401197
文選六十卷　(南朝梁)蕭統輯　(唐)李善注　清雙桂堂刻朱墨套印本　十五册　存五十七卷(一至四十三、四十七至六十)

360000－1901－0031942　300200
文選六十卷　(南朝梁)蕭統輯　(唐)李善注

清同治八年(1869)湖北崇文書局刻本　二十冊

360000－1901－0031943　315383
文選六十卷　(南朝梁)蕭統輯　(唐)李善注　清同治八年(1869)金陵書局刻本　十冊

360000－1901－0031944　401220
文選六十卷　(南朝梁)蕭統輯　(唐)李善注　清同治八年(1869)金陵書局刻本　五冊　存二十九卷(一至二十九)

360000－1901－0031945　401221
文選六十卷　(南朝梁)蕭統輯　(唐)李善注　清同治八年(1869)金陵書局刻本　七冊　存四十二卷(一至六、十三至十八、三十一至六十)

360000－1901－0031946　401222
文選六十卷　(南朝梁)蕭統輯　(唐)李善注　清同治八年(1869)金陵書局刻本　一冊　存六卷(一至六)

360000－1901－0031947　401235－2
文選六十卷　(南朝梁)蕭統輯　(唐)李善注　清同治八年(1869)金陵書局刻本　二冊　存十二卷(二十五至三十六)

360000－1901－0031948　401217
文選六十卷　(南朝梁)蕭統輯　(唐)李善注　清學庫山房刻本　十二冊

360000－1901－0031949　401218
文選六十卷　(南朝梁)蕭統輯　(唐)李善注　清學庫山房刻本　十二冊

360000－1901－0031950　315429
文選六十卷　(南朝梁)蕭統輯　(唐)李善注　(清)何焯評　清光緒翰墨園刻朱墨套印本　十六冊

360000－1901－0031951　316676
文選六十卷　(南朝梁)蕭統輯　(唐)李善注　(清)何焯評　清刻本　十六冊

360000－1901－0031952　241181
文選六十卷　(南朝梁)蕭統輯　(唐)李善注　(清)何焯評　清乾隆三十七年(1772)長洲葉樹藩海錄軒刻朱墨套印本　十二冊

360000－1901－0031953　241182
文選六十卷　(南朝梁)蕭統輯　(唐)李善注　(清)何焯評　清乾隆三十七年(1772)長洲葉樹藩海錄軒刻朱墨套印本　十二冊

360000－1901－0031954　241183
文選六十卷　(南朝梁)蕭統輯　(唐)李善注　(清)何焯評　清乾隆三十七年(1772)長洲葉樹藩海錄軒刻朱墨套印本　十六冊

360000－1901－0031955　241184
文選六十卷　(南朝梁)蕭統輯　(唐)李善注　(清)何焯評　清乾隆三十七年(1772)長洲葉樹藩海錄軒刻朱墨套印本　十二冊

360000－1901－0031956　241185
文選六十卷　(南朝梁)蕭統輯　(唐)李善注　(清)何焯評　清乾隆三十七年(1772)長洲葉樹藩海錄軒刻朱墨套印本　十二冊

360000－1901－0031957　241186
文選六十卷　(南朝梁)蕭統輯　(唐)李善注　(清)何焯評　清乾隆三十七年(1772)長洲葉樹藩海錄軒刻朱墨套印本　十三冊　缺十卷(一至六、十五至十八)

360000－1901－0031958　241187
文選六十卷　(南朝梁)蕭統輯　(唐)李善注　(清)何焯評　清乾隆三十七年(1772)長洲葉樹藩海錄軒刻朱墨套印本　六冊　存二十三卷(三十至三十二、四十一至六十)

360000－1901－0031959　300205
文選六十卷　(南朝梁)蕭統輯　(唐)李善注　(清)何焯評　清乾隆三十七年(1772)長洲葉樹藩海錄軒刻朱墨套印本　十二冊

360000－1901－0031960　307751
文選六十卷　(南朝梁)蕭統輯　(唐)李善注　(清)何焯評　清乾隆三十七年(1772)長洲葉樹藩海錄軒刻朱墨套印本　十六冊

360000－1901－0031961　308475

文選六十卷 （南朝梁）蕭統輯 （唐）李善注 （清）何焯評 清乾隆三十七年（1772）長洲葉樹藩海錄軒刻朱墨套印本 十二冊

360000－1901－0031962 401201
文選六十卷 （南朝梁）蕭統輯 （唐）李善注 （清）何焯評 清乾隆三十七年（1772）長洲葉樹藩海錄軒刻朱墨套印本 六冊 存二十五卷（六至十、十六至二十、二十六至三十、四十六至五十五）

360000－1901－0031963 800156
文選六十卷 （南朝梁）蕭統輯 （唐）李善注 （清）何焯評 清乾隆三十七年（1772）長洲葉樹藩海錄軒刻朱墨套印本 三冊 存十三卷（四十八至六十）

360000－1901－0031964 800158
文選六十卷 （南朝梁）蕭統輯 （唐）李善注 （清）何焯評 清乾隆三十七年（1772）長洲葉樹藩海錄軒刻朱墨套印本 十六冊

360000－1901－0031965 902068
文選六十卷 （南朝梁）蕭統輯 （唐）李善注 （清）何焯評 清乾隆三十七年（1772）長洲葉樹藩海錄軒刻朱墨套印本 十三冊 存四十七卷（一至四十七）

360000－1901－0031966 800157
文選六十卷 （南朝梁）蕭統輯 （唐）李善注 （清）何焯評 清雙桂樓刻朱墨套印本 十六冊

360000－1901－0031967 315975
文選六十卷 （南朝梁）蕭統輯 （唐）李善注 （清）何焯評 清學庫山房刻本 十六冊

360000－1901－0031968 401252－1
文選六十卷 （南朝梁）蕭統輯 （唐）李善注 **考異十卷** （清）胡克家撰 清光緒六年（1880）四明林氏刻本 一冊 存二卷（考異一至二）

360000－1901－0031969 401300
文選六十卷 （南朝梁）蕭統輯 （唐）李善注 **考異十卷** （清）胡克家撰 清光緒六年（1880）四明林氏刻本 二十二冊 存六十四卷（一至十七、二十一至二十六、三十至六十，考異十卷）

360000－1901－0031970 401301
文選六十卷 （南朝梁）蕭統輯 （唐）李善注 **考異十卷** （清）胡克家撰 清光緒六年（1880）四明林氏刻本 九冊 存二十七卷（五至十、二十至三十、四十四至五十三）

360000－1901－0031971 300216
文選六十卷 （南朝梁）蕭統輯 （唐）李善注 **考異十卷** （清）胡克家撰 清光緒十八年（1892）上海古香閣石印本 六冊

360000－1901－0031972 304610
文選六十卷 （南朝梁）蕭統輯 （唐）李善注 **考異十卷** （清）胡克家撰 清嘉慶十四年（1809）刻本 二十四冊

360000－1901－0031973 163493
文選六十卷 （南朝梁）蕭統輯 （唐）李善注 **考異十卷** （清）胡克家撰 清嘉慶十四年（1809）鄱陽胡克家刻本 二十四冊

360000－1901－0031974 163494
文選六十卷 （南朝梁）蕭統輯 （唐）李善注 **考異十卷** （清）胡克家撰 清嘉慶十四年（1809）鄱陽胡克家刻本 二十四冊

360000－1901－0031975 163495
文選六十卷 （南朝梁）蕭統輯 （唐）李善注 **考異十卷** （清）胡克家撰 清嘉慶十四年（1809）鄱陽胡克家刻本 二十四冊

360000－1901－0031976 308647
文選六十卷 （南朝梁）蕭統輯 （唐）李善注 **考異十卷** （清）胡克家撰 清嘉慶十四年（1809）鄱陽胡克家刻本 十一冊 存三十三卷（一至二、九至十四、三十六至六十）

360000－1901－0031977 315042
文選六十卷 （南朝梁）蕭統輯 （唐）李善注 **考異十卷** （清）胡克家撰 清嘉慶十四年（1809）鄱陽胡克家刻本 二十二冊

360000－1901－0031978　315301
文選六十卷　(南朝梁)蕭統輯　(唐)李善注　**考異十卷**　(清)胡克家撰　清嘉慶十四年(1809)鄱陽胡克家刻本　二十四册

360000－1901－0031979　315537
文選六十卷　(南朝梁)蕭統輯　(唐)李善注　**考異十卷**　(清)胡克家撰　清嘉慶十四年(1809)鄱陽胡克家刻本　二十四册

360000－1901－0031980　317248
文選六十卷　(南朝梁)蕭統輯　(唐)李善注　**考異十卷**　(清)胡克家撰　清嘉慶十四年(1809)鄱陽胡克家刻本　二十四册

360000－1901－0031981　401234
文選六十卷　(南朝梁)蕭統輯　(唐)李善注　**考異十卷**　(清)胡克家撰　清嘉慶十四年(1809)鄱陽胡克家刻本　五册　存十四卷(一至二、六至八、二十四至二十六、三十至三十二、四十二至四十四)

360000－1901－0031982　401235
文選六十卷　(南朝梁)蕭統輯　(唐)李善注　**考異十卷**　(清)胡克家撰　清嘉慶十四年(1809)鄱陽胡克家刻本　六册　存十八卷(十五至二十、二十四至二十六、三十九至四十七)

360000－1901－0031983　401235－5
文選六十卷　(南朝梁)蕭統輯　(唐)李善注　**考異十卷**　(清)胡克家撰　清嘉慶十四年(1809)鄱陽胡克家刻本　三册　存九卷(九至十一、五十五至六十)

360000－1901－0031984　805059
文選六十卷　(南朝梁)蕭統輯　(唐)李善注　**考異十卷**　(清)胡克家撰　清嘉慶十四年(1809)鄱陽胡克家刻本　二十四册

360000－1901－0031985　304611
文選六十卷　(南朝梁)蕭統輯　(唐)李善注　**考異十卷**　(清)胡克家撰　清刻本　九册　存二十七卷(六至十四、二十七至三十二、三十六至四十一、五十二至五十七)

360000－1901－0031986　401236
文選六十卷　(南朝梁)蕭統輯　(唐)李善注　**考異十卷**　(清)胡克家撰　清末上海鴻文書局石印本　十册

360000－1901－0031987　401237
文選六十卷　(南朝梁)蕭統輯　(唐)李善注　**考異十卷**　(清)胡克家撰　清末上海鴻文書局石印本　十册

360000－1901－0031988　401238
文選六十卷　(南朝梁)蕭統輯　(唐)李善注　**考異十卷**　(清)胡克家撰　清末上海鴻文書局石印本　十册

360000－1901－0031989　401239
文選六十卷　(南朝梁)蕭統輯　(唐)李善注　**考異十卷**　(清)胡克家撰　清末上海鴻文書局石印本　七册　存五十一卷(十六至六十、考異五至十)

360000－1901－0031990　401239－1
文選六十卷　(南朝梁)蕭統輯　(唐)李善注　**考異十卷**　(清)胡克家撰　清末上海鴻文書局石印本　二册　存十四卷(十六至二十三、考異五至十)

360000－1901－0031991　401240
文選六十卷　(南朝梁)蕭統輯　(唐)李善注　**考異十卷**　(清)胡克家撰　清末上海鴻文書局石印本　四册　存二十七卷(二十四至三十八、五十四至六十,考異六至十)

360000－1901－0031992　401241
文選六十卷　(南朝梁)蕭統輯　(唐)李善注　**考異十卷**　(清)胡克家撰　清末上海鴻文書局石印本　六册

360000－1901－0031993　401242
文選六十卷　(南朝梁)蕭統輯　(唐)李善注　**考異十卷**　(清)胡克家撰　清末上海鴻文書局石印本　三册　存五十七卷(一至四十七、考異十卷)

360000－1901－0031994　401243
文選六十卷　(南朝梁)蕭統輯　(唐)李善注

考異十卷　(清)胡克家撰　清末上海鴻文書局石印本　六册

360000－1901－0031995　401253
文選六十卷　(南朝梁)蕭統輯　(唐)李善注　**考異十卷**　(清)胡克家撰　清末上海鴻文書局石印本　一册　存十一卷(一至十一)

360000－1901－0031996　401248
文選六十卷　(南朝梁)蕭統輯　(唐)李善注　**考異十卷**　(清)胡克家撰　清末上海文化書局石印本　八册　存三十六卷(三十五至六十、考異十卷)

360000－1901－0031997　401246
文選六十卷　(南朝梁)蕭統輯　(唐)李善注　**考異十卷**　(清)胡克家撰　清末上海文瑞樓石印本　八册　存三十二卷(一至七、十三至十七、二十七至二十九、四十至四十八、五十四至五十七,考異一至四)

360000－1901－0031998　401247
文選六十卷　(南朝梁)蕭統輯　(唐)李善注　**考異十卷**　(清)胡克家撰　清末上海著易堂石印本　八册　存三十四卷(一至三十四)

360000－1901－0031999　401250
文選六十卷　(南朝梁)蕭統輯　(唐)李善注　**考異十卷**　(清)胡克家撰　清末石印本　十五册　存六十六卷(五至六十、考異十卷)

360000－1901－0032000　401252－2
文選六十卷　(南朝梁)蕭統輯　(唐)李善注　**考異十卷**　(清)胡克家撰　清末石印本　六册　存二十八卷(三十四至四十六、五十一至五十五,考異十卷)

360000－1901－0032001　603109
文選六十卷　(南朝梁)蕭統輯　(唐)李善注　**考異十卷**　(清)胡克家撰　清末石印本　二册　存八卷(九至十二、二十五至二十八)

360000－1901－0032002　304609
文選六十卷　(南朝梁)蕭統輯　(唐)李善注　**考異十卷**　(清)胡克家撰　清同治八年(1869)湖北崇文書局刻本　二十四册

360000－1901－0032003　304616
文選六十卷　(南朝梁)蕭統輯　(唐)李善注　**考異十卷**　(清)胡克家撰　清同治八年(1869)湖北崇文書局刻本　二十四册

360000－1901－0032004　304618
文選六十卷　(南朝梁)蕭統輯　(唐)李善注　**考異十卷**　(清)胡克家撰　清同治八年(1869)湖北崇文書局刻本　四册　存十卷(五十二至五十四,考異一至四、八至十)

360000－1901－0032005　308676
文選六十卷　(南朝梁)蕭統輯　(唐)李善注　**考異十卷**　(清)胡克家撰　清同治八年(1869)湖北崇文書局刻本　六册　存十七卷(一至十七)

360000－1901－0032006　308713
文選六十卷　(南朝梁)蕭統輯　(唐)李善注　**考異十卷**　(清)胡克家撰　清同治八年(1869)湖北崇文書局刻本　十三册　存三十八卷(三至五、三十六至六十,考異十卷)

360000－1901－0032007　308714
文選六十卷　(南朝梁)蕭統輯　(唐)李善注　**考異十卷**　(清)胡克家撰　清同治八年(1869)湖北崇文書局刻本　二册　存六卷(三十九至四十四)

360000－1901－0032008　315381
文選六十卷　(南朝梁)蕭統輯　(唐)李善注　**考異十卷**　(清)胡克家撰　清同治八年(1869)湖北崇文書局刻本　二十四册

360000－1901－0032009　316674
文選六十卷　(南朝梁)蕭統輯　(唐)李善注　**考異十卷**　(清)胡克家撰　清同治八年(1869)湖北崇文書局刻本　二十四册

360000－1901－0032010　300195
文選六十卷　(南朝梁)蕭統輯　(唐)李善注　**考異十卷**　(清)胡克家撰　清同治八年(1869)潯陽萬氏刻本　二十四册

360000－1901－0032011　304612
文選六十卷　(南朝梁)蕭統輯　(唐)李善注

考異十卷 (清)胡克家撰 清宣統三年(1911)上海會文堂書局石印本 十四冊 存六十二卷(五至八、十三至六十,考異十卷)

360000－1901－0032012 300199
文選旁證四十六卷 (清)梁章鉅撰 清光緒八年(1882)番禺許氏刻本 十冊

360000－1901－0032013 317254
文選旁證四十六卷 (清)梁章鉅撰 清光緒八年(1882)吳下刻本 十二冊

360000－1901－0032014 401134
文選旁證四十六卷 (清)梁章鉅撰 清光緒八年(1882)吳下刻本 十二冊

360000－1901－0032015 401135
文選旁證四十六卷 (清)梁章鉅撰 清光緒八年(1882)吳下刻本 二冊 存八卷(五至八、十五至十八)

360000－1901－0032016 800392
文選詩分韻摘句不分卷 (□)□□輯 清抄本 一冊

360000－1901－0032017 163016
文選詩騷不分卷 (□)□□輯 清抄本 一冊

360000－1901－0032018 401187
文選四種 (清)徐叔蓓輯 清光緒二十年(1894)上海寶文書局石印本 三冊

360000－1901－0032019 401186
文選四種 (清)徐叔蓓輯 清光緒二十年(1894)上海文海書局石印本 六冊

360000－1901－0032020 163484
文選五卷 (南朝梁)蕭統輯 (唐)李善注 **考異一卷** (清)胡克家撰 清光緒十一年(1885)上海書局石印本 六冊

360000－1901－0032021 401192
文選音義八卷 (清)余蕭客撰 清光緒二十一年(1895)上海鴻寶齋石印本 一冊

360000－1901－0032022 241200
文選音義八卷 (清)余蕭客撰 清乾隆二十三年(1758)刻本 二冊

360000－1901－0032023 401136
文選摘鈔二卷 (清)沈郗林訂 清嘉慶十八年(1813)刻本 二冊

360000－1901－0032024 163774
文選針度十七卷 (清)王伯鹿輯 清光緒二十一年(1895)上海鴻寶齋石印本 一冊

360000－1901－0032025 241195
文選纂註評林十二卷 (南朝梁)蕭統輯 (明)張鳳翼纂注 (明)王世懋刪定 (明)陸弘祚輯訂 明刻本 一冊 存二卷(三至四)

360000－1901－0032026 241194
文選纂註評苑二十六卷 (南朝梁)蕭統輯 (明)張鳳翼纂注 (明)王世懋刪定 (明)陸弘祚輯訂 明萬曆余碧泉克勤齋刻本 十冊

360000－1901－0032027 800284
文學初階六卷 杜亞泉輯 清光緒三十二年(1906)商務印書館鉛印本 二冊 存二卷(四至五)

360000－1901－0032028 802228
文學典林六卷 (清)鄭文煥輯 清龍文堂刻本 二冊

360000－1901－0032029 163775
文學國策二卷 (美國)林樂知譯 清光緒二十二年(1896)圖書集成局鉛印本 一冊

360000－1901－0032030 902015
文學彙典不分卷 (清)□□編 **虛字註釋備考一卷** (清)張文炳點定 清抄本 一冊

360000－1901－0032031 800799
文學獻臣公贈言不分卷 (清)余慶炎輯 清抄本 一冊

360000－1901－0032032 409774－6
寄園寄所寄十二卷 (清)趙吉士撰 清刻本 三冊 存三卷(四、六至七)

360000－1901－0032033 401184

文腋類編十卷　(清)劉燕　(清)劉慎樞訂　清末鉛印本　一冊　存二卷(五至六)

360000－1901－0032034　401185
文腋類編十卷　(清)劉燕　(清)劉慎樞訂　清同治十一年(1872)刻本　十冊

360000－1901－0032035　401141
文腋中後比不分卷　(□)□□輯　清抄本　一冊

360000－1901－0032036　801100
文藝金針不分卷　(清)路德撰　清刻本　一冊

360000－1901－0032037　401176
文苑滑稽八卷　(清)趙古農評選　清嘉慶二十一年(1816)刻本　八冊　存一卷(上)

360000－1901－0032038　401139
文苑彙雋二十四卷　(明)孫丕顯輯　明萬曆文萃堂刻本　一冊　存四卷(一至四)

360000－1901－0032039　401174
文苑集成三十三卷　(清)□□輯　清嘉慶十七年(1812)刻本　十五冊　存二卷(下論五至六)

360000－1901－0032040　401175
文苑聯珠八卷　(清)李承祖輯　清乾隆三十八年(1773)玉照堂刻本　一冊　存三卷(一至三)

360000－1901－0032041　407704
文苑英華辨證十卷　(宋)彭叔夏撰　清刻本　二冊

360000－1901－0032042　241204
文苑英華一千卷　(宋)李昉等輯　明隆慶元年(1567)胡維新、戚繼光刻本　一百八十冊

360000－1901－0032043　241205
文苑英華一千卷　(宋)李昉等輯　明隆慶元年(1567)胡維新、戚繼光刻隆慶、萬曆遞修本　七十四冊　缺七十八卷(七百六十三至八百四十)

360000－1901－0032044　123224
文雲閣[廷式]先生年譜四卷　錢仲聯撰　民國抄本　二冊

360000－1901－0032045　301413
文則一卷　(宋)陳騤撰　清刻本　一冊

360000－1901－0032046　402918
文章鼻祖六卷　(清)楊繩武輯並評　清乾隆二十八年(1763)刻本　二冊

360000－1901－0032047　801929
文章讀本不分卷　(□)□□輯　清抄本　一冊

360000－1901－0032048　241257
文章軌範八卷　(宋)謝枋得輯　(明)王守仁續輯　(明)張鼐增訂　明人瑞堂刻本　八冊

360000－1901－0032049　241256
文章軌範七卷　(宋)謝枋得輯　明刻本　一冊　存三卷(四至六)

360000－1901－0032050　163480
文章練要十卷　(清)王源輯　清刻本　五冊

360000－1901－0032051　401148
文章練要左傳評十卷　(清)王源評訂　清康熙刻本　四冊

360000－1901－0032052　401149
文章練要左傳評十卷　(清)王源評訂　清康熙刻本　六冊

360000－1901－0032053　401146
文章練要左傳評十卷　(清)王源評訂　清康熙三與堂刻本　四冊

360000－1901－0032054　401147
文章練要左傳評十卷　(清)王源評訂　清刻本　五冊　存九卷(二至十)

360000－1901－0032055　801851
文章遊戲不分卷　(□)還讀我書之室主人錄　清抄本　一冊

360000－1901－0032056　401169
文章遊戲初編八卷　(清)繆艮輯　清道光五年(1825)宏道堂刻本　四冊

360000－1901－0032057　401173－1

文章遊戲初編八卷　(清)繆艮輯　清末石印本　一册　存四卷(五至八)

360000－1901－0032058　401170

文章遊戲初編八卷二編八卷　(清)繆艮輯　清道光五年(1825)寶彝堂刻本　二册　存四卷(初編一至二、二編三至四)

360000－1901－0032059　401173

文章遊戲初編八卷二編八卷三編八卷四編八卷　(清)繆艮輯　清道光五年(1825)藕花館刻本　六册　存九卷(初編一至二,二編五至八,三編二、八,四編八)

360000－1901－0032060　401172

文章遊戲初編八卷二編八卷三編八卷四編八卷　(清)繆艮輯　清道光五年(1825)藕花館刻本(四編配清道光元年藕花館刻本)　十八册　存二十四卷(初編一至二、五至八,二編一至四、七至八,三編二至七,四編一、三至六、八)

360000－1901－0032061　401171

文章遊戲二編八卷三編八卷四編八卷　(清)繆艮輯　清刻本　六册　存八卷(二編五至七、三編一、四編一至四)

360000－1901－0032062　401168

文章遊戲三編八卷　(清)繆艮輯　清刻本　一册　存二卷(一至二)

360000－1901－0032063　163035

文章游戲初編八卷　(清)繆艮輯　清道光三年(1823)大盛堂刻本　二册

360000－1901－0032064　603159

文章游戲初編八卷　(清)繆艮輯　清道光五年(1825)刻本　一册　存二卷(一至二)

360000－1901－0032065　308569

文章游戲初編八卷二編八卷三編八卷四編八卷　(清)繆艮輯　清光緒元年(1875)刻本　十六册

360000－1901－0032066　304597

文章游戲初編八卷二編八卷三編八卷四編八卷　(清)繆艮輯　清光緒元年(1875)竹蘭軒刻本　十三册　存二十六卷(初編一至四、七至八,二編八卷,三編一至四,四編八卷)

360000－1901－0032067　802166

文章游戲三編八卷　(清)繆艮輯　清刻本　一册　存一卷(八)

360000－1901－0032068　801026

文章游戲四編八卷　(清)繆艮輯　清刻本　一册　存一卷(六)

360000－1901－0032069　316708

文章正宗復刻三十卷　(宋)真德秀輯　清同治三年(1864)刻本　二十册

360000－1901－0032070　401117－1

文章正宗復刻三十卷續十二卷　(宋)真德秀輯　清刻本　二十册　存二十七卷(文章正宗復刻十六至三十、續十二卷)

360000－1901－0032071　241254

文章正宗復刻三十卷續十二卷　(宋)真德秀撰　清乾隆三十三年(1768)楊氏刻本　二十四册　缺十二卷(續十二卷)

360000－1901－0032072　317810

文章指南五集　(明)歸有光選　(清)許佐重輯　清光緒二年(1876)皖江節署刻本　五册

360000－1901－0032073　402919

文章指南五集　(明)歸有光選　(清)許佐重輯　清光緒二年(1876)皖江節署刻本　五册

360000－1901－0032074　402909

文翰二卷　(清)程巖輯並評　清存真堂刻本　一册　存一卷(下)

360000－1901－0032075　240918

文貞公集十二卷　(清)張玉書撰　清乾隆五十七年(1792)張護松蔭堂刻本　六册

360000－1901－0032076　240919

文貞公集十二卷　(清)張玉書撰　清乾隆五十七年(1792)張護松蔭堂刻本　六册

360000－1901－0032077　402914

文貞公集十二卷 （清）張玉書撰 清乾隆五十七年（1792）張護松蔭堂刻本 一册 存二卷（十一至十二）

360000－1901－0032078 122736
文直行書文選十七卷詩部十二卷首一卷附錄一卷 （明）熊壇石撰 （清）熊人霖輯 清乾隆十五年（1750）北山有萊堂刻本 十六册

360000－1901－0032079 300226
文中子中説十卷 題（隋）王通撰 （宋）阮逸注 清光緒二年（1876）浙江書局刻本 二册

360000－1901－0032080 603104
文中子中説一卷 題（隋）王通撰 清光緒元年（1875）湖北崇文書局刻子書百家本 一册

360000－1901－0032081 317711
文中子中説注十卷 題（隋）王通撰 （宋）阮逸注 清光緒二年（1876）浙江書局刻本 二册

360000－1901－0032082 230158
文子十二卷 （唐）徐靈府 （宋）朱弁 （宋）杜道堅注 （明）孫鑛評 明天啓梁杰刻本 四册

360000－1901－0032083 160094
文字發凡四卷 （清）龍志澤輯 清光緒三十一年（1905）廣智書局鉛印本 二册

360000－1901－0032084 401962
文字發凡四卷 （清）龍志澤輯 清光緒三十一年（1905）廣智書局鉛印本 一册 存二卷（三至四）

360000－1901－0032085 401972
文字蒙求四卷 （清）王筠撰 清道光二十六年（1846）刻本 一册

360000－1901－0032086 410215
聞湖詩三鈔八卷 （清）李道悠輯 清光緒十九年（1893）刻本 二册

360000－1901－0032087 410215－1
聞湖詩三鈔八卷 （清）李道悠輯 清光緒十九年（1893）刻本 二册

360000－1901－0032088 410215－2
聞湖詩三鈔八卷 （清）李道悠輯 清光緒十九年（1893）刻本 二册

360000－1901－0032089 410215－3
聞湖詩三鈔八卷 （清）李道悠輯 清光緒十九年（1893）刻本 二册

360000－1901－0032090 410214
聞湖詩續鈔七卷 （清）李王猷輯 清咸豐四年（1854）刻本 二册

360000－1901－0032091 410214－1
聞湖詩續鈔七卷 （清）李王猷輯 清咸豐四年（1854）刻本 二册

360000－1901－0032092 410214－2
聞湖詩續鈔七卷 （清）李王猷輯 清咸豐四年（1854）刻本 二册

360000－1901－0032093 803277
聞見新編不分卷 （□）□□輯 清抄本 一册

360000－1901－0032094 405627
聞見一隅錄三卷 （清）夏炘撰 清同治五年（1866）刻本 一册

360000－1901－0032095 317111
聞妙香室詩十二卷 （清）李宗昉撰 清道光十五年（1835）山陽李氏刻本 四册

360000－1901－0032096 317110
聞妙香室文十九卷 （清）李宗昉撰 清道光十五年（1835）山陽李氏刻本 四册

360000－1901－0032097 405555
聞妙香軒集四卷 （清）胡達源撰 清光緒七年（1881）益陽胡氏刻本 二册 存三卷（二至四）

360000－1901－0032098 121489
聞渠東軒詩一卷 （清）羅鴻熙撰 清同治十年（1871）刻本 一册

360000－1901－0032099 405628
聞式堂古文選釋八卷 （清）臧岳輯 清三樂齋刻本 一册 存二卷（二至三）

360000－1901－0032100　800660
聞式堂古文選釋八卷　(清)臧岳輯　清三樂齋刻本　二册　存五卷(四至八)

360000－1901－0032101　405629
聞音室詩集四卷遺文附刻一卷　(清)王嘉曾撰　清嘉慶二十一年(1816)刻本　二册

360000－1901－0032102　405546
問辨牘四卷　(明)管志道撰　明萬曆二十六年(1598)刻本　四册

360000－1901－0032103　240934
問花樓遺稿三卷　(清)許權撰　(清)崔謨删訂　清乾隆六年(1741)刻本　一册

360000－1901－0032104　150306
問經堂叢書　(清)孫馮翼輯　清嘉慶承德孫氏刻本　十四册　存十八種

360000－1901－0032105　413164
問經堂叢書　(清)孫馮翼輯　清嘉慶承德孫氏刻本　一册　存七種

360000－1901－0032106　250075
問奇典注六卷　(清)唐英撰　清乾隆十一年(1746)唐氏古柏堂刻本　六册

360000－1901－0032107　240890
問山詩集十卷紫雲詞一卷　(清)丁煒撰　(清)王士禛　(清)施閏章選　清康熙希鄴堂刻本　二册

360000－1901－0032108　240891
問山文集六卷詩集二卷　(清)丁煒撰　(清)黄與堅　(清)葉映榴選　清康熙刻本　二册

360000－1901－0032109　404704
問湘樓駢文初稿四卷　(清)胡念修撰　清光緒二十四年(1898)杭州刻鵠齋叢書本　二册

360000－1901－0032110　801218
問心堂溫病條辨六卷首一卷　(清)吳瑭撰　清刻本　一册　存二卷(一、首一卷)

360000－1901－0032111　801219
問心堂溫病條辨六卷首一卷　(清)吳瑭撰　清刻本　一册　存二卷(一、首一卷)

360000－1901－0032112　306655
問心齋學治雜錄二卷　(清)張聯桂撰　清光緒十一年(1885)刻本　一册　存一卷(下)

360000－1901－0032113　405543
問軒詩草一卷　(清)劉智芳撰　清乾隆二十二年(1757)刻本　一册

360000－1901－0032114　405544
問學堂遺文不分卷　(清)朱廷模撰　清同治刻本　一册

360000－1901－0032115　150307
問影樓叢刻初編　胡思敬輯　清光緒至民國新昌胡氏刻本、鉛印本　十七册

360000－1901－0032116　150308
問影樓叢刻初編　胡思敬輯　清光緒至民國新昌胡氏刻本、鉛印本　十三册　存七種

360000－1901－0032117　123372
問影樓輿地叢書第一集　胡思敬輯　清光緒三十四年(1908)新昌胡思敬京師鉛印本　一册　存三種

360000－1901－0032118　123373
問影樓輿地叢書第一集　胡思敬輯　清光緒三十四年(1908)新昌胡思敬京師鉛印本　十册

360000－1901－0032119　123374
問影樓輿地叢書第一集　胡思敬輯　清光緒三十四年(1908)新昌胡思敬京師鉛印本　十册

360000－1901－0032120　413903
問影樓輿地叢書第一集　胡思敬輯　清光緒三十四年(1908)新昌胡思敬京師鉛印本　四册　存八種

360000－1901－0032121　600376
問影樓輿地叢書第一集　胡思敬輯　清光緒三十四年(1908)新昌胡思敬京師鉛印本　十册

360000－1901－0032122　600376－1
問影樓輿地叢書第一集　胡思敬輯　清光緒

三十四年(1908)新昌胡思敬京師鉛印本　十冊

360000－1901－0032123　600384
問影樓輿地叢書第一集　胡思敬輯　清光緒三十四年(1908)新昌胡思敬京師鉛印本　十冊

360000－1901－0032124　600384－1
問影樓輿地叢書第一集　胡思敬輯　清光緒三十四年(1908)新昌胡思敬京師鉛印本　十冊

360000－1901－0032125　600384－2
問影樓輿地叢書第一集　胡思敬輯　清光緒三十四年(1908)新昌胡思敬京師鉛印本　十冊

360000－1901－0032126　600384－3
問影樓輿地叢書第一集　胡思敬輯　清光緒三十四年(1908)新昌胡思敬京師鉛印本　十冊

360000－1901－0032127　600385
問影樓輿地叢書第一集　胡思敬輯　清光緒三十四年(1908)新昌胡思敬京師鉛印本　九冊

360000－1901－0032128　600385－1
問影樓輿地叢書第一集　胡思敬輯　清光緒三十四年(1908)新昌胡思敬京師鉛印本　九冊

360000－1901－0032129　600385－10
問影樓輿地叢書第一集　胡思敬輯　清光緒三十四年(1908)新昌胡思敬京師鉛印本　三冊　存六種

360000－1901－0032130　600385－11
問影樓輿地叢書第一集　胡思敬輯　清光緒三十四年(1908)新昌胡思敬京師鉛印本　二冊　存四種

360000－1901－0032131　600385－2
問影樓輿地叢書第一集　胡思敬輯　清光緒三十四年(1908)新昌胡思敬京師鉛印本　九冊

360000－1901－0032132　600385－3
問影樓輿地叢書第一集　胡思敬輯　清光緒三十四年(1908)新昌胡思敬京師鉛印本　七冊　存十二種

360000－1901－0032133　600385－4
問影樓輿地叢書第一集　胡思敬輯　清光緒三十四年(1908)新昌胡思敬京師鉛印本　七冊　存十二種

360000－1901－0032134　600385－5
問影樓輿地叢書第一集　胡思敬輯　清光緒三十四年(1908)新昌胡思敬京師鉛印本　六冊　存八種

360000－1901－0032135　600385－6
問影樓輿地叢書第一集　胡思敬輯　清光緒三十四年(1908)新昌胡思敬京師鉛印本　四冊　存八種

360000－1901－0032136　600385－7
問影樓輿地叢書第一集　胡思敬輯　清光緒三十四年(1908)新昌胡思敬京師鉛印本　六冊　存十二種

360000－1901－0032137　600385－8
問影樓輿地叢書第一集　胡思敬輯　清光緒三十四年(1908)新昌胡思敬京師鉛印本　六冊　存十二種

360000－1901－0032138　600385－9
問影樓輿地叢書第一集　胡思敬輯　清光緒三十四年(1908)新昌胡思敬京師鉛印本　三冊　存五種

360000－1901－0032139　304145
問魚篇二卷附錄一卷　(明)周拱辰撰　清刻本　一冊

360000－1901－0032140　410971
問竹堂詩法十卷首一卷末一卷　(清)潘松輯　清乾隆二十五年(1760)刻本　二冊　存七卷(五至十一)

360000－1901－0032141　241523

問竹堂詩法十卷首一卷末一卷 （清）潘松輯 清乾隆刻本 四册

360000－1901－0032142 305021
問字堂集六卷 （清）孫星衍撰 **閱問字堂集贈言一卷** （清）錢大昕等撰 清光緒二十年(1894)湖南思賢書局刻本 二册

360000－1901－0032143 405542
問字堂集六卷 （清）孫星衍撰 **閱問字堂集贈言一卷** （清）錢大昕等撰 清光緒十一年(1885)朱氏槐廬家塾刻本 二册

360000－1901－0032144 304320
翁山詩外二十卷 （清）屈大均撰 清宣統二年(1910)上海國學扶輪社鉛印本(原缺卷二十) 十二册

360000－1901－0032145 316611
翁山詩外二十卷 （清）屈大均撰 清宣統二年(1910)上海國學扶輪社鉛印本(原缺卷二十) 十二册

360000－1901－0032146 304319
翁山文外十六卷 （清）屈大均撰 清宣統二年(1910)上海國學扶輪社鉛印本 五册

360000－1901－0032147 316610
翁山文外十六卷 （清）屈大均撰 清宣統二年(1910)上海國學扶輪社鉛印本 五册

360000－1901－0032148 412872
翁山文外十六卷 （清）屈大均撰 清宣統二年(1910)上海國學扶輪社鉛印本 一册 存一卷(一)

360000－1901－0032149 304599
甕牖餘談八卷 （清）王韜撰 清光緒元年(1875)鉛印申報館叢書本 一册 存二卷(三至四)

360000－1901－0032150 416554
甕牖餘談八卷 （清）王韜撰 清光緒元年(1875)鉛印申報館叢書本 四册

360000－1901－0032151 404408
倭袍傳十二卷一百回 （□）□□撰 清木活字印本 三册 存三卷(六、九、十一)二十二回(四十八至五十四、七十三至七十九、八十八至九十五)

360000－1901－0032152 307676
倭文端公遺書十卷首二卷 （清）倭仁撰 清光緒三年(1877)刻本 六册

360000－1901－0032153 301350
倭文端公遺書十卷首二卷 （清）倭仁撰 清刻本 一册 存二卷(史治輯要一卷、莎車行紀一卷)

360000－1901－0032154 301274
倭文端公遺書十一卷首二卷 （清）倭仁撰 清同治元年(1862)刻本 六册

360000－1901－0032155 404445
倭文瑞公遺書八卷首二卷末一卷 （清）倭仁撰 清刻本 一册 存一卷(六)

360000－1901－0032156 163693
我法集二卷 （清）紀昀撰 清嘉慶元年(1796)河間紀氏刻本 一册

360000－1901－0032157 163694
我法集二卷 （清）紀昀撰 清刻本 二册

360000－1901－0032158 407713
我法集註二卷 （清）紀昀撰 （清）許籛箋釋 清嘉慶八年(1803)刻本 一册

360000－1901－0032159 240898
我貴軒詩草二卷 （清）舒寄遠撰 清康熙五十四年(1715)刻本 二册

360000－1901－0032160 301347
我詩集六卷 （清）傅眉撰 清刻本 一册

360000－1901－0032161 162367
我我說一卷 （清）姚際恒撰 清刻本 一册

360000－1901－0032162 120734
我箴釋證十五卷 （清）李庚乾撰 清光緒二十二年(1896)刻本 四册

360000－1901－0032163 121545
臥柳山房吟草一卷 （清）陳世璜撰 清刻本

一册

360000－1901－0032164　220690

卧龍崗志二卷　（清）羅景輯　清康熙五十一年（1712）襄平羅氏刻本　二册

360000－1901－0032165　220691

卧龍崗志二卷　（清）羅景輯　清康熙五十一年（1712）襄平羅氏刻本　二册

360000－1901－0032166　410668

卧迂齋吟稿二卷　（清）李秉陽撰　清刻本　一册　存一卷（下）

360000－1901－0032167　800658

握雲集不分卷　（清）□□撰　清抄本　二册

360000－1901－0032168　163026

烏程長興二邑漊港全圖一卷　（清）汪曰楨纂　清末刻本　一册

360000－1901－0032169　163027

烏程長興二邑漊港全圖一卷　（清）汪曰楨纂　清末刻本　一册

360000－1901－0032170　311717

烏石山志九卷首一卷　（清）郭柏蒼　（清）劉永松纂　清道光二十二年（1842）刻本　六册

360000－1901－0032171　313972

无能子三卷　清光緒二十九年（1903）刻本　一册

360000－1901－0032172　240990

毋質堂詩鈔十卷　（清）黄師圖撰　清乾隆二十一年（1756）雙桂書屋刻本　四册

360000－1901－0032173　304123

毋自欺室文集十卷　（清）王炳燮撰　清光緒十一年（1885）津河廣仁堂刻本　四册

360000－1901－0032174　310583

吾廬筆談八卷　（清）李佐賢撰　清光緒元年（1875）刻本　二册

360000－1901－0032175　230019

吾廬先生遺書（吾廬遺書）　（清）陶成撰　清乾隆二十年（1755）刻本　三册

360000－1901－0032176　241037

吾問草四卷　（清）周鳴撰　清乾隆十二年（1747）北顒齋刻本　二册　存二卷（一、四）

360000－1901－0032177　604046

吾學録初編二十四卷　（清）吴榮光撰　清道光二十九年（1849）刻本　六册

360000－1901－0032178　300895

吾學録初編二十四卷　（清）吴榮光撰　清道光二十九年（1849）湘西高國榮刻本　八册

360000－1901－0032179　413917

吾學録初編二十四卷　（清）吴榮光撰　清道光二十九年（1849）湘西高國榮刻本　八册

360000－1901－0032180　300892

吾學録初編二十四卷　（清）吴榮光撰　清道光十二年（1832）吴氏筠清館刻本　八册

360000－1901－0032181　300894

吾學録初編二十四卷　（清）吴榮光撰　清道光十二年（1832）吴氏筠清館刻本　八册

360000－1901－0032182　308016

吾學録初編二十四卷　（清）吴榮光撰　清道光十二年（1832）吴氏筠清館刻本　八册

360000－1901－0032183　413916

吾學録初編二十四卷　（清）吴榮光撰　清道光十二年（1832）吴氏筠清館刻本　八册

360000－1901－0032184　413920

吾學録初編二十四卷　（清）吴榮光撰　清道光十二年（1832）吴氏筠清館刻本　三册　存八卷（八至十五）

360000－1901－0032185　604047

吾學録初編二十四卷　（清）吴榮光撰　清道光十五年（1835）刻本　八册

360000－1901－0032186　413918

吾學録初編二十四卷　（清）吴榮光撰　清光緒七年（1881）三原李氏桐蔭軒刻本　六册

360000－1901－0032187　413919

吾學録初編二十四卷　（清）吴榮光撰　清光緒七年（1881）三原李氏桐蔭軒刻本　七册

360000－1901－0032188　161703
吾學録初編二十四卷　(清)吴榮光撰　清光緒十年(1884)刻本　八册

360000－1901－0032189　300893
吾學録初編二十四卷　(清)吴榮光撰　清同治九年(1870)江蘇書局刻本　六册

360000－1901－0032190　300896
吾學録初編二十四卷　(清)吴榮光撰　清同治九年(1870)江蘇書局刻本　六册

360000－1901－0032191　603302
吾學録五卷　(清)潘相撰　清刻本　一册

360000－1901－0032192　300928
吾炙集一卷　(清)錢謙益輯　清光緒二十八年(1902)怡蘭堂刻本　一册

360000－1901－0032193　240427
吴草廬先生粹言八卷　(元)吴澄撰　(明)王蓂輯　清初木活字印本　四册

360000－1901－0032194　304455
吴地記一卷後集一卷　(唐)陸廣微撰　清同治十二年(1873)江蘇書局刻本　一册

360000－1901－0032195　305298
吴會英才集二十四卷　(清)畢沅輯　清刻本　十一册

360000－1901－0032196　316908
吴會英才集二十四卷　(清)畢沅輯　清刻本　四册

360000－1901－0032197　407698
吴江三節婦集四卷　(清)董雲鶴等撰　清咸豐七年(1857)古銅里范氏刻本　一册

360000－1901－0032198　220725
吴江水考五卷　(明)沈啓撰　清乾隆五年(1740)刻本　六册

360000－1901－0032199　405209
吴江趙氏詩存十二卷　(清)趙作舟輯　清道光刻本　四册

360000－1901－0032200　309520
吴疆域圖説三卷　(清)范本禮撰　清光緒十四年(1888)江陰南菁書院刻南菁書院叢書本　一册

360000－1901－0032201　407806
吴京卿節本天演論一卷　(英國)赫胥黎撰　嚴復譯　(清)吴汝綸删節　清末鉛印本　一册

360000－1901－0032202　240306
吴郡樂圃朱先生餘藁十卷附編一卷補遺一卷　(宋)朱長文撰　清康熙五十一年(1712)朱岳壽刻本　一册

360000－1901－0032203　120719
吴康齋先生集十二卷首一卷　(明)吴與弼撰　清咸豐十一年(1861)崇仁謝氏刻本　六册

360000－1901－0032204　120720
吴康齋先生集十二卷首一卷　(明)吴與弼撰　清咸豐十一年(1861)崇仁謝氏刻本　八册

360000－1901－0032205　120721
吴康齋先生集十二卷首一卷　(明)吴與弼撰　清咸豐十一年(1861)崇仁謝氏刻本　五册　存十卷(一至七、十一至十二,首一卷)

360000－1901－0032206　220453
吴康齋先生日録一卷(明洪熙元年至成化四年)　(明)吴與弼撰　(清)熊文舉校訂　清抄本　一册

360000－1901－0032207　803001
吴柳堂先生誄文一卷　(清)傅巖霖輯　清光緒六年(1880)刻本　一册

360000－1901－0032208　413236
吴門畫舫録二卷　(清)西溪山人撰　**吴門畫舫續録三卷投贈三卷**　(清)箇中生撰　清嘉慶刻本　二册　存六卷(吴門畫舫録二卷、吴門畫舫續録三卷、投贈上)

360000－1901－0032209　407891
吴門畫舫續録三卷投贈三卷　(清)箇中生撰　清來青閣刻本　一册　存二卷(投贈中、下)

360000－1901－0032210　301519
吴門畫舫續錄三卷投贈三卷　（清）箇中生撰　清同治十三年（1874）木活字印本　二册

360000－1901－0032211　318381
甲辰政藝通報不分卷　（清）上海政藝通報社編　清抄本　一册

360000－1901－0032212　241567
吴騷集四卷　（明）王穉登輯　**二集四卷**　（明）張琦　（明）王輝輯　明萬曆刻本　二册　存四卷（二集四卷）

360000－1901－0032213　162361
吴吴山三婦評箋注釋聖嘆第六才子書八卷　（元）王德信　（元）關漢卿撰　（清）金人瑞　（清）陳同　（清）談則　（清）錢宜評點　清近文堂刻本　四册

360000－1901－0032214　240793
吴詩集覽二十卷補注二十卷　（清）吴偉業撰　（清）靳榮藩注　**吴詩談藪二卷拾遺一卷**　（清）靳榮藩輯　清乾隆四十年（1775）凌雲亭刻本　十六册

360000－1901－0032215　240794
吴詩集覽二十卷補注二十卷　（清）吴偉業撰　（清）靳榮藩注　**吴詩談藪二卷拾遺一卷**　（清）靳榮藩輯　清乾隆四十年（1775）凌雲亭刻本　十六册

360000－1901－0032216　240795
吴詩集覽二十卷補注二十卷　（清）吴偉業撰　（清）靳榮藩注　**吴詩談藪二卷拾遺一卷**　（清）靳榮藩輯　清乾隆四十年（1775）凌雲亭刻本　十六册

360000－1901－0032217　240796
吴詩集覽二十卷補注二十卷　（清）吴偉業撰　（清）靳榮藩注　**吴詩談藪二卷拾遺一卷**　（清）靳榮藩輯　清乾隆四十年（1775）凌雲亭刻本　十六册

360000－1901－0032218　240797
吴詩集覽二十卷補注二十卷　（清）吴偉業撰　（清）靳榮藩注　**吴詩談藪二卷拾遺一卷**　（清）靳榮藩輯　清乾隆四十年（1775）凌雲亭刻本　十三册　缺二卷（吴詩集覽十七至十八）

360000－1901－0032219　240798
吴詩集覽二十卷補注二十卷　（清）吴偉業撰　（清）靳榮藩注　**吴詩談藪二卷拾遺一卷**　（清）靳榮藩輯　清乾隆四十年（1775）凌雲亭刻本　十六册

360000－1901－0032220　240799
吴詩集覽二十卷補注二十卷　（清）吴偉業撰　（清）靳榮藩注　**吴詩談藪二卷拾遺一卷**　（清）靳榮藩輯　清乾隆四十年（1775）凌雲亭刻本　十六册

360000－1901－0032221　240800
吴詩集覽二十卷補注二十卷　（清）吴偉業撰　（清）靳榮藩注　**吴詩談藪二卷拾遺一卷**　（清）靳榮藩輯　清乾隆四十年（1775）凌雲亭刻本　八册　存八卷（吴詩集覽一至八）

360000－1901－0032222　308462
吴詩集覽二十卷補注二十卷　（清）吴偉業撰　（清）靳榮藩注　**吴詩談藪二卷拾遺一卷**　（清）靳榮藩輯　清乾隆四十年（1775）凌雲亭刻本　十九册　存三十五卷（吴詩集覽一至三、五至七、十至二十，補注二至三、五至六、十至二十，吴詩談藪二卷，拾遺一卷）

360000－1901－0032223　316666
吴詩集覽二十卷補注二十卷　（清）吴偉業撰　（清）靳榮藩注　**吴詩談藪二卷拾遺一卷**　（清）靳榮藩輯　清乾隆四十年（1775）凌雲亭刻本　十四册

360000－1901－0032224　417814
吴詩集覽二十卷補注二十卷　（清）吴偉業撰　（清）靳榮藩注　**吴詩談藪二卷拾遺一卷**　（清）靳榮藩輯　清乾隆四十年（1775）凌雲亭刻本　十六册

360000－1901－0032225　417815
吴詩集覽二十卷補注二十卷　（清）吴偉業撰　（清）靳榮藩注　**吴詩談藪二卷拾遺一卷**

(清)靳榮藩輯　清乾隆四十年(1775)淩雲亭刻本　二十冊

360000－1901－0032226　417816
吳詩集覽二十卷補注二十卷　(清)吳偉業撰　(清)靳榮藩注　**吳詩談藪二卷拾遺一卷**　(清)靳榮藩輯　清乾隆四十年(1775)淩雲亭刻本　九冊　存二十四卷(吳詩集覽一至三、五、八、十一至十六,補注一至三、五、八、十一至十六,吳詩談藪二卷)

360000－1901－0032227　417816－1
吳詩集覽二十卷補注二十卷　(清)吳偉業撰　(清)靳榮藩注　**吳詩談藪二卷拾遺一卷**　(清)靳榮藩輯　清乾隆四十年(1775)淩雲亭刻本　二冊　存六卷(吳詩集覽二至三、十六,補注二至三、十六)

360000－1901－0032228　417817
吳詩集覽二十卷補注二十卷　(清)吳偉業撰　(清)靳榮藩注　**吳詩談藪二卷拾遺一卷**　(清)靳榮藩輯　清乾隆四十年(1775)淩雲亭刻本　十五冊　存三十八卷(吳詩集覽一至八、十至二十,補注一至八、十至二十)

360000－1901－0032229　230607
吳氏墨紀一卷　(明)吳楚輯　**山泉吳氏小傳一卷**　(明)彭年等撰　**秋水玄思一卷**　(明)吳頤元輯　明嘉靖四十年(1561)吳景明刻本　一冊

360000－1901－0032230　241472
吳氏世德集三十一卷　(清)吳居澳輯　清乾隆四十一年(1776)刻本　六冊　存二十二卷(第三冊四卷、第四冊五卷、第五冊二卷、第六冊三卷、第七冊四卷、第八冊四卷)

360000－1901－0032231　900675
吳氏醫學述第三種本草從新六卷　(清)吳儀洛輯　清富有堂刻本　一冊　存一卷(一)

360000－1901－0032232　721025
吳氏醫學述第三種本草從新六卷　(清)吳儀洛輯　清刻本　三冊

360000－1901－0032233　721028
吳氏醫學述第三種本草從新六卷　(清)吳儀洛輯　清刻本　六冊

360000－1901－0032234　721029
吳氏醫學述第三種本草從新六卷　(清)吳儀洛輯　清刻本　三冊　存四卷(一至四)

360000－1901－0032235　721031
吳氏醫學述第三種本草從新六卷　(清)吳儀洛輯　清刻本　四冊

360000－1901－0032236　721032
吳氏醫學述第三種本草從新六卷　(清)吳儀洛輯　清刻本　一冊　存三卷(一至三)

360000－1901－0032237　722033
吳氏醫學述第三種本草從新六卷　(清)吳儀洛輯　清刻本　四冊

360000－1901－0032238　800686
吳氏醫學述第三種本草從新六卷　(清)吳儀洛輯　清刻本　一冊　存二卷(五至六)

360000－1901－0032239　802982
吳氏醫學述第三種本草從新六卷　(清)吳儀洛輯　清刻本　二冊　存三卷(一至二、六)

360000－1901－0032240　804323
吳氏醫學述第三種本草從新六卷　(清)吳儀洛輯　清刻本　一冊　存一卷(一上中)

360000－1901－0032241　805113
吳氏醫學述第三種本草從新六卷　(清)吳儀洛輯　清刻本　一冊　存二卷(二至三)

360000－1901－0032242　900674
吳氏醫學述第三種本草從新六卷　(清)吳儀洛輯　清刻本　一冊　存一卷(六)

360000－1901－0032243　900676
吳氏醫學述第三種本草從新六卷　(清)吳儀洛輯　清刻本　一冊　存一卷(一)

360000－1901－0032244　900678
吳氏醫學述第三種本草從新六卷　(清)吳儀洛輯　清刻本　二冊　存四卷(一下至二、五至六)

360000－1901－0032245　900679
吴氏醫學述第三種本草從新六卷　（清）吳儀洛輯　清刻本　一册　存一卷（三）

360000－1901－0032246　900681
吴氏醫學述第三種本草從新六卷　（清）吳儀洛輯　清刻本　一册　存五卷（一下至五上）

360000－1901－0032247　900682
吴氏醫學述第三種本草從新六卷　（清）吳儀洛輯　清刻本　一册　存一卷（三）

360000－1901－0032248　900683
吴氏醫學述第三種本草從新六卷　（清）吳儀洛輯　清刻本　一册　存二卷（四至五中）

360000－1901－0032249　900684
吴氏醫學述第三種本草從新六卷　（清）吳儀洛輯　清刻本　一册　存二卷（五至六）

360000－1901－0032250　900685
吴氏醫學述第三種本草從新六卷　（清）吳儀洛輯　清刻本　一册　存二卷（二下至三中）

360000－1901－0032251　900697
吴氏醫學述第三種本草從新六卷　（清）吳儀洛輯　清刻本　一册　存一卷（六）

360000－1901－0032252　900698
吴氏醫學述第三種本草從新六卷　（清）吳儀洛輯　清刻本　二册　存三卷（四至六）

360000－1901－0032253　900699
吴氏醫學述第三種本草從新六卷　（清）吳儀洛輯　清刻本　二册　存二卷（五至六）

360000－1901－0032254　900700
吴氏醫學述第三種本草從新六卷　（清）吳儀洛輯　清刻本　一册　存一卷（三）

360000－1901－0032255　900701
吴氏醫學述第三種本草從新六卷　（清）吳儀洛輯　清刻本　一册　存一卷（六）

360000－1901－0032256　900702
吴氏醫學述第三種本草從新六卷　（清）吳儀洛輯　清刻本　一册　存二卷（四至五上）

360000－1901－0032257　900703
吴氏醫學述第三種本草從新六卷　（清）吳儀洛輯　清刻本　一册　存一卷（一）

360000－1901－0032258　900704
吴氏醫學述第三種本草從新六卷　（清）吳儀洛輯　清刻本　一册　存二卷（三下至四中）

360000－1901－0032259　900705
吴氏醫學述第三種本草從新六卷　（清）吳儀洛輯　清刻本　一册　存一卷（四）

360000－1901－0032260　900706
吴氏醫學述第三種本草從新六卷　（清）吳儀洛輯　清刻本　一册　存一卷（三）

360000－1901－0032261　900707
吴氏醫學述第三種本草從新六卷　（清）吳儀洛輯　清刻本　一册　存一卷（二）

360000－1901－0032262　900708
吴氏醫學述第三種本草從新六卷　（清）吳儀洛輯　清刻本　一册　存三卷（四至六）

360000－1901－0032263　902234
吴氏醫學述第三種本草從新六卷　（清）吳儀洛輯　清刻本　二册　存三卷（一、五中至六下）

360000－1901－0032264　902234－1
吴氏醫學述第三種本草從新六卷　（清）吳儀洛輯　清刻本　二册　存四卷（二至五）

360000－1901－0032265　902235
吴氏醫學述第三種本草從新六卷　（清）吳儀洛輯　清刻本　一册　存四卷（二至五上）

360000－1901－0032266　902238
吴氏醫學述第三種本草從新六卷　（清）吳儀洛輯　清刻本　一册　存二卷（四至五上）

360000－1901－0032267　902238－1
吴氏醫學述第三種本草從新六卷　（清）吳儀洛輯　清刻本　一册　存三卷（三至五上）

360000－1901－0032268　900677
吴氏醫學述第三種本草從新六卷　（清）吳儀洛輯　清明夷堂刻本　一册　存一卷（一）

360000－1901－0032269　408766
吴氏醫學述第四種成方切用十二卷首一卷末一卷　(清)吴儀洛撰　清乾隆二十六年(1761)武原吴氏利濟堂刻本　三册　存四卷(一至二、六,首一卷)

360000－1901－0032270　250176
吴疏山先生家集　(清)吴尚絅編　清乾隆刻本　十二册　存四種

360000－1901－0032271　120726
吴疏山先生遺集十二卷　(明)吴悌撰　(清)吴尚志等輯　清同治九年(1870)刻本　六册

360000－1901－0032272　120727
吴疏山先生遺集十二卷　(明)吴悌撰　(清)吴尚志等輯　清同治九年(1870)刻本　四册

360000－1901－0032273　601285
吴疏山先生遺集十二卷　(明)吴悌撰　(清)吴尚志等輯　清同治九年(1870)刻本　四册

360000－1901－0032274　601286
吴疏山先生遺集十二卷　(明)吴悌撰　(清)吴尚志等輯　清同治九年(1870)刻本　四册

360000－1901－0032275　120725
吴疏山先生遺集十二卷　(明)吴悌撰　(清)吴尚志等輯　清咸豐二年(1852)頤園刻本　四册

360000－1901－0032276　301507
吴文節公[文鎔]年譜一卷　(清)吴養原撰　清咸豐刻本　一册

360000－1901－0032277　210194
吴文正公三禮攷註六十四卷首一卷　(元)吴澄撰　清乾隆二年(1737)刻本　二十册

360000－1901－0032278　210195
吴文正公三禮攷註六十四卷首一卷　(元)吴澄撰　清乾隆二年(1737)刻本　十二册

360000－1901－0032279　410256
吴文正公三禮攷註六十四卷首一卷　(元)吴澄撰　清乾隆刻本　一册　存四卷(六十一至六十四)

360000－1901－0032280　407719
吴吴山三婦合評牡丹亭還魂記二卷附錄一卷或問一卷　(明)湯顯祖撰　(清)陳同　(清)談則　(清)錢宜評點　清康熙刻本　一册　存三卷(下、附錄一卷、或問一卷)

360000－1901－0032281　122834
吴吴山三婦合評牡丹亭還魂記二卷附錄一卷或問一卷　(明)湯顯祖撰　(清)陳同　(清)談則　(清)錢宜評點　清同治九年(1870)清芬閣刻本　四册

360000－1901－0032282　241590
吴吴山三婦合評牡丹亭還魂記二卷五十五折　(明)湯顯祖撰　(清)陳同　(清)談則　(清)吴儀一評點　清初刻本　四册

360000－1901－0032283　309835
吴下諺聯四卷　(清)王有光輯　清道光二十一年(1841)刻本　四册

360000－1901－0032284　309792
吴學士詩集五卷　(清)吴鼒撰　(清)梁肇煌　(清)薛時雨編　清光緒八年(1882)江寧藩署刻本　二册

360000－1901－0032285　305299
吴學士文集四卷　(清)吴鼒撰　(清)梁肇煌　(清)薛時雨編　清光緒八年(1882)江寧藩署刻本　三册　存三卷(一至二、四)

360000－1901－0032286　316944
吴學士文集四卷　(清)吴鼒撰　(清)梁肇煌　(清)薛時雨編　清光緒八年(1882)江寧藩署刻本　四册

360000－1901－0032287　301523
吴學士文集四卷詩集五卷　(清)吴鼒撰　(清)梁肇煌　(清)薛時雨編　清光緒八年(1882)江寧藩署刻本　六册

360000－1901－0032288　705210
吴學士文集四卷詩集五卷　(清)吴鼒撰　(清)梁肇煌　(清)薛時雨編　清光緒八年(1882)江寧藩署刻本　五册　缺一卷(文集一)

360000－1901－0032289　901858
吴醫彙講十一卷　(清)唐大烈輯　清刻本　一册　存三卷(三至五)

360000－1901－0032290　162364
吴醫彙講十一卷　(清)唐大烈輯　清乾隆五十七年(1792)刻本　四册

360000－1901－0032291　408790
吴醫彙講十一卷　(清)唐大烈輯　清乾隆五十七年(1792)刻本　一册　存五卷(一至五)

360000－1901－0032292　420579
吴醫彙講十一卷　(清)唐大烈輯　清乾隆五十七年(1792)刻本　二册

360000－1901－0032293　408789
吴醫彙講十一卷　(清)唐大烈輯　清宣統二年(1910)掃葉山房石印本　一册　存五卷(一至五)

360000－1901－0032294　405394
吴翼堂先生文集八卷　(清)吴華孫撰　(清)鮑桂星輯　清道光二十九年(1849)刻本　三册　存三卷(一、三、六)

360000－1901－0032295　210026
吴因之易説六卷　(明)吴默撰　明萬曆三十九年(1611)錢玉刻本　清謝寶樹跋　二册

360000－1901－0032296　240451
吴淵穎先生集十二卷　(元)吴萊撰　(清)王邦采　(清)王繩曾箋　清康熙六十年(1721)刻本　四册

360000－1901－0032297　301525
吴越備史四卷首一卷　(宋)錢儼撰　清道光南沙席氏掃葉山房刻本　二册

360000－1901－0032298　301526
吴越備史四卷首一卷　(宋)錢儼撰　清道光南沙席氏掃葉山房刻本　二册

360000－1901－0032299　220264
吴越春秋六卷　(漢)趙曄撰　(宋)徐天祜音注　清康熙七年(1668)新安汪氏據古今逸史刊版重編印秘書廿一種本　一册

360000－1901－0032300　406675
吴越春秋六卷　(漢)趙曄撰　(宋)徐天祜音注　清康熙七年(1668)新安汪氏據古今逸史刊版重編印秘書廿一種本　二册

360000－1901－0032301　406669
吴越春秋六卷　(漢)趙曄撰　(宋)徐天祜音注　清刻本　二册

360000－1901－0032302　406670
吴越春秋六卷　(漢)趙曄撰　(宋)徐天祜音注　清刻本　二册

360000－1901－0032303　406671
吴越春秋六卷　(漢)趙曄撰　(宋)徐天祜音注　清刻本　一册　存三卷(一至三)

360000－1901－0032304　406671－1
吴越春秋六卷　(漢)趙曄撰　(宋)徐天祜音注　清刻本　一册　存四卷(三至六)

360000－1901－0032305　406672
吴越春秋六卷　(漢)趙曄撰　(宋)徐天祜音注　清刻本　一册

360000－1901－0032306　406673
吴越春秋六卷　(漢)趙曄撰　(宋)徐天祜音注　清刻本　一册　存三卷(一至三)

360000－1901－0032307　406676
吴越春秋六卷　(漢)趙曄撰　(宋)徐天祜音注　清刻本　一册

360000－1901－0032308　406674
吴越春秋一卷越絶書一卷　(漢)趙曄撰　(清)俞長城評點　清乾隆二十四年(1759)可儀堂刻本　一册

360000－1901－0032309　405211
吴越錢氏傳芳集一卷　(清)錢泳輯　清光緒二十三年(1897)錢氏刻本　一册

360000－1901－0032310　407696
吴摯甫尺牘五卷補遺一卷諭兒書一卷　(清)吴汝綸撰　清末成都昌福公司鉛印本　六册　存三卷(一至三)

360000－1901－0032311　308624

吳摯甫文集四卷附鈔深州風土記四篇一卷 (清)吳汝綸撰 清宣統元年(1909)國學扶輪社石印本 四冊 存四卷(二至四、附鈔深州風土記四篇一卷)

360000－1901－0032312 405221
吳摯甫文集四卷附鈔深州風土記四篇一卷 (清)吳汝綸撰 清宣統元年(1909)國學扶輪社石印本 一冊 存四卷(一至三、附鈔深州風土記四篇一卷)

360000－1901－0032313 305295
吳摯甫文集四卷附鈔深州風土記四篇一卷尺牘五卷補遺一卷諭兒書一卷 (清)吳汝綸撰 清宣統二年(1910)國學扶輪社石印本 十一冊 缺二卷(尺牘一至二)

360000－1901－0032314 405582
吳中女士詩鈔 (清)任兆麟輯 清刻本 一冊 存七種

360000－1901－0032315 241427
吳中女士詩鈔 (清)任兆麟輯 清乾隆五十四年(1789)刻本 三冊

360000－1901－0032316 240522
吳竹坡先生文集五卷附載一卷詩集二十八卷 (明)吳節撰 清雍正三年(1725)吳琦刻本 六冊

360000－1901－0032317 410084
吳莊介公遺集六卷 (明)吳甘來撰 (清)陳丹衷 (清)沈潤編 清咸豐七年(1857)新昌吳氏刻本 三冊 存五卷(一、三至六)

360000－1901－0032318 601287
吳莊介公遺集六卷 (明)吳甘來撰 (清)陳丹衷 (清)沈潤編 清咸豐七年(1857)新昌吳氏刻本 四冊

360000－1901－0032319 120722
吳莊介公遺集六卷首一卷 (明)吳甘來撰 (清)陳丹衷 (清)沈潤編 清咸豐七年(1857)柏友山房刻本 四冊

360000－1901－0032320 120723
吳莊介公遺集六卷首一卷 (明)吳甘來撰 (清)陳丹衷 (清)沈潤編 清咸豐七年(1857)柏友山房刻本 四冊

360000－1901－0032321 120724
吳莊介公遺集六卷首一卷 (明)吳甘來撰 (清)陳丹衷 (清)沈潤編 清咸豐七年(1857)柏友山房刻本 四冊

360000－1901－0032322 230165
吳子二卷 (明)劉寅注 明天啓六年(1626)刻本 一冊

360000－1901－0032323 314094
吳子六篇不分卷 (清)荆州駐防繙譯總學譯 清光緒三十二年(1906)刻本 二冊

360000－1901－0032324 415486
梧溪集七卷困學齋雜錄一卷 (元)王逢撰 清同治十三年(1874)思補樓木活字印本 八冊

360000－1901－0032325 415487
梧溪集七卷困學齋雜錄一卷 (元)王逢撰 清同治十三年(1874)思補樓木活字印本 八冊

360000－1901－0032326 801598
梧州府輿圖不分卷 (清)□□繪 清末石印本 一冊

360000－1901－0032327 407874
無垢詩鈔二卷 (清)陶嗣曾撰 清同治十三年(1874)靖安舒孔恂刻本 一冊 存一卷(下)

360000－1901－0032328 802670
無眸處士日記不分卷(清光緒二十八年至三十二年) (清)無眸處士撰 稿本 三冊

360000－1901－0032329 220417
無聲詩史七卷 (清)姜紹書輯 清康熙五十九年(1720)李光暎觀妙齋刻本 四冊

360000－1901－0032330 317670
無聲詩史七卷 (清)姜紹書輯 清宣統二年(1910)雲林閣石印本 六冊

360000－1901－0032331　421920
無雙譜新編一卷　(清)小桃源主人撰並繪　清道光七年(1827)刻本　一册

360000－1901－0032332　240249
無爲集十五卷　(宋)楊傑撰　清抄本　二册

360000－1901－0032333　164133
無弦琴譜二卷　(元)仇遠撰　清光緒十一年(1885)錢塘丁氏刻本　一册

360000－1901－0032334　416542
無線電報一卷補編一卷　(英國)克爾撰　(美國)衛理口譯　(清)范熙庸筆述　清光緒二十六年(1900)江南製造局刻本　一册

360000－1901－0032335　803000
無相寶經不分卷　(□)□□撰　清抄本　一册

360000－1901－0032336　802076
無相寶卷不分卷　(清)廖帝聘撰　清抄本　一册

360000－1901－0032337　304514
無邪堂答問五卷　(清)朱一新撰　清光緒二十二年(1896)上海書局石印本　四册　存四卷(一至四)

360000－1901－0032338　304335
無邪堂答問五卷　(清)朱一新撰　清光緒二十一年(1895)廣雅書局刻本　五册

360000－1901－0032339　313862
無邪堂答問五卷　(清)朱一新撰　清光緒二十一年(1895)廣雅書局刻本　五册

360000－1901－0032340　802703
無冤公案不分卷　(清)散人一真子輯　清抄本　一册

360000－1901－0032341　300664
五百四峯堂詩鈔二十五卷　(清)黎簡撰　清嘉慶黎氏衆香亭刻本　七册

360000－1901－0032342　711371
五朝絶句詩選十卷　(清)周儀輯　清康熙五十九年(1720)晚畊堂刻本　一册　存二卷(九至十)

360000－1901－0032343　220399
五朝名臣言行錄前集十卷後集十四卷　(宋)朱熹撰　明建昌郡齋刻本　十册

360000－1901－0032344　308027
五朝名臣言行錄前集十卷後集十四卷四朝名臣言行錄別集上十三卷下十三卷皇朝道學名臣言行外錄十七卷皇朝名臣言行續錄八卷　(宋)朱熹　(宋)李幼武撰　清道光元年(1821)歙績學堂洪氏刻本　十一册　缺五卷(皇朝道學名臣言行外錄一至五)

360000－1901－0032345　412732
五朝小品大觀不分卷　(明)□□輯　清刻本　二册

360000－1901－0032346　403353
五車樓五訂正韻四書纂序說約集註定本十九卷　(清)蔡方炳　(清)黄驤輯　清光緒十三年(1887)務時敏齋石印本　三册　存十卷(大學一卷、中庸一卷、論語一至五、孟子一至三)

360000－1901－0032347　404380
五車樓新刻應醻襍聯四卷　(清)周繡撰　清乾隆十二年(1747)五車樓刻本　一册

360000－1901－0032348　250099
五車韻瑞一百六十卷　(明)淩稚隆輯　明刻本　三十六册　缺五卷(十二至十六)

360000－1901－0032349　250098
五車韻瑞一百六十卷　(明)淩稚隆輯　明文茂堂刻本　四十册

360000－1901－0032350　250100
五車韻瑞一百六十卷洪武正韻一卷　(明)淩稚隆輯　明刻本　十三册　缺四十三卷(五十八至七十二、一百三十三至一百六十)

360000－1901－0032351　302105
五大書院課藝七卷　(清)劉應崡等撰　清光緒二十二年(1896)明達學社刻本　二册

360000－1901－0032352　400818

五大洲政治通考四十八卷 (清)急先務齋主人輯 清光緒二十七年(1901)石印本 十冊 存三十九卷(一至三十九)

360000－1901－0032353 400819
五大洲政治通考四十八卷 (清)急先務齋主人輯 清光緒二十七年(1901)石印本 十冊 存四十卷(五至二十四、二十九至四十八)

360000－1901－0032354 400820
五大洲政治通考四十八卷 (清)急先務齋主人輯 清光緒二十七年(1901)石印本 二冊 存八卷(十七至二十、三十三至三十六)

360000－1901－0032355 161590
五代春秋志疑一卷 (清)華湛恩撰 清末鉛印本 一冊

360000－1901－0032356 241509
五代詩話十二卷 (清)王士禛輯 清乾隆十三年(1748)養素堂刻本 三冊

360000－1901－0032357 241510
五代詩話十二卷 (清)王士禛輯 清乾隆十三年(1748)養素堂刻本 三冊

360000－1901－0032358 316593
五代詩話十卷 (清)王士禛輯 (清)鄭方坤刪補 清刻粵雅堂叢書本 六冊 存八卷(一至八)

360000－1901－0032359 220240
五代史補五卷 (宋)陶岳撰 **五代史闕文一卷** (宋)王禹偁撰 明末海虞毛氏汲古閣刻本 一冊

360000－1901－0032360 220326
五代史肪截二卷 (清)張篤慶撰 清抄本 二冊

360000－1901－0032361 418572
五代史記七十四卷 (宋)歐陽修撰 (宋)徐無黨注 明安成歐陽徽柔刻本 一冊 存七卷(四十一至四十七)

360000－1901－0032362 220041
五代史記七十四卷 (宋)歐陽修撰 (宋)徐無黨注 清乾隆十一年(1746)刻本 四冊 存三十九卷(十至三十三、六十至七十四)

360000－1901－0032363 220042
五代史記七十四卷 (宋)歐陽修撰 (宋)徐無黨注 清乾隆十一年(1746)刻本 八冊

360000－1901－0032364 309109
五代史記七十四卷 (宋)歐陽修撰 (宋)徐無黨注 清宣統三年(1911)貴池劉氏影宋刻玉海堂景宋元本叢書本 十二冊

360000－1901－0032365 121695
五代史記七十四卷 (宋)歐陽修撰 (宋)徐無黨注 (清)彭元瑞補注 (清)劉鳳誥排次 清道光八年(1828)刻本 十八冊

360000－1901－0032366 122752
五代史記七十四卷 (宋)歐陽修撰 (宋)徐無黨注 (清)彭元瑞補注 (清)劉鳳誥排次 清道光八年(1828)刻本 四十冊

360000－1901－0032367 122753
五代史記七十四卷 (宋)歐陽修撰 (宋)徐無黨注 (清)彭元瑞補注 (清)劉鳳誥排次 清道光八年(1828)刻本 四十冊

360000－1901－0032368 122754
五代史記七十四卷 (宋)歐陽修撰 (宋)徐無黨注 (清)彭元瑞補注 (清)劉鳳誥排次 清道光八年(1828)刻本 三十三冊 缺九卷(一至九)

360000－1901－0032369 313582
五代史記七十四卷 (宋)歐陽修撰 (宋)徐無黨注 (清)彭元瑞補注 (清)劉鳳誥排次 清道光八年(1828)刻本 七冊 存九卷(一至九)

360000－1901－0032370 601120
五代史記七十四卷 (宋)歐陽修撰 (宋)徐無黨注 (清)彭元瑞補注 (清)劉鳳誥排次 清道光八年(1828)刻本 四十冊

360000－1901－0032371 122755
五代史記七十四卷 (宋)歐陽修撰 (宋)徐

無黨注　(清)彭元瑞補注　(清)劉鳳誥排次　清道光八年(1828)刻同治十三年(1874)重印本　三十八冊　缺四卷(四十五至四十七、六十三)

360000－1901－0032372　300687
五代史記七十四卷　(宋)歐陽修撰　(宋)徐無黨注　(清)彭元瑞補注　(清)劉鳳誥排次　清道光刻本　四十冊

360000－1901－0032373　220043
五代史記纂誤補四卷　(清)吳蘭庭撰　清乾隆四十八年(1783)刻本　一冊

360000－1901－0032374　300689
五代史記纂誤續補六卷　(清)吳光耀撰　清光緒十四年(1888)江夏吳氏刻本　六冊

360000－1901－0032375　311039
五代史記纂誤續補六卷　(清)吳光耀撰　清光緒十四年(1888)江夏吳氏刻本　六冊

360000－1901－0032376　220038
五代史七十四卷　(宋)歐陽修撰　(宋)徐無黨注　明崇禎三年(1630)毛氏汲古閣刻清初古吳書業趙氏重修十七史本　三冊　存二十六卷(九至二十八、五十九至六十四)

360000－1901－0032377　418573
五代史七十四卷　(宋)歐陽修撰　(宋)徐無黨注　明刻本　二冊　存八卷(五十五至五十八、六十三至六十六)

360000－1901－0032378　300691
五代史七十四卷　(宋)歐陽修撰　(宋)徐無黨注　清光緒十四年(1888)上海圖書集成印書局鉛印本　六冊

360000－1901－0032379　314114
五代史七十四卷　(宋)歐陽修撰　(宋)徐無黨注　清光緒元年(1875)成都書局刻二十四史本　十冊

360000－1901－0032380　309333
五代史七十四卷　(宋)歐陽修撰　(宋)徐無黨注　清刻本　三冊　存六十卷(一至六十)

360000－1901－0032381　400744
五代史七十四卷　(宋)歐陽修撰　(宋)徐無黨注　清刻本　四十冊

360000－1901－0032382　402804
五代史七十四卷　(宋)歐陽修撰　(宋)徐無黨注　清刻本　十三冊　存十四卷(六至七、九至十、二十四至二十六、六十一至六十三、六十七至七十)

360000－1901－0032383　604072
五代史七十四卷　(宋)歐陽修撰　(宋)徐無黨注　清刻本　二十七冊　存五十二卷(十五至二十八、三十三至三十九、四十二至七十二)

360000－1901－0032384　804924
五代史七十四卷　(宋)歐陽修撰　(宋)徐無黨注　清刻本　二十二冊　存三十三卷(四十二至七十四)

360000－1901－0032385　164291
五代史七十四卷　(宋)歐陽修撰　(宋)徐無黨注　清乾隆四年(1739)刻本　十冊　缺七卷(一至七)

360000－1901－0032386　123325
五代史七十四卷　(宋)歐陽修撰　(宋)徐無黨注　清同治十一年(1872)湖北崇文書局刻二十四史本　八冊

360000－1901－0032387　308177
五代史七十四卷　(宋)歐陽修撰　(宋)徐無黨注　清同治十一年(1872)湖北崇文書局刻二十四史本　八冊

360000－1901－0032388　308347
五代史七十四卷　(宋)歐陽修撰　(宋)徐無黨注　清同治十一年(1872)湖北崇文書局刻二十四史本　七冊　存六十八卷(一至五十八、六十五至七十四)

360000－1901－0032389　220039
五代史七十四卷　(宋)歐陽修撰　(宋)徐無黨注　(明)楊慎評　明鍾名臣刻本　四冊

360000－1901－0032390　220040
五代史七十四卷　(宋)歐陽修撰　(宋)徐無黨注　(明)楊慎評　明鍾名臣刻本　八册

360000－1901－0032391　317508
五代史七十四卷　(宋)歐陽修撰　(宋)徐無黨注　清光緒十七年(1891)陝甘味經書院刻本　十二册

360000－1901－0032392　306087
五代史七十四卷附考證　(宋)歐陽修撰　(宋)徐無黨注　清光緒十年(1884)上海同文書局影印二十四史本　四册　存三十二卷(十八至二十六、三十六至五十、六十七至七十四)

360000－1901－0032393　309069
五代史七十四卷附考證　(宋)歐陽修撰　(宋)徐無黨注　清光緒十年(1884)上海同文書局影印二十四史本　九册　存六十六卷(一至六十六)

360000－1901－0032394　309088
五代史七十四卷附考證　(宋)歐陽修撰　(宋)徐無黨注　清光緒十年(1884)上海同文書局影印二十四史本　五册　存三十六卷(一至十七、二十七至三十五、五十一至六十)

360000－1901－0032395　400149
五代史七十四卷附考證　(宋)歐陽修撰　(宋)徐無黨注　清光緒十五年(1889)湖南大同書局刻本　九册　存五十一卷(一至六、二十四至六十八)

360000－1901－0032396　300693
五代史闕文一卷　(宋)王禹偁撰　**五代史補五卷**　(宋)陶岳撰　清刻本　一册

360000－1901－0032397　317501
五代史校勘札記七十四卷　(清)劉光蕡撰　清光緒十七年(1891)陝甘味經書院刻本　四册

360000－1901－0032398　304909
五燈會元二十卷　(宋)釋普濟撰　清光緒二十八年至三十二年(1902－1906)貴池劉氏影宋刻玉海堂景宋元本叢書本　十五册　存十九卷(一至十八、二十)

360000－1901－0032399　404521
五方元音二卷　(清)樊騰鳳撰　(清)年希堯增補　清刻本　二册

360000－1901－0032400　801375
五坊中元會冊一卷　(清)張燡撰　清同治八年(1869)木活字印本　一册

360000－1901－0032401　165115
五峰胡先生文集五卷　(宋)胡宏撰　清抄本　二册

360000－1901－0032402　160109
五服釋例二十卷　(清)夏燮撰　清同治七年(1868)刻本　六册

360000－1901－0032403　240814
五公山人集十六卷　(清)王餘佑撰　(清)李興祖編　清康熙三十四年(1695)李興祖刻枕鈞齋印本　五册

360000－1901－0032404　800341
五公轉天圖經一卷　(□)□□撰　清抄本　一册

360000－1901－0032405　320272
五桂樓書目四卷　(清)黄澄量藏並編　清光緒二十一年(1895)姚江黄氏刻本　二册

360000－1901－0032406　414758
五桂樓書目四卷　(清)黄澄量藏並編　清光緒二十一年(1895)姚江黄氏刻本　二册

360000－1901－0032407　711374
五湖漁莊圖題詞四卷　(清)葉承桂輯　清咸豐三年(1853)石林園刻本　二册

360000－1901－0032408　160120
五經　(□)□□撰　清嘉慶十年(1805)刻本　三十二册

360000－1901－0032409　160128
五經備旨　(清)鄒聖脈纂輯　清道光二十九年(1849)同文堂刻本　十四册

360000－1901－0032410　402419
五經備旨　(清)鄒聖脈纂輯　清道光二十九年(1849)同文堂刻本　十四册

360000－1901－0032411　402422
五經備旨　(清)鄒聖脈纂輯　清光緒八年(1882)南豐愛蓮山房刻本　八册　存三種

360000－1901－0032412　402420
五經備旨　(清)鄒聖脈纂輯　清光緒八年(1882)星沙文奎山房刻本　八册　存三種

360000－1901－0032413　402417
五經備旨　(清)鄒聖脈纂輯　清光緒刻本　十册　存三種

360000－1901－0032414　402418
五經備旨　(清)鄒聖脈纂輯　清光緒刻本　十二册

360000－1901－0032415　402463
五經備旨　(清)鄒聖脈纂輯　清光緒十二年(1886)上海點石齋石印本　十二册

360000－1901－0032416　402464
五經備旨　(清)鄒聖脈纂輯　清光緒十二年(1886)上海點石齋石印本　十二册

360000－1901－0032417　402480－1
五經備旨　(清)鄒聖脈纂輯　清光緒十二年(1886)上海點石齋石印本　二册　存二種

360000－1901－0032418　402426
五經備旨　(清)鄒聖脈纂輯　清光緒十年(1884)滸灣兩儀書坊刻本　三册　存二種

360000－1901－0032419　402479
五經備旨　(清)鄒聖脈纂輯　清光緒十五年(1889)上海積山書局石印本　九册　存四種

360000－1901－0032420　402480
五經備旨　(清)鄒聖脈纂輯　清光緒十五年(1889)上海積山書局石印本　六册　存四種

360000－1901－0032421　402461
五經備旨　(清)鄒聖脈纂輯　清光緒石印本　四册　存三種

360000－1901－0032422　160130
五經備旨　(清)鄒聖脈纂輯　清光緒五年(1879)海陵書屋刻本　十八册

360000－1901－0032423　800197
五經備旨　(清)鄒聖脈纂輯　清光緒五年(1879)海陵書屋刻本　九册　存四種

360000－1901－0032424　402416
五經備旨　(清)鄒聖脈纂輯　清光緒五年(1879)邵州濯纓山房刻本　二十册

360000－1901－0032425　603127
五經備旨　(清)鄒聖脈纂輯　清嘉慶二十五年(1820)芸生堂刻本　二十册

360000－1901－0032426　160129
五經備旨　(清)鄒聖脈纂輯　清嘉慶三年(1798)愛日堂刻本　二十四册

360000－1901－0032427　402412
五經備旨　(清)鄒聖脈纂輯　清刻本　十一册　存三種

360000－1901－0032428　402423
五經備旨　(清)鄒聖脈纂輯　清刻本　四册　存二種

360000－1901－0032429　402424
五經備旨　(清)鄒聖脈纂輯　清刻本　四册　存二種

360000－1901－0032430　402425
五經備旨　(清)鄒聖脈纂輯　清刻本　六册　存三種

360000－1901－0032431　402427
五經備旨　(清)鄒聖脈纂輯　清刻本　五册　存二種

360000－1901－0032432　402427－1
五經備旨　(清)鄒聖脈纂輯　清刻本　四册　存三種

360000－1901－0032433　402458
五經備旨　(清)鄒聖脈纂輯　清刻本　六册　存三種

360000－1901－0032434　402459
五經備旨　（清）鄒聖脈纂輯　清刻本　九冊　存三種

360000－1901－0032435　603127－1
五經備旨　（清）鄒聖脈纂輯　清刻本　二冊　存一種

360000－1901－0032436　402421
五經備旨　（清）鄒聖脈纂輯　清刻本（寄傲山房塾課纂輯御案易經備旨卷一至二配清光緒五年星沙韞玉山房刻本）　十五冊

360000－1901－0032437　402558
五經備旨　（清）鄒聖脈纂輯　清末石印本　四冊　存二種

360000－1901－0032438　603126
五經備旨　（清）鄒聖脈纂輯　清末石印本　四冊　存四種

360000－1901－0032439　413476
箋釋梅亭先生四六標準四十卷　（宋）李劉撰　（明）孫雲翼箋　清乾隆刻本　一冊　存一卷（四十）

360000－1901－0032440　402414
五經備旨　（清）鄒聖脈纂輯　清同治四年（1865）同文堂刻本　十五冊

360000－1901－0032441　402415
五經備旨　（清）鄒聖脈纂輯　清同治四年（1865）同文堂刻本　十六冊　存四種

360000－1901－0032442　402411
五經備旨　（清）鄒聖脈纂輯　清芸生堂刻本　二十冊

360000－1901－0032443　402411－1
五經備旨　（清）鄒聖脈纂輯　清芸生堂刻本　十冊　存三種

360000－1901－0032444　411535
五經典要註釋五卷　（清）袁壯行纂注　（清）袁時行輯　清乾隆十年（1745）刻本　一冊　存一卷（易經典要註釋）

360000－1901－0032445　411535－1
五經典要註釋五卷　（清）袁壯行纂注　（清）袁時行輯　清乾隆十年（1745）刻本　一冊　存一卷（易經典要註釋）

360000－1901－0032446　160142
五經讀本　（□）□□撰　清同治十三年（1874）江西書局刻本　三十二冊

360000－1901－0032447　402397
五經讀五卷　（明）陳際泰撰　清刻本　一冊　存二卷（一至二）

360000－1901－0032448　402374
五經分類輯要二十八卷　（清）周世樟輯　清嘉慶三年（1798）刻本　九冊　存二十五卷（一至二、六至二十八）

360000－1901－0032449　402398
五經分類輯要二十八卷　（清）周世樟輯　清嘉慶三年（1798）刻本　七冊

360000－1901－0032450　900974
五經分類文鈔二十六卷　朱鏡清輯　清光緒十四年（1888）石印本　十三冊

360000－1901－0032451　402475
五經合纂大成　（清）同文書局輯　清光緒十一年（1885）上海同文書局石印本　二十冊

360000－1901－0032452　402476
五經合纂大成　（清）同文書局輯　清光緒十一年（1885）上海同文書局石印本　十六冊

360000－1901－0032453　160124
五經合纂大成　（清）同文書局輯　清光緒十一年（1885）石印本　十八冊

360000－1901－0032454　402477
五經合纂大成　（清）同文書局輯　清光緒石印本　十三冊

360000－1901－0032455　402478
五經合纂大成　（清）同文書局輯　清光緒石印本　十冊

360000－1901－0032456　402481
五經合纂大成　（清）同文書局輯　清光緒石印本　六冊　存四種

360000－1901－0032457　603123
五經合纂大成　（清）同文書局輯　清末石印本　八册

360000－1901－0032458　402553
五經鴻裁　（清）□□輯　清刻本　十一册

360000－1901－0032459　160126
五經集解三十卷附錄三卷　（清）馮世瀛輯　清光緒十年(1884)刻本　十八册

360000－1901－0032460　402529
五經集解三十卷附錄三卷　（清）馮世瀛輯　清刻本　十四册　存十六卷(一至三、五至六、八至十、十四、十六、十九至二十、二十三、二十七、二十九,附錄一)

360000－1901－0032461　803517
五經集解三十卷附錄三卷　（清）馮世瀛輯　清刻本　一册　存一卷(易經集解五)

360000－1901－0032462　402528
五經集解三十卷附錄三卷　（清）馮世瀛輯　清同治十二年(1873)刻本　十六册　存十七卷(一至三、五至十二、十五、二十九至三十,附錄三卷)

360000－1901－0032463　402527
五經集解三十卷附錄三卷　（清）馮世瀛輯　清同治十年(1871)刻本　二十九册

360000－1901－0032464　402530
五經集解三十卷附錄三卷石經考辨二卷增訂畊餘瑣錄十二卷　（清）馮世瀛輯　清同治十二年(1873)刻本　三十五册　存四十四卷(一至三、五至十七、十九至二十一、二十三至三十,附錄三卷,石經考辨二卷,增訂畊餘瑣錄十二卷)

360000－1901－0032465　402541
五經揭要　（清）許寶善編　清道光十九年(1839)刻本　七册　存四種

360000－1901－0032466　402543
五經揭要　（清）許寶善編　清光緒五年(1879)刻本　十二册

360000－1901－0032467　402542
五經揭要　（清）許寶善編　清廣東但氏刻本　十二册

360000－1901－0032468　402544
五經揭要　（清）許寶善編　清刻本　九册　存四種

360000－1901－0032469　402547
五經揭要　（清）許寶善編　清刻本　三册　存三種

360000－1901－0032470　402547－1
五經揭要　（清）許寶善編　清刻本　三册　存三種

360000－1901－0032471　402549
五經揭要　（清）許寶善編　清刻本　八册

360000－1901－0032472　402550
五經揭要　（清）許寶善編　清刻本　八册

360000－1901－0032473　402551
五經揭要　（清）許寶善編　清刻本　六册

360000－1901－0032474　402552
五經揭要　（清）許寶善編　清刻本　三册　存三種

360000－1901－0032475　402552－1
五經揭要　（清）許寶善編　清刻本　二册　存二種

360000－1901－0032476　402546
五經揭要　（清）許寶善編　清梁溪浦氏刻本　五册　存四種

360000－1901－0032477　402556
五經揭要　（清）許寶善編　清乾隆五十九年(1794)刻本　三册　存三種

360000－1901－0032478　402555
五經揭要　（清）許寶善編　清乾隆五十三年(1788)刻本　十册　存四種

360000－1901－0032479　402545
五經揭要　（清）許寶善編　清醉經軒刻本　五册　存四種

360000－1901－0032480　402626

五經精義　(清)黄淦撰　清嘉慶五年至九年(1800－1804)刻武林尊德堂本　八冊

360000－1901－0032481　402533

五經類編二十八卷　(清)周世樟撰　清芥子園刻本　十冊

360000－1901－0032482　402534

五經類編二十八卷　(清)周世樟撰　清芥子園刻本　五冊　存十五卷(一至九、十三至十六、二十七至二十八)

360000－1901－0032483　402403

五經類編二十八卷　(清)周世樟撰　清康熙二十九年(1690)刻本　九冊　存二十四卷(一至二、七至二十八)

360000－1901－0032484　402405

五經類編二十八卷　(清)周世樟撰　清康熙二十九年(1690)刻本　十二冊

360000－1901－0032485　402406

五經類編二十八卷　(清)周世樟撰　清康熙二十九年(1690)刻本　十六冊

360000－1901－0032486　250137

五經類編二十八卷　(清)周世樟撰　清康熙二十三年(1684)刻本　十冊

360000－1901－0032487　402407

五經類編二十八卷　(清)周世樟撰　清刻本　十六冊

360000－1901－0032488　402408

五經類編二十八卷　(清)周世樟撰　清刻本　一冊　存四卷(二至五)

360000－1901－0032489　402409

五經類編二十八卷　(清)周世樟撰　清刻本　十二冊　存二十五卷(一至二十三、二十七至二十八)

360000－1901－0032490　402410－1

五經類編二十八卷　(清)周世樟撰　清刻本　三冊　存八卷(一至二、九至十一、二十二至二十四)

360000－1901－0032491　402410－2

五經類編二十八卷　(清)周世樟撰　清刻本　三冊　存九卷(十至十四、二十二至二十五)

360000－1901－0032492　402410－3

五經類編二十八卷　(清)周世樟撰　清刻本　三冊　存十六卷(十三至二十八)

360000－1901－0032493　402531

五經類編二十八卷　(清)周世樟撰　清刻本　十冊

360000－1901－0032494　402532

五經類編二十八卷　(清)周世樟撰　清刻本　八冊

360000－1901－0032495　402534－1

五經類編二十八卷　(清)周世樟撰　清刻本　一冊　存三卷(十至十二)

360000－1901－0032496　402535

五經類編二十八卷　(清)周世樟撰　清刻本　九冊　存二十五卷(一至六、十至二十八)

360000－1901－0032497　402535－1

五經類編二十八卷　(清)周世樟撰　清刻本　三冊　存十卷(一至八、二十七至二十八)

360000－1901－0032498　402536

五經類編二十八卷　(清)周世樟撰　清刻本　六冊　存二十一卷(八至二十八)

360000－1901－0032499　402537

五經類編二十八卷　(清)周世樟撰　清刻本　五冊　存十三卷(三至十、十七至十九、二十二至二十三)

360000－1901－0032500　402538

五經類編二十八卷　(清)周世樟撰　清刻本　八冊　存二十一卷(八至二十八)

360000－1901－0032501　402538－1

五經類編二十八卷　(清)周世樟撰　清刻本　三冊　存八卷(六至九、二十至二十一、二十六至二十七)

360000－1901－0032502　402539

五經類編二十八卷　(清)周世樟撰　清刻本　五册　存十八卷(四至二十一)

360000－1901－0032503　402539－1
五經類編二十八卷　(清)周世樟撰　清刻本　一册　存五卷(二十至二十四)

360000－1901－0032504　402540
五經類編二十八卷　(清)周世樟撰　清刻本　三册　存九卷(四至九、十二至十四)

360000－1901－0032505　402540－1
五經類編二十八卷　(清)周世樟撰　清刻本　一册　存二卷(十三至十四)

360000－1901－0032506　402540－2
五經類編二十八卷　(清)周世樟撰　清刻本　三册　存六卷(十四至十五、二十一至二十二、二十五至二十六)

360000－1901－0032507　603128
五經類編二十八卷　(清)周世樟撰　清刻本　六册　存二十卷(二至十五、十九至二十一、二十六至二十八)

360000－1901－0032508　250141
五經類編二十八卷　(清)周世樟撰　清乾隆令德堂刻本　十册

360000－1901－0032509　250142
五經類編二十八卷　(清)周世樟撰　清乾隆莆田書屋刻本　十三册　缺一卷(二十八)

360000－1901－0032510　250140
五經類編二十八卷　(清)周世樟撰　清乾隆粗經書屋刻本　十二册

360000－1901－0032511　803475
五經類編二十八卷　(清)周世樟撰　清乾隆五十五年(1790)刻本　一册　存二卷(一至二)

360000－1901－0032512　162274
五經類編二十八卷　(清)周世樟撰　清同人堂刻本　十册

360000－1901－0032513　250138
五經類編二十八卷　(清)周世樟撰　清雍正二年(1724)刻本　十册

360000－1901－0032514　250139
五經類編二十八卷　(清)周世樟撰　清雍正二年(1724)刻本　九册　缺三卷(十至十二)

360000－1901－0032515　402404
五經類編二十八卷　(清)周世樟撰　清雍正二年(1724)刻本　十册

360000－1901－0032516　402410
五經類編二十八卷　(清)周世樟撰　清雍正二年(1724)刻本　三册　存八卷(六至十二、二十一)

360000－1901－0032517　402524
五經類典囊括六十四卷　(清)吟香主人輯　清道光十七年(1837)藕花書舍刻本　十八册　存五十六卷(一至十九、二十四至六十)

360000－1901－0032518　162077
五經類典囊括六十四卷　(清)吟香主人輯　清京都琉璃廠刻本　十册

360000－1901－0032519　402525
五經類典囊括六十四卷　(清)吟香主人輯　清刻本　十六册

360000－1901－0032520　402526
五經類典囊括六十四卷　(清)吟香主人輯　清刻本　十册　存三十七卷(三至六、十二至二十六、三十三至五十)

360000－1901－0032521　803505
五經類典囊括六十四卷　(清)吟香主人輯　清刻本　一册　存六卷(二十七至三十二)

360000－1901－0032522　803506
五經類典囊括六十四卷　(清)吟香主人輯　清刻本　二册　存八卷(二十至二十三、六十一至六十四)

360000－1901－0032523　803504
五經類典囊括六十四卷　(清)吟香主人輯　清末石印本　一册　存十卷(十七至二十六)

360000－1901－0032524　210378
五經蠡測六卷　(明)蔣悌生撰　清康熙十九

年(1680)納蘭成德刻通志堂經解本　一册

360000－1901－0032525　900307
五經擬題類典三十八卷　(清)姜嶷輯　清刻本　三册　存二十九卷(一至二十九)

360000－1901－0032526　900307－1
五經擬題類典三十八卷　(清)姜嶷輯　清刻本　一册　存十四卷(十四至二十七)

360000－1901－0032527　900308
五經擬題類典續集三十七卷　(清)姜嶷(清)朱冶亭輯　清刻本　一册　存十三卷(一至十三)

360000－1901－0032528　402570－4
五經旁訓　(清)徐立綱輯　清厚德堂刻本　二册　存二種

360000－1901－0032529　402568
五經旁訓　(清)徐立綱輯　清匠門書屋刻本　八册

360000－1901－0032530　402569
五經旁訓　(清)徐立綱輯　清匠門書屋刻本　十一册　存四種

360000－1901－0032531　402571
五經旁訓　(清)徐立綱輯　清匠門書屋刻本　七册

360000－1901－0032532　402572
五經旁訓　(清)徐立綱輯　清匠門書屋刻本　七册

360000－1901－0032533　402574
五經旁訓　(清)徐立綱輯　清匠門書屋刻本　十一册

360000－1901－0032534　402577
五經旁訓　(清)徐立綱輯　清匠門書屋刻本　四册　存三種

360000－1901－0032535　402579
五經旁訓　(清)徐立綱輯　清匠門書屋刻本　四册　存三種

360000－1901－0032536　402580
五經旁訓　(清)徐立綱輯　清匠門書屋刻本　七册

360000－1901－0032537　402581
五經旁訓　(清)徐立綱輯　清匠門書屋刻本　五册　存三種

360000－1901－0032538　402582
五經旁訓　(清)徐立綱輯　清匠門書屋刻本　二册　存二種

360000－1901－0032539　402586
五經旁訓　(清)徐立綱輯　清匠門書屋刻本　九册　存四種

360000－1901－0032540　402589
五經旁訓　(清)徐立綱輯　清匠門書屋刻本　三册　存三種

360000－1901－0032541　402593
五經旁訓　(清)徐立綱輯　清匠門書屋刻本　八册

360000－1901－0032542　402594
五經旁訓　(清)徐立綱輯　清匠門書屋刻本　二册　存三種

360000－1901－0032543　402573
五經旁訓　(清)徐立綱輯　清刻本　十二册

360000－1901－0032544　402575
五經旁訓　(清)徐立綱輯　清刻本　十三册

360000－1901－0032545　402576
五經旁訓　(清)徐立綱輯　清刻本　七册　存四種

360000－1901－0032546　402578
五經旁訓　(清)徐立綱輯　清刻本　十二册

360000－1901－0032547　402583
五經旁訓　(清)徐立綱輯　清刻本　五册　存三種

360000－1901－0032548　402584
五經旁訓　(清)徐立綱輯　清刻本　三册　存三種

360000－1901－0032549　402585

五經旁訓　(清)徐立綱輯　清刻本　六冊　存三種

360000-1901-0032550　402588
五經旁訓　(清)徐立綱輯　清刻本　十三冊

360000-1901-0032551　402590
五經旁訓　(清)徐立綱輯　清刻本　七冊

360000-1901-0032552　402590-1
五經旁訓　(清)徐立綱輯　清刻本　四冊　存三種

360000-1901-0032553　402595
五經旁訓　(清)徐立綱輯　清刻本　三冊　存二種

360000-1901-0032554　402587
五經旁訓　(清)徐立綱輯　清乾隆四十七年(1782)吳郡張氏匠門書屋刻本　十二冊

360000-1901-0032555　210002
五經旁訓　(元)李恕撰　明萬曆二十三年(1595)鄭汝璧等刻本　十冊

360000-1901-0032556　402570-3
五經旁訓辨體合訂　(清)徐立綱輯　清寶章堂刻本　二冊　存二種

360000-1901-0032557　402566
五經旁訓辨體合訂　(清)徐立綱輯　清嘉慶十三年(1808)敷文閣刻本　二冊　存二種

360000-1901-0032558　402567
五經旁訓辨體合訂　(清)徐立綱輯　清嘉慶十三年(1808)敷文閣刻本　十六冊

360000-1901-0032559　402570
五經旁訓辨體合訂　(清)徐立綱輯　清循陔堂刻本　三冊　存三種

360000-1901-0032560　603703
五經說七卷　(元)熊朋來撰　清刻通志堂經解本　一冊

360000-1901-0032561　401376
五經四書　清同治十三年(1874)江西書局刻本　三十五冊

360000-1901-0032562　150529
五經歲徧齋校書　(清)翟云升輯　清道光東萊翟氏刻本　十冊

360000-1901-0032563　160144
五經體注大全　(清)嚴氏家塾主人輯　清道光二十年(1840)刻本　十六冊

360000-1901-0032564　402467
五經體注大全　(清)嚴氏家塾主人輯　清道光二十年(1840)刻本　七冊

360000-1901-0032565　402468
五經體注大全　(清)嚴氏家塾主人輯　清道光二十年(1840)刻本　十三冊　存四種

360000-1901-0032566　402469
五經體注大全　(清)嚴氏家塾主人輯　清道光二十年(1840)刻本　十冊　存四種

360000-1901-0032567　402562
五經體注大全　(清)嚴氏家塾主人輯　清同治五年(1866)刻本　三冊　存二種

360000-1901-0032568　160143
五經體注大全合參　(清)張聖度等輯　清乾隆刻本　二十一冊　存三種

360000-1901-0032569　210379
五經同異三卷　(清)顧炎武撰　清乾隆常熟蔣氏省吾堂刻省吾堂四種本　一冊

360000-1901-0032570　419812
五經圖說五卷　(清)易大彬輯　清抄本　一冊　存三卷(詩經圖說、書經圖說、易經圖說)

360000-1901-0032571　402400
五經味根錄　(清)關揬生輯　清光緒二十九年(1903)同文書局石印本　六冊　存四種

360000-1901-0032572　402402
五經味根錄　(清)關揬生輯　清光緒二十九年(1903)同文書局石印本　四冊　存四種

360000-1901-0032573　402401
五經味根錄　(清)關揬生輯　清光緒十八年(1892)淩雲閣書局石印本　十二冊　存四種

360000－1901－0032574　402401－1
五經味根録　(清)闕掞生輯　清光緒十八年(1892)淩雲閣書局石印本　二册　存二種

360000－1901－0032575　900305
五經文郛十八卷　(清)夢花主人輯　清道光二十三年(1843)刻本　十二册　存十六卷(一至十六)

360000－1901－0032576　900306
五經文郛十八卷　(清)夢花主人輯　清道光二十三年(1843)刻本　一册　存一卷(一)

360000－1901－0032577　900975
五經文府不分卷　(清)伊立勳輯　清光緒十七年(1891)鴻寶齋石印本　八册　存易經、書經、禮記、春秋

360000－1901－0032578　900303
五經文府不分卷　(清)伊立勳輯　清光緒十七年(1891)同文書局石印本　十九册

360000－1901－0032579　900304
五經文府不分卷　(清)伊立勳輯　清光緒十七年(1891)同文書局石印本　十五册

360000－1901－0032580　900977
五經文府不分卷　(清)伊立勳輯　清光緒十四年(1888)鴻寶齋石印本　二十册

360000－1901－0032581　900312
五經文海五卷　(清)久敬齋主人輯　清末石印本　一册　存一卷(禮記)

360000－1901－0032582　900311
五經文鵠不分卷　(清)□□輯　清末石印本　一册

360000－1901－0032583　900310
五經文魁不分卷　(清)□□輯　清刻本　一册

360000－1901－0032584　900309
五經文苑摭華八卷　(清)朱迺紱輯　清末石印本　一册　存四卷(五至八)

360000－1901－0032585　165157
五經文字三卷　(唐)張參撰　清抄本　一册　存二卷(一至二)

360000－1901－0032586　402376
五經文字三卷　(唐)張參撰　清康熙揚州馬氏叢書樓刻玲瓏山館叢刻本　三册

360000－1901－0032587　603121
五經文字三卷　(唐)張參撰　清刻本　二册

360000－1901－0032588　210401
五經文字三卷　(唐)張參撰　**新加九經字樣一卷**　(唐)唐玄度撰　清乾隆五年(1740)祁門馬曰璐刻本　四册

360000－1901－0032589　411985
五經詳説四百五十四卷　(清)冉覲祖撰　清光緒七年(1881)大梁書局刻本　二百四十一册

360000－1901－0032590　160121
五經小學述二卷　(清)莊述祖撰　清光緒八年(1882)刻本　一册

360000－1901－0032591　402559
五經義初編不分卷　(清)王慶洛等撰　清末石印本　一册

360000－1901－0032592　402559－1
五經義初編不分卷　(清)王慶洛等撰　清末石印本　一册

360000－1901－0032593　160125
五經衷要　(清)李式穀輯　清道光十年(1830)南海葉夢龍風滿樓刻本　二十七册

360000－1901－0032594　802102
五科考卷懷新集不分卷　(清)汪道謙　(清)汪宗岳輯　清抄本(部分配清乾隆元年竹林書屋刻本)　一册

360000－1901－0032595　402295－1
五禮通考二百六十二卷首四卷目録二卷　(清)秦蕙田撰　清刻本　十三册　存二十七卷(一百三十一至一百三十三、二百十四至二百十五、二百三十一至二百四十五、二百五十六至二百六十二)

360000－1901－0032596　603131

五禮通考二百六十二卷首四卷目錄二卷 (清)秦蕙田撰　清刻本　四十八册　存一百六卷(一至一百六)

360000－1901－0032597　805195
五禮通考二百六十二卷首四卷目錄二卷 (清)秦蕙田撰　清刻本　一册　存二卷(二百四十二至二百四十三)

360000－1901－0032598　160149
五禮通考二百六十二卷首四卷目錄二卷 (清)秦蕙田撰　清乾隆刻本　二十册　存五十四卷(九十八至一百二十三、一百八十至二百七)

360000－1901－0032599　210204
五禮通考二百六十二卷首四卷目錄二卷 (清)秦蕙田撰　清乾隆十八年(1753)秦氏味經窩刻本　一百二十二册

360000－1901－0032600　210205
五禮通考二百六十二卷首四卷目錄二卷 (清)秦蕙田撰　清乾隆十八年(1753)秦氏味經窩刻本　九十九册

360000－1901－0032601　210206
五禮通考二百六十二卷首四卷目錄二卷 (清)秦蕙田撰　清乾隆十八年(1753)秦氏味經窩刻本　五十册　存五十五卷(一百八至一百六十二)

360000－1901－0032602　402295
五禮通考二百六十二卷首四卷目錄二卷 (清)秦蕙田撰　清乾隆十八年(1753)秦氏味經窩刻本　三十六册　存一百十九卷(二十四至八十八、九十三至一百、一百五至一百二十、一百三十九至一百六十八)

360000－1901－0032603　402296
五禮通考二百六十二卷首四卷目錄二卷 (清)秦蕙田撰　清乾隆十八年(1753)秦氏味經窩刻本　十四册　存四十六卷(六十四至六十七、一百四十八至一百五十、二百八至二百三十五、二百五十五至二百五十九,首四卷,目錄二卷)

360000－1901－0032604　603132
五禮通考二百六十二卷首四卷目錄二卷 (清)秦蕙田撰　清乾隆十八年(1753)秦氏味經窩刻本　六十册　存二百十卷(一至六十一、六十六至一百十七、一百六十二至一百六十五、一百六十九至一百八十七、一百八十九至二百、二百七至二百六十二,首四卷,目錄二卷)

360000－1901－0032605　711373
五柳鄉談一卷 (清)張宿煌撰　清刻本　一册

360000－1901－0032606　421479－1
五美緣全傳八十回 (□)□□撰　清刻本　一册　存五回(二十至二十四)

360000－1901－0032607　421479
五美緣全傳八十回 (□)□□撰　清刻本　二册　存二十六回(七至十六、十九至三十四)

360000－1901－0032608　300672
五七言今體詩鈔十八卷 (清)姚鼐輯　清嘉慶刻本　二册　存九卷(五言今體詩鈔九卷)

360000－1901－0032609　409357
五七言今體詩鈔十八卷 (清)姚鼐輯　清嘉慶十三年(1808)刻本　二册

360000－1901－0032610　409358
五七言今體詩鈔十八卷 (清)姚鼐輯　清嘉慶十三年(1808)刻本　二册

360000－1901－0032611　409359
五七言今體詩鈔十八卷 (清)姚鼐輯　清嘉慶十三年(1808)刻本　二册

360000－1901－0032612　309564
五七言今體詩鈔十八卷 (清)姚鼐輯　清同治五年(1866)金陵書局刻本　二册

360000－1901－0032613　409360
五七言今體詩鈔十八卷 (清)姚鼐輯　清同治五年(1866)金陵書局刻本　二册

360000－1901－0032614　409361

五七言今體詩鈔十八卷　(清)姚鼐輯　清同治五年(1866)金陵書局刻本　二册

360000-1901-0032615　409362
五七言今體詩鈔十八卷　(清)姚鼐輯　清同治五年(1866)金陵書局刻本　四册

360000-1901-0032616　409363
五七言今體詩鈔十八卷　(清)姚鼐輯　清同治五年(1866)金陵書局刻本　四册

360000-1901-0032617　230437
五色線二卷　(宋)□□撰　明崇禎虞山毛氏汲古閣刻津逮祕書本　二册

360000-1901-0032618　300695
五省溝洫圖說一卷　(清)沈夢蘭撰　清光緒六年(1880)江蘇書局刻願學齋書鈔本　一册

360000-1901-0032619　312143
五省溝洫圖說一卷　(清)沈夢蘭撰　清光緒六年(1880)江蘇書局刻願學齋書鈔本　一册

360000-1901-0032620　402125
五省溝洫圖說一卷　(清)沈夢蘭撰　清光緒六年(1880)江蘇書局刻願學齋書鈔本　一册

360000-1901-0032621　404499
五十名家書札不分卷　(清)陸心源輯　清光緒三十年(1904)上海章福記書局石印本　二册

360000-1901-0032622　404498
五十名家書札不分卷　(清)陸心源輯　清光緒十九年(1893)上海學有根柢齋石印本　一册

360000-1901-0032623　300692
五史斠議五卷　羅振玉撰　清光緒二十九年(1903)刻本　一册

360000-1901-0032624　412801
五松園文稿一卷嘉穀堂集一卷　(清)孫星衍撰　清光緒十年(1884)吳縣朱氏槐廬家塾刻槐廬叢書本　一册

360000-1901-0032625　304870
五唐人集　(明)毛晉輯　清宣統二年(1910)上海著易堂石印本　四册　存二種

360000-1901-0032626　120221
五溪丁氏世美集八卷首一卷末一卷　(明)丁南溪　(清)丁亨補輯　清光緒十三年(1887)刻本　七册

360000-1901-0032627　417206-1
五星集腋四卷　(清)廖冀亨輯　清刻本　一册　存一卷(二)

360000-1901-0032628　716974
五星集腋四卷　(清)廖冀亨輯　清刻本　一册　存一卷(二)

360000-1901-0032629　210479
五雅　(明)郎奎金輯　明天啓六年(1626)郎氏堂策檻刻本　四册

360000-1901-0032630　210480
五雅　(明)郎奎金輯　明天啓六年(1626)郎氏堂策檻刻本　六册

360000-1901-0032631　803196
五雅　(明)郎奎金輯　清嘉慶九年(1804)刻本　一册　存二種

360000-1901-0032632　404376
五言排律依永集八卷　(清)張九鉞箋釋　清刻本　三册　存六卷(三至八)

360000-1901-0032633　404377
五言排律依永集八卷　(清)張九鉞箋釋　清乾隆二十八年(1763)文陞齋刻本　二册　存四卷(一至二、七至八)

360000-1901-0032634　800230
五言詩律不分卷　(□)□□輯　清抄本　一册

360000-1901-0032635　404382
五言詩十七卷　(清)王士禛選　(清)聞人倓箋　清乾隆三十一年(1766)芷蘭堂刻古詩箋本　一册　存二卷(七至八)

360000-1901-0032636　403972
五雲樓詳訂古文評註全集十卷　(清)過珙　(清)黄越評選　清五雲樓刻本　九册　存九

卷(一至八、十)

360000－1901－0032637　403972－1
五雲樓詳訂古文評註全集十卷　(清)過珙　(清)黄越評選　清五雲樓刻本　二冊　存三卷(二、四、九)

360000－1901－0032638　300938
五知齋琴譜八卷　(清)徐祺撰　(清)周魯封輯　清紅杏山房刻本　六冊

360000－1901－0032639　304900
五知齋琴譜八卷　(清)徐祺撰　(清)周魯封輯　清刻本　五冊

360000－1901－0032640　230598
五知齋琴譜八卷　(清)徐祺撰　(清)周魯封輯　清乾隆栖心琴社刻本　六冊

360000－1901－0032641　230599
五知齋琴譜八卷　(清)徐祺撰　(清)周魯封輯　清乾隆栖心琴社刻本　六冊

360000－1901－0032642　230597
五知齋琴譜八卷　(清)徐祺撰　(清)周魯封輯　清雍正刻本　五冊　存六卷(一至三、六至八)

360000－1901－0032643　722034
五種秘竅全書　(明)甘霖撰　明唐錦池文林閣刻本　五冊　存三種

360000－1901－0032644　722034－1
五種秘竅全書　(明)甘霖撰　明唐錦池文林閣刻本　二冊　存二種

360000－1901－0032645　315538
五種遺規　(清)陳弘謀輯並撰　清道光二年(1822)刻本　八冊

360000－1901－0032646　416868
五種遺規　(清)陳弘謀輯並撰　清道光二年(1822)刻本　二冊　存二種

360000－1901－0032647　416872
五種遺規　(清)陳弘謀輯並撰　清道光六年(1826)刻本　十冊　存四種

360000－1901－0032648　416871
五種遺規　(清)陳弘謀輯並撰　清道光培遠堂刻本　八冊　存四種

360000－1901－0032649　163808
五種遺規　(清)陳弘謀輯並撰　清道光十年(1830)培遠堂刻本　八冊　存四種

360000－1901－0032650　163809
五種遺規　(清)陳弘謀輯並撰　清道光十年(1830)培遠堂刻本　九冊　存三種

360000－1901－0032651　416869
五種遺規　(清)陳弘謀輯並撰　清道光十年(1830)培遠堂刻本　八冊　存四種

360000－1901－0032652　416874
五種遺規　(清)陳弘謀輯並撰　清道光十年(1830)培遠堂刻本　三冊　存二種

360000－1901－0032653　416874－1
五種遺規　(清)陳弘謀輯並撰　清道光十年(1830)培遠堂刻本　三冊　存二種

360000－1901－0032654　304894
五種遺規　(清)陳弘謀輯並撰　清光緒二十年(1894)湖南漢文書局刻本　八冊　存四種

360000－1901－0032655　416873
五種遺規　(清)陳弘謀輯並撰　清光緒二十一年(1895)浙江書局刻本　四冊　存二種

360000－1901－0032656　300683
五種遺規　(清)陳弘謀輯並撰　清光緒五年(1879)江西書局刻本　十二冊

360000－1901－0032657　304889
五種遺規　(清)陳弘謀輯並撰　清光緒五年(1879)江西書局刻本　四冊　存二種

360000－1901－0032658　313760
五種遺規　(清)陳弘謀輯並撰　清光緒五年(1879)江西書局刻本　十二冊

360000－1901－0032659　314284
五種遺規　(清)陳弘謀輯並撰　清光緒五年(1879)江西書局刻本　十二冊

360000－1901－0032660　404245
五種遺規　(清)陳弘謀輯並撰　清光緒五年(1879)江西書局刻本　六册　存三種

360000－1901－0032661　416869－1
五種遺規　(清)陳弘謀輯並撰　清光緒五年(1879)江西書局刻本　四册　存三種

360000－1901－0032662　304896
五種遺規　(清)陳弘謀輯並撰　清嘉慶十四年(1809)友益堂刻本　三册　存三種

360000－1901－0032663　230116
五種遺規　(清)陳弘謀輯並撰　清乾隆八年(1743)南昌李安民刻本　十册　存四種

360000－1901－0032664　230115
五種遺規　(清)陳弘謀輯並撰　清乾隆刻本　八册

360000－1901－0032665　230114
五種遺規　(清)陳弘謀輯並撰　清乾隆培遠堂刻彙印本　八册

360000－1901－0032666　304411
五種遺規　(清)陳弘謀輯並撰　清同治七年(1868)崇文書局刻本　八册

360000－1901－0032667　300684
五種遺規　(清)陳弘謀輯並撰　清同治七年(1868)楚北崇文書局刻本　八册

360000－1901－0032668　300685
五種遺規　(清)陳弘謀輯並撰　清同治七年(1868)金陵書局刻本　十册

360000－1901－0032669　313881
五種遺規　(清)陳弘謀輯並撰　清同治七年(1868)金陵書局刻本　十册

360000－1901－0032670　308491
五種遺規　(清)陳弘謀輯並撰　清宣統三年(1911)上海商務印書館鉛印本　四册　存四種

360000－1901－0032671　416870
五種遺規摘鈔　(清)陳弘謀輯並撰　(清)劉肇紳摘抄　清同治七年(1868)楚北崇文書局刻本　八册

360000－1901－0032672　400813
五洲各國政治考八卷　錢恂輯　清光緒二十八年(1902)古餘書局刻本　七册　存六卷(一至五、八)

360000－1901－0032673　313414
五洲各國政治考八卷　錢恂輯　清光緒二十七年(1901)石印本　六册

360000－1901－0032674　400811
五洲各國政治考十卷　錢恂輯　清光緒二十八年(1902)長沙刻本　六册

360000－1901－0032675　400812
五洲各國政治考十卷　錢恂輯　清光緒二十八年(1902)長沙刻本　八册　存三卷(六至八)

360000－1901－0032676　400814
五洲各國政治考十卷　錢恂輯　清光緒二十八年(1902)長沙刻本　二册　存三卷(二至四)

360000－1901－0032677　400815
五洲各國政治考十卷　錢恂輯　清光緒二十八年(1902)長沙刻本　七册　存九卷(一至七、九至十)

360000－1901－0032678　400816
五洲各國政治考十卷　錢恂輯　清末石印本　三册　存六卷(二至四、六至八)

360000－1901－0032679　400817
五洲各國政治考十卷　錢恂輯　清末石印本　二册　存三卷(二至四)

360000－1901－0032680　400985
五洲括地歌一卷　(清)蔣升撰　清光緒二十四年(1898)上海慈母堂印書局鉛印本　一册

360000－1901－0032681　310318
五洲圖考四卷　(清)龔柴　(清)徐勵　(清)許彬編譯　清光緒二十八年(1902)上海徐家滙印書館鉛印本　四册

360000－1901－0032682　400986

五洲圖考四卷 （清）龔柴 （清）徐勵 （清）許彬編譯 清光緒二十八年（1902）上海徐家滙印書館鉛印本 四冊

360000－1901－0032683 400822
五洲政藝撮要二十六卷 （清）蕭德驥輯 清光緒二十八年（1902）夢孔山房石印本 二冊 存十卷（一至四、十五至二十）

360000－1901－0032684 804736
五洲政藝撮要二十六卷 （清）蕭德驥輯 清光緒二十八年（1902）夢孔山房石印本 一冊 存一卷（二十六）

360000－1901－0032685 400821
五洲政治藝學策論二卷 （清）章京 （清）陳次亮撰 清光緒二十八年（1902）石印本 一冊 存一卷（上）

360000－1901－0032686 230067
五子近思録發明十四卷 （清）施璜撰 清康熙刻本 八冊

360000－1901－0032687 416316
五子近思録發明十四卷 （清）施璜撰 清康熙刻本 八冊

360000－1901－0032688 416317
五子近思録發明十四卷 （清）施璜撰 清康熙刻本 五冊 存十一卷（一至六、十至十四）

360000－1901－0032689 313848
五子近思録發明十四卷 （清）施璜撰 清刻本 六冊

360000－1901－0032690 416318
五子近思録發明十四卷 （清）施璜撰 清刻本 二冊 存三卷（二、十三至十四）

360000－1901－0032691 230068
五子近思録輯要十四卷 （清）孫嘉淦輯 清雍正五年（1727）刻本 二冊

360000－1901－0032692 416314
五子近思録十四卷 （清）汪佑輯 清刻本 一冊 存五卷（十至十四）

360000－1901－0032693 230066
五子近思録十四卷 （清）汪佑輯 清乾隆刻本 四冊

360000－1901－0032694 230065
五子近思録十四卷 （清）汪佑輯 清雍正三年（1725）刻本 四冊

360000－1901－0032695 163014
五祖黄梅寶卷二卷 清光緒元年（1875）刻本 一冊

360000－1901－0032696 404508－1
午亭文編五十卷 （清）陳廷敬撰 （清）林佶輯 清康熙四十七年（1708）林佶刻乾隆四十三年（1778）印本 存三卷（二十一至二十三）

360000－1901－0032697 404508
午亭文編五十卷 （清）陳廷敬撰 （清）林佶輯 清康熙四十七年（1708）林佶刻本（卷四十五至五十配清乾隆印本） 十五冊 存四十七卷（四至五十）

360000－1901－0032698 240912
午亭文編五十卷 （清）陳廷敬撰 （清）林佶輯 清康熙四十七年（1708）林佶刻乾隆四十三年（1778）印本 十六冊

360000－1901－0032699 240913
午亭文編五十卷 （清）陳廷敬撰 （清）林佶輯 清康熙四十七年（1708）林佶刻乾隆四十三年（1778）印本 十六冊

360000－1901－0032700 240914
午亭文編五十卷 （清）陳廷敬撰 （清）林佶輯 清康熙四十七年（1708）林佶刻乾隆四十三年（1778）印本 十五冊 缺三卷（十八至二十）

360000－1901－0032701 240915
午亭文編五十卷 （清）陳廷敬撰 （清）林佶輯 清康熙四十七年（1708）林佶刻乾隆四十三年（1778）印本 八冊 缺十卷（六至十五）

360000－1901－0032702 240916
午亭文編五十卷 （清）陳廷敬撰 （清）林佶

輯　清康熙四十七年(1708)林佶刻乾隆四十三年(1778)印本　十一册　缺三卷(四十八至五十)

360000－1901－0032703　240909
午亭文編五十卷　(清)陳廷敬撰　(清)林佶輯　清康熙四十七年(1708)林佶刻五十八年(1719)陳壯履修補本　十六册

360000－1901－0032704　240910
午亭文編五十卷　(清)陳廷敬撰　(清)林佶輯　清康熙四十七年(1708)林佶刻五十八年(1719)陳壯履修補本　十六册

360000－1901－0032705　240911
午亭文編五十卷　(清)陳廷敬撰　(清)林佶輯　清康熙四十七年(1708)林佶刻五十八年(1719)陳壯履修補本　十七册

360000－1901－0032706　120634
伍卉園文集十八卷　(清)陳之蘭撰　清刻本　一册　存三卷(四至六)

360000－1901－0032707　240944
伍卉園文集十八卷　(清)陳之蘭撰　清乾隆二十二年(1757)大乙山房刻本　六册

360000－1901－0032708　240945
伍卉園文集十八卷　(清)陳之蘭撰　清乾隆二十二年(1757)大乙山房刻本　八册

360000－1901－0032709　705207
伍卉園文集十八卷　(清)陳之蘭撰　清乾隆二十二年(1757)大乙山房刻本　三册　存九卷(四至十二)

360000－1901－0032710　314093
武備輯要六卷　(清)曾國藩撰　清同治八年(1869)刻本　二册

360000－1901－0032711　301046
武備輯要六卷　(清)許學范撰　清道光十二年(1832)錢塘許氏廣州刻敏果齋七種本　一册

360000－1901－0032712　421313
武備新書十種　(清)廖壽豐輯　清光緒二十三年(1897)浙江書局刻本　一册　存二種

360000－1901－0032713　230168
武備志二百四十卷　(明)茅元儀撰　清抄本　八册　存二十六卷(兵訣評一至十八、戰略考十九至二十六)

360000－1901－0032714　315609
武備志二百四十卷　(明)茅元儀撰　清道光木活字印本　六十四册

360000－1901－0032715　416499
武備制勝志三十一卷　(明)茅元儀輯　清道光二十三年(1843)刻本　六册　存十卷(三至四、八、十、十四至十五、二十一至二十二、二十七至二十八)

360000－1901－0032716　800957
武昌范氏鄉會選拔試卷一卷　(清)范開誠等撰　清刻本　一册

360000－1901－0032717　400236
武昌紀事二卷附録一卷　(清)陳徽言撰　清咸豐七年(1857)章門刻本　一册

360000－1901－0032718　416530
武場條例八卷首一卷　(清)兵部纂　清光緒十四年(1888)刻本　二册

360000－1901－0032719　161723
武場條例八卷首一卷　(清)兵部纂　清同治二年(1863)刻本　二册

360000－1901－0032720　416528
武場條例八卷首一卷　(清)兵部纂　清同治刻本　一册　存三卷(六至八)

360000－1901－0032721　416528－1
武場條例八卷首一卷　(清)兵部纂　清同治刻本　一册　存三卷(六至八)

360000－1901－0032722　416529
武場條例八卷首一卷　(清)兵部纂　清同治十二年(1873)刻本　二册

360000－1901－0032723　804223
武場聞起二集不分卷　(清)周禮評定　清亦處堂刻本　一册

360000－1901－0032724　416681
武帝彙編四卷　(清)吳惠等輯　清乾隆五十六年(1791)刻本　二冊

360000－1901－0032725　416680
武帝全書十八卷首一卷　(清)張鎮輯　(清)甘雨施增輯　清刻本　十一冊

360000－1901－0032726　300990
武帝全書十八卷首一卷　(清)張鎮輯　(清)甘雨施增輯　清同治十一年(1872)潘先珍刻本　十二冊

360000－1901－0032727　407252
武帝真經排律詩一卷　(清)章應詔撰　清咸豐九年(1859)刻本　一冊

360000－1901－0032728　416489
武侯八陳共法輯略一卷附用陳雜錄一卷　(清)汪宗沂撰　清光緒二十年(1894)桐廬袁氏刻漸西村舍彙刊本　一冊

360000－1901－0032729　301056
武侯全書二十卷首一卷　(三國蜀)諸葛亮撰　(清)趙承恩輯　清光緒十年(1884)紅杏山房刻本　十冊

360000－1901－0032730　308396
武侯全書二十卷首一卷　(三國蜀)諸葛亮撰　(清)趙承恩輯　清光緒十年(1884)紅杏山房刻本　十冊

360000－1901－0032731　310952
武侯全書二十卷首一卷　(三國蜀)諸葛亮撰　(清)趙承恩輯　清光緒十年(1884)刻本　十冊

360000－1901－0032732　802699
武經□□卷　(□)□□輯　清抄本　一冊　存二卷(一至二)

360000－1901－0032733　416502
武經大全體註三卷　(清)魯經輯　**秘擬鄉會標題三卷**　(清)□□輯　清刻本　一冊

360000－1901－0032734　230163
武經集註大全七卷　(清)彭繼耀　(清)蔣先庚集注　清康熙元年(1662)梅墅玉芝園刻本　三冊　缺一卷(七)

360000－1901－0032735　416500
武經七書醒宗七卷　(清)彭繼耀輯　**讀古堂重鐫武經七書大全説約標題彙解七卷**　(清)吳宋良輯　清刻本　二冊　存六卷(武經七書醒宗一至三、讀古堂重鐫武經七書大全説約標題彙解一至三)

360000－1901－0032736　416503
武經翼　(明)方家振輯　清刻本　一冊　存三種

360000－1901－0032737　800289
武口王氏世譜不分卷　(清)王詞源輯　清嘉慶十三年(1808)抄本　一冊

360000－1901－0032738　803536
武庫精華不分卷　(□)練鏡輯　清抄本　一冊

360000－1901－0032739　900608
武烈祠大保燈油堂冊不分卷　(清)□□撰　清光緒二年(1876)錦衣坊刻本　一冊

360000－1901－0032740　900609
武烈祠大保燈油堂冊不分卷　(清)□□撰　清光緒二年(1876)錦衣坊刻本　一冊

360000－1901－0032741　312346
武林藏書錄三卷首一卷末一卷　(清)丁申撰　清光緒二十六年(1900)錢塘丁氏嘉惠堂刻武林掌故叢編本　二冊

360000－1901－0032742　310767
武林靈隱寺誌八卷　(清)孫治輯　(清)徐增重修　清光緒十四年(1888)錢塘丁氏嘉惠堂刻武林掌故叢編本　三冊

360000－1901－0032743　413110
武林掌故叢編　(清)丁丙輯　清光緒二年至二十六年(1876－1900)錢塘丁氏嘉惠堂刻本　二十一冊　存三十三種

360000－1901－0032744　417531
武林掌故叢編　(清)丁丙輯　清光緒二年至

二十六年(1876－1900)錢塘丁氏嘉惠堂刻本　二十三册

360000－1901－0032745　240168
武溪集二十卷首一卷　(宋)余靖撰　清康熙三十六年(1697)刻本　六册

360000－1901－0032746　240169
武溪集二十卷首一卷　(宋)余靖撰　清康熙三十六年(1697)刻本　六册

360000－1901－0032747　240170
武溪集二十卷首一卷　(宋)余靖撰　清康熙三十六年(1697)刻本　六册

360000－1901－0032748　240171
武溪集二十卷首一卷　(宋)余靖撰　清康熙三十六年(1697)刻本　六册

360000－1901－0032749　240172
武溪集二十卷首一卷　(宋)余靖撰　清康熙三十六年(1697)刻本　六册

360000－1901－0032750　164554
剪桐載筆一卷　(明)王象晉撰　明刻本　一册

360000－1901－0032751　301027
武陽韋公祠二卷誦芬編一卷聖示語一卷顧韋問答語一卷　(清)韋復元輯　清同治六年(1867)韋復元刻本　一册

360000－1901－0032752　122604
武夷山紀游詩一卷廬山紀游詩一卷　(清)吳嵩梁撰　清嘉慶十九年(1814)刻本　一册

360000－1901－0032753　420102
武夷山志二十四卷首一卷　(清)董天工撰　清道光二十六年(1846)五夫尺木軒刻本　一册　存三卷(三至五)

360000－1901－0032754　420102－1
武夷山志二十四卷首一卷　(清)董天工撰　清道光二十六年(1846)五夫尺木軒刻本　一册　存三卷(五至七)

360000－1901－0032755　164480
武夷山志二十四卷首一卷　(清)董天工撰　清道光二十六年(1846)五夫尺木軒刻本　八册

360000－1901－0032756　164485
武夷山志二十四卷首一卷　(清)董天工撰　清道光二十六年(1846)五夫尺木軒刻本　八册

360000－1901－0032757　602112
武夷山志二十四卷首一卷　(清)董天工撰　清道光二十七年(1847)五夫尺木軒刻本　四册　存十二卷(三至五、十三至十六、二十至二十四)

360000－1901－0032758　220760
武夷山志二十四卷首一卷　(清)董天工撰　清乾隆十六年(1751)刻本　十册

360000－1901－0032759　420101
武夷山志二十四卷首一卷　(清)董天工撰　清乾隆十六年(1751)刻本　一册　存五卷(五至七、二十一至二十二)

360000－1901－0032760　220759
武夷山志十九卷　(明)衷仲孺撰　明崇禎十六年(1643)刻本　五册

360000－1901－0032761　150210
武英殿聚珍版書　清光緒二十五年(1899)廣雅書局刻本　八百一册　缺五卷(周易口訣義一至三、欽定四庫全書總目一百四十三至一百四十四)

360000－1901－0032762　150211
武英殿聚珍版書　清乾隆四十二年(1777)福建刻道光至同治遞修光緒二十一年(1895)增刻本　九百九十二册　缺八十四卷(欽定詩經樂譜全書一至十一、十五至三十,樂律正俗一;欽定四庫全書考證五至六;農桑輯要六;山谷内集詩注一至二十、外集詩注一至六;御製詩文十全集一至八、三十二至三十五、四十至五十四)

360000－1901－0032763　150538
武英殿聚珍版書　清乾隆浙江刻本　十八册　存十七種

360000－1901－0032764　150211－1

武英殿聚珍版書　清同治十三年(1874)江西書局刻本　三册　存二種

360000－1901－0032765　150212

武英殿聚珍版書　清同治十三年(1874)江西書局刻本　一百二十八册

360000－1901－0032766　150213

武英殿聚珍版書　清同治十三年(1874)江西書局刻本　一百二十八册

360000－1901－0032767　150214

武英殿聚珍版書　清同治十三年(1874)江西書局刻本　一百二十八册

360000－1901－0032768　404993

武英殿聚珍版書　清同治十三年(1874)江西書局刻本　十三册　存六種

360000－1901－0032769　800923

武英殿聚珍版書　清同治十三年(1874)江西書局刻本　二十六册　存二十種

360000－1901－0032770　801543

武英殿聚珍版書　清同治十三年(1874)江西書局刻本　二十四册　存六種

360000－1901－0032771　901007

武英殿聚珍版書　清同治十三年(1874)江西書局刻本　四十九册　存五十種

360000－1901－0032772　901008

武英殿聚珍版書　清同治十三年(1874)江西書局刻本　一百三十四册　存三十七種

360000－1901－0032773　901008－1

武英殿聚珍版書　清同治十三年(1874)江西書局刻本　五十二册　存二十九種

360000－1901－0032774　901008－2

武英殿聚珍版書　清同治十三年(1874)江西書局刻本　五十册　存十六種

360000－1901－0032775　901008－3

武英殿聚珍版書　清同治十三年(1874)江西書局刻本　四册　存六種

360000－1901－0032776　901010

武英殿聚珍版書　清同治十三年(1874)江西書局刻本　七十五册　存三十一種

360000－1901－0032777　901011

武英殿聚珍版書　清同治十三年(1874)江西書局刻本　二十二册　存二十九種

360000－1901－0032778　901012

武英殿聚珍版書　清同治十三年(1874)江西書局刻本　六十三册　存二十五種

360000－1901－0032779　711367

勿憚改齋續草四卷　(清)顧師軾撰　清光緒十三年(1887)刻本　一册

360000－1901－0032780　415346

戊丙文録二卷　(清)伍兆鼇撰　清木活字印本　一册

360000－1901－0032781　122945

戊笈談兵十卷首一卷　(清)汪紱撰　清光緒二十年(1894)皖江別墅刻汪雙池先生叢書本　八册　缺二卷(六上、十)

360000－1901－0032782　122946

戊笈談兵十卷首一卷　(清)汪紱撰　清光緒二十年(1894)皖江別墅刻汪雙池先生叢書本　八册　缺二卷(六上、十)

360000－1901－0032783　123121

戊笈談兵十卷首一卷　(清)汪紱撰　清光緒二十年(1894)皖江別墅刻汪雙池先生叢書本　十册　缺二卷(六上、十)

360000－1901－0032784　410866

戊笈談兵十卷首一卷　(清)汪紱撰　清光緒二十年(1894)皖江別墅刻汪雙池先生叢書本　七册　存九卷(一至五、七至九,首一卷)

360000－1901－0032785　721803

戊笈談兵十卷首一卷　(清)汪紱撰　**補校録一卷四翼附編四卷**　(清)戴彭撰　**奇門遁甲啓悟一卷**　(清)朱璪輯　清光緒二十年至二十一年(1894－1895)皖江別墅刻汪雙池先生叢書本　十一册　缺一卷(奇門遁甲啓悟一

卷）

360000－1901－0032786　161857－14
戊申年官商快覽一千種不分卷　（清）掃葉山房輯　清光緒三十四年（1908）掃葉山房石印本　一册

360000－1901－0032787　161857－15
戊申年官商快覽一千種不分卷　（清）掃葉山房輯　清光緒三十四年（1908）掃葉山房石印本　一册

360000－1901－0032788　120469
戊申游草一卷附錄一卷　（清）黄爵滋撰　清道光二十八年（1848）刻本　一册

360000－1901－0032789　402080
戊戌變法榷議一卷　陳衍撰　清光緒二十七年（1901）刻本　一册

360000－1901－0032790　161857－10
戊戌年官商快覽壹百種不分卷　（清）天津絳雪齋輯　清光緒二十四年（1898）石印本　一册

360000－1901－0032791　122944
戊戌新政芻言一卷　江峰青撰　清宣統元年（1909）刻本　一册

360000－1901－0032792　303384
戊戌政變記九卷　梁啓超撰　清光緒二十四年（1898）鉛印本　三册

360000－1901－0032793　120470
戊戌奏草一卷附講習雜錄二卷虚字淺解一卷　（清）伍兆鼇撰　清光緒三十四年（1908）刻本　一册

360000－1901－0032794　804010
戊寅進貨清總　（清）□□輯　稿本　一册

360000－1901－0032795　802132
戊寅年總課不分卷　（清）□□輯並評　稿本　一册

360000－1901－0032796　402212
戊子直省闈墨一卷　（清）傅麟趾輯並評　清光緒十四年（1888）刻本　一册

360000－1901－0032797　162456
物理小識十二卷　（明）方以智撰　清光緒十年（1884）寧静堂刻本　六册

360000－1901－0032798　313815
物理小識十二卷　（明）方以智撰　清光緒十年（1884）寧静堂刻本　六册

360000－1901－0032799　900951
物理小識十二卷　（明）方以智撰　清刻本　二册　存三卷（一至三）

360000－1901－0032800　122979
物詮八卷附錄校勘記一卷　（清）汪紱撰　清光緒九年（1883）紫陽書院刻本　二册

360000－1901－0032801　122980
物詮八卷附錄校勘記一卷　（清）汪紱撰　清光緒九年（1883）紫陽書院刻本　二册

360000－1901－0032802　123293
物詮八卷附錄校勘記一卷　（清）汪紱撰　清光緒九年（1883）紫陽書院刻本　二册

360000－1901－0032803　123294
物詮八卷附校勘記一卷　（清）汪紱撰　清光緒九年（1883）紫陽書院刻本　二册

360000－1901－0032804　410904
物詮八卷附校勘記一卷　（清）汪紱撰　清光緒九年（1883）紫陽書院刻本　二册

360000－1901－0032805　410905
物詮八卷附校勘記一卷　（清）汪紱撰　清光緒九年（1883）紫陽書院刻本　二册

360000－1901－0032806　410906
物詮八卷附校勘記一卷　（清）汪紱撰　清光緒九年（1883）紫陽書院刻本　二册

360000－1901－0032807　410907
物詮八卷附校勘記一卷　（清）汪紱撰　清光緒九年（1883）紫陽書院刻本　二册

360000－1901－0032808　410908
物詮八卷附校勘記一卷　（清）汪紱撰　清光緒九年（1883）紫陽書院刻本　二册

360000－1901－0032809　410909
物詮八卷附校勘記一卷　（清）汪紱撰　清光緒九年（1883）紫陽書院刻本　二册

360000－1901－0032810　410910
物詮八卷附校勘記一卷　（清）汪紱撰　清光緒九年（1883）紫陽書院刻本　二册

360000－1901－0032811　410911
物詮八卷附校勘記一卷　（清）汪紱撰　清光緒九年（1883）紫陽書院刻本　二册

360000－1901－0032812　410912
物詮八卷附校勘記一卷　（清）汪紱撰　清光緒九年（1883）紫陽書院刻本　二册　存五卷（五至八、校勘記一卷）

360000－1901－0032813　603382
物詮八卷附校勘記一卷　（清）汪紱撰　清光緒九年（1883）紫陽書院刻本　二册

360000－1901－0032814　722419
物詮八卷附校勘記一卷　（清）汪紱撰　清光緒九年（1883）紫陽書院刻本　二册

360000－1901－0032815　900600
物詮八卷附校勘記一卷　（清）汪紱撰　清光緒九年（1883）紫陽書院刻本　二册

360000－1901－0032816　313135
物原類考一卷　（清）莊頌輯　清刻本　一册

360000－1901－0032817　303602
悟道錄二卷　（清）劉一明撰　清嘉慶二十一年（1816）刻本　一册

360000－1901－0032818　123621
江西官報　（清）江西官報局編　清光緒石印本　十六册　存三十九期（光緒二十九年七月期，光緒三十年十三至二十一，光緒三十二年一至十九、二十一至二十五、二十七至三十一）

360000－1901－0032819　804791
悟性窮原不分卷　（清）涵谷子撰　清刻本　一册

360000－1901－0032820　121297
悟雪樓詩初集六卷二集六卷　（清）徐謙撰　清嘉慶十六年（1811）刻本　四册

360000－1901－0032821　121298
悟雪樓詩存三十四卷　（清）徐謙撰　清道光二十九年（1849）四香草堂刻本　八册

360000－1901－0032822　121299
悟雪樓詩存三十四卷　（清）徐謙撰　清道光二十九年（1849）四香草堂刻本　八册

360000－1901－0032823　121300
悟雪樓詩存三十四卷　（清）徐謙撰　清道光二十九年（1849）四香草堂刻本　八册

360000－1901－0032824　406992
悟真篇三注三卷外集一卷　（宋）張伯端撰　（宋）薛道光　（宋）陸墅　（元）陳致虛注　清刻本　一册　存三卷（悟真篇三注中、下，外集一卷）

360000－1901－0032825　123266
悟真篇三注三卷外集一卷　（宋）張伯端撰　（宋）薛道光等注　（清）傅金銓批注　**附頂批金丹真傳注疏六卷**　（明）孫汝忠撰　（明）張崇烈注　（明）李堪疏　（清）傅金銓批注　**周易參同契分章注解三卷**　（漢）魏伯陽撰　（元）陳致虛注解　（清）傅金銓批注　清光緒二年（1876）紫英山房刻本　四册

360000－1901－0032826　803084－1
悟真直指四卷　（清）劉一明撰　清刻本　一册　存二卷（三至四）

360000－1901－0032827　406953
悟真直指四卷　（清）劉一明撰　清刻道書本　一册　存二卷（一至二）

360000－1901－0032828　716720
務本錄一卷　（清）屈成霖編　（清）蔣誠輯　清同治十二年（1873）蔣誠刻本　一册

360000－1901－0032829　716720－1
務本錄一卷　（清）屈成霖編　（清）蔣誠輯　清同治十二年（1873）蔣誠刻本　一册

360000－1901－0032830　722126

務本錄一卷　(清)屈成霖編　(清)蔣誠輯　清同治十二年(1873)蔣誠刻本　一冊

360000－1901－0032831　405591
務本堂稿不分卷　(清)王曜南撰　清道光二十三年(1843)刻本　四冊

360000－1901－0032832　405592
務本堂稿不分卷　(清)王曜南撰　清道光二十三年(1843)刻本　三冊

360000－1901－0032833　405593
務本堂稿不分卷　(清)王曜南撰　清道光二十三年(1843)刻本　三冊

360000－1901－0032834　416718
務本堂稿課蒙集不分卷　(清)王曜南撰　清道光二十三年(1843)刻本　一冊

360000－1901－0032835　717793
務本堂稿課蒙集不分卷　(清)王曜南撰　清刻本　一冊

360000－1901－0032836　162805
務本堂鐫李笠翁先生集古今名聯一卷　(清)李漁輯　清尚德堂刻本　一冊

360000－1901－0032837　121485
務實勝窩彙稿　(清)張楚鍾撰　清光緒三年(1877)刻本　十二冊

360000－1901－0032838　405577
務實勝窩彙稿　(清)張楚鍾撰　清光緒三年(1877)刻本　二冊　存八種

360000－1901－0032839　404623
務實勝窩彙稿雜箸不分卷　(清)張楚鍾撰　清宣統三年(1911)石印本　一冊

360000－1901－0032840　404623－1
務實勝窩彙稿雜箸不分卷　(清)張楚鍾撰　清宣統三年(1911)石印本　一冊

360000－1901－0032841　404623－2
務實勝窩彙稿雜箸不分卷　(清)張楚鍾撰　清宣統三年(1911)石印本　一冊

360000－1901－0032842　404623－3
務實勝窩彙稿雜箸不分卷　(清)張楚鍾撰　清宣統三年(1911)石印本　一冊

360000－1901－0032843　404623－4
務實勝窩彙稿雜箸不分卷　(清)張楚鍾撰　清宣統三年(1911)石印本　一冊

360000－1901－0032844　404623－5
務實勝窩彙稿雜箸不分卷　(清)張楚鍾撰　清宣統三年(1911)石印本　一冊

360000－1901－0032845　404623－6
務實勝窩彙稿雜箸不分卷　(清)張楚鍾撰　清宣統三年(1911)石印本　一冊

360000－1901－0032846　404622
務實勝窩彙稿摘錄不分卷　(清)張楚鍾撰　清光緒三十四年(1908)刻本　一冊

360000－1901－0032847　404622－1
務實勝窩彙稿摘錄不分卷　(清)張楚鍾撰　清光緒三十四年(1908)刻本　一冊

360000－1901－0032848　404622－2
務實勝窩彙稿摘錄不分卷　(清)張楚鍾撰　清光緒三十四年(1908)刻本　一冊

360000－1901－0032849　404622－3
務實勝窩彙稿摘錄不分卷　(清)張楚鍾撰　清光緒三十四年(1908)刻本　一冊

360000－1901－0032850　404622－4
務實勝窩彙稿摘錄不分卷　(清)張楚鍾撰　清光緒三十四年(1908)刻本　一冊

360000－1901－0032851　404622－5
務實勝窩彙稿摘錄不分卷　(清)張楚鍾撰　清光緒三十四年(1908)刻本　一冊

360000－1901－0032852　404622－6
務實勝窩彙稿摘錄不分卷　(清)張楚鍾撰　清光緒三十四年(1908)刻本　一冊

360000－1901－0032853　404621
務實勝窩文集二卷　(清)張楚鍾撰　清光緒三十一年(1905)刻本　一冊

360000－1901－0032854　404621－1

務實勝窩文集二卷　(清)張楚鍾撰　清光緒三十一年(1905)刻本　一册

360000－1901－0032855　800282
婺南字彙四卷　(□)□□輯　清抄本　一册　存一卷(三)

360000－1901－0032856　801431
婺往廣東水路程一卷　(清)戴榮生撰　清抄本　一册

360000－1901－0032857　801429
婺西翀麓鄉音字彙辨真不分卷　(清)李煸熒編　清抄本　一册

360000－1901－0032858　407744
婺學治事文編二卷續編二卷　(清)繼良輯　清光緒二十四年至二十八年(1898－1902)金華府署刻本　三册

360000－1901－0032859　413848
婺邑育嬰堂徵信錄初集一卷　(清)胡爾康等輯　清光緒二十二年(1896)刻本　一册

360000－1901－0032860　413848－1
婺邑育嬰堂徵信錄初集一卷　(清)胡爾康等輯　清光緒二十二年(1896)刻本　一册

360000－1901－0032861　123034
婺源地理教科書一卷　(清)吳國昌等撰　清光緒三十二年(1906)刻本　一册

360000－1901－0032862　418539
婺源地理教科書一卷　(清)吳國昌等撰　清光緒三十二年(1906)婺源傳習所鉛印本　一册

360000－1901－0032863　418539－1
婺源地理教科書一卷　(清)吳國昌等撰　清光緒三十二年(1906)婺源傳習所鉛印本　一册

360000－1901－0032864　161907
婺源地理教科書一卷　(清)吳國昌等撰　清光緒三十四年(1908)婺邑暢記公司鉛印本　一册

360000－1901－0032865　418540
婺源地理教科書一卷　(清)吳國昌等撰　清光緒三十四年(1908)婺邑暢記公司鉛印本　一册

360000－1901－0032866　410997
婺源旌表忠烈詩文紀事不分卷　(清)劉繹等撰　清刻本　一册

360000－1901－0032867　900612
婺源縣孝貞節烈總坊清册不分卷　(清)□□撰　清刻本　一册

360000－1901－0032868　412793
婺源遺安田畝清册一卷　(清)□□編　清光緒刻本　一册

360000－1901－0032869　410998
婺源重修文廟記一卷　(清)婺源縣編　清道光十五年(1835)刻本　一册

360000－1901－0032870　410998－1
婺源重修文廟記一卷　(清)婺源縣編　清道光十五年(1835)刻本　一册

360000－1901－0032871　305414
寤言二卷　陳淡然撰　清光緒二十八年(1902)刻本　一册　存一卷(一)

360000－1901－0032872　122614
霧海隨筆十四卷　(清)袁枚撰　(清)胡濬源增撰　清嘉慶二十五年(1820)務本堂刻本　四册

360000－1901－0032873　413583
霧海隨筆十四卷　(清)袁枚撰　(清)胡濬源增撰　清嘉慶二十五年(1820)務本堂刻本　六册

360000－1901－0032874　240876
西陂類稿五十卷　(清)宋犖撰　清康熙毛扆等刻本　二十四册

360000－1901－0032875　240877
西陂類稿五十卷　(清)宋犖撰　清康熙毛扆等刻本　十册

360000－1901－0032876　240878
西陂類稿五十卷　(清)宋犖撰　清康熙毛扆

等刻本　二十九册　缺二卷(十五至十六)

360000－1901－0032877　300854
西北文集四卷　(清)畢振姬撰　(清)牛兆捷評　清康熙刻本　二册

360000－1901－0032878　313180
西被考略六卷　(清)金永森撰　清光緒二十九年(1903)武昌刻本　五册

360000－1901－0032879　304960
西藏圖説一卷附録前藏至西寧路程一卷　(清)松筠撰　清刻本　一册

360000－1901－0032880　120166
西昌王抑菴集四十卷首一卷　(明)王直撰　清同治六年(1867)刻本　八册

360000－1901－0032881　123232
西昌王抑菴集四十卷首一卷　(明)王直撰　清同治六年(1867)刻本　八册

360000－1901－0032882　120164
西昌王抑菴集四十卷首一卷　(明)王直撰　清同治六年(1867)刻光緒二十三年(1897)補刻本　八册

360000－1901－0032883　601099
西昌王抑菴集四十卷首一卷　(明)王直撰　清同治六年(1867)刻光緒二十三年(1897)補刻本　八册

360000－1901－0032884　120165
西昌王抑菴集四十卷首一卷　(明)王直撰　清同治六年(1867)刻光緒二十三年(1897)忠清堂補刻本　八册

360000－1901－0032885　603113
西昌王抑菴集四十卷首一卷　(明)王直撰　清同治六年(1867)王啓鑅刻本　十册　缺五卷(二十九至三十、三十五至三十七)

360000－1901－0032886　240533
西村集八卷首一卷附録一卷　(明)史鑑撰　清乾隆十一年(1746)松陵史開基刻本　四册　缺一卷(附録一卷)

360000－1901－0032887　240547
西村詩集二卷　(明)朱朴撰　**補遺一卷**　(明)朱綵輯　明嘉靖三十一年(1552)刻萬曆二十九年(1601)朱綵續刻清乾隆三年(1738)印本　二册

360000－1901－0032888　162299
西方要訣科注二卷　(唐)釋窺基撰　清末刻本　一册

360000－1901－0032889　161674
西國近事彙編□□卷　(美國)金楷理等口譯　(清)姚棻等筆述　清光緒二十四年(1898)上海機器製造局刻本　一百四册

360000－1901－0032890　304875
西國近事彙編□□卷　(美國)金楷理等口譯　(清)姚棻等筆述　清光緒二十五年(1899)上海機器製造局鉛印本　十四册　存十四卷(丙子二至四,丁丑二、四,戊寅三,丙戌三,壬辰二至四,丁酉二至三,己亥一、四)

360000－1901－0032891　308574
西國近事彙編分類輯要二十卷目録二十卷首一卷　(清)蓮廬居士輯　清光緒二十九年(1903)還讀書屋石印本　十二册

360000－1901－0032892　308575
西國近事彙編分類輯要二十卷目録二十卷首一卷　(清)蓮廬居士輯　清光緒二十九年(1903)還讀書屋石印本　十二册

360000－1901－0032893　300885
西國近事彙編四卷　(美國)金楷理　(美國)林樂知口譯　(清)姚棻　(清)蔡錫齡筆述　清光緒二年(1876)上海機器製造局鉛印本　四册

360000－1901－0032894　401559
西國近事彙編四卷　(美國)金楷理　(美國)林樂知口譯　(清)姚棻　(清)蔡錫齡筆述　清光緒二十三年(1897)上海機器製造局鉛印本　四册

360000－1901－0032895　300868
西國近事彙編四卷　(美國)金楷理　(美國)林樂知口譯　(清)姚棻　(清)蔡錫齡筆述

清光緒二十四年(1898)上海機器製造局鉛印本　四冊

360000－1901－0032896　300886
西國近事彙編四卷　(美國)金楷理　(美國)林樂知口譯　(清)姚棻　(清)蔡錫齡筆述　清光緒刻本　四冊

360000－1901－0032897　300882
西國近事彙編四卷　(美國)金楷理　(美國)林樂知口譯　(清)姚棻　(清)蔡錫齡筆述　清光緒七年(1881)上海機器製造局鉛印本　四冊

360000－1901－0032898　300877
西國近事彙編四卷　(美國)金楷理　(美國)林樂知口譯　(清)姚棻　(清)蔡錫齡筆述　清光緒三年(1877)上海機器製造局鉛印本　四冊

360000－1901－0032899　300884
西國近事彙編四卷　(美國)金楷理　(美國)林樂知口譯　(清)姚棻　(清)蔡錫齡筆述　清光緒四年(1878)上海機器製造局鉛印本　四冊

360000－1901－0032900　307935
西國近事彙編四卷　(美國)金楷理　(美國)林樂知口譯　(清)姚棻　(清)蔡錫齡筆述　清光緒四年(1878)上海機器製造局鉛印本　四冊

360000－1901－0032901　300883
西國近事彙編四卷　(美國)金楷理　(美國)林樂知口譯　(清)姚棻　(清)蔡錫齡筆述　清光緒五年(1879)上海機器製造局鉛印本　四冊

360000－1901－0032902　307824
西國近事彙編四卷　(美國)金楷理　(美國)林樂知口譯　(清)姚棻　(清)蔡錫齡筆述　清光緒元年(1875)鉛印本　四冊

360000－1901－0032903　300887
西國近事彙編四卷　(美國)金楷理　(美國)林樂知口譯　(清)姚棻　(清)蔡錫齡筆述　清同治十二年(1873)刻本　四冊

360000－1901－0032904　300880
西國近事彙編四卷　(美國)金楷理　(美國)林樂知口譯　(清)姚棻　(清)蔡錫齡筆述　清同治十三年(1874)刻本　四冊

360000－1901－0032905　300888
西國近事彙編四卷　(美國)金楷理　(美國)林樂知口譯　(清)姚棻　(清)蔡錫齡筆述　清同治十三年(1874)刻本　四冊

360000－1901－0032906　300865
西漢會要七十卷　(宋)徐天麟撰　清道光二年(1822)刻本　十冊

360000－1901－0032907　300871
西漢節義傳論二卷　(清)李鄴嗣撰　清光緒十一年(1885)鄞郭氏刻金峩山館叢書本　一冊

360000－1901－0032908　230009
西漢四大家書　(清)王謨輯　清乾隆五十四年(1789)刻本　十二冊

360000－1901－0032909　230010
西漢四大家書　(清)王謨輯　清乾隆五十四年(1789)刻本　十二冊

360000－1901－0032910　241310
西漢文二十卷　(明)張采輯　明崇禎刻兩漢文選本　二冊　存四卷(十至十三)

360000－1901－0032911　123621－1
江西官報　(清)江西官報局編　清光緒石印本　一冊　存一期(光緒三十二年二十一)

360000－1901－0032912　410121
西漢文選四卷　(清)儲欣評選　清刻本　二冊　存三卷(一至三)

360000－1901－0032913　410120
西漢文選四卷　(清)儲欣評選　清乾隆三十八年(1773)受祉堂刻本　二冊　存三卷(一至三)

360000－1901－0032914　410115
西漢文選四卷　(清)儲欣評選　清乾隆三十

一年(1766)刻本　二册

360000－1901－0032915　410116
西漢文選四卷　(清)儲欣評選　清乾隆三十一年(1766)刻本　二册

360000－1901－0032916　410119
西漢文選四卷　(清)儲欣評選　清乾隆十五年(1750)刻本　二册　存三卷(一至三)

360000－1901－0032917　410122
西漢文選四卷　(清)儲欣評選　清乾隆五十年(1785)二南堂刻本　二册

360000－1901－0032918　410117
西漢文選四卷　(清)儲欣評選　清同人堂刻本　二册

360000－1901－0032919　410118
西漢文選四卷　(清)儲欣評選　清雍正元年(1723)刻本　二册

360000－1901－0032920　300851
西行日記二卷(清光緒三年至四年)　(清)馮焌光撰　清光緒七年(1881)刻本　一册

360000－1901－0032921　407848
西航集不分卷　(清)□□撰　清末石印本　一册

360000－1901－0032922　417548
西河合集　(清)毛奇齡撰　清嘉慶元年(1796)刻本　七十六册　存八十一種

360000－1901－0032923　901005
西河合集　(清)毛奇齡撰　清康熙書留草堂刻本　三十四册　存三十九種

360000－1901－0032924　150183
西河合集　(清)毛奇齡撰　清康熙書留草堂刻乾隆三十五年(1770)陸體元修補重印本　一百五册　缺十二卷(詩話七至八、詞話一至二、填詞一至六、擬連廂詞一至二)

360000－1901－0032925　418494
西河文選十一卷　(清)毛奇齡撰　(清)汪霦等選評　清乾隆四十八年(1783)刻本　三册　存八卷(一至八)

360000－1901－0032926　410821
西湖佳話古今遺跡十六卷　(清)墨浪子輯　清刻本　三册　存八卷(一至五、九至十一)

360000－1901－0032927　123124
江西鄉試硃卷嘉慶癸卯科不分卷　(清)劉俊德等撰　清嘉慶十八年(1813)刻本　一册

360000－1901－0032928　410468
西湖夢尋五卷　(清)張岱撰　清光緒九年(1883)刻本　二册

360000－1901－0032929　420165
西湖拾遺四十八卷　(清)陳樹基輯　清嘉慶十六年(1811)刻本　十册　存三十二卷(一至四、十一至二十三、二十七至三十五、四十至四十五)

360000－1901－0032930　410463
西湖楹聯四卷　(清)□□輯　清光緒二十二年(1896)刻本　四册

360000－1901－0032931　312663
西湖遊覽志二十四卷志餘二十六卷　(明)田汝成撰　清光緒二十二年(1896)錢塘丁氏嘉惠堂刻本　十二册

360000－1901－0032932　300874
西湖志四十八卷　(清)李衛　(清)程元章修　(清)傅王露纂　清光緒四年(1878)浙江書局刻本　二十册

360000－1901－0032933　311708
西湖志四十八卷　(清)李衛　(清)程元章修　(清)傅王露纂　清光緒四年(1878)浙江書局刻本　二十册

360000－1901－0032934　311709
西湖志四十八卷　(清)李衛　(清)程元章修　(清)傅王露纂　清光緒四年(1878)浙江書局刻本　二十册

360000－1901－0032935　420089
西湖志四十八卷　(清)李衛　(清)程元章修　(清)傅王露纂　清光緒四年(1878)浙江書局刻本　十册　存二十六卷(一至二、七至

九、十六至二十、二十四至二十六、三十至四十、四十五至四十六)

360000－1901－0032936　420089－1
西湖志四十八卷　(清)李衛　(清)程元章修　(清)傅王露纂　清光緒四年(1878)浙江書局刻本　一册　存二卷(一至二)

360000－1901－0032937　602113
西湖志四十八卷　(清)李衛　(清)程元章修　(清)傅王露纂　清光緒四年(1878)浙江書局刻本　二十册

360000－1901－0032938　602113－1
西湖志四十八卷　(清)李衛　(清)程元章修　(清)傅王露纂　清光緒四年(1878)浙江書局刻本　二十册

360000－1901－0032939　602113－2
西湖志四十八卷　(清)李衛　(清)程元章修　(清)傅王露纂　清光緒四年(1878)浙江書局刻本　二十册

360000－1901－0032940　602113－3
西湖志四十八卷　(清)李衛　(清)程元章修　(清)傅王露纂　清光緒四年(1878)浙江書局刻本　二十册

360000－1901－0032941　602113－4
西湖志四十八卷　(清)李衛　(清)程元章修　(清)傅王露纂　清光緒四年(1878)浙江書局刻本　十二册　存二十八卷(五至十三、二十一至二十五、二十七至三十一、三十五至三十七、四十一至四十四、四十七至四十八)

360000－1901－0032942　164486
西湖志四十八卷　(清)李衛　(清)程元章修　(清)傅王露纂　清刻本　二十册　缺八卷(三至四、七至十二)

360000－1901－0032943　164487
西湖志四十八卷　(清)李衛　(清)程元章修　(清)傅王露纂　清刻本　十三册　存二十九卷(十二至三十、三十二至四十一)

360000－1901－0032944　420160
西湖志四十八卷　(清)李衛　(清)程元章修　(清)傅王露纂　清刻本　十八册　存四十卷(一至十一、十四至十五、二十一至二十二、二十四至四十八)

360000－1901－0032945　420160－1
西湖志四十八卷　(清)李衛　(清)程元章修　(清)傅王露纂　清刻本　五册　存七卷(二十九、三十二、三十五至三十六、四十四至四十六)

360000－1901－0032946　602113－5
西湖志四十八卷　(清)李衛　(清)程元章修　(清)傅王露纂　清刻本　二册　存三卷(一、十至十一)

360000－1901－0032947　420106
西湖志四十八卷　(清)李衛　(清)程元章修　(清)傅王露纂　清雍正九年至十三年(1731－1735)兩浙鹽驛道庫刻本　八册　存十八卷(一至十五、二十一至二十三)

360000－1901－0032948　420106－1
西湖志四十八卷　(清)李衛　(清)程元章修　(清)傅王露纂　清雍正九年至十三年(1731－1735)兩浙鹽驛道庫刻本　二册　存四卷(五至六、二十五至二十六)

360000－1901－0032949　164488
西湖志四十八卷　(清)李衛　(清)程元章修　(清)傅王露纂　清雍正十三年(1735)兩浙鹽驛道庫刻本　十五册　存三十六卷(一至十三、二十四至四十、四十三至四十八)

360000－1901－0032950　220772
西湖志四十八卷　(清)李衛　(清)程元章修　(清)傅王露纂　清雍正十三年(1735)兩浙鹽驛道庫刻本　十六册

360000－1901－0032951　164481
西湖志纂十五卷首一卷末一卷　(清)沈德潛　(清)傅王露等撰　清刻本　一册　存三卷(十三至十五)

360000－1901－0032952　220773
西湖志纂十五卷首一卷末一卷　(清)沈德潛

（清）傅王露等撰　清乾隆二十年（1755）刻本　四冊　缺六卷（七至九、十四至十五，末一卷）

360000－1901－0032953　420088
西湖志纂十五卷首一卷末一卷　（清）沈德潛（清）傅王露等撰　清乾隆二十年（1755）刻本　三冊　存十三卷（一至二、四至十、十三至十五，首一卷）

360000－1901－0032954　317785
西江泛宅集三卷古月軒試帖偶存一卷　（清）朱伸林撰　清刻本　一冊

360000－1901－0032955　404923
西江泛宅集三卷古月軒試帖偶存一卷　（清）朱伸林撰　清刻本　一冊

360000－1901－0032956　241436
西江風雅十二卷補編一卷　（清）金德瑛（清）沈瀾輯　清乾隆十八年（1753）刻本　八冊

360000－1901－0032957　421766
西江風雅十二卷補編一卷　（清）金德瑛（清）沈瀾輯　清乾隆十八年（1753）刻本　二冊

360000－1901－0032958　418056
西江古蹟詩鈔不分卷　（清）劉桂芳輯　清乾隆二十五年（1760）刻本　一冊

360000－1901－0032959　418056－1
西江古蹟詩鈔不分卷　（清）劉桂芳輯　清乾隆二十五年（1760）刻本　一冊

360000－1901－0032960　418056－2
西江古蹟詩鈔不分卷　（清）劉桂芳輯　清乾隆二十五年（1760）刻本　一冊

360000－1901－0032961　418058
西江古蹟詩鈔不分卷　（清）劉桂芳輯　清同治十一年（1872）刻本　二冊

360000－1901－0032962　120537
西江詩話三卷　（清）曾廷枚撰　（清）曾燠編　清嘉慶南城曾氏刻薌嶼裘書本　二冊

360000－1901－0032963　241536
西江詩話十二卷　（清）裘君弘輯　清康熙四十二年（1703）裘君弘妙貫堂刻本　十二冊

360000－1901－0032964　120533
西江詩話十二卷　（清）裘君弘輯　清康熙四十三年（1704）妙貫堂刻本　九冊

360000－1901－0032965　122919
西江詩話十二卷　（清）裘君弘輯　清妙貫堂刻本　二冊　存七卷（一至六、九）

360000－1901－0032966　601223
西江詩話十二卷　（清）裘君弘輯　清妙貫堂刻本　四冊　存五卷（二至六）

360000－1901－0032967　601224
西江詩話十二卷　（清）裘君弘輯　清妙貫堂刻本　一冊　存一卷（一）

360000－1901－0032968　601225
西江詩話十二卷　（清）裘君弘輯　清妙貫堂刻本　五冊　存十一卷（二至十二）

360000－1901－0032969　120529
西江詩話十二卷　（清）裘君弘輯　清乾隆二十七年（1762）妙貫堂刻本　八冊

360000－1901－0032970　241434
西江詩略□□卷　（清）程鎮南輯　清初刻本　一冊　存二卷（三至四）

360000－1901－0032971　415041
西江文萃一卷　（清）李文敏輯　清光緒二年（1876）刻本　二冊

360000－1901－0032972　415041－1
西江文萃一卷　（清）李文敏輯　清光緒二年（1876）刻本　一冊

360000－1901－0032973　120226－1
講習續錄六卷　（清）伍兆鼇撰　清宣統二年（1910）刻本　二冊

360000－1901－0032974　310625
西江政要一百三十二卷　（清）□□輯　清江西按察司刻本　三十六冊　存八十六卷（一至五十、五十三、六十五至六十九、七十三至

七十七、七十九、八十二至八十七、八十九、九十二至九十七、九十九、一百三至一百四、一百八至一百十一、一百十九至一百二十二）

360000－1901－0032975　310626
西江政要一百三十二卷　（清）□□輯　清江西按察司刻本　十五冊　存三十六卷（四至六、四十五至五十三、六十五至六十九、七十二至七十七、七十九、八十二至八十七、八十九、九十二至九十六）

360000－1901－0032976　241602
西江祝嘏　（清）蔣士銓撰　清潁川氏抄本　一冊

360000－1901－0032977　407695
西郊宣廣義三鄉急公新圖不分卷　（□）□□輯　清道光十五年（1835）刻本　一冊

360000－1901－0032978　410517－2
西徼水道一卷　（清）黄楙材撰　清光緒二十二年（1896）刻得一齋雜著本　一冊

360000－1901－0032979　122954
西徼水道一卷　（清）黄楙材撰　清光緒十二年（1886）刻本　一冊

360000－1901－0032980　123247
西徼水道一卷　（清）黄楙材撰　清光緒十二年（1886）刻本　一冊

360000－1901－0032981　241311
西晉文二十卷　（明）張采輯　明崇禎刻本　十冊

360000－1901－0032982　241312
西晉文二十卷　（明）張采輯　明崇禎刻本　十六冊　缺四卷（十一、十三、十九至二十）

360000－1901－0032983　300856
西京雜記二卷　（晉）葛洪撰　清乾隆五十二年（1787）餘姚盧文弨刻抱經堂叢書本　二冊

360000－1901－0032984　305152
西崑酬唱集二卷　（宋）楊億編　清嘉慶十六年（1811）祝氏留香室刻本　一冊

360000－1901－0032985　316949
西泠酬倡集五卷二集五卷　（清）秦緗業等撰　清光緒四年至五年（1878－1879）刻本　四冊

360000－1901－0032986　709909
解文毅公集十六卷後集六卷首一卷附錄一卷目錄二卷　（明）解縉撰　清乾隆刻本　一冊　存三卷（六至八）

360000－1901－0032987　163359
西泠詞萃　（清）丁丙輯　清光緒十一年至十三年（1885－1887）錢塘丁氏刻本　一冊　存二種

360000－1901－0032988　163645
西泠詞萃　（清）丁丙輯　清光緒十一年至十三年（1885－1887）錢塘丁氏刻本　一冊　存二種

360000－1901－0032989　316427
西廬文集四卷　（清）張雋撰　清宣統二年（1910）上海國學扶輪社鉛印本　二冊

360000－1901－0032990　405304
西銘講義一卷　（清）羅澤南撰　清咸豐七年（1857）長沙刻羅忠節公遺集本　一冊

360000－1901－0032991　150184
西漚全集十卷外集八卷　（清）李惺撰　清同治六年（1867）眉州劉鴻典等刻本　十六冊

360000－1901－0032992　900878
西漚試帖輯注二卷　（清）李惺撰　（清）張熙宇輯評　（清）王植桂輯注　清刻本　一冊

360000－1901－0032993　900879
西漚試帖輯注二卷　（清）李惺撰　（清）張熙宇輯評　（清）王植桂輯注　清刻本　一冊

360000－1901－0032994　900880
西漚試帖輯注二卷　（清）李惺撰　（清）張熙宇輯評　（清）王植桂輯注　清刻本　一冊

360000－1901－0032995　900881
西漚試帖輯注二卷　（清）李惺撰　（清）張熙宇輯評　（清）王植桂輯注　清刻本　一冊

360000－1901－0032996　900882

西漚試帖輯注二卷　(清)李惺撰　(清)張熙宇輯評　(清)王植桂輯注　清刻本　一册

360000－1901－0032997　900883
西漚試帖輯注二卷　(清)李惺撰　(清)張熙宇輯評　(清)王植桂輯注　清刻本　一册

360000－1901－0032998　900884
西漚試帖輯注二卷　(清)李惺撰　(清)張熙宇輯評　(清)王植桂輯注　清刻本　一册

360000－1901－0032999　900885
西漚試帖輯注二卷　(清)李惺撰　(清)張熙宇輯評　(清)王植桂輯注　清刻本　一册

360000－1901－0033000　900886
西漚試帖輯注二卷　(清)李惺撰　(清)張熙宇輯評　(清)王植桂輯注　清刻本　一册

360000－1901－0033001　900887
西漚試帖輯注二卷　(清)李惺撰　(清)張熙宇輯評　(清)王植桂輯注　清刻本　一册

360000－1901－0033002　900888
西漚試帖輯注二卷　(清)李惺撰　(清)張熙宇輯評　(清)王植桂輯注　清刻本　一册

360000－1901－0033003　900889
西漚試帖輯注二卷　(清)李惺撰　(清)張熙宇輯評　(清)王植桂輯注　清刻本　一册

360000－1901－0033004　900890
西漚試帖輯注二卷　(清)李惺撰　(清)張熙宇輯評　(清)王植桂輯注　清末刻本　一册

360000－1901－0033005　163648
西甌近詩偶鈔一卷　(清)帥家相撰　清乾隆三十三年(1768)刻本　一册

360000－1901－0033006　410820
西坪書院錄不分卷　(清)李炳文輯　清同治三年(1864)刻本　一册

360000－1901－0033007　405305
西坪書院錄不分卷　(清)李炳文輯　清同治三年(1864)刻本　一册

360000－1901－0033008　900231
西圃集十卷　(清)潘遵祁撰　清同治十一年(1872)刻本　二册

360000－1901－0033009　163859
西圃集十卷續集四卷詩集補遺一卷詞續一卷詞三續一卷題畫詩一卷題畫詩續一卷文集四卷文集補遺一卷　(清)潘遵祁撰　清光緒刻本　二册　存九卷(續集四卷、詩集補遺一卷、詞續一卷、詞三續一卷、題畫詩一卷、題畫詩續一卷)

360000－1901－0033010　315513
西圃集文四卷補遺一卷　(清)潘遵祁撰　清光緒刻本　二册

360000－1901－0033011　315959
西青散記四卷　(清)史震林撰　清乾隆二年(1737)三餘堂刻本　四册

360000－1901－0033012　417655
西青散記四卷　(清)史震林撰　清乾隆三餘堂刻本　四册

360000－1901－0033013　230485
西清古鑑四十卷錢錄十六卷　(清)梁詩正　(清)蔣溥等纂修　清光緒十四年(1888)上海鴻文書局石印本　二十四册

360000－1901－0033014　312933
西清古鑑四十卷錢錄十六卷　(清)梁詩正　(清)蔣溥等纂修　清光緒十四年(1888)邁宋書館日本銅版印本　二十四册

360000－1901－0033015　220796
西清古鑑四十卷錢錄十六卷　(清)梁詩正　(清)蔣溥等纂修　清光緒十四年(1888)邁宋書館日本銅版印本　二十四册

360000－1901－0033016　220793
西清古鑑四十卷錢錄十六卷　(清)梁詩正　(清)蔣溥等纂修　清光緒十四年(1888)邁宋書館日本銅版印本　二十四册

360000－1901－0033017　220794

360000－1901－0033018　220795
西清古鑑四十卷錢録十六卷　(清)梁詩正(清)蔣溥等纂修　清光緒十四年(1888)邁宋書館日本銅版印本　十四冊

360000－1901－0033019　304961
西清續鑑甲編二十卷附録一卷　(清)王杰等纂修　清宣統二年(1910)涵芬樓影印本　二十六冊　存十八卷(一、五至二十,附録一卷)

360000－1901－0033020　418163
西清續鑑甲編二十卷附録一卷　(清)王杰等纂修　清宣統二年(1910)涵芬樓影印本　四十二冊

360000－1901－0033021　417656
西清劄記四卷　(清)胡敬撰　清嘉慶二十一年(1816)刻胡氏書畫考本　四冊

360000－1901－0033022　401117
西山先生真文忠公讀書記四十卷　(宋)真德秀撰　清刻本　十八冊　存二十三卷(二、四至十三、二十九至四十)

360000－1901－0033023　313788
西山先生真文忠公讀書記四十卷　(宋)真德秀撰　清同治三年(1864)刻本　三十冊

360000－1901－0033024　240400
西山先生真文忠公文集五十五卷目録二卷　(宋)真德秀撰　明萬曆二十六年(1598)金學曾景賢堂刻本　五十四冊

360000－1901－0033025　240401
西山先生真文忠公文集五十五卷目録二卷　(宋)真德秀撰　明萬曆二十六年(1598)金學曾景賢堂刻崇禎十一年至清康熙四年(1638－1665)遞修本　十六冊

360000－1901－0033026　401117－2
西山先生真文忠公文集五十五卷目録二卷　(宋)真德秀撰　清康熙刻本　二十二冊　存四十四卷(一至三十、三十三至三十六、四十至四十七,目録二卷)

360000－1901－0033027　401123
西山先生真文忠公文集五十五卷目録二卷　(宋)真德秀撰　清康熙刻本　五冊　存十二卷(十一至十六、十九至二十、四十至四十一、四十四至四十五)

360000－1901－0033028　401123－1
西山先生真文忠公文集五十五卷目録二卷　(宋)真德秀撰　清刻本　二冊　存六卷(十六至二十一)

360000－1901－0033029　401123－2
西山先生真文忠公文集五十五卷目録二卷　(宋)真德秀撰　清刻本　三冊　存八卷(四十八至五十五)

360000－1901－0033030　241253
西山先生真文忠公文章正宗讀本不分卷　(宋)真德秀輯　(清)李翰熙編　清康熙殖學齋刻本　二十二冊

360000－1901－0033031　401118
西山先生真文忠公文章正宗讀本不分卷　(宋)真德秀輯　(清)李翰熙編　清康熙殖學齋刻本　二十六冊

360000－1901－0033032　401119
西山先生真文忠公文章正宗讀本不分卷　(宋)真德秀輯　(清)李翰熙編　清康熙殖學齋刻本　七冊

360000－1901－0033033　401119－1
西山先生真文忠公文章正宗讀本不分卷　(宋)真德秀輯　(清)李翰熙編　清康熙殖學齋刻本　四冊

360000－1901－0033034　603108
西山先生真文忠公文章正宗讀本不分卷　(宋)真德秀輯　(清)李翰熙編　清康熙殖學齋刻本　十三冊

360000－1901－0033035　241249
西山先生真文忠公文章正宗二十四卷　(宋)真德秀輯　明初刻本　四冊　存五卷(十五至十六、十八、二十至二十一)

360000－1901－0033036　241250

西山先生真文忠公文章正宗二十四卷 (宋)真德秀輯 明嘉靖四十三年(1564)李豸、李磐刻本 十二册

360000－1901－0033037 164279
西山先生真文忠公文章正宗二十四卷 (宋)真德秀輯 明刻本 一册 存二卷(七至八)

360000－1901－0033038 241251
西山先生真文忠公文章正宗二十四卷續二十卷 (宋)真德秀輯 明嘉靖四十三年(1564)杜陵蔣氏家塾刻本 三十册 缺九卷(西山先生真文忠公文章正宗二十至二十四,續一至三、二十)

360000－1901－0033039 241252
西山先生真文忠公文章正宗二十四卷續二十卷 (宋)真德秀輯 (清)李開鄴 (清)盛符升評 清康熙刻本 十二册 存二十卷(續二十卷)

360000－1901－0033040 401121
西山先生真文忠公文章正宗二十四卷續二十卷 (宋)真德秀輯 (清)李鄴嗣 (清)盛符升評 清康熙刻本 六册 存七卷(二至三、八至十、二十三至二十四)

360000－1901－0033041 421935
西山先生真文忠公文章正宗二十四卷續二十卷 (宋)真德秀輯 (清)李鄴嗣 (清)盛符升評 清康熙刻本 六册 存十一卷(續三至九、十六至十九)

360000－1901－0033042 164278
西山先生真文忠公續文章正宗二十卷 (宋)真德秀輯 明刻本 一册 存二卷(十四至十五)

360000－1901－0033043 400883
西山真文忠公[德秀]年譜一卷 (清)真鼎元 (清)真采輯 清乾隆刻本 一册

360000－1901－0033044 162297
西山真文忠公衛生歌不分卷 (宋)真德秀撰 清康熙五十六年(1717)抄本 一册

360000－1901－0033045 123438
西山志六卷 (清)涂蘭玉輯 清道光三十年(1850)刻本 四册

360000－1901－0033046 123470
西山志六卷 (清)涂蘭玉輯 清道光三十年(1850)刻本 一册 存一卷(六)

360000－1901－0033047 123511
西山志六卷 (清)涂蘭玉輯 清道光三十年(1850)刻本 一册

360000－1901－0033048 311666
西山志六卷 (清)涂蘭玉輯 清刻本 二册 存三卷(四至六)

360000－1901－0033049 804898
西山竹枝詞一百首一卷 (清)熊榮撰 清乾隆三十八年(1773)刻本 一册

360000－1901－0033050 304964
西史綱目二十卷 (清)周維翰撰 清光緒二十八年(1902)經世文社石印本 一册 存二卷(九至十)

360000－1901－0033051 304965
西史綱目二十卷 (清)周維翰撰 清光緒二十八年(1902)經世文社石印本 三册 存六卷(三至四、九至十、十三至十四)

360000－1901－0033052 304966
西史綱目二十卷 (清)周維翰撰 清光緒二十八年(1902)經世文社石印本 七册 存十四卷(三至十、十五至二十)

360000－1901－0033053 310677
西史綱目二十卷 (清)周維翰撰 清光緒二十八年(1902)經世文社石印本 十册

360000－1901－0033054 401553
西史綱目二十卷 (清)周維翰撰 清光緒二十七年(1901)石印本 十册

360000－1901－0033055 161666
西史綱目三十五卷 (清)周維翰撰 清光緒二十九年(1903)經世文社石印本 十八册

360000－1901－0033056 161988

西史綱目三十五卷 （清）周維翰撰 清光緒二十九年（1903）經世文社石印本 十八冊

360000－1901－0033057 400918
西史通志一百二十八卷 （清）袁宗濂 （清）晏志清輯 清光緒二十八年（1902）萃新書館石印西學三通本 二十九冊 存一百十四卷（一至四十五、五十二至六十四、七十至七十二、七十六至一百二十八）

360000－1901－0033058 120532
西史通志一百二十八卷 （清）袁宗濂 （清）晏志清輯 清光緒二十八年（1902）文盛堂石印西學三通本 十六冊 存六十卷（五十七至一百一、一百六至一百二十）

360000－1901－0033059 162296
西士酬中國人書一卷 （英國）韋廉臣撰 清光緒元年（1875）上海美華書館鉛印本 一冊

360000－1901－0033060 417432
西算明鏡錄五卷 （清）王韜撰 清光緒二十三年（1897）算學日新會石印本 四冊

360000－1901－0033061 240328
西臺集二十卷 （宋）畢仲游撰 清乾隆刻武英殿聚珍版書本 七冊

360000－1901－0033062 250208
西堂全集 （清）尤侗撰 清康熙刻本 二十九冊 存四種

360000－1901－0033063 305897
西堂全集 （清）尤侗撰 清康熙刻本 二十四冊 存四種

360000－1901－0033064 316244
西堂全集 （清）尤侗撰 清康熙刻本 六冊

360000－1901－0033065 316731
西堂全集 （清）尤侗撰 清康熙刻本 二十冊

360000－1901－0033066 414564
西堂全集 （清）尤侗撰 清康熙刻本 二十冊 存四種

360000－1901－0033067 150674
西堂全集 （清）尤侗撰 清刻本 二十二冊 存四種

360000－1901－0033068 302661
西堂全集 （清）尤侗撰 清刻本 二十冊 存四種

360000－1901－0033069 315858
西堂全集 （清）尤侗撰 清刻本 二十四冊 存四種

360000－1901－0033070 414565
西堂全集 （清）尤侗撰 清刻本 十九冊 存四種

360000－1901－0033071 414566
西堂全集 （清）尤侗撰 清刻本 八冊 存二種

360000－1901－0033072 414567
西堂全集 （清）尤侗撰 清刻本 八冊 存二種

360000－1901－0033073 414568
西堂全集 （清）尤侗撰 清刻本 七冊 存二種

360000－1901－0033074 250209
西堂全集 （清）尤侗撰 清善成堂刻本 二十四冊 存四種

360000－1901－0033075 316246
西堂全集 （清）尤侗撰 清學畲堂刻本 十二冊

360000－1901－0033076 240821
西堂詩集 （清）尤侗撰 清康熙刻西堂全集本 二冊 存四種

360000－1901－0033077 312705
西堂詩集 （清）尤侗撰 清康熙刻西堂全集本 一冊 存二種

360000－1901－0033078 603136
西堂詩集 （清）尤侗撰 清刻西堂全集本 一冊 存二種

360000－1901－0033079 805083

西堂詩集　(清)尤侗撰　清刻西堂全集本　一冊　存三種

360000－1901－0033080　240822
西堂文集二十四卷　(清)尤侗撰　清康熙刻西堂全集本　七冊

360000－1901－0033081　307735
西堂文集二十四卷　(清)尤侗撰　清刻西堂全集本　六冊　存十五卷(一集四至八、二集一至八、三集七至八)

360000－1901－0033082　304401
西塘先生文集九卷　(宋)鄭俠撰　清光緒十年(1884)公善堂刻本　六冊

360000－1901－0033083　315695
西亭文鈔十二卷首一卷末一卷附録一卷　(清)王原撰　清光緒十七年(1891)不遠復齋刻民國二十三年(1934)補刻本　四冊

360000－1901－0033084　220104
西魏書二十四卷　(清)謝啓昆撰　清乾隆六十年(1795)刻樹經堂集本　六冊

360000－1901－0033085　413893
西魏書二十四卷附録一卷　(清)謝啓昆撰　清刻本　一冊　存六卷(十九至二十四)

360000－1901－0033086　120540
西魏書二十四卷附録一卷　(清)謝啓昆撰　清乾隆六十年(1795)刻本　四冊

360000－1901－0033087　220105
西魏書二十四卷附録一卷　(清)謝啓昆撰　清乾隆六十年(1795)刻光緒十八年(1892)溧陽繆氏小峅山館補刻本　六冊

360000－1901－0033088　300846
西吴蠶略二卷　(清)道場山人星甫輯　清道光刻本　一冊

360000－1901－0033089　230341
西溪叢語二卷　(宋)姚寬撰　明崇禎虞山毛氏汲古閣刻津逮祕書本　二冊

360000－1901－0033090　230342
西溪叢語二卷　(宋)姚寬撰　明刻本　四冊

360000－1901－0033091　300855
西夏紀事本末三十六卷年表一卷　(清)張鑑撰　清光緒十年(1884)江蘇書局刻本　四冊

360000－1901－0033092　402995
西夏紀事本末三十六卷首二卷　(清)張鑑撰　清刻本　二冊　存二十七卷(十至三十六)

360000－1901－0033093　900906
西夏紀事本末三十六卷首二卷　(清)張鑑撰　清刻本　一冊　存十三卷(十二至二十四)

360000－1901－0033094　401558
西夏書事四十二卷　(清)吴廣成撰　清道光六年(1826)刻本　六冊　存三十二卷(一至九、十五至三十一、三十七至四十二)

360000－1901－0033095　800403
西廂典二卷　(清)□□撰　清咸豐八年(1858)胡清遠抄本　二冊

360000－1901－0033096　804636
西廂記□□回　(元)王德信撰　清李明遠抄本　一冊　存十回(一至十)

360000－1901－0033097　401745
西學大成十二編　(清)王西清　(清)盧梯青編　清光緒十四年(1888)上海大同書局石印本　十二冊

360000－1901－0033098　401746
西學大成十二編　(清)王西清　(清)盧梯青編　清光緒十四年(1888)上海大同書局石印本　九冊　存十編(子、丑、卯、辰、巳、午、未、申、戌、亥)

360000－1901－0033099　401554
西學輯存六種　(英國)偉烈亞力口譯　(清)王韜輯　清光緒十五年(1889)淞隱廬鉛印本　二冊

360000－1901－0033100　401555
西學輯存六種　(英國)偉烈亞力口譯　(清)王韜輯　清光緒十五年(1889)淞隱廬鉛印本　二冊

360000－1901－0033101　401556

西學輯存六種　(英國)偉烈亞力口譯　(清)王韜輯　清光緒十五年(1889)淞隱廬鉛印本　一册　存三種

360000－1901－0033102　300870
西學畧述十卷　(英國)艾約瑟譯　清光緒十二年(1886)總稅務司署刻本　一册

360000－1901－0033103　401564
西學啓蒙　(英國)赫德輯　(英國)艾約瑟譯　清光緒二十四年(1898)石印本　十六册

360000－1901－0033104　304876
西學啓蒙　(英國)赫德輯　(英國)艾約瑟譯　清光緒刻本　二册　存二種

360000－1901－0033105　123142
西學三通　(清)袁宗濂　(清)晏志清輯　清光緒二十八年(1902)上海萃新書館石印本　一百二十册

360000－1901－0033106　161673
西學時務總纂大成九十一卷　(清)求志齋主人纂輯　清光緒二十三年(1897)上海鴻文書局石印本　二十四册

360000－1901－0033107　401557
西學書目表三卷附一卷　梁啓超撰　清光緒二十二年(1896)時務報館石印本　一册

360000－1901－0033108　150606
西學自強叢書　(清)張之洞輯　清光緒二十三年(1897)璣衡堂石印本　二十一册　存二十三種

360000－1901－0033109　304969
西學自強叢書　(清)張之洞輯　清光緒二十四年(1898)上海測海山房主人石印本　二十册　存十九種

360000－1901－0033110　300859
西巡大事本末記六卷　(日本)吉田良太郎口譯　(清)八詠樓主人筆述　清末石印本　一册　存一卷(三)

360000－1901－0033111　300873
西洋兵書　(清)張之洞編　清末石印本　十二册

360000－1901－0033112　800633
西洋歷史教科書二卷　(英國)默爾化撰　(清)出洋學生編輯所譯　清光緒二十八年(1902)鉛印本　一册　存一卷(一)

360000－1901－0033113　220781
西洋褋志八卷　(清)黎庶昌輯　清光緒抄本　八册

360000－1901－0033114　300869
西洋雜志八卷　(清)黎庶昌輯　清光緒二十六年(1900)遵義黎氏刻本　四册

360000－1901－0033115　240587
西野李先生遺稿十四卷　(明)李璣撰　明崇禎七年(1634)李玉鉉、李玉鉞刻本　八册

360000－1901－0033116　300890
西醫略論三卷　(英國)合信　(清)管茂材撰　清咸豐七年(1857)江蘇上海仁濟醫館刻本　六册

360000－1901－0033117　318842
西醫略論三卷　(英國)合信　(清)管茂材撰　清咸豐七年(1857)江蘇上海仁濟醫館刻本　一册

360000－1901－0033118　408765
西醫略論三卷　(英國)合信　(清)管茂材撰　清咸豐七年(1857)江蘇上海仁濟醫館刻本　一册

360000－1901－0033119　120548
西藝通考二百二十二卷目錄二卷　(清)袁宗濂　(清)晏志清輯　清光緒二十八年(1902)文盛堂石印西學三通本　二十六册　存一百三卷(一至一百三)

360000－1901－0033120　304994
西藝知新二十二卷　(英國)諾格德撰　(英國)傅蘭雅口譯　(清)徐壽筆述　清光緒二十二年(1896)石印本　五册

360000－1901－0033121　309282
西藝知新二十二卷　(英國)諾格德撰　(英

國)傅蘭雅口譯 (清)徐壽筆述 清光緒刻本 十三冊 存二十一卷(一至二十、二十二)

360000－1901－0033122 804726
西遊記傳四卷 (明)楊致和撰 清刻本 一冊 存二卷(三至四)

360000－1901－0033123 317393
西遊原旨讀法二卷 (清)劉一明撰 清嘉慶刻本 一冊

360000－1901－0033124 317438
西遊原旨二十四卷首一卷 (清)劉一明撰 清嘉慶刻本 二十四冊 存二十四卷(二至二十四、首一卷)

360000－1901－0033125 804125
西遊真詮一百回 (明)吳承恩撰 (清)陳士斌詮解 清芥子園刻本 二冊 存二十二回(十九至三十、九十一至一百)

360000－1901－0033126 317434
西遊真詮一百回 (明)吳承恩撰 (清)陳士斌詮解 清刻本 二十冊

360000－1901－0033127 705434
西遊真詮一百回 (明)吳承恩撰 (清)陳士斌詮解 清刻本 三冊 存三十回(七十一至一百)

360000－1901－0033128 713523
西遊真詮一百回 (明)吳承恩撰 (清)陳士斌詮解 清刻本 一冊 存十回(六十一至七十)

360000－1901－0033129 721686
西遊真詮一百回 (明)吳承恩撰 (清)陳士斌詮解 清刻本 四冊

360000－1901－0033130 804124
西遊真詮一百回 (明)吳承恩撰 (清)陳士斌詮解 清刻本 三冊 存十六回(二十九至三十四、八十七至九十六)

360000－1901－0033131 804142
西遊真詮一百回 (明)吳承恩撰 (清)陳士斌詮解 清刻本 一冊 存十六回(四十九至六十四)

360000－1901－0033132 804143
西遊真詮一百回 (明)吳承恩撰 (清)陳士斌詮解 清刻本 一冊 存九回(一至九)

360000－1901－0033133 721707
西遊真詮一百回 (明)吳承恩撰 (清)陳士斌詮解 清武林三餘堂刻本 五冊 存四十八回(一至八、二十一至六十)

360000－1901－0033134 110699
西域記八卷 (清)七十一撰 清嘉慶十九年(1814)盧氏味經堂刻本 二冊

360000－1901－0033135 110700
西域記八卷 (清)七十一撰 清嘉慶十九年(1814)盧氏味經堂刻本 二冊

360000－1901－0033136 110701
西域記八卷 (清)七十一撰 清嘉慶十九年(1814)盧氏味經堂刻本 二冊

360000－1901－0033137 110852
西域記八卷 (清)七十一撰 清嘉慶十九年(1814)盧氏味經堂刻本 二冊

360000－1901－0033138 603276
西域記八卷 (清)七十一撰 清刻本 一冊 存五卷(四至八)

360000－1901－0033139 305391
西域水道記五卷附新疆賦一卷 (清)徐松撰 清刻本 六冊

360000－1901－0033140 420115
西域聞見錄八卷 (清)七十一撰 清抄本 一冊 存三卷(一至三)

360000－1901－0033141 300876
西垣詩鈔二卷附西垣黔苗竹枝詞一卷 (清)毛貴銘撰 清光緒十年(1884)長沙王氏刻本 一冊

360000－1901－0033142 240613
西原全集十卷遺集一卷 (明)薛蕙撰 明崇禎薛邦瑞刻本 六冊 缺一卷(遺集一卷)

360000－1901－0033143　163860
西雲詩鈔四卷　(清)李枝青撰　清咸豐元年(1851)刻本　二册

360000－1901－0033144　300857
西雲文鈔二卷　(清)李枝青撰　清光緒十年(1884)刻本　二册

360000－1901－0033145　163861
西雲劄記二卷　(清)李枝青撰　清光緒六年(1880)刻本　一册

360000－1901－0033146　705178
西雲劄記四卷　(清)李枝青撰　清光緒刻本　一册　存二卷(一至二)

360000－1901－0033147　314153
西征紀程四卷　(清)鄒代鈞撰　清光緒十七年(1891)鉛印本　二册

360000－1901－0033148　401936
西征述一卷後西征述一卷　(清)蔣湘南撰　清光緒十四年(1888)長白豫山湘南臬署會心閣刻春暉閣雜著本　一册

360000－1901－0033149　300845
西政叢書　梁啓超輯　清光緒二十三年(1897)慎記書莊石印本　三十二册

360000－1901－0033150　310593
西政叢書　梁啓超輯　清光緒二十三年(1897)慎記書莊石印本　三十一册　存三十種

360000－1901－0033151　310594
西政叢書　梁啓超輯　清光緒二十三年(1897)慎記書莊石印本　三十二册

360000－1901－0033152　401560
西政挈要六卷　(清)姜炳奎輯　清末石印本　一册　存一卷(五)

360000－1901－0033153　405308
西陬牧唱詞一卷　(清)王芑孫撰　清仁和吳昌綬刻雙照樓叢書本　一册

360000－1901－0033154　316850
希古堂文甲集二卷乙集六卷　(清)譚宗浚撰　清光緒十六年(1890)羊城刻本　四册

360000－1901－0033155　302396
希臘志略七卷　(英國)艾約瑟編譯　清光緒十二年(1886)總稅務司署刻本　一册

360000－1901－0033156　400974
希臘志略七卷年表一卷　(英國)艾約瑟編譯　清光緒二十四年(1898)石印本　一册

360000－1901－0033157　721552
希夷夢四十卷　(清)汪寄撰　清刻本　一册　存三卷(一至三)

360000－1901－0033158　150287
息柯居士全集　(清)楊翰撰　清同治、光緒刻本　十四册　存八種

360000－1901－0033159　405548
息影偶錄八卷　(清)張埏輯　清刻本　二册　存四卷(三至六)

360000－1901－0033160　412150
息影軒畫譜不分卷　(明)崔子忠撰並繪　清同治二年(1863)刻本　一册

360000－1901－0033161　404436
奚囊寸錦三卷讀法一卷　(清)張潮撰　清嘉慶二十五年(1820)揚州王從豫刻本　二册　存二卷(上、中)

360000－1901－0033162　301180
奚囊蠹餘二十卷補遺一卷附錄二卷　(明)張瀚撰　清光緒二十一年(1895)嘉惠堂丁氏刻本　四册

360000－1901－0033163　240417
晞髮集十卷遺集二卷補一卷　(宋)謝翱撰　**謝皐羽先生年譜一卷**　(清)徐沁撰　**冬青樹引註一卷登西臺慟哭記註一卷**　(宋)謝翱撰　(明)張丁注　**天地間集一卷**　(宋)謝翱輯　清康熙四十一年(1702)平湖陸大業刻本　佚名批校　二册　存五卷(晞髮集一至二、冬青樹引註一卷、登西臺慟哭記註一卷、天地間集一卷)

360000－1901－0033164　240416

晞髮集寓箋六卷目録二卷　(宋)謝翱撰　(明)淩世韶評　明刻本　四册

360000－1901－0033165　303732

晞髮集十卷遺集二卷補一卷　(宋)謝翱撰　**謝臯羽先生年譜一卷**　(清)徐沁撰　**冬青樹引註一卷登西臺慟哭記註一卷**　(宋)謝翱撰　(明)張丁注　**天地間集一卷**　(宋)謝翱輯　清光緒二年(1876)韓陽秋井家塾刻本　四册

360000－1901－0033166　405319

晞鑄堂文鈔十六卷青芙山館詩鈔十二卷　謝甘盤撰　清宣統刻本　一册　存十二卷(晞鑄堂文鈔十四至十五、青芙山館詩鈔一至十)

360000－1901－0033167　305781

惜抱先生尺牘八卷　(清)姚鼐撰　清同治二年(1863)刻本　二册

360000－1901－0033168　303588

惜抱先生尺牘八卷　(清)姚鼐撰　清咸豐五年(1855)海源閣刻本　二册

360000－1901－0033169　315204

惜抱先生尺牘八卷　(清)姚鼐撰　清宣統元年(1909)小萬柳堂刻本　四册

360000－1901－0033170　409373

惜抱軒尺牘八卷　(清)姚鼐撰　清道光三年(1823)四樟山房刻本　二册

360000－1901－0033171　409374

惜抱軒尺牘八卷　(清)姚鼐撰　清道光三年(1823)四樟山房刻本　二册

360000－1901－0033172　160891

惜抱軒九經説十七卷　(清)姚鼐撰　清嘉慶十五年(1810)刻惜抱軒全集本　二册

360000－1901－0033173　150301

惜抱軒全集　(清)姚鼐撰　清光緒三十三年(1907)上海校經山房刻本　十六册

360000－1901－0033174　150298

惜抱軒全集　(清)姚鼐撰　清嘉慶、道光刻本　八册　存八種

360000－1901－0033175　409354

惜抱軒全集　(清)姚鼐撰　清嘉慶三年(1798)刻本　十三册　存七種

360000－1901－0033176　409355

惜抱軒全集　(清)姚鼐撰　清嘉慶三年(1798)刻本　十册　存八種

360000－1901－0033177　409356

惜抱軒全集　(清)姚鼐撰　清嘉慶三年(1798)刻本　三册　存二種

360000－1901－0033178　150297

惜抱軒全集　(清)姚鼐撰　清同治五年(1866)省心閣刻本　二十册

360000－1901－0033179　150299

惜抱軒全集　(清)姚鼐撰　清同治五年(1866)省心閣刻本　十六册

360000－1901－0033180　150300

惜抱軒全集　(清)姚鼐撰　清同治五年(1866)省心閣刻本　十六册

360000－1901－0033181　409352

惜抱軒全集　(清)姚鼐撰　清同治五年(1866)省心閣刻本　十六册

360000－1901－0033182　600192

惜抱軒全集　(清)姚鼐撰　清同治五年(1866)省心閣刻本　四册　存七種

360000－1901－0033183　600193

惜抱軒全集　(清)姚鼐撰　清同治五年(1866)省心閣刻本　十九册

360000－1901－0033184　600194

惜抱軒全集　(清)姚鼐撰　清同治五年(1866)省心閣刻本　十二册

360000－1901－0033185　805106

惜抱軒全集　(清)姚鼐撰　清同治五年(1866)省心閣刻本　十六册

360000－1901－0033186　305487

惜抱軒詩集十卷文集十六卷　(清)姚鼐撰　清嘉慶三年至六年(1798－1801)刻本　八册

360000－1901－0033187　302418
巾經纂二十卷　(清)宋宗元撰　清同治十年(1871)陸川李廷樟刻本　五册

360000－1901－0033188　308771
惜抱軒文集十六卷後集十卷　(清)姚鼐撰　清光緒九年(1883)桐城徐宗亮刻惜抱軒集本　六册

360000－1901－0033189　409353
惜抱軒文集十六卷文後集十卷詩集十卷　(清)姚鼐撰　清嘉慶元年(1796)刻惜抱軒全集本　七册

360000－1901－0033190　600191
惜抱軒文集十六卷文後集十卷詩集十卷　(清)姚鼐撰　清同治五年(1866)省心閣刻本　十二册

360000－1901－0033191　150303
惜抱軒遺書　(清)姚鼐撰　清光緒五年(1879)桐城徐宗亮刻本　四册

360000－1901－0033192　305441
惜味齋存稾十四卷　(清)楊炳撰　清刻本　四册

360000－1901－0033193　121449
惜味齋存稾十四卷　(清)楊炳撰　清咸豐元年(1851)刻本　四册

360000－1901－0033194　309647
惜陰書院東齋課藝八卷　(清)孫鏘鳴輯　清光緒四年(1878)刻本　八册

360000－1901－0033195　150304
惜陰軒叢書　(清)李錫齡輯　清道光二十六年(1846)宏道書院刻續編咸豐八年(1858)刻本　八十四册　存二十三種

360000－1901－0033196　600195
惜陰軒叢書　(清)李錫齡撰　清道光二十六年(1846)宏道書院刻本　八册　存三種

360000－1901－0033197　409364
惜玉聯吟草一卷同學諸友和章一卷雜編一卷　(清)廖壽蕙輯　清光緒七年(1881)話雨山房刻本　一册

360000－1901－0033198　304234
惜字焚化沉灰法一卷　(清)陶忠源輯　清光緒十八年(1892)刻本　一册

360000－1901－0033199　805100
稀齡祝雅不分卷　(清)黃炳垕　(清)高桐等撰　清光緒十年(1884)刻本　一册

360000－1901－0033200　405578
稀齡自詠一卷退居唫草一卷　(清)宋延春撰　清同治十三年(1874)刻本　一册

360000－1901－0033201　240828
犀崖文集二十六卷　(清)易學實撰　清康熙三十五年(1696)刻本　六册

360000－1901－0033202　240336
溪堂集十卷　(宋)謝逸撰　民國三年(1914)南城李氏宜秋館抄本　李之鼎批校　一册　存三卷(八至十)

360000－1901－0033203　400910
熙朝紀政八卷　(清)王慶雲撰　清光緒二十八年(1902)上海書局鉛印本　二册

360000－1901－0033204　161655
熙朝紀政八卷　(清)王慶雲撰　清光緒二十七年(1901)上海圖書集成印書局鉛印本　四册

360000－1901－0033205　900563
熙朝紀政八卷　(清)王慶雲撰　清末鉛印本　三册　存六卷(三至八)

360000－1901－0033206　306619
熙朝紀政六卷　(清)王慶雲撰　清光緒二十七年(1901)上海天章書局石印本　三册　存三卷(一、三、六)

360000－1901－0033207　400909
熙朝紀政六卷　(清)王慶雲撰　清光緒二十七年(1901)上海天章書局石印本　四册　存四卷(一至二、五至六)

360000－1901－0033208　400913
熙朝新語十六卷　(清)余金輯　清道光二年

(1822)刻本　四册

360000－1901－0033209　400914
熙朝新語十六卷　(清)余金輯　清道光二年(1822)刻本　二册

360000－1901－0033210　309388
熙朝新語十六卷　(清)余金輯　清道光十二年(1832)刻本　四册

360000－1901－0033211　317365
熙朝新語十六卷　(清)余金輯　清道光十二年(1832)刻本　六册

360000－1901－0033212　400915
熙朝新語十六卷　(清)余金輯　清道光十二年(1832)刻本　六册　存十二卷(三至十四)

360000－1901－0033213　161657
熙朝新語十六卷　(清)余金輯　清道光四年(1824)刻本　四册

360000－1901－0033214　304094
熙朝新語十六卷　(清)余金輯　清光緒十年(1884)務本堂刻本　六册

360000－1901－0033215　400911
熙朝新語十六卷　(清)余金輯　清光緒元年(1875)刻本　六册

360000－1901－0033216　161929
熙朝新語十六卷　(清)余金輯　清光緒元年(1875)如不及齋刻本　六册

360000－1901－0033217　400912
熙朝新語十六卷　(清)余金輯　清刻本　二册　存八卷(九至十六)

360000－1901－0033218　304103
熙朝宰輔錄一卷　(清)潘世恩撰　清道光十八年(1838)思補軒刻本　一册

360000－1901－0033219　400375
錫山杜雲川先生讀史論畧一卷　(清)杜詔撰　**歷代紀年便覽一卷**　(清)高均　(清)高其壽編　清刻本　一册

360000－1901－0033220　162053
錫山景物略十卷　(清)王永積輯　清光緒二十四年(1898)刻本　五册

360000－1901－0033221　401711
錫山景物略十卷　(清)王永積輯　清刻本　一册　存二卷(五至六)

360000－1901－0033222　401710
錫山李閣學政績錄一卷　李澍恩輯　清宣統元年(1909)吉林印書館鉛印本　一册

360000－1901－0033223　404878
席門集十六卷　(清)陳海霖撰　清刻本　二册　存八卷(五至八、十三至十六)

360000－1901－0033224　316744
習苦齋古文四卷　(清)戴熙撰　清同治六年(1867)刻本　二册

360000－1901－0033225　301139
習是編二卷　(清)屈成霖輯　清同治九年(1870)刻本　四册

360000－1901－0033226　164068
習是編二卷　(清)屈成霖輯　清咸豐六年(1856)番禺許氏衍祥堂刻本　四册

360000－1901－0033227　301140
習學記言序目五十卷　(宋)葉適撰　清光緒九年(1883)刻本　二十四册

360000－1901－0033228　301152
習學記言序目五十卷　(宋)葉適撰　清刻本　八册

360000－1901－0033229　161772
洗海近事二卷　(明)俞大猷撰　清光緒二十三年(1897)味古書室刻本　二册

360000－1901－0033230　705271
洗桐軒文集八卷詩集六卷　(清)李周南撰　清嘉慶二十五年(1820)刻本　二册　存四卷(文集一至四)

360000－1901－0033231　716839
洗桐軒文集八卷詩集六卷　(清)李周南撰　清嘉慶刻本　二册　存五卷(文集七至八、詩集四至六)

360000－1901－0033232　162440
洗心錄不分卷　(清)嶺南長春行善所編　清咸豐六年(1856)合成齋刻本　一册

360000－1901－0033233　414886
洗心語錄不分卷　題(唐)呂嵓撰　清嘉慶十四年(1809)齊雲社刻本　八册

360000－1901－0033234　220497
洗冤集說八卷　(清)陳芳生撰　清康熙二十六年(1687)刻本　三册

360000－1901－0033235　417061
洗冤錄歌訣一卷　(清)剛毅輯　清光緒五年(1879)湖北書局刻本　一册

360000－1901－0033236　417073
洗冤錄集證彙纂五卷　(宋)宋慈撰　(清)王又槐增輯　(清)李觀瀾補輯　清道光三年(1823)刻本　二册

360000－1901－0033237　417073－1
洗冤錄集證彙纂五卷　(宋)宋慈撰　(清)王又槐增輯　(清)李觀瀾補輯　清道光三年(1823)刻本　二册　存二卷(一、三)

360000－1901－0033238　417075－6
洗冤錄集證彙纂五卷　(宋)宋慈撰　(清)王又槐增輯　(清)李觀瀾補輯　清嘉慶三年(1798)刻本　一册　存二卷(一至二)

360000－1901－0033239　417075－3
洗冤錄集證彙纂五卷　(宋)宋慈撰　(清)王又槐增輯　(清)李觀瀾補輯　清嘉慶十八年(1813)刻本　一册　存二卷(一至二)

360000－1901－0033240　417075－7
洗冤錄集證彙纂五卷　(宋)宋慈撰　(清)王又槐增輯　(清)李觀瀾補輯　清嘉慶十二年(1807)刻本　一册　存二卷(一至二)

360000－1901－0033241　417075－8
洗冤錄集證彙纂五卷　(宋)宋慈撰　(清)王又槐增輯　(清)李觀瀾補輯　清嘉慶十二年(1807)刻本　一册　存一卷(一)

360000－1901－0033242　417075－9
洗冤錄集證彙纂五卷　(宋)宋慈撰　(清)王又槐增輯　(清)李觀瀾補輯　清嘉慶十二年(1807)刻本　一册　存一卷(一)

360000－1901－0033243　417075－2
洗冤錄集證彙纂五卷　(宋)宋慈撰　(清)王又槐增輯　(清)李觀瀾補輯　清嘉慶十四年(1809)刻本　一册　存二卷(一至二)

360000－1901－0033244　164824
洗冤錄集證彙纂五卷　(宋)宋慈撰　(清)王又槐增輯　(清)李觀瀾補輯　清嘉慶元年(1796)刻本　二册

360000－1901－0033245　417075
洗冤錄集證彙纂五卷　(宋)宋慈撰　(清)王又槐增輯　(清)李觀瀾補輯　清嘉慶元年(1796)刻本　二册

360000－1901－0033246　417075－5
洗冤錄集證彙纂五卷　(宋)宋慈撰　(清)王又槐增輯　(清)李觀瀾補輯　清嘉慶元年(1796)刻本　一册　存二卷(一至二)

360000－1901－0033247　417073－2
洗冤錄集證彙纂五卷　(宋)宋慈撰　(清)王又槐增輯　(清)李觀瀾補輯　清刻本　二册

360000－1901－0033248　417075－1
洗冤錄集證彙纂五卷　(宋)宋慈撰　(清)王又槐增輯　(清)李觀瀾補輯　清刻本　一册

360000－1901－0033249　417075－10
洗冤錄集證彙纂五卷　(宋)宋慈撰　(清)王又槐增輯　(清)李觀瀾補輯　清刻本　二册　存四卷(二至五)

360000－1901－0033250　417075－11
洗冤錄集證彙纂五卷　(宋)宋慈撰　(清)王又槐增輯　(清)李觀瀾補輯　清刻本　一册　存三卷(三至五)

360000－1901－0033251　417075－4
洗冤錄集證彙纂五卷　(宋)宋慈撰　(清)王又槐增輯　(清)李觀瀾補輯　清刻本　二册

360000－1901－0033252　802957

洗冤錄集證彙纂五卷 （宋）宋慈撰 （清）王又槐增輯 （清）李觀瀾補輯 清刻本 一冊 存二卷（四至五）

360000－1901－0033253 417048
洗冤錄解一卷 （清）姚德豫撰 清道光十一年（1831）刻映雪樓叢抄本 一冊

360000－1901－0033254 417048－1
洗冤錄解一卷 （清）姚德豫撰 清道光十一年（1831）刻映雪樓叢抄本 一冊

360000－1901－0033255 417048－2
洗冤錄解一卷 （清）姚德豫撰 清道光十一年（1831）刻映雪樓叢抄本 一冊

360000－1901－0033256 417048－3
洗冤錄解一卷 （清）姚德豫撰 清道光十一年（1831）刻映雪樓叢抄本 一冊

360000－1901－0033257 417048－4
洗冤錄解一卷 （清）姚德豫撰 清道光十一年（1831）刻映雪樓叢抄本 一冊

360000－1901－0033258 164814
洗冤錄解一卷 （清）姚德豫撰 清同治九年（1870）吳縣孫氏刻本 一冊

360000－1901－0033259 417072
洗冤錄解一卷 （清）姚德豫撰 **寶鑑編一卷** （宋）宋慈撰 **石香秘錄一卷** （清）仲振履撰 清同治十年（1871）豫章饒玉成刻本 一冊

360000－1901－0033260 417062
洗冤錄全纂六卷 （清）李觀瀾輯 清道光九年（1829）刻本 二冊

360000－1901－0033261 417063
洗冤錄全纂六卷 （清）李觀瀾輯 清刻本 二冊

360000－1901－0033262 417063－1
洗冤錄全纂六卷 （清）李觀瀾輯 清刻本 三冊 存五卷（一至二、四至六）

360000－1901－0033263 417063－2
洗冤錄全纂六卷 （清）李觀瀾輯 清刻本 一冊 存四卷（三至六）

360000－1901－0033264 417063－3
洗冤錄全纂六卷 （清）李觀瀾輯 清刻本 一冊 存四卷（三至六）

360000－1901－0033265 417063－4
洗冤錄全纂六卷 （清）李觀瀾輯 清刻本 一冊 存三卷（四至六）

360000－1901－0033266 417063－5
洗冤錄全纂六卷 （清）李觀瀾輯 清刻本 一冊 存三卷（三至五）

360000－1901－0033267 417058
洗冤錄四卷 （宋）宋慈撰 清乾隆二十九年（1764）吳江金廷烈刻本 二冊

360000－1901－0033268 417057
洗冤錄詳義四卷首一卷 （清）許槤撰 清光緒二年（1876）上海葛氏嘯園刻本 四冊

360000－1901－0033269 164829
洗冤錄詳義四卷首一卷 （清）許槤撰 清光緒四年（1878）冀州程永江刻本 四冊

360000－1901－0033270 417049
洗冤錄詳義四卷首一卷 （清）許槤撰 清光緒四年（1878）刻本 四冊

360000－1901－0033271 164831
洗冤錄詳義四卷首一卷 （清）許槤撰 **附摭遺二卷** （清）葛元煦撰 清光緒五年（1879）浙江清河坊文元堂刻本 四冊

360000－1901－0033272 164833
洗冤錄詳義四卷首一卷 （清）許槤撰 **附摭遺二卷** （清）葛元煦撰 **摭遺補一卷** （清）張開運輯補 清光緒二十二年（1896）湖北藩署刻本 六冊

360000－1901－0033273 164832
洗冤錄詳義四卷首一卷 （清）許槤撰 **附摭遺二卷** （清）葛元煦撰 **摭遺補一卷** （清）張開運輯補 清光緒十六年（1890）湖北官書處刻本 六冊

360000－1901－0033274 164830

洗冤錄詳義四卷首一卷　(清)許槤撰　**附摭遺二卷**　(清)葛元煦撰　**摭遺補一卷**　(清)張開運輯補　清光緒十三年(1887)榮錄堂刻本　六冊

360000－1901－0033275　417060
洗冤錄摭遺二卷　(清)葛元煦撰　清光緒二年(1876)刻本　一冊

360000－1901－0033276　317805
洗齋病學草擬存詩一卷附存詩一卷　(清)胡壽頤撰　(清)昨非居士輯　清光緒十年(1884)浙江山陰胡氏刻本　二冊

360000－1901－0033277　318619
戲鴻堂法書十六卷　(明)董其昌輯　清宣統二年(1910)上海新學會社華新印局影印本　十六冊

360000－1901－0033278　318115－6
戲曲抄本不分卷　(□)□□輯　清抄本　一冊

360000－1901－0033279　121045
狎鷗亭詩鈔八卷　(清)楊枝遠撰　清光緒十年(1884)木活字印本　四冊

360000－1901－0033280　121046
狎鷗亭詩鈔八卷　(清)楊枝遠撰　清光緒十年(1884)木活字印本　四冊

360000－1901－0033281　121044
狎鷗子摘稿一卷　(明)吴崇節撰　清刻本　一冊

360000－1901－0033282　407663
峽江圖考一卷附刻行川必要一卷　(清)羅縉紳撰　清光緒四年(1878)刻本　一冊　存一卷(行川必要一卷)

360000－1901－0033283　301365
峽江圖考一卷附刻行川必要一卷　(清)羅縉紳撰　清刻本　二冊

360000－1901－0033284　121955
遐憩山房叢拾稿　(清)楊希閔撰　清光緒四年(1878)刻本　一冊

360000－1901－0033285　121954
遐憩山房詩四卷附痛飲詞一卷　(清)楊希閔撰　清同治刻本　一冊

360000－1901－0033286　804643
暇覽不分卷　(□)□□輯　清蔣澤霖抄本　一冊

360000－1901－0033287　122464
霞亭集十五卷外集五卷附錄一卷　(清)李孔地撰　清光緒十九年(1893)賓采局木活字印本　四冊

360000－1901－0033288　240429
霞外詩集十卷　(元)馬臻撰　明崇禎十一年(1638)海虞毛氏汲古閣刻元人十種詩本　四冊

360000－1901－0033289　300761
下學菴算書三種　(清)項名達撰　清同治七年(1868)廣州羊城書院刻本　二冊

360000－1901－0033290　413479
夏峰先生集十六卷　(清)孫奇逢撰　清道光二十五年(1845)大梁書院刻孫夏峰全集本　四冊　存十二卷(一至八、十三至十六)

360000－1901－0033291　240595
夏桂洲先生文集十八卷　(明)夏言撰　**年譜一卷**　(明)林日瑞編　明崇禎十一年(1638)吴一璘刻清康熙十八年(1679)吴橋重修本　十四冊

360000－1901－0033292　240596
夏桂洲先生文集十八卷　(明)夏言撰　**年譜一卷**　(明)林日瑞編　明崇禎十一年(1638)吴一璘刻清康熙十八年(1679)吴橋重修本　八冊　缺五卷(十四至十八)

360000－1901－0033293　802463
夏侯孝若集一卷　(晉)夏侯湛撰　清抄本　一冊

360000－1901－0033294　309528
夏侯陽算經三卷　(□)夏侯陽撰　清刻算經十書本　一冊

360000－1901－0033295　300781
夏節愍全集十卷首一卷末一卷補遺一卷續補遺一卷　（明）夏完淳撰　（清）莊師洛輯　（清）陳均　（清）何其偉編　清嘉慶十二年（1807）婁縣陳氏刻本　二冊

360000－1901－0033296　300764
夏節愍全集十卷首一卷末一卷補遺一卷續補遺一卷　（明）夏完淳撰　（清）莊師洛輯　（清）陳均　（清）何其偉編　清嘉慶十二年（1807）婁縣陳氏刻同治八年（1869）補刻本　二冊

360000－1901－0033297　803419
夏書不分卷　（□）□□撰　清抄本　一冊

360000－1901－0033298　403932
夏小正傳二卷　（漢）戴德撰　（清）孫星衍校　清嘉慶三年（1798）蘭陵孫氏沇州刻岱南閣叢書本　一冊

360000－1901－0033299　160158
夏小正戴氏傳四卷　（漢）戴德撰　（宋）傅崧卿注　清康熙十九年（1680）納蘭成德刻通志堂經解本　一冊

360000－1901－0033300　160716
夏小正戴氏傳訓解四卷考異一卷通論一卷　（清）王寶仁撰　清同治十三年（1874）舊香居刻本　一冊

360000－1901－0033301　403935
夏小正等例文句音義六卷　（清）莊述祖撰　清刻本　一冊　存二卷（三至四）

360000－1901－0033302　160715
夏小正箋疏四卷　（清）馬徵麐撰　清光緒十四年（1888）德清俞氏思古書堂刻本　一冊

360000－1901－0033303　160714
夏小正經傳考二卷附夏小正本義四卷　（清）雷學淇撰　清道光三年（1823）刻本　二冊

360000－1901－0033304　210193
夏小正一卷　（漢）戴德傳　（宋）金履祥注　（清）張爾岐輯　（清）黃叔琳增訂　清乾隆十年（1745）愛蓮書屋刻本　一冊

360000－1901－0033305　160713
夏小正正義一卷　（清）王筠撰　清咸豐三年（1853）刻本　二冊

360000－1901－0033306　300779
夏仲子集六卷　（清）夏炯撰　清咸豐五年（1855）夏燮鄱陽官廨刻本　四冊

360000－1901－0033307　300780
夏仲子集六卷　（清）夏炯撰　清咸豐五年（1855）夏燮鄱陽官廨刻本　四冊

360000－1901－0033308　408600
仙傳白喉治法要言一卷　（清）劉昌祁撰　清光緒二十六年（1900）刻本　一冊

360000－1901－0033309　408356
仙傳痘疹奇書三卷　（明）高如山撰　（明）高堯臣輯　清刻本　一冊

360000－1901－0033310　408787
仙傳各種經驗奇方□□卷　（□）□□輯　清刻本　二冊　存二卷（二、四）

360000－1901－0033311　408753
仙方便覽一卷　（□）純軒山人傳　清刻本　一冊

360000－1901－0033312　162087
仙方合編六卷　（清）傅山撰　清光緒十二年（1886）刻本　六冊

360000－1901－0033313　162807
仙佛合宗一卷　（清）伍守陽撰　清道光三十年（1850）刻本　一冊

360000－1901－0033314　413866
仙佛合宗語錄一卷　（清）伍守陽撰　清書業堂刻本　一冊

360000－1901－0033315　413867
仙佛合宗語錄一卷　（清）伍守陽撰　清宣統二年（1910）善成堂刻本　一冊

360000－1901－0033316　230500
仙佛奇蹤八卷　（明）洪應明撰　明萬曆刻本

一册　存四卷(一至四)

360000－1901－0033317　704567
仙館唱酬一卷　(清)丁應鑾等撰　清刻本　一册

360000－1901－0033318　408786
仙拈集四卷　(清)李文炳輯　清嘉慶二十二年(1817)刻本　三册　存三卷(一至三)

360000－1901－0033319　120487
仙屏書屋初集年記三十一卷　(清)黄爵滋撰　清道光二十九年(1849)刻本　四册

360000－1901－0033320　241124
仙屏書屋初集詩録十六卷後録二卷　(清)黄爵滋撰　清道光二十八年(1848)涇縣翟金生泥活字印本　四册　缺四卷(十三至十六)

360000－1901－0033321　241123
仙屏書屋初集詩録十六卷後録二卷　(清)黄爵滋撰　清道光二十七年(1847)涇縣翟金生泥活字印本　五册

360000－1901－0033322　409325
仙屏書屋初集詩録十六卷後録二卷　(清)黄爵滋撰　清道光二十七年(1847)涇縣翟金生泥活字印本　二册　存八卷(五至十二)

360000－1901－0033323　241125
仙屏書屋文稿不分卷　(清)黄爵滋撰　稿本　二册

360000－1901－0033324　301369
先撥志始二卷　(明)文秉撰　清同治二年(1863)江西刻本　二册

360000－1901－0033325　310463
先撥志始二卷　(明)文秉撰　清同治二年(1863)江西省廣刻本　二册

360000－1901－0033326　300633
先船山公[王夫之]年譜前編一卷後編一卷　(清)王之春撰　清光緒十九年(1893)刻本　二册

360000－1901－0033327　313921
先船山公[王夫之]年譜前編一卷後編一卷　(清)王之春撰　清光緒十九年(1893)刻本　二册

360000－1901－0033328　415051
先得月樓詩草一卷賦草一卷　(清)潘江撰　清光緒十一年(1885)兼山堂刻本　一册

360000－1901－0033329　415051－1
先得月樓詩草一卷賦草一卷　(清)潘江撰　清光緒十一年(1885)兼山堂刻本　一册

360000－1901－0033330　415051－10
先得月樓詩草一卷賦草一卷　(清)潘江撰　清光緒十一年(1885)兼山堂刻本　一册

360000－1901－0033331　415051－11
先得月樓詩草一卷賦草一卷　(清)潘江撰　清光緒十一年(1885)兼山堂刻本　一册

360000－1901－0033332　415051－12
先得月樓詩草一卷賦草一卷　(清)潘江撰　清光緒十一年(1885)兼山堂刻本　一册

360000－1901－0033333　415051－13
先得月樓詩草一卷賦草一卷　(清)潘江撰　清光緒十一年(1885)兼山堂刻本　一册

360000－1901－0033334　415051－14
先得月樓詩草一卷賦草一卷　(清)潘江撰　清光緒十一年(1885)兼山堂刻本　一册

360000－1901－0033335　415051－15
先得月樓詩草一卷賦草一卷　(清)潘江撰　清光緒十一年(1885)兼山堂刻本　一册

360000－1901－0033336　415051－16
先得月樓詩草一卷賦草一卷　(清)潘江撰　清光緒十一年(1885)兼山堂刻本　一册

360000－1901－0033337　415051－17
先得月樓詩草一卷賦草一卷　(清)潘江撰　清光緒十一年(1885)兼山堂刻本　一册

360000－1901－0033338　415051－18
先得月樓詩草一卷賦草一卷　(清)潘江撰　清光緒十一年(1885)兼山堂刻本　一册

360000－1901－0033339　415051－19

先得月樓詩草一卷賦草一卷　(清)潘江撰　清光緒十一年(1885)兼山堂刻本　一冊

360000－1901－0033340　415051－2
先得月樓詩草一卷賦草一卷　(清)潘江撰　清光緒十一年(1885)兼山堂刻本　一冊

360000－1901－0033341　415051－20
先得月樓詩草一卷賦草一卷　(清)潘江撰　清光緒十一年(1885)兼山堂刻本　一冊

360000－1901－0033342　415051－21
先得月樓詩草一卷賦草一卷　(清)潘江撰　清光緒十一年(1885)兼山堂刻本　一冊

360000－1901－0033343　415051－3
先得月樓詩草一卷賦草一卷　(清)潘江撰　清光緒十一年(1885)兼山堂刻本　一冊

360000－1901－0033344　415051－4
先得月樓詩草一卷賦草一卷　(清)潘江撰　清光緒十一年(1885)兼山堂刻本　一冊

360000－1901－0033345　415051－5
先得月樓詩草一卷賦草一卷　(清)潘江撰　清光緒十一年(1885)兼山堂刻本　一冊

360000－1901－0033346　415051－6
先得月樓詩草一卷賦草一卷　(清)潘江撰　清光緒十一年(1885)兼山堂刻本　一冊

360000－1901－0033347　415051－7
先得月樓詩草一卷賦草一卷　(清)潘江撰　清光緒十一年(1885)兼山堂刻本　二冊

360000－1901－0033348　415051－8
先得月樓詩草一卷賦草一卷　(清)潘江撰　清光緒十一年(1885)兼山堂刻本　一冊

360000－1901－0033349　415051－9
先得月樓詩草一卷賦草一卷　(清)潘江撰　清光緒十一年(1885)兼山堂刻本　一冊

360000－1901－0033350　121521
先府君[陳寶箴]行狀一卷　(清)陳三立撰　清光緒二十六年(1900)刻本　一冊

360000－1901－0033351　306187
先儒趙子言行錄二卷　(元)趙復撰　(清)陳廷鈞纂述　(清)陳廷儒校編　清同治九年(1870)楚北崇文書局刻本　二冊

360000－1901－0033352　230064
先儒正修錄三卷　(清)于準輯　清康熙刻本　三冊　存一卷(前帙)

360000－1901－0033353　901556
先生名家小題授讀文鈔不分卷　(□)□□撰　清刻本　四冊

360000－1901－0033354　802077
先天後天神數一卷　(□)□□撰　清乾隆四十一年(1776)華泉抄本　一冊

360000－1901－0033355　802087
先天薩翁保病驅治家書檄文牒劄符篆總集不分卷　(清)□□撰　清乾隆四十九年(1784)彭城紹成抄本　一冊

360000－1901－0033356　405528
先天易數不分卷　(清)江乙全撰　清光緒五年(1879)文星堂刻本　一冊

360000－1901－0033357　803968
先天易數不分卷　(清)江乙全撰　清劉光永抄本　一冊

360000－1901－0033358　803597
先天易數不分卷　(清)江乙全撰　清潘紱文抄本　一冊

360000－1901－0033359　417327
先天諸階訣書一卷　(□)□□撰　清道光十四年(1834)袁攝啓抄本　一冊

360000－1901－0033360　310705
先文恭公[陳弘謀]年譜十二卷　(清)陳鍾珂撰　清刻本　四冊

360000－1901－0033361　301931
先文恭公自訂年譜一卷　(清)潘世恩撰　清同治二年(1863)吳門潘儀鳳刻本　一冊

360000－1901－0033362　803714
先醒齋醫學廣筆記十四卷炮炙大法一卷用藥凡例一卷　(明)繆希雍撰　(明)丁元薦輯

清抄本　一册　存十三卷(一至十三)

360000 – 1901 – 0033363　163869
先正程墨盛集不分卷　(清)俞長城評定　明嘉靖可儀堂刻本　一册

360000 – 1901 – 0033364　803382
先正讀書訣一卷　(清)周永年輯　**周先生傳一卷**　(清)桂馥撰　**周書昌先生别傳一卷**　(清)章學誠撰　清抄本　一册

360000 – 1901 – 0033365　301373
先正讀書訣一卷　(清)周永年輯　**周先生傳一卷**　(清)桂馥撰　**周書昌先生别傳一卷**　(清)章學誠撰　清光緒四年(1878)刻本　一册

360000 – 1901 – 0033366　301374
先正讀書訣一卷　(清)周永年輯　**周先生傳一卷**　(清)桂馥撰　**周書昌先生别傳一卷**　(清)章學誠撰　清光緒四年(1878)刻本　一册

360000 – 1901 – 0033367　416850
先正讀書訣一卷　(清)周永年輯　**周先生傳一卷**　(清)桂馥撰　**周書昌先生别傳一卷**　(清)章學誠撰　清光緒四年(1878)刻本　一册

360000 – 1901 – 0033368　901741
先正小題一編不分卷　(清)俞長城評定　清可儀堂刻本　一册

360000 – 1901 – 0033369　416885
先正遺規二卷　(清)汪正輯　清同治十年(1871)木犀軒刻本　二册

360000 – 1901 – 0033370　416886
先正遺規四卷　(清)汪正輯　清道光二十四年(1844)刻本　一册

360000 – 1901 – 0033371　301504
鮮虞中山國事表疆域圖説一卷　王先謙撰　清光緒九年(1883)長沙王氏刻本　一册

360000 – 1901 – 0033372　400975
鮮虞中山國事表疆域圖説一卷　王先謙撰　清光緒九年(1883)長沙王氏刻本　一册

360000 – 1901 – 0033373　230435
弦雪居重訂遵生八牋十九卷總目一卷　(明)高濂撰　(明)鍾惺重訂　明刻本　三册　存二卷(四、十五)

360000 – 1901 – 0033374　408163
弦雪居重訂遵生八牋十九卷總目一卷　(明)高濂撰　(明)鍾惺重訂　明末刻本　一册　存一卷(十七)

360000 – 1901 – 0033375　230436
弦雪居重訂遵生八牋十九卷總目一卷　(明)高濂撰　(明)鍾惺重訂　明末刻本(卷十五配明刻本)　五册　存七卷(四至七、九、十一、十五)

360000 – 1901 – 0033376　407655
弦雪居重訂遵生八箋十九卷總目一卷　(明)高濂撰　(明)鍾惺重訂　明刻本　一册　存一卷(十五)

360000 – 1901 – 0033377　110779
咸淳臨安志一百卷　(宋)潛説友纂　**校栞咸淳臨安志札記三卷**　(清)黄士珣撰　清道光十年(1830)錢塘汪氏振綺堂刻本　二十四册　存九十九卷(一至九十、九十二至九十七,校栞咸淳臨安志札記三卷)

360000 – 1901 – 0033378　420253
咸淳臨安志一百卷　(宋)潛説友纂　**校栞咸淳臨安志札記三卷**　(清)黄士珣撰　清道光十年(1830)錢塘汪氏振綺堂刻本　二十四册　存九十九卷(一至八十九、九十一至九十七,校栞咸淳臨安志札記三卷)

360000 – 1901 – 0033379　110546
咸淳臨安志一百卷　(宋)潛説友纂　**校栞咸淳臨安志札記三卷**　(清)黄士珣撰　清道光十年(1830)錢塘汪氏振綺堂刻同治六年(1867)補刻本　二十四册　缺五卷(六十四、九十、九十八至一百)

360000 – 1901 – 0033380　110547
咸淳臨安志一百卷　(宋)潛説友纂　**校栞咸**

淳臨安志札記三卷 （清）黄士珣撰　清道光十年（1830）錢塘汪氏振綺堂刻同治六年（1867）補刻本　二十四册　缺五卷（六十四、九十、九十八至一百）

360000－1901－0033381　800932

咸豐庚申年預行辛酉科江西選拔貢卷一卷同治壬戌恩科並補行戊午正科江西鄉試硃卷一卷 （清）胡廷玉撰　清同治刻本　一册

360000－1901－0033382　901994

咸豐辛酉科竝同治壬戌恩科浙江鄉試硃卷不分卷 （清）張祥椿等撰　清同治刻本　一册

360000－1901－0033383　240905

咸陟堂詩集十七卷文集二十五卷 （清）釋成鷲撰　清康熙四十八年（1709）刻本　十二册

360000－1901－0033384　407824

絃詩塾詩六卷 （清）姚清華撰　清光緒刻金山姚程三先生遺集本　二册　存四卷（一至四）

360000－1901－0033385　121690

閑雲館問奇集二卷 （明）張位輯　清培風堂刻本　一册

360000－1901－0033386　230410

閒居録一卷 （元）吾衍撰　清乾隆四十一年（1776）吾氏竹素山房刻本　一册

360000－1901－0033387　405051

閒居偶草一卷 （清）鄧珏撰　清道光二十九年（1849）刻本　一册

360000－1901－0033388　121723

閒居偶草一卷 （清）鄧珏撰　清道光二十九年（1849）擁城書屋刻本　一册

360000－1901－0033389　410992

閒居述懷一卷 （清）彭俊生撰　清刻本　一册

360000－1901－0033390　164125

閒情偶寄十六卷 （清）李漁撰　清刻本　三册　存十三卷（四至十六）

360000－1901－0033391　405050

閒吟詩草六卷 （清）藍騰芳撰　清刻本　一册　存四卷（三至六）

360000－1901－0033392　123366

顯考仙屏府君［許振禕］行述一卷 （清）許恩緝撰　清光緒刻本　一册

360000－1901－0033393　402130

顯考仙屏府君［許振禕］行述一卷 （清）許恩緝撰　清光緒刻本　一册

360000－1901－0033394　402130－1

顯考仙屏府君［許振禕］行述一卷 （清）許恩緝撰　清光緒刻本　一册

360000－1901－0033395　409323

顯考仙屏府君［許振禕］行述一卷 （清）許恩緝撰　清刻本　一册

360000－1901－0033396　409324

顯考仙屏府君［許振禕］行述一卷 （清）許恩緝撰　清刻本　一册

360000－1901－0033397　410994

顯考仙屏府君［許振禕］行述一卷 （清）許恩緝撰　清刻本　一册

360000－1901－0033398　410994－1

顯考仙屏府君［許振禕］行述一卷 （清）許恩緝撰　清刻本　一册

360000－1901－0033399　601884

顯考仙屏府君［許振禕］行述一卷 （清）許恩緝撰　清刻本　一册

360000－1901－0033400　603547

顯考仙屏府君［許振禕］行述一卷 （清）許恩緝撰　清刻本　一册

360000－1901－0033401　603547－1

顯考仙屏府君［許振禕］行述一卷 （清）許恩緝撰　清刻本　一册

360000－1901－0033402　603547－2

顯考仙屏府君［許振禕］行述一卷 （清）許恩緝撰　清刻本　一册

360000－1901－0033403　603547－3

顯考仙屏府君[許振禕]行述一卷 (清)許恩緝撰 清刻本 一册

360000－1901－0033404 603547－4
顯考仙屏府君[許振禕]行述一卷 (清)許恩緝撰 清刻本 一册

360000－1901－0033405 310136
顯密圓通成佛心要集二卷 (遼)釋道㲀輯 清同治十一年(1872)金陵刻經處刻本 一册

360000－1901－0033406 406906
顯密圓通成佛心要集二卷 (遼)釋道㲀輯 清同治十一年(1872)金陵刻經處刻本 一册

360000－1901－0033407 306456
顯志堂稿十二卷 (清)馮桂芬撰 清光緒二年(1876)校邠廬刻本 三册 存九卷(一至二、六至十二)

360000－1901－0033408 163298
顯志堂稿十二卷 (清)馮桂芬撰 清光緒二年(1876)校邠廬刻本 六册

360000－1901－0033409 163299
顯志堂稿十二卷 (清)馮桂芬撰 清光緒二年(1876)校邠廬刻本 六册

360000－1901－0033410 315859
顯志堂稿十二卷 (清)馮桂芬撰 清光緒二年(1876)校邠廬刻本 八册

360000－1901－0033411 410105
峴嶕山房詩集初編八卷續編四卷 (清)董文渙撰 清同治七年(1868)、十年(1871)刻本 六册

360000－1901－0033412 240492
峴泉集六卷 (明)張宇初撰 清乾隆十九年(1754)張昭麟刻本 六册

360000－1901－0033413 240493
峴泉集六卷 (明)張宇初撰 清乾隆十九年(1754)張昭麟刻本 六册

360000－1901－0033414 305342
峴傭說詩一卷 (清)施補華撰 清末石印本 一册

360000－1901－0033415 301085
現今世界大勢論一卷 梁啓超譯撰 清光緒二十八年(1902)廣智書局刻本 一册

360000－1901－0033416 309885
現今世界大勢論一卷 梁啓超譯撰 清光緒二十八年(1902)刻本 一册

360000－1901－0033417 401836
現今世界大勢論一卷 梁啓超譯撰 清光緒二十八年(1902)刻本 一册

360000－1901－0033418 406412
憲法法理要義二卷 王鴻年撰 清光緒二十八年(1902)鉛印本 二册

360000－1901－0033419 406411
憲法古義三卷 湯壽潛撰 清光緒三十一年(1905)上海點石齋書局鉛印本 一册

360000－1901－0033420 406411－1
憲法古義三卷 湯壽潛撰 清光緒三十一年(1905)上海點石齋書局鉛印本 一册

360000－1901－0033421 406411－2
憲法古義三卷 湯壽潛撰 清光緒三十一年(1905)上海點石齋書局鉛印本 一册

360000－1901－0033422 406411－3
憲法古義三卷 湯壽潛撰 清光緒三十一年(1905)上海點石齋書局鉛印本 一册

360000－1901－0033423 406411－4
憲法古義三卷 湯壽潛撰 清光緒三十一年(1905)上海點石齋書局鉛印本 一册

360000－1901－0033424 406409
憲法精理二卷 (清)周逵編譯 清光緒鉛印本 一册

360000－1901－0033425 308378
憲廟硃批諭旨不分卷 (清)鄂爾泰等輯 清光緒十三年(1887)上海廣百宋齋鉛印本 五十六册

360000－1901－0033426 308379
憲廟硃批諭旨不分卷 (清)鄂爾泰等輯 清光緒十三年(1887)上海廣百宋齋鉛印本 四

十六册

360000－1901－0033427　308513

憲廟硃批諭旨不分卷　(清)鄂爾泰等輯　清光緒十三年(1887)上海廣百宋齋鉛印本　四册　存二函(第十七函五至六册、第十八函一至六册)

360000－1901－0033428　406413

憲政編查館會奏遵議變通府廳州縣地方審判廳辦法摺一卷憲政編查館會奏酌擬各省法官變通迴避辦法摺一卷憲政編查館奏擬訂宗室覺羅訴訟章程摺一卷　(清)憲政編查館編　清宣統二年(1910)刻本　三册

360000－1901－0033429　308982－3

憲政增補最新職官全録不分卷(清光緒三十四年)　(清)□□編　清末京都榮寶齋鉛印本(序及目録爲刻本)　一册

360000－1901－0033430　121150

相理衡真十卷首一卷　(清)陳釗撰　清道光十三年(1833)刻本　五册　存九卷(一、四至十,首一卷)

360000－1901－0033431　417213

相理衡真十卷首一卷　(清)陳釗撰　清道光十三年(1833)樵雲居刻本　三册　存五卷(一、四至五、十,首一卷)

360000－1901－0033432　417213－1

相理衡真十卷首一卷　(清)陳釗撰　清道光十三年(1833)樵雲居刻本　一册　存一卷(十)

360000－1901－0033433　417213－2

相理衡真十卷首一卷　(清)陳釗撰　清刻本　一册　存三卷(一至二、首一卷)

360000－1901－0033434　804518

相理衡真十卷首一卷　(清)陳釗撰　清刻本　一册　存一卷(十)

360000－1901－0033435　804518－1

相理衡真十卷首一卷　(清)陳釗撰　清刻本　一册　存二卷(六至七)

360000－1901－0033436　600221－21

相臺書塾刊正九經三傳沿革例一卷　(宋)廖瑩中撰　(元)岳浚增補　清光緒三年(1877)湖北崇文書局刻本　一册

360000－1901－0033437　160018

相臺書塾刊正九經三傳沿革例一卷　(宋)廖瑩中撰　(元)岳浚增補　清嘉慶十九年(1814)汪紹成影宋刻本　一册

360000－1901－0033438　160019

相臺書塾刊正九經三傳沿革例一卷　(宋)廖瑩中撰　(元)岳浚增補　清嘉慶十九年(1814)汪紹成影宋刻本　一册

360000－1901－0033439　402662

相臺書塾刊正九經三傳沿革例一卷　(宋)廖瑩中撰　(元)岳浚增補　清嘉慶十九年(1814)汪紹成影宋刻本　一册

360000－1901－0033440　317871

相雨書一卷　(唐)黄子發撰　清光緒桐廬袁氏刻本　一册

360000－1901－0033441　803963

相雜曰文不分卷　(清)□□輯　清抄本　一册

360000－1901－0033442　310132

相宗八要解八卷　(唐)釋玄奘譯　(明)釋明昱集解　清光緒二十八年(1902)金陵刻經處刻本　三册

360000－1901－0033443　310192

相宗八要直解八卷　(唐)釋玄奘譯　(明)釋明昱集解　清同治九年(1870)金陵刻經處刻本　二册

360000－1901－0033444　301179

香南雪北詞不分卷　(清)吴藻撰　清道光二十四年(1844)刻本　一册

360000－1901－0033445　409888

香山詩鈔二十卷　(唐)白居易撰　(清)楊大鶴選　清康熙刻本　一册　存四卷(一至四)

360000－1901－0033446　316737

香山詩鈔二十卷　(唐)白居易撰　(清)楊大鶴選　清康熙四十年(1701)刻本　六冊

360000－1901－0033447　409887
香山詩選六卷　(唐)白居易撰　(清)曹文埴訂　清光緒十七年(1891)金陵書局刻本　二冊

360000－1901－0033448　409886
香山詩選六卷　(唐)白居易撰　(清)曹文埴訂　清乾隆刻本　二冊

360000－1901－0033449　230376
香墅漫鈔四卷　(清)曾廷枚輯　清乾隆五十二年(1787)南城曾氏家塾刻本　四冊

360000－1901－0033450　121217
香墅漫鈔四卷續四卷又續四卷　(清)曾廷枚輯　清嘉慶十一年(1806)刻本　八冊

360000－1901－0033451　230377
香墅漫鈔四卷續四卷又續四卷　(清)曾廷枚輯　清乾隆五十二年(1787)南城曾氏家塾刻五十九年(1794)、六十年(1795)續刻本　七冊　存八卷(香墅漫鈔四卷、續一至二、又續一至二)

360000－1901－0033452　409942
香樹齋詩集十八卷　(清)錢陳羣撰　清刻本　三冊　存十二卷(一至十二)

360000－1901－0033453　409940
香樹齋詩續集三十六卷文集續鈔五卷　(清)錢陳羣撰　清乾隆刻本　十二冊

360000－1901－0033454　409941
香樹齋詩續集三十六卷文集續鈔五卷　(清)錢陳羣撰　清乾隆刻本　三冊　存十四卷(香樹齋詩續集一至十二、文集續鈔三至四)

360000－1901－0033455　418161
香蘇山館古體詩鈔十七卷今體詩鈔十九卷　(清)吳嵩梁撰　清光緒二十三年(1897)刻本　六冊　存二十二卷(香蘇山館古體詩鈔一至三、八至十,今體詩鈔一至十六)

360000－1901－0033456　418161－1
香蘇山館古體詩鈔十七卷今體詩鈔十九卷　(清)吳嵩梁撰　清光緒二十三年(1897)刻本　一冊　存四卷(今體詩鈔一至四)

360000－1901－0033457　601453
香蘇山館古體詩鈔十四卷今體詩鈔十六卷　(清)吳嵩梁撰　清嘉慶二十三年(1818)刻本　八冊

360000－1901－0033458　418160－1
香蘇山館古體詩集十四卷今體詩集十四卷詞一卷文集二卷　(清)吳嵩梁撰　清道光二十三年(1843)刻香蘇山館全集本　一冊　存四卷(香蘇山館古體詩集一至四)

360000－1901－0033459　418160
香蘇山館全集　(清)吳嵩梁撰　清道光二十三年(1843)刻本　九冊　存十四種

360000－1901－0033460　121218
香蘇山館全集　(清)吳嵩梁撰　清道光二十三年(1843)石溪舫刻本　十六冊

360000－1901－0033461　121219
香蘇山館全集　(清)吳嵩梁撰　清道光二十三年(1843)石溪舫刻本　十二冊

360000－1901－0033462　121221
香蘇山館詩鈔三十卷　(清)吳嵩梁撰　清嘉慶二十三年(1818)刻本　四冊

360000－1901－0033463　121222
香蘇山館詩鈔三十六卷　(清)吳嵩梁撰　清光緒二十三年(1897)三益文社刻本　八冊

360000－1901－0033464　121220
香蘇山館文集二卷　(清)吳嵩梁撰　清刻本　二冊

360000－1901－0033465　410653
香亭文集初編十二卷　(清)劉夢蓮撰　清道光十六年(1836)刻醉月樓全集本　四冊　存八卷(一至二、五至十)

360000－1901－0033466　418473－1
香消酒醒詞一卷香消酒醒曲一卷　(清)趙慶熺撰　清光緒十一年(1885)仁和許善長碧聲

吟館刻本　一册

360000－1901－0033467　409876
香屑集十八卷首一卷末一卷　（清）黄之雋撰　（清）陳邦直校注　清雍正十二年（1734）刻本　六册

360000－1901－0033468　308521
香雪巢詩鈔十二卷集句一卷　（清）徐兆豐撰　清光緒二十七年（1901）龍津使署刻本　四册

360000－1901－0033469　150609
香艷叢書　（清）蟲天子輯　清宣統國學扶輪社鉛印本　六十四册　存二百四十八種

360000－1901－0033470　150682
香艷叢書　（清）蟲天子輯　清宣統國學扶輪社鉛印本　七十九册　存二百二十種

360000－1901－0033471　415148
香蔭樓草不分卷　（清）錢孚威撰　（清）錢振倫輯　清光緒十二年（1886）刻本　一册

360000－1901－0033472　241016
香樟齋詩集十八卷　（清）錢陳羣撰　清乾隆十六年（1751）刻本　六册

360000－1901－0033473　230428
香祖筆記十二卷　（清）王士禛撰　清康熙刻乾隆重修本　四册

360000－1901－0033474　162500
香祖筆記十二卷　（清）王士禛撰　清康熙四十四年（1705）刻本　四册

360000－1901－0033475　162501
香祖筆記十二卷　（清）王士禛撰　清康熙四十四年（1705）刻本　四册

360000－1901－0033476　162502
香祖筆記十二卷　（清）王士禛撰　清康熙四十四年（1705）刻本　四册

360000－1901－0033477　413928
香祖筆記十二卷　（清）王士禛撰　清宣統三年（1911）掃葉山房石印本　四册

360000－1901－0033478　121215
香祖樓二卷　（清）蔣士銓撰　清刻本　二册

360000－1901－0033479　401779
鄉黨考便讀一卷　（清）董惠芝輯　清光緒二年（1876）新安董氏一席居刻本　一册

360000－1901－0033480　401780
鄉黨考便讀一卷　（清）董惠芝輯　清光緒二年（1876）新安董氏一席居刻本　一册

360000－1901－0033481　401781
鄉黨考便讀一卷　（清）董惠芝輯　清光緒二年（1876）新安董氏一席居刻本　一册

360000－1901－0033482　401782
鄉黨考便讀一卷　（清）董惠芝輯　清光緒二年（1876）新安董氏一席居刻本　一册

360000－1901－0033483　401783
鄉黨考便讀一卷　（清）董惠芝輯　清光緒二年（1876）新安董氏一席居刻本　一册

360000－1901－0033484　401777
鄉黨俟正一卷　（清）陳榘撰　清道光六年（1826）刻本　一册

360000－1901－0033485　601660
鄉黨圖考十卷　（清）江永撰　清宏道堂刻本　四册

360000－1901－0033486　601658
鄉黨圖考十卷　（清）江永撰　清嘉慶二年（1797）刻本　四册　存八卷（一至八）

360000－1901－0033487　601659
鄉黨圖考十卷　（清）江永撰　清嘉慶二十年（1815）刻本　三册　存七卷（一至七）

360000－1901－0033488　713648
鄉黨圖考十卷　（清）江永撰　清嘉慶二十年（1815）刻本　四册

360000－1901－0033489　713649
鄉黨圖考十卷　（清）江永撰　清嘉慶二十年（1815）刻本　四册

360000－1901－0033490　413650

鄉黨圖考十卷 （清）江永撰　清嘉慶二十四年（1819）掃葉山房刻本　五册　存八卷（一至六、九至十）

360000－1901－0033491　413651
鄉黨圖考十卷 （清）江永撰　清嘉慶元年（1796）潛德堂刻本　四册

360000－1901－0033492　405512
鄉黨圖考十卷 （清）江永撰　清刻本　四册

360000－1901－0033493　601657
鄉黨圖考十卷 （清）江永撰　清刻本　一册　存五卷（六至十）

360000－1901－0033494　601663
鄉黨圖考十卷 （清）江永撰　清刻本　一册　存三卷（四至六）

360000－1901－0033495　706403
鄉黨圖考十卷 （清）江永撰　清刻本　一册　存二卷（七至八）

360000－1901－0033496　706404
鄉黨圖考十卷 （清）江永撰　清刻本　一册　存二卷（九至十）

360000－1901－0033497　706405
鄉黨圖考十卷 （清）江永撰　清刻本　二册　存五卷（五至六、八至十）

360000－1901－0033498　713650
鄉黨圖考十卷 （清）江永撰　清刻本　五册

360000－1901－0033499　713651
鄉黨圖考十卷 （清）江永撰　清刻本　一册　存二卷（一至二）

360000－1901－0033500　713652
鄉黨圖考十卷 （清）江永撰　清刻本　一册　存三卷（一至三）

360000－1901－0033501　713653
鄉黨圖考十卷 （清）江永撰　清刻本　一册　存三卷（一至三）

360000－1901－0033502　713654
鄉黨圖考十卷 （清）江永撰　清刻本　一册　存二卷（三至四）

360000－1901－0033503　713656
鄉黨圖考十卷 （清）江永撰　清刻本　一册　存二卷（五至六）

360000－1901－0033504　713657
鄉黨圖考十卷 （清）江永撰　清刻本　一册　存二卷（一至二）

360000－1901－0033505　713664
鄉黨圖考十卷 （清）江永撰　清刻本　二册

360000－1901－0033506　713669
鄉黨圖考十卷 （清）江永撰　清刻本　一册　存二卷（三至四）

360000－1901－0033507　713670－1
鄉黨圖考十卷 （清）江永撰　清刻本　一册　存二卷（九至十）

360000－1901－0033508　722059
鄉黨圖考十卷 （清）江永撰　清刻本　一册　存三卷（五至七）

360000－1901－0033509　210387
鄉黨圖考十卷 （清）江永撰　清乾隆富裕堂刻本　四册

360000－1901－0033510　210386
鄉黨圖考十卷 （清）江永撰　清乾隆刻本　五册

360000－1901－0033511　713659
鄉黨圖考十卷 （清）江永撰　清乾隆三十八年（1773）刻本　二册　存四卷（一至四）

360000－1901－0033512　713660
鄉黨圖考十卷 （清）江永撰　清乾隆三十八年（1773）刻本　三册　存六卷（一至六）

360000－1901－0033513　713661
鄉黨圖考十卷 （清）江永撰　清乾隆三十八年（1773）刻本　二册　存四卷（一至四）

360000－1901－0033514　713662
鄉黨圖考十卷 （清）江永撰　清乾隆三十八年（1773）刻本　二册　存五卷（一至五）

360000－1901－0033515　713663
鄉黨圖考十卷　(清)江永撰　清乾隆三十八年(1773)刻本　二冊　存四卷(一至四)

360000－1901－0033516　713665
鄉黨圖考十卷　(清)江永撰　清乾隆三十八年(1773)刻本　二冊　存四卷(一至二、四至五)

360000－1901－0033517　713666
鄉黨圖考十卷　(清)江永撰　清乾隆三十八年(1773)刻本　一冊　存二卷(三至四)

360000－1901－0033518　713667
鄉黨圖考十卷　(清)江永撰　清乾隆三十八年(1773)刻本　二冊　存四卷(三至四、八至九)

360000－1901－0033519　713668
鄉黨圖考十卷　(清)江永撰　清乾隆三十八年(1773)刻本　一冊　存二卷(五至六)

360000－1901－0033520　713670
鄉黨圖考十卷　(清)江永撰　清乾隆三十八年(1773)刻本　一冊　存二卷(四至五)

360000－1901－0033521　210380
鄉黨圖考十卷　(清)江永撰　清乾隆三十八年(1773)潛德堂刻本　四冊

360000－1901－0033522　210381
鄉黨圖考十卷　(清)江永撰　清乾隆三十八年(1773)潛德堂刻本　四冊

360000－1901－0033523　210382
鄉黨圖考十卷　(清)江永撰　清乾隆三十八年(1773)潛德堂刻本　四冊

360000－1901－0033524　210383
鄉黨圖考十卷　(清)江永撰　清乾隆三十八年(1773)潛德堂刻本　五冊

360000－1901－0033525　210384
鄉黨圖考十卷　(清)江永撰　清乾隆三十八年(1773)潛德堂刻本　四冊

360000－1901－0033526　210385
鄉黨圖考十卷　(清)江永撰　清乾隆三十八年(1773)潛德堂刻本　四冊　缺二卷(九至十)

360000－1901－0033527　413656
鄉黨圖考十卷　(清)江永撰　清乾隆三十八年(1773)潛德堂刻本　四冊

360000－1901－0033528　413657
鄉黨圖考十卷　(清)江永撰　清乾隆三十八年(1773)潛德堂刻本　四冊　存八卷(一至八)

360000－1901－0033529　413658
鄉黨圖考十卷　(清)江永撰　清乾隆三十八年(1773)潛德堂刻本　四冊

360000－1901－0033530　413659
鄉黨圖考十卷　(清)江永撰　清乾隆三十八年(1773)潛德堂刻本　五冊

360000－1901－0033531　413663
鄉黨圖考十卷　(清)江永撰　清乾隆三十九年(1774)潛德堂刻本　三冊

360000－1901－0033532　413670
鄉黨圖考十卷　(清)江永撰　清乾隆五十八年(1793)金閶書業堂刻本　四冊

360000－1901－0033533　413665
鄉黨圖考十卷　(清)江永撰　清乾隆五十二年(1787)潛德堂刻本　四冊

360000－1901－0033534　413669
鄉黨圖考十卷　(清)江永撰　清乾隆五十二年(1787)致和堂刻本　五冊

360000－1901－0033535　210388
鄉黨圖考十卷　(清)江永撰　清乾隆學源堂刻本　四冊

360000－1901－0033536　413666
鄉黨圖考十卷　(清)江永撰　清學源堂刻本　四冊

360000－1901－0033537　413667
鄉黨圖考十卷　(清)江永撰　清學源堂刻本　四冊

360000－1901－0033538　413668
鄉黨圖考十卷　（清）江永撰　清學源堂刻本　五冊

360000－1901－0033539　713655
鄉黨文補編不分卷　（清）江永輯　清山帶樓刻本　一冊

360000－1901－0033540　413654
鄉黨文正編不分卷　（清）江永輯　清山帶樓刻本　三冊

360000－1901－0033541　401786
鄉黨義考七卷　（清）胡薰輯　（清）胡顧編　清乾隆六十年（1795）中林書屋刻本　五冊　存五卷（一至二、五至七）

360000－1901－0033542　401787
鄉黨義考七卷　（清）胡薰輯　（清）胡顧編　清乾隆六十年（1795）中林書屋刻本　五冊　存五卷（一、三至五、七）

360000－1901－0033543　401792
鄉黨應酬六卷　（清）鄧炳震輯　清光緒二十年（1894）寶慶澹雅局刻本　三冊　存三卷（一、五至六）

360000－1901－0033544　401791
鄉黨應酬六卷　（清）鄧炳震輯　清光緒十一年（1885）刻本　四冊

360000－1901－0033545　805422
鄉黨應酬六卷　（清）鄧炳震輯　清刻本　一冊　存二卷（四至五）

360000－1901－0033546　401785
鄉會翰苑須知一卷欽定詞館儀式一卷　（清）程恭壽輯　清光緒三年（1877）刻本　一冊

360000－1901－0033547　901399
鄉會墨翔不分卷　（清）趙曉榮　（清）朱春生選評　清刻本　二冊

360000－1901－0033548　401795－1
鄉會文統不分卷　（清）□□輯　清光緒石印本　五冊

360000－1901－0033549　401784
鄉會須知一卷　（清）□□輯　清光緒二年（1876）刻本　一冊

360000－1901－0033550　901757
鄉會元魁新墨八卷　（清）市隱知新客輯　清光緒二十九年（1903）上海同文書社鉛印本　八冊

360000－1901－0033551　241537
鄉詩摭譚正集十卷首一卷　（清）楊希閔撰　稿本　四冊

360000－1901－0033552　241538
鄉詩摭譚正集十卷首一卷續集十卷　（清）楊希閔撰　稿本　八冊

360000－1901－0033553　122121
鄉詩摭譚正集十卷首一卷續集十卷　（清）楊希閔撰　清宣統二年（1910）刻本　八冊

360000－1901－0033554　122122
鄉詩摭譚正集十卷首一卷續集十卷　（清）楊希閔撰　清宣統二年（1910）刻本　八冊

360000－1901－0033555　122123
鄉詩摭譚正集十卷首一卷續集十卷　（清）楊希閔撰　清宣統二年（1910）刻本　八冊

360000－1901－0033556　601652
鄉詩摭譚正集十卷首一卷續集十卷　（清）楊希閔撰　清宣統二年（1910）新建夏敬莊刻本　六冊

360000－1901－0033557　402217
鄉試會試硃卷不分卷　（清）孫閎達等撰　清光緒刻本　一冊

360000－1901－0033558　305324
鄉守輯要合鈔十卷　（清）許乃釗輯　清刻本　一冊　存五卷（六至十）

360000－1901－0033559　301575
鄉守輯要合鈔十卷　（清）許乃釗輯　清咸豐二年（1852）刻本　二冊

360000－1901－0033560　313923
鄉守外編節要八卷　（清）許乃釗輯　（清）陸元烺節要　清咸豐二年（1852）刻三色套印本

一册

360000－1901－0033561　802783
鄉音字彙(婺源縣土音字彙編)不分卷　(清)□□撰　清抄本　一册

360000－1901－0033562　900780
鄉音字彙不分卷　(清)□□撰　清抄本　一册

360000－1901－0033563　801470
鄉音字彙不分卷　(清)□□撰　清呂鍾鳴抄本　二册

360000－1901－0033564　406044
鄉音字彙不分卷　(清)□□撰　清俞光遠抄本　一册

360000－1901－0033565　800351
鄉音字彙四卷　(清)□□撰　清胡熾庭抄本　一册

360000－1901－0033566　803582
鄉音字彙四卷　(清)□□撰　清胡炑來抄本　一册　存二卷(平聲、上聲)

360000－1901－0033567　802384
鄉音字義□□卷　(清)□□輯　清抄本　一册　存四卷(一至四)

360000－1901－0033568　804282
鄉音字義□□卷　(清)□□輯　清抄本　一册　存一卷(四)

360000－1901－0033569　800244
鄉韻備覽集要四卷　(清)李啓情輯　清光緒十三年(1887)李啓情抄本　一册　存二卷(二至三)

360000－1901－0033570　800511
鄉韻集要音釋雜字義四卷　(清)□□輯　清抄本　二册

360000－1901－0033571　240788
湘帆堂集二十六卷　(清)傅占衡撰　清康熙六十一年(1722)木活字印本　四册

360000－1901－0033572　240789
湘帆堂集二十六卷　(清)傅占衡撰　清乾隆七年(1742)傅氏青峰齋刻本　二册

360000－1901－0033573　240790
湘帆堂集二十六卷　(清)傅占衡撰　清乾隆七年(1742)傅氏青峰齋刻本　四册

360000－1901－0033574　415028
湘帆堂集二十六卷　(清)傅占衡撰　清乾隆七年(1742)傅氏青峰齋刻本　一册　存十一卷(十六至二十六)

360000－1901－0033575　300333
湘谷初稿八卷續稿八卷　(清)謝庭蘭撰　清光緒刻本　四册　存十一卷(湘谷初稿八卷、續稿一至三)

360000－1901－0033576　163528
湘谷初稿八卷吟稿四卷　(清)謝庭蘭撰　清光緒七年(1881)刻本　四册

360000－1901－0033577　305581
湘谷續稿七卷　(清)謝庭蘭撰　清光緒十五年(1889)刻本　一册　存四卷(四至七)

360000－1901－0033578　405474
湘管齋寓賞編六卷　(清)陳焯撰　清乾隆四十七年(1782)刻本　六册

360000－1901－0033579　313491
湘軍記二十卷　(清)王定安撰　清光緒十六年(1890)袖海山房石印本　四册

360000－1901－0033580　302077
湘軍記二十卷　(清)王定安撰　清光緒十五年(1889)江南書局刻本　十二册

360000－1901－0033581　302079
湘軍記二十卷　(清)王定安撰　清光緒十五年(1889)江南書局刻本　八册

360000－1901－0033582　302078
湘軍志十六卷　王闓運撰　清光緒二十四年(1898)致知書局鉛印本　二册

360000－1901－0033583　400609
湘軍志十六卷　王闓運撰　清光緒二十四年(1898)致知書局鉛印本　二册

360000－1901－0033584　309037
湘軍志十六卷　王闓運撰　清光緒十二年(1886)成都墨香書屋刻本　四冊

360000－1901－0033585　309498
湘軍志十六卷　王闓運撰　清光緒十二年(1886)成都墨香書屋刻本　四冊

360000－1901－0033586　400608
湘軍志十六卷　王闓運撰　清光緒十二年(1886)成都墨香書屋刻本　三冊　存十一卷(一至六、十二至十六)

360000－1901－0033587　309677
湘軍志十六卷　王闓運撰　清光緒五年(1879)刻本　四冊

360000－1901－0033588　161869
湘軍志十六卷　王闓運撰　清末刻本　四冊

360000－1901－0033589　300636
湘綺樓箋啟八卷　王闓運撰　清光緒三十三年(1907)長沙刻本　四冊

360000－1901－0033590　402984
湘綺樓全書　王闓運撰　清光緒、宣統刻本　二十一冊　存三種

360000－1901－0033591　304859
湘綺樓詩八卷夜雪集一卷後集一卷　王闓運撰　清光緒二十六年(1900)東州講舍刻本　四冊

360000－1901－0033592　300635
湘綺樓詩十四卷　王闓運撰　清光緒三十三年(1907)長沙刻本　四冊

360000－1901－0033593　300634
湘綺樓文集八卷　王闓運撰　清光緒三十三年(1907)長沙刻本　四冊

360000－1901－0033594　304858
湘綺樓文集八卷　王闓運撰　清光緒三十三年(1907)長沙刻本　四冊

360000－1901－0033595　304822
湘綺樓文集八卷詩集十四卷箋啟八卷　王闓運撰　清宣統二年(1910)國學扶輪社石印本　五冊　存十五卷(湘綺樓文集一至四、詩集五至十四、箋啟一)

360000－1901－0033596　411219
湘綺樓文集八卷詩集十四卷箋啟八卷　王闓運撰　清宣統二年(1910)國學扶輪社石印本　十二冊

360000－1901－0033597　804955
湘綺樓文集八卷詩集十四卷箋啟八卷　王闓運撰　清宣統二年(1910)國學扶輪社石印本　一冊　存二卷(箋啟二至三)

360000－1901－0033598　805042
湘綺樓文集八卷詩集十四卷箋啟八卷　王闓運撰　清宣統二年(1910)國學扶輪社石印本　一冊　存二卷(湘綺樓文集七至八)

360000－1901－0033599　163537
湘綺樓文集八卷詩集十四卷箋啟八卷　王闓運撰　清宣統二年(1910)上海國學扶輪社石印本　十二冊

360000－1901－0033600　220250
湘山野錄三卷　(宋)釋文瑩撰　清抄本　一冊

360000－1901－0033601　802745
湘潭新安會館案卷稿不分卷　(清)□□輯　清星江鳳山查味春品泉氏抄本　一冊

360000－1901－0033602　310044
湘鄉師相言兵事手函不分卷　(清)曾國藩撰並書　清光緒二十六年(1900)石印本　一冊

360000－1901－0033603　314218
湘學報類編不分卷　(清)湘督學使署編　清光緒湘督學使署刻本　九冊

360000－1901－0033604　302082
湘煙錄十六卷　(明)閔元京　(明)淩義渠輯　清嘉慶二十年(1815)淩氏鳳笙閣刻本　二冊

360000－1901－0033605　309291
湘煙錄十六卷　(明)閔元京　(明)淩義渠輯　清嘉慶六年(1801)淩氏鳳笙閣刻本　四冊

360000－1901－0033606　405477
湘煙小録　(清)陳裴之撰　清光緒十二年(1886)上海王氏刻本　一册

360000－1901－0033607　163527
湘中草六卷　(明)湯傳楹撰　清康熙二十四年(1685)刻本　一册

360000－1901－0033608　302921
薌圃詩草三十卷　(清)陶譽相撰　清刻本　八册

360000－1901－0033609　405491
薌圃詩草三十卷　(清)陶譽相撰　清刻本　一册　存三卷(十三至十五)

360000－1901－0033610　801596
襄陽府輿圖不分卷　(清)□□繪　清末石印本　一册

360000－1901－0033611　311045
襄陽金石略十二卷　(清)吳慶燾撰　清光緒三十三年(1907)刻本　四册

360000－1901－0033612　309427
襄陽四略　(清)吳慶燾撰　清光緒刻本　七册　存三種

360000－1901－0033613　163221
襄垣雪鴻集不分卷　(清)崔國因輯　清光緒二十六年(1900)刻本　一册

360000－1901－0033614　417047
祥刑古鑑二卷附編一卷　(清)宋邦僡輯　清同治二年(1863)刻本　一册　存一卷(上)

360000－1901－0033615　403995
詳訂古文評註全集八卷　(清)過珙　(清)黃越評選　清末石印本　六册　存六卷(二至七)

360000－1901－0033616　403995－1
詳訂古文評註全集八卷　(清)過珙　(清)黃越評選　清宣統元年(1909)上海書局石印本　一册　存一卷(一)

360000－1901－0033617　403974
詳訂古文評註全集十卷　(清)過珙　(清)黃越評選　清刻本　一册　存一卷(六)

360000－1901－0033618　403973
詳訂古文評註全集十卷　(清)過珙　(清)黃越評選　清咸豐三年(1853)刻本　五册　存五卷(一、四至六、八)

360000－1901－0033619　703996
詳訂古文評註全集十卷　(清)過珙　(清)黃越評選　清宣統元年(1909)上海書局石印本　二册　存二卷(二、八)

360000－1901－0033620　802281
詳訂四書難題問答二集不分卷　(清)陸嘉賓評　清刻本　一册　存上孟

360000－1901－0033621　309847
詳解九章算法札記一卷　(清)宋景昌撰　清道光二十二年(1842)刻本　一册

360000－1901－0033622　420301
詳校醫宗必讀十卷　(明)李中梓撰　清光緒二十八年(1902)刻本　三册　存六卷(一至四、七至八)

360000－1901－0033623　411208
詳註成均課士録合編不分卷　(清)程汝萃輯　清刻本　一册

360000－1901－0033624　800823
詳註成均課士録合編不分卷　(清)程汝萃輯　清刻本　一册

360000－1901－0033625　900512
詳註典制文琳五集　(清)倪鑑等輯　清刻本　一册　存一集(三)

360000－1901－0033626　900210
詳註分類飲香尺牘六卷　(清)飲香居士編　(清)白下慵隱子箋釋　清刻本　三册　存三卷(禮、樂、射)

360000－1901－0033627　900210－2
詳註分類飲香尺牘六卷　(清)飲香居士編　(清)白下慵隱子箋釋　清刻本　一册　存二卷(射、御)

360000－1901－0033628　900210－3

詳註分類飲香尺牘六卷 (清)飲香居士編 (清)白下慵隱子箋釋 清刻本 一册 存二卷(射、御)

360000－1901－0033629 900210－1
詳註分類飲香尺牘六卷 (清)飲香居士編 (清)白下慵隱子箋釋 清致德堂刻本 二册 存四卷(禮、樂、射、御)

360000－1901－0033630 404653
詳註分類飲香尺牘四卷首一卷 (清)飲香居士編 (清)白下慵隱子箋釋 清刻本 二册 存三卷(一、三,首一卷)

360000－1901－0033631 404653－1
詳註分類飲香尺牘四卷首一卷 (清)飲香居士編 (清)白下慵隱子箋釋 清刻本 二册 存二卷(一、三)

360000－1901－0033632 404654
詳註分類飲香尺牘四卷首一卷 (清)飲香居士編 (清)白下慵隱子箋釋 清刻本 四册

360000－1901－0033633 901462
詳註分類飲香尺牘四卷首一卷 (清)飲香居士編 (清)白下慵隱子箋釋 清刻本 一册 存二卷(一至二)

360000－1901－0033634 901463
詳註分類飲香尺牘四卷首一卷 (清)飲香居士編 (清)白下慵隱子箋釋 清刻本 一册 存一卷(二)

360000－1901－0033635 900396
詳註聊齋志異圖詠十六卷 (清)蒲松齡撰 (清)呂湛恩注 清光緒二十二年(1896)上海富文書局石印本 一册 存二卷(一至二)

360000－1901－0033636 162682
詳註聊齋志異圖詠十六卷 (清)蒲松齡撰 (清)呂湛恩注 清光緒十二年(1886)上海同文書局石印本 八册

360000－1901－0033637 421623
詳註聊齋志異圖詠十六卷 (清)蒲松齡撰 (清)呂湛恩注 清光緒十二年(1886)上海同文書局石印本 七册 存十四卷(一至十、十三至十六)

360000－1901－0033638 421624
詳註聊齋志異圖詠十六卷 (清)蒲松齡撰 (清)呂湛恩注 清光緒十二年(1886)上海同文書局石印本 三册 存六卷(一至二、十三至十六)

360000－1901－0033639 721627
詳註聊齋志異圖詠十六卷 (清)蒲松齡撰 (清)呂湛恩注 清光緒十二年(1886)上海同文書局石印本 一册 存九卷(八至十六)

360000－1901－0033640 900398
詳註聊齋志異圖詠十六卷 (清)蒲松齡撰 (清)呂湛恩注 清光緒十九年(1893)暢文書局石印本 二册 存四卷(一至四)

360000－1901－0033641 162678
詳註聊齋志異圖詠十六卷 (清)蒲松齡撰 (清)呂湛恩注 清光緒十四年(1888)鴻寶齋石印本 八册

360000－1901－0033642 900392－1
詳註聊齋志異圖詠十六卷 (清)蒲松齡撰 (清)呂湛恩注 清末廣益書局石印本 一册 存二卷(十三至十四)

360000－1901－0033643 900391
詳註聊齋志異圖詠十六卷 (清)蒲松齡撰 (清)呂湛恩注 清末簡青齋書局石印本 一册 存二卷(三至四)

360000－1901－0033644 900397
詳註聊齋志異圖詠十六卷 (清)蒲松齡撰 (清)呂湛恩注 清末錦章圖書局石印本 一册 存二卷(十三至十四)

360000－1901－0033645 900390
詳註聊齋志異圖詠十六卷 (清)蒲松齡撰 (清)呂湛恩注 清末上海育文書局石印本 一册 存二卷(一至二)

360000－1901－0033646 721630
詳註聊齋志異圖詠十六卷 (清)蒲松齡撰

(清)吕湛恩注　清末石印本　七册　存十四卷(一至十、十三至十六)

360000－1901－0033647　721630－1
詳註聊齋志異圖詠十六卷　(清)蒲松齡撰　(清)吕湛恩注　清末石印本　五册　存五卷(九至十一、十三至十四)

360000－1901－0033648　900381
詳註聊齋志異圖詠十六卷　(清)蒲松齡撰　(清)吕湛恩注　清末石印本　一册　存二卷(十三至十四)

360000－1901－0033649　900382
詳註聊齋志異圖詠十六卷　(清)蒲松齡撰　(清)吕湛恩注　清末石印本　一册　存二卷(十五至十六)

360000－1901－0033650　900383
詳註聊齋志異圖詠十六卷　(清)蒲松齡撰　(清)吕湛恩注　清末石印本　二册　存二卷(八至九)

360000－1901－0033651　900384
詳註聊齋志異圖詠十六卷　(清)蒲松齡撰　(清)吕湛恩注　清末石印本　五册　存十卷(三至十、十五至十六)

360000－1901－0033652　900384－1
詳註聊齋志異圖詠十六卷　(清)蒲松齡撰　(清)吕湛恩注　清末石印本　一册　存二卷(七至八)

360000－1901－0033653　900385
詳註聊齋志異圖詠十六卷　(清)蒲松齡撰　(清)吕湛恩注　清末石印本　三册　存六卷(五至六、九至十、十三至十四)

360000－1901－0033654　900386
詳註聊齋志異圖詠十六卷　(清)蒲松齡撰　(清)吕湛恩注　清末石印本　二册　存四卷(七至八、十三至十四)

360000－1901－0033655　900387
詳註聊齋志異圖詠十六卷　(清)蒲松齡撰　(清)吕湛恩注　清末石印本　三册　存六卷(一至四、十三至十四)

360000－1901－0033656　900392
詳註聊齋志異圖詠十六卷　(清)蒲松齡撰　(清)吕湛恩注　清末石印本　三册　存十二卷(三至四、七至十六)

360000－1901－0033657　900393
詳註聊齋志異圖詠十六卷　(清)蒲松齡撰　(清)吕湛恩注　清末石印本　三册　存六卷(九至十、十三至十六)

360000－1901－0033658　900394
詳註聊齋志異圖詠十六卷　(清)蒲松齡撰　(清)吕湛恩注　清末石印本　二册　存四卷(三至四、十三至十四)

360000－1901－0033659　900395
詳註聊齋志異圖詠十六卷　(清)蒲松齡撰　(清)吕湛恩注　清末石印本　二册　存四卷(九至十、十五至十六)

360000－1901－0033660　900395－1
詳註聊齋志異圖詠十六卷　(清)蒲松齡撰　(清)吕湛恩注　清末石印本　三册　存六卷(九至十、十三至十六)

360000－1901－0033661　901848
詳註聊齋志異圖詠十六卷　(清)蒲松齡撰　(清)吕湛恩注　清末石印本　三册　存六卷(五至八、十一至十二)

360000－1901－0033662　163040
詳註七家詩選　(清)張熙宇輯評　(清)張昶注釋　清道光十二年(1832)刻本　四册

360000－1901－0033663　901304
詳註七家詩選　(清)張熙宇輯評　(清)張昶注釋　清光緒十八年(1892)廣百宋齋鉛印本　三册　存五種

360000－1901－0033664　901317
詳註七家詩選　(清)張熙宇輯評　(清)張昶注釋　清務本堂刻本　一册　存四種

360000－1901－0033665　901317－1
詳註七家詩選　(清)張熙宇輯評　(清)張昶

注釋　清務本堂刻本　一册　存四種

360000－1901－0033666　901323
詳註七家詩選　(清)張熙宇輯評　(清)張昶注釋　清務本堂刻本　二册

360000－1901－0033667　404460
詳註確辨初學小題玉壺水不分卷　(清)吴肖元評選　清乾隆三十九年(1774)刻本　一册

360000－1901－0033668　407867
詳註嚶求集二卷　(清)繆艮撰　(清)倪照注　清末石印本　一册　存一卷(下)

360000－1901－0033669　405257
享帚集四卷　(清)楊豫成撰　清同治三年(1864)陵川楊氏刻本　三册　存三卷(一至二、四)

360000－1901－0033670　241052
向北堂集十八卷　(清)傅涵撰　清乾隆二十五年(1760)刻本　六册

360000－1901－0033671　241053
向北堂集十八卷　(清)傅涵撰　清乾隆二十五年(1760)刻本　七册　缺三卷(十六至十八)

360000－1901－0033672　301569
向果微言二卷述惜一卷　(清)方東樹撰　清道光二十九年(1849)刻本　三册

360000－1901－0033673　407802
向青閣讀詩類鈔六卷　(清)姚培謙輯　清刻本　三册　存四卷(一至四)

360000－1901－0033674　163656
向日堂詩集十六卷　(清)陳寅撰　清道光二年(1822)刻本　八册

360000－1901－0033675　405547
象後得義集四卷　(清)左性平撰　清嘉慶二十四年(1819)刻本　四册

360000－1901－0033676　240384
象山先生全集三十六卷　(宋)陸九淵撰　明嘉靖四十年(1561)何遷刻本　十六册

360000－1901－0033677　121503
象山先生全集三十六卷　(宋)陸九淵撰　清初刻本　二册　存八卷(二十七至三十四)

360000－1901－0033678　240386
象山先生全集三十六卷　(宋)陸九淵撰　**附録少湖徐先生學則辨一卷**　(明)徐階撰　清雍正二年(1724)刻本　十册

360000－1901－0033679　240387
象山先生全集三十六卷　(宋)陸九淵撰　**附録少湖徐先生學則辨一卷**　(明)徐階撰　清雍正二年(1724)刻本　七册　缺七卷(九至十四、少湖徐先生學則辨一卷)

360000－1901－0033680　240385
象山先生全集三十六卷　(宋)陸九淵撰　**附録少湖徐先生學則辯一卷**　(明)徐階撰　明嘉靖四十年(1561)刻清修本　十六册

360000－1901－0033681　121763
象臺首末七卷附録一卷　(宋)胡知柔輯　(清)胡宗元重編　清同治八年(1869)刻本　二册

360000－1901－0033682　121764
象臺首末七卷附録一卷　(宋)胡知柔輯　(清)胡宗元重編　清同治八年(1869)刻本　二册

360000－1901－0033683　121765
象臺首末七卷附録一卷　(宋)胡知柔輯　(清)胡宗元重編　清同治八年(1869)刻本　四册

360000－1901－0033684　601562
象臺首末七卷附録一卷　(宋)胡知柔輯　(清)胡宗元重編　清同治刻本　四册

360000－1901－0033685　404214
象形字譜二卷　(清)蔣和撰　清嘉慶元年(1796)刻本　一册　存一卷(上)

360000－1901－0033686　301577
象言破疑二卷　(清)劉一明撰　清嘉慶二十一年(1816)刻本　一册

360000－1901－0033687　300937
項城袁氏家集　丁振鐸輯　清宣統三年(1911)清芬閣鉛印本　五十六册

360000－1901－0033688　300936
項太史全稿不分卷　(明)項煜撰　清光緒十四年(1888)長沙經濟書局刻本　四册

360000－1901－0033689　405484
項太史全稿不分卷　(明)項煜撰　清刻本　三册

360000－1901－0033690　805369
項太史全稿不分卷　(明)項煜撰　清刻本　四册

360000－1901－0033691　405483
項太史全稿不分卷　(明)項煜撰　清乾隆五十一年(1786)刻本　四册

360000－1901－0033692　800345
肖情集□□卷　(清)□□撰　清抄本　一册　存二卷(五至六)

360000－1901－0033693　123451
逍遙山萬壽宮志二十二卷　(清)金桂馨　(清)漆逢源撰　清光緒四年(1878)刻本　十册

360000－1901－0033694　123452
逍遙山萬壽宮志二十二卷　(清)金桂馨　(清)漆逢源撰　清光緒四年(1878)刻本　十册

360000－1901－0033695　123527
逍遙山萬壽宮志二十二卷　(清)金桂馨　(清)漆逢源撰　清光緒四年(1878)刻本　十册

360000－1901－0033696　602060
逍遙山萬壽宮志二十二卷　(清)金桂馨　(清)漆逢源撰　清光緒四年(1878)刻本　十册

360000－1901－0033697　721093
逍遙山萬壽宮志二十二卷　(清)金桂馨　(清)漆逢源撰　清光緒四年(1878)刻本　十册

360000－1901－0033698　721198
逍遙山萬壽宮志二十二卷　(清)金桂馨　(清)漆逢源撰　清光緒四年(1878)刻本　十册

360000－1901－0033699　721200
逍遙山萬壽宮志二十二卷　(清)金桂馨　(清)漆逢源撰　清光緒四年(1878)刻本　七册　存十六卷(一至十六)

360000－1901－0033700　721201
逍遙山萬壽宮志二十二卷　(清)金桂馨　(清)漆逢源撰　清光緒四年(1878)刻本　八册　存十七卷(一至十一、十五至十六、十九至二十二)

360000－1901－0033701　602117
逍遙山萬壽宮志二十二卷　(清)金桂馨　(清)漆逢源撰　清刻本　一册　存二卷(九至十)

360000－1901－0033702　123528
逍遙山萬壽宮志二十二卷　(清)金桂馨　(清)漆逢源撰　清宣統三年(1911)刻本　九册　存二十卷(一至四、七至二十二)

360000－1901－0033703　421215
逍遙山萬壽宮志二十二卷　(清)金桂馨　(清)漆逢源撰　清宣統三年(1911)刻本　一册　存一卷(一)

360000－1901－0033704　123473
逍遙山萬壽宮志二十卷　(清)丁步上　(清)郭懋隆撰　清道光二十六年(1846)刻本　八册

360000－1901－0033705　123526
逍遙山萬壽宮志二十卷　(清)丁步上　(清)郭懋隆撰　清道光二十六年(1846)刻本　八册

360000－1901－0033706　220698
逍遙山萬壽宮志二十卷　(清)丁步上　(清)郭懋隆撰　清乾隆五年(1740)刻本　八册

360000－1901－0033707　220699
逍遙山萬壽宫志二十卷　(清)丁步上　(清)郭懋隆撰　清乾隆五年(1740)刻本　八册

360000－1901－0033708　421214
逍遙山萬壽宫志二十卷　(清)丁步上　(清)郭懋隆撰　清乾隆五年(1740)刻本　一册　存五卷(一至五)

360000－1901－0033709　404624
消閒述異三卷　(清)常謙尊輯　清道光二十年(1840)刻本　三册　存二卷(二至三)

360000－1901－0033710　303772
嘐嘐言六卷　(清)郭柏蔭撰　清光緒二十三年(1897)泰和縣署刻本　二册　存四卷(一至四)

360000－1901－0033711　304169
銷燬抽燬書目一卷　(□)□□輯　清光緒歸安姚氏刻本　一册

360000－1901－0033712　306435－4
蕭閒老人明秀集注六卷　(金)蔡松年撰　(金)魏道明注　清光緒二十一年(1895)臨桂王氏四印齋刻本　一册　存三卷(一至三)

360000－1901－0033713　407809
洨民叢稿一卷　(清)孫傳鳳撰　清光緒二十二年(1896)味經廬刻本　一册

360000－1901－0033714　414547
小倉山房尺牘八卷　(清)袁枚撰　(清)胡光斗箋釋　清乾隆五十四年(1789)隨園刻本　一册　存三卷(一至三)

360000－1901－0033715　414548
小倉山房尺牘八卷　(清)袁枚撰　(清)胡光斗箋釋　清乾隆五十四年(1789)隨園刻本　五册　存五卷(一至五)

360000－1901－0033716　421404
小倉山房尺牘十卷　(清)袁枚撰　清刻本　四册　存四卷(一、三、六至七)

360000－1901－0033717　421404－1
小倉山房尺牘十卷　(清)袁枚撰　清刻本　一册　存二卷(五至六)

360000－1901－0033718　421410
小倉山房尺牘十卷　(清)袁枚撰　清刻本　二册　存三卷(一、五至六)

360000－1901－0033719　421408
小倉山房尺牘十卷　(清)袁枚撰　清乾隆三十年(1765)刻本　三册　存五卷(一至二、四至六)

360000－1901－0033720　421409
小倉山房尺牘十卷　(清)袁枚撰　清乾隆五十九年(1794)刻本　一册　存三卷(一至三)

360000－1901－0033721　421411
小倉山房詩集三十七卷補遺二卷　(清)袁枚撰　清光緒十九年(1893)倉山舊主石印本　二册　存二十六卷(一至十六、三十至三十七,補遺二卷)

360000－1901－0033722　802176
小倉山房詩集三十七卷補遺二卷　(清)袁枚撰　清刻本　一册　存三卷(一至三)

360000－1901－0033723　801029
小倉山房詩集三十七卷補遺二卷　(清)袁枚撰　清末文明書局石印本　一册　存四卷(三十六至三十七、補遺二卷)

360000－1901－0033724　421381
小倉山房詩集三十七卷補遺二卷　(清)袁枚撰　清乾隆、嘉慶刻本　十四册　存三十七卷(小倉山房詩集三十七卷)

360000－1901－0033725　421384
小倉山房詩集三十七卷補遺二卷　(清)袁枚撰　清乾隆、嘉慶刻本　七册　存十三卷(六至八、二十八至二十九、三十一至三十六,補遺二卷)

360000－1901－0033726　421386
小倉山房詩集三十七卷補遺二卷　(清)袁枚撰　清乾隆、嘉慶刻本　五册　存十八卷(十四至三十一)

360000－1901－0033727　421387

小倉山房詩集三十七卷補遺二卷　(清)袁枚撰　清乾隆、嘉慶刻本　六冊　存十六卷(二十至三十五)

360000－1901－0033728　421387－1
小倉山房詩集三十七卷補遺二卷　(清)袁枚撰　清乾隆、嘉慶刻本　四冊　存十五卷(六至二十)

360000－1901－0033729　421385
小倉山房詩集三十七卷補遺二卷文集三十五卷　(清)袁枚撰　清乾隆、嘉慶刻本　七冊　存二十六卷(詩集一至八、十二至十五、二十至二十二、二十九至三十,文集九至十三、二十二至二十五)

360000－1901－0033730　421387－2
小倉山房詩集三十七卷補遺二卷文集三十五卷　(清)袁枚撰　清乾隆、嘉慶刻隨園三十種本　七冊　存二十四卷(詩集二十八至三十一、三十三至三十六,文集四至十、十二至十六、二十九至三十二)

360000－1901－0033731　421380
小倉山房詩集三十七卷補遺二卷文集三十五卷外集八卷　(清)袁枚撰　清乾隆、嘉慶刻本　十三冊　存六十七卷(詩集一至三十五、補遺二卷,文集三至九、十五至三十,外集一至七)

360000－1901－0033732　421382
小倉山房詩集三十七卷補遺二卷文集三十五卷外集八卷　(清)袁枚撰　清乾隆、嘉慶刻本　十六冊　存五十二卷(詩集六至三十二、三十六,補遺一;文集三至五、十五至十八、二十三至三十二;外集一至六)

360000－1901－0033733　421383
小倉山房詩集三十七卷補遺二卷文集三十五卷外集八卷　(清)袁枚撰　清乾隆、嘉慶刻本　五冊　存十七卷(詩集九至十二、十七至二十、二十八至三十二,外集一至四)

360000－1901－0033734　309595
小倉山房詩集三十一卷本朝文讀本一卷　(清)袁枚撰　清刻本　六冊

360000－1901－0033735　414528
小倉山房詩集三十一卷補遺一卷　(清)袁枚撰　清刻本　五冊　存二十六卷(一至十、十六至三十一)

360000－1901－0033736　414529
小倉山房詩集三十一卷補遺一卷　(清)袁枚撰　清刻本　一冊　存三卷(一至三)

360000－1901－0033737　414530
小倉山房詩集三十一卷補遺一卷　(清)袁枚撰　清刻本　三冊　存十二卷(十四至二十五)

360000－1901－0033738　414531
小倉山房詩集三十一卷補遺一卷　(清)袁枚撰　清刻本　四冊　存十七卷(一至九、十八至二十五)

360000－1901－0033739　414531－1
小倉山房詩集三十一卷補遺一卷　(清)袁枚撰　清刻本　五冊　存十六卷(十三至二十二、二十六至三十一)

360000－1901－0033740　414531－10
小倉山房詩集三十一卷補遺一卷　(清)袁枚撰　清刻本　一冊　存七卷(二十至二十六)

360000－1901－0033741　414531－11
小倉山房詩集三十一卷補遺一卷　(清)袁枚撰　清刻本　一冊　存三卷(八至十)

360000－1901－0033742　414531－12
小倉山房詩集三十一卷補遺一卷　(清)袁枚撰　清刻本　一冊　存三卷(十七至十九)

360000－1901－0033743　414531－13
小倉山房詩集三十一卷補遺一卷　(清)袁枚撰　清刻本　一冊　存三卷(二十九至三十一)

360000－1901－0033744　414531－14
小倉山房詩集三十一卷補遺一卷　(清)袁枚撰　清刻本　一冊　存三卷(二十四至二十六)

360000－1901－0033745　414531－15
小倉山房詩集三十一卷補遺一卷　(清)袁枚撰　清刻本　一册　存三卷(二十三至二十五)

360000－1901－0033746　414531－16
小倉山房詩集三十一卷補遺一卷　(清)袁枚撰　清刻本　一册　存四卷(十二至十五)

360000－1901－0033747　414531－17
小倉山房詩集三十一卷補遺一卷　(清)袁枚撰　清刻本　一册　存三卷(二十四至二十六)

360000－1901－0033748　414531－2
小倉山房詩集三十一卷補遺一卷　(清)袁枚撰　清刻本　三册　存十三卷(五至八、十六至二十四)

360000－1901－0033749　414531－3
小倉山房詩集三十一卷補遺一卷　(清)袁枚撰　清刻本　二册　存九卷(十六至二十四)

360000－1901－0033750　414531－4
小倉山房詩集三十一卷補遺一卷　(清)袁枚撰　清刻本　二册　存五卷(十七至二十一)

360000－1901－0033751　414531－5
小倉山房詩集三十一卷補遺一卷　(清)袁枚撰　清刻本　二册　存十卷(十二至十六、二十三至二十七)

360000－1901－0033752　414531－6
小倉山房詩集三十一卷補遺一卷　(清)袁枚撰　清刻本　二册　存十六卷(十至二十五)

360000－1901－0033753　414531－7
小倉山房詩集三十一卷補遺一卷　(清)袁枚撰　清刻本　二册　存五卷(十九至二十一、三十至三十一)

360000－1901－0033754　414531－8
小倉山房詩集三十一卷補遺一卷　(清)袁枚撰　清刻本　一册　存三卷(七至九)

360000－1901－0033755　414531－9
小倉山房詩集三十一卷補遺一卷　(清)袁枚撰　清刻本　一册　存五卷(七至十一)

360000－1901－0033756　421443
小倉山房詩集三十一卷補遺一卷　(清)袁枚撰　清刻本　五册　存二十八卷(一至二十八)

360000－1901－0033757　421443－1
小倉山房詩集三十一卷補遺一卷　(清)袁枚撰　清刻本　三册　存十一卷(十至二十)

360000－1901－0033758　715211
小倉山房詩集三十一卷補遺一卷　(清)袁枚撰　清刻本　一册　存二卷(二十九至三十)

360000－1901－0033759　715212
小倉山房詩集三十一卷補遺一卷　(清)袁枚撰　清刻本　一册　存九卷(十一至十九)

360000－1901－0033760　902464
小倉山房詩集三十一卷補遺一卷　(清)袁枚撰　清刻本　一册　存七卷(一至七)

360000－1901－0033761　303952
小倉山房詩集三十一卷補遺一卷　(清)袁枚撰　清三餘堂刻本　六册

360000－1901－0033762　714501
小倉山房詩集三十一卷補遺一卷　(清)袁枚撰　清同治五年(1866)三讓睦記刻本　五册　存二十一卷(一至十、十九至二十九)

360000－1901－0033763　163486
小倉山房詩集三十一卷補遺一卷　(清)袁枚撰　清曉峰書屋刻本　六册

360000－1901－0033764　421414
小倉山房四六八卷　(清)袁枚撰　清刻本　四册

360000－1901－0033765　802174
小倉山房四六八卷　(清)袁枚撰　清刻本　一册　存二卷(三至四)

360000－1901－0033766　421412
小倉山房外集八卷袁太史稿一卷　(清)袁枚撰　清光緒十九年(1893)倉山舊主石印本　一册

360000－1901－0033767　421413
小倉山房外集七卷　(清)袁枚撰　清刻本　三册

360000－1901－0033768　421405
小倉山房往還書劄全集十八卷　(清)袁枚撰　清光緒鉛印本　一册

360000－1901－0033769　421406
小倉山房往還書劄全集十八卷　(清)袁枚撰　清光緒鉛印本　二册

360000－1901－0033770　421407
小倉山房往還書劄全集十八卷　(清)袁枚撰　清光緒鉛印本　一册　存九卷(一至九)

360000－1901－0033771　804943
小倉山房文集補遺一卷　(清)袁枚撰　清刻本　一册

360000－1901－0033772　303951
小倉山房文集不分卷　(清)袁枚撰　清三餘堂刻本　四册

360000－1901－0033773　241081
小倉山房文集三十卷外集七卷　(清)袁枚撰　清乾隆三十四年(1769)刻本　十二册

360000－1901－0033774　802165
小倉山房文集三十五卷　(清)袁枚撰　清刻本　一册　存五卷(十至十四)

360000－1901－0033775　411036
小蒼翠軒詩草八卷首一卷　(清)劉元璜撰　清同治五年(1866)寶善堂刻本　四册

360000－1901－0033776　411037
小蒼翠軒詩草八卷首一卷　(清)劉元璜撰　清同治五年(1866)寶善堂刻本　四册

360000－1901－0033777　411038
小蒼翠軒詩草八卷首一卷　(清)劉元璜撰　清同治五年(1866)寶善堂刻本　四册

360000－1901－0033778　411039
小蒼翠軒詩草八卷首一卷　(清)劉元璜撰　清同治五年(1866)寶善堂刻本　三册　存七卷(一至二、五至八,首一卷)

360000－1901－0033779　411040
小蒼翠軒詩草八卷首一卷　(清)劉元璜撰　清同治五年(1866)寶善堂刻本　二册　存五卷(一至二、七至八,首一卷)

360000－1901－0033780　411035
小滄浪筆談四卷　(清)阮元撰　清光緒二十六年(1900)江蘇書局刻本　一册

360000－1901－0033781　120025
小滄溟館初集六卷二集九卷三集十二卷四集六卷五集五卷　(清)朱瀚撰　清道光十三年至咸豐八年(1833－1858)刻本　十六册

360000－1901－0033782　120092
小滄溟館初集六卷二集九卷三集十二卷四集六卷五集五卷　(清)朱瀚撰　清道光十三年至咸豐八年(1833－1858)刻本　十六册　缺四卷(小滄溟館初集一至四)

360000－1901－0033783　412931
小滄溟館初集六卷二集九卷三集十二卷四集六卷五集五卷　(清)朱瀚撰　清道光十三年至咸豐八年(1833－1858)刻本　六册　存十五卷(小滄溟館初集六卷、二集九卷)

360000－1901－0033784　240729
小草齋文集二十八卷　(明)謝肇淛撰　(明)徐𤊹選　明天啓刻本　十册

360000－1901－0033785　411051
小初詩稿九卷　(清)王之藩撰　清同治五年(1866)刻本　二册

360000－1901－0033786　411057
小初詩稿三十七卷　(清)王之藩撰　清光緒十四年(1888)刻本　六册

360000－1901－0033787　800076
小畜集三十卷外集七卷　(宋)王禹偁撰　清刻武英殿聚珍版書本　七册　存一種

360000－1901－0033788　801821
小傳備查一卷　(清)□□輯　清抄本　一册

360000－1901－0033789　230420
小窗自紀四卷　(明)吴從先撰　明萬曆四十

二年(1614)刻本　四冊

360000－1901－0033790　164131
小窗清紀二卷　(明)吳從先輯　明刻本　二冊

360000－1901－0033791　902502
小搭藏珍□□卷　(□)□□撰　清刻本　一冊　存一卷(十)

360000－1901－0033792　900821
小搭春華不分卷　(清)□□輯　清同治十二年(1873)刻本　三冊

360000－1901－0033793　900550
小搭清真一卷　(清)李崇忠輯　清同治刻本　一冊

360000－1901－0033794　711172
小代數學例題詳解一卷　(英國)司密司撰　丁福保編譯　清光緒三十二年(1906)上海文明書局石印本　六冊

360000－1901－0033795　120086
小洞山房詩草四卷　(清)冷采雲撰　清同治八年(1869)刻本　二冊

360000－1901－0033796　804633
小兒科證不分卷　(清)□□輯　清抄本　一冊

360000－1901－0033797　803297
小兒推拿秘訣不分卷　(明)周于蕃撰　清嘉慶十一年(1806)抄本　一冊

360000－1901－0033798　304052
小兒語二卷　(明)呂坤撰　清光緒十三年(1887)江西戊子牌天祿閣刻本　一冊

360000－1901－0033799　414766
小兒語述義不分卷　林紓撰　清宣統三年(1911)上海商務印書館鉛印本　一冊

360000－1901－0033800　408764
小兒諸熱辨一卷　(清)許豫和撰　清刻本　一冊

360000－1901－0033801　162141
小兒諸熱辨一卷　(清)許豫和撰　清同治刻本　一冊

360000－1901－0033802　406191
小爾雅疏八卷　(清)王煦撰　清光緒邵武徐氏刻本　二冊

360000－1901－0033803　160059
小爾雅疏證五卷　(清)葛其仁撰　清道光十九年(1839)刻本　二冊

360000－1901－0033804　160058
小爾雅訓纂六卷　(清)宋翔鳳撰　清光緒十六年(1890)廣雅書局刻本　一冊

360000－1901－0033805　414602
小方壺存稿十八卷　(清)汪森撰　清康熙刻本　二冊　存八卷(六至十三)

360000－1901－0033806　150584
小方壺齋輿地叢鈔十二帙補編十二帙再補編十二帙　(清)王錫祺輯　清光緒十七年至二十三年(1891－1897)上海著易堂鉛印本　七十二冊

360000－1901－0033807　150585
小方壺齋輿地叢鈔十二帙補編十二帙再補編十二帙　(清)王錫祺輯　清光緒十七年至二十三年(1891－1897)上海著易堂鉛印本　七十冊　存一千二百三十八種

360000－1901－0033808　150585－1
小方壺齋輿地叢鈔十二帙補編十二帙再補編十二帙　(清)王錫祺輯　清光緒十七年至二十三年(1891－1897)上海著易堂鉛印本　六冊　存六十九種

360000－1901－0033809　420133
小方壺齋輿地叢鈔十二帙補編十二帙再補編十二帙　(清)王錫祺輯　清光緒十七年至二十三年(1891－1897)上海著易堂鉛印本　四冊　存六十五種

360000－1901－0033810　805456
小方壺齋輿地叢鈔十二帙補編十二帙再補編十二帙　(清)王錫祺輯　清光緒十七年至二

十三年(1891－1897)上海著易堂鉛印本　二十三冊　存六百十種

360000－1901－0033811　162153
小衡箕說二卷　(清)汪光恒撰　清光緒十一年(1885)聞梅齋刻本　一冊

360000－1901－0033812　304057
小忽雷二卷　(清)孔尚任撰　清宣統二年(1910)貴池劉氏刻暖紅室彙刻傳奇本　二冊

360000－1901－0033813　901576
小滸彭氏裕後堂一卷　(清)□□輯　清光緒木活字印本　一冊

360000－1901－0033814　700887
小琅嬛試帖□□卷　(清)王成璐撰　清刻本　一冊　存二卷(三至四)

360000－1901－0033815　400314
小嫏嬛山館彙刊類書　(清)小嫏嬛山館輯　清刻本　二冊　存二種

360000－1901－0033816　405926
小嫏嬛山館彙刊類書　(清)小嫏嬛山館輯　清刻本　一冊　存二種

360000－1901－0033817　405934
小嫏嬛山館彙刊類書　(清)小嫏嬛山館輯　清刻本　一冊　存二種

360000－1901－0033818　800673
小嫏嬛山館彙刊類書　(清)小嫏嬛山館輯　清刻本　一冊　存五種

360000－1901－0033819　800673－1
小嫏嬛山館彙刊類書　(清)小嫏嬛山館輯　清刻本　一冊　存五種

360000－1901－0033820　800673－2
小嫏嬛山館彙刊類書　(清)小嫏嬛山館輯　清刻本　一冊　存三種

360000－1901－0033821　800673－3
小嫏嬛山館彙刊類書　(清)小嫏嬛山館輯　清刻本　一冊　存二種

360000－1901－0033822　150597
小嫏嬛山館彙刊類書　(清)小嫏嬛山館輯　清咸豐元年(1851)刻本　八冊

360000－1901－0033823　413134
小嫏嬛山館彙刊類書　(清)小嫏嬛山館輯　清咸豐元年(1851)刻本　二冊　存六種

360000－1901－0033824　220783
小琉球漫志十卷　(清)朱仕玠撰　清乾隆三十一年(1766)徐家泰刻本　二冊

360000－1901－0033825　241135
小廬詩存十四卷　(清)李宗瀛撰　稿本　十一冊　缺三卷(十一至十三)

360000－1901－0033826　120096
小廬詩存十四卷　(清)李宗瀛撰　清光緒三十二年(1906)刻本　十四冊

360000－1901－0033827　307763
小羅浮山館詩鈔十五卷　(清)吳昇撰　清刻本　四冊

360000－1901－0033828　803224
小綠山房詩草□□卷　(□)□□輯　清抄本　一冊　存二卷(一至二)

360000－1901－0033829　804654
小綠山房詩草□□卷　(□)□□輯　清抄本　一冊　存二卷(一至二)

360000－1901－0033830　801464
小綠山房詩草不分卷　(□)□□輯　清抄本　二冊

360000－1901－0033831　804661
小綠山房詩草不分卷　(□)□□輯　清抄本　一冊

360000－1901－0033832　714826
小綠石齋雜著三卷　(清)葛樹蕃撰　清道光二十七年(1847)刻本　一冊

360000－1901－0033833　308384
小謨觴館詩集八卷詩餘附録一卷文集四卷　(清)彭兆蓀撰　清嘉慶十一年(1806)韓江寓舍刻本　二冊

360000－1901－0033834　317124
小謨觴館詩集注八卷詩續集注二卷文集注四卷文續集注二卷詩餘附録注一卷續集詩餘附録注一卷　(清)彭兆蓀撰　(清)孫元培　(清)孫長熙注　清嘉慶十一年(1806)刻本　十冊　缺八卷(小謨觴館詩集注八卷)

360000－1901－0033835　304053
小謨觴館文集注四卷續集注二卷　(清)彭兆蓀撰　(清)孫元培　(清)孫長熙注　清光緒十六年(1890)長洲黄氏流芳閣木活字印本　三冊

360000－1901－0033836　414585
小謨觴館文集注四卷續注二卷　(清)彭兆蓀撰　(清)孫元培　(清)孫長熙注　清光緒十六年(1890)長洲黄氏流芳閣木活字印本　三冊

360000－1901－0033837　414586
小謨觴館文集注四卷續注二卷　(清)彭兆蓀撰　(清)孫元培　(清)孫長熙注　清光緒十六年(1890)長洲黄氏流芳閣木活字印本　三冊

360000－1901－0033838　414587
小謨觴館文集注四卷續注二卷　(清)彭兆蓀撰　(清)孫元培　(清)孫長熙注　清光緒十六年(1890)長洲黄氏流芳閣木活字印本　三冊

360000－1901－0033839　304059
小蓬萊閣金石文字不分卷　(清)黄易輯　清道光十四年(1834)刻本　五冊

360000－1901－0033840　314337
小蓬萊閣金石文字不分卷　(清)黄易輯　清嘉慶五年(1800)刻本　五冊

360000－1901－0033841　800287
小蓬萊館珍藏書畫碑揭不分卷　(清)□□輯　清抄本　一冊

360000－1901－0033842　122932
小蓬萊山人[程組]年譜一卷　(清)程組撰　清光緒三十四年(1908)刻本　一冊

360000－1901－0033843　122933
小頻伽集三卷　(清)董邦直撰　清崇道堂刻本　一冊

360000－1901－0033844　318972
小坡識小録四卷　(清)馬騰蛟輯　清同治十三年(1874)刻本　三冊

360000－1901－0033845　120087
小容齋詩鈔十卷　(清)洪占銓撰　清嘉慶二十三年(1818)刻本　二冊

360000－1901－0033846　414759
小容齋詩鈔十卷　(清)洪占銓撰　清嘉慶二十三年(1818)刻本　二冊

360000－1901－0033847　306455
小三吾亭詩八卷詞三卷　冒廣生撰　清光緒如皋冒氏刻本　二冊　存七卷(小三吾亭詩一至四、詞三卷)

360000－1901－0033848　305723
小三吾亭文甲集一卷　冒廣生撰　清光緒刻本　一冊

360000－1901－0033849　411044
小詩航詩鈔三卷　(清)蔡聘珍撰　清道光刻本　一冊

360000－1901－0033850　803025
小十誦寮詩存四卷　(清)周南撰　清刻本　一冊　存二卷(學制集、歸田集)

360000－1901－0033851　150100
小石山房叢書　(清)顧湘輯　清同治十三年(1874)虞山顧氏刻本　二十冊

360000－1901－0033852　150101
小石山房叢書　(清)顧湘輯　清同治十三年(1874)虞山顧氏刻本　十九冊　存三十五種

360000－1901－0033853　150102
小石山房叢書　(清)顧湘輯　清同治十三年(1874)虞山顧氏刻本　十一冊　存三十一種

360000－1901－0033854　317675
小石山房印譜六卷　(清)顧湘　(清)顧浩輯　清道光八年(1828)海虞顧氏小石山房鈐印

本　四册　存四卷(一、三至五)

360000－1901－0033855　317676
小石山房印譜六卷　(清)顧湘　(清)顧浩輯　清道光八年(1828)海虞顧氏小石山房鈐印本　三册　存三卷(一、五至六)

360000－1901－0033856　800775
小試新學準繩初編四卷　(清)求是齋輯　清末石印本　一册　存一卷(二)

360000－1901－0033857　405837
小四書　(明)朱升輯　清光緒十九年(1893)贛縣學署刻本　四册

360000－1901－0033858　405838
小四書　(明)朱升輯　清康熙三十二年(1693)恒德堂刻本　二册

360000－1901－0033859　901790
小四書　(明)朱升輯　清刻本　一册　存二種

360000－1901－0033860　122934
小蘇潭詞六卷　(清)謝學崇撰　清道光元年(1821)刻本　二册

360000－1901－0033861　305470
小檀欒室彙刻閨秀詞　徐乃昌輯　清光緒二十一年至二十二年(1895－1896)南陵徐氏刻本　十七册　存八十種

360000－1901－0033862　418089
小檀欒室彙刻閨秀詞　徐乃昌輯　清光緒二十一年至二十二年(1895－1896)南陵徐氏刻本　十册　存十一種

360000－1901－0033863　120090
小桃李園詩鈔十四卷　(清)李霖撰　清同治九年(1870)刻本　二册

360000－1901－0033864　120091
小桃李園詩鈔十四卷　(清)李霖撰　清同治九年(1870)刻本　二册

360000－1901－0033865　120089
小桃李園文鈔四卷　(清)李霖撰　清光緒三年(1877)刻本　二册

360000－1901－0033866　120088
小桃李園文鈔四卷　(清)李霖撰　清同治元年(1862)刻本　一册　存二卷(三至四)

360000－1901－0033867　414906
小桃源詩鈔二卷　(清)邱照撰　清道光七年(1827)小桃源刻本　一册　存一卷(生溪小草上)

360000－1901－0033868　802869
小題八集二十卷　(清)王士鼇編　(清)王步青評　清刻本　十一册　存十四卷(七至二十)

360000－1901－0033869　802870
小題八集二十卷　(清)王士鼇編　(清)王步青評　清刻本　一册　存一卷(十)

360000－1901－0033870　802872
小題別體一卷　(清)李揆一輯　**巧搭分品一卷**　(清)史鑑輯　清刻本　一册

360000－1901－0033871　802871
小題尖鋒不分卷　(清)雲溪居士輯　清道光二十三年(1843)刻本　一册

360000－1901－0033872　303561
小題尖鋒不分卷　(清)雲溪居士輯　清同治五年(1866)達德堂刻本　一册

360000－1901－0033873　802873
小題金丹不分卷　(清)□□輯　清刻本　一册

360000－1901－0033874　304501
小題驪珠三卷　(清)求爲可知齋主人輯　清光緒六年(1880)求爲可知齋刻本　二册

360000－1901－0033875　802877
小題聯珠四卷　(清)□□輯　清光緒九年(1883)望益別墅刻本　一册　存一卷(一)

360000－1901－0033876　901551
小題六集大觀不分卷　(清)王步青評　清刻本　一册

360000－1901－0033877　318117－3
小題明時文七十一篇不分卷　(清)□□輯

清樂軒叔抄本　一册

360000－1901－0033878　900551

小題偶鈔初集不分卷　(清)愛梨居士輯　清嘉慶二十四年(1819)萬卷書樓刻本　一册

360000－1901－0033879　802879

小題偶鈔二集不分卷　(清)竹香居士輯　清道光二年(1822)刻本　一册

360000－1901－0033880　900822

小題求是不分卷　(清)王金銘輯　清同治五年(1866)刻本　一册

360000－1901－0033881　802885

小題三萬選不分卷　(清)求是齋主人輯　清光緒十六年(1890)芸碧山房影印本　六册

360000－1901－0033882　304504

小題拾芥編初集不分卷二集不分卷　(清)□□輯　清刻本　二册

360000－1901－0033883　802878

小題四萬選不分卷　(清)□□輯　清末石印本　一册

360000－1901－0033884　802882

小題味新不分卷　(清)□□輯　清末石印本　四册

360000－1901－0033885　802876

小題文莩新集不分卷　(清)高敏輯　清道光十八年(1838)刻本　一册

360000－1901－0033886　802883

小題文府不分卷　(清)□□輯　清光緒十六年(1890)上海點石齋石印本　十九册

360000－1901－0033887　802863

小題文府不分卷　(清)□□輯　清光緒十七年(1891)上海點石齋石印本　十三册　存大學,中庸,上論、下論,中孟

360000－1901－0033888　802864

小題文府不分卷　(清)□□輯　清光緒十七年(1891)上海點石齋石印本　二十一册

360000－1901－0033889　802884

小題文府不分卷　(清)□□輯　清光緒十三年(1887)滬上石印本　九册

360000－1901－0033890　802884－1

小題文府不分卷　(清)□□輯　清光緒十三年(1887)滬上石印本　六册

360000－1901－0033891　802865

小題文府不分卷　(清)□□輯　清末石印本　十一册

360000－1901－0033892　802866

小題文府不分卷　(清)□□輯　清末石印本　十四册

360000－1901－0033893　304500

小題文府不分卷　(清)同文書局編　清光緒十二年(1886)上海同文書局石印本　六册　存中庸,上論、下論,上孟

360000－1901－0033894　802886

小題文府續集不分卷　(清)鴻文局主人輯　清光緒十七年(1891)鴻文局石印本　六册

360000－1901－0033895　802887

小題文府續集不分卷　(清)枕經廔主人輯　清光緒十六年(1890)上海點石齋石印本　三册

360000－1901－0033896　802889

小題文府續集不分卷　(清)枕經廔主人輯　清光緒十三年(1887)滬上石印本　二册

360000－1901－0033897　802868－3

小題文藪不分卷　(清)□□輯　清末石印本　二册

360000－1901－0033898　163487

小題文藪不分卷　(清)沈荷汀輯　清光緒九年(1883)上海點石齋石印本　六册

360000－1901－0033899　802868

小題文藪不分卷　(清)沈荷汀輯　清光緒九年(1883)上海點石齋石印本　六册

360000－1901－0033900　802868－1

小題文藪二集不分卷　(清)沈逋梅輯　清光緒十二年(1886)上海積山書局石印本　四册

360000－1901－0033901　802868－2
小題文藪貳編不分卷　(清)□□輯　清末石印本　二册

360000－1901－0033902　802881
小題文一貫不分卷　(清)愚讀樓主人輯　清光緒七年(1881)鉛印本　二册

360000－1901－0033903　900818
小題文苑六卷　(清)□□輯　清刻本　一册　存三卷(一至三)

360000－1901－0033904　802867
小題五萬選不分卷　(清)□□輯　清末石印本　三十册

360000－1901－0033905　802867－1
小題五萬選不分卷　(清)□□輯　清末石印本　十六册

360000－1901－0033906　304503
小題正鵠初集不分卷二集不分卷三集不分卷　(清)李元度輯　清同治八年(1869)李氏家塾刻本　五册　缺初集

360000－1901－0033907　309541
小題正鵠初集不分卷二集不分卷三集不分卷四集不分卷　(清)李元度輯　**訓蒙草一卷**　(清)路德撰　清光緒八年(1882)文昌書局刻本　六册

360000－1901－0033908　304502
小題正鵠初集不分卷二集不分卷三集不分卷四集不分卷　(清)李元度輯　**訓蒙草一卷**　(清)路德撰　清光緒十四年(1888)文奎堂刻本　五册　缺初集

360000－1901－0033909　307644
小題正鵠三集不分卷　(清)李元度輯　清光緒二十一年(1895)澹雅書局刻本　六册

360000－1901－0033910　312275
小題正鵠三集不分卷　(清)李元度輯　清光緒七年(1881)刻三色套印本　一册

360000－1901－0033911　804251
小題正鵠三集不分卷　(清)李元度輯　清末鉛印本　一册

360000－1901－0033912　400889
小腆紀傳六十五卷　(清)徐鼒撰　**補遺六卷**　(清)徐承禮撰　清光緒十三年至十四年(1887－1888)六合徐氏金陵刻本　十八册

360000－1901－0033913　400890
小腆紀傳六十五卷　(清)徐鼒撰　**補遺六卷**　(清)徐承禮撰　清光緒十三年至十四年(1887－1888)六合徐氏金陵刻本　十一册　存四十四卷(十六至二十二、二十九至六十五)

360000－1901－0033914　304349
小腆紀年附考二十卷　(清)徐鼒撰　清光緒四年(1878)京都龍威閣書坊刻本　十二册

360000－1901－0033915　308136
小腆紀年附考二十卷　(清)徐鼒撰　清光緒四年(1878)刻本　十二册

360000－1901－0033916　400892
小腆紀年附考二十卷　(清)徐鼒撰　清刻本　六册　存九卷(九至十、十四至二十)

360000－1901－0033917　305216
小腆紀年附考二十卷　(清)徐鼒撰　清末鉛印本　四册　存七卷(十四至二十)

360000－1901－0033918　400893
小腆紀年附考二十卷　(清)徐鼒撰　清末鉛印本　九册　存十六卷(一至十五、十八)

360000－1901－0033919　400893－1
小腆紀年附考二十卷　(清)徐鼒撰　清末鉛印本　一册　存二卷(五至六)

360000－1901－0033920　163021
小腆紀年附考二十卷　(清)徐鼒撰　清咸豐十一年(1861)刻本　十二册

360000－1901－0033921　303440
小腆紀年附考二十卷　(清)徐鼒撰　清咸豐十一年(1861)刻本　十二册

360000－1901－0033922　400891
小腆紀年附考二十卷　(清)徐鼒撰　清咸豐

十一年(1861)刻本　六册　存八卷(三至四、九至十一、十八至二十)

360000－1901－0033923　414738
小同詩草二卷　(清)辛祖范撰　清道光二十九年(1849)刻本　一册

360000－1901－0033924　150104
小萬卷樓叢書　(清)錢培名輯　清光緒四年(1878)金山錢氏刻本　二十册

360000－1901－0033925　150105
小萬卷樓叢書　(清)錢培名輯　清光緒四年(1878)金山錢氏刻本　十六册

360000－1901－0033926　150103
小萬卷樓叢書　(清)錢培名輯　清咸豐四年(1854)刻本　八册

360000－1901－0033927　315706
小萬卷齋經進稿四卷　(清)朱琦撰　清光緒十一年(1885)朱臧成嘉樹山房刻本　一册

360000－1901－0033928　305000
小萬卷齋詩稿三十二卷詩續稿十二卷文稿二十四卷經進稿四卷　(清)朱琦撰　清光緒十一年(1885)刻本　十四册　存三十八卷(詩稿十七至三十二、詩續稿一至四、文稿七至二十四)

360000－1901－0033929　304350
小萬卷齋詩稿三十二卷詩續稿十二卷文稿二十四卷經進稿四卷　(清)朱琦撰　清光緒十一年(1885)朱臧成嘉樹山房刻本　二十四册

360000－1901－0033930　315753
小萬卷齋詩稿三十二卷詩續稿十二卷文稿二十四卷經進稿四卷　(清)朱琦撰　清光緒十一年(1885)朱臧成嘉樹山房刻本　二十四册

360000－1901－0033931　317244
小萬卷齋詩稿三十二卷詩續稿十二卷文稿二十四卷經進稿四卷　(清)朱琦撰　清光緒十一年(1885)朱臧成嘉樹山房刻本　二十四册

360000－1901－0033932　316927
小萬卷齋詩續稿十二卷　(清)朱琦撰　清光緒十一年(1885)朱臧成嘉樹山房刻本　三册

360000－1901－0033933　305471
小峴山人詩集二十六卷文集六卷　(清)秦瀛撰　清刻本　五册　存二十二卷(詩集六至二十六、文集一)

360000－1901－0033934　303813
小學答問一卷　章炳麟撰　清宣統元年(1909)刻本　一册

360000－1901－0033935　230128
小學發明六卷　(清)施璜纂注　清康熙三十七年(1698)刻本　四册

360000－1901－0033936　230129
小學發明六卷　(清)施璜纂注　清康熙三十七年(1698)刻本　十册

360000－1901－0033937　417186
金精廖公秘授地學心法正傳畫筴扒砂經四卷補遺一卷　(宋)廖禹撰　(宋)彭大雄輯　明刻本　一册　存一卷(外集上)

360000－1901－0033938　315649
小學紺珠十卷　(宋)王應麟撰　清光緒九年(1883)浙江書局刻本　四册

360000－1901－0033939　722395
小學紺珠十卷　(宋)王應麟撰　清刻本　一册　存二卷(一至二)

360000－1901－0033940　409623
小學紺珠十卷　(宋)王應麟撰　清乾隆二十五年(1760)刻本　四册　存七卷(一至三、五至六、九至十)

360000－1901－0033941　160062
小學鉤沈十九卷　(清)任大椿輯　(清)王念孫校　清光緒十年(1884)龍氏刻本　二册

360000－1901－0033942　160063
小學鉤沈十九卷　(清)任大椿輯　(清)王念孫校　清光緒十年(1884)龍氏刻本　二册

360000－1901－0033943　160064
小學鉤沈十九卷　(清)任大椿輯　(清)王念孫校　清光緒十年(1884)龍氏刻本　二册

360000－1901－0033944　160064－1
小學鉤沈十九卷　（清）任大椿輯　（清）王念孫校　清光緒十年（1884）龍氏刻本　二册

360000－1901－0033945　603087
小學鉤沈十九卷　（清）任大椿輯　（清）王念孫校　清光緒十年（1884）龍氏刻本　二册

360000－1901－0033946　409597
小學鉤沈續編八卷　顧震福撰　清光緒十八年（1892）刻本　一册　存二卷（七至八）

360000－1901－0033947　603088
小學彙函　（清）鍾謙鈞輯　清刻本　七册　存五種

360000－1901－0033948　150621
小學彙函　（清）鍾謙鈞輯　清同治十二年（1873）粵東書局刻古今解彙函本　二十五册　存十種

360000－1901－0033949　301989
小學集解六卷　（清）張伯行輯注　清道光三十年（1850）雲南何桂珍刻本　二册

360000－1901－0033950　304369
小學集解六卷　（清）張伯行輯注　清光緒十三年（1887）江西奉新縣署刻本　三册

360000－1901－0033951　308084
小學集解六卷　（清）張伯行輯注　清光緒十三年（1887）江西奉新縣署刻本　三册

360000－1901－0033952　308085
小學集解六卷　（清）張伯行輯注　清光緒十三年（1887）江西奉新縣署刻本　三册

360000－1901－0033953　309627
小學集解六卷　（清）張伯行輯注　清光緒十三年（1887）江西奉新縣署刻本　三册

360000－1901－0033954　409642
小學集解六卷　（清）張伯行輯注　清光緒十三年（1887）江西奉新縣署刻本　二册

360000－1901－0033955　409643
小學集解六卷　（清）張伯行輯注　清光緒十三年（1887）江西奉新縣署刻本　二册

360000－1901－0033956　805466
小學集解六卷　（清）張伯行輯注　清光緒十三年（1887）江西奉新縣署刻本　二册

360000－1901－0033957　303559
小學集解六卷　（清）張伯行輯注　清光緒元年（1875）湖北崇文書局刻本　三册

360000－1901－0033958　303560
小學集解六卷　（清）張伯行輯注　清光緒元年（1875）湖北崇文書局刻本　三册

360000－1901－0033959　804987
小學集解六卷　（清）張伯行輯注　清刻本　一册　存一卷（六）

360000－1901－0033960　165103
小學集解六卷　（清）張伯行輯注　清末奉新許氏抄本　五册

360000－1901－0033961　409630
小學集解六卷　（清）張伯行輯注　清同治六年（1867）楚北崇文書局刻本　三册

360000－1901－0033962　307155
小學集解六卷　（清）張伯行輯注　清同治十年（1871）楚醴聚奎書閣刻本　五册

360000－1901－0033963　409640
小學集解六卷　（清）張伯行輯注　清同治十年（1871）楚醴聚奎書閣刻本　四册

360000－1901－0033964　409641
小學集解六卷　（清）張伯行輯注　清同治十年（1871）楚醴聚奎書閣刻本　二册

360000－1901－0033965　603086
小學集解六卷　（清）張伯行輯注　清同治十年（1871）楚醴聚奎書閣刻本　四册

360000－1901－0033966　409629
小學集解六卷　（清）張伯行輯注　清同治十年（1871）中湘文光堂刻本　四册

360000－1901－0033967　304370
小學集解六卷　（清）張伯行輯注　清同治十一年（1872）江西撫署刻本　三册

360000－1901－0033968　307277
小學集解六卷　(清)張伯行輯注　清同治十一年(1872)江西撫署刻本　三冊

360000－1901－0033969　308413
小學集解六卷　(清)張伯行輯注　清同治十一年(1872)江西撫署刻本　三冊

360000－1901－0033970　313752
小學集解六卷　(清)張伯行輯注　清同治十一年(1872)江西撫署刻本　四冊

360000－1901－0033971　313883
小學集解六卷　(清)張伯行輯注　清同治十一年(1872)江西撫署刻本　三冊

360000－1901－0033972　313884
小學集解六卷　(清)張伯行輯注　清同治十一年(1872)江西撫署刻本　三冊

360000－1901－0033973　409665
小學集解六卷　(清)張伯行輯注　清同治十一年(1872)刻本　三冊

360000－1901－0033974　409631
小學集解六卷　(清)張伯行輯注　清咸豐元年(1851)刻本　二冊

360000－1901－0033975　409632
小學集解六卷　(清)張伯行輯注　清咸豐元年(1851)刻本　二冊

360000－1901－0033976　409633
小學集解六卷　(清)張伯行輯注　清咸豐元年(1851)刻本　二冊

360000－1901－0033977　409634
小學集解六卷　(清)張伯行輯注　清咸豐元年(1851)刻本　二冊

360000－1901－0033978　409635
小學集解六卷　(清)張伯行輯注　清咸豐元年(1851)刻本　二冊

360000－1901－0033979　409636
小學集解六卷　(清)張伯行輯注　清咸豐元年(1851)刻本　二冊

360000－1901－0033980　409637
小學集解六卷　(清)張伯行輯注　清咸豐元年(1851)刻本　二冊

360000－1901－0033981　409638
小學集解六卷　(清)張伯行輯注　清咸豐元年(1851)刻本　二冊

360000－1901－0033982　409639
小學集解六卷　(清)張伯行輯注　清咸豐元年(1851)刻本　一冊　存二卷(五至六)

360000－1901－0033983　409639－1
小學集解六卷　(清)張伯行輯注　清咸豐元年(1851)刻本　一冊　存二卷(五至六)

360000－1901－0033984　409639－2
小學集解六卷　(清)張伯行輯注　清咸豐元年(1851)刻本　一冊　存二卷(五至六)

360000－1901－0033985　409639－3
小學集解六卷　(清)張伯行輯注　清咸豐元年(1851)刻本　一冊　存二卷(五至六)

360000－1901－0033986　409639－4
小學集解六卷　(清)張伯行輯注　清咸豐元年(1851)刻本　一冊　存二卷(五至六)

360000－1901－0033987　409644
小學集解六卷　(清)張伯行輯注　清咸豐元年(1851)刻本　四冊

360000－1901－0033988　409645
小學集解六卷　(清)張伯行輯注　清咸豐元年(1851)刻本　一冊　存一卷(六)

360000－1901－0033989　409645－2
小學集解六卷　(清)張伯行輯注　清咸豐元年(1851)刻本　一冊　存一卷(六)

360000－1901－0033990　409645－3
小學集解六卷　(清)張伯行輯注　清咸豐元年(1851)刻本　一冊　存一卷(六)

360000－1901－0033991　409645－4
小學集解六卷　(清)張伯行輯注　清咸豐元年(1851)刻本　一冊　存一卷(六)

360000－1901－0033992　409655－3
小學集註二卷首一卷　(宋)朱熹撰　(明)陳選集注　清大成堂刻本　一冊　存二卷(一、首一卷)

360000－1901－0033993　409646
小學集註二卷首一卷　(宋)朱熹撰　(明)陳選集注　清經綸堂刻本　二冊

360000－1901－0033994　409647
小學集註二卷首一卷　(宋)朱熹撰　(明)陳選集注　清經綸堂刻本　二冊

360000－1901－0033995　409655－2
小學集註二卷首一卷　(宋)朱熹撰　(明)陳選集注　清經綸堂刻本　一冊　存二卷(一、首一卷)

360000－1901－0033996　409596
小學集註二卷首一卷　(宋)朱熹撰　(明)陳選集注　清刻本　四冊

360000－1901－0033997　409663
小學集註二卷首一卷　(宋)朱熹撰　(明)陳選集注　清刻本　一冊　存一卷(下)

360000－1901－0033998　409663－1
小學集註二卷首一卷　(宋)朱熹撰　(明)陳選集注　清刻本　一冊　存一卷(下)

360000－1901－0033999　409650
小學集註二卷首一卷　(宋)朱熹撰　(明)陳選集注　清英德堂刻本　一冊

360000－1901－0034000　162149
小學集註六卷　(宋)朱熹撰　(明)陳選集注　清光緒二十五年(1899)上海書局石印本　四冊

360000－1901－0034001　163061
小學集註六卷　(宋)朱熹撰　(明)陳選集注　清光緒二十五年(1899)上海書局石印本　五冊

360000－1901－0034002　414907
小學集註六卷　(宋)朱熹撰　(明)陳選集注　清光緒二十五年(1899)上海書局石印本　四冊

360000－1901－0034003　414908
小學集註六卷　(宋)朱熹撰　(明)陳選集注　清光緒二十五年(1899)上海書局石印本　四冊

360000－1901－0034004　414908－1
小學集註六卷　(宋)朱熹撰　(明)陳選集注　清光緒二十五年(1899)上海書局石印本　一冊　存一卷(六)

360000－1901－0034005　303562
小學集註六卷　(宋)朱熹撰　(明)陳選集注　清光緒三十二年(1906)鴻寶齋石印本　二冊

360000－1901－0034006　409947
小學集註六卷　(宋)朱熹撰　(明)陳選集注　清光緒三十二年(1906)鴻寶齋石印本　三冊

360000－1901－0034007　414909
小學集註六卷　(宋)朱熹撰　(明)陳選集注　清光緒上海英華書局石印本　一冊　存二卷(一至二)

360000－1901－0034008　414909－1
小學集註六卷　(宋)朱熹撰　(明)陳選集注　清光緒十二年(1886)石印本　一冊　存二卷(一至二)

360000－1901－0034009　303558
小學集註六卷　(宋)朱熹撰　(明)陳選集注　清刻本　二冊

360000－1901－0034010　312883
小學集註六卷　(宋)朱熹撰　(明)陳選集注　清刻本　四冊

360000－1901－0034011　414909－2
小學集註六卷　(宋)朱熹撰　(明)陳選集注　清末石印本　一冊　存一卷(六)

360000－1901－0034012　414909－3
小學集註六卷　(宋)朱熹撰　(明)陳選集注　清末石印本　一冊　存二卷(五至六)

360000－1901－0034013　805449－1

金石萃編一百六十卷　(清)王昶撰　清刻本　十册　存二十七卷(一百二十七至一百二十八、一百三十、一百三十四至一百五十二、一百五十四至一百五十六、一百五十九至一百六十)

360000－1901－0034014　230123

小學集註六卷　(宋)朱熹撰　(明)陳選集注　清乾隆元年(1736)文富堂刻本　二册

360000－1901－0034015　319428

小學集註六卷　(宋)朱熹撰　(明)陳選集注　清同治二年(1863)吳棠刻本　四册

360000－1901－0034016　305212

小學集註六卷　(宋)朱熹撰　(明)陳選集注　清同治六年(1867)金陵書局刻本　一册　存四卷(一至四)

360000－1901－0034017　307024

小學集註六卷　(宋)朱熹撰　(明)陳選集注　清同治六年(1867)金陵書局刻本　二册

360000－1901－0034018　409652

小學集註六卷　(宋)朱熹撰　(明)陳選集注　**忠經一卷**　(漢)馬融撰　(漢)鄭玄集注　**孝經一卷**　(明)陳選集注　清大文堂刻本　二册

360000－1901－0034019　409653

小學集註六卷　(宋)朱熹撰　(明)陳選集注　**忠經一卷**　(漢)馬融撰　(漢)鄭玄集注　**孝經一卷**　(明)陳選集注　清大文堂刻本　二册

360000－1901－0034020　409654

小學集註六卷　(宋)朱熹撰　(明)陳選集注　**忠經一卷**　(漢)馬融撰　(漢)鄭玄集注　**孝經一卷**　(明)陳選集注　清大文堂刻本　一册

360000－1901－0034021　603081

小學集註六卷　(宋)朱熹撰　(明)陳選集注　**忠經一卷**　(漢)馬融撰　(漢)鄭玄集注　**孝經一卷**　(明)陳選集注　清光緒二十五年(1899)上海書局石印本　五册

360000－1901－0034022　603082

小學集註六卷　(宋)朱熹撰　(明)陳選集注　**忠經一卷**　(漢)馬融撰　(漢)鄭玄集注　**孝經一卷**　(明)陳選集注　清光緒二十五年(1899)上海書局石印本　五册

360000－1901－0034023　603085

小學集註六卷　(宋)朱熹撰　(明)陳選集注　**忠經一卷**　(漢)馬融撰　(漢)鄭玄集注　**孝經一卷**　(明)陳選集注　清光緒二十五年(1899)上海書局石印本　五册

360000－1901－0034024　409946

小學集註六卷　(宋)朱熹撰　(明)陳選集注　**忠經一卷**　(漢)馬融撰　(漢)鄭玄集注　**孝經一卷**　(明)陳選集注　清光緒三十二年(1906)鴻寶齋石印本　四册

360000－1901－0034025　409655－5

小學集註六卷　(宋)朱熹撰　(明)陳選集注　**忠經一卷**　(漢)馬融撰　(漢)鄭玄集注　**孝經一卷**　(明)陳選集注　清刻本　一册　存五卷(一至三、忠經一卷、孝經一卷)

360000－1901－0034026　409660

小學集註六卷首一卷　(宋)朱熹撰　(明)陳選集注　清寶文堂刻本　二册

360000－1901－0034027　409661

小學集註六卷首一卷　(宋)朱熹撰　(明)陳選集注　清寶文堂刻本　二册

360000－1901－0034028　409662

小學集註六卷首一卷　(宋)朱熹撰　(明)陳選集注　清寶文堂刻本　二册

360000－1901－0034029　409651

小學集註六卷首一卷　(宋)朱熹撰　(明)陳選集注　清大文堂刻本　一册

360000－1901－0034030　409648

小學集註六卷首一卷　(宋)朱熹撰　(明)陳選集注　清刻本　二册

360000－1901－0034031　409655

小學集註六卷首一卷 （宋）朱熹撰 （明）陳選集注 清刻本 一冊 存三卷（一至二、首一卷）

360000－1901－0034032 409658－1
小學集註六卷首一卷 （宋）朱熹撰 （明）陳選集注 清刻本 一冊

360000－1901－0034033 409656
小學集註六卷首一卷 （宋）朱熹撰 （明）陳選集注 清兩儀堂刻本 二冊

360000－1901－0034034 409657
小學集註六卷首一卷 （宋）朱熹撰 （明）陳選集注 清兩儀堂刻本 四冊

360000－1901－0034035 409649
小學集註六卷首一卷 （宋）朱熹撰 （明）陳選集注 清授經堂刻本 四冊

360000－1901－0034036 409655－1
小學集註六卷首一卷 （宋）朱熹撰 （明）陳選集注 清同治元年（1862）刻本 一冊 存四卷（一至三、首一卷）

360000－1901－0034037 409658
小學集註六卷首一卷 （宋）朱熹撰 （明）陳選集注 清文富堂刻本 一冊

360000－1901－0034038 409655－4
小學集註六卷首一卷 （宋）朱熹撰 （明）陳選集注 **小學大全名解六卷** （清）陸有奇等輯 清刻本 一冊 存六卷（小學集註四至六、小學大全名解四至六）

360000－1901－0034039 601880
小學教育改良芻議案一卷 江謙撰 清末鉛印本 一冊

360000－1901－0034040 230124
小學句讀記六卷 （明）陳選點 （清）王建常記 清康熙刻本 四冊 缺一卷（五）

360000－1901－0034041 120094
小學考五十卷 （清）謝啓昆撰 清光緒十四年（1888）浙江書局刻本 二十冊

360000－1901－0034042 601050
小學考五十卷 （清）謝啓昆撰 清光緒十四年（1888）浙江書局刻本 八冊 存十九卷（一至十九）

360000－1901－0034043 120093
小學考五十卷 （清）謝啓昆撰 清光緒十五年（1889）上海書局石印本 六冊

360000－1901－0034044 409591
小學考五十卷 （清）謝啓昆撰 清光緒十五年（1889）石印本 三冊

360000－1901－0034045 120095
小學考五十卷 （清）謝啓昆撰 清咸豐二年（1852）刻本 十六冊

360000－1901－0034046 409590
小學考五十卷 （清）謝啓昆撰 清咸豐二年（1852）刻本 十七冊

360000－1901－0034047 160065
小學類編 （清）李祖望輯 清咸豐至光緒江都李氏半畝園刻本 八冊

360000－1901－0034048 409598
小學理科四卷 （日本）國光社撰 （清）徐有成譯 清光緒江楚編譯局石印本 二冊

360000－1901－0034049 409609
小學六卷 （宋）朱熹撰 清光緒三年（1877）刻本 二冊

360000－1901－0034050 409608
小學六卷 （宋）朱熹撰 清近思堂刻本 二冊

360000－1901－0034051 305450
小學六卷 （宋）朱熹撰 （明）陳選集注 （清）高愈纂注 清道光二十六年（1846）富邑書會刻本 四冊

360000－1901－0034052 409664
小學六卷 （宋）朱熹撰 （明）陳選集注 （清）高愈纂注 清光緒二十年（1894）東昌書業德刻本 四冊

360000－1901－0034053 230126
小學六卷 （宋）朱熹撰 （明）陳選集注

(清)高愈纂注　清乾隆十三年(1748)刻本　四冊

360000－1901－0034054　160061
小學六卷　(宋)朱熹撰　(清)池生春集注　清道光十四年(1834)桂林錢氏文元堂刻本　二冊

360000－1901－0034055　409610
小學六卷　(宋)朱熹撰　(清)池生春集注　清道光十四年(1834)粵西節署刻本　二冊

360000－1901－0034056　409611
小學六卷附文公朱夫子年譜一卷　(清)高愈注　清嘉慶二十二年(1817)婺源一經堂刻本　二冊

360000－1901－0034057　409612
小學六卷附文公朱夫子年譜一卷　(清)高愈注　清嘉慶二十二年(1817)婺源一經堂刻本　二冊

360000－1901－0034058　409613
小學六卷附文公朱夫子年譜一卷　(清)高愈注　清嘉慶二十二年(1817)婺源一經堂刻本　二冊

360000－1901－0034059　409614
小學六卷附文公朱夫子年譜一卷　(清)高愈注　清嘉慶二十二年(1817)婺源一經堂刻本　二冊

360000－1901－0034060　409616
小學六卷附文公朱夫子年譜一卷　(清)高愈注　清嘉慶二十二年(1817)婺源一經堂刻本　二冊

360000－1901－0034061　409617
小學六卷附文公朱夫子年譜一卷　(清)高愈注　清嘉慶二十二年(1817)婺源一經堂刻本　二冊

360000－1901－0034062　409618
小學六卷附文公朱夫子年譜一卷　(清)高愈注　清嘉慶二十二年(1817)婺源一經堂刻本　二冊

360000－1901－0034063　409619
小學六卷附文公朱夫子年譜一卷　(清)高愈注　清嘉慶二十二年(1817)婺源一經堂刻本　二冊

360000－1901－0034064　409620
小學六卷附文公朱夫子年譜一卷　(清)高愈注　清嘉慶二十二年(1817)婺源一經堂刻本　二冊

360000－1901－0034065　409615
小學六卷附文公朱夫子年譜一卷　(清)高愈注　清刻本　二冊

360000－1901－0034066　220310
小學史斷二卷　(宋)南宮靖一撰　**續小學史斷一卷**　(明)晏彥文撰　**附資治通鑑總論一卷**　(元)潘榮撰　清抄本　一冊　缺一卷(小學史斷上)

360000－1901－0034067　409602
小學順文直解四卷標題備旨衍義合參不分卷　(清)汪憺漪輯　清刻本　二冊

360000－1901－0034068　803699
小學外篇不分卷　(宋)朱熹撰　清抄本　一冊

360000－1901－0034069　305209
小學萬國地理教科書一卷　(日本)學海指針社撰　清光緒二十八年(1902)上海華洋書局鉛印本　一冊

360000－1901－0034070　308109
小學弦歌八卷　(清)李元度輯　清光緒八年(1882)文昌書局刻本　五冊

360000－1901－0034071　303553
小學弦歌八卷　(清)李元度輯　清光緒二十八年(1902)刻本　五冊

360000－1901－0034072　409625
小學弦歌八卷　(清)李元度輯　清光緒刻本　四冊　存六卷(一至六)

360000－1901－0034073　409627
小學詳解六卷附孝經疏義一卷忠經疏義一卷

（明）陳仁錫撰　清光緒七年（1881）兩儀堂刻本　二册

360000－1901－0034074　409628
小學詳解六卷附孝經疏義一卷忠經疏義一卷　（明）陳仁錫撰　清光緒七年（1881）兩儀堂刻本　二册

360000－1901－0034075　409626
小學詳解六卷附孝經疏義一卷忠經疏義一卷　（明）陳仁錫撰　清會友堂刻本　二册

360000－1901－0034076　409621
小學詳解六卷附孝經疏義一卷忠經疏義一卷　（明）陳仁錫撰　清經義三樂堂刻本　一册　存四卷（一至四）

360000－1901－0034077　409459－1
金石三例　（清）盧見曾輯　清乾隆二十年（1755）盧氏雅雨堂刻本　一册　存二種

360000－1901－0034078　162150
小學韻語一卷　（清）羅澤南撰　清刻本　一册

360000－1901－0034079　305210
小學韻語一卷　（清）羅澤南撰　清刻本　一册

360000－1901－0034080　409599
小學韻語一卷　（清）羅澤南撰　清山西解州書院刻本　一册

360000－1901－0034081　409600
小學韻語一卷　（清）羅澤南撰　清咸豐六年（1856）刻本　一册

360000－1901－0034082　409601
小學韻語一卷　（清）羅澤南撰　清浙江書局刻本　一册

360000－1901－0034083　163474
小隱詩鈔一卷　（清）崔宜枚撰　清同治四年（1865）刻本　一册

360000－1901－0034084　800514
小遊仙館聯存一卷　（清）齊彦槐撰　**[胡文忠公書札]一卷**　（清）胡林翼撰　**[傳記文鈔]一卷**　（清）□□輯　清抄本　一册

360000－1901－0034085　803093
小遊仙館聯存一卷梅麓試帖一卷　（清）齊彦槐撰　清刻本　一册

360000－1901－0034086　163467
小酉腴山館詩集八卷文集十二卷小酉腴山館主人自著年譜二卷　（清）吳大廷撰　清光緒五年（1879）刻本　八册

360000－1901－0034087　163468
小酉腴山館詩集八卷文集十二卷小酉腴山館主人自著年譜二卷　（清）吳大廷撰　清光緒五年（1879）刻本　六册　缺二卷（小酉腴山館主人自著年譜二卷）

360000－1901－0034088　801538
小酉腴山館詩集八卷文集十二卷小酉腴山館主人自著年譜二卷　（清）吳大廷撰　清光緒五年（1879）刻本　三册　存十二卷（文集十二卷）

360000－1901－0034089　411043
小園詠古七律詩一卷　（清）吳毓麟撰　清道光十四年（1834）刻本　一册

360000－1901－0034090　900203
小雲林閣試帖一卷　（清）倪文蔚撰　清光緒十二年（1886）兩疆勉齋刻本　一册

360000－1901－0034091　414746
小知録十二卷　（清）陸鳳藻輯　清犖玉山房刻本　三册　存九卷（四至十二）

360000－1901－0034092　305207
小知録十二卷　（清）陸鳳藻輯　清同治十二年（1873）淮南書局刻本　二册　存六卷（一至六）

360000－1901－0034093　314073
小知録十二卷　（清）陸鳳藻輯　清同治十二年（1873）淮南書局刻本　四册

360000－1901－0034094　317569
小知録十二卷　（清）陸鳳藻輯　清同治十二年（1873）淮南書局刻本　四册

360000－1901－0034095　122895
曉江文鈔不分卷　(清)鄒夢蓮撰　清道光元年(1821)刻本　二冊

360000－1901－0034096　161536
孝弟圖說二卷　(清)□□撰　(清)□□繪　清刻本　一冊　存一卷(下)

360000－1901－0034097　416617
孝行庸言十四卷　(清)李雍熙撰　清康熙三十九年(1700)刻本　一冊

360000－1901－0034098　405912
孝經本義一卷　(清)姜兆錫撰　清光緒二十九年(1903)寶慶勸學書舍刻本　一冊

360000－1901－0034099　405913
孝經本義一卷　(清)劉光蕡撰　清光緒三十一年(1905)涇陽柏經正堂刻本　一冊

360000－1901－0034100　210303
孝經本則一卷　(明)張復撰　明萬曆二十九年(1601)假館刻本　一冊

360000－1901－0034101　405903
孝經闡要一卷　(清)張恩霨撰　清光緒九年(1883)刻本　一冊

360000－1901－0034102　160455
孝經存解四卷首一卷　(清)趙長庚撰　清光緒十年(1884)京都龍雲齋刻本　二冊

360000－1901－0034103　405892
孝經古今文傳註輯論一卷　(清)吳大廷撰　清同治四年(1865)刻本　一冊

360000－1901－0034104　405892－1
孝經古今文傳註輯論一卷　(清)吳大廷撰　清同治四年(1865)刻本　一冊

360000－1901－0034105　160452
孝經古今文傳註輯論一卷　(清)吳大廷撰　清同治五年(1866)刻本　一冊

360000－1901－0034106　122964
孝經或問一卷　(清)汪紱撰　清嘉慶二十一年(1816)莘野書室刻本　一冊

360000－1901－0034107　122965
孝經或問一卷　(清)汪紱撰　清嘉慶二十一年(1816)莘野書室刻本　一冊

360000－1901－0034108　405905
孝經集傳四卷　(明)黃道周撰　清康熙三十年(1691)刻本　一冊

360000－1901－0034109　160457
孝經集解一卷　(清)桂文燦撰　清咸豐四年(1854)刻本　一冊

360000－1901－0034110　210304
孝經集義一卷　(明)余時英撰　**孝經刊誤一卷**　(宋)朱熹撰　明天啓四年(1624)余紹祿等刻本　一冊

360000－1901－0034111　405906
孝經集註一卷　(明)陳仁錫撰　清刻本　一冊

360000－1901－0034112　405902
孝經旁訓一卷　(清)孫傳澂訂　清光緒二年(1876)佛山近文堂刻本　一冊

360000－1901－0034113　210307
孝經十八卷　(清)汪由敦書　清乾隆二十一年(1756)刻本　一冊

360000－1901－0034114　405911
孝經新論一卷　(清)汪霦嵩輯　清愛蓮書屋刻本　一冊

360000－1901－0034115　230121
孝經衍義一百卷首二卷　(清)聖祖玄燁撰　(清)葉方藹　(清)張英監修　(清)韓菼編纂　清康熙二十九年(1690)刻本　二十九冊　缺四卷(四十二至四十五)

360000－1901－0034116　405889
孝經一卷　(明)陳選集注　清刻本　一冊

360000－1901－0034117　160444
孝經一卷　(明)陳選集注　清同治十年(1871)刻本　一冊

360000－1901－0034118　162436
孝經一卷　(明)陳選集注　**忠經一卷**　(漢)

馬融撰　(漢)鄭玄注　清末石印本　一册

360000－1901－0034119　160447
孝經一卷　(清)任兆麟集注　清刻本　一册

360000－1901－0034120　210305
孝經一卷　(清)朱軾注　**附孝經三本管窺一卷**　(清)吴隆元撰　清康熙五十九年(1720)刻朱文端公藏書本　一册

360000－1901－0034121　210306
孝經一卷　(清)朱軾注　**附孝經三本管窺一卷**　(清)吴隆元撰　清康熙五十九年(1720)刻朱文端公藏書本　一册

360000－1901－0034122　160449
孝經一卷　(清)朱軾注　**孝經三本管窺一卷**　(清)吴隆元撰　清光緒二十三年(1897)朱衡等刻本　一册

360000－1901－0034123　160450
孝經一卷　(清)朱軾注　**孝經三本管窺一卷**　(清)吴隆元撰　清光緒二十三年(1897)朱衡等刻本　一册　存一卷(孝經三本管窺一卷)

360000－1901－0034124　410309
孝經一卷　(清)朱軾注　**孝經三本管窺一卷**　(清)吴隆元撰　清光緒二十三年(1897)朱衡等刻本　一册

360000－1901－0034125　410308
孝經一卷　(清)朱軾注　**孝經三本管窺一卷**　(清)吴隆元撰　清康熙五十九年(1720)刻朱文端公藏書本　一册

360000－1901－0034126　160442
孝經一卷　(唐)玄宗李隆基注　清道光二十七年(1847)刻本　一册

360000－1901－0034127　307896
金薤琳琅二十卷　(明)都穆撰　**補遺一卷**　(清)宋振譽撰　清光緒八年(1882)崇川葛氏學古齋刻學古齋金石叢書本　六册

360000－1901－0034128　405899
孝經一卷　(唐)玄宗李隆基注　清光緒十二年(1886)湖北官書處刻本　一册

360000－1901－0034129　405896
孝經一卷　(唐)玄宗李隆基注　清光緒十三年(1887)金陵書局刻本　一册

360000－1901－0034130　160446
孝經一卷　(唐)玄宗李隆基注　清稽古樓刻本　一册

360000－1901－0034131　405890
孝經一卷　(唐)玄宗李隆基注　清刻本　一册

360000－1901－0034132　405901
孝經一卷　(唐)玄宗李隆基注　清刻本　一册

360000－1901－0034133　405884
孝經一卷　(唐)玄宗李隆基注　清李光明家刻本　一册

360000－1901－0034134　160443
孝經一卷　(唐)玄宗李隆基注　清同治七年(1868)金陵書局刻本　一册

360000－1901－0034135　405898
孝經一卷　(唐)玄宗李隆基注　(唐)陸德明音義　清光緒三十年(1904)鴻德堂刻本　一册

360000－1901－0034136　160448
孝經一卷　(唐)玄宗李隆基注　(唐)陸德明音義　**忠經一卷**　(漢)馬融撰　(漢)鄭玄注　清光緒十二年(1886)湖北官書處刻本　一册

360000－1901－0034137　405888
孝經一卷弟子職一卷　(清)任兆麟集注　清嘉慶十九年(1814)武林三德堂刻本　一册

360000－1901－0034138　603036－4
孝經一卷弟子職一卷　(清)任兆麟集注　清刻本　一册

360000－1901－0034139　160451
孝經一卷弟子職一卷　(清)任兆麟集注　清婺源一經堂刻本　一册

360000－1901－0034140　405891
孝經一卷弟子職一卷　(清)任兆麟集注　清婺源一經堂刻本　一冊

360000－1901－0034141　405891－1
孝經一卷弟子職一卷　(清)任兆麟集注　清婺源一經堂刻本　一冊

360000－1901－0034142　405891－2
孝經一卷弟子職一卷　(清)任兆麟集注　清婺源一經堂刻本　一冊

360000－1901－0034143　603301
孝經一卷弟子職一卷　(清)任兆麟集注　清小石山房刻本　一冊

360000－1901－0034144　710940
孝經章句一卷或問一卷　(清)汪紱撰　清嘉慶二十一年(1816)刻本　一冊　存一卷(孝經章句一卷)

360000－1901－0034145　710941
孝經章句一卷或問一卷　(清)汪紱撰　清嘉慶二十一年(1816)刻本　一冊　存一卷(孝經章句一卷)

360000－1901－0034146　710942
孝經章句一卷或問一卷　(清)汪紱撰　清嘉慶二十一年(1816)刻本　二冊

360000－1901－0034147　410941
孝經章句一卷或問一卷　(清)汪紱撰　清同治十三年(1874)曲水書局木活字印本　一冊

360000－1901－0034148　160459
孝經鄭氏注一卷　(漢)鄭玄撰　(清)嚴可均輯　清光緒二十九年(1903)大關唐氏刻本　一冊

360000－1901－0034149　160460
孝經鄭注疏二卷　(清)皮錫瑞撰　清光緒二十一年(1895)師伏堂刻本　一冊

360000－1901－0034150　160461
孝經鄭注疏二卷　(清)皮錫瑞撰　清光緒二十一年(1895)師伏堂刻本　一冊

360000－1901－0034151　160462
孝經鄭注疏二卷　(清)皮錫瑞撰　清光緒二十一年(1895)師伏堂刻本　一冊

360000－1901－0034152　160458
孝經鄭注一卷　(漢)鄭玄撰　(清)嚴可均輯　清光緒三十三年(1907)金陵江楚編譯官書局石印本　一冊

360000－1901－0034153　405907
孝經注釋一卷　(明)陳仁錫撰　清光緒四年(1878)文星堂刻本　一冊

360000－1901－0034154　405908
孝經注釋一卷　(清)姜兆錫撰　清刻本　一冊

360000－1901－0034155　160454
孝經註疏九卷附考證　(唐)玄宗李隆基注　(唐)陸德明音義　(宋)邢昺疏　清乾隆四年(1739)刻本　一冊

360000－1901－0034156　122822
孝烈合稿　(清)黄之晉輯　清同治元年(1862)刻本　一冊

360000－1901－0034157　405918
孝友堂彙鈔不分卷　(清)張熙甫輯　清刻本　一冊

360000－1901－0034158　412752
校邠廬抗議二卷　(清)馮桂芬撰　清光緒二十六年(1900)成都書局刻本　二冊

360000－1901－0034159　412756
校邠廬抗議二卷　(清)馮桂芬撰　清光緒二十三年(1897)聚豐坊刻本　一冊　存一卷(上)

360000－1901－0034160　314150
校邠廬抗議二卷　(清)馮桂芬撰　清光緒二十三年(1897)文瑞樓石印本　二冊

360000－1901－0034161　412754
校邠廬抗議二卷　(清)馮桂芬撰　清光緒二十四年(1898)湖南府正街新學書局刻本　一冊　存一卷(上)

360000－1901－0034162　309865

校邠廬抗議二卷 (清)馮桂芬撰 清光緒二十四年(1898)江右兩儀堂刻本 二册

360000－1901－0034163 162556
校邠廬抗議二卷 (清)馮桂芬撰 清光緒二十四年(1898)刻本 二册

360000－1901－0034164 302644
校邠廬抗議二卷 (清)馮桂芬撰 清光緒二十四年(1898)上海書局鉛印本 二册

360000－1901－0034165 412751
校邠廬抗議二卷 (清)馮桂芬撰 清光緒二十四年(1898)上海書局鉛印本 二册

360000－1901－0034166 412750
校邠廬抗議二卷 (清)馮桂芬撰 清光緒二十四年(1898)上海書局石印本 二册

360000－1901－0034167 162555
校邠廬抗議二卷 (清)馮桂芬撰 清光緒二十四年(1898)著易堂石印本 一册

360000－1901－0034168 302578
校邠廬抗議二卷 (清)馮桂芬撰 清光緒十年(1884)豫章刻本 二册

360000－1901－0034169 302645
校邠廬抗議二卷 (清)馮桂芬撰 清光緒十年(1884)豫章刻本 二册

360000－1901－0034170 302646
校邠廬抗議二卷 (清)馮桂芬撰 清光緒十年(1884)豫章刻本 二册

360000－1901－0034171 302647
校邠廬抗議二卷 (清)馮桂芬撰 清光緒十年(1884)豫章刻本 二册

360000－1901－0034172 302648
校邠廬抗議二卷 (清)馮桂芬撰 清光緒十年(1884)豫章刻本 二册

360000－1901－0034173 308626
校邠廬抗議二卷 (清)馮桂芬撰 清光緒十年(1884)豫章刻本 二册

360000－1901－0034174 313860
校邠廬抗議二卷 (清)馮桂芬撰 清光緒十年(1884)豫章刻本 二册

360000－1901－0034175 412755
校邠廬抗議二卷 (清)馮桂芬撰 清光緒十年(1884)豫章刻本 二册

360000－1901－0034176 412753
校邠廬抗議二卷 (清)馮桂芬撰 清末金閶書舍鉛印本 二册

360000－1901－0034177 711820
校補歷史綱鑑補四十卷首一卷 (明)袁黄纂 **御撰資治通鑑綱目三編二十卷** (清)張廷玉等撰 清刻本 二册 存四卷(校補歷史綱鑑補三十八、四十,御撰資治通鑑綱目三編一至二)

360000－1901－0034178 401997
校讎通義三卷 (清)章學誠撰 清光緒二十四年(1898)長沙經文書局刻本 一册 存二卷(一至二)

360000－1901－0034179 401998
校讎通義三卷 (清)章學誠撰 清光緒三年(1877)貴陽章氏刻十九年(1893)補刻章氏遺書本 一册

360000－1901－0034180 401997－1
校讎通義三卷 (清)章學誠撰 清刻本 一册 存二卷(一至二)

360000－1901－0034181 308242
校訂定盦全集十卷 (清)龔自珍撰 **定盦年譜藁本一卷** (清)黄守恒撰 清宣統二年(1910)時中書局鉛印本 七册

360000－1901－0034182 417590
校訂困學紀聞集證二十卷 (宋)王應麟撰 (清)閻若璩等箋 (清)屠繼序校補 (清)萬希槐集證 清嘉慶二十二年(1817)刻本 十二册

360000－1901－0034183 417591
校訂困學紀聞集證二十卷 (宋)王應麟撰 (清)閻若璩等箋 (清)屠繼序校補 (清)

萬希槐集證　清嘉慶二十二年(1817)刻本　十二冊

360000－1901－0034184　417592
校訂困學紀聞集證二十卷　(宋)王應麟撰　(清)閻若璩等箋　(清)屠繼序校補　(清)萬希槐集證　清嘉慶二十二年(1817)刻本　十二冊

360000－1901－0034185　314058
校訂困學紀聞集證二十卷　(宋)王應麟撰　(清)閻若璩等箋　(清)屠繼序校補　(清)萬希槐集證　清嘉慶二十四年(1819)刻本　十二冊

360000－1901－0034186　313857
校訂困學紀聞集證二十卷　(宋)王應麟撰　(清)閻若璩等箋　(清)屠繼序校補　(清)萬希槐集證　清嘉慶刻本　十冊

360000－1901－0034187　314062
校訂困學紀聞集證二十卷　(宋)王應麟撰　(清)閻若璩等箋　(清)屠繼序校補　(清)萬希槐集證　清嘉慶十八年(1813)刻本　十二冊

360000－1901－0034188　417594
校訂困學紀聞集證二十卷　(宋)王應麟撰　(清)閻若璩等箋　(清)屠繼序校補　(清)萬希槐集證　清嘉慶十八年(1813)刻本　十冊

360000－1901－0034189　303690
校訂困學紀聞集證二十卷　(宋)王應麟撰　(清)閻若璩等箋　(清)屠繼序校補　(清)萬希槐集證　清嘉慶十二年(1807)刻本　十二冊

360000－1901－0034190　162985
校訂困學紀聞三箋二十卷　(宋)王應麟撰　(清)閻若璩等箋　(清)屠繼序校補　清嘉慶九年(1804)刻本　六冊

360000－1901－0034191　162986
校訂困學紀聞三箋二十卷　(宋)王應麟撰　(清)閻若璩等箋　(清)屠繼序校補　清嘉慶九年(1804)刻本　八冊

360000－1901－0034192　307685
校訂困學紀聞三箋二十卷　(宋)王應麟撰　(清)閻若璩等箋　(清)屠繼序校補　清嘉慶九年(1804)刻本　六冊　存十四卷(一至十四)

360000－1901－0034193　417595
校訂困學紀聞三箋二十卷　(宋)王應麟撰　(清)閻若璩等箋　(清)屠繼序校補　清嘉慶九年(1804)刻本　十冊

360000－1901－0034194　417596
校訂困學紀聞三箋二十卷　(宋)王應麟撰　(清)閻若璩等箋　(清)屠繼序校補　清嘉慶九年(1804)刻本　六冊

360000－1901－0034195　417597
校訂困學紀聞三箋二十卷　(宋)王應麟撰　(清)閻若璩等箋　(清)屠繼序校補　清嘉慶九年(1804)刻本　四冊　存十三卷(三至十、十六至二十)

360000－1901－0034196　417598
校訂困學紀聞三箋二十卷　(宋)王應麟撰　(清)閻若璩等箋　(清)屠繼序校補　清嘉慶九年(1804)刻本　五冊　存十二卷(三至六、九至十三、十八至二十)

360000－1901－0034197　307677－1
校訂困學紀聞三箋二十卷　(宋)王應麟撰　(清)閻若璩等箋　(清)屠繼序校補　清刻本　二冊　存六卷(十五至二十)

360000－1901－0034198　417597－1
校訂困學紀聞五箋集證二十卷　(宋)王應麟撰　(清)閻若璩等箋　(清)萬希槐集證　清刻本　一冊　存二卷(十八至十九)

360000－1901－0034199　902457
校訂太平全書□□卷　(□)□□撰　清刻本　一冊　存六卷(一至六)

360000－1901－0034200　302006
校漢書八表八卷　(清)夏燮撰　清光緒十六

年(1890)江城公所刻本　六冊

360000－1901－0034201　305537
校漢書八表八卷　(清)夏燮撰　清光緒十六年(1890)江城公所刻本　二冊　存三卷(一至二、七)

360000－1901－0034202　305884
校經廎文稾十八卷　(清)李富孫撰　清道光元年(1821)刻本　五冊　存十六卷(一至十六)

360000－1901－0034203　309820
校經堂初集四卷　(清)曹鴻勛輯　清光緒十一年(1885)刻本　二冊

360000－1901－0034204　161637
校刊史記集解索隱正義札記五卷　(清)張文虎撰　清同治十一年(1872)金陵書局刻本　二冊

360000－1901－0034205　402793
校刊史記集解索隱正義札記五卷　(清)張文虎撰　清同治十一年(1872)金陵書局刻本　一冊　存三卷(一至三)

360000－1901－0034206　415582
校刊資治通鑑全書　(清)胡元常輯　清光緒十七年(1891)長沙楊氏刻本　一百十二冊　存三種

360000－1901－0034207　000955
校正第一奇書二十卷一百回　(清)張竹坡評　清末香港舊小說社石印本　二十冊

360000－1901－0034208　304466
校正尚友錄二十二卷　(明)廖用賢輯　(清)張伯琮補輯　清光緒十八年(1892)上海書局石印本　六冊

360000－1901－0034209　402105
校正尚友錄二十二卷　(明)廖用賢輯　(清)張伯琮補輯　清光緒十九年(1893)上海蜚英館石印本　三冊　存十六卷(一至五、十二至二十二)

360000－1901－0034210　402103
校正尚友錄二十二卷　(明)廖用賢輯　(清)張伯琮補輯　**續集二十二卷**　(清)退思主人輯　清光緒二十八年(1902)上海經香閣石印本　五冊　存二十二卷(校正尚友錄十三至十七、續集一至十七)

360000－1901－0034211　402104
校正尚友錄二十二卷　(明)廖用賢輯　(清)張伯琮補輯　**續集二十二卷**　(清)退思主人輯　清光緒二十八年(1902)上海經香閣石印本　五冊　存二十七卷(校正尚友錄八至十二、續集二十二卷)

360000－1901－0034212　805107
校正尚友錄二十二卷　(明)廖用賢輯　(清)張伯琮補輯　**續集二十二卷**　(清)退思主人輯　清光緒二十八年(1902)上海文記書莊石印本　十二冊　存三十五卷(校正尚友錄二十二卷、續集十至二十二)

360000－1901－0034213　402111－1
校正尚友錄二十二卷　(明)廖用賢輯　(清)張伯琮補輯　**續集二十二卷**　(清)退思主人輯　清光緒二十二年(1896)上海書局石印本　五冊　存十八卷(續集一至八、十三至二十二)

360000－1901－0034214　402112
校正尚友錄二十二卷　(明)廖用賢輯　(清)張伯琮補輯　**續集二十二卷**　(清)退思主人輯　清光緒二十二年(1896)上海書局石印本　六冊　存二十三卷(校正尚友錄五至八、十二至十八,續集一至十二)

360000－1901－0034215　402111
校正尚友錄二十二卷　(明)廖用賢輯　(清)張伯琮補輯　**續集二十二卷**　(清)退思主人輯　清光緒二十年(1894)上海鴻寶齋石印本　十二冊

360000－1901－0034216　402110
校正尚友錄二十二卷　(明)廖用賢輯　(清)張伯琮補輯　**續集二十二卷**　(清)退思主人輯　清光緒十三年(1887)上海鴻文書局石印本　六冊　存二十四卷(校正尚友錄一至四、

十六至二十二，續集一至四、十四至二十二）

360000－1901－0034217　161830
校正尚友録全集二十二卷　（明）廖用賢輯　（清）張伯琮補輯　**國朝尚友録八卷**　（清）李佩芳　（清）孫鼎撰　清光緒十九年（1893）通文書局石印本　十八册

360000－1901－0034218　402116
校正尚友録全集二十二卷補遺一卷　（明）廖用賢輯　（清）張伯琮補輯　清光緒石印本　一册　存五卷（一至五）

360000－1901－0034219　308571
校正尚友録統編二十四卷　（清）潘遵祁輯　清光緒二十九年（1903）通文書局石印本　十册　存十四卷（三至八、十至十二、十四至十六、二十一至二十二）

360000－1901－0034220　161742
校正尚友録統編二十四卷　（清）潘遵祁輯　清光緒十四年（1888）上海鴻章書局石印本　十六册

360000－1901－0034221　313573
校正尚友録統編二十四卷　（清）潘遵祁輯　清末石印本　四册　存五卷（四、六至七、十三、十六）

360000－1901－0034222　403090
校正四書釋地八卷孟子生卒年月考一卷　（清）閻若璩撰　（清）顧問重編　清嘉慶八年（1803）桐陰書屋刻本　一册　存一卷（三）

360000－1901－0034223　409115
校正圖註八十一難經四卷　（明）張世賢注　清光緒二十七年（1901）煥文書局石印本　二册

360000－1901－0034224　409116
校正圖註八十一難經四卷　（明）張世賢注　清光緒石印本　二册

360000－1901－0034225　409027
校正圖註脈訣四卷　（明）張世賢注　清光緒鴻寶齋書局石印本　一册　存二卷（三至四）

360000－1901－0034226　409027－1
校正圖註脈訣四卷　（明）張世賢注　清光緒鴻寶齋書局石印本　一册　存二卷（三至四）

360000－1901－0034227　161660
校正萬年書一卷　（清）□□編　清光緒二十二年（1896）玉邑文奎堂刻本　一册

360000－1901－0034228　802990
校正萬年書一卷　（清）□□編　清刻本　一册

360000－1901－0034229　307389
校正增補代數備旨全草十三章　（美國）狄考文撰　（清）徐錫麟編　清光緒二十九年（1903）上海玉麟書局石印本　五册　存十二章（一至十二）

360000－1901－0034230　406686
校正增補代數備旨全草十三章　（美國）狄考文撰　（清）徐錫麟編　清光緒三十二年（1906）上海玉麟書局石印本　六册

360000－1901－0034231　420744
校正增廣驗方新編二十四卷　（清）鮑相璈輯　清光緒四年（1878）上澤珍藝書局鉛印本　十二册

360000－1901－0034232　404604
校字録十二卷　（清）史評等撰　清道光七年（1827）刻本　二册

360000－1901－0034233　408835
效驗丸方不分卷　（清）□□輯　清刻本　一册

360000－1901－0034234　122236
嘯劍山房詩鈔十四卷試帖秋鐙課草一卷　（清）文星瑞撰　清同治九年至十年（1870－1871）刻本　四册

360000－1901－0034235　122237
嘯劍山房詩鈔十四卷試帖秋鐙課草一卷　（清）文星瑞撰　清同治九年至十年（1870－1871）刻本　四册

360000－1901－0034236　410450

嘯劍山房詩鈔十四卷試帖秋鐙課草一卷 (清)文星瑞撰 清同治九年至十年(1870－1871)刻本 四册

360000－1901－0034237 312277
嘯亭雜錄八卷續錄二卷 (清)昭槤撰 清光緒二十七年(1901)掃葉山房石印本 四册 存五卷(一至三、七至八)

360000－1901－0034238 411191
嘯亭雜錄八卷續錄二卷 (清)昭槤撰 清光緒六年(1880)刻本 二册 存五卷(一至五)

360000－1901－0034239 805284
嘯亭雜錄八卷續錄二卷 (清)昭槤撰 清刻本 一册 存一卷(續錄二)

360000－1901－0034240 303740
嘯亭雜錄十卷續錄三卷 (清)昭槤撰 清光緒二十七年(1901)上海掃葉山房石印本 四册

360000－1901－0034241 303739
嘯亭雜錄十卷續錄三卷 (清)昭槤撰 清光緒六年(1880)九思堂刻本 十二册

360000－1901－0034242 411192
嘯亭雜錄十卷續錄三卷 (清)昭槤撰 清宣統元年(1909)中國圖書公司鉛印本 三册 存九卷(嘯亭雜錄五至十、續錄三卷)

360000－1901－0034243 413118
嘯園叢書 (清)葛元煦輯 清光緒二年至七年(1876－1881)仁和葛氏刻本 十七册 存七種

360000－1901－0034244 413359
嘯月樓萬壽圖二卷五十四齣 (清)許紹珣撰 清刻本 一册 存一卷(下)二十七齣(二十八至五十四)

360000－1901－0034245 411199
嘯雲軒詩集四卷 (清)程畹撰 清同治十一年(1872)刻本 一册

360000－1901－0034246 163231
歗雲文鈔十四卷詩鈔八卷 (清)林樹梅撰 清道光二十四年(1844)刻本 六册

360000－1901－0034247 801539
歗雲文鈔十四卷詩鈔八卷 (清)林樹梅撰 清道光二十四年(1844)刻本 一册 存四卷(歗雲文鈔一至四)

360000－1901－0034248 240717
歐菴集二十卷附三卷 (明)陶望齡撰 明萬曆三十九年(1611)喬時敏、王應遴刻本(卷十三配清抄本) 十册

360000－1901－0034249 405377
斜川集六卷 (宋)蘇過撰 清道光七年(1827)刻本 一册 存三卷(一至三)

360000－1901－0034250 405377－1
斜川集六卷 (宋)蘇過撰 清道光七年(1827)刻本 一册 存二卷(一至二)

360000－1901－0034251 404864
諧鐸十二卷 (清)沈起鳳撰 清光緒十五年(1889)上海廣百宋齋鉛印本 四册

360000－1901－0034252 404863－1
諧鐸十二卷 (清)沈起鳳撰 清刻本 二册 存四卷(七至八、十一至十二)

360000－1901－0034253 900751
諧鐸十二卷 (清)沈起鳳撰 清刻本 一册 存三卷(三至五)

360000－1901－0034254 317402
諧鐸十二卷 (清)沈起鳳撰 清同治五年(1866)刻本 四册

360000－1901－0034255 405999
諧聲別部六卷 (清)王士禛撰 (清)喻端士輯 清刻本 二册

360000－1901－0034256 241512
諧聲別部六卷 (清)王士禛撰 (清)喻端士輯 清乾隆刻本 四册

360000－1901－0034257 241513
諧聲別部六卷 (清)王士禛撰 (清)喻端士輯 清乾隆刻本 一册 缺一卷(六)

360000－1901－0034258　405998
諧聲譜二卷　(清)丁顯撰　清光緒三十年(1904)刻本　二册

360000－1901－0034259　413357
諧聲述略四卷後編二卷　(清)關燿南撰　清光緒二十一年(1895)信州學舍静妙軒刻本　二册

360000－1901－0034260　413357－1
諧聲述略四卷後編二卷　(清)關燿南撰　清光緒二十一年(1895)信州學舍静妙軒刻本　二册

360000－1901－0034261　404859
擷紅詞館吟鈔四卷　(清)蕭承蕚撰　清道光十五年(1835)刻本　一册

360000－1901－0034262　404859－1
擷紅詞館吟鈔四卷　(清)蕭承蕚撰　清道光十五年(1835)刻本　一册

360000－1901－0034263　405495
擷緑山房隱語二卷　(清)葉金璜　(清)葉康瑞撰　清光緒三十二年(1906)刻本　一册

360000－1901－0034264　160489
寫定尚書不分卷　(清)吴汝綸輯　清光緒十八年(1892)桐城吴氏家塾石印本　一册

360000－1901－0034265　404839
寫讀辨訛二卷　(清)費夢琦撰　清同治七年(1868)刻本　一册

360000－1901－0034266　802953
寫信必讀十卷　(清)唐芸洲編　清末石印本　一册　存一卷(十)

360000－1901－0034267　901467
寫信必讀十卷　(清)唐芸洲編　清末石印本　二册　存四卷(五至八)

360000－1901－0034268　405691
寫韻樓詩集五卷首一卷末一卷　(清)吴瓊仙撰　清刻本　二册

360000－1901－0034269　150615
屑玉叢譚　(清)錢徵　蔡爾康輯　清光緒上海申報館鉛印申報館叢書本　十二册　存三十六種

360000－1901－0034270　303530
屑玉叢譚　(清)錢徵　蔡爾康輯　清光緒上海申報館鉛印申報館叢書本　一册　存二種

360000－1901－0034271　417604
禊湖詩拾八卷首一卷　(清)徐達源輯　清嘉慶孚遠堂刻民國九年(1920)吴江柳棄疾補刻本　一册

360000－1901－0034272　417604－1
禊湖詩拾八卷首一卷　(清)徐達源輯　清嘉慶孚遠堂刻民國九年(1920)吴江柳棄疾補刻本　一册

360000－1901－0034273　417604－10
禊湖詩拾八卷首一卷　(清)徐達源輯　清嘉慶孚遠堂刻民國九年(1920)吴江柳棄疾補刻本　一册

360000－1901－0034274　417604－11
禊湖詩拾八卷首一卷　(清)徐達源輯　清嘉慶孚遠堂刻民國九年(1920)吴江柳棄疾補刻本　一册

360000－1901－0034275　417604－12
禊湖詩拾八卷首一卷　(清)徐達源輯　清嘉慶孚遠堂刻民國九年(1920)吴江柳棄疾補刻本　一册

360000－1901－0034276　417604－13
禊湖詩拾八卷首一卷　(清)徐達源輯　清嘉慶孚遠堂刻民國九年(1920)吴江柳棄疾補刻本　一册

360000－1901－0034277　417604－14
禊湖詩拾八卷首一卷　(清)徐達源輯　清嘉慶孚遠堂刻民國九年(1920)吴江柳棄疾補刻本　一册

360000－1901－0034278　417604－15
禊湖詩拾八卷首一卷　(清)徐達源輯　清嘉慶孚遠堂刻民國九年(1920)吴江柳棄疾補刻本　一册

360000－1901－0034279　417604－16
禊湖詩拾八卷首一卷　(清)徐達源輯　清嘉慶孚遠堂刻民國九年(1920)吳江柳棄疾補刻本　一册

360000－1901－0034280　417604－17
禊湖詩拾八卷首一卷　(清)徐達源輯　清嘉慶孚遠堂刻民國九年(1920)吳江柳棄疾補刻本　一册

360000－1901－0034281　417604－18
禊湖詩拾八卷首一卷　(清)徐達源輯　清嘉慶孚遠堂刻民國九年(1920)吳江柳棄疾補刻本　一册

360000－1901－0034282　417604－19
禊湖詩拾八卷首一卷　(清)徐達源輯　清嘉慶孚遠堂刻民國九年(1920)吳江柳棄疾補刻本　一册

360000－1901－0034283　417604－2
禊湖詩拾八卷首一卷　(清)徐達源輯　清嘉慶孚遠堂刻民國九年(1920)吳江柳棄疾補刻本　一册

360000－1901－0034284　417604－20
禊湖詩拾八卷首一卷　(清)徐達源輯　清嘉慶孚遠堂刻民國九年(1920)吳江柳棄疾補刻本　一册

360000－1901－0034285　417604－21
禊湖詩拾八卷首一卷　(清)徐達源輯　清嘉慶孚遠堂刻民國九年(1920)吳江柳棄疾補刻本　一册

360000－1901－0034286　417604－22
禊湖詩拾八卷首一卷　(清)徐達源輯　清嘉慶孚遠堂刻民國九年(1920)吳江柳棄疾補刻本　一册

360000－1901－0034287　417604－23
禊湖詩拾八卷首一卷　(清)徐達源輯　清嘉慶孚遠堂刻民國九年(1920)吳江柳棄疾補刻本　一册

360000－1901－0034288　417604－3
禊湖詩拾八卷首一卷　(清)徐達源輯　清嘉慶孚遠堂刻民國九年(1920)吳江柳棄疾補刻本　一册

360000－1901－0034289　417604－4
禊湖詩拾八卷首一卷　(清)徐達源輯　清嘉慶孚遠堂刻民國九年(1920)吳江柳棄疾補刻本　一册

360000－1901－0034290　417604－5
禊湖詩拾八卷首一卷　(清)徐達源輯　清嘉慶孚遠堂刻民國九年(1920)吳江柳棄疾補刻本　一册

360000－1901－0034291　417604－6
禊湖詩拾八卷首一卷　(清)徐達源輯　清嘉慶孚遠堂刻民國九年(1920)吳江柳棄疾補刻本　一册

360000－1901－0034292　417604－7
禊湖詩拾八卷首一卷　(清)徐達源輯　清嘉慶孚遠堂刻民國九年(1920)吳江柳棄疾補刻本　一册

360000－1901－0034293　417604－8
禊湖詩拾八卷首一卷　(清)徐達源輯　清嘉慶孚遠堂刻民國九年(1920)吳江柳棄疾補刻本　一册

360000－1901－0034294　417604－9
禊湖詩拾八卷首一卷　(清)徐達源輯　清嘉慶孚遠堂刻民國九年(1920)吳江柳棄疾補刻本　一册

360000－1901－0034295　417605
禊湖詩拾八卷首一卷　(清)徐達源輯　清嘉慶孚遠堂刻民國九年(1920)吳江柳棄疾補刻本　二册

360000－1901－0034296　417605－1
禊湖詩拾八卷首一卷　(清)徐達源輯　清嘉慶孚遠堂刻民國九年(1920)吳江柳棄疾補刻本　二册

360000－1901－0034297　417605－2
禊湖詩拾八卷首一卷　(清)徐達源輯　清嘉

慶孚遠堂刻民國九年(1920)吳江柳棄疾補刻本　二冊

360000－1901－0034298　417605－3
禊湖詩拾八卷首一卷　(清)徐達源輯　清嘉慶孚遠堂刻民國九年(1920)吳江柳棄疾補刻本　二冊

360000－1901－0034299　417605－4
禊湖詩拾八卷首一卷　(清)徐達源輯　清嘉慶孚遠堂刻民國九年(1920)吳江柳棄疾補刻本　二冊

360000－1901－0034300　417605－5
禊湖詩拾八卷首一卷　(清)徐達源輯　清嘉慶孚遠堂刻民國九年(1920)吳江柳棄疾補刻本　二冊

360000－1901－0034301　417605－6
禊湖詩拾八卷首一卷　(清)徐達源輯　清嘉慶孚遠堂刻民國九年(1920)吳江柳棄疾補刻本　二冊

360000－1901－0034302　122450
謝程山集十八卷首一卷附錄三卷　(清)謝文洊撰　清光緒十八年(1892)南豐謝鏞刻本　三冊　存七卷(一至三、首一卷、附錄三卷)

360000－1901－0034303　122448
謝程山全書　(清)謝文洊撰　清道光三十年(1850)南豐劉煜刻本　四十冊

360000－1901－0034304　417477
謝程山全書　(清)謝文洊撰　清道光三十年(1850)南豐劉煜刻本　二十九冊　存十種

360000－1901－0034305　121762
謝程山全書　(清)謝文洊撰　清光緒十八年(1892)南豐謝鏞刻本　二十四冊　存十種

360000－1901－0034306　122449
謝程山全書　(清)謝文洊撰　清光緒十八年(1892)南豐謝鏞刻本　四冊　存二種

360000－1901－0034307　415078
謝疊山公外集三卷　(宋)謝枋得撰　清嘉慶六年(1801)刻本　一冊

360000－1901－0034308　122452
謝疊山公文集五卷首一卷外集三卷末一卷　(宋)謝枋得撰　清嘉慶六年(1801)謝氏蘊德堂刻本　五冊

360000－1901－0034309　122457
謝疊山先生評注四種合刻　(宋)謝枋得撰　清光緒九年(1883)刻本　二冊　存三種

360000－1901－0034310　240407
謝疊山先生文集六卷　(宋)謝枋得撰　清康熙六十年(1721)謝氏蘊德堂刻本　四冊

360000－1901－0034311　122453
謝疊山先生文集五卷首一卷外集四卷　(宋)謝枋得撰　清道光二十九年(1849)刻本　四冊

360000－1901－0034312　122454
謝疊山先生文集五卷首一卷外集四卷　(宋)謝枋得撰　清道光二十九年(1849)刻本　四冊

360000－1901－0034313　122456
謝疊山先生文集五卷首一卷外集四卷　(宋)謝枋得撰　清光緒二十六年(1900)横溪謝氏刻本　四冊

360000－1901－0034314　122455
謝疊山先生文集五卷首一卷外集四卷　(宋)謝枋得撰　清咸豐十年(1860)謝氏刻本　四冊

360000－1901－0034315　120124
謝疊山先生文章軌範七卷　(宋)謝枋得輯　清光緒八年(1882)青簡齋刻朱墨套印本　四冊

360000－1901－0034316　415079
謝疊山先生文章軌範七卷　(宋)謝枋得輯　清同治七年(1868)湘鄉曾氏刻本　二冊

360000－1901－0034317　120121
謝疊山先生文章軌範七卷　(宋)謝枋得輯　清咸豐二年(1852)江右潯陽萬氏蓮峰書屋刻三色套印本　二冊

360000－1901－0034318　120122
謝疊山先生文章軌範七卷　(宋)謝枋得輯　清咸豐二年(1852)江右潯陽萬氏蓮峰書屋刻三色套印本　六册

360000－1901－0034319　120123
謝疊山先生文章軌範七卷　(宋)謝枋得輯　清咸豐二年(1852)江右潯陽萬氏蓮峰書屋刻三色套印本　六册

360000－1901－0034320　122873
謝疊山先生文章軌範七卷　(宋)謝枋得輯　清咸豐二年(1852)江右潯陽萬氏蓮峰書屋刻三色套印本　二册

360000－1901－0034321　415082
謝疊山先生文章軌範七卷　(宋)謝枋得輯　清咸豐二年(1852)江右潯陽萬氏蓮峰書屋刻三色套印本　二册

360000－1901－0034322　601065
謝疊山先生文章軌範七卷　(宋)謝枋得輯　清咸豐二年(1852)江右潯陽萬氏蓮峰書屋刻三色套印本　一册　存四卷(四至七)

360000－1901－0034323　241258
謝疊山先生文章軌範七卷　(宋)謝枋得輯　清咸豐二年(1852)江右潯陽萬氏蓮峰書屋刻三色套印本　二册

360000－1901－0034324　415083
謝疊山先生文章軌範七卷　(宋)謝枋得輯　清咸豐桂林暘谷謝氏家塾刻朱墨套印本　四册

360000－1901－0034325　415084
謝疊山先生文章軌範七卷　(宋)謝枋得輯　清咸豐桂林暘谷謝氏家塾刻朱墨套印本　四册

360000－1901－0034326　415428
謝法曹集二卷　(南朝宋)謝惠連撰　**謝希逸集三卷**　(南朝宋)謝莊撰　清宣統三年(1911)上海文明書局鉛印本　一册

360000－1901－0034327　603879
謝華啓秀八卷　(明)楊慎輯　清小嫏嬛山館刻本　一册　存二卷(一至二)

360000－1901－0034328　164252
謝康樂集四卷　(南朝宋)謝靈運撰　明金閶世裕堂刻本　二册

360000－1901－0034329　300334
謝梅莊先生遺集八卷西北域記一卷　(清)謝濟世撰　清光緒三十四年(1908)鉛印本　二册

360000－1901－0034330　122441
謝文貞公文集四卷　(清)謝德溥撰　謝甘盤輯　清光緒二十四年(1898)舊學山房刻本　四册

360000－1901－0034331　122442
謝文貞公文集四卷　(清)謝德溥撰　謝甘盤輯　清光緒二十四年(1898)舊學山房刻本　四册

360000－1901－0034332　122443
謝文貞公文集四卷　(清)謝德溥撰　謝甘盤輯　清光緒二十四年(1898)舊學山房刻本　四册

360000－1901－0034333　240525
謝文莊公集六卷　(明)謝一夔撰　明抄本　佚名校　四册　缺一卷(六)

360000－1901－0034334　240524
謝文莊公集六卷　(明)謝一夔撰　明嘉靖四十一年(1562)謝廷傑刻本　二册

360000－1901－0034335　164038
晉書一百三十卷　(唐)房玄齡等撰　清初刻本　二十五册　存一百十三卷(一至十七、二十一至三十、三十四至一百十九)

360000－1901－0034336　240526
謝文莊公文集六卷　(明)謝一夔撰　清乾隆二十二年(1757)刻本　二册

360000－1901－0034337　241114
謝中丞親筆改定詩稿不分卷　(清)謝啓昆撰　稿本　胡思敬題識　一册

360000－1901－0034338　402855
心龕詩品詩四卷　（清）饒忠良撰　清道光二十六年（1846）刻本　三冊　缺一卷（二）

360000－1901－0034339　301948
心白日齋集六卷　（清）尹耕雲撰　清光緒二十一年（1895）刻本　四冊

360000－1901－0034340　305507
心傳韻語五卷　（清）何謙撰　清同治二年（1863）白雲山刻本　三冊　存三卷（一、三至四）

360000－1901－0034341　800326
心純一山房一卷　（清）□□輯　清抄本　一冊

360000－1901－0034342　800777
心得急登一卷　（清）菊如輯　清抄本　一冊

360000－1901－0034343　120155
心得瑣言三卷　（清）燕毅撰　清咸豐十一年（1861）甘棠書社刻本　一冊

360000－1901－0034344　406734
心經參講一卷　（清）來紫山人拙齋居士撰　清同治十二年（1873）刻本　一冊

360000－1901－0034345　162267
心理學不分卷　商務印書館編譯所編譯　清光緒三十二年（1906）商務印書館鉛印本　一冊

360000－1901－0034346　404381
心勸集七卷續增一卷　（清）史兆熊撰　清刻本　一冊　存三卷（六至七、續增一卷）

360000－1901－0034347　304303
心日齋詞集　（清）周之琦撰　清道光杭州陸氏愛日軒刻本　一冊　存二種

360000－1901－0034348　800231
心聲草一卷　（清）□□撰　稿本　一冊

360000－1901－0034349　317710
心算初學六卷　（清）直隸學校司鑒定　清末天津北洋官報局鉛印本　二冊

360000－1901－0034350　317856
心算教授法一卷　（清）直隸學校司鑒定　清末天津北洋官報局鉛印本　一冊

360000－1901－0034351　120156
心鐵石齋存稿四十卷聯句詩一卷心鐵石齋年譜一卷　（清）宋鳴琦撰　清道光十二年（1832）誦梅堂刻本　十冊

360000－1901－0034352　120157
心鐵石齋存稿四十卷聯句詩一卷心鐵石齋年譜一卷　（清）宋鳴琦撰　清道光十二年（1832）誦梅堂刻本　八冊

360000－1901－0034353　601077
心鐵石齋存稿四十卷聯句詩一卷心鐵石齋年譜一卷　（清）宋鳴琦撰　清道光十二年（1832）誦梅堂刻本　一冊　存五卷（一至五）

360000－1901－0034354　301942
心吾子詩鈔十二卷　（清）程尚濂撰　清嘉慶七年（1802）刻本　四冊　存十一卷（一至十一）

360000－1901－0034355　800951
心香閣墨商不分卷　（清）郁鼎鍾評選　清道光十年（1830）刻本　五冊

360000－1901－0034356　120153
心香室詩鈔四卷詩餘一卷　（清）范金鏞撰　清光緒三十二年（1906）刻本　五冊

360000－1901－0034357　120154
心香室詩鈔四卷詩餘一卷　（清）范金鏞撰　清光緒三十二年（1906）刻本　五冊

360000－1901－0034358　160101
心易溯原二十四卷首一卷　（清）謝若潮撰　清光緒二十年（1894）夢蕉堂刻本　八冊

360000－1901－0034359　160102
心易溯原二十四卷首一卷　（清）謝若潮撰　清光緒二十年（1894）夢蕉堂刻本　八冊

360000－1901－0034360　420329
心源匙鍾不分卷　（清）徐公桓撰　清光緒二十年（1894）刻本　一冊

360000－1901－0034361　230127

心遠堂新編小學纂註六卷朱子小學總論一卷　(清)高愈注　**附文公朱夫子年譜一卷**　題(宋)李方子撰　(清)高愈輯　清康熙三十六年(1697)心遠堂刻本　四册

360000－1901－0034362　150513

心齋十種　(清)任兆麟撰　清乾隆五十年至五十五年(1785－1790)震澤任氏忠敏家塾刻本　四册　存五種

360000－1901－0034363　713080

心齋十種　(清)任兆麟撰　清乾隆五十年至五十五年(1785－1790)震澤任氏忠敏家塾刻本　一册　存三種

360000－1901－0034364　402219

心箴不分卷　(清)李杕撰　清光緒三十一年(1905)上海慈母堂鉛印本　一册

360000－1901－0034365　803622

辛昌房祠進出簿不分卷(清光緒三十三年至一九五〇年)　(□)□□輯　稿本　一册

360000－1901－0034366　401917

辛丑各國和約文件壬寅中英商約稅則彙編一卷　(□)□□輯　清光緒二十八年(1902)石印本　一册

360000－1901－0034367　401903－1

辛丑各國和約一卷　(清)總理各國事務衙門編　清光緒刻本　一册

360000－1901－0034368　401022

辛丑各國和約一卷　(清)總理各國事務衙門編　清末刻本　一册

360000－1901－0034369　603299

辛丑官商快覽不分卷　(清)□□撰　清光緒二十六年(1900)上海絳雪齋鉛印本　一册

360000－1901－0034370　409586

辛丑銷夏記五卷　(清)吳榮光撰　清光緒三十一年(1905)長沙刻本　五册

360000－1901－0034371　801962

辛璽公祠總賬不分卷(清光緒二十四年至公元一九五〇年)　(□)□□輯　稿本　一册

360000－1901－0034372　220441

辛酉曾祖妣蔡太夫人祭文匯不分卷附日記二篇　歐陽成輯　民國三年(1914)南雲精舍稿本　一册

360000－1901－0034373　711388

欣賞集天崇名家文不分卷　(清)朱芬輯　清刻本　二册　存上論、孟子

360000－1901－0034374　802641

欣賞齋尺牘六卷　(清)曹仁鏡輯　清末石印本　一册　存二卷(五至六)

360000－1901－0034375　123040

新安賓館八詠不分卷　江峰青等撰　清光緒二十二年(1896)刻本　一册

360000－1901－0034376　123041

新安賓館八詠不分卷　江峰青等撰　清光緒二十二年(1896)刻本　一册

360000－1901－0034377　410641

新安賓館八詠不分卷　江峰青等撰　清光緒二十二年(1896)刻本　一册

360000－1901－0034378　803243

新安大族全集不分卷　(□)□□輯　清抄本　一册

360000－1901－0034379　410645

新安景物略四卷　(清)王夢銓輯　清抄本　一册

360000－1901－0034380　410643

新安景物略四卷　(清)王夢銓輯　清嘉慶十年(1805)刻本　一册

360000－1901－0034381　900804

新安景物約編不分卷　(清)江中儔　(清)江正心纂　清道光十年(1830)刻本　一册

360000－1901－0034382　123038

新安景物約編五卷補遺一卷　(清)江中儔　(清)江正心纂　**新安大好紀麗一卷**　(清)洪榜撰　清道光十年(1830)青雲堂刻本　二册

360000－1901－0034383　123039
新安景物約編五卷補遺一卷　（清）江中儔（清）江正心纂　**新安大好紀麗一卷**　（清）洪榜撰　清道光十年（1830）青雲堂刻本　二冊

360000－1901－0034384　123417
新安景物約編五卷補遺一卷　（清）江中儔（清）江正心纂　**新安大好紀麗一卷**　（清）洪榜撰　清道光十年（1830）青雲堂刻本　一冊

360000－1901－0034385　410646
新安景物約編五卷補遺一卷　（清）江中儔（清）江正心纂　**新安大好紀麗一卷**　（清）洪榜撰　清道光十年（1830）青雲堂刻本　一冊

360000－1901－0034386　410647
新安景物約編五卷補遺一卷　（清）江中儔（清）江正心纂　**新安大好紀麗一卷**　（清）洪榜撰　清道光十年（1830）青雲堂刻本　二冊

360000－1901－0034387　410647－1
新安景物約編五卷補遺一卷　（清）江中儔（清）江正心纂　**新安大好紀麗一卷**　（清）洪榜撰　清道光十年（1830）青雲堂刻本　二冊

360000－1901－0034388　410647－2
新安景物約編五卷補遺一卷　（清）江中儔（清）江正心纂　**新安大好紀麗一卷**　（清）洪榜撰　清道光十年（1830）青雲堂刻本　二冊

360000－1901－0034389　410647－3
新安景物約編五卷補遺一卷　（清）江中儔（清）江正心纂　**新安大好紀麗一卷**　（清）洪榜撰　清道光十年（1830）青雲堂刻本　二冊

360000－1901－0034390　410647－4
新安景物約編五卷補遺一卷　（清）江中儔（清）江正心纂　**新安大好紀麗一卷**　（清）洪榜撰　清道光十年（1830）青雲堂刻本　二冊

360000－1901－0034391　410647－5
新安景物約編五卷補遺一卷　（清）江中儔（清）江正心纂　**新安大好紀麗一卷**　（清）洪榜撰　清道光十年（1830）青雲堂刻本　二冊

360000－1901－0034392　410647－6
新安景物約編五卷補遺一卷　（清）江中儔（清）江正心纂　**新安大好紀麗一卷**　（清）洪榜撰　清道光十年（1830）青雲堂刻本　二冊

360000－1901－0034393　410647－7
新安景物約編五卷補遺一卷　（清）江中儔（清）江正心纂　**新安大好紀麗一卷**　（清）洪榜撰　清道光十年（1830）青雲堂刻本　二冊

360000－1901－0034394　410647－8
新安景物約編五卷補遺一卷　（清）江中儔（清）江正心纂　**新安大好紀麗一卷**　（清）洪榜撰　清道光十年（1830）青雲堂刻本　三冊

360000－1901－0034395　123418
新安景物約編五卷補遺一卷　（清）江中儔（清）江正心纂　**新安大好紀麗一卷**　（清）洪榜撰　清道光十年（1830）青雲堂刻同治四年（1865）補刻本　二冊

360000－1901－0034396　410644
新安名勝試帖一卷　（清）張廷諍撰　清光緒十七年（1891）刻本　一冊

360000－1901－0034397　410644－1
新安名勝試帖一卷　（清）張廷諍撰　清光緒十七年（1891）刻本　一冊

360000－1901－0034398　801396
新安滕氏文獻世家錄不分卷　（明）滕琚編　明萬曆十年（1582）抄本　一冊

360000－1901－0034399　210321
新編待問集四書疑節十二卷　（元）袁俊翁撰　清抄本　四冊

360000－1901－0034400　162847
新編燈謎大觀二卷　（清）俞樾輯　清光緒上海源記書莊石印本　一冊

360000－1901－0034401　122927
新編對聯集珍四卷　（清）鄒觀瀾輯　清刻本　二冊

360000－1901－0034402　421667
新編鳳雙飛全傳四十二回　（清）程蕙英撰　清光緒二十四年（1898）怡怡軒主人石印本

十五册　存三十一回(一至二、七至十六、十九至三十三、三十六至三十九)

360000－1901－0034403　417650－3
新編古今事文類聚前集六十卷後集五十卷續集二十八卷別集三十二卷　(宋)祝穆輯　**新集三十六卷外集十五卷**　(元)富大用輯　**遺集十五卷**　(元)祝淵輯　明萬曆三十二年(1604)金陵書林唐富春德壽堂刻本　一册　存二卷(後集十六至十七)

360000－1901－0034404　250022
新編古今事文類聚前集六十卷後集五十卷續集二十八卷別集三十二卷　(宋)祝穆輯　**新集三十六卷外集十五卷**　(元)富大用輯　**遺集十五卷**　(元)祝淵輯　明萬曆三十二年(1604)金陵書林唐富春德壽堂刻本　六十九册　缺二卷(别集二十七至二十八)

360000－1901－0034405　250023
新編古今事文類聚前集六十卷後集五十卷續集二十八卷別集三十二卷　(宋)祝穆輯　**新集三十六卷外集十五卷**　(元)富大用輯　**遺集十五卷**　(元)祝淵輯　明萬曆三十二年(1604)金陵書林唐富春德壽堂刻本　六十七册　缺三十二卷(别集一至七、十二至十八、二十三至三十二,新集二十九至三十六)

360000－1901－0034406　250024
新編古今事文類聚前集六十卷後集五十卷續集二十八卷別集三十二卷　(宋)祝穆輯　**新集三十六卷外集十五卷**　(元)富大用輯　**遺集十五卷**　(元)祝淵輯　明萬曆三十二年(1604)金陵書林唐富春德壽堂刻本　五十一册　缺八十卷(前集一至十五、後集一至三、别集三十二卷、新集七至三十六)

360000－1901－0034407　250025
新編古今事文類聚前集六十卷後集五十卷續集二十八卷別集三十二卷　(宋)祝穆輯　**新集三十六卷外集十五卷**　(元)富大用輯　**遺集十五卷**　(元)祝淵輯　明萬曆三十二年(1604)金陵書林唐富春德壽堂刻本　十册　存二十八卷(外集一至九、十二至十五,遺集十五卷)

360000－1901－0034408　417650－1
新編古今事文類聚前集六十卷後集五十卷續集二十八卷別集三十二卷　(宋)祝穆輯　**新集三十六卷外集十五卷**　(元)富大用輯　**遺集十五卷**　(元)祝淵輯　明萬曆三十二年(1604)金陵書林唐富春德壽堂刻本　四十册　存一百四十八卷(後集五十卷、别集三十二卷、新集三十六卷、外集十五卷、遺集十五卷)

360000－1901－0034409　417650－2
新編古今事文類聚前集六十卷後集五十卷續集二十八卷別集三十二卷　(宋)祝穆輯　**新集三十六卷外集十五卷**　(元)富大用輯　**遺集十五卷**　(元)祝淵輯　明萬曆三十二年(1604)金陵書林唐富春德壽堂刻本　十册　存三十一卷(前集三十八至四十,續集一至二、六至七,别集十一至十三,新集七至十六、二十四至二十八、三十一至三十六)

360000－1901－0034410　417649
新編古今事文類聚前集六十卷後集五十卷續集二十八卷別集三十二卷　(宋)祝穆輯　**新集三十六卷外集十五卷**　(元)富大用輯　**遺集十五卷**　(元)祝淵輯　明萬曆三十二年(1604)金陵書林唐富春德壽堂刻清乾隆二十八年(1763)印本　六十四册

360000－1901－0034411　417650
新編古今事文類聚前集六十卷後集五十卷續集二十八卷別集三十二卷　(宋)祝穆輯　**新集三十六卷外集十五卷**　(元)富大用輯　**遺集十五卷**　(元)祝淵輯　明萬曆三十二年(1604)金陵書林唐富春德壽堂刻清乾隆二十八年(1763)印本　十九册　存五十七卷(前集一至三十一、三十五至五十,後集十九至二十一,新集二十四至二十七,外集十三至十五)

360000－1901－0034412　413393－1
繙山書院文話四卷　(清)孫萬春撰　清光緒十一年(1885)孫氏家塾刻本　一册　存一卷(四)

360000－1901－0034413　250027

新編古今事文類聚前集六十卷後集五十卷續集二十八卷別集三十二卷 （宋）祝穆輯 **新集三十六卷外集十五卷** （元）富大用輯 **遺集十五卷** （元）祝淵輯 明鄒可張刻本 一冊 存六卷（續集一至六）

360000－1901－0034414 250026
新編古今事文類聚前集六十卷後集五十卷續集二十八卷別集三十二卷 （宋）祝穆輯 **新集三十六卷外集十五卷** （元）富大用輯 **遺集十五卷** （元）祝淵輯 明萬曆三十二年（1604）金陵書林唐富春德壽堂刻本 二冊 存六卷（遺集十至十五）

360000－1901－0034415 414697
新編精圖七千字文一卷 （清）□□編 清光緒三十二年（1906）上海鏡海樓石印本 一冊

360000－1901－0034416 414697－1
新編精圖七千字文一卷 （清）□□編 清光緒三十二年（1906）上海鏡海樓石印本 一冊

360000－1901－0034417 408840
新編救急奇方二卷 （清）徐文弼輯 清嘉慶二十二年（1817）滇西程羅氏刻本 二冊

360000－1901－0034418 408847
新編救急奇方二卷 （清）徐文弼輯 清刻本 一冊

360000－1901－0034419 401010
新編吏治懸鏡八卷 （清）徐文弼輯 清刻本 十二冊

360000－1901－0034420 401011
新編吏治懸鏡八卷 （清）徐文弼輯 清刻本 八冊

360000－1901－0034421 401012
新編吏治懸鏡八卷 （清）徐文弼輯 清刻本 六冊 存六卷（一至三、六至八）

360000－1901－0034422 401013
新編吏治懸鏡八卷 （清）徐文弼輯 清刻本 二冊 存四卷（一至四）

360000－1901－0034423 401013－1
新編吏治懸鏡八卷 （清）徐文弼輯 清刻本 一冊 存二卷（一至二）

360000－1901－0034424 401013－2
新編吏治懸鏡八卷 （清）徐文弼輯 清刻本 一冊 存一卷（二）

360000－1901－0034425 801090
新編吏治懸鏡八卷 （清）徐文弼輯 清刻本 一冊 存一卷（三）

360000－1901－0034426 801091
新編吏治懸鏡八卷 （清）徐文弼輯 清刻本 一冊 存一卷（一）

360000－1901－0034427 801110
新編吏治懸鏡八卷 （清）徐文弼輯 清刻本 一冊 存一卷（八）

360000－1901－0034428 900481
新編曆法總覽合節鰲頭通書大全十卷 （明）熊宗立撰 （清）熊秉懋重訂 清刻本 一冊 存一卷（一）

360000－1901－0034429 300289
新編龍沙詩草不分卷 （清）熊鏡心撰 清末刻本 一冊

360000－1901－0034430 421538
新編批評繡像後七國樂田演義四卷十八回 （清）徐震撰 清聚秀堂刻本 二冊

360000－1901－0034431 803197
新編評註通玄先生張果星宗大全十卷 （唐）張果撰 （明）陸位輯 清刻本 三冊 存三卷（二、四、八）

360000－1901－0034432 804877
新編評註通玄先生張果星宗大全十卷 （唐）張果撰 （明）陸位輯 清刻本 一冊 存二卷（九至十）

360000－1901－0034433 300933
新編評註通玄先生張果星宗大全十卷 （唐）張果撰 （明）陸位輯 清三讓堂刻本 六冊

360000－1901－0034434 407232
新編評註通玄先生張果星宗大全十卷 （唐）張果撰 （明）陸位輯 清書業堂刻本 一冊

存一卷(十)

360000－1901－0034435　804022

新編評註通玄先生張果星宗大全十卷　(唐)張果撰　(明)陸位輯　清書業堂刻本　一册　存二卷(七至八)

360000－1901－0034436　804876

新編評註通玄先生張果星宗大全十卷　(唐)張果撰　(明)陸位輯　清書業堂刻本　一册　存一卷(六)

360000－1901－0034437　421543－1

新編前明正德白牡丹傳八卷四十六回　(清)翁山撰　清末上海廣益書局石印本　一册　存二卷(七至八)十二回(三十五至四十六)

360000－1901－0034438　421543

新編前明正德白牡丹傳八卷四十六回　(清)翁山撰　清末石印本　一册　存二卷(七至八)十二回(三十五至四十六)

360000－1901－0034439　308821

新編日用涓吉奇門五總龜四卷　(宋)郭子晟撰　清刻本　一册　存一卷(二)

360000－1901－0034440　303449

新編日用涓吉奇門五總龜四卷　(宋)郭子晟撰　清刻本　一册

360000－1901－0034441　417254

新編日用涓吉奇門五總龜四卷　(宋)郭子晟撰　**重刻莧元奇門遁甲句解煙波釣叟歌一卷**　題(宋)趙普撰　(明)羅通遁法　(明)池紀解編　清刻本　二册　存四卷(一至二、四,重刻莧元奇門遁甲句解煙波釣叟歌一卷)

360000－1901－0034442　162703

新編詩韻大全五卷　(清)湯文潞輯　(清)華錕重編　**初學檢韻袖珍一卷**　(清)姚文登輯　清光緒十四年(1888)同文書局石印本　六册

360000－1901－0034443　162704

新編詩韻大全五卷　(清)湯文潞輯　(清)華錕重編　**初學檢韻袖珍一卷**　(清)姚文登輯　清光緒十四年(1888)同文書局石印本　五册　存五卷(一至二、四至五,初學檢韻袖珍一卷)

360000－1901－0034444　714465

新編詩韻大全五卷　(清)湯文潞輯　(清)華錕重編　**初學檢韻袖珍一卷**　(清)姚文登輯　清光緒十四年(1888)同文書局石印本　二册　存二卷(一、初學檢韻袖珍一卷)

360000－1901－0034445　716300

新編詩韻大全五卷附初學檢韻總目一卷　(清)湯文潞輯　(清)華錕重編　清末石印本　四册　存四卷(二至四、初學檢韻總目一卷)

360000－1901－0034446　716301

新編詩韻大全五卷附初學檢韻總目一卷　(清)湯文潞輯　(清)華錕重編　清末石印本　一册　存一卷(初學檢韻總目一卷)

360000－1901－0034447　714460

新編詩韻全璧五卷檢韻一卷　(清)湯文潞輯　(清)華錕重編　清末石印本　二册　存二卷(五、檢韻一卷)

360000－1901－0034448　250028

新編事文類聚翰墨大全甲集十二卷乙集十八卷丙集十四卷丁集十一卷戊集十三卷己集十二卷庚集十五卷辛集十六卷壬集十七卷癸集十七卷後甲集十五卷後乙集十三卷後丙集十二卷後丁集十四卷後戊集九卷　(元)劉應李輯　明初刻本(庚集八至九配明初刻新編事文類聚翰墨全書本)　八册　存二十卷(甲集八至九,乙集八至十,庚集八至九,壬集七至九,癸集四至六,後乙集三至四、十一至十三,後丙集四至五)

360000－1901－0034449　408308

新編壽世傳真八卷　(清)徐文弼輯　清刻本　一册

360000－1901－0034450　408313

新編壽世傳真八卷　(清)徐文弼輯　清刻本　一册

360000－1901－0034451　800485
新編壽世傳真八卷新刻洗心輯要二卷　（清）徐文弼輯　清乾隆三十六年（1771）致盛堂刻本　一册

360000－1901－0034452　303526
新編四元玉鑑三卷　（元）朱世傑撰　清道光十六年（1836）刻本　二册　存一卷（一）

360000－1901－0034453　303527
新編四元玉鑑三卷　（元）朱世傑撰　清道光十六年（1836）刻本　一册　存一卷（一）

360000－1901－0034454　400611
新編四元玉鑑三卷　（元）朱世傑撰　**四象細草假令之圖一卷**　（清）羅士琳撰　清道光十六年（1836）刻本　一册

360000－1901－0034455　413460
新編宋文忠公蘇學士東坡詩話三卷　（宋）蘇軾撰　清刻本　一册

360000－1901－0034456　413461
新編宋文忠公蘇學士東坡詩話三卷　（宋）蘇軾撰　清乾隆九年（1744）浙江寶文堂刻本　一册

360000－1901－0034457　304460
新編筭學啓蒙三卷總括一卷　（元）朱世傑撰　**筭學啓蒙識誤一卷後記一卷**　（清）羅士琳撰　清同治十年（1871）江南機器製造總局刻本　二册

360000－1901－0034458　306671
新編筭學啓蒙三卷　（元）朱世傑撰　清道光十九年（1839）刻本　一册　存二卷（上、中）

360000－1901－0034459　306672
新編筭學啓蒙三卷　（元）朱世傑撰　清道光十九年（1839）刻本　一册　存一卷（上）

360000－1901－0034460　307625
新編筭學啓蒙三卷　（元）朱世傑撰　清刻本　三册

360000－1901－0034461　417450
新編筭學啓蒙三卷望海島術一卷總括一卷　（元）朱世傑撰　**識誤一卷**　（清）羅士琳撰　清同治九年（1870）羅氏刻本　二册

360000－1901－0034462　414849
新編玄機妙訣斷易黃金策三卷　題（明）劉基撰　清道光二十二年（1842）三讓堂刻本　一册

360000－1901－0034463　417324
新編玄機妙訣斷易黃金策三卷　題（明）劉基撰　清贛州書林吳三讓刻本　一册

360000－1901－0034464　417124
新編楊曾地理家傳心法捷訣一貫堪輿八卷　（明）唐世友輯　清嘉慶二十一年（1816）光德堂刻本　八册

360000－1901－0034465　417124－1
新編楊曾地理家傳心法捷訣一貫堪輿八卷　（明）唐世友輯　清嘉慶二十一年（1816）光德堂刻本　一册　存一卷（六）

360000－1901－0034466　417118
新編楊曾地理家傳心法捷訣一貫堪輿八卷　（明）唐世友輯　清刻本　一册　存一卷（一）

360000－1901－0034467　802803
新編藥性便讀一卷　（□）□□輯　清抄本　一册

360000－1901－0034468　720377
新編醫學正傳八卷　（明）虞摶撰　明萬曆五年（1577）金陵三山街書坊松亭吳江刻本　一册　存二卷（七至八）

360000－1901－0034469　902501
新策□□卷　（□）□□編　清刻本　一册　存十卷（六至十五）

360000－1901－0034470　801501
新策吉光五卷　（清）任以治　（清）陳元圻編　清京都琉璃廠刻本　一册　存一卷（一）

360000－1901－0034471　721204
新昌興賢堂志不分卷　（清）□□纂修　清刻本　一册

360000－1901－0034472　121794

新城五家詩 （清）徐以輈輯　清嘉慶十六年（1811）涂氏刻本　二冊

360000－1901－0034473　121795

新城縣宏溪同善莊東隅賢哲祠先正事略五卷 （清）李在增輯　清光緒十九年（1893）刻本　一冊

360000－1901－0034474　721651

新出五續施公案清烈傳四卷四十回 （清）□□撰　清末石印本　一冊　存二卷（三至四）二十回（二十一至四十）

360000－1901－0034475　901924

新搭穿楊不分卷 （清）張心蕊撰　清道光二十九年（1849）刻本　一冊

360000－1901－0034476　308744

新雕徂徠石先生文集二十卷末一卷 （宋）石介撰　清光緒九年（1883）刻本　四冊

360000－1901－0034477　409701

新雕徂徠石先生文集二十卷末一卷 （宋）石介撰　清光緒九年（1883）刻本　四冊

360000－1901－0034478　314849

新雕皇朝類苑七十八卷 （宋）江少虞撰　清宣統三年（1911）武進董氏刻誦芬室叢刊本　十二冊

360000－1901－0034479　412642

新雕校證大字白氏諷諫一卷 （唐）白居易撰　清光緒十九年（1893）武進費氏刻本　一冊

360000－1901－0034480　901961

新定楚軍營訓不分卷 （清）□□撰　清刻本　一冊

360000－1901－0034481　241574

新定九宮大成南北詞宮譜八十一卷首一卷總目三卷閏一卷 （清）周祥鈺　（清）鄒金生等輯　清乾隆十一年（1746）允祿刻朱墨套印本　三十七冊　缺十六卷（一至八、三十三、七十四至七十五，首一卷，總目三卷，閏一卷）

360000－1901－0034482　401723

新定三禮圖二十卷 （宋）聶崇義集注　清刻本　一冊　存十卷（十一至二十）

360000－1901－0034483　405942

新定三禮圖二十卷 （宋）聶崇義集注　清末石印本　一冊　存十卷（一至十）

360000－1901－0034484　210200

新定三禮圖集註二十卷 （宋）聶崇義撰　清康熙錢曾影宋刻本　一冊　存五卷（十一至十五）

360000－1901－0034485　417344

新訂崇正闢謬通書十四卷 （清）李奉來輯　清道光二十八年（1848）刻本　六冊

360000－1901－0034486　803057－2

新訂崇正闢謬通書十四卷 （清）李奉來輯　清光緒二十五年（1899）刻本　一冊　存三卷（十二至十四）

360000－1901－0034487　417350－3

新訂崇正闢謬通書十四卷 （清）李奉來輯　清宏道堂刻本　三冊　存九卷（一至三、九至十四）

360000－1901－0034488　417350－8

新訂崇正闢謬通書十四卷 （清）李奉來輯　清會友堂刻本　三冊　存六卷（一至四、八、十四）

360000－1901－0034489　900944

新訂崇正闢謬通書十四卷 （清）李奉來輯　清嘉慶十年（1805）刻本　一冊　存三卷（一至三）

360000－1901－0034490　417350

新訂崇正闢謬通書十四卷 （清）李奉來輯　清經綸堂刻本　四冊　存十二卷（一至五、八至十四）

360000－1901－0034491　417332

新訂崇正闢謬通書十四卷 （清）李奉來輯　清刻本　五冊

360000－1901－0034492　417333

新訂崇正闢謬通書十四卷 （清）李奉來輯　清刻本　四冊

360000－1901－0034493　417350－1
新訂崇正闢謬通書十四卷　(清)李奉來輯
清刻本　七冊　存十二卷(三至十四)

360000－1901－0034494　417350－10
新訂崇正闢謬通書十四卷　(清)李奉來輯
清刻本　三冊　存七卷(四至七、九至十一)

360000－1901－0034495　417350－11
新訂崇正闢謬通書十四卷　(清)李奉來輯
清刻本　二冊　存四卷(六至七、九至十)

360000－1901－0034496　417350－12
新訂崇正闢謬通書十四卷　(清)李奉來輯
清刻本　二冊　存四卷(六至七、九至十)

360000－1901－0034497　417350－13
新訂崇正闢謬通書十四卷　(清)李奉來輯
清刻本　二冊　存五卷(四至五、十二至十四)

360000－1901－0034498　417350－15
新訂崇正闢謬通書十四卷　(清)李奉來輯
清刻本　二冊　存八卷(一至八)

360000－1901－0034499　417350－16
新訂崇正闢謬通書十四卷　(清)李奉來輯
清刻本　二冊　存三卷(六至八)

360000－1901－0034500　417350－17
新訂崇正闢謬通書十四卷　(清)李奉來輯
清刻本　一冊　存三卷(四至六)

360000－1901－0034501　417350－18
新訂崇正闢謬通書十四卷　(清)李奉來輯
清刻本　一冊　存三卷(五至七)

360000－1901－0034502　417350－19
新訂崇正闢謬通書十四卷　(清)李奉來輯
清刻本　一冊　存三卷(十二至十四)

360000－1901－0034503　417350－2
新訂崇正闢謬通書十四卷　(清)李奉來輯
清刻本　五冊　存十一卷(四至十四)

360000－1901－0034504　417350－4
新訂崇正闢謬通書十四卷　(清)李奉來輯
清刻本　二冊　存八卷(七至十四)

360000－1901－0034505　417350－5
新訂崇正闢謬通書十四卷　(清)李奉來輯
清刻本　二冊　存六卷(一至三、十一至十三)

360000－1901－0034506　801502
新訂崇正闢謬通書十四卷　(清)李奉來輯
清刻本　一冊　存一卷(八)

360000－1901－0034507　802847
新訂崇正闢謬通書十四卷　(清)李奉來輯
清刻本　三冊　存七卷(四至七、十二至十四)

360000－1901－0034508　803057－1
新訂崇正闢謬通書十四卷　(清)李奉來輯
清刻本　一冊　存一卷(七)

360000－1901－0034509　417350－9
新訂崇正闢謬通書十四卷　(清)李奉來輯
清兩儀堂刻本　二冊　存五卷(一至三、十至十一)

360000－1901－0034510　803057
新訂崇正闢謬通書十四卷　(清)李奉來輯
清兩儀堂刻本　一冊　存二卷(一至二)

360000－1901－0034511　900832
新訂崇正闢謬通書十四卷　(清)李奉來輯
清末上海廣益書局石印本　一冊　存三卷(一至三)

360000－1901－0034512　900832－1
新訂崇正闢謬通書十四卷　(清)李奉來輯
清末鑄記書局石印本　二冊　存四卷(四至七)

360000－1901－0034513　162637
新訂崇正闢謬通書十四卷　(清)李奉來輯
清乾隆四十三年(1778)刻本　五冊

360000－1901－0034514　417331
新訂崇正闢謬通書十四卷　(清)李奉來輯
清文富堂刻本　四冊

360000－1901－0034515　417350－6
新訂崇正闢謬通書十四卷　(清)李奉來輯

清文奎堂刻本　二冊　存十一卷(一至五、九至十四)

360000－1901－0034516　417350－7
新訂崇正闢謬通書十四卷　(清)李奉來輯　清文奎堂刻本　二冊　存四卷(一至三、八)

360000－1901－0034517　417334
新訂崇正闢謬通書十四卷　(清)李奉來輯　清英德堂刻本　五冊

360000－1901－0034518　417350－14
新訂崇正闢謬通書十四卷　(清)李奉來輯　清藻文堂刻本　一冊　存三卷(一至三)

360000－1901－0034519　716947
新訂解人頤廣集八卷　(清)胡澹菴輯　(清)錢德蒼增輯　清寶經堂刻本　一冊　存二卷(一至二)

360000－1901－0034520　804696
新訂敬信錄□□卷　(□)□□輯　清刻本　一冊　存二卷(四至五)

360000－1901－0034521　419650
新訂詩經備旨附考八卷　(清)陳抒孝撰　清刻本　四冊

360000－1901－0034522　901665
新訂詩經備旨附考八卷　(清)陳抒孝撰　清刻本(卷一至二配清乾隆二十七年泰山堂刻本)　三冊　存五卷(一至三、七至八)

360000－1901－0034523　419649
新訂詩經備旨附考八卷　(清)陳抒孝撰　清乾隆二十六年(1761)南山堂刻本　四冊

360000－1901－0034524　419648
新訂詩經備旨附考八卷　(清)陳抒孝撰　清乾隆二十四年(1759)泰山堂刻本　六冊

360000－1901－0034525　160365
新訂四書補注備旨十卷　(明)鄧林撰　(清)杜定基增訂　清刻本　四冊　存五卷(上論一至二、下論三至四、下孟三)

360000－1901－0034526　160366
新訂四書補注備旨十卷　(明)鄧林撰　(清)杜定基增訂　清刻本　一冊　存二卷(上論一至二)

360000－1901－0034527　403260
新訂四書補註備旨十卷　(明)鄧林撰　(清)杜定基增訂　清道光十二年(1832)福文堂、仁安堂刻本　四冊　存七卷(大學一卷、中庸一卷、論語四卷、孟子三)

360000－1901－0034528　403254
新訂四書補註備旨十卷　(明)鄧林撰　(清)杜定基增訂　清登雲閣刻本　六冊

360000－1901－0034529　403259
新訂四書補註備旨十卷　(明)鄧林撰　(清)杜定基增訂　清古經閣刻本　三冊　存四卷(孟子四卷)

360000－1901－0034530　804191
新訂四書補註備旨十卷　(明)鄧林撰　(清)杜定基增訂　清古經閣刻本　一冊　存一卷(孟子三)

360000－1901－0034531　804192
新訂四書補註備旨十卷　(明)鄧林撰　(清)杜定基增訂　清古經閣刻本　二冊　存三卷(大學一卷、中庸一卷、孟子四)

360000－1901－0034532　403270
新訂四書補註備旨十卷　(明)鄧林撰　(清)杜定基增訂　清光緒二十八年(1902)上海鴻文書局石印本　六冊

360000－1901－0034533　403255
新訂四書補註備旨十卷　(明)鄧林撰　(清)杜定基增訂　清光緒二十六年(1900)翠筠山房刻本(孟子卷一至二配清刻本)　六冊

360000－1901－0034534　804177
新訂四書補註備旨十卷　(明)鄧林撰　(清)杜定基增訂　清光緒二十年(1894)上海寶善書局石印本　一冊　存二卷(大學一卷、中庸一卷)

360000－1901－0034535　403251
新訂四書補註備旨十卷　(明)鄧林撰　(清)

杜定基增訂　清光緒二十年(1894)味經堂刻本　六冊

360000－1901－0034536　403266
新訂四書補註備旨十卷　(明)鄧林撰　(清)杜定基增訂　清光緒七年(1881)兩美山房刻本(論語卷一至四配清刻本)　六冊

360000－1901－0034537　804187
新訂四書補註備旨十卷　(明)鄧林撰　(清)杜定基增訂　清光緒三十一年(1905)經綸森寶刻本　一冊　存二卷(大學一卷、中庸一卷)

360000－1901－0034538　403271
新訂四書補註備旨十卷　(明)鄧林撰　(清)杜定基增訂　清光緒十八年(1892)同文書局石印本　六冊

360000－1901－0034539　403272
新訂四書補註備旨十卷　(明)鄧林撰　(清)杜定基增訂　清光緒十年(1884)上海福瀛書局石印本　五冊　存八卷(大學一卷、中庸一卷、論語三至四、孟子四卷)

360000－1901－0034540　403273
新訂四書補註備旨十卷　(明)鄧林撰　(清)杜定基增訂　清光緒十四年(1888)滬上石印本　六冊

360000－1901－0034541　403268－2
新訂四書補註備旨十卷　(明)鄧林撰　(清)杜定基增訂　清桂月樓刻本　一冊　存二卷(論語三至四)

360000－1901－0034542　804185
新訂四書補註備旨十卷　(明)鄧林撰　(清)杜定基增訂　清會友堂刻本　一冊　存一卷(孟子三)

360000－1901－0034543　403268
新訂四書補註備旨十卷　(明)鄧林撰　(清)杜定基增訂　清薈玉堂刻本　一冊　存一卷(孟子三)

360000－1901－0034544　403250
新訂四書補註備旨十卷　(明)鄧林撰　(清)杜定基增訂　清刻本　六冊

360000－1901－0034545　403261
新訂四書補註備旨十卷　(明)鄧林撰　(清)杜定基增訂　清刻本　六冊

360000－1901－0034546　403262－1
新訂四書補註備旨十卷　(明)鄧林撰　(清)杜定基增訂　清刻本　二冊　存三卷(大學一卷、中庸一卷、孟子三)

360000－1901－0034547　403262－2
新訂四書補註備旨十卷　(明)鄧林撰　(清)杜定基增訂　清刻本　二冊　存三卷(論語一至二、孟子四)

360000－1901－0034548　403262－3
新訂四書補註備旨十卷　(明)鄧林撰　(清)杜定基增訂　清刻本　二冊　存四卷(論語三至四、孟子一至二)

360000－1901－0034549　403262－4
新訂四書補註備旨十卷　(明)鄧林撰　(清)杜定基增訂　清刻本　三冊　存四卷(孟子四卷)

360000－1901－0034550　403264
新訂四書補註備旨十卷　(明)鄧林撰　(清)杜定基增訂　清刻本　二冊

360000－1901－0034551　403265
新訂四書補註備旨十卷　(明)鄧林撰　(清)杜定基增訂　清刻本　六冊

360000－1901－0034552　403267
新訂四書補註備旨十卷　(明)鄧林撰　(清)杜定基增訂　清刻本　二冊　存四卷(大學一卷、中庸一卷、論語一至二)

360000－1901－0034553　403267－1
新訂四書補註備旨十卷　(明)鄧林撰　(清)杜定基增訂　清刻本　二冊　存五卷(論語四、孟子四卷)

360000－1901－0034554　403269
新訂四書補註備旨十卷　(明)鄧林撰　(清)

杜定基增訂　清刻本　五冊　存九卷(大學一卷,中庸一卷,論語四卷,孟子一至二、四)

360000－1901－0034555　403269－1
新訂四書補註備旨十卷　(明)鄧林撰　(清)杜定基增訂　清刻本　二冊　存四卷(大學一卷、中庸一卷、孟子一至二)

360000－1901－0034556　403269－2
新訂四書補註備旨十卷　(明)鄧林撰　(清)杜定基增訂　清刻本　一冊　存二卷(大學一卷、中庸一卷)

360000－1901－0034557　603236
新訂四書補註備旨十卷　(明)鄧林撰　(清)杜定基增訂　清刻本　一冊　存二卷(孟子一至二)

360000－1901－0034558　603237
新訂四書補註備旨十卷　(明)鄧林撰　(清)杜定基增訂　清刻本　二冊　存二卷(孟子三至四)

360000－1901－0034559　804178
新訂四書補註備旨十卷　(明)鄧林撰　(清)杜定基增訂　清刻本　二冊　存三卷(孟子一至三)

360000－1901－0034560　804179
新訂四書補註備旨十卷　(明)鄧林撰　(清)杜定基增訂　清刻本　四冊　存五卷(論語一至三、孟子一至二)

360000－1901－0034561　804180
新訂四書補註備旨十卷　(明)鄧林撰　(清)杜定基增訂　清刻本　一冊　存一卷(孟子四)

360000－1901－0034562　804181
新訂四書補註備旨十卷　(明)鄧林撰　(清)杜定基增訂　清刻本　一冊　存一卷(孟子三)

360000－1901－0034563　804184
新訂四書補註備旨十卷　(明)鄧林撰　(清)杜定基增訂　清刻本　一冊　存一卷(孟子二)

360000－1901－0034564　804186
新訂四書補註備旨十卷　(明)鄧林撰　(清)杜定基增訂　清刻本　一冊　存二卷(大學一卷、中庸一卷)

360000－1901－0034565　804188
新訂四書補註備旨十卷　(明)鄧林撰　(清)杜定基增訂　清刻本　一冊　存一卷(孟子三)

360000－1901－0034566　804189
新訂四書補註備旨十卷　(明)鄧林撰　(清)杜定基增訂　清刻本　一冊　存二卷(孟子一至二)

360000－1901－0034567　804190
新訂四書補註備旨十卷　(明)鄧林撰　(清)杜定基增訂　清刻本　一冊　存一卷(孟子三)

360000－1901－0034568　804194
新訂四書補註備旨十卷　(明)鄧林撰　(清)杜定基增訂　清刻本　二冊　存三卷(孟子一至三)

360000－1901－0034569　804195
新訂四書補註備旨十卷　(明)鄧林撰　(清)杜定基增訂　清刻本　一冊　存一卷(孟子三)

360000－1901－0034570　804196
新訂四書補註備旨十卷　(明)鄧林撰　(清)杜定基增訂　清刻本　二冊　存三卷(孟子一至二、四)

360000－1901－0034571　804197
新訂四書補註備旨十卷　(明)鄧林撰　(清)杜定基增訂　清刻本　一冊　存一卷(孟子三)

360000－1901－0034572　804198
新訂四書補註備旨十卷　(明)鄧林撰　(清)杜定基增訂　清刻本　一冊　存一卷(孟子三)

360000－1901－0034573　804199
新訂四書補註備旨十卷　（明）鄧林撰　（清）杜定基增訂　清刻本　一册　存一卷（孟子四）

360000－1901－0034574　804200
新訂四書補註備旨十卷　（明）鄧林撰　（清）杜定基增訂　清刻本　一册　存一卷（孟子四）

360000－1901－0034575　804201
新訂四書補註備旨十卷　（明）鄧林撰　（清）杜定基增訂　清刻本　一册　存一卷（孟子三）

360000－1901－0034576　804203
新訂四書補註備旨十卷　（明）鄧林撰　（清）杜定基增訂　清刻本　二册　存三卷（論語三至四、孟子三）

360000－1901－0034577　804182
新訂四書補註備旨十卷　（明）鄧林撰　（清）杜定基增訂　清末石印本　一册　存二卷（論語三至四）

360000－1901－0034578　804183
新訂四書補註備旨十卷　（明）鄧林撰　（清）杜定基增訂　清末石印本　一册　存一卷（孟子四）

360000－1901－0034579　403263－1
新訂四書補註備旨十卷　（明）鄧林撰　（清）杜定基增訂　清羣經堂刻本　一册　存二卷（論語一至二）

360000－1901－0034580　403263－2
新訂四書補註備旨十卷　（明）鄧林撰　（清）杜定基增訂　清羣經堂刻本　一册　存二卷（論語一至二）

360000－1901－0034581　403263
新訂四書補註備旨十卷　（明）鄧林撰　（清）杜定基增訂　清羣經堂刻本（大學一卷、中庸一卷配清刻本）　十册

360000－1901－0034582　403252
新訂四書補註備旨十卷　（明）鄧林撰　（清）杜定基增訂　清盛德堂刻本　六册

360000－1901－0034583　403253
新訂四書補註備旨十卷　（明）鄧林撰　（清）杜定基增訂　清盛德堂刻本　六册

360000－1901－0034584　403258
新訂四書補註備旨十卷　（明）鄧林撰　（清）杜定基增訂　清盛德堂刻本　四册　存七卷（論語四卷、孟子一至三）

360000－1901－0034585　403268－1
新訂四書補註備旨十卷　（明）鄧林撰　（清）杜定基增訂　清泰和堂刻本　一册　存二卷（論語三至四）

360000－1901－0034586　804193
新訂四書補註備旨十卷　（明）鄧林撰　（清）杜定基增訂　清宣統元年（1909）湖南寶慶經元書局刻本　一册　存二卷（大學一卷、中庸一卷）

360000－1901－0034587　403262
新訂四書補註備旨十卷　（明）鄧林撰　（清）杜定基增訂　清羊城古經閣刻本　二册　存三卷（大學一卷、中庸一卷、孟子四）

360000－1901－0034588　804202
新訂四書補註備旨十卷　（明）鄧林撰　（清）杜定基增訂　清醉經樓刻本　二册　存三卷（孟子一至二、四）

360000－1901－0034589　306461
新訂王氏羅經透解二卷　（清）王道亨輯　清道光刻本　一册　存一卷（下）

360000－1901－0034590　306462
新訂王氏羅經透解二卷　（清）王道亨輯　清道光刻本　一册　存一卷（下）

360000－1901－0034591　307658
新訂王氏羅經透解二卷　（清）王道亨輯　清道光四年（1824）四合堂刻本　二册

360000－1901－0034592　408960
新訂小兒科臍風驚風合編一卷　（清）鮑雲韶

輯　清光緒十二年(1886)刻本　一冊

360000－1901－0034593　161527
新訂醒閨編一卷　(清)廖免驕編　清刻本　一冊

360000－1901－0034594　406192
新爾雅二卷　(清)李文藻撰　清末鉛印本　二冊

360000－1901－0034595　406192－1
新爾雅二卷　(清)李文藻撰　清末鉛印本　一冊　存一卷(上)

360000－1901－0034596　803902
新方八陣二卷　(明)張介賓撰　清抄本　一冊　存一卷(二)

360000－1901－0034597　803443
新方八陣一卷古方八陣一卷　(明)張介賓撰　清抄本　二冊

360000－1901－0034598　161487
新方言十一卷附嶺外三州語一卷　章炳麟撰　清宣統三年(1911)文學會社石印本　二冊

360000－1901－0034599　405010
新豐吟稿一卷　(清)陳祁撰　清嘉慶十一年(1806)刻本　一冊

360000－1901－0034600　416531
新海防事例一卷舊海防事例一卷　(□)□□撰　清光緒鉛印本　一冊

360000－1901－0034601　416531－1
新海防事例一卷舊海防事例一卷　(□)□□撰　清光緒鉛印本　一冊

360000－1901－0034602　000993
新集古文四聲韻五卷　(宋)夏竦撰　清乾隆四十四年(1779)新安汪啓淑刻本　二冊

360000－1901－0034603　901460
新輯尺牘合璧四卷　(清)許思湄撰　清光緒二十九年(1903)上海文林石印本　二冊

360000－1901－0034604　163587
新輯尺牘合璧四卷　(清)許思湄撰　清光緒十三年(1887)上海同文書局石印本　二冊

360000－1901－0034605　901461
新輯尺牘合璧四卷　(清)許思湄撰　清末石印本　二冊

360000－1901－0034606　401596
新輯俄斯交涉事考四卷　(清)張之洞撰　清光緒二十三年(1897)上海書局石印本　一冊　存二卷(一至二)

360000－1901－0034607　401743
新輯分類史論大成十九卷首一卷　(清)海濱行素生輯　清光緒二十八年(1902)吳本忠上海醉六堂書林石印本　二冊　存二卷(二、六)

360000－1901－0034608　410724
新輯古今楹聯大觀四卷　(清)胡鳳丹輯　清光緒三十年(1904)上海源記書莊石印本　一冊

360000－1901－0034609　716941
新輯經濟策論初編八卷二編六卷三編六卷　(清)俞樾輯　清光緒二十八年(1902)鍊石書局石印本　十六冊

360000－1901－0034610　716942
新輯經濟策論初編八卷二編六卷三編六卷　(清)俞樾輯　清光緒二十八年(1902)鍊石書局石印本　十三冊　存十六卷(初編三至四、六至八,二編一、三至六,三編六卷)

360000－1901－0034611　402114
新輯廿四史尚友錄十六卷　(明)廖用賢輯　(清)張伯琮補輯　(清)思退主人續編　(清)倉山主人再續編　清光緒二十五年(1899)上海富強齋石印本　十冊

360000－1901－0034612　402115
新輯廿四史尚友錄十六卷　(明)廖用賢輯　(清)張伯琮補輯　(清)思退主人續編　(清)倉山主人再續編　清光緒二十五年(1899)上海富強齋石印本　七冊

360000－1901－0034613　805035

新輯秋水軒三卷 （清）許思湄撰 （清）婁世瑞注 （清）寄鴻軒主人輯 清宣統元年(1909)上海同文書局石印本 二冊

360000－1901－0034614 420129
新輯萬國輿地四字鑑一卷 （清）兩湖督署輯 清光緒二十八年(1902)刻本 一冊

360000－1901－0034615 407603
新輯纂圖元亨療馬集六卷圖像水黄牛經合併大全二卷 （明）喻本元 （明）喻本亨撰 清末石印本 二冊

360000－1901－0034616 407602
新輯纂圖元亨療馬集六卷圖像水黄牛經合併大全二卷 （明）喻本元 （明）喻本亨撰 清宣統元年(1909)上海章福記石印本 二冊

360000－1901－0034617 250019
新箋决科古今源流至論前集十卷後集十卷續集十卷 （宋）林駉撰 明嘉靖十六年(1537)白坪刻本 一冊 存三卷(新箋决科古今源流至論前集四至六)

360000－1901－0034618 713593
新建程晴峯先生家書四通 （清）程裔采撰並書 稿本 一冊

360000－1901－0034619 713592
新建程晴峯致鑑堂手札七通 （清）程裔采撰並書 稿本 一冊

360000－1901－0034620 121791
新建館録不分卷 （清）程鼎芬輯 清光緒四年(1878)刻本 一冊

360000－1901－0034621 407859
新疆賦一卷 （清）徐松撰 清末石印本 一冊

360000－1901－0034622 313968
新斠注地里志十六卷 （清）錢坫撰 清嘉慶二年(1797)岑陽官舍刻本 六冊

360000－1901－0034623 300102
新舊唐書合鈔二百六十卷唐書宰相世系表訂譌十二卷 （清）沈炳震撰 **唐書合鈔補正六卷** （清）丁子復撰 清同治十年(1871)武林吴氏清來堂刻本 八十冊

360000－1901－0034624 309180
新舊唐書合鈔二百六十卷唐書宰相世系表訂譌十二卷 （清）沈炳震撰 **唐書合鈔補正六卷** （清）丁子復撰 清同治十年(1871)武林吴氏清來堂刻本 九十六冊 存二百六十七卷(新舊唐書合鈔一至九、十二至四十八、五十一至六十八、七十一至一百七十五、一百八十一至二百六十，唐書宰相世系表訂譌十二卷，唐書合鈔補正六卷)

360000－1901－0034625 400232
新舊唐書合注魏徵列傳一卷 王先謙撰 清光緒九年(1883)長沙王氏刻本 一冊

360000－1901－0034626 313190
新舊唐書互證二十卷 （清）趙紹祖撰 清嘉慶十八年(1813)刻本 八冊

360000－1901－0034627 164100
新鐫百家評林國語全編二十一卷 （三國吴）韋昭注 （明）焦竑集評 明萬曆十一年(1583)書林熊雲濱刻本 一冊 存十三卷(九至二十一)

360000－1901－0034628 421045
新鐫本草醫方合編九卷 （清）汪昂輯 清刻本 一冊

360000－1901－0034629 421046
新鐫本草醫方合編九卷 （清）汪昂輯 清刻本 一冊

360000－1901－0034630 902241－1
新鐫本草醫方合編十二卷 （清）汪昂輯 清刻本 一冊

360000－1901－0034631 902241－2
新鐫本草醫方合編十二卷 （清）汪昂輯 清刻本 一冊

360000－1901－0034632 902241－3
新鐫本草醫方合編十二卷 （清）汪昂輯 清刻本 一冊

360000－1901－0034633　902242
新鐫本草醫方合編十二卷　（清）汪昂輯　清刻本　一冊

360000－1901－0034634　902242－1
新鐫本草醫方合編十二卷　（清）汪昂輯　清刻本　一冊

360000－1901－0034635　902242－2
新鐫本草醫方合編十二卷　（清）汪昂輯　清刻本　一冊

360000－1901－0034636　902476
新鐫本草醫方合編十四卷　（清）汪昂輯　清刻本　二冊

360000－1901－0034637　801820
新鐫地理鈎玄論不分卷　（清）□□輯　清抄本　一冊

360000－1901－0034638　407056
新鐫分類評註文武合編百子金丹十卷　（明）郭偉選注　（明）郭中吉編　清光緒二十一年(1895)上海焕文書局石印本　六冊

360000－1901－0034639　407057
新鐫分類評註文武合編百子金丹十卷　（明）郭偉選注　（明）郭中吉編　清光緒二十一年(1895)上海焕文書局石印本　六冊

360000－1901－0034640　407058
新鐫分類評註文武合編百子金丹十卷　（明）郭偉選注　（明）郭中吉編　清光緒石印本　五冊　存九卷(二至十)

360000－1901－0034641　407059
新鐫分類評註文武合編百子金丹十卷　（明）郭偉選注　（明）郭中吉編　清光緒石印本　三冊　存五卷(二、五至八)

360000－1901－0034642　407060
新鐫分類評註文武合編百子金丹十卷　（明）郭偉選注　（明）郭中吉編　清光緒石印本　五冊　存九卷(二至十)

360000－1901－0034643　314886
新鐫分類評註文武合編百子金丹十卷　（明）郭偉選注　（明）郭中吉編　清經國堂刻本　十冊

360000－1901－0034644　421969
經典釋文三十卷　（唐）陸德明撰　**攷證三十卷**　（清）盧文弨撰　清同治十年(1871)粤秀山文瀾閣刻本　二冊　存十卷(二十一至二十三、二十七至二十八,攷證二十一至二十三、二十七至二十八)

360000－1901－0034645　407050
新鐫分類評註文武合編百子金丹十卷　（明）郭偉選注　（明）郭中吉編　清刻本　六冊

360000－1901－0034646　407051
新鐫分類評註文武合編百子金丹十卷　（明）郭偉選注　（明）郭中吉編　清刻本　七冊　存七卷(一至二、六至十)

360000－1901－0034647　407051－1
新鐫分類評註文武合編百子金丹十卷　（明）郭偉選注　（明）郭中吉編　清刻本　一冊　存二卷(七至八)

360000－1901－0034648　407052
新鐫分類評註文武合編百子金丹十卷　（明）郭偉選注　（明）郭中吉編　清刻本　八冊

360000－1901－0034649　407053
新鐫分類評註文武合編百子金丹十卷　（明）郭偉選注　（明）郭中吉編　清刻本　八冊

360000－1901－0034650　407054
新鐫分類評註文武合編百子金丹十卷　（明）郭偉選注　（明）郭中吉編　清刻本　八冊　存八卷(一至四、六至八、十)

360000－1901－0034651　407055
新鐫分類評註文武合編百子金丹十卷　（明）郭偉選注　（明）郭中吉編　清刻本　二冊　存五卷(一至二、八至十)

360000－1901－0034652　603277
新鐫分類評註文武合編百子金丹十卷　（明）郭偉選注　（明）郭中吉編　清刻本　一冊　存二卷(六至七)

360000－1901－0034653　803084
新鐫分類評註文武合編百子金丹十卷　（明）郭偉選注　（明）郭中吉編　清刻本　一冊　存一卷（七）

360000－1901－0034654　804016
新鐫分類評註文武合編百子金丹十卷　（明）郭偉選注　（明）郭中吉編　清刻本　一冊　存一卷（一）

360000－1901－0034655　804250－1
新鐫分類評註文武合編百子金丹十卷　（明）郭偉選注　（明）郭中吉編　清刻本　一冊　存一卷（二）

360000－1901－0034656　804028
新鐫分類評註文武合編百子金丹十卷　（明）郭偉選注　（明）郭中吉編　清末石印本　二冊　存二卷（二、六）

360000－1901－0034657　122966
新鐫改良甲子歌一卷　（清）鄭文和堂輯　清鄭文和堂刻本　一冊

360000－1901－0034658　317390
新鐫古本批評繡像三世報隔簾花影四十八回　（清）四橋居士撰　清刻本　八冊

360000－1901－0034659　241564
新鐫古今大雅北宮詞紀六卷　（明）陳所聞輯　明萬曆三十二年（1604）陳氏繼志齋刻本　一冊　存一卷（二）

360000－1901－0034660　120344
新鐫古史要評五卷　（明）吳崇節撰　清同治十一年（1872）光復堂刻本　五冊

360000－1901－0034661　419165
新鐫古文觀止十二卷　（清）吳乘權　（清）吳大職輯　清鴻文堂刻本　四冊　存十卷（一至十）

360000－1901－0034662　804431
新鐫鬼谷子先生四字經前定數二卷　清刻本　一冊

360000－1901－0034663　407258
新鐫鬼谷子先生四字經前定數二卷　清兩儀堂刻本　一冊

360000－1901－0034664　407258－1
新鐫鬼谷子先生四字經前定數二卷　清文英堂刻本　一冊　存一卷（上）

360000－1901－0034665　407259
新鐫鬼谷子先生四字經前定數一卷　清會友堂刻本　一冊

360000－1901－0034666　407259－1
新鐫鬼谷子先生四字經前定數一卷　清刻本　一冊

360000－1901－0034667　421578
新鐫韓祖成仙寶傳二十四回　（□）□□撰　清光緒刻本　一冊

360000－1901－0034668　801815－3
新鐫後續繡像五虎平南狄青演傳六卷四十二回　（□）□□撰　清刻本　二冊　存四卷（三至六）二十七回（十五至四十二）

360000－1901－0034669　404454－1
新鐫許真君玉匣記增補諸家選擇日用通書二卷　題（晉）許遜撰　清末石印本　一冊　存一卷（下）

360000－1901－0034670　802527
新鐫許真君玉匣記增補諸家選擇日用通書六卷　題（晉）許遜撰　清刻本　一冊

360000－1901－0034671　404454
新鐫許真君玉匣記增補諸家選擇日用通書六卷　題（晉）許遜撰　清末石印本　二冊　存二卷（一、三）

360000－1901－0034672　800833
新鐫許真君玉匣記增補諸家選擇日用通書六卷　題（晉）許遜撰　清文友堂晉記刻本　一冊

360000－1901－0034673　404505
新鐫許真君玉匣記增補諸家選擇日用通書六卷　題（晉）許遜撰　清英德堂刻本　二冊

360000－1901－0034674　803313

新鐫焦太史彙選百家評林名文珠璣十三卷 (明)焦竑輯　清抄本　一冊　存二卷(五至六)

360000－1901－0034675　804752

新鐫焦太史彙選百家評林名文珠璣十三卷 (明)焦竑輯　清刻本　一冊　存五卷(九至十三)

360000－1901－0034676　416397

新鐫京板工師雕斲正式魯班木經匠家鏡二卷靈驅解法洞明真言秘書一卷　(明)午榮撰　清刻本　一冊　存二卷(新鐫京板工師雕斲正式魯班經匠家鏡二、靈驅解法洞明真言秘書一卷)

360000－1901－0034677　230548

新鐫堪輿秘訣葬法□□卷　(明)羅大綵補輯　明崇禎十年(1637)刻本　一冊　存一卷(上)

360000－1901－0034678　230224

新鐫類證增註傷寒百問歌四卷　(宋)錢聞禮撰　明萬曆四十年(1612)喬山堂劉龍田刻本　二冊

360000－1901－0034679　902124

新鐫曆法便覽象吉備要通書大全二十九卷 (清)魏鑑撰　清步月樓刻本　一冊　存三卷(一至三)

360000－1901－0034680　901386

新鐫曆法便覽象吉備要通書大全二十九卷 (清)魏鑑撰　清大文堂刻本　一冊　存四卷(一至四)

360000－1901－0034681　802506

新鐫曆法便覽象吉備要通書大全二十九卷 (清)魏鑑撰　清嘉慶二十年(1815)刻本　一冊　存四卷(一至四)

360000－1901－0034682　902121

新鐫曆法便覽象吉備要通書大全二十九卷 (清)魏鑑撰　清嘉慶九年(1804)秀文堂刻本　一冊　存三卷(一至三)

360000－1901－0034683　801253

新鐫曆法便覽象吉備要通書大全二十九卷 (清)魏鑑撰　清刻本　四冊　存八卷(十至十七)

360000－1901－0034684　802505

新鐫曆法便覽象吉備要通書大全二十九卷 (清)魏鑑撰　清刻本　七冊　存二十六卷(一至六、十至二十九)

360000－1901－0034685　802507

新鐫曆法便覽象吉備要通書大全二十九卷 (清)魏鑑撰　清刻本　一冊　存五卷(十四至十八)

360000－1901－0034686　802510

新鐫曆法便覽象吉備要通書大全二十九卷 (清)魏鑑撰　清刻本　四冊　存九卷(十一至十四、二十五至二十九)

360000－1901－0034687　802512

新鐫曆法便覽象吉備要通書大全二十九卷 (清)魏鑑撰　清刻本　一冊　存八卷(十五至十七、二十五至二十九)

360000－1901－0034688　802514

新鐫曆法便覽象吉備要通書大全二十九卷 (清)魏鑑撰　清刻本　一冊　存六卷(二十四至二十九)

360000－1901－0034689　802515

新鐫曆法便覽象吉備要通書大全二十九卷 (清)魏鑑撰　清刻本　一冊　存七卷(二十三至二十九)

360000－1901－0034690　802516

新鐫曆法便覽象吉備要通書大全二十九卷 (清)魏鑑撰　清刻本　一冊　存四卷(七至十)

360000－1901－0034691　802517

新鐫曆法便覽象吉備要通書大全二十九卷 (清)魏鑑撰　清刻本　一冊　存三卷(八至十)

360000－1901－0034692　802518

新鐫曆法便覽象吉備要通書大全二十九卷
(清)魏鑑撰　清刻本　一册　存三卷(七至九)

360000－1901－0034693　802522
新鐫曆法便覽象吉備要通書大全二十九卷
(清)魏鑑撰　清刻本　三册　存十一卷(十五至二十五)

360000－1901－0034694　802531
新鐫曆法便覽象吉備要通書大全二十九卷
(清)魏鑑撰　清刻本　二册　存九卷(十一、二十二至二十九)

360000－1901－0034695　802536
新鐫曆法便覽象吉備要通書大全二十九卷
(清)魏鑑撰　清刻本　一册　存八卷(二十二至二十九)

360000－1901－0034696　802537
新鐫曆法便覽象吉備要通書大全二十九卷
(清)魏鑑撰　清刻本　三册　存十一卷(一至七、十四至十七)

360000－1901－0034697　802538
新鐫曆法便覽象吉備要通書大全二十九卷
(清)魏鑑撰　清刻本　一册　存十卷(二十至二十九)

360000－1901－0034698　802539
新鐫曆法便覽象吉備要通書大全二十九卷
(清)魏鑑撰　清刻本　一册　存四卷(四至七)

360000－1901－0034699　802540
新鐫曆法便覽象吉備要通書大全二十九卷
(清)魏鑑撰　清刻本　一册　存一卷(十一)

360000－1901－0034700　802541
新鐫曆法便覽象吉備要通書大全二十九卷
(清)魏鑑撰　清刻本　一册　存一卷(十一)

360000－1901－0034701　803059
新鐫曆法便覽象吉備要通書大全二十九卷
(清)魏鑑撰　清刻本　一册　存三卷(一至三)

360000－1901－0034702　803060
新鐫曆法便覽象吉備要通書大全二十九卷
(清)魏鑑撰　清刻本　一册　存三卷(八至十)

360000－1901－0034703　901086
新鐫曆法便覽象吉備要通書大全二十九卷
(清)魏鑑撰　清刻本　四册　存九卷(五至九、十七至二十)

360000－1901－0034704　901378
新鐫曆法便覽象吉備要通書大全二十九卷
(清)魏鑑撰　清刻本　一册　存二卷(十至十一)

360000－1901－0034705　901383
新鐫曆法便覽象吉備要通書大全二十九卷
(清)魏鑑撰　清刻本　一册　存八卷(十、二十三至二十九)

360000－1901－0034706　901384
新鐫曆法便覽象吉備要通書大全二十九卷
(清)魏鑑撰　清刻本　五册　存二十四卷(一至五、九至十一、十四至二十九)

360000－1901－0034707　901387
新鐫曆法便覽象吉備要通書大全二十九卷
(清)魏鑑撰　清刻本　二册　存四卷(八至十一)

360000－1901－0034708　901388
新鐫曆法便覽象吉備要通書大全二十九卷
(清)魏鑑撰　清刻本　一册　存七卷(二十三至二十九)

360000－1901－0034709　901389
新鐫曆法便覽象吉備要通書大全二十九卷
(清)魏鑑撰　清刻本　一册　存十卷(二十至二十九)

360000－1901－0034710　901390
新鐫曆法便覽象吉備要通書大全二十九卷
(清)魏鑑撰　清刻本　一册　存一卷(十四)

360000－1901－0034711　901391
新鐫曆法便覽象吉備要通書大全二十九卷

(清)魏鑑撰　清刻本　一冊　存二卷(十四至十五)

360000－1901－0034712　901392
新鐫曆法便覽象吉備要通書大全二十九卷
(清)魏鑑撰　清刻本　一冊　存二卷(八至九)

360000－1901－0034713　902123
新鐫曆法便覽象吉備要通書大全二十九卷
(清)魏鑑撰　清刻本　一冊　存三卷(一至三)

360000－1901－0034714　902127
新鐫曆法便覽象吉備要通書大全二十九卷
(清)魏鑑撰　清刻本　一冊　存十卷(二十至二十九)

360000－1901－0034715　902132
新鐫曆法便覽象吉備要通書大全二十九卷
(清)魏鑑撰　清刻本　二冊　存十二卷(一至十二)

360000－1901－0034716　902133
新鐫曆法便覽象吉備要通書大全二十九卷
(清)魏鑑撰　清刻本　一冊　存一卷(十一)

360000－1901－0034717　902134
新鐫曆法便覽象吉備要通書大全二十九卷
(清)魏鑑撰　清刻本　一冊　存二卷(十四至十五)

360000－1901－0034718　902135
新鐫曆法便覽象吉備要通書大全二十九卷
(清)魏鑑撰　清刻本　一冊　存三卷(八至十)

360000－1901－0034719　902137
新鐫曆法便覽象吉備要通書大全二十九卷
(清)魏鑑撰　清刻本　五冊　存十七卷(六至八、十一、十七至二十九)

360000－1901－0034720　902137－1
新鐫曆法便覽象吉備要通書大全二十九卷
(清)魏鑑撰　清刻本　三冊　存九卷(十二、十五至十九、二十三至二十五)

360000－1901－0034721　902137－2
新鐫曆法便覽象吉備要通書大全二十九卷
(清)魏鑑撰　清刻本　一冊　存三卷(十五至十七)

360000－1901－0034722　902141
新鐫曆法便覽象吉備要通書大全二十九卷
(清)魏鑑撰　清刻本　一冊　存三卷(一至三)

360000－1901－0034723　802509
新鐫曆法便覽象吉備要通書大全二十九卷
(清)魏鑑撰　清立言堂刻本　一冊　存二卷(十二至十三)

360000－1901－0034724　901380
新鐫曆法便覽象吉備要通書大全二十九卷
(清)魏鑑撰　清末上海文元書局石印本　三冊　存六卷(一至四、十一、十四)

360000－1901－0034725　901382
新鐫曆法便覽象吉備要通書大全二十九卷
(清)魏鑑撰　清末上海校經山房石印本　二冊　存八卷(九至十六)

360000－1901－0034726　902122
新鐫曆法便覽象吉備要通書大全二十九卷
(清)魏鑑撰　清尚論堂刻本　一冊　存四卷(一至四)

360000－1901－0034727　901385
新鐫曆法便覽象吉備要通書大全二十九卷
(清)魏鑑撰　清錫環堂刻本　八冊　存二十五卷(一至三、八至二十九)

360000－1901－0034728　802513
新鐫曆法便覽象吉備要通書大全二十九卷
(清)魏鑑撰　清應世堂刻本　一冊　存一卷(十一)

360000－1901－0034729　902131
新鐫曆法合節鰲頭通書□□卷　(□)□□撰　清刻本　一冊　存六卷(八至十三)

360000－1901－0034730　802519
新鐫曆法總覽合節鰲頭通書大全十卷　(明)

熊宗立撰　(清)熊秉懋重訂　清康熙六十年(1721)熊啓燦刻本　二册　存三卷(一至二、九)

360000－1901－0034731　802519－1
新鐫曆法總覽合節鰲頭通書大全十卷　(明)熊宗立撰　(清)熊秉懋重訂　清刻本　一册　存一卷(五)

360000－1901－0034732　802528
新鐫曆法總覽合節鰲頭通書大全十卷　(明)熊宗立撰　(清)熊秉懋重訂　清刻本　一册　存二卷(三至四)

360000－1901－0034733　900950
新鐫曆法總覽合節鰲頭通書大全十卷　(明)熊宗立撰　(清)熊秉懋重訂　清刻本　一册　存二卷(三至四)

360000－1901－0034734　902126
新鐫曆法總覽合節鰲頭通書大全十卷　(明)熊宗立撰　(清)熊秉懋重訂　清刻本　一册　存二卷(一至二)

360000－1901－0034735　902126－1
新鐫曆法總覽合節鰲頭通書大全十卷　(明)熊宗立撰　(清)熊秉懋重訂　清刻本　一册　存一卷(三)

360000－1901－0034736　902126－2
新鐫曆法總覽合節鰲頭通書大全十卷　(明)熊宗立撰　(清)熊秉懋重訂　清刻本　一册　存一卷(十)

360000－1901－0034737　902129
新鐫曆法總覽合節鰲頭通書大全十卷　(明)熊宗立撰　(清)熊秉懋重訂　清刻本　一册　存四卷(四至七)

360000－1901－0034738　902130
新鐫曆法總覽合節鰲頭通書大全十卷　(明)熊宗立撰　(清)熊秉懋重訂　清刻本　一册　存一卷(三)

360000－1901－0034739　162171
新鐫名公釋義全備墨莊白眉故事六卷　(明)呰窳子輯　明東吳萬軍甫刻本　二册

360000－1901－0034740　718265
新鐫旁批詳註總斷廣名將譜二十卷　(明)黄道周撰　清道光二十九年(1849)刻本　一册　存三卷(十八至二十)

360000－1901－0034741　241605
新鐫批評出相韓湘子三十回　(明)楊爾曾撰　明天啓刻本　十册

360000－1901－0034742　403923
新鐫批評出像通俗奇俠禪真逸史八集四十回　(明)方汝浩撰　清刻本　三册　存十七回(一至六、二十一至三十一)

360000－1901－0034743　721728
新鐫批評出像通俗奇俠禪真逸史八集四十回　(明)方汝浩撰　清刻本　一册　存五回(十六至二十)

360000－1901－0034744　164078
新鐫評林句解音釋標英古文統宗□□卷　(□)□□撰　清刻本　一册　存一卷(三)

360000－1901－0034745　163033
新鐫評釋巧對十八卷　(清)王升選輯　清學誨堂刻本　二册　存十三卷(六至十八)

360000－1901－0034746　801513
新鐫千家詩五言絕句二卷唐司空圖詩品詳註一卷笠翁對韻二卷　(清)王相注　清末石印本　一册

360000－1901－0034747　805078
新鐫全補發微曆正通書大全三十卷　(清)顧乃德編　(清)羅崇麟增編　清刻本　一册　存一卷(十八)

360000－1901－0034748　000672
新鐫全像通俗演義隋煬帝艷史八卷四十回　齊東野人編演　不經先生批評　清刻本　十二册

360000－1901－0034749　420068
新鐫紹聞堂精選古文覺斯八卷　(清)過珙評選　清刻本　八册

360000－1901－0034750　420069
新鐫紹聞堂精選古文覺斯八卷　(清)過珙評選　清刻本　五册　存六卷(二至五、七至八)

360000－1901－0034751　420071
新鐫紹聞堂精選古文覺斯八卷　(清)過珙評選　清刻本　三册　存三卷(三、六、八)

360000－1901－0034752　420070
新鐫紹聞堂精選古文覺斯八卷　(清)過珙評選　清乾隆二十年(1755)刻本　八册

360000－1901－0034753　420062
新鐫紹聞堂精選古文覺斯二刻八卷　(清)過珙評選　清刻本　三册　存六卷(二至七)

360000－1901－0034754　420067
新鐫紹聞堂精選古文覺斯廣集四刻八卷　(清)過珙評選　清刻本　一册　存一卷(一)

360000－1901－0034755　241290
新鐫紹聞堂精選古文覺斯廣集四刻十卷　(清)過珙評選　清康熙二十四年(1685)刻本　十册　缺一卷(三)

360000－1901－0034756　420066
新鐫紹聞堂精選古文覺斯廣集四刻十卷　(清)過珙評選　清刻本　二册　存三卷(六至七、九)

360000－1901－0034757　417201
新鐫神峯通考闢謬命理正宗大全六卷　(明)張楠撰　清光緒十二年(1886)掃葉山房刻本　二册　存四卷(一至四)

360000－1901－0034758　417210－4
新鐫神峯張先生通考闢謬命理正宗大全六卷　(明)張楠撰　清道光元年(1821)刻本　二册　存三卷(一至二、六)

360000－1901－0034759　417209
新鐫神峯張先生通考闢謬命理正宗大全六卷　(明)張楠撰　清光緒三十四年(1908)上海書局石印本　一册

360000－1901－0034760　417210
新鐫神峯張先生通考闢謬命理正宗大全六卷　(明)張楠撰　清刻本　四册　存四卷(二、四至六)

360000－1901－0034761　417210－1
新鐫神峯張先生通考闢謬命理正宗大全六卷　(明)張楠撰　清刻本　四册　存四卷(二、四至六)

360000－1901－0034762　417210－2
新鐫神峯張先生通考闢謬命理正宗大全六卷　(明)張楠撰　清刻本　三册　存三卷(三至四、六)

360000－1901－0034763　417210－3
新鐫神峯張先生通考闢謬命理正宗大全六卷　(明)張楠撰　清刻本　二册　存二卷(一、五)

360000－1901－0034764　417210－7
新鐫神峯張先生通考闢謬命理正宗大全六卷　(明)張楠撰　清刻本　三册　存三卷(一、三、五)

360000－1901－0034765　417103
新鐫碎玉剖秘地理不求人五卷　(清)吴以炌撰　清刻本　三册　存三卷(一至二、五)

360000－1901－0034766　230231
新鐫太醫院參訂徐氏鍼灸大全六卷　(明)徐鳳撰　明金陵三多齋刻銅人徐氏鍼灸合刻本　一册

360000－1901－0034767　230219
新鐫陶節庵家藏秘授傷寒六書六卷　(明)陶華撰　明刻本　一册　存二卷(三至四)

360000－1901－0034768　230218
新鐫陶節庵家藏秘授傷寒六書六卷　(明)陶華撰　明萬曆四十年(1612)李存濟刻本　四册

360000－1901－0034769　408096
新鐫陶節菴家藏秘授傷寒六書六卷　(明)陶華撰　明刻本　一册　存二卷(傷寒明理續論一卷、傷寒家秘的本一卷)

360000－1901－0034770　408096－1
新鐫陶節菴家藏秘授傷寒六書六卷　（明）陶華撰　明刻本　一册　存一卷（傷寒家秘的本一卷）

360000－1901－0034771　408097
新鐫陶節菴家藏秘授傷寒六書六卷　（明）陶華撰　清初刻本　一册　存五卷（二至六）

360000－1901－0034772　408095
新鐫陶節菴家藏秘授傷寒六書六卷　（明）陶華撰　清乾隆二十年（1755）學畲堂刻本　二册

360000－1901－0034773　408094
新鐫陶節菴家藏秘授傷寒六書六卷　（明）陶華撰　清裕元堂刻本　四册

360000－1901－0034774　408093
新鐫陶節菴家藏秘授傷寒六書六卷　（明）陶華撰　清尊德堂刻本　二册

360000－1901－0034775　405622
新鐫透膽寒十六卷　（清）補相子撰　清刻本　一册　存十卷（七至十六）

360000－1901－0034776　404378
新鐫五言千家詩箋註二卷諸名家百花詩一卷　（清）王相選注　清刻本　一册　存二卷（新鐫五言千家詩箋註下、諸名家百花詩一卷）

360000－1901－0034777　404378－1
新鐫五言千家詩箋註二卷諸名家百花詩一卷　（清）王相選注　清刻本　一册　存二卷（新鐫五言千家詩箋註下、諸名家百花詩一卷）

360000－1901－0034778　802282
新鐫五言千家詩箋註二卷諸名家百花詩一卷　（清）王相選注　清刻本　一册

360000－1901－0034779　421453
新鐫五言千家詩箋註二卷諸名家百花詩一卷　（清）王相選注　清盛德堂刻本　一册

360000－1901－0034780　230162
新鐫武經七書　（明）王守仁批評　（明）胡宗憲參評　明天啓元年（1621）茅震東刻朱墨套印本　十册

360000－1901－0034781　317849
新鐫校正詳註分類百子金丹全書十卷　（明）郭偉選注　（明）郭中吉編　清光緒二十九年（1903）上海申昌書局石印本　六册

360000－1901－0034782　162330
新鐫校正詳註分類百子金丹全書十卷　（明）郭偉選注　（明）郭中吉編　清光緒二十一年（1895）鴻文書局石印本　六册

360000－1901－0034783　707178
新鐫校正詳註分類百子金丹全書十卷　（明）郭偉選注　（明）郭中吉編　清光緒二十一年（1895）上海煥文書局石印本　五册　存八卷（一至四、七至十）

360000－1901－0034784　802183
新鐫校正詳註分類百子金丹全書十卷　（明）郭偉選注　（明）郭中吉編　清光緒石印本　一册　存二卷（三至四）

360000－1901－0034785　162331
新鐫校正詳註分類百子金丹全書十卷　（明）郭偉選注　（明）郭中吉編　清末石印本　六册

360000－1901－0034786　804879
新鐫校正指明算法二卷　（清）王相重訂　清刻本　一册

360000－1901－0034787　250061
新鐫雅俗通用珠璣藪八卷　（明）西湖散人輯　明崇禎刻本　四册

360000－1901－0034788　241606
新鐫楊家府世代忠勇演義志傳八卷　（明）紀振倫校　（明）煙波釣叟參訂　清乾隆五十一年（1786）天德堂刻本　一册　存二卷（七至八）

360000－1901－0034789　803260
新鐫異傳地理真訣一卷　（明）李起麟撰　清

抄本　一册

360000－1901－0034790　801815－2
新鐫異説五虎平西珍珠旗演義狄青前傳十四卷一百十二回　(清)□□撰　清刻本　六册　存十二卷(三至十四)一百八回(五至一百十二)

360000－1901－0034791　804136
新鐫異説五虎平西珍珠旗演義狄青前傳十四卷一百十二回　(清)□□撰　清刻本　一册　存二卷(五至六)十七回(三十二至四十八)

360000－1901－0034792　800399
新鐫音釋通鑑小畧一卷　(清)□□撰　清抄本　一册

360000－1901－0034793　317334
新鐫玉茗堂批點按鑑參補南宋志傳十卷五十回　(明)研石山樵訂正　清刻本　五册

360000－1901－0034794　317398
新鐫玉茗堂批點按鑑參補南宋志傳十卷五十回　(明)研石山樵訂正　清刻本　二册　存四卷(五至八)二十回(二十五至四十四)

360000－1901－0034795　317334－1
新鐫玉茗堂批點按鑑參補楊家將傳十卷五十回　(明)研石山樵訂正　清刻本　五册

360000－1901－0034796　401702
新鐫玉茗堂批評按鑑參補出像南北宋志傳二十卷　(明)研石山樵訂正　(明)織里畸人校閲　清刻本　四册　缺四卷(南宋志傳一至四)

360000－1901－0034797　401703
新鐫玉茗堂批評按鑑參補南北宋志傳二十卷　(明)研石山樵訂正　(明)織里畸人校閲　清刻本　一册　存一卷(南宋志傳四)

360000－1901－0034798　401703－1
新鐫玉茗堂批評按鑑參補南北宋志傳二十卷　(明)研石山樵訂正　(明)織里畸人校閲　清刻本　一册　存二卷(北宋志傳九至十)

360000－1901－0034799　401703－2
新鐫玉茗堂批評按鑑參補南北宋志傳二十卷　(明)研石山樵訂正　(明)織里畸人校閲　清刻本　一册　存二卷(北宋志傳一至二)

360000－1901－0034800　401704
新鐫玉茗堂批評按鑑參補南北宋志傳二十卷　(明)研石山樵訂正　(明)織里畸人校閲　清刻本　一册　存二卷(南宋志傳一至二)

360000－1901－0034801　401704－1
新鐫玉茗堂批評按鑑參補南北宋志傳二十卷　(明)研石山樵訂正　(明)織里畸人校閲　清刻本　一册　存二卷(南宋志傳四至五)

360000－1901－0034802　401704－2
新鐫玉茗堂批評按鑑參補南北宋志傳二十卷　(明)研石山樵訂正　(明)織里畸人校閲　清刻本　一册　存二卷(南宋志傳七至八)

360000－1901－0034803　230498
新鐫玉茗堂批選王弇州先生豔異編四十卷　題(明)王世貞撰　(明)湯顯祖評　**續編十九卷**　題(明)湯顯祖撰　明末刻本　十六册　存四十卷(新鐫玉茗堂批選王弇州先生豔異編四十卷)

360000－1901－0034804　414597
新鐫玉堂名選各體應制古學指南要覽不分卷　(清)王道升輯　清刻本　二册

360000－1901－0034805　900651
新鐫雜錦群芳尺牘八卷　(清)石成金撰　清同治四年(1865)大懋堂刻本　一册　存一卷(一)

360000－1901－0034806　417338
新鐫增補時憲臺曆袖裡璇璣星命須知一卷　(清)□□撰　清集生堂刻本　一册

360000－1901－0034807　162487
新鐫增補時憲臺曆袖裡璇璣星命須知一卷御定萬年書一卷　(清)□□撰　清光緒刻本　一册

360000－1901－0034808　162486
新鐫增補時憲臺曆袖裡璇璣星命須知一卷御

定萬年書一卷　(清)□□撰　清末刻本　一冊

360000－1901－0034809　160627

新鐫增補周易備旨一見能解六卷　(明)黄淳耀撰　(清)嚴而寬增補　清刻本　二冊

360000－1901－0034810　160628

新鐫增補周易備旨一見能解六卷　(明)黄淳耀撰　(清)嚴而寬增補　清刻本　二冊　缺二卷(三至四)

360000－1901－0034811　411485

新鐫增補周易備旨一見能解六卷上下篇義一卷易經圖考一卷朱子筮儀一卷　(明)黄淳耀撰　(清)嚴而寬增補　清文盛堂刻本　四冊

360000－1901－0034812　411484

新鐫增補周易備旨一見能解六卷上下篇義一卷易經圖考一卷朱子筮儀一卷　(明)黄淳耀撰　(清)嚴而寬增補　清由義堂刻本　六冊

360000－1901－0034813　220195

新鐫張太史註釋標題綱鑑白眉二十一卷首一卷　(明)周宗建　(明)曾楚卿參訂　明末李潮刻本　一冊　存二卷(二至三)

360000－1901－0034814　164984

新刊補註銅人腧穴鍼灸圖經五卷　(宋)王惟一撰　清宣統元年(1909)陶予麟刻本　二冊

360000－1901－0034815　803803

新刊地理纂要七卷　(明)吴天洪輯　清抄本　一冊

360000－1901－0034816　803138

新刊古今名賢品彙註釋玉堂詩選八卷　(明)舒芬輯　(明)舒琛增補　(明)楊淙注　明萬曆七年(1579)富春堂刻積秀堂達德堂重修本　一冊　存一卷(五)

360000－1901－0034817　241215

新刊古今名賢品彙註釋玉堂詩選八卷　(明)舒芬輯　(明)舒琛增補　(明)楊淙注　明萬曆七年(1579)金陵唐氏富春堂刻本　四冊

360000－1901－0034818　241216

新刊古今名賢品彙註釋玉堂詩選八卷　(明)舒芬輯　(明)舒琛增補　(明)楊淙注　明萬曆七年(1579)金陵唐氏富春堂刻本　二冊　存三卷(四、七至八)

360000－1901－0034819　405140－1

新刊古今名賢品彙註釋玉堂詩選八卷　(明)舒芬輯　(明)舒琛增補　(明)楊淙注　明萬曆七年(1579)金陵唐氏富春堂刻本　二冊　存二卷(三、八)

360000－1901－0034820　300997

新刊古列女傳七卷續列女傳一卷　(漢)劉向撰　清道光五年(1825)揚州阮氏影宋刻本　四冊

360000－1901－0034821　162609

新刊國聞新語錄二卷　(清)貪夢癡道人撰　清光緒二十五年(1899)石印本　四冊

360000－1901－0034822　404674

新刊合併官板音義評註淵海子平五卷　(宋)徐升編　(明)楊淙增校　清刻本　一冊

360000－1901－0034823　404675

新刊合併官板音義評註淵海子平五卷　(宋)徐升編　(明)楊淙增校　清刻本　一冊　存三卷(三至五)

360000－1901－0034824　404675－1

新刊合併官板音義評註淵海子平五卷　(宋)徐升編　(明)楊淙增校　清刻本　二冊　存四卷(一至四)

360000－1901－0034825　404675－2

新刊合併官板音義評註淵海子平五卷　(宋)徐升編　(明)楊淙增校　清刻本　一冊　存三卷(三至五)

360000－1901－0034826　404675－3

新刊合併官板音義評註淵海子平五卷　(宋)徐升編　(明)楊淙增校　清刻本　一冊　存三卷(三至五)

360000－1901－0034827　803086

新刊合併官板音義評註淵海子平五卷　(宋)

徐升編　(明)楊淙增校　清刻本　一冊　存一卷(五)

360000－1901－0034828　404673
新刊合併官板音義評註淵海子平五卷　(宋)徐升編　(明)楊淙增校　清英秀堂刻本　二冊

360000－1901－0034829　404672
新刊合併官板音義評註淵海子平五卷　(宋)徐升編　(明)楊淙增校　清芸生堂刻本(卷三至五配清刻本)　二冊

360000－1901－0034830　163554
新刊巾箱蔡伯喈琵琶記二卷　(元)高明撰　清末影印本　二冊

360000－1901－0034831　210164
新刊京本禮記纂言三十六卷　(元)吳澄撰　明崇禎二年(1629)張養刻本　十二冊

360000－1901－0034832　241604
新刊京本通俗演義全相百家公案傳十卷　(明)安時遇撰　明刻本　一冊　存四卷(二至五)

360000－1901－0034833　162629
新刊經驗痘疹不求人方論一卷　(明)朱棟隆撰　清聚錦堂刻本　一冊

360000－1901－0034834　162628
新刊經驗痘疹不求人方論一卷　(明)朱棟隆撰　清康熙三十六年(1697)刻本　一冊

360000－1901－0034835　408946
新刊良朋彙集五卷　(清)孫偉輯　清刻本　一冊　存二卷(五至六)

360000－1901－0034836　122011
經訓書院課藝八卷　(清)經訓書院輯　清光緒十三年(1887)江西書局刻本　四冊

360000－1901－0034837　420558
新刊秘授外科百效全書六卷　(明)龔居中撰　清刻本　一冊

360000－1901－0034838　420557
新刊秘授外科百效全書六卷　(明)龔居中撰　清書林學畬堂刻本　一冊　存三卷(一至三)

360000－1901－0034839　420555
新刊秘授外科百效全書六卷　(明)龔居中撰　**外科補遺秘授經驗奇方一卷**　(清)劉孔敦輯　明建邑書林發祥堂劉剛堂刻本　一冊

360000－1901－0034840　230324
新刊寧府秘傳神隱六卷　(明)朱權撰　明刻本　四冊

360000－1901－0034841　803261
新刊批注分旨四書白文便覽六卷　(明)游方等輯　清抄本　二冊

360000－1901－0034842　710679
經訓堂叢書　(清)畢沅輯　清光緒十三年(1887)上海大同書局影印本　二冊　存四種

360000－1901－0034843　301125
新刊瞿會元全補子史論策標題會海捷要二十卷　(明)陳素蘊輯　明鄭子明刻本　八冊

360000－1901－0034844　303029
新刊權載之文集五十卷　(唐)權德輿撰　清嘉慶十一年(1806)刻本　八冊

360000－1901－0034845　316460
新刊權載之文集五十卷　(唐)權德輿撰　清嘉慶十一年(1806)刻本　八冊

360000－1901－0034846　240094
新刊權載之文集五十卷補刻一卷　(唐)權德輿撰　清嘉慶十一年(1806)朱珪刻本　六冊　缺二十一卷(三十一至五十、補刻一卷)

360000－1901－0034847　416349
新刊群書攷正性理大全七十卷　(明)胡廣等撰　(明)梅墩林考正　明嘉靖刻本　十六冊　存四十八卷(二至四十五、五十至五十三)

360000－1901－0034848　407219
新刊刪修叶韻祭神祝文增今制右禮儀註祝板不分卷　(□)□□輯　清康熙二十六年(1687)吳氏刻本　一冊

360000－1901－0034849　210081

新刊申少師書經講義會編十二卷　(明)申時行撰　明刻本　二册　存四卷(三至四、九至十)

360000－1901－0034850　406854
新刊釋氏十三經　(清)吳坤修輯　清同治七年(1868)刻本　一册　存三種

360000－1901－0034851　220170
新刊四明先生高明大字續資治通鑑節要二十卷　(明)劉剡輯　明嘉靖十五年(1536)王氏三槐堂刻本　一册　存一卷(二十)

360000－1901－0034852　160086
新刊宋學士夾漈先生六經奥論六卷總文一卷　(宋)鄭樵撰　清嘉慶十三年(1808)魯齋刻本　一册

360000－1901－0034853　160087
新刊宋學士夾漈先生六經奥論六卷總文一卷　(宋)鄭樵撰　清嘉慶十三年(1808)魯齋刻本　三册

360000－1901－0034854　250034
新刊唐荆川先生稗編一百二十卷目錄三卷　(明)唐順之輯　明萬曆九年(1581)茅一相文霞閣刻本　五十九册　缺八卷(二十二、五十四至五十五、九十至九十一,目錄三卷)

360000－1901－0034855　250035
新刊唐荆川先生稗編一百二十卷目錄三卷　(明)唐順之輯　明萬曆九年(1581)茅一相文霞閣刻本　二十册　存四十七卷(一至六、十二至二十七、五十八至六十、七十二至七十七、一百八至一百二十,目錄三卷)

360000－1901－0034856　711828
新刊通鑑輯要四十卷　(明)袁黄纂　清刻本　一册　存一卷(十三)

360000－1901－0034857　719993
新刊外科微義四卷　(明)陳實功撰　明萬曆刻本　六册

360000－1901－0034858　722394
新刊外科微義四卷　(明)陳實功撰　清刻本　一册　存一卷(二)

360000－1901－0034859　804728
新刊外科正宗六卷　(明)陳實功撰　清大經堂刻本　一册　存二卷(一至二)

360000－1901－0034860　721783
新刊外科正宗六卷　(明)陳實功撰　清道光二十二年(1842)刻本　一册　存二卷(一至二)

360000－1901－0034861　420619
新刊外科正宗六卷　(明)陳實功撰　清刻本　四册　存五卷(一、三至六)

360000－1901－0034862　420622
新刊外科正宗六卷　(明)陳實功撰　清刻本　六册

360000－1901－0034863　420623
新刊外科正宗六卷　(明)陳實功撰　清刻本　四册　存四卷(一、三、五至六)

360000－1901－0034864　420624
新刊外科正宗六卷　(明)陳實功撰　清刻本　四册　存四卷(一、三、五至六)

360000－1901－0034865　420625
新刊外科正宗六卷　(明)陳實功撰　清刻本　五册

360000－1901－0034866　420626
新刊外科正宗六卷　(明)陳實功撰　清刻本　五册

360000－1901－0034867　420626－1
新刊外科正宗六卷　(明)陳實功撰　清刻本　一册　存三卷(四至六)

360000－1901－0034868　421840
新刊外科正宗六卷　(明)陳實功撰　清刻本　一册　存一卷(二)

360000－1901－0034869　719989
新刊外科正宗六卷　(明)陳實功撰　清刻本　一册　存一卷(三)

360000－1901－0034870　720618

新刊外科正宗六卷　（明）陳實功撰　清刻本　一冊　存二卷（四至五）

360000－1901－0034871　721783－1
新刊外科正宗六卷　（明）陳實功撰　清刻本　一冊　存一卷（六）

360000－1901－0034872　721784
新刊外科正宗六卷　（明）陳實功撰　清刻本　一冊　存一卷（六）

360000－1901－0034873　722047
新刊外科正宗六卷　（明）陳實功撰　清刻本　一冊　存二卷（三至四）

360000－1901－0034874　722490
新刊外科正宗六卷　（明）陳實功撰　清刻本　一冊　存一卷（二）

360000－1901－0034875　722493
新刊外科正宗六卷　（明）陳實功撰　清刻本　一冊　存一卷（五）

360000－1901－0034876　722494
新刊外科正宗六卷　（明）陳實功撰　清刻本　一冊　存一卷（四）

360000－1901－0034877　803158
新刊外科正宗六卷　（明）陳實功撰　清刻本　一冊　存一卷（四）

360000－1901－0034878　803160
新刊外科正宗六卷　（明）陳實功撰　清刻本　一冊　存一卷（四）

360000－1901－0034879　803161
新刊外科正宗六卷　（明）陳實功撰　清刻本　一冊　存一卷（四）

360000－1901－0034880　803162
新刊外科正宗六卷　（明）陳實功撰　清刻本　一冊　存一卷（四）

360000－1901－0034881　803163
新刊外科正宗六卷　（明）陳實功撰　清刻本　一冊　存一卷（四）

360000－1901－0034882　803166
新刊外科正宗六卷　（明）陳實功撰　清刻本　一冊　存一卷（二）

360000－1901－0034883　804729
新刊外科正宗六卷　（明）陳實功撰　清刻本　一冊　存一卷（四）

360000－1901－0034884　804731
新刊外科正宗六卷　（明）陳實功撰　清刻本　一冊　存一卷（六）

360000－1901－0034885　804733
新刊外科正宗六卷　（明）陳實功撰　清刻本　二冊　存二卷（三至四）

360000－1901－0034886　804734
新刊外科正宗六卷　（明）陳實功撰　清刻本　一冊　存一卷（六）

360000－1901－0034887　804936
新刊外科正宗六卷　（明）陳實功撰　清刻本　一冊　存一卷（三）

360000－1901－0034888　420620
新刊外科正宗六卷　（明）陳實功撰　清刻本（卷一配清道光二十二年刻本）　六冊

360000－1901－0034889　420621
新刊外科正宗六卷　（明）陳實功撰　清刻本（卷一至二配清芸生堂刻本）　四冊

360000－1901－0034890　722491
新刊外科正宗六卷　（明）陳實功撰　清三讓堂刻本　一冊　存一卷（三）

360000－1901－0034891　803159
新刊外科正宗六卷　（明）陳實功撰　清文光堂刻本　一冊　存一卷（四）

360000－1901－0034892　722492
新刊外科正宗六卷　（明）陳實功撰　清芸生堂刻本　一冊　存一卷（四）

360000－1901－0034893　803164
新刊外科正宗六卷　（明）陳實功撰　清芸生堂刻本　一冊　存二卷（三至四）

360000－1901－0034894　804730

新刊外科正宗六卷　（明）陳實功撰　清芸生堂刻本　一册　存二卷（三至四）

360000－1901－0034895　804732
新刊外科正宗六卷　（明）陳實功撰　清芸生堂刻本　一册　存一卷（四）

360000－1901－0034896　804735
新刊外科正宗六卷　（明）陳實功撰　清芸生堂刻本　一册　存一卷（三）

360000－1901－0034897　230285
新刊外科正宗四卷　（明）陳實功撰　明崇禎四年（1631）刻本　四册

360000－1901－0034898　801528
新刊外科正宗四卷　（明）陳實功撰　清初刻本　一册　存一卷（三）

360000－1901－0034899　720603
新刊外科正宗四卷　（明）陳實功撰　清嘉慶十七年（1812）寶華堂刻本　四册

360000－1901－0034900　719990
新刊外科正宗四卷　（明）陳實功撰　清刻本　一册　存一卷（四）

360000－1901－0034901　720602
新刊外科正宗四卷　（明）陳實功撰　清刻本　二册

360000－1901－0034902　720606
新刊外科正宗四卷　（明）陳實功撰　清刻本　三册　存三卷（一至二、四）

360000－1901－0034903　720608
新刊外科正宗四卷　（明）陳實功撰　清刻本　三册

360000－1901－0034904　801523
新刊外科正宗四卷　（明）陳實功撰　清刻本　一册　存一卷（四）

360000－1901－0034905　720609
新刊外科正宗四卷　（明）陳實功撰　清兩儀堂刻本　一册　存一卷（一）

360000－1901－0034906　720604
新刊外科正宗四卷　（明）陳實功撰　清乾隆九年（1744）刻本　一册　存一卷（一）

360000－1901－0034907　420750－1
新刊萬病回春原本八卷　（明）龔廷賢輯　清刻本　二册　存二卷（二、七）

360000－1901－0034908　420750－2
新刊萬病回春原本八卷　（明）龔廷賢輯　清刻本　二册　存三卷（五至七）

360000－1901－0034909　420750－4
新刊萬病回春原本八卷　（明）龔廷賢輯　清刻本　一册　存二卷（七至八）

360000－1901－0034910　401304
新刊文選考註前集十五卷後集十五卷　（南朝梁）蕭統輯　（唐）李善等注　清初刻本　二册　存四卷（前集一至二、後集一至二）

360000－1901－0034911　315840
新刊五百家注音辯昌黎先生文集四十卷　（唐）韓愈撰　（宋）魏仲舉輯注　清乾隆四十九年（1784）刻本　十册

360000－1901－0034912　413952
新刊五百家註音辯昌黎先生文集四十卷　（唐）韓愈撰　（宋）魏仲舉輯注　清刻本　七册　存二十三卷（六至八、十四至十六、二十一至二十三、二十七至四十）

360000－1901－0034913　240107
新刊五百家註音辯昌黎先生文集四十卷　（唐）韓愈撰　（宋）魏仲舉輯注　清乾隆四十九年（1784）觀樓氏刻本　十四册　缺四卷（五至八）

360000－1901－0034914　413951
新刊五百家註音辯昌黎先生文集四十卷　（唐）韓愈撰　（宋）魏仲舉輯注　清乾隆四十九年（1784）刻本　九册　存三十三卷（一至三十三）

360000－1901－0034915　164122
新刊五美緣全傳八十回　（□）□□撰　清道光二年（1822）刻本　五册

360000－1901－0034916　417336
新刊校正銅陵算法二卷　(清)俞嘉會校訂　清京都打磨廠永魁齋刻本　一册

360000－1901－0034917　162689
新刊校正圓機活法詩學全書二十四卷　(明)王世貞校正　清郁岡山房刻本　十四册　存二十三卷(二至二十四)

360000－1901－0034918　308315
新刊校正圓機活法詩學全書二十四卷新刊校正增補圓機詩韻活法全書十四卷　(明)王世貞校正　清刻本　四册　存十四卷(新刊校正圓機活法詩學全書十四至二十、新刊校正增補圓機詩韻活法全書六至十二)

360000－1901－0034919　300446
新刊校正增補圓機詩韻活法全書十四卷　(明)王世貞校正　清嘉慶三年(1798)王氏經元堂刻本　五册

360000－1901－0034920　306457
新刊校正增補圓機詩韻活法全書十四卷　(明)王世貞校正　清刻本　四册　存八卷(一至八)

360000－1901－0034921　717938
新刊校正增釋合併麻衣先生人相編五卷　(明)陸位崇編　清光緒三十二年(1906)刻本　二册

360000－1901－0034922　717939
新刊校正增釋合併麻衣先生人相編五卷　(明)陸位崇編　清刻本　二册

360000－1901－0034923　717940
新刊校正增釋合併麻衣先生人相編五卷　(明)陸位崇編　清刻本　二册

360000－1901－0034924　230060
新刊性理大全七十卷　(明)胡廣等撰　明刻本　四册　存二十一卷(一至七、九至十二、四十至四十九)

360000－1901－0034925　230061
新刊性理大全七十卷　(明)胡廣等撰　明刻本　一册　存五卷(四十三至四十七)

360000－1901－0034926　230093
新刊性理會要十卷　(明)游遜輯　明嘉靖三十四年(1555)余氏自新齋刻本　一册　存三卷(八至十)

360000－1901－0034927　721725
新刊繡像評講濟公傳四卷一百二十回　(清)郭小亭撰　清光緒石印本　三册

360000－1901－0034928　803035
新刊繡像評演接續後部濟公傳八卷一百二十回　(清)郭小亭撰　清末石印本　一册　存一卷(八)三十回(九十一至一百二十)

360000－1901－0034929　408296
新刊醫林狀元壽世保元十卷　(明)龔廷賢撰　清道光三年(1823)刻本　九册　存九卷(一至九)

360000－1901－0034930　408294
新刊醫林狀元壽世保元十卷　(明)龔廷賢撰　清富春堂刻本　十册

360000－1901－0034931　408293
新刊醫林狀元壽世保元十卷　(明)龔廷賢撰　清桂華樓刻本　五册

360000－1901－0034932　122076
新刊醫林狀元壽世保元十卷　(明)龔廷賢撰　清刻本　一册　存一卷(十)

360000－1901－0034933　123605
新刊醫林狀元壽世保元十卷　(明)龔廷賢撰　清刻本　四册

360000－1901－0034934　408297
新刊醫林狀元壽世保元十卷　(明)龔廷賢撰　清刻本　七册　存七卷(一、四至九)

360000－1901－0034935　408298
新刊醫林狀元壽世保元十卷　(明)龔廷賢撰　清刻本　七册　存九卷(一至九)

360000－1901－0034936　408299
新刊醫林狀元壽世保元十卷　(明)龔廷賢撰　清刻本　五册　存四卷(一至二、四、六)

360000－1901－0034937　408300
新刊醫林狀元壽世保元十卷　(明)龔廷賢撰　清刻本　五冊　存五卷(二、四、六至八)

360000－1901－0034938　408301
新刊醫林狀元壽世保元十卷　(明)龔廷賢撰　清刻本　四冊　存五卷(二、四、六至八)

360000－1901－0034939　408302
新刊醫林狀元壽世保元十卷　(明)龔廷賢撰　清刻本　四冊　存四卷(四、七至九)

360000－1901－0034940　408303
新刊醫林狀元壽世保元十卷　(明)龔廷賢撰　清刻本　六冊　存七卷(一至二、四至八)

360000－1901－0034941　408304
新刊醫林狀元壽世保元十卷　(明)龔廷賢撰　清刻本　四冊　存五卷(四、七至十)

360000－1901－0034942　408295
新刊醫林狀元壽世保元十卷　(明)龔廷賢撰　清玉軸樓刻本　十冊

360000－1901－0034943　420748
新刊增補萬病回春原本八卷　(明)龔廷賢編　明萬曆二十四年(1596)刻本　二冊　存二卷(一至二)

360000－1901－0034944　420749
新刊增補萬病回春原本八卷　(明)龔廷賢編　明萬曆二十五年(1597)金陵書坊周對峰刻本　一冊　存一卷(一)

360000－1901－0034945　420747
新刊增補萬病回春原本八卷　(明)龔廷賢編　明萬曆十六年(1588)刻本　一冊　存四卷(一至四)

360000－1901－0034946　121980
新刊增補萬病回春原本八卷　(明)龔廷賢編　清刻本　三冊　存六卷(一至二、五至八)

360000－1901－0034947　420716
新刊增補萬病回春原本八卷　(明)龔廷賢編　清刻本　三冊　存六卷(三至八)

360000－1901－0034948　420717
新刊增補萬病回春原本八卷　(明)龔廷賢編　清刻本　一冊　存二卷(五至六)

360000－1901－0034949　420717－1
新刊增補萬病回春原本八卷　(明)龔廷賢編　清刻本　一冊　存二卷(五至六)

360000－1901－0034950　420750
新刊增補萬病回春原本八卷　(明)龔廷賢編　清刻本　四冊

360000－1901－0034951　420750－3
新刊增補萬病回春原本八卷　(明)龔廷賢編　清刻本　二冊　存四卷(五至八)

360000－1901－0034952　420718
新刊增補萬病回春原本八卷　(明)龔廷賢編　清末上海錦章圖書局石印本　三冊

360000－1901－0034953　411859
新刊趙田了凡袁先生編纂古本歷史大方綱鑑補三十九卷首一卷　(明)袁黃纂　清光緒二十八年(1902)上海經香閣石印本　三冊　存二十八卷(一至十五、二十四至三十五,首一卷)

360000－1901－0034954　411902
新刊趙田了凡袁先生編纂古本歷史大方綱鑑補三十九卷首一卷　(明)袁黃纂　清光緒六年(1880)星沙奎光樓刻本　二十八冊

360000－1901－0034955　411858
新刊趙田了凡袁先生編纂古本歷史大方綱鑑補三十九卷首一卷　(明)袁黃纂　清光緒十九年(1893)寶善書局石印本　八冊　存三十一卷(一至十三、十五至二十一、二十六至三十五,首一卷)

360000－1901－0034956　220193
新刊趙田了凡袁先生編纂古本歷史大方綱鑑補三十九卷首一卷　(明)袁黃纂　清康熙刻本　二冊　存二卷(二十九至三十)

360000－1901－0034957　411903
新刊趙田了凡袁先生編纂古本歷史大方綱鑑補三十九卷首一卷　(明)袁黃纂　清刻本

九冊　存十三卷(一至二、六、八至九、十五、十八至十九、二十一至二十四,首一卷)

360000－1901－0034958　711791
新刊趙田了凡袁先生編纂古本歷史大方綱鑑補三十九卷首一卷　(明)袁黄纂　清刻本　五冊　存六卷(十八至二十三)

360000－1901－0034959　711792
新刊趙田了凡袁先生編纂古本歷史大方綱鑑補三十九卷首一卷　(明)袁黄纂　清刻本　一冊　存二卷(三十五至三十六)

360000－1901－0034960　711793
新刊趙田了凡袁先生編纂古本歷史大方綱鑑補三十九卷首一卷　(明)袁黄纂　清刻本　二冊　存二卷(六、十一)

360000－1901－0034961　711794
新刊趙田了凡袁先生編纂古本歷史大方綱鑑補三十九卷首一卷　(明)袁黄纂　清刻本　一冊　存四卷(二十一至二十二、三十六至三十七)

360000－1901－0034962　711804
新刊趙田了凡袁先生編纂古本歷史大方綱鑑補三十九卷首一卷　(明)袁黄纂　清刻本　五冊　存五卷(十四至十五、二十三、二十五至二十六)

360000－1901－0034963　711807
新刊趙田了凡袁先生編纂古本歷史大方綱鑑補三十九卷首一卷　(明)袁黄纂　清刻本　三冊　存四卷(十五至十六、二十七、三十)

360000－1901－0034964　711812
新刊趙田了凡袁先生編纂古本歷史大方綱鑑補三十九卷首一卷　(明)袁黄纂　清刻本　一冊　存二卷(三十七至三十八)

360000－1901－0034965　718235
新刊趙田了凡袁先生編纂古本歷史大方綱鑑補三十九卷首一卷　(明)袁黄纂　清刻本　三冊　存五卷(十六至十九、二十一)

360000－1901－0034966　722001
新刊趙田了凡袁先生編纂古本歷史大方綱鑑補三十九卷首一卷　(明)袁黄纂　清刻本　二冊　存三卷(二十四至二十六)

360000－1901－0034967　722430
新刊趙田了凡袁先生編纂古本歷史大方綱鑑補三十九卷首一卷　(明)袁黄纂　清刻本　二冊　存二卷(十、三十八)

360000－1901－0034968　308545
新刊趙田了凡袁先生編纂古本歷史大方綱鑑補三十九卷首一卷　(明)袁黄纂　清同治五年(1866)大文堂刻本　十八冊　存二十四卷(三至十二、十八、二十一、二十四至二十七、二十九、三十一至三十七)

360000－1901－0034969　711790
新刊趙田了凡袁先生編纂古本歷史大方綱鑑補三十九卷首一卷　(明)袁黄纂　清同治五年(1866)刻本　七冊　存八卷(一、六至九、十四、三十三、三十九)

360000－1901－0034970　161415
新刊趙田了凡袁先生編纂古本歷史大方綱鑑補三十九卷首一卷　(明)袁黄纂　**御撰資治通鑑綱目三編二十卷**　(清)張廷玉等撰　清同治五年(1866)大文堂刻本　二十九冊

360000－1901－0034971　240629
新刊震川先生文集二十卷　(明)歸有光撰　(明)歸道傳編　明萬曆二年(1574)常熟歸氏刻本　佚名批校　十冊

360000－1901－0034972　000717－2
新刊資治通鑑綱目大全五十九卷首一卷　(宋)朱熹撰　(明)黄仲昭校　明刻本　十八冊　存二十三卷(二、六至七、十一、十六至十七、十九、二十二、二十六至二十九、三十一至三十二、三十四至三十五、四十至四十一、四十三、四十七、五十五、五十八至五十九)

360000－1901－0034973　230535
新刊總括天機諸家秘訣星學正傳二十二卷　(明)楊淙輯　明刻本　十冊　存十卷(十至十九)

360000－1901－0034974　804423
新刻艾先生天禄閣彙編採精便覽萬寶全書三十四卷　(明)艾南英撰　清刻本　一册　存六卷(一至六)

360000－1901－0034975　402900－4
新刻按鑑演義京本三國英雄志傳六卷　(明)羅本撰　清三省堂刻本　二册　存二卷(一至二)

360000－1901－0034976　230292
新刻保生心鑒一卷　(明)鐵峰居士輯　明萬曆三十一年(1603)刻格致叢書本　一册

360000－1901－0034977　403921
新刻碧玉簪全本四卷　(□)□□撰　清刻本　一册

360000－1901－0034978　416361
新刻伯孝曹先生蒐輯性理筆乘集要五卷首一卷　(明)曹學賜輯　明刻本　一册　存二卷(一、首一卷)

360000－1901－0034979　415786
新刻陳弘謀先生批評記史通鑑三十九卷　(清)徐道撰　(清)陳弘謀輯　清刻本　五册　存十卷(三至十、十五至十六)

360000－1901－0034980　408157
新刻陳養晦先生傷寒五法五卷　(清)陳長卿撰　(清)石楷輯　清康熙六年(1667)刻本　一册　存二卷(四至五)

360000－1901－0034981　404398
新刻尺牘雲錦集四卷附刻帖式稱呼一卷　(清)陸九如輯　清嘉慶二十一年(1816)英秀堂刻本　一册

360000－1901－0034982　421528
新刻出相音註勸善目連救母行孝戲文三卷　(明)鄭之珍撰　清刻本　二册　存二卷(上、中)

360000－1901－0034983　801594
新刻出像增補搜神記六卷　(晉)干寶撰　明萬曆金陵三山對溪唐富春刻本　一册　存一卷(一)

360000－1901－0034984　721703
新刻第一樂事全書二卷　(清)半愚山人撰　清光緒十五年(1889)刻本　一册

360000－1901－0034985　404876
新刻訂補真本故事白眉十卷　(明)許以忠輯　清刻本　三册　存八卷(一至八)

360000－1901－0034986　404629
新刻訂補註釋會海對類十九卷首一卷　(明)□□撰　清初刻本　一册　存十二卷(四、九至十九)

360000－1901－0034987　800240
新刻對類奇鈔不分卷　(清)湯儲璠撰　(清)蕭光第輯　清抄本　一册

360000－1901－0034988　410738
新刻對聯不俗十卷　(清)得得齋輯　清寶田齋刻本　一册

360000－1901－0034989　410738－1
新刻對聯不俗十卷　(清)得得齋輯　清寶田齋刻本　一册

360000－1901－0034990　410738－2
新刻對聯不俗十卷　(清)得得齋輯　清寶田齋刻本　一册

360000－1901－0034991　410738－3
新刻對聯不俗十卷　(清)得得齋輯　清寶田齋刻本　一册

360000－1901－0034992　410738－4
新刻對聯不俗十卷　(清)得得齋輯　清寶田齋刻本　一册

360000－1901－0034993　410739
新刻對聯不俗十卷　(清)得得齋輯　清道光二年(1822)刻本　二册

360000－1901－0034994　410739－1
新刻對聯不俗十卷　(清)得得齋輯　清道光二年(1822)刻本　一册

360000－1901－0034995　410737

新刻對聯不俗十卷　(清)得得齋輯　清道光十七年(1837)得得齋刻本　一冊

360000－1901－0034996　404552
新刻對聯不俗十卷　(清)得得齋輯　清嘉慶二十五年(1820)刻本　一冊

360000－1901－0034997　410740
新刻對聯不俗十卷　(清)得得齋輯　清嘉慶五年(1800)刻本　一冊

360000－1901－0034998　410740－1
新刻對聯不俗十卷　(清)得得齋輯　清刻本　一冊

360000－1901－0034999　410740－2
新刻對聯不俗十卷　(清)得得齋輯　清刻本　一冊

360000－1901－0035000　710740
新刻對聯不俗十卷　(清)得得齋輯　清刻本　一冊

360000－1901－0035001　710741
新刻對聯不俗十卷　(清)得得齋輯　清兩儀堂刻本　二冊

360000－1901－0035002　710746
新刻對聯滙海全集四卷　(清)袁子才輯　清道光二十二年(1842)刻本　二冊　存二卷(一、三)

360000－1901－0035003　210475
新刻爾雅三卷　(晉)郭璞注　(明)胡文煥校　**小爾雅一卷**　(漢)孔鮒撰　(宋)宋咸注　(明)胡文煥校　明刻本　一冊　存一卷(新刻爾雅下)

360000－1901－0035004　210489
新刻爾雅翼三十二卷　(宋)羅願撰　明萬曆二十三年(1595)刻格致叢書本　五冊

360000－1901－0035005　406484
新刻法筆二卷　(□)□□撰　清刻本　一冊　存一卷(上)

360000－1901－0035006　802241
新刻法筆二卷新刻法筆驚天雷六卷　(□)□□撰　清光緒四年(1878)刻本　一冊　存五卷(新刻法筆二卷、新刻法筆驚天雷一至三)

360000－1901－0035007　802240
新刻法筆二卷新刻法筆驚天雷六卷　(□)□□撰　清刻本　一冊

360000－1901－0035008　404471
新刻法筆驚天雷二卷　(□)□□撰　清刻本　一冊

360000－1901－0035009　802243
新刻法筆驚天雷二卷　(□)□□撰　清刻本　一冊　存一卷(下)

360000－1901－0035010　404470－1
新刻法筆驚天雷六卷　(□)□□撰　清光緒十五年(1889)刻本　一冊　存四卷(一至四)

360000－1901－0035011　404470
新刻法筆驚天雷六卷　(□)□□撰　清光緒四年(1878)刻本　一冊　存五卷(一至五)

360000－1901－0035012　404809
新刻法筆新春二卷　(清)□□撰　清刻本　一冊　存一卷(上)

360000－1901－0035013　404468
新刻法家驚天雷八卷　(□)□□撰　清光緒三十年(1904)刻本　一冊　存五卷(上、下,一至三)

360000－1901－0035014　802242
新刻法家驚天雷八卷　(□)□□撰　清光緒三十年(1904)刻本　一冊　存五卷(上、下,一至三)

360000－1901－0035015　802255
新刻法家驚天雷八卷　(□)□□撰　清宣統元年(1909)上海校經山房石印本　一冊　存五卷(上、下,一至三)

360000－1901－0035016　404407
新刻法家蕭曹兩造雪案鳴冤律四卷　(□)管見子注釋　清刻本　一冊

360000－1901－0035017　406486

新刻法家蕭曹兩造雪案鳴冤律四卷　(□)管見子注釋　清刻本　一册

360000－1901－0035018　406486－1
新刻法家蕭曹兩造雪案鳴冤律四卷　(□)管見子注釋　清刻本　一册　存二卷(三至四)

360000－1901－0035019　407914
新刻法家蕭曹兩造雪案鳴冤律四卷　(□)管見子注釋　清刻本　一册

360000－1901－0035020　418438
新刻法家新書四卷首一卷　(清)吳天民(清)達可奇撰　清與畊堂朱廷楨刻本　一册　存三卷(二至四)

360000－1901－0035021　241484
新刻分彙往來句解青鳥啣箋四卷　(□)百谷王先生注釋　明萬曆書林余秀峰刻本　一册

360000－1901－0035022　304325
新刻分類雅聯二卷　(清)王賓撰　清道光五年(1825)刻本　二册

360000－1901－0035023　721554
新刻粉粧樓傳記十卷八十回　(清)竹溪山人撰　清刻本　四册　存四卷(一、三至四、七)三十一回(一至五、十五至三十一、四十八至五十六)

360000－1901－0035024　721555
新刻粉粧樓傳記十卷八十回　(清)竹溪山人撰　清刻本　四册　存四卷(三至六)三十三回(十五至四十七)

360000－1901－0035025　721556
新刻粉粧樓傳記十卷八十回　(清)竹溪山人撰　清刻本　一册　存二卷(一至二)十四回(一至十四)

360000－1901－0035026　403922
新刻鳳凰記全本二卷　(□)□□撰　清咸豐五年(1855)萬壽宮聶氏道生堂刻本　一册

360000－1901－0035027　419191
新刻古文觀止十二卷　(清)吳乘權　(清)吳大職輯　清松盛堂刻本　四册

360000－1901－0035028　162588
新刻郭青螺六省聽訟錄新民公案一卷　(清)□□輯　清泰山堂刻本　一册

360000－1901－0035029　710378
新刻韓詩外傳十卷　(漢)韓嬰撰　清嘉慶六年(1801)刻本　二册

360000－1901－0035030　710378－1
新刻韓詩外傳十卷　(漢)韓嬰撰　清嘉慶六年(1801)刻本　一册　存六卷(五至十)

360000－1901－0035031　162585
新刻合併官板音義評註淵海子平五卷　(宋)徐升撰　清大啓堂刻本　二册

360000－1901－0035032　300989
新刻合併十八飛星策天紫微斗數全集六卷　(宋)陳摶撰　清金陵唐謙刻本　二册

360000－1901－0035033　417246
新刻合併十八飛星策天紫微斗數全集六卷　(宋)陳摶撰　清刻本　二册

360000－1901－0035034　417247
新刻合併十八飛星策天紫微斗數全集六卷　(宋)陳摶撰　清刻本　二册

360000－1901－0035035　405009
新刻黃鶴樓銘楹聯不分卷　(清)□□輯　清光緒二年(1876)星沙未了居士刻本　一册

360000－1901－0035036　405009－1
新刻黃鶴樓銘楹聯不分卷　(清)□□輯　清光緒二年(1876)星沙未了居士刻本　一册

360000－1901－0035037　721548－1
新刻繪圖粉妝樓全傳六卷八十回　(清)竹溪山人撰　清末石印本　一册　存一卷(六)十四回(六十七至八十)

360000－1901－0035038　804721
新刻繪圖粉妝樓全傳六卷八十回　(清)竹溪山人撰　清末石印本　一册　存二卷(三至四)十四回(十二至二十五)

360000－1901－0035039　721548
新刻繪圖粉妝樓全傳六卷八十回　(清)竹溪

山人撰　清宣統元年(1909)萃英書局石印本　一冊　存一卷(一)十二回(一至十二)

360000－1901－0035040　250060
新刻繪圖注釋全備墨莊書言故事書集□□卷　(明)□□輯　明刻本　一冊　存一卷(五)

360000－1901－0035041　721696－1
新刻劍嘯閣批評東漢演義傳十卷　(明)謝詔撰　清宏道堂刻本　三冊　存八卷(一至二、五至十)

360000－1901－0035042　603321
新刻劍嘯閣批評東漢演義傳十卷　(明)謝詔撰　清刻本　一冊　存二卷(九至十)

360000－1901－0035043　721696
新刻劍嘯閣批評西漢演義傳八卷　(明)甄偉撰　清宏道堂刻本　八冊

360000－1901－0035044　721708
新刻劍嘯閣批評西漢演義傳八卷　(明)甄偉撰　清宏道堂刻本　四冊

360000－1901－0035045　804137
新刻劍嘯閣批評西漢演義傳八卷　(明)甄偉撰　清刻本　二冊　存四卷(三至六)

360000－1901－0035046　409187
新刻京板太醫院校正增補珍珠囊藥性賦三卷　題(金)李杲等撰　(明)羅必煒訂　清刻本　三冊

360000－1901－0035047　404441
新刻京臺公餘勝覽國色天香十卷　(明)吳敬所輯　清刻本　三冊　存七卷(一至五、九至十)

360000－1901－0035048　421755
新刻京臺公餘勝覽國色天香十卷　(明)吳敬所輯　清刻本　一冊　存二卷(一至二)

360000－1901－0035049　230057
新刻九我李太史校正大方性理全書七十卷　(明)胡廣等撰　明萬曆刻本　四冊　存十卷(一至二、五至九、十五、二十六至二十七)

360000－1901－0035050　230056
新刻九我李太史校正大方性理全書七十卷　(明)胡廣等撰　明萬曆刻本(卷四十六至四十九配明刻本)　十七冊　缺四卷(四十二至四十五)

360000－1901－0035051　230151
新刻葵陽黃先生南華文髓八卷　(明)黃洪憲輯評　明萬曆劉龍田喬山堂刻本　一冊　存二卷(七至八)

360000－1901－0035052　407151
新刻葵陽黃先生南華文髓八卷　(明)黃洪憲輯評　明萬曆劉龍田喬山堂刻本　一冊　存三卷(四至六)

360000－1901－0035053　160537
新刻來瞿唐先生易註十五卷首一卷末一卷　(明)來知德撰　清朝爽堂刻本　十二冊

360000－1901－0035054　411417
新刻來瞿唐先生易註十五卷首一卷末一卷　(明)來知德撰　清朝爽堂刻本　五冊　存十卷(一至二、五至七、十至十三,首一卷)

360000－1901－0035055　411418
新刻來瞿唐先生易註十五卷首一卷末一卷　(明)來知德撰　清朝爽堂刻本　六冊　存十四卷(一至十、十四至十五,首一卷,末一卷)

360000－1901－0035056　411420
新刻來瞿唐先生易註十五卷首一卷末一卷　(明)來知德撰　清朝爽堂刻本　六冊

360000－1901－0035057　411421
新刻來瞿唐先生易註十五卷首一卷末一卷　(明)來知德撰　清朝爽堂刻本　六冊　存十卷(一至六、九至十,首一卷,末一卷)

360000－1901－0035058　411422
新刻來瞿唐先生易註十五卷首一卷末一卷　(明)來知德撰　清朝爽堂刻本　十二冊

360000－1901－0035059　411493
新刻來瞿唐先生易註十五卷首一卷末一卷　(明)來知德撰　清朝爽堂刻本　四冊　存十二卷(一至十二)

360000－1901－0035060　603325
新刻來瞿唐先生易註十五卷首一卷末一卷
(明)來知德撰　清刻本　七冊　存十卷(一至五、十二至十三、十五,首一卷,末一卷)

360000－1901－0035061　160538
新刻來瞿唐先生易註十五卷首一卷末一卷
(明)來知德撰　清末上海江東茂記書局石印本　八冊

360000－1901－0035062　411410
新刻來瞿唐先生易註十五卷首一卷末一卷
(明)來知德撰　清末上海江東茂記書局石印本　九冊

360000－1901－0035063　411411
新刻來瞿唐先生易註十五卷首一卷末一卷
(明)來知德撰　清末上海江東茂記書局石印本　七冊

360000－1901－0035064　411412
新刻來瞿唐先生易註十五卷首一卷末一卷
(明)來知德撰　清末上海江東茂記書局石印本　八冊

360000－1901－0035065　411413
新刻來瞿唐先生易註十五卷首一卷末一卷
(明)來知德撰　清末上海江東茂記書局石印本　八冊　存十三卷(一至八、十三至十五,首一卷,末一卷)

360000－1901－0035066　603324
新刻來瞿唐先生易註十五卷首一卷末一卷
(明)來知德撰　清末上海江東茂記書局石印本　八冊

360000－1901－0035067　411416
新刻來瞿唐先生易註十五卷首一卷末一卷
(明)來知德撰　清啓元堂刻本　五冊　存七卷(一至四、十五,首一卷、末一卷)

360000－1901－0035068　411415
新刻來瞿唐先生易註十五卷首一卷末一卷
(明)來知德撰　清世德堂刻本　六冊　存九卷(一至二、九至十一、十四至十五,首一卷,末一卷)

360000－1901－0035069　411414
新刻來瞿唐先生易註十五卷首一卷末一卷
(明)來知德撰　清同志堂刻本　七冊　存十三卷(一、六至十五,首一卷,末一卷)

360000－1901－0035070　160540
新刻來瞿唐先生易註十五卷首一卷末一卷
(明)來知德撰　清同治十年(1871)刻本　十二冊

360000－1901－0035071　421841
新刻李于麟先生批評註釋草堂詩餘雋四卷
(明)吳從先輯　明書林蕭少衢師儉堂刻本　一冊　存一卷(三)

360000－1901－0035072　123069
新刻歷朝捷鑑一卷　(清)曹維藩輯　清刻本　一冊

360000－1901－0035073　122375
新刻歷朝史學快覽二卷　(清)姚黃撰　清乾隆二十五年(1760)刻本　一冊

360000－1901－0035074　308553－1
新刻遼金紀事本末九十二卷　(清)李有棠撰　清光緒二十五年(1899)上海書局石印本　四冊

360000－1901－0035075　240254
新刻臨川王介甫先生詩文集一百卷目錄二卷
(宋)王安石撰　明萬曆四十年(1612)臨川王鳳翔光啓堂刻本　十二冊

360000－1901－0035076　240255
新刻臨川王介甫先生詩文集一百卷目錄二卷
(宋)王安石撰　明萬曆四十年(1612)臨川王鳳翔光啓堂刻本　三十冊

360000－1901－0035077　240257
新刻臨川王介甫先生詩文集一百卷目錄二卷
(宋)王安石撰　明萬曆四十年(1612)臨川王鳳翔光啓堂刻本　七冊　存二十四卷(六十五至六十九、七十一至八十、九十二至一百)

360000－1901－0035078　240256

新刻臨川王介甫先生詩文集一百卷目錄二卷 （宋）王安石撰　明萬曆四十年（1612）臨川王鳳翔光啓堂刻本（目錄二、十一至十八、三十六至四十二、九十至九十五配抄本）　二十三冊

360000－1901－0035079　240258
新刻臨川王介甫先生詩文集一百卷目錄二卷 （宋）王安石撰　明萬曆四十年（1612）臨川王鳳翔光啓堂刻光裕堂印本　二十四冊

360000－1901－0035080　240259
新刻臨川王介甫先生詩文集一百卷目錄二卷 （宋）王安石撰　明萬曆四十年（1612）臨川王鳳翔光啓堂刻光裕堂印本　十八冊

360000－1901－0035081　408705
景岳全書六十四卷 （明）張介賓撰　清刻本　十冊　存二十五卷（一至十四、三十至四十）

360000－1901－0035082　421521
新刻劉成美初集二卷 （□）□□撰　清刻本　一冊

360000－1901－0035083　414891
新刻柳莊相法秘訣二卷 （清）吳心鏡攷訂　清嘉慶二十五年（1820）刻本　一冊

360000－1901－0035084　162873
新刻羅經解三卷 （明）熊汝嶽撰　（明）吳天洪批點　清道光十年（1830）步月樓刻本　一冊

360000－1901－0035085　230553
新刻羅經解三卷 （清）葉泰撰　清乾隆十年（1745）刻本　二冊

360000－1901－0035086　800814
新刻梅花姐白扇記全本四卷 （□）□□撰　清同治九年（1870）刻本　一冊

360000－1901－0035087　722362
新刻秘授女科百效全書□□卷 （明）龔居中輯　（清）劉孔敦增補　清初發祥堂刻本　一冊　存二卷（四至五）

360000－1901－0035088　408271
新刻秘授眼科百效全書二卷 （明）龔居中輯　（清）劉孔敦增補　清發祥堂刻本　二冊

360000－1901－0035089　220199
新刻明卿陳太史校正古本歷史大方通鑑四十一卷首一卷 （明）李廷機輯　（明）陳仁錫校正　明余象斗刻本　一冊　存一卷（首一卷）

360000－1901－0035090　230310
新刻聶久吾先生醫學彙函十三卷首一卷 （明）聶尚恒撰　明崇禎躍劍山房刻本　一冊　存一卷（五）

360000－1901－0035091　403420
新刻批點四書讀本十九卷 （宋）朱熹撰　（清）高玲批點　清道光七年（1827）高玲愷元堂刻朱墨套印本　三冊　存九卷（論語集註一至五，孟子集註一至二、六至七）

360000－1901－0035092　403521
新刻批點四書讀本十九卷 （宋）朱熹撰　（清）高玲批點　清道光七年（1827）高玲愷元堂刻朱墨套印本　一冊　存二卷（大學章句一卷、中庸章句一卷）

360000－1901－0035093　405843
新刻批點四書讀本十九卷 （宋）朱熹撰　（清）高玲批點　清道光七年（1827）粵東維經堂刻本　六冊

360000－1901－0035094　160353
新刻批點四書讀本十九卷 （宋）朱熹撰　（清）高玲批點　清光緒二年（1876）粵東省城內藝芳齋刻朱墨套印本　六冊

360000－1901－0035095　421476
新刻批評繡像平山冷燕四卷二十回 （清）荻岸散人撰　清敷文堂刻本　三冊　存三卷（一至二、四）十五回（一至十、十六至二十）

360000－1901－0035096　406485
新刻平治館評釋蕭曹致君術六卷首一卷 （明）臥龍子撰　清刻本　一冊　存四卷（一至三、首一卷）

360000－1901－0035097　406485－1
新刻平治館評釋蕭曹致君術六卷首一卷　(明)臥龍子撰　清刻本　一冊　存四卷(一至三、首一卷)

360000－1901－0035098　418440
新刻平治館評釋蕭曹致君術六卷首一卷　(明)臥龍子撰　清刻本　一冊　存三卷(一至二、首一卷)

360000－1901－0035099　802252
新刻平治館評釋蕭曹致君術六卷首一卷　(明)臥龍子撰　清刻本　一冊　存四卷(一至三、首一卷)

360000－1901－0035100　803003
新刻平治館評釋蕭曹致君術六卷首一卷　(明)臥龍子撰　清刻本　一冊　存一卷(三)

360000－1901－0035101　802217
新刻千家詩二卷　(□)□□輯　清乙燃堂刻本　一冊

360000－1901－0035102　721722
新刻秦雪梅三元記六卷　(□)□□撰　清刻本　一冊

360000－1901－0035103　721721
新刻清風閘四卷三十二回　(清)浦琳撰　清刻本　一冊　存一卷(一)八回(一至八)

360000－1901－0035104　240404
新刻瓊琯白先生集十二卷　(宋)葛長庚撰　明萬曆二十二年(1594)金閶世裕堂刻本　八冊

360000－1901－0035105　406987
新刻三聖經　(□)□□輯　清光緒十六年(1890)刻本　一冊

360000－1901－0035106　407021
新刻三續玄言道經精解評林□□卷　(□)洪君允撰　明刻本　一冊　存二卷(三至四)

360000－1901－0035107　241402
新刻施會元輯註國朝名文英華十一卷　(明)施鳳來輯並注　明萬曆三十七年(1609)熊振宇種德堂刻本　十六冊

360000－1901－0035108　419656
新刻詩經備旨善本輯要八卷　(清)馬大猷輯　清刻本　三冊　存七卷(二至八)

360000－1901－0035109　419657
新刻詩經備旨善本輯要八卷　(清)馬大猷輯　清刻本　三冊　存三卷(四、六至七)

360000－1901－0035110　419658
新刻詩經備旨善本輯要八卷　(清)馬大猷輯　清刻本　二冊　存二卷(五、七)

360000－1901－0035111　419659
新刻詩經備旨善本輯要八卷　(清)馬大猷輯　清刻本　三冊

360000－1901－0035112　419660
新刻詩經備旨善本輯要八卷　(清)馬大猷輯　清刻本　二冊　存四卷(四至五、七至八)

360000－1901－0035113　901662
新刻詩經備旨善本輯要八卷　(清)馬大猷輯　清刻本　一冊　存二卷(七至八)

360000－1901－0035114　901663
新刻詩經備旨善本輯要八卷　(清)馬大猷輯　清刻本　二冊　存二卷(七至八)

360000－1901－0035115　719962
新刻詩經體註衍義合參八卷　(清)顧豹文　(清)江環輯　(清)沈李龍增補　清燕翼堂刻本　一冊

360000－1901－0035116　417184
新刻石函平砂玉尺經全書真機二卷　(元)劉秉忠撰　(明)劉基解　(清)賴從謙發揮　**新鐫京板工師雕斫正式魯班木經匠家鏡二卷靈驅解法洞明真言秘書一卷**　(明)午榮撰　**新刊地理五經四書解義郭璞葬經一卷**　(明)吳徵刪定　(明)鄭謐注釋　清刻本　四冊

360000－1901－0035117　407863
新刻時尚華筵趣樂談笑酒令四卷　(明)□□撰　明種德堂刻本　一冊　存二卷(一至二)

360000－1901－0035118　404495

新刻時用繪意雲箋四卷　(清)蔣守誠輯　清刻本　一冊

360000－1901－0035119　401604
新刻史綱總會列國志傳十九卷　(明)余邵魚撰　清同治四年(1865)刻本　十一冊　存十一卷(一至三、六至七、十至十三、十五至十六)

360000－1901－0035120　401112
新刻世史類編四十五卷首一卷　(明)李純卿草創　(明)謝遷補遺　(明)王守仁覆詳　(明)王世貞會纂　(明)李槃增修　明刻本　十六冊　存三十六卷(二至十、十四至二十七、三十一至三十五、三十七至四十四)

360000－1901－0035121　220181
新刻世史類編四十五卷首一卷　(明)李純卿草創　(明)謝遷補遺　(明)王守仁覆詳　(明)王世貞會纂　(明)李槃增修　明萬曆三十四年(1606)書林余彰德刻本　一冊　存二卷(四十一至四十二)

360000－1901－0035122　314820
新刻釋常談三卷　(宋)□□撰　明萬曆二十一年(1593)錢塘胡文煥刻本　一冊

360000－1901－0035123　419526
新刻書經備旨善本輯要六卷　(清)馬大猷輯　清嘉慶二十二年(1817)經元堂刻本　四冊

360000－1901－0035124　419527
新刻書經備旨善本輯要六卷　(清)馬大猷輯　清刻本　二冊

360000－1901－0035125　419528
新刻書經備旨善本輯要六卷　(清)馬大猷輯　清刻本　二冊　存三卷(四至六)

360000－1901－0035126　801569
新刻書經備旨善本輯要六卷　(清)馬大猷輯　清刻本　一冊　存一卷(四)

360000－1901－0035127　801570
新刻書經備旨善本輯要六卷　(清)馬大猷輯　清刻本　一冊　存一卷(四)

360000－1901－0035128　801572
新刻書經備旨善本輯要六卷　(清)馬大猷輯　清刻本　一冊　存一卷(四)

360000－1901－0035129　419525
新刻書經備旨善本輯要六卷　(清)馬大猷輯　清乾隆四十六年(1781)文光堂刻本　四冊

360000－1901－0035130　420282
新刻書經體註六卷首一卷　(清)范翔參訂　清嘉慶二十年(1815)永安堂刻本　四冊

360000－1901－0035131　420283
新刻書經體註六卷首一卷　(清)范翔參訂　清康熙刻本　二冊

360000－1901－0035132　801571
新刻書經體註六卷首一卷　(清)范翔參訂　清刻本　一冊　存二卷(一、首一卷)

360000－1901－0035133　801573
新刻書經體註六卷首一卷　(清)范翔參訂　清立達堂刻本　一冊　存二卷(一、首一卷)

360000－1901－0035134　801568
新刻書經體註六卷首一卷　(清)范翔參訂　清乾隆五十五年(1790)刻本　一冊　存二卷(一、首一卷)

360000－1901－0035135　420281
新刻書經體註六卷首一卷　(清)范翔參訂　清同治二年(1863)善美堂刻本　四冊

360000－1901－0035136　421541
新刻說唱王家洲全部四卷　(□)□□撰　清南昌開益堂刻本　一冊

360000－1901－0035137　250049
新刻四六旁訓古事苑二十三卷　(明)鄧志謨撰　明萬曆鄭大經四德堂刻本　一冊　存十卷(十一至二十)

360000－1901－0035138　403924
新刻四美同心金鈪記續集十卷　(清)□□撰　清刻本　一冊

360000－1901－0035139　210328
新刻四書讀十卷　(明)陳際泰撰　清康熙三

十五年(1696)刻本　六册

360000－1901－0035140　403362
新刻四書通典備考十二卷　(明)唐光夔撰　(明)陳仁錫訂　清刻本　二册　存三卷(一、十、十二)

360000－1901－0035141　408433
新刻痰火點雪四卷　(明)龔居中撰　明書林劉大易刻本　一册　存二卷(三至四)

360000－1901－0035142　421709
新刻唐詩五言排律選註十八卷　(清)吴之章輯　(清)賴鯤升注　清乾隆刻本　三册　存十四卷(五至十八)

360000－1901－0035143　240269
新刻陶顧二會元類編蘇長公全集四十卷首一卷　(宋)蘇軾撰　(明)陶望齡類編　(明)顧起元補訂　明末刻本　二十四册

360000－1901－0035144　240270
新刻陶顧二會元類編蘇長公全集四十卷首一卷　(宋)蘇軾撰　(明)陶望齡類編　(明)顧起元補訂　明末刻本　一册　存二卷(九至十)

360000－1901－0035145　800020
新刻陶節菴家藏秘授傷寒六書六卷　(明)陶華撰　清刻本　一册　存一卷(二)

360000－1901－0035146　421473
新刻天花藏批評平山冷燕四卷二十回　(清)荻岸散人撰　清刻本　四册

360000－1901－0035147　421474
新刻天花藏批評平山冷燕四卷二十回　(清)荻岸散人撰　清刻本　一册　存一卷(一)五回(一至五)

360000－1901－0035148　421484
新刻天花藏批評玉嬌梨四卷二十回　(清)荻岸散人撰　清光緒二十九年(1903)上海書局石印本　二册

360000－1901－0035149　421431
新刻天花藏批評玉嬌梨四卷二十回　(清)荻岸散人撰　清刻本　一册　存一卷(一)四回(一至四)

360000－1901－0035150　421580
新刻天花藏批評玉嬌梨四卷二十回　(清)荻岸散人撰　清兩儀堂刻本　一册　存一卷(一)四回(一至四)

360000－1901－0035151　413425－3
新刻天如張先生精選石渠彙要萬寶全書三十二卷　(明)張溥輯　清嘉慶二年(1797)聚雲樓刻本　一册　存四卷(一至四)

360000－1901－0035152　404077
新刻天如張先生精選石渠彙要萬寶全書三十二卷　(明)張溥輯　清刻本　三册　存二十二卷(一至二十二)

360000－1901－0035153　413425
新刻天如張先生精選石渠彙要萬寶全書三十二卷　(明)張溥輯　清刻本　一册　存三卷(一至三)

360000－1901－0035154　413425－1
新刻天如張先生精選石渠彙要萬寶全書三十二卷　(明)張溥輯　清刻本　一册　存三卷(一至三)

360000－1901－0035155　413425－2
新刻天如張先生精選石渠彙要萬寶全書三十二卷　(明)張溥輯　清刻本　二册　存二十三卷(一至十二、二十二至三十二)

360000－1901－0035156　804120
新刻天如張先生精選石渠彙要萬寶全書三十二卷　(明)張溥輯　清刻本　二册　存十二卷(十五至十九、二十六至三十二)

360000－1901－0035157　900744
新刻天如張先生精選石渠彙要萬寶全書三十二卷　(明)張溥輯　清刻本　一册　存三卷(十三至十五)

360000－1901－0035158　404385
新刻天下路程二卷　(清)賴盛遠輯　清嘉慶十二年(1807)刻本　一册

360000－1901－0035159　240744
新刻天傭子全集十卷　（明）艾南英撰　清康熙三十八年（1699）艾爲珖刻本　五冊

360000－1901－0035160　240745
新刻天傭子全集十卷　（明）艾南英撰　清康熙三十八年（1699）艾爲珖刻本　五冊

360000－1901－0035161　240746
新刻天傭子全集十卷　（明）艾南英撰　清康熙三十八年（1699）艾爲珖刻本　五冊

360000－1901－0035162　414111
新刻天傭子全集十卷　（明）艾南英撰　清康熙三十八年（1699）刻本　一冊　存二卷（一至二）

360000－1901－0035163　901539
新刻通用尺素見心集三卷　（清）汪文芳輯　清刻本　二冊

360000－1901－0035164　901541
新刻通用尺素見心集三卷　（清）汪文芳輯　清刻本　三冊

360000－1901－0035165　901542
新刻通用尺素見心集三卷　（清）汪文芳輯　清刻本　一冊　存一卷（三）

360000－1901－0035166　901543
新刻通用尺素見心集三卷　（清）汪文芳輯　清刻本　一冊　存一卷（二）

360000－1901－0035167　901540
新刻通用尺素見心集三卷　（清）汪文芳輯　清務本堂刻本　二冊　存二卷（一至二）

360000－1901－0035168　803449
新刻通用尺素見心集四卷　（清）汪文芳輯　清抄本　一冊　存一卷（一）

360000－1901－0035169　901528
新刻通用尺素見心集四卷　（清）汪文芳輯　清光緒二十年（1894）兩儀堂刻本　二冊

360000－1901－0035170　901529
新刻通用尺素見心集四卷　（清）汪文芳輯　清光緒二十年（1894）兩儀堂刻本　二冊

360000－1901－0035171　901530
新刻通用尺素見心集四卷　（清）汪文芳輯　清光緒二十年（1894）兩儀堂刻本　二冊

360000－1901－0035172　901531
新刻通用尺素見心集四卷　（清）汪文芳輯　清光緒二十年（1894）兩儀堂刻本　二冊

360000－1901－0035173　901532
新刻通用尺素見心集四卷　（清）汪文芳輯　清光緒二十年（1894）兩儀堂刻本　二冊

360000－1901－0035174　901533
新刻通用尺素見心集四卷　（清）汪文芳輯　清光緒二十年（1894）兩儀堂刻本　二冊

360000－1901－0035175　901534
新刻通用尺素見心集四卷　（清）汪文芳輯　清光緒二十年（1894）兩儀堂刻本　二冊

360000－1901－0035176　901527
新刻通用尺素見心集四卷　（清）汪文芳輯　清光緒十六年（1890）寶文堂刻本　二冊　存二卷（一、三）

360000－1901－0035177　901536
新刻通用尺素見心集四卷　（清）汪文芳輯　清刻本　一冊　存一卷（四）

360000－1901－0035178　901537
新刻通用尺素見心集四卷　（清）汪文芳輯　清刻本　一冊　存二卷（三至四）

360000－1901－0035179　901538
新刻通用尺素見心集四卷　（清）汪文芳輯　清刻本　一冊　存二卷（三至四）

360000－1901－0035180　410570
新刻通用尺素見心集四卷　（清）汪文芳輯　清同治六年（1867）刻本　四冊

360000－1901－0035181　901535
新刻通用尺素見心集四卷　（清）汪文芳輯　清文奎堂刻本　一冊　存二卷（一至二）

360000－1901－0035182　162750
新刻萬法歸宗請仙箕法五卷　（唐）李淳風撰　（唐）袁天罡補　清刻本　四冊

360000－1901－0035183　804426
新刻萬法歸宗五卷　（唐）李淳風撰　（唐）袁天罡補　清光緒三十四年（1908）上海書局石印本　一冊　存一卷（一）

360000－1901－0035184　407184
新刻萬法歸宗五卷　（唐）李淳風撰　（唐）袁天罡補　清刻本　一冊　存一卷（二）

360000－1901－0035185　407185
新刻萬法歸宗五卷　（唐）李淳風撰　（唐）袁天罡補　清末石印本　一冊　存二卷（二至三）

360000－1901－0035186　421259
新刻烏江渡小清官傳四卷　（清）□□撰　清道生堂刻本　一冊

360000－1901－0035187　402466
新刻五經體註合解全集　（清）□□輯　清光緒七年（1881）刻本　二十六冊　存四種

360000－1901－0035188　414878
新刻洗心輯要二卷　（清）徐文弼輯　清刻本　二冊

360000－1901－0035189　802823
新刻相貓相豬相狗訣法一卷　（清）□□輯　清嘉慶十三年（1808）寶賢樓刻本　一冊

360000－1901－0035190　800396
新刻小兒雜症秘傳便蒙捷法一卷　（明）陸金輯　清潘振邦抄本　一冊

360000－1901－0035191　421460
新刻小學千家詩二卷　（清）□□輯　清光緒七年（1881）刻本　一冊

360000－1901－0035192　163559
新刻小學千家詩二卷　（清）□□輯　清光緒十二年（1886）刻本　一冊

360000－1901－0035193　303554
新刻小學千家詩二卷　（清）□□輯　清刻本　一冊

360000－1901－0035194　802275
新刻小學千家詩人生必讀二卷　（清）□□輯　清西樵氏刻本　一冊

360000－1901－0035195　802276
新刻小學千家詩人生必讀書二卷　（清）□□輯　清刻本　一冊

360000－1901－0035196　800705
新刻小學千家詩人生必讀書二卷　（清）□□輯　清咸豐十年（1860）刻本　一冊

360000－1901－0035197　408972
新刻校定脈訣指掌病式圖說一卷　（元）朱震亨撰　清宏德堂刻本　一冊

360000－1901－0035198　220189
新刻校正古本歷史大方通鑑四十一卷首一卷　（明）李廷機　（明）葉向高輯　明周時泰刻本　一冊　存二卷（十二至十三）

360000－1901－0035199　417240
新刻校正啓蒙算捷三卷　（清）劉綸校正　清書林三衢童振衢刻本　一冊　存一卷（上）

360000－1901－0035200　404363
新刻校正三字經集註一卷　（清）陳忠銘輯　清書林堂刻本　一冊

360000－1901－0035201　404410
新刻笑林廣記四卷　（清）遊戲主人輯　清道光十九年（1839）刻本　二冊

360000－1901－0035202　404411
新刻笑林廣記四卷　（清）遊戲主人輯　清道光十九年（1839）刻本　一冊　存二卷（一至二）

360000－1901－0035203　404412
新刻笑林廣記四卷　（清）遊戲主人輯　清嘉慶二十一年（1816）刻本　二冊　存二卷（一至二）

360000－1901－0035204　417207－7
新刻星平合訂命學須知二卷　（清）胡柏齡錄　清道光二十五年（1845）金陵寶集齋刻本　一冊

360000－1901－0035205　417207－2
新刻星平合訂命學須知二卷　（清）胡柏齡錄

清道光四年(1824)刻本　一册

360000－1901－0035206　417207－4
新刻星平合訂命學須知二卷　(清)胡柏齡録　清光緒十六年(1890)文奎堂刻本　一册

360000－1901－0035207　417207－6
新刻星平合訂命學須知二卷　(清)胡柏齡録　清光緒四年(1878)善成堂刻本　一册

360000－1901－0035208　417207
新刻星平合訂命學須知二卷　(清)胡柏齡録　清會友堂刻本　一册

360000－1901－0035209　417207－10
新刻星平合訂命學須知二卷　(清)胡柏齡録　清會友堂刻本　一册　存一卷(上)

360000－1901－0035210　417207－5
新刻星平合訂命學須知二卷　(清)胡柏齡録　清會友堂刻本　一册

360000－1901－0035211　417207－1
新刻星平合訂命學須知二卷　(清)胡柏齡録　清嘉慶十二年(1807)金谿二酉堂刻本　一册

360000－1901－0035212　417207－12
新刻星平合訂命學須知二卷　(清)胡柏齡録　清刻本　一册　存一卷(上)

360000－1901－0035213　417207－8
新刻星平合訂命學須知二卷　(清)胡柏齡録　清兩儀堂刻本　二册

360000－1901－0035214　417207－9
新刻星平合訂命學須知二卷　(清)胡柏齡録　清兩儀堂刻本　二册

360000－1901－0035215　417207－11
新刻星平合訂命學須知二卷　(清)胡柏齡録　清莆田書屋刻本　一册　存一卷(上)

360000－1901－0035216　417207－3
新刻星平合訂命學須知二卷　(清)胡柏齡録　清文華樓刻本　一册

360000－1901－0035217　230058
新刻性理大全書七十卷　(明)胡廣等撰　明刻本　二十四册

360000－1901－0035218　230059
新刻性理大全書七十卷　(明)胡廣等撰　明刻本　二十四册

360000－1901－0035219　716209
新刻性理大全書七十卷　(明)胡廣等撰　清康熙刻本　五册　存六卷(一至五、九)

360000－1901－0035220　416300
新刻性理大全書七十卷　(明)胡廣等撰　清刻本　四十册

360000－1901－0035221　416300－1
新刻性理大全書七十卷　(明)胡廣等撰　清刻本　十八册　存三十五卷(十至三十六、三十九至四十六)

360000－1901－0035222　704262
新刻性理大全書七十卷　(明)胡廣等撰　清刻本　一册　存一卷(八)

360000－1901－0035223　803133
新刻性理大全書七十卷　(明)胡廣等撰　清刻本　一册　存六卷(十二至十七)

360000－1901－0035224　416356
新刻性理論快不分卷　(清)晚香閣主人輯　清咸豐二年(1852)刻本　一册

360000－1901－0035225　802250
新刻續千家詩二卷　(清)晦齋學人輯　清光緒七年(1881)刻本　一册

360000－1901－0035226　800706
新刻續千家詩二卷　(清)晦齋學人輯　清刻本　一册

360000－1901－0035227　417307
新刻楊救貧秘傳陰陽二宅便用統宗二卷　(明)邵磻溪輯　清桂芳齋刻本　一册

360000－1901－0035228　802233
新刻楊救貧秘傳陰陽二宅便用統宗二卷　(明)邵磻溪撰　清以文堂刻本　一册

360000－1901－0035229　420077
新刻楊清銀論一卷　（清）黄友松撰　**新鐫銀經發秘三卷**　（清）梁恩澤撰　清同治四年(1865)大懋堂刻本　一冊

360000－1901－0035230　420079
新刻易見雜字農業一卷　（清）□□輯　清同治六年(1867)刻本　一冊

360000－1901－0035231　721653－2
新刻異説反唐演義全傳十卷一百回　（清）如蓮居士撰　清刻本　一冊　存二卷(五至六)二十回(三十九至五十八)

360000－1901－0035232　721719
新刻異説反唐演義全傳十卷一百回　（清）如蓮居士撰　清刻本　一冊　存二卷(一至二)十八回(一至十八)

360000－1901－0035233　804324
新刻異説反唐演義全傳十卷一百回　（清）如蓮居士撰　清刻本　一冊　存二卷(三至四)二十回(十九至三十八)

360000－1901－0035234　721544
新刻異説緑牡丹六十四回　（□）□□撰　清刻本　五冊　存四十回(七至十六、二十五至三十二、四十三至六十四)

360000－1901－0035235　721547
新刻異説南唐演義全傳十卷一百回　（清）如蓮居士撰　清刻本　四冊　存九卷(一至七、九至十)八十九回(一至六十九、八十一至一百)

360000－1901－0035236　721653
新刻異説南唐演義全傳十卷一百回　（清）如蓮居士撰　清刻本　三冊　存六卷(一至六)五十七回(一至五十七)

360000－1901－0035237　801251
新刻異説南唐演義全傳十卷一百回　（清）如蓮居士撰　清刻本　一冊　存一卷(六)十回(四十九至五十八)

360000－1901－0035238　721653－1
新刻異説南唐演義全傳十卷一百回　（清）如蓮居士撰　清似菊別墅刻本　一冊　存一卷(一)八回(一至八)

360000－1901－0035239　162467
新刻異説南唐演義全傳十卷一百回　（清）如蓮居士撰　清裕德堂刻本　五冊

360000－1901－0035240　421524
新刻異説南唐演義十卷一百回　（清）如蓮居士撰　清刻本　一冊　存二卷(五至六)二十回(三十九至五十八)

360000－1901－0035241　721654
新刻異説南唐演義十卷一百回　（清）如蓮居士撰　清刻本　六冊　存六卷(二至三、五至七、九)六十一回(九至二十八、三十九至六十九、八十一至九十)

360000－1901－0035242　403925
新刻逸田叟女仙外史大奇書一百回　（清）吕熊撰　清刻本　十冊　存五十二回(二至五、十二至三十七、四十二至四十七、五十三至五十七、六十三至六十七、八十四至八十九)

360000－1901－0035243　403878
新刻幼學須知直解二卷　（明）程登吉撰　清聚興堂刻本　二冊

360000－1901－0035244　403879
新刻幼學須知直解二卷　（明）程登吉撰　清刻本　二冊

360000－1901－0035245　804147
新刻幼學須知直解二卷　（明）程登吉撰　清刻本　一冊　存一卷(下)

360000－1901－0035246　804148
新刻幼學須知直解二卷　（明）程登吉撰　清刻本　一冊　存一卷(下)

360000－1901－0035247　804149
新刻幼學須知直解二卷　（明）程登吉撰　清刻本　一冊　存一卷(下)

360000－1901－0035248　804471
新刻幼幼集四卷　（明）孟繼孔撰　清光緒十

三年(1887)申報館鉛印本　一冊　存一卷(一)

360000－1901－0035249　721573
新刻玉釧緣全傳三十二卷　(清)西湖居士撰　清大文堂刻本　五冊　存四卷(一至四)

360000－1901－0035250　421573
新刻玉釧緣全傳三十二卷　(清)西湖居士撰　清刻本　二十七冊　存二十八卷(五至三十二)

360000－1901－0035251　421574
新刻玉釧緣全傳三十二卷　(清)西湖居士撰　清刻本　十八冊　存十七卷(一至三、七至十、十三至十六、十八、二十、二十二至二十三、二十七、三十)

360000－1901－0035252　721571
新刻玉釧緣全傳三十二卷　(清)西湖居士撰　清末石印本　十七冊　存二十一卷(一至七、十二至十三、十六至十八、二十至二十一、二十四至三十)

360000－1901－0035253　721572
新刻玉釧緣全傳三十二卷　(清)西湖居士撰　清末石印本　四冊　存六卷(一至四、十八、二十六)

360000－1901－0035254　404817
新刻增補翰苑英華事類捷錄十五卷　(明)鄧志謨撰　清崇德堂刻本　一冊　存三卷(五至七)

360000－1901－0035255　803977
新刻增定邵康節先生梅花觀梅拆字數全集五卷　(宋)邵雍撰　清圭桐抄本　一冊

360000－1901－0035256　417238－1
新刻增定邵康節先生梅花觀梅拆字數全集五卷　(宋)邵雍撰　清聚錦堂刻本　一冊

360000－1901－0035257　163604
新刻增訂古文覺斯八卷　(清)過珙評選　清集賢堂刻本　八冊

360000－1901－0035258　800749
新刻增删二度梅奇說六卷　(清)惜陰堂主人撰　(清)繡虎堂主人評　清刻本　一冊　存二卷(五至六)

360000－1901－0035259　800750
新刻增删二度梅奇說六卷　(清)惜陰堂主人撰　(清)繡虎堂主人評　清刻本　一冊　存一卷(一)

360000－1901－0035260　800751
新刻增删二度梅奇說六卷　(清)惜陰堂主人撰　(清)繡虎堂主人評　清刻本　二冊　存四卷(三至六)

360000－1901－0035261　802172
新刻增删二度梅奇說六卷　(清)惜陰堂主人撰　(清)繡虎堂主人評　清刻本　一冊　存三卷(四至六)

360000－1901－0035262　802173
新刻增删二度梅奇說六卷　(清)惜陰堂主人撰　(清)繡虎堂主人評　清刻本　一冊　存一卷(四)

360000－1901－0035263　800748
新刻增删二度梅奇說六卷　(清)惜陰堂主人撰　(清)繡虎堂主人評　清同治八年(1869)文奎堂刻本　三冊　存五卷(一至二、四至六)

360000－1901－0035264　800747
新刻增删二度梅奇說六卷　(清)惜陰堂主人撰　(清)繡虎堂主人評　清同治元年(1862)樊川文成堂刻本　五冊

360000－1901－0035265　240660
新刻張太岳先生詩文集四十七卷　(明)張居正撰　明萬曆四十年(1612)繡谷唐國達刻本　二十冊

360000－1901－0035266　240661
新刻張太岳先生詩文集四十七卷　(明)張居正撰　清乾隆刻本　十六冊

360000－1901－0035267　721596
新刻鍾伯敬先生批評封神演義二十卷一百回

（明）許仲琳撰　（明）鍾惺評　清大文堂刻本　五册　存九卷（一、三至四、七至八、十三至十六）四十四回（一至五、十一至二十、三十一至四十、六十一至七十九）

360000－1901－0035268　721595
新刻鍾伯敬先生批評封神演義二十卷一百回　（明）許仲琳撰　（明）鍾惺評　清會文堂刻本　二册　存二卷（一、十八）十回（一至五、八十六至九十）

360000－1901－0035269　403942
新刻鍾伯敬先生批評封神演義二十卷一百回　（明）許仲琳撰　（明）鍾惺評　清刻本　五册　存五卷（十一至十五）二十五回（五十一至七十五）

360000－1901－0035270　721594－1
新刻鍾伯敬先生批評封神演義二十卷一百回　（明）許仲琳撰　（明）鍾惺評　清刻本　五册　存十卷（五至九、十四至十五、十八至二十）五十回（二十一至四十五、六十六至七十五、八十六至一百）

360000－1901－0035271　721594－2
新刻鍾伯敬先生批評封神演義二十卷一百回　（明）許仲琳撰　（明）鍾惺評　清刻本　四册　存八卷（十一至十四、十七至二十）四十回（五十一至七十、八十一至一百）

360000－1901－0035272　721595－1
新刻鍾伯敬先生批評封神演義二十卷一百回　（明）許仲琳撰　（明）鍾惺評　清刻本　二册　存二卷（十三至十四）十回（六十一至七十）

360000－1901－0035273　804134
新刻鍾伯敬先生批評封神演義二十卷一百回　（明）許仲琳撰　（明）鍾惺評　清刻本　二册　存三卷（一至二、十九）十五回（一至十、九十一至九十五）

360000－1901－0035274　804135
新刻鍾伯敬先生批評封神演義二十卷一百回　（明）許仲琳撰　（明）鍾惺評　清刻本　一册　存一卷（十九）五回（九十一至九十五）

360000－1901－0035275　721594
新刻鍾伯敬先生批評封神演義二十卷一百回　（明）許仲琳撰　（明）鍾惺評　清兩儀堂刻本　七册　存十四卷（一至十二、十九至二十）七十回（一至六十、九十一至一百）

360000－1901－0035276　721569
新刻鍾伯敬先生批評封神演義十九卷一百回　（明）許仲琳撰　（明）鍾惺評　清道光十六年（1836）福文堂刻本　十册　存十卷（一至十）五十回（一至五十）

360000－1901－0035277　407199
新刻重校秘傳鬼靈經通天竅十卷　（唐）楊益撰　清刻本　二册

360000－1901－0035278　404083
新刻重校增補圓機活法詩學全書二十四卷　（明）王世貞校正　清刻本　十六册

360000－1901－0035279　404084
新刻重校增補圓機活法詩學全書二十四卷　（明）王世貞校正　清刻本　八册

360000－1901－0035280　404085
新刻重校增補圓機活法詩學全書二十四卷　（明）王世貞校正　清啓元堂刻本　五册　存二十卷（一至二十）

360000－1901－0035281　303686
新刻重校增補圓機活法詩學全書二十四卷新刊校正增補圓機詩韻活法全書十四卷　（明）王世貞校正　清嘉慶三年（1798）莽州王道南刻本　十六册

360000－1901－0035282　162688
新刻重校增補圓機活法詩學全書二十四卷韻學全書十四卷　（明）王世貞校　清嘉慶三年（1798）三讓睦記刻本　二十册

360000－1901－0035283　421525
新刻祝英台梁山伯還魂記二卷新刻説唱張小如賣花二卷　（□）□□撰　清江西鄢家巷刻本　一册

360000－1901－0035284　241553
新刻註釋草堂詩餘評林六卷　題(明)李廷機批評　(明)翁正春校正　明萬曆二十三年(1595)書林鄭世豪宗文書堂刻本　一冊　存三卷(四至六)

360000－1901－0035285　241554
新刻註釋草堂詩餘評林六卷　題(明)李廷機批評　(明)翁正春校正　明萬曆三十六年(1608)書林徐憲成起秀堂刻本　一冊　存三卷(四至六)

360000－1901－0035286　404877
新刻註釋故事白眉十卷　(明)許以忠輯　清刻本　三冊　存四卷(一、三至四、八)

360000－1901－0035287　230016
新刻註釋孔子家語憲四卷　(明)陳際泰注釋　清初刻本　二冊

360000－1901－0035288　418394－1
新刻註釋孔子家語憲四卷　(明)陳際泰注釋　清金閶書業堂刻本　一冊　存二卷(一至二)

360000－1901－0035289　418394
新刻註釋孔子家語憲四卷　(明)陳際泰注釋　清刻本　一冊　存二卷(一至二)

360000－1901－0035290　421423
新刻註釋張子房解學士千家詩講讀二卷　(明)湯顯祖注　清刻本　一冊

360000－1901－0035291　603630
新論十卷　(南朝梁)劉勰撰　清刻本　一冊

360000－1901－0035292　603630－1
新論十卷　(南朝梁)劉勰撰　清刻本　一冊

360000－1901－0035293　801318
新民公案□□卷　(清)□□輯　清刻本　一冊　存一卷(三)

360000－1901－0035294　901737
新墨經畬不分卷　(清)葉道春編　清刻本　二冊

360000－1901－0035295　421264
新評龍圖神斷公案十卷　(明)李贄評　清刻本　二冊　存六卷(三至八)

360000－1901－0035296　421264－2
新評龍圖神斷公案十卷　(明)李贄評　清刻本　一冊　存一卷(十)

360000－1901－0035297　162636
新齊諧二十四卷　(清)袁枚撰　清光緒十八年(1892)鉛印本　四冊

360000－1901－0035298　414776
新齊諧二十四卷　(清)袁枚撰　清刻本　一冊　存三卷(十至十二)

360000－1901－0035299　414777
新齊諧二十四卷　(清)袁枚撰　清刻本　一冊　存二卷(二十三至二十四)

360000－1901－0035300　414778
新齊諧二十四卷　(清)袁枚撰　清刻本　二冊　存五卷(十五至十七、二十一至二十二)

360000－1901－0035301　600346－1
新齊諧二十四卷　(清)袁枚撰　清刻本　九冊

360000－1901－0035302　600349
新齊諧二十四卷　(清)袁枚撰　清刻本　二冊　存四卷(一至二、十三至十四)

360000－1901－0035303　405568
新齊諧二十四卷續新齊諧十卷　(清)袁枚撰　清乾隆刻本　三冊　存十三卷(新齊諧一至四、二十一至二十四,續新齊諧六至十)

360000－1901－0035304　230444
新鍥翰林三狀元會選二十九子品彙釋評二十卷首一卷　(明)焦竑　(明)翁正春　(明)朱之蕃輯　明萬曆四十四年(1616)寶善堂刻本　四冊　存十一卷(一至二、八至十、十四至十五、十八至二十,首一卷)

360000－1901－0035305　210108
新鍥翰林葉先生輯著詩經舉業問難新意八卷　(明)葉向高輯　明崇禎書林詹聖澤刻本　三冊　存四卷(一至三、八)

360000－1901－0035306　419662
新鍥晉雲江先生詩經闡蒙衍義集注八卷　(清)江環撰　清刻本　三冊　存五卷(四至八)

360000－1901－0035307　419661
新鍥晉雲江先生詩經闡蒙衍義集注八卷　(清)江環撰　清立和堂刻本　六冊

360000－1901－0035308　802978
新鍥全補發微通書大全三十卷　(□)□□編　清刻本　三冊　存九卷(十五至十七、十九至二十、二十七至三十)

360000－1901－0035309　802978－1
新鍥全補發微通書大全三十卷　(□)□□編　清刻本　一冊　存十一卷(八至十八)

360000－1901－0035310　803048
新鍥全補發微通書大全三十卷　(□)□□編　清刻本　一冊　存四卷(七至十)

360000－1901－0035311　902128
新鍥全補發微通書大全三十卷　(□)□□編　清刻本　一冊　存二卷(二十一至二十二)

360000－1901－0035312　707668
新鍥全補海篇直音十二卷　(明)□□輯　明刻本　一冊　存二卷(五至六)

360000－1901－0035313　406492
新鍥蕭曹遺筆四卷　(□)□□撰　明刻本　一冊

360000－1901－0035314　421427
新鍥雲林神彀四卷　(明)龔廷賢撰　明刻本　二冊　存三卷(一至二、四)

360000－1901－0035315　421428
新鍥雲林神彀四卷　(明)龔廷賢撰　明刻本　三冊

360000－1901－0035316　421428－1
新鍥雲林神彀四卷　(明)龔廷賢撰　明刻本　一冊　存二卷(一至二)

360000－1901－0035317　421426
新鍥雲林神彀四卷　(明)龔廷賢撰　明萬曆十九年(1591)積慶堂刻本　二冊

360000－1901－0035318　420719
新鍥雲林神彀四卷　(明)龔廷賢撰　清抄本　一冊

360000－1901－0035319　419640
新鍥增訂瞿氏世經堂詩經襯四卷　(明)瞿景淳撰　清刻本　一冊　存二卷(三至四)

360000－1901－0035320　800460
新鍥趙田了凡袁先生編纂古本歷史大方綱鑑補三十九卷首一卷　(明)袁黄纂　清刻本　一冊　存一卷(二十二)

360000－1901－0035321　711827
新鍥趙田了凡袁先生編纂古本歷史大方綱鑑補三十九卷首一卷　(明)袁黄纂　清怡蓮刻本　一冊　存二卷(二十二至二十三)

360000－1901－0035322　421033
新鍥重訂出像註釋通俗演義東晉志傳題評八卷　(明)陳氏尺蠖齋評釋　清文元堂刻本　二冊　存二卷(五、七)

360000－1901－0035323　421537
新鍥重訂出像註釋通俗演義西晉志傳題評四卷東晉志傳題評八卷紀元傳一卷　(明)陳氏尺蠖齋評釋　清刻本　三冊　存六卷(西晉志傳題評三至四、東晉志傳題評三至六)

360000－1901－0035324　308292
新鋟葛稚川内篇四卷外篇四卷　(晉)葛洪撰　清刻本　二冊　存二卷(外篇一、三)

360000－1901－0035325　407196
新鋟葛稚川内篇四卷外篇四卷　(晉)葛洪撰　清刻本　二冊　存二卷(外篇三至四)

360000－1901－0035326　404581
新鋟國朝試律淺說靈通解二集四卷　(清)任福祐輯　清三樂堂刻本　一冊　存二卷(三至四)

360000－1901－0035327　800707
新鋟獵古詞章釋字訓解三台對類正宗十九卷　(明)京南詞叟庚居子編注　明書林德聚堂

刻本　一册　存一卷(四)

360000－1901－0035328　804684－1
新鍥希夷陳先生紫微斗數全書四卷　(宋)陳摶撰　清刻本　三册

360000－1901－0035329　804684
新鍥希夷陳先生紫微斗數全書四卷　(宋)陳摶撰　清文光堂刻本　一册　存一卷(四)

360000－1901－0035330　405718
新鍥應試唐詩淺説靈通解二卷首一卷　(清)任福祐輯　清嘉慶二十三年(1818)芸生堂刻本　一册

360000－1901－0035331　405756
新鍥張狀元遴輯評林秦漢狐白四卷　(明)張以誠輯　**鼎鐫黄狀元批選眉山三蘇文狐白四卷**　(明)黄士俊輯　明萬曆三十二年(1604)余紹崖刻本　一册　存四卷(新鍥張狀元遴輯評林秦漢狐白三至四、鼎鐫黄狀元批選眉山三蘇文狐白三至四)

360000－1901－0035332　300920
新書十卷　(漢)賈誼撰　清光緒三年(1877)長沙刻本　二册

360000－1901－0035333　313707
新書十卷　(漢)賈誼撰　清光緒三年(1877)長沙刻本　二册

360000－1901－0035334　313778
新書十卷　(漢)賈誼撰　清光緒元年(1875)浙江書局刻本　一册

360000－1901－0035335　164128
新書十卷　(漢)賈誼撰　清乾隆抱經堂刻抱經堂叢書本　二册

360000－1901－0035336　161433
新説西遊記一百回　(明)吴承恩撰　(清)張書紳注　清光緒十四年(1888)味潛齋石印本　八册

360000－1901－0035337　713872
新塘喻氏先代文略二卷首一卷末一卷　(清)喻震孟輯　清光緒六年(1880)安齋刻本　一册　存二卷(一、首一卷)

360000－1901－0035338　304657
新文牘十卷　(清)□□輯　清末石印本　六册　存三卷(五至七)

360000－1901－0035339　405007
新聞果報錄四卷　(清)心儀堂宣講局輯　清光緒十年(1884)刻本　二册

360000－1901－0035340　210432
新校經史海篇直音五卷　(明)□□編　明刻本　十三册

360000－1901－0035341　300315
新刑律修正案彙錄一卷　勞乃宣輯　清宣統三年(1911)京師京華印書局鉛印本　一册

360000－1901－0035342　310909
新序十卷　(漢)劉向撰　清光緒元年(1875)湖北崇文書局刻本　二册

360000－1901－0035343　303930
新序十卷　(漢)劉向撰　清刻本　二册

360000－1901－0035344　416252
新序十卷　(漢)劉向撰　清乾隆五十六年(1791)金谿王氏刻增訂漢魏叢書本　二册

360000－1901－0035345　401901
新續通行章程四卷　(清)□□輯　清光緒刻本　二册　存二卷(三至四)

360000－1901－0035346　722206
新選策論二卷　(清)陳祖虞等撰　清光緒二十八年(1902)瀘州開智書局鉛印本　一册　存一卷(上)

360000－1901－0035347　405005
新選春秋明景詩二卷　(□)□□撰　清光緒崇蘭草堂刻本　一册　存一卷(下)

360000－1901－0035348　801078
新選精義五經備旨不分卷　(□)□□撰　清末石印本　二册

360000－1901－0035349　716944
新選論策　(清)書室主人輯　清光緒二十七

年(1901)刻本　二冊　存九種

360000－1901－0035350　722006
新選論策　(清)書室主人輯　清光緒二十七年(1901)刻本　三冊　存二種

360000－1901－0035351　410708
新選名聯珠璣二卷　(清)邊啓楠輯　清乾隆五十年(1785)刻本　一冊

360000－1901－0035352　805036
新選秋詩又新集二卷　(清)葉乃喜輯　清光緒元年(1875)刻本　二冊

360000－1901－0035353　407801
新選秋詩又新集二卷　(清)葉乃喜輯　清刻本　一冊　存一卷(下)

360000－1901－0035354　902050
新選蘇松雨兩屬課藝不分卷　(清)□□輯　清末石印本　一冊

360000－1901－0035355　901331
新選無情巧搭續集不分卷　(清)徐逢泰編　清光緒二十一年(1895)文盛堂石印本　四冊

360000－1901－0035356　800254
新選詳釋易明鄉音字彙不分卷　(□)□□輯　清抄本　一冊

360000－1901－0035357　901740
新選小題靈源初集不分卷　(清)魯慶元編　清道光十二年(1832)刻本　二冊

360000－1901－0035358　304051
新選小題鋭鋒初集一卷二集一卷　(清)張嶙等輯　清道光二十一年(1841)純德堂刻本　二冊

360000－1901－0035359　802874
新選小題鋭鋒初集一卷二集一卷三集一卷　(清)張嶙等輯　清道光二十八年(1848)刻本　三冊

360000－1901－0035360　405563
新選輿險要論□□卷　(□)□□撰　清刻本　一冊　存一卷(二)

360000－1901－0035361　416786
新學分類文編　(清)江標評選　清光緒二十四年(1898)勁草主人刻本　一冊　存二種

360000－1901－0035362　800879
新學書目提要四卷　(清)通雅齋輯　清光緒二十九年(1903)上海通雅書局鉛印本　一冊　存一卷(二)

360000－1901－0035363　160913
新學僞經考十四卷　康有爲撰　清光緒十七年(1891)廣州康氏萬木草堂刻本　四冊

360000－1901－0035364　160914
新學僞經考十四卷　康有爲撰　清光緒十七年(1891)廣州康氏萬木草堂刻本　六冊

360000－1901－0035365　421542
新疑異說奇聞羣英傑全傳六卷三十四回　(□)□□撰　清刻本　二冊　存四卷(一至四)二十二回(一至二十二)

360000－1901－0035366　804939
新邑餉漕義舉集二卷　(清)□□輯　清刻本　一冊　存一卷(上)

360000－1901－0035367　413874
新邑餉漕義舉集二卷　(清)□□輯　清乾隆刻本　一冊　存一卷(上)

360000－1901－0035368　405006
新義錄一百卷首一卷　(清)孫璧文撰　清刻本　二冊　存三卷(九十八至一百)

360000－1901－0035369　407858
新義錄一百卷首一卷　(清)孫璧文撰　清刻本　一冊　存一卷(八十)

360000－1901－0035370　313418
新譯列國歲計政要三編　(清)傅運森等譯　清光緒二十七年(1901)海上譯社鉛印本　八冊

360000－1901－0035371　800834
新譯日本法規大全不分卷　(清)南洋公學譯書院譯　清光緒商務印書館鉛印本　一冊

360000－1901－0035372　401877

新譯日本法規大全不分卷　(清)南洋公學譯書院譯　清宣統三年(1911)商務印書館鉛印本　四十五冊

360000－1901－0035373　603678
新譯萬國垂涎中華近事三卷　(法國)畢龍　(法國)馬士克撰　(清)劉翹翰　(清)程瞻洛譯　清光緒二十八年(1902)中華編譯印書館鉛印本　一冊　存二卷(二至三)

360000－1901－0035374　303443
新譯中學日本文典十七章　(日本)鹽井正男撰　(清)周維椿譯　清光緒二十七年(1901)海陵學社石印本　一冊

360000－1901－0035375　121418
新喻梁石門先生集十卷首一卷末一卷　(明)梁寅撰　清光緒十五年(1889)刻本　六冊

360000－1901－0035376　121419
新喻梁石門先生集十卷首一卷末一卷　(明)梁寅撰　清光緒十五年(1889)刻本　六冊

360000－1901－0035377　121420
新喻梁石門先生集十卷首一卷末一卷　(明)梁寅撰　清光緒十五年(1889)刻本　十二冊

360000－1901－0035378　121798
新喻梁石門先生集十卷首一卷末一卷　(明)梁寅撰　清光緒十五年(1889)射洪鍾體志刻本　六冊

360000－1901－0035379　601503
新喻梁石門先生集十卷首一卷末一卷　(明)梁寅撰　清光緒十五年(1889)射洪鍾體志刻本　二冊　存三卷(一、九,首一卷)

360000－1901－0035380　601505
新喻梁石門先生集十卷首一卷末一卷　(明)梁寅撰　清光緒十五年(1889)射洪鍾體志刻本　六冊

360000－1901－0035381　601506
新喻梁石門先生集十卷首一卷末一卷　(明)梁寅撰　清光緒十五年(1889)射洪鍾體志刻本　六冊

360000－1901－0035382　601507
新喻梁石門先生集十卷首一卷末一卷　(明)梁寅撰　清光緒十五年(1889)射洪鍾體志刻本　六冊

360000－1901－0035383　601509
新喻梁石門先生集十卷首一卷末一卷　(明)梁寅撰　清光緒十五年(1889)射洪鍾體志刻本　六冊

360000－1901－0035384　717512
新喻梁石門先生集十卷首一卷末一卷　(明)梁寅撰　清光緒十五年(1889)射洪鍾體志刻本　二冊　存四卷(二至三、八至九)

360000－1901－0035385　717513
新喻梁石門先生集十卷首一卷末一卷　(明)梁寅撰　清光緒十五年(1889)射洪鍾體志刻本　一冊　存二卷(二至三)

360000－1901－0035386　717749
新喻梁石門先生集十卷首一卷末一卷　(明)梁寅撰　清光緒十五年(1889)射洪鍾體志刻本　三冊　存六卷(二至三、八至十,末一卷)

360000－1901－0035387　717750
新喻梁石門先生集十卷首一卷末一卷　(明)梁寅撰　清光緒十五年(1889)射洪鍾體志刻本　三冊　存六卷(二至三、六至七、十,末一卷)

360000－1901－0035388　240460
新喻梁石門先生集十卷首一卷末一卷　(明)梁寅撰　清乾隆十五年(1750)崇安暨用其刻本　八冊

360000－1901－0035389　417739
新喻梁石門先生集十卷首一卷末一卷　(明)梁寅撰　清乾隆十五年(1750)崇安暨用其刻本　四冊　存七卷(一至五、九至十)

360000－1901－0035390　717740
新喻梁石門先生集十卷首一卷末一卷　(明)梁寅撰　清乾隆十五年(1750)崇安暨用其刻本　二冊　存三卷(一至三)

360000－1901－0035391　240461

新喻梁石門先生集十卷首一卷末一卷　（明）梁寅撰　清乾隆十五年（1750）崇安暨用其刻本（卷六至八配清光緒十五年射洪鍾體志刻本）　八册

360000－1901－0035392　711837

新喻梁石門先生集十卷首一卷末一卷　（明）梁寅撰　清新喻縣義學刻本　五册　存七卷（四至十）

360000－1901－0035393　241465

新喻三劉文集六卷首一卷　（宋）劉敞　（宋）劉攽　（宋）劉奉世撰　（清）暨用其輯　清乾隆十五年（1750）水西劉氏刻本　六册

360000－1901－0035394　241466

新喻三劉文集六卷首一卷　（宋）劉敞　（宋）劉攽　（宋）劉奉世撰　（清）暨用其輯　清乾隆十五年（1750）水西劉氏刻本　六册

360000－1901－0035395　241467

新喻三劉文集六卷首一卷　（宋）劉敞　（宋）劉攽　（宋）劉奉世撰　（清）暨用其輯　清乾隆十五年（1750）水西劉氏刻本　六册

360000－1901－0035396　417863

新喻三劉文集六卷首一卷　（宋）劉敞　（宋）劉攽　（宋）劉奉世撰　（清）暨用其輯　清乾隆十五年（1750）水西劉氏刻本　五册

360000－1901－0035397　417864

新喻三劉文集六卷首一卷　（宋）劉敞　（宋）劉攽　（宋）劉奉世撰　（清）暨用其輯　清乾隆十五年（1750）水西劉氏刻本　四册

360000－1901－0035398　417865

新喻三劉文集六卷首一卷　（宋）劉敞　（宋）劉攽　（宋）劉奉世撰　（清）暨用其輯　清乾隆十五年（1750）水西劉氏刻本　二册　存三卷（一、五至六）

360000－1901－0035399　417865－1

新喻三劉文集六卷首一卷　（宋）劉敞　（宋）劉攽　（宋）劉奉世撰　（清）暨用其輯　清乾隆十五年（1750）水西劉氏刻本　一册　存二卷（五至六）

360000－1901－0035400　601025

新喻三劉文集六卷首一卷　（宋）劉敞　（宋）劉攽　（宋）劉奉世撰　（清）暨用其輯　清乾隆十五年（1750）水西劉氏刻本　五册

360000－1901－0035401　302828

新樂府詞一卷　（清）萬斯同撰　清同治八年（1869）刻本　一册

360000－1901－0035402　121754

新增策學總纂大全四十六卷　（清）蔡壽祺輯　清光緒三年（1877）刻本　十六册

360000－1901－0035403　401951

新增籌餉事例條款不分卷　（清）戶部編　清同治刻本　一册

360000－1901－0035404　716950

新增廣廣策府統宗七十九卷　（清）誦芬室主人增補　清光緒二十年（1894）上海鴻文書局石印本　二十九册　存四十九卷（一至四、八、二十至三十七、四十一至四十二、四十四至五十一、五十九至六十七、七十一至七十二、七十五至七十九）

360000－1901－0035405　415255

新增花樣集錦四卷　（清）張鵬翂輯　清道光二十年（1840）刻本　二册　存三卷（一、三至四）

360000－1901－0035406　403886

新增繪圖幼學故事瓊林四卷首一卷　（明）程登吉撰　（清）鄒聖脈增補　清光緒三十年（1904）育文書局石印本　三册

360000－1901－0035407　403889

新增繪圖幼學故事瓊林四卷首一卷　（明）程登吉撰　（清）鄒聖脈增補　清光緒三十四年（1908）石印本　一册

360000－1901－0035408　403890

新增繪圖幼學故事瓊林四卷首一卷　（明）程登吉撰　（清）鄒聖脈增補　清末石印本　一册

360000－1901－0035409　403897
新增繪圖幼學故事瓊林四卷首一卷　(明)程登吉撰　(清)鄒聖脈增補　清末石印本　一册　存三卷(一至二、首一卷)

360000－1901－0035410　801827
新增繪圖幼學故事瓊林四卷首一卷　(明)程登吉撰　(清)鄒聖脈增補　清末石印本　二册　存二卷(二、四)

360000－1901－0035411　804160
新增繪圖幼學故事瓊林四卷首一卷　(明)程登吉撰　(清)鄒聖脈增補　清末石印本　一册　存一卷(四)

360000－1901－0035412　804165
新增繪圖幼學故事瓊林四卷首一卷　(明)程登吉撰　(清)鄒聖脈增補　清末石印本　二册　存二卷(二、四)

360000－1901－0035413　804166
新增繪圖幼學故事瓊林四卷首一卷　(明)程登吉撰　(清)鄒聖脈增補　清末石印本　一册　存一卷(四)

360000－1901－0035414　801829
新增繪圖幼學故事瓊林四卷首一卷　(明)程登吉撰　(清)鄒聖脈增補　清末同文書局石印本　二册　存二卷(三、首一卷)

360000－1901－0035415　411932
新增加批綱鑑補註二十四卷首一卷　(明)袁黄纂　清光緒二十年(1894)上海文盛書局石印本　十二册

360000－1901－0035416　411933
新增加批綱鑑補註二十四卷首一卷　(明)袁黄纂　清光緒二十年(1894)上海文盛書局石印本　十一册　存二十三卷(一至八、十一至二十四,首一卷)

360000－1901－0035417　411930
新增加批綱鑑補註二十四卷首一卷　(明)袁黄纂　清光緒二十七年(1901)上海文盛書局石印本　十二册

360000－1901－0035418　411931
新增加批綱鑑補註二十四卷首一卷　(明)袁黄纂　清光緒二十三年(1897)上海文盛書局石印本　十二册

360000－1901－0035419　411933－1
新增加批綱鑑補註二十四卷首一卷　(明)袁黄纂　清光緒石印本　二册　存四卷(十七至十八、二十一至二十二)

360000－1901－0035420　406082
新增經史百家序錄　(清)邵伯蘋輯　(清)開智書局增輯　清末鉛印本　十册

360000－1901－0035421　902125
新增曆法總覽合節鰲頭通書大全十卷　(明)熊宗立撰　(清)熊秉懋重訂　清同治四年(1865)英德堂刻本　一册　存一卷(一)

360000－1901－0035422　417238
新增梅花數五卷　(宋)邵雍撰　清刻本　一册

360000－1901－0035423　804830
新增命學津梁一卷　(清)魏明遠撰　清刻本　一册

360000－1901－0035424　902462
新增全圖文武香球三十六卷七十二回　(清)二樂軒主人撰　清刻本　一册　存五卷(五至九)十回(九至十八)

360000－1901－0035425　802216
新增全圖文武香毬三十六卷七十二回　(清)二樂軒主人撰　清末石印本　一册　存五卷(二十至二十四)十回(三十九至四十八)

360000－1901－0035426　719700
新增詩經補註附考備旨八卷　(清)鄒聖脈纂輯　清光緒二十二年(1896)務本堂刻本(卷三、五至八配清刻本)　四册　存七卷(一至三、五至八)

360000－1901－0035427　719701
新增詩經補註附考備旨八卷　(清)鄒聖脈纂輯　清光緒二十二年(1896)務本堂刻本(卷

四至五配清刻本）　三冊　存六卷（一至二、四至五、七至八）

360000－1901－0035428　901664
新增詩經補註附考備旨八卷　（清）鄒聖脈纂輯　清刻本　一冊　存二卷（一至二）

360000－1901－0035429　719702
新增詩經補註附考備旨八卷　（清）鄒聖脈纂輯　清三讓堂刻本　四冊

360000－1901－0035430　719703
新增詩經補註附考備旨八卷　（清）鄒聖脈纂輯　清三讓堂刻本　三冊　存七卷（一至四、六至八）

360000－1901－0035431　719704
新增詩經補註附考備旨八卷　（清）鄒聖脈纂輯　清三讓堂刻本　六冊

360000－1901－0035432　719706
新增詩經補註題解附考備旨真本八卷　（清）鄒聖脈纂輯　清嘉慶八年（1803）刻本　四冊

360000－1901－0035433　704250
新增詩句題解彙編二十二卷　（清）陳劍芝等輯　（清）朱春舫增輯　清光緒八年（1882）友善堂刻本　六冊　存十一卷（一、七、九至十三、十五至十六、二十一至二十二）

360000－1901－0035434　417735－2
新增說文韻府羣玉二十卷　（元）陰時夫輯　（元）陰中夫注　明刻本　一冊　存二卷（九至十）

360000－1901－0035435　706402
新增說文韻府羣玉二十卷　（元）陰時夫輯　（元）陰中夫注　明刻本　五冊　存十卷（十一至二十）

360000－1901－0035436　418083
新增說文韻府羣玉二十卷　（元）陰時夫輯　（元）陰中夫注　明末刻本　四冊　存七卷（一至二、四、七至八、十一至十二）

360000－1901－0035437　418064－2
新增說文韻府羣玉二十卷　（元）陰時夫輯　（元）陰中夫注　明萬曆十八年（1590）刻本　一冊　存二卷（一至二）

360000－1901－0035438　250086
新增說文韻府羣玉二十卷　（元）陰時夫輯　（元）陰中夫注　明萬曆十八年（1590）王元貞刻本　十冊

360000－1901－0035439　250087
新增說文韻府羣玉二十卷　（元）陰時夫輯　（元）陰中夫注　明萬曆十八年（1590）王元貞刻本　十三冊　缺一卷（十二）

360000－1901－0035440　250088
新增說文韻府羣玉二十卷　（元）陰時夫輯　（元）陰中夫注　明萬曆十八年（1590）王元貞刻本　四冊　存七卷（一至二、十五至十九）

360000－1901－0035441　250089
新增說文韻府羣玉二十卷　（元）陰時夫輯　（元）陰中夫注　明萬曆十八年（1590）王元貞刻本　二冊　存三卷（一至二、十五）

360000－1901－0035442　250090
新增說文韻府羣玉二十卷　（元）陰時夫輯　（元）陰中夫注　明萬曆文樞堂吳桂宇刻本　五冊

360000－1901－0035443　418084－1
新增說文韻府羣玉二十卷　（元）陰時夫輯　（元）陰中夫注　清萃華堂刻本　一冊　存二卷（五至六）

360000－1901－0035444　418084－2
新增說文韻府羣玉二十卷　（元）陰時夫輯　（元）陰中夫注　清萃華堂刻本　一冊　存一卷（十五）

360000－1901－0035445　418083－1
新增說文韻府羣玉二十卷　（元）陰時夫輯　（元）陰中夫注　清康熙二十一年（1682）刻本　十一冊　存十一卷（二至三、五至九、十二、十六、十八、二十）

360000－1901－0035446　418083－2
新增說文韻府羣玉二十卷　（元）陰時夫輯

(元)陰中夫注　清康熙二十一年(1682)刻本　四册　存六卷(四、八至九、十一至十二、十八)

360000－1901－0035447　418062
新增説文韻府羣玉二十卷　(元)陰時夫輯　(元)陰中夫注　清康熙五十五年(1716)萃華堂刻本　十册

360000－1901－0035448　418063
新增説文韻府羣玉二十卷　(元)陰時夫輯　(元)陰中夫注　清康熙五十五年(1716)萃華堂刻本　十册

360000－1901－0035449　418064
新增説文韻府羣玉二十卷　(元)陰時夫輯　(元)陰中夫注　清康熙五十五年(1716)萃華堂刻本　十八册　存十八卷(二至九、十一至二十)

360000－1901－0035450　418064－1
新增説文韻府羣玉二十卷　(元)陰時夫輯　(元)陰中夫注　清康熙五十五年(1716)萃華堂刻本　二册　存五卷(十至十二、十五至十六)

360000－1901－0035451　250091
新增説文韻府羣玉二十卷　(元)陰時夫輯　(元)陰中夫注　清康熙五十五年(1716)文盛天德堂刻本　二十册

360000－1901－0035452　404208
新增説文韻府羣玉二十卷　(元)陰時夫輯　(元)陰中夫注　清刻本　五册　存六卷(五、十至十三、十五)

360000－1901－0035453　417734
新增説文韻府羣玉二十卷　(元)陰時夫輯　(元)陰中夫注　清刻本　十九册　存十九卷(二至二十)

360000－1901－0035454　417735－1
新增説文韻府羣玉二十卷　(元)陰時夫輯　(元)陰中夫注　清刻本　一册　存一卷(一)

360000－1901－0035455　418070
新增説文韻府羣玉二十卷　(元)陰時夫輯　(元)陰中夫注　清刻本　十册

360000－1901－0035456　418071
新增説文韻府羣玉二十卷　(元)陰時夫輯　(元)陰中夫注　清刻本　十四册　存十七卷(一至四、六至十一、十四至二十)

360000－1901－0035457　418072
新增説文韻府羣玉二十卷　(元)陰時夫輯　(元)陰中夫注　清刻本　五册　存五卷(九、十六至十九)

360000－1901－0035458　418072－1
新增説文韻府羣玉二十卷　(元)陰時夫輯　(元)陰中夫注　清刻本　三册　存三卷(八至十)

360000－1901－0035459　418072－2
新增説文韻府羣玉二十卷　(元)陰時夫輯　(元)陰中夫注　清刻本　三册　存四卷(三、八、十三至十四)

360000－1901－0035460　418072－3
新增説文韻府羣玉二十卷　(元)陰時夫輯　(元)陰中夫注　清刻本　二册　存二卷(八、十一)

360000－1901－0035461　418072－4
新增説文韻府羣玉二十卷　(元)陰時夫輯　(元)陰中夫注　清刻本　二册　存二卷(八、十六)

360000－1901－0035462　418072－6
新增説文韻府羣玉二十卷　(元)陰時夫輯　(元)陰中夫注　清刻本　一册　存二卷(五至六)

360000－1901－0035463　418072－7
新增説文韻府羣玉二十卷　(元)陰時夫輯　(元)陰中夫注　清刻本　一册　存一卷(七)

360000－1901－0035464　418084
新增説文韻府羣玉二十卷　(元)陰時夫輯　(元)陰中夫注　清刻本　四册　存四卷(二、七、十一至十二)

360000－1901－0035465　601786
新增說文韻府羣玉二十卷　(元)陰時夫輯　(元)陰中夫注　清刻本　四冊　存四卷(三至六)

360000－1901－0035466　601914
新增說文韻府羣玉二十卷　(元)陰時夫輯　(元)陰中夫注　清刻本　一冊　存一卷(一)

360000－1901－0035467　722152
新增說文韻府羣玉二十卷　(元)陰時夫輯　(元)陰中夫注　清刻本　四冊　存八卷(十一至十二、十五至二十)

360000－1901－0035468　417735
新增說文韻府羣玉二十卷　(元)陰時夫輯　(元)陰中夫注　清乾隆二十三年(1758)芸經堂刻本　十九冊　存十九卷(一至九、十一至二十)

360000－1901－0035469　717031
新增說文韻府羣玉二十卷　(元)陰時夫輯　(元)陰中夫注　清乾隆二十三年(1758)芸經堂刻本　五冊　存十卷(一至十)

360000－1901－0035470　717736
新增說文韻府羣玉二十卷　(元)陰時夫輯　(元)陰中夫注　清乾隆二十三年(1758)芸經堂刻本　四冊　存八卷(一至八)

360000－1901－0035471　418072－5
新增說文韻府羣玉二十卷　(元)陰時夫輯　(元)陰中夫注　清三讓堂刻本　一冊　存一卷(四)

360000－1901－0035472　418080
新增說文韻府羣玉二十卷　(元)陰時夫輯　(元)陰中夫注　清祥與堂刻本　十冊

360000－1901－0035473　123257
新增說文韻府群玉二十卷　(元)陰時夫輯　(元)陰中夫注　清刻本　十六冊　存十六卷(一至九、十一至十三、十六、十八至二十)

360000－1901－0035474　122595
新增說文韻府群玉二十卷　(元)陰時夫輯　(元)陰中夫注　清謙益堂刻本　十冊

360000－1901－0035475　122596
新增說文韻府群玉二十卷　(元)陰時夫輯　(元)陰中夫注　清文秀堂刻本　十六冊

360000－1901－0035476　404894
新增唐詩合韻八卷　(清)鄒汝達增輯　**詩韻廣註不分卷**　(清)□□輯　清耕經樓刻本　四冊

360000－1901－0035477　405008
新增詳註韻對屑玉三卷　(清)歐達徹輯　(清)鍾映雪　(清)唐祖澤注　清刻本　二冊

360000－1901－0035478　405008－1
新增詳註韻對屑玉三卷　(清)歐達徹輯　(清)鍾映雪　(清)唐祖澤注　清刻本　一冊　存二卷(二至三)

360000－1901－0035479　804822
新增詳註韻對屑玉三卷　(清)歐達徹輯　(清)鍾映雪　(清)唐祖澤注　清刻本　一冊　存一卷(下)

360000－1901－0035480　411041
新增雅聯紺珠二卷　(清)張青選輯　清嘉慶十九年(1814)簡文堂刻本　一冊

360000－1901－0035481　411041－1
新增雅聯紺珠二卷　(清)張青選輯　清嘉慶十九年(1814)簡文堂刻本　一冊

360000－1901－0035482　420867
新增醫方湯頭歌訣一卷經絡歌訣一卷　(清)汪昂撰　清末上海文瑞樓石印本　一冊

360000－1901－0035483　420320
新增醫書　(清)文盛堂輯　清光緒三十一年(1905)上海文盛堂石印本　一冊　存七種

360000－1901－0035484　603981
新增幼學瓊林白話註解四卷　(明)程登吉撰　(清)鄒聖脈增補　清末石印本　一冊　存三卷(一至三)

360000－1901－0035485　404731
新增願體集四卷　(清)史典輯　(清)李仲麟

重輯　清刻本　一冊　存二卷(三至四)

360000－1901－0035486　404731－1
新增願體集四卷　(清)史典輯　(清)李仲麟重輯　清刻本　一冊　存二卷(三至四)

360000－1901－0035487　404740
新增願體集四卷　(清)史典輯　(清)李仲麟重輯　清刻本　三冊　存三卷(一至二、四)

360000－1901－0035488　802615
新增願體集四卷　(清)史典輯　(清)李仲麟重輯　清刻本　一冊　存二卷(三至四)

360000－1901－0035489　404742
新增願體集四卷　(清)史典輯　(清)李仲麟重輯　清乾隆六十年(1795)刻本　一冊　存二卷(一至二)

360000－1901－0035490　715814
新增注釋目耕齋初集不分卷二集不分卷三集不分卷　(清)徐楷評　(清)沈叔眉選　清末石印本　六冊

360000－1901－0035491　301119
新齊諧二十四卷　(清)袁枚撰　清隨園刻本　八冊

360000－1901－0035492　304654
新政三場備要六卷　(清)陳忠倚輯　清末石印本　一冊　存一卷(六)

360000－1901－0035493　401933
新政新學科卷不分卷　(清)陶緒曾等撰　清光緒二十八年(1902)上海石印本　一冊

360000－1901－0035494　304652
新政應試必讀六卷　(清)顧厚焜輯　清光緒石印本　六冊　存五卷(二至六)

360000－1901－0035495　405866
新政應試必讀六卷　(清)顧厚焜輯　清末石印本　二冊　存二卷(五至六)

360000－1901－0035496　900959
新政應試必讀六卷　(清)顧厚焜輯　清末石印本　五冊　存五卷(一至五)

360000－1901－0035497　900959－1
新政應試必讀六卷　(清)顧厚焜輯　清末石印本　一冊　存一卷(二)

360000－1901－0035498　900959－2
新政應試必讀六卷　(清)顧厚焜輯　清末石印本　二冊　存二卷(二至三)

360000－1901－0035499　901336
新政應試必讀六種　(清)顧厚焜輯　清光緒二十八年(1902)求己齋石印本　五冊　存五種

360000－1901－0035500　401897
新政應試必讀六種　(清)顧厚焜輯　清光緒二十七年(1901)木活字印本　八冊　存五種

360000－1901－0035501　900998
新政應試必要初編　(清)薛福成輯　清光緒二十八年(1902)石印本　五冊　存四種

360000－1901－0035502　901337
新政應試必要初編　(清)薛福成輯　清光緒二十八年(1902)石印本　四冊　存四種

360000－1901－0035503　300316
新政真詮六編　何啓　胡禮垣撰　清光緒二十七年(1901)格致新報館鉛印本　六冊

360000－1901－0035504　401922
新政真詮六編　何啓　胡禮垣撰　清光緒二十七年(1901)吳雲記廣譯書局鉛印本　一冊　存一編(五)

360000－1901－0035505　304655
新政真詮六編　何啓　胡禮垣撰　清光緒石印本　一冊　存一編(三)

360000－1901－0035506　802171
新註二度梅奇説全集六卷四十回　(清)惜陰堂主人撰　(清)繡虎堂主人評　清刻本　二冊　存二卷(二至三)二十回(十一至三十)

360000－1901－0035507　305234
新撰代數學講義十五章　丁福保撰　清光緒三十二年(1906)上海科學編譯局石印本　一冊　存八章(一至八)

360000－1901－0035508　164123

新撰歐羅巴政治史四卷　（日本）幸田友成撰　（清）新是謀者譯　清光緒二十八年（1902）上海學海書局鉛印本　四冊

360000－1901－0035509　803107

新撰無頭公案風流眼前報奇傳不分卷　（□）□□撰　清末石印本　一冊

360000－1901－0035510　804232

新撰有福人耍孩兒歌一卷洗心歌一卷冷醒醐一卷　（清）一經軒主人輯　清同治刻本　一冊

360000－1901－0035511　417430

新纂簡捷易明算法四卷首一卷　（清）沈士桂撰　清刻本　一冊

360000－1901－0035512　417430－1

新纂簡捷易明算法四卷首一卷　（清）沈士桂撰　清刻本　二冊

360000－1901－0035513　417430－2

新纂簡捷易明算法四卷首一卷　（清）沈士桂撰　清刻本　一冊　存二卷（三至四）

360000－1901－0035514　417436

新纂簡捷易明算法四卷首一卷　（清）沈士桂撰　清刻本　三冊　存三卷（二至四）

360000－1901－0035515　804497

新纂簡捷易明算法四卷首一卷　（清）沈士桂撰　清刻本　一冊　存二卷（三至四）

360000－1901－0035516　804695

新纂簡捷易明算法四卷首一卷　（清）沈士桂撰　清刻本　一冊　存一卷（一）

360000－1901－0035517　230025

新纂門目五臣音注揚子法言十卷　（漢）揚雄撰　（晉）李軌　（唐）柳宗元　（宋）宋咸　（宋）吳祕　（宋）司馬光注　明嘉靖十二年（1533）顧春世德堂刻六子書本　四冊

360000－1901－0035518　230026

新纂門目五臣音注揚子法言十卷　（漢）揚雄撰　（晉）李軌　（唐）柳宗元　（宋）宋咸　（宋）吳祕　（宋）司馬光注　明桐陰書屋刻六子書本　三冊

360000－1901－0035519　303400

新纂門目五臣音註揚子法言十卷　（漢）揚雄撰　（晉）李軌　（唐）柳宗元　（宋）宋咸　（宋）吳祕　（宋）司馬光注　清嘉慶九年（1804）姑蘇聚文堂刻本　一冊

360000－1901－0035520　400771

新纂氏族箋釋八卷　（清）熊峻運撰　清寶翰樓刻本　四冊

360000－1901－0035521　120298

新纂氏族箋釋八卷　（清）熊峻運撰　清光緒七年（1881）文奎堂刻本　六冊

360000－1901－0035522　603397

新纂氏族箋釋八卷　（清）熊峻運撰　清光緒七年（1881）文奎堂刻本　五冊　存七卷（一至七）

360000－1901－0035523　400769

新纂氏族箋釋八卷　（清）熊峻運撰　清刻本　二冊　存五卷（三至七）

360000－1901－0035524　400773

新纂氏族箋釋八卷　（清）熊峻運撰　清刻本　四冊

360000－1901－0035525　400774

新纂氏族箋釋八卷　（清）熊峻運撰　清刻本　四冊

360000－1901－0035526　400775

新纂氏族箋釋八卷　（清）熊峻運撰　清刻本　一冊　存二卷（三至四）

360000－1901－0035527　400778

新纂氏族箋釋八卷　（清）熊峻運撰　清刻本　四冊

360000－1901－0035528　400779

新纂氏族箋釋八卷　（清）熊峻運撰　清刻本　二冊　存四卷（五至八）

360000－1901－0035529　400780－1

新纂氏族箋釋八卷　（清）熊峻運撰　清刻本

一册　存二卷(七至八)

360000－1901－0035530　400803－1
新纂氏族箋釋八卷　(清)熊峻運撰　清刻本　一册　存四卷(五至八)

360000－1901－0035531　603150
新纂氏族箋釋八卷　(清)熊峻運撰　清刻本　一册　存一卷(六)

360000－1901－0035532　400766
新纂氏族箋釋八卷　(清)熊峻運撰　清乾隆刻本　五册　存六卷(二至七)

360000－1901－0035533　400767
新纂氏族箋釋八卷　(清)熊峻運撰　清乾隆刻本　三册　存五卷(四至八)

360000－1901－0035534　400768
新纂氏族箋釋八卷　(清)熊峻運撰　清乾隆刻本　二册　存三卷(五至七)

360000－1901－0035535　400770
新纂氏族箋釋八卷　(清)熊峻運撰　清乾隆十三年(1748)刻本　三册

360000－1901－0035536　220392
新纂氏族箋釋八卷　(清)熊峻運撰　清乾隆十三年(1748)學畲堂刻本　五册　缺三卷(六至八)

360000－1901－0035537　400764
新纂氏族箋釋八卷　(清)熊峻運撰　清乾隆四年(1739)刻本　二册

360000－1901－0035538　400765
新纂氏族箋釋八卷　(清)熊峻運撰　清乾隆四年(1739)刻本　七册

360000－1901－0035539　413871
新纂氏族箋釋八卷　(清)熊峻運撰　清乾隆四十二年(1777)刻本　一册　存四卷(一至四)

360000－1901－0035540　400763
新纂氏族箋釋八卷　(清)熊峻運撰　清乾隆四十年(1775)刻本　四册

360000－1901－0035541　220393
新纂氏族箋釋八卷　(清)熊峻運撰　清乾隆四十三年(1778)三和堂刻本　四册

360000－1901－0035542　120300
新纂氏族箋釋八卷　(清)熊峻運撰　清文秀堂刻本　四册

360000－1901－0035543　400777
新纂氏族箋釋八卷　(清)熊峻運撰　清文秀堂刻本　二册

360000－1901－0035544　400772
新纂氏族箋釋八卷　(清)熊峻運撰　清務本堂刻本　二册

360000－1901－0035545　400776
新纂氏族箋釋八卷　(清)熊峻運撰　清務本堂刻本　七册　存七卷(一、三至八)

360000－1901－0035546　250147
新纂氏族箋釋八卷　(清)熊峻運撰　清雍正二年(1724)刻本　八册

360000－1901－0035547　400780
新纂氏族箋釋八卷　(清)熊峻運撰　清友于堂刻本　一册　存四卷(五至八)

360000－1901－0035548　164138
新纂約章大全七十三卷續二卷　(清)陸鳳石編　清宣統元年(1909)南洋官書局石印本　五十册

360000－1901－0035549　412842
馨秋遺稿一卷　(清)黄桂姑撰　清宣統二年(1910)鉛印本　一册

360000－1901－0035550　240175
鐔津文集十九卷　(宋)釋契嵩撰　明萬曆三十五年(1607)徑山寂照庵刻徑山藏本　四册

360000－1901－0035551　413968
鐔津文集十九卷　(宋)釋契嵩撰　清光緒二十八年(1902)揚州藏經院刻本　四册

360000－1901－0035552　121225
信古樓詩草一卷　(明)黄之俊撰　清嘉慶八年(1803)刻本　一册

360000－1901－0035553　803293
信彙底不分卷(光緒二十五年)　(清)□□輯　清抄本　一冊

360000－1901－0035554　123517
信江書院志十卷首一卷　(清)鍾世楨輯　清同治六年(1867)刻本　一冊

360000－1901－0035555　311668
信江書院志十卷首一卷　(清)鍾世楨輯　清同治六年(1867)刻本　三冊　存六卷(五至十)

360000－1901－0035556　721208
信江書院志十卷首一卷　(清)鍾世楨輯　清同治六年(1867)刻本　一冊　存五卷(一至四、首一卷)

360000－1901－0035557　417378
信心應驗錄十卷　(清)劉山英撰　清醉仙亭刻本　二冊　存二卷(六、九)

360000－1901－0035558　305119
信徵全集三十二卷　(清)段永源撰　清同治九年(1870)刻本　三冊　存六卷(前集二卷、復集二卷、紀集二卷)

360000－1901－0035559　309513
信徵全集三十二卷　(清)段永源撰　清同治九年(1870)刻本　九冊

360000－1901－0035560　316394
信徵又集二卷　(清)段永源撰　清同治六年(1867)刻本　一冊

360000－1901－0035561　121191
星槎先生遺集六卷　(清)程作舟撰　清刻本　六冊

360000－1901－0035562　121190
星湖詩集二十七卷對聯一卷　(清)曹龍樹撰　**星湖如皋攀轅集一卷**　(清)韓城師輯　**曹星湖先生年譜一卷**　(清)陳詩庭撰　清嘉慶四年(1799)七松園刻本　九冊

360000－1901－0035563　121189
星湖詩集十六卷　(清)曹龍樹撰　清嘉慶元年(1796)七松園刻本　六冊

360000－1901－0035564　417283
星經二卷　(漢)甘公　(漢)石申撰　**荆楚歲時記一卷**　(南朝梁)宗懍撰　清光緒二十年(1894)藝文書局刻本　一冊

360000－1901－0035565　802991
星命須知一卷御定萬年書一卷　(清)□□編　清光緒刻本　一冊

360000－1901－0035566　417194
星平大成七卷　(清)沈義方輯　清刻本　一冊　存二卷(六至七)

360000－1901－0035567　417194－1
星平大成七卷　(清)沈義方輯　清刻本　一冊　存二卷(六至七)

360000－1901－0035568　417206
星平集腋統宗四卷　(清)廖冀亨輯　清嘉慶十九年(1814)刻本　一冊　存一卷(一)

360000－1901－0035569　803452
星平起例一卷王醒凡先生形氣指南一卷全補發微人統曆正通書一卷　(清)□□輯　清抄本　一冊

360000－1901－0035570　417193
星算補遺　(清)董毓琦撰　清同治五年(1866)髀算山房刻光緒十二年(1886)續刻本　二冊　存五種

360000－1901－0035571　417197
星算補遺　(清)董毓琦撰　清同治五年(1866)髀算山房刻光緒十二年(1886)續刻本　一冊　存五種

360000－1901－0035572　241406
星源汪烈女詩文合集不分卷　(清)汪宗海輯　清乾隆三年(1738)曉川務本堂刻本　一冊

360000－1901－0035573　405076
星齋文稾初刻不分卷二刻不分卷　(清)陳兆崙撰　清嘉慶刻本　四冊

360000－1901－0035574　414131
星齋文稾初刻不分卷二刻不分卷三刻不分卷

（清）陳兆崙撰　清光緒二十年（1894）湖南書局刻本　七冊

360000－1901－0035575　803946
星宗秘要不分卷　（□）□□撰　清抄本　一冊

360000－1901－0035576　301424
惺諟齋初稿十卷　喻長霖撰　清宣統三年（1911）鉛印本　六冊

360000－1901－0035577　315702
惺諟齋初稿十卷　喻長霖撰　清宣統三年（1911）鉛印本　六冊

360000－1901－0035578　802828
惺園氏詩鈔不分卷　（清）惺園氏輯　清惺園氏抄本　一冊

360000－1901－0035579　406399
刑案成式十卷　（清）孟慶雲輯　清光緒三年（1877）墨池書屋刻本　十冊

360000－1901－0035580　406405
刑案匯覽六十卷首一卷末一卷拾遺備考一卷　（清）祝慶祺輯　清道光十四年（1834）刻本　八冊　存八卷（一至五、七至九）

360000－1901－0035581　406404
刑案匯覽六十卷首一卷末一卷拾遺備考一卷　（清）祝慶祺輯　清刻本　十二冊　存十二卷（十二至十三、十九、二十八至三十、四十四、四十六、五十二、五十五至五十六、六十）

360000－1901－0035582　408730
景岳全書六十四卷　（明）張介賓撰　清刻本　四冊　存十五卷（十三至十六、三十五至三十九、五十三至五十四、六十一至六十四）

360000－1901－0035583　305019
刑部比照加減成案三十二卷首一卷　（清）許槤　（清）熊莪輯　清道光十四年（1834）刻本　一冊　存二卷（二十五至二十六）

360000－1901－0035584　310344
刑部比照加減成案三十二卷首一卷　（清）許槤　（清）熊莪輯　清道光十四年（1834）刻本　十五冊　存三十一卷（一至二十四、二十七至三十二，首一卷）

360000－1901－0035585　311912
刑部比照加減成案三十二卷首一卷　（清）許槤　（清）熊莪輯　清刻本　十六冊

360000－1901－0035586　406396
刑部比照加減成案續編三十二卷　（清）許槤輯　清道光二十三年（1843）刻本　十六冊

360000－1901－0035587　706397
刑部駁案彙鈔八卷　（清）丁湘錦撰　清乾隆二十九年（1764）刻本　六冊　存七卷（一、三至八）

360000－1901－0035588　706398
刑部駁案提要八卷　（清）魏茗盧輯　清求生堂刻本　三冊　存六卷（一至二、五至八）

360000－1901－0035589　417034
刑部駁案新抄不分卷（乾隆三十四年至四十八年）　（清）鄧晅輯　清刻本　十二冊

360000－1901－0035590　406382
刑部條例不分卷（乾隆二十七年至三十一年）　（清）刑部輯　清刻本　八冊

360000－1901－0035591　800293
刑律不分卷　（清）程彝輯　清道光二年（1822）抄本　一冊

360000－1901－0035592　300996
刑律平議彙編一卷　（清）□□編　清末鉛印本　一冊

360000－1901－0035593　120519
刑名一得二卷　（清）白如珍撰　清道光十二年（1832）刻本　一冊

360000－1901－0035594　706394
刑錢必覽十卷　（清）王又槐撰　清嘉慶十九年（1814）刻本　四冊

360000－1901－0035595　706395
刑錢必覽十卷　（清）王又槐撰　清刻本　一冊　存二卷（一至二）

360000－1901－0035596　714855
刑錢必覽十卷　（清）王又槐撰　清刻本　一冊　存二卷（三至四）

360000－1901－0035597　714856
刑錢必覽十卷　（清）王又槐撰　清刻本　二冊　存五卷（三至四、八至十）

360000－1901－0035598　120663
形景龕三漢碑執一卷　（清）高心夔撰　清光緒七年（1881）刻本　一冊

360000－1901－0035599　303741
形學備旨全草十卷首一卷　（美國）狄考文選譯　（清）鄒立文筆述　（清）壽孝天衍補　清光緒三十一年（1905）石印本　六冊

360000－1901－0035600　305020
形學備旨全草十卷首一卷　（美國）狄考文選譯　（清）鄒立文筆述　（清）壽孝天衍補　清光緒三十一年（1905）石印本　四冊　存七卷（一至六、首一卷）

360000－1901－0035601　416419
形學備旨全草十卷首一卷　（美國）狄考文選譯　（清）鄒立文筆述　（清）壽孝天衍補　清光緒三十一年（1905）石印本　四冊　存七卷（一至六、首一卷）

360000－1901－0035602　162346
形學備旨十卷開端一卷　（美國）狄考文選譯　（清）鄒立文筆述　清光緒二十八年（1902）上海美華書館鉛印本　二冊

360000－1901－0035603　162347
形學備旨十卷開端一卷　（美國）狄考文選譯　（清）鄒立文筆述　清光緒二十八年（1902）上海美華書館鉛印本　二冊

360000－1901－0035604　162348
形學備旨十卷開端一卷　（美國）狄考文選譯　（清）鄒立文筆述　清光緒二十八年（1902）上海美華書館鉛印本　二冊

360000－1901－0035605　416420
形學備旨十卷開端一卷　（美國）狄考文選譯　（清）鄒立文筆述　清光緒二十八年（1902）上海美華書館鉛印本　二冊

360000－1901－0035606　416421
形學備旨十卷開端一卷　（美國）狄考文選譯　（清）鄒立文筆述　清光緒二十八年（1902）上海美華書館鉛印本　二冊

360000－1901－0035607　416422
形學備旨十卷開端一卷　（美國）狄考文選譯　（清）鄒立文筆述　清光緒二十九年（1903）上海美華書館鉛印本　二冊

360000－1901－0035608　317735
形學備旨十卷開端一卷　（美國）狄考文選譯　（清）鄒立文筆述　清光緒二十四年（1898）上海益智書會石印本　一冊

360000－1901－0035609　301048
形學備旨十卷開端一卷　（美國）狄考文選譯　（清）鄒立文筆述　清光緒三十年（1904）上海美華書館鉛印本　二冊

360000－1901－0035610　301055
形學備旨習題詳草八卷　（清）徐樹勳輯　清光緒三十一年（1905）刻本　四冊

360000－1901－0035611　417578
醒迷錄不分卷　（□）□□撰　清光緒十七年（1891）刻本　一冊

360000－1901－0035612　421679
醒世姻緣傳一百回　（清）西周生撰　清刻本（一至六回配清同德堂刻本）　九冊　存四十回（一至六、八至十一、十六至二十七、三十七至四十、四十六至五十、七十九至八十七）

360000－1901－0035613　603856
醒世真言不分卷　（清）劉映華撰　清光緒八年（1882）刻本　一冊

360000－1901－0035614　603856－1
醒世真言不分卷　（清）劉映華撰　清光緒八年（1882）刻本　一冊

360000－1901－0035615　407187
醒心藥石一卷　（明）楊繼益撰　清嘉慶十九

年(1814)刻本　二冊

360000－1901－0035616　413325
醒予山房文存九卷師友贈言一卷何有錄一卷續何有錄一卷　(清)劉愚撰　清同治十三年(1874)刻本　一冊　存一卷(續何有錄一卷)

360000－1901－0035617　122335
醒予山房文存九卷師友贈言一卷何有錄一卷續何有錄一卷　(清)劉愚撰　清同治元年(1862)刻四年(1865)續刻本　九冊

360000－1901－0035618　122336
醒予山房文存六卷　(清)劉愚撰　清同治元年(1862)刻本　三冊

360000－1901－0035619　902469
杏紅第詩草一卷　(清)李如虹撰　清咸豐五年(1855)刻本　一冊

360000－1901－0035620　122829
杏花雙燕圖詠不分卷　(清)吳嵩梁撰　清宣統三年(1911)石印本　一冊

360000－1901－0035621　803828
杏林秘訣不分卷　(清)□□輯　清抄本　一冊

360000－1901－0035622　803993
杏圃氏接錄不分卷(清嘉慶二十四年至道光四年)　(清)□□輯　稿本　一冊

360000－1901－0035623　801058
杏溪傅氏禹貢集解二卷　(宋)傅寅撰　清康熙刻通志堂經解本　二冊

360000－1901－0035624　402079
幸魯盛典四十卷　(清)孔毓圻等纂修　清康熙五十年(1711)刻本　十一冊　存二十九卷(一至十七、二十五至二十六、二十九至三十、三十三至四十)

360000－1901－0035625　230063
性理標題彙要二十二卷　(明)詹淮輯　(明)陳仁錫訂正　明末刻本　十冊　缺七卷(一至三、十二至十五)

360000－1901－0035626　230062
性理標題綜要二十二卷　(明)詹淮輯　(明)陳仁錫訂正　明崇禎刻本　三冊　存五卷(十一、十九至二十二)

360000－1901－0035627　163127
性理標題綜要二十二卷　(明)詹淮輯　(明)陳仁錫訂正　清刻本　六冊　存十八卷(一至十八)

360000－1901－0035628　416300－2
性理大全書七十卷　(明)胡廣等撰　明刻本　二冊　存四卷(二十二至二十三、五十六至五十七)

360000－1901－0035629　416301
性理大全書七十卷　(明)胡廣等撰　明刻本　八冊　存十七卷(六至八、十至十一、十六至十七、二十二至二十三、二十六至二十七、五十七至五十八、六十三至六十四、六十七至六十八)

360000－1901－0035630　230054
性理大全書七十卷　(明)胡廣等撰　明內府刻清康熙十二年(1673)重修本　十八冊

360000－1901－0035631　230055
性理大全書七十卷　(明)胡廣等撰　明內府刻清康熙十二年(1673)重修本　一冊　存二卷(五十至五十一)

360000－1901－0035632　601897
性理大全書七十卷　(明)胡廣等撰　清刻本　二冊　存七卷(四十三至四十六、六十至六十二)

360000－1901－0035633　714153
性理大全書七十卷　(明)胡廣等撰　清刻本　一冊　存二卷(六至七)

360000－1901－0035634　416353
性理集論新編不分卷　(清)文運昌編　清刻本　一冊

360000－1901－0035635　416353－1
性理集論新編不分卷　(清)文運昌編　清刻本　一冊

360000－1901－0035636　416353－2
性理集論新編不分卷　(清)文運昌編　清刻本　一册

360000－1901－0035637　418396
性理節摘粹言十卷　(明)吕柟輯　清抄本　一册　存三卷(一至三)

360000－1901－0035638　416355
性理論不分卷　(清)□□輯　清刻本　一册

360000－1901－0035639　230082
性理羣書十四卷　(宋)熊節輯　(宋)熊剛大集解　(明)吳訥補注　明刻本　二册　存七卷(八至十四)

360000－1901－0035640　416359
性理體註說約大全要解八卷　(清)林時對　(清)章鶴鳴輯　**新刊性理大全八卷**　(宋)周敦頤等撰　清刻本　二册

360000－1901－0035641　416359－1
性理體註說約大全要解八卷　(清)林時對　(清)章鶴鳴輯　**新刊性理大全八卷**　(宋)周敦頤等撰　清刻本　一册　存十卷(性理體註說約大全要解一至五、新刊性理大全一至五)

360000－1901－0035642　803132
性理體註說約大全要解八卷　(清)林時對　(清)章鶴鳴輯　**新刊性理大全八卷**　(宋)周敦頤等撰　清刻本　一册　存八卷(性理體註說約大全要解一至四、新刊性理大全一至四)

360000－1901－0035643　416360
性理體註訓解標題八卷　(清)張道升　(清)仇廷桂輯　(清)吕從律增訂　**新刊性理大全八卷**　(宋)周敦頤等撰　清乾隆二十八年(1763)懷德堂刻本　三册　存十二卷(性理體註訓解標題一至三、六至八,新刊性理大全一至三、六至八)

360000－1901－0035644　900947
性理體註訓解標題八卷　(清)張道升　(清)仇廷桂輯　(清)吕從律增訂　**新刊性理大全八卷**　(宋)周敦頤等撰　(宋)朱熹注　清刻本　一册　存二卷(性理體註訓解標題六、新刊性理大全六)

360000－1901－0035645　416358
性理字訓一卷　(宋)程端蒙撰　(宋)程若庸補輯　**朱子三書三卷**　(宋)朱熹撰　清初刻本　一册

360000－1901－0035646　230630
性命雙修萬神圭旨四卷　(□)□□撰　清抄本　四册

360000－1901－0035647　230629
性命雙脩萬神圭旨四卷　(□)□□撰　清康熙九年(1670)刻本　四册

360000－1901－0035648　416376
性命雙脩萬神圭旨四卷　(□)□□撰　清刻本　四册

360000－1901－0035649　305046
性命微言一卷　(□)伯陽子撰　(清)劉阮注　清宣統三年(1911)刻本　一册

360000－1901－0035650　120950
性書五卷　(清)揭暄撰　清咸豐九年(1859)濠塘刻本　一册

360000－1901－0035651　304235
性相通說一卷　(明)釋德清撰　清同治十二年(1873)金陵刻經處刻本　一册

360000－1901－0035652　310246
性相通說一卷　(明)釋德清撰　清同治十二年(1873)金陵刻經處刻本　一册

360000－1901－0035653　307947
性學閑筆語錄次集二卷　(清)鄧逢光撰　清刻本　二册

360000－1901－0035654　416371
性中天遺訓後集二卷　(清)鄧逢光撰　清道光二十七年(1847)刻厚庵鄧夫子遺書本　一册　存一卷(一)

360000－1901－0035655　220388
姓氏譜纂七卷　(明)李日華撰　明崇禎元年

(1628)武林魯氏刻四六全書本　一册　缺三卷(一至三)

360000－1901－0035656　220389
姓氏譜纂七卷　(明)李日華撰　明崇禎元年(1628)武林魯氏刻四六全書本　一册　缺三卷(一至三)

360000－1901－0035657　220390
姓氏譜纂七卷　(明)李日華撰　明崇禎元年(1628)武林魯氏刻四六全書本　一册　缺三卷(一至三)

360000－1901－0035658　308690
姓氏譜纂七卷　(明)李日華撰　明末刻本　四册

360000－1901－0035659　400803
姓氏詳註四卷　(清)周魯輯　清刻本　四册

360000－1901－0035660　210498
興國縣鄉土韻語一卷　私立崇禮學校編　民國抄本　一册

360000－1901－0035661　301236
熊容齋試館會錄一卷　(□)□□撰　清光緒木活字印本　一册

360000－1901－0035662　301240
熊氏大宗祠崇祭祀錄一卷　(□)□□纂修　清嘉慶十六年(1811)刻本　一册

360000－1901－0035663　301241
熊氏觀察會續修祀錄一卷　(□)□□纂修　清光緒三十二年(1906)木活字印本　一册

360000－1901－0035664　408514
熊氏痾症一卷　(清)熊家驥撰　**楊氏喉科一卷**　(清)楊觀成撰　清同治元年(1862)清江楊觀成堂刻本　一册

360000－1901－0035665　301242
熊氏人文會一卷　(□)□□撰　清嘉慶十六年(1811)刻本　一册

360000－1901－0035666　301243
熊氏塾課會錄一卷　(□)□□撰　清嘉慶二十三年(1818)刻本　一册

360000－1901－0035667　301237
熊氏贊賢會錄一卷　(清)熊燮等撰　清同治九年(1870)照藜齋刻本　一册

360000－1901－0035668　901213
熊氏贊賢會錄一卷　(清)熊燮等撰　清同治九年(1870)照藜齋刻本　一册

360000－1901－0035669　122117
熊太史詩賦稿　(清)熊定飛撰　清嘉慶元年(1796)刻本　三册

360000－1901－0035670　301235
熊襄愍公尺牘四卷　(明)熊廷弼撰　清光緒二十一年(1895)刻本　三册

360000－1901－0035671　410689
熊襄愍公集十卷首一卷末一卷　(明)熊廷弼撰　清嘉慶十八年(1813)刻本　十册

360000－1901－0035672　163250
熊襄愍公集十卷首一卷末一卷　(明)熊廷弼撰　清同治三年(1864)刻本　十册

360000－1901－0035673　163251
熊襄愍公集十卷首一卷末一卷　(明)熊廷弼撰　清同治三年(1864)刻本　十册

360000－1901－0035674　711176
熊鍾陵傳文定本六卷　(清)丁愈敬評輯　清乾隆二十五年(1760)金陵致和堂刻本　二册

360000－1901－0035675　210336
熊子四書繹十二卷　(清)熊人霖撰　清順治五年(1648)刻本　六册

360000－1901－0035676　210337
熊子四書繹十二卷　(清)熊人霖撰　清順治五年(1648)刻本　六册

360000－1901－0035677　301387
休復居文集六卷詩集六卷附一卷　(清)毛嶽生撰　清道光二十四年(1844)刻本　四册

360000－1901－0035678　250097
修辭指南二十卷　(明)浦南金輯　明嘉靖三十六年(1557)浦氏五樂堂刻本　二册　存五卷(四至六、十三至十四)

360000－1901－0035679　721202
修復考棚志不分卷　(清)葉湛元纂修　清光緒十二年(1886)刻本　一冊

360000－1901－0035680　413321
修江冷吟二卷　(清)張廻瀾撰　清乾隆十七年(1752)刻本　一冊

360000－1901－0035681　805382
修立居初刻一卷二刻一卷　(清)潘宗碩撰　清光緒二十年(1894)潘静儉堂刻本　二冊

360000－1901－0035682　902189
修葺貢院號舍清冊不分卷　(清)□□輯　清刻本　一冊

360000－1901－0035683　417245
修身指南衍説一卷　(清)潤川撰　清光緒十九年(1893)刻本　一冊

360000－1901－0035684　121376
修省良規八卷　(清)吴思善輯　清道光二十二年(1842)刻本　四冊

360000－1901－0035685　310147
修習止觀坐禪法要二卷六妙法門一卷　(隋)釋智顗撰　清光緒十八年(1892)金陵刻經處刻本　一冊

360000－1901－0035686　406855
修習止觀坐禪法要二卷六妙法門一卷　(隋)釋智顗撰　清光緒十八年(1892)金陵刻經處刻本　一冊

360000－1901－0035687　406928
修習止觀坐禪法要二卷六妙法門一卷　(隋)釋智顗撰　清咸豐七年(1857)武林護國寺刻本　一冊

360000－1901－0035688　407217
修心轉性救劫回生不分卷　(清)□□輯　清光緒七年(1881)刻本　一冊

360000－1901－0035689　416744
修學篇不分卷　(日本)飯泉規矩三撰　蔣震方譯　清光緒二十八年(1902)上海廣智書局鉛印本　一冊

360000－1901－0035690　405699
修月山房詩集八卷　(清)胡嵩年撰　清刻本　四冊

360000－1901－0035691　121375
修月山房詩集八卷　(清)胡嵩年撰　清咸豐十年(1860)刻本　四冊

360000－1901－0035692　802657
修真入門道要不分卷　(□)□□撰　清初惕新抄本　一冊

360000－1901－0035693　300995
修正刑律案語不分卷　沈家本等編　清宣統修訂法律館鉛印本　二冊

360000－1901－0035694　805380
修竹齋時藝不分卷　(清)那清安撰　清道光十年(1830)刻本　二冊

360000－1901－0035695　900188
修竹齋試帖輯註一卷　(清)那清安撰　(清)張熙宇輯評　(清)王植桂輯注　清刻本　一冊

360000－1901－0035696　900189
修竹齋試帖輯註一卷　(清)那清安撰　(清)張熙宇輯評　(清)王植桂輯注　清刻本　一冊

360000－1901－0035697　900190
修竹齋試帖輯註一卷　(清)那清安撰　(清)張熙宇輯評　(清)王植桂輯注　清刻本　一冊

360000－1901－0035698　900191
修竹齋試帖輯註一卷　(清)那清安撰　(清)張熙宇輯評　(清)王植桂輯注　清刻本　一冊

360000－1901－0035699　305331
脩史試筆二卷　(清)藍鼎元撰　(清)曠敏本評　清刻本　一冊　存一卷(上)

360000－1901－0035700　417547－1
脩史試筆二卷　(清)藍鼎元撰　(清)曠敏本評　清刻本　一冊　存一卷(下)

360000－1901－0035701　417547
脩史試筆二卷　(清)藍鼎元撰　(清)曠敏本評　清同治四年(1865)刻鹿洲全集本　二册

360000－1901－0035702　417545－1
脩史試筆二卷　(清)藍鼎元撰　(清)曠敏本評　清雍正刻鹿洲全集本　二册　存一卷(上)

360000－1901－0035703　801837
脩竹吾廬詩稿一卷　(清)□□撰　清抄本　一册

360000－1901－0035704　900583
宿松汪氏兩世祟祀錄不分卷　(清)汪維誠(清)汪維淵撰　清同治刻本　一册

360000－1901－0035705　404633
袖東記二卷　余永濬撰　清光緒三十一年(1905)鉛印本　一册　存一卷(上)

360000－1901－0035706　302068
袖海樓文錄六卷　(清)黄汝成撰　清道光十八年(1838)西谿草廬刻本　一册

360000－1901－0035707　421759
袖裏金百中經□卷　(清)□□輯　清刻本　一册　存二卷(一至二)

360000－1901－0035708　160470
袖珍東山經解　(清)周封魯輯　清咸豐十年(1860)刻本　十册

360000－1901－0035709　150041
袖珍十三經註　(□)□□輯　清稽古樓刻本　四十册　存九種

360000－1901－0035710　705947
袖珍十三經註　(□)□□輯　清同治十二年(1873)稽古樓刻本　二十二册　存三種

360000－1901－0035711　411404
袖珍十三經註　(清)萬青銓校　清同治十二年(1873)稽古樓刻本　二十一册　存四種

360000－1901－0035712　411405
袖珍十三經註　(清)萬青銓校　清同治十二年(1873)稽古樓刻本　二十三册　存三種

360000－1901－0035713　712838
繡鐙問字圖題詞一卷皇清敕封孺人誥贈淑人旌表節孝顯祖妣倪太淑人行狀一卷　(清)陳方瀛輯　清同治十三年(1874)刻本　一册

360000－1901－0035714　412826
繡閣聯題六卷　(清)濤星裔撰　清光緒十六年(1890)分綠樓刻本　一册

360000－1901－0035715　403869
繡虎軒尺牘八卷二集八卷三集八卷　(清)曹煜撰　清芥子園刻本　六册　存十八卷(繡虎軒尺牘一至六、二集一至八、三集五至八)

360000－1901－0035716　900137
繡虎軒尺牘八卷二集八卷三集八卷　(清)曹煜撰　清芥子園刻本　一册　存四卷(三集一至四)

360000－1901－0035717　721565
繡刻演劇　(明)毛晉編　清刻本　二册　存五種

360000－1901－0035718　721566
繡刻演劇　(明)毛晉編　清刻本　三册　存六種

360000－1901－0035719　721579
繡刻演劇　(明)毛晉編　清刻本　一册　存三種

360000－1901－0035720　421669
繡像八美圖初集二十卷二集二十九卷　(□)□□撰　清同治三年(1864)芸香閣刻本　四册

360000－1901－0035721　421670
繡像八美圖五卷二十二回　(□)□□撰　清光緒四年(1878)刻本　二册

360000－1901－0035722　317420
繡像八美圖五卷二十二回　(□)□□撰　清刻本　四册

360000－1901－0035723　414695
繡像八美圖五卷二十二回　(□)□□撰　清刻本　一册

360000－1901－0035724　162080

繡像第八才子書白圭志四卷十六回　(清)崔象川撰　清裕德堂木活字印本　四册

360000－1901－0035725　421590

繡像封神演義八卷一百回　(明)許仲琳撰　清末簡青齋書局石印本　三册　存三卷(二至四)四十回(十一至五十)

360000－1901－0035726　804140

繡像封神演義十二卷一百回　(明)許仲琳撰　(明)鍾惺評　清末上海龍文書局石印本　一册　存一卷(五)十二回(五十一至六十二)

360000－1901－0035727　421589

繡像封神演義十二卷一百回　(明)許仲琳撰　(明)鍾惺評　清末石印本　七册　存七卷(二、五至八、十、十二)五十八回(七至十五、三十五至六十七、七十七至八十四、九十三至一百)

360000－1901－0035728　721824

繡像洪秀全演義四集五十四回　(清)黄小配撰　清末石印本　一册　存一集(四)五回(四十四至四十八)

360000－1901－0035729　902460

繡像後續楊家將文武曲包狄演義十四卷六十八回　(清)李雨堂撰　清刻本　七册　存十三卷(二至十四)六十五回(四至六十八)

360000－1901－0035730　902460－1

繡像後續楊家將文武曲包狄演義十四卷六十八回　(清)李雨堂撰　清刻本　一册　存一卷(十四)五回(六十四至六十八)

360000－1901－0035731　805089

繡像繪圖東晉演義八卷　(明)陳氏尺蠖齋評釋　清末石印本　四册

360000－1901－0035732　721286－1

繡像繪圖花月痕十六卷五十二回　(清)魏秀仁撰　(清)棲霞居士評　清末上海廣益書局石印本　一册　存一卷(三)六回(十九至二十四)

360000－1901－0035733　721282

繡像繪圖花月痕四卷五十二回　(清)魏秀仁撰　(清)棲霞居士評　清末上海廣益書局石印本　四册

360000－1901－0035734　721733

繡像繪圖天雨花二十卷六十回　(清)陶貞懷撰　清光緒石印本　二册　存八卷(五至八、十七至二十)四十四回(十三至二十四、二十九至六十)

360000－1901－0035735　721279

繡像繪圖續兒女英雄全傳八卷三十二回　(清)趙子衡撰　清光緒石印本　二册

360000－1901－0035736　162200

繡像京本雲合奇踪玉茗英烈全傳十卷八十回　(明)徐渭撰　清刻本　六册

360000－1901－0035737　413397

繡像京本雲合奇踪玉茗英烈全傳十卷八十回　(明)徐渭撰　清刻本　一册　存一卷(六)八回(四十三至五十)

360000－1901－0035738　413398

繡像京本雲合奇踪玉茗英烈全傳十卷八十回　(明)徐渭撰　清刻本　一册　存二卷(一至二)十四回(一至十四)

360000－1901－0035739　421584

繡像京本雲合奇踪玉茗英烈全傳十卷八十回　(明)徐渭撰　清刻本　二册　存五卷(三至七)四十二回(十七至五十八)

360000－1901－0035740　721557

繡像京本雲合奇踪玉茗英烈全傳十卷八十回　(明)徐渭撰　清刻本　七册　存七卷(二至五、七至八、十)五十八回(七至四十二、五十一至六十六、七十五至八十)

360000－1901－0035741　721558

繡像京本雲合奇踪玉茗英烈全傳十卷八十回　(明)徐渭撰　清刻本　四册　存四卷(七至十)三十回(五十一至八十)

360000－1901－0035742　721559

繡像京本雲合奇踪玉茗英烈全傳十卷八十回　(明)徐渭撰　清刻本　三冊　存六卷(五至十)四十六回(三十五至八十)

360000－1901－0035743　721560

繡像京本雲合奇踪玉茗英烈全傳十卷八十回　(明)徐渭撰　清刻本　三冊　存三卷(四、六至七)二十三回(二十七至三十三、四十三至五十八)

360000－1901－0035744　804723

繡像京本雲合奇踪玉茗英烈全傳四卷八十回　(明)徐渭撰　清末石印本　一冊　存一卷(四)十八回(六十三至八十)

360000－1901－0035745　421666－1

繡像精忠演義説岳全傳八卷八十回　(清)錢彩編　(清)金豐增訂　清末上海錦章書局石印本　一冊　存一卷(八)九回(七十二至八十)

360000－1901－0035746　312304

繡像精忠演義説岳全傳八卷八十回　(清)錢彩編　(清)金豐增訂　清末同文書局石印本　七冊

360000－1901－0035747　421666－2

繡像精忠演義説岳全傳十二卷八十回　(清)錢彩編　(清)金豐增訂　清末上海廣益書局石印本　一冊　存二卷(十一至十二)十三回(六十八至八十)

360000－1901－0035748　421668

繡像九美圖全傳十二卷七十五回　(清)曹春江撰　清刻本　九冊　存九卷(二至十)五十八回(六至六十三)

360000－1901－0035749　421532

繡像蘭花夢奇傳八卷六十八回　(清)吟梅山人撰　清光緒三十一年(1905)上海文元閣石印本　一冊　存一卷(一)四回(一至四)

360000－1901－0035750　162953

繡像蘭花夢奇傳八卷六十八回　(清)吟梅山人撰　清光緒三十一年(1905)上海文元閣書局石印本　八冊

360000－1901－0035751　803042

繡像蘭花夢奇傳八卷六十八回　(清)吟梅山人撰　清末鉛印本　一冊　存一卷(六)九回(四十二至五十)

360000－1901－0035752　421348

繡像六美圖四集七十六卷　(清)朱鏡江(清)章惟善撰　清同治九年(1870)刻本　六冊　存二十三卷(一集八至三十)

360000－1901－0035753　162512

繡像批點紅樓夢一百二十回　(清)曹霑(清)高鶚撰　清經元升記刻本　十六冊

360000－1901－0035754　401398

繡像批點紅樓夢一百二十回　(清)曹霑(清)高鶚撰　清刻本　十三冊　存九十七回(一至九十七)

360000－1901－0035755　401400

繡像批點紅樓夢一百二十回　(清)曹霑(清)高鶚撰　清刻本　九冊　存六十九回(二十二至五十、六十五至八十八、一百五至一百二十)

360000－1901－0035756　803033

繡像批評麟兒報四卷十六回　(□)□□撰　清刻本　一冊　存一卷(三)四回(八至十一)

360000－1901－0035757　803015

繡像評演接續後部濟公傳十二卷一百二十回　(清)郭廣瑞撰　清光緒三十二年(1906)簡青齋書局石印本　二冊　存二卷(五、七)五十九回(一至三十、六十一至八十九)

360000－1901－0035758　803036

繡像評演接續後部濟公傳十二卷一百二十回　(清)郭廣瑞撰　清末石印本　一冊　存一卷(六)三十回(三十一至六十)

360000－1901－0035759　162615

繡像全圖三國演義十六卷一百二十回　(明)羅本撰　(清)毛宗崗評　清光緒二十九年(1903)錦章書局石印本　八冊

360000－1901－0035760　900716

繡像全圖三國演義十六卷一百二十回 （明）羅本撰 （清）毛宗崗評 清末上海廣益書局石印本 二冊 存二卷（二、六）十七回（十一至十六、四十五至五十五）

360000－1901－0035761 900717
繡像全圖三國演義十六卷一百二十回 （明）羅本撰 （清）毛宗崗評 清末上海錦章書局石印本 二冊 存四卷（一至二、九至十）二十四回（一至八、五十七至七十二）

360000－1901－0035762 900732
繡像全圖三國演義十六卷一百二十回 （明）羅本撰 （清）毛宗崗評 清末石印本 二冊 存四卷（五至八）三十二回（二十五至五十六）

360000－1901－0035763 900710
繡像三國演義續編十二卷 （明）陳氏尺蠖齋評釋 清刻本 一冊 存二卷（七至八）

360000－1901－0035764 803014
繡像三國演義續編十二卷 （明）陳氏尺蠖齋評釋 清末鉛印本 一冊 存二卷（一至二）

360000－1901－0035765 803031
繡像三國演義續編十二卷 （明）陳氏尺蠖齋評釋 清末鉛印本 一冊 存一卷（四）

360000－1901－0035766 803034
繡像十美圖四十卷 （清）松筠氏撰 清刻本 一冊 存九卷（二十七至三十五）

360000－1901－0035767 802181
繡像説唐征西全傳六卷九十回 （□）□□撰 清末石印本 一冊

360000－1901－0035768 803013
繡像説唐征西全傳四卷九十回 （□）□□撰 清末石印本 一冊 存二卷（三至四）四十六回（四十五至九十）

360000－1901－0035769 721645
繡像宋史奇書十二卷六十六回 （□）□□撰 清末上海簡青齋書局石印本 六冊

360000－1901－0035770 721729
繡像王昭君和番雙鳳奇緣八卷八十回 （清）雪樵主人撰 清末石印本 一冊 存二卷（七至八）二十回（六十一至八十）

360000－1901－0035771 803212
繡像倭袍傳十二卷一百回 （清）海蘭濤撰 清抄本 一冊 存一卷（三）五回（十八至二十二）

360000－1901－0035772 421677
繡像醒世第二奇書十四卷十四回 （□）□□撰 清末石印本 一冊 存二卷（四至五）二回（四至五）

360000－1901－0035773 404738－1
繡像義妖傳六卷五十三回 （清）陳遇乾撰 清末石印本 一冊 存一卷（六）

360000－1901－0035774 404738
繡像義妖全傳四卷五十三回 （清）陳遇乾撰 清光緒十九年（1893）上海書局石印本 二冊 存二卷（一、四）三十回（一至十一、三十五至五十三）

360000－1901－0035775 421480
繡像永慶昇平二十四卷九十七回 （清）郭廣瑞撰 清光緒十八年（1892）鉛印本 七冊 存二十一卷（一至十二、十六至二十四）八十五回（一至四十六、五十九至九十七）

360000－1901－0035776 721650
繡像永慶昇平後傳四卷一百回 （清）貪夢道人撰 清末鑄記書局石印本 四冊

360000－1901－0035777 721650－1
繡像永慶昇平十二卷九十七回 （清）郭廣瑞撰 清末石印本 一冊 存三卷（四至六）二十九回（二十四至五十二）

360000－1901－0035778 162184
繡像永慶昇平十二卷九十七回 （清）郭廣瑞撰 **後傳十二卷一百回** （清）貪夢道人撰 清光緒二十九年（1903）簡青齋石印本 四冊

360000－1901－0035779 421483
繡像玉夔龍全傳六卷五十七回 （清）□□撰

清光緒十九年(1893)上海書局石印本　二冊　存二卷(二、五)十回(十六至二十一、四十一至四十四)

360000－1901－0035780　162970

繡像玉蜻蜓前傳八卷二十八回後傳八卷三十二回　(□)□□撰　清末石印本　二冊

360000－1901－0035781　722475

繡像征東全傳四卷四十二回　(□)□□撰　清末石印本　一冊　存一卷(二)十回(十二至二十一)

360000－1901－0035782　413895

覷花岡詩集八卷　(清)張望撰　清同治三年(1864)武寧刻本　二冊

360000－1901－0035783　120864

盱江先生全集三十七卷　(宋)李覯撰　清光緒十九年(1893)盱江書院刻本　八冊

360000－1901－0035784　120865

盱江先生全集三十七卷　(宋)李覯撰　清光緒十九年(1893)盱江書院刻本　六冊　存二十八卷(一至二十八)

360000－1901－0035785　240200

盱江先生全集三十七卷外集三卷　(宋)李覯撰　**盱江先生年譜一卷**　(宋)陳次公編　清康熙四年(1665)金谿李化鰲刻本　八冊

360000－1901－0035786　240201

盱江先生全集三十七卷外集三卷門人錄一卷　(宋)李覯撰　**附山甫先生藝文一卷**　(宋)李山甫撰　**盱江先生年譜一卷**　(宋)陳次公編　清雍正五年(1727)鶴城李氏刻十一年(1733)補刻本　十冊

360000－1901－0035787　240202

盱江先生全集三十七卷外集三卷門人錄一卷　(宋)李覯撰　**附山甫先生藝文一卷**　(宋)李山甫撰　**盱江先生年譜一卷**　(宋)陳次公編　清雍正五年(1727)鶴城李氏刻十一年(1733)補刻本　四冊

360000－1901－0035788　240203

盱江先生全集三十七卷外集三卷門人錄一卷　(宋)李覯撰　**附山甫先生藝文一卷**　(宋)李山甫撰　**盱江先生年譜一卷**　(宋)陳次公編　清雍正五年(1727)鶴城李氏刻十一年(1733)補刻本　十六冊　缺一卷(山甫先生藝文一卷)

360000－1901－0035789　421689

盱江先生全集三十七卷外集三卷門人錄一卷　(宋)李覯撰　**盱江先生年譜一卷**　(宋)陳次公編　清雍正五年(1727)鶴城李氏刻十一年(1733)補刻本　三冊　存十二卷(盱江先生全集一至四、三十五至三十七,外集三卷,門人錄一卷,盱江先生年譜一卷)

360000－1901－0035790　601288

盱江先生全集三十七卷外集三卷門人錄一卷　(宋)李覯撰　**盱江先生年譜一卷**　(宋)陳次公編　清雍正五年(1727)鶴城李氏刻十一年(1733)補刻本　六冊

360000－1901－0035791　601289

盱江先生全集三十七卷外集三卷門人錄一卷　(宋)李覯撰　**盱江先生年譜一卷**　(宋)陳次公編　清雍正五年(1727)鶴城李氏刻十一年(1733)補刻本　一冊　存四卷(盱江先生全集一至三、盱江先生年譜一卷)

360000－1901－0035792　601290

盱江先生全集三十七卷外集三卷門人錄一卷　(宋)李覯撰　**盱江先生年譜一卷**　(宋)陳次公編　清雍正五年(1727)鶴城李氏刻十一年(1733)補刻本　十冊　存四十卷(盱江先生全集三十七卷、外集三卷)

360000－1901－0035793　601291

盱江先生全集三十七卷外集三卷門人錄一卷　(宋)李覯撰　**盱江先生年譜一卷**　(宋)陳次公編　清雍正五年(1727)鶴城李氏刻十一年(1733)補刻本　六冊　存三十六卷(盱江先生全集一至三十五、盱江先生年譜一卷)

360000－1901－0035794　163479

胥溪朱氏文會堂詩鈔二卷　(清)朱美鏐輯　清咸豐元年(1851)胥溪朱氏刻本　一冊

360000－1901－0035795　301196
虛受堂文集十六卷書札二卷　王先謙撰　清光緒二十六年(1900)刻本　六冊

360000－1901－0035796　309797
虛受堂文集十五卷　王先謙撰　清光緒二十六年(1900)刻本　四冊

360000－1901－0035797　161438
虛齋名畫錄十六卷　(清)龐元濟撰　清宣統元年(1909)烏程龐氏申江刻本　十六冊

360000－1901－0035798　301200
虛直軒文集十卷外集六卷　(清)姚文然撰　清光緒十三年(1887)刻本　六冊

360000－1901－0035799　160906
虛字闡義三卷　(清)謝鼎卿撰　清刻本　一冊

360000－1901－0035800　802433
虛字會通法初編不分卷　(清)徐超撰　清光緒三十年(1904)上海羣學社鉛印本　一冊

360000－1901－0035801　406051
虛字會通法初編不分卷　(清)徐超撰　清光緒三十四年(1908)上海羣學社鉛印本　三冊

360000－1901－0035802　406052
虛字會通法續編不分卷　(清)徐超撰　清光緒三十三年(1907)上海羣學社鉛印本　三冊

360000－1901－0035803　406055
虛字說講義一卷　施崇恩輯　清光緒三十四年(1908)鉛印本　一冊

360000－1901－0035804　406046
虛字韻藪五卷　(清)潘維城輯　清道光二十八年(1848)棗陽縣署刻本　二冊

360000－1901－0035805　406047
虛字韻藪五卷　(清)潘維城輯　清道光二十八年(1848)棗陽縣署刻本　一冊

360000－1901－0035806　121783
須溪詞一卷補遺一卷　(宋)劉辰翁撰　清刻本　一冊

360000－1901－0035807　240409
須溪集七卷　(宋)劉辰翁撰　清抄本　一冊　存二卷(四至五)

360000－1901－0035808　122069
需次燕語一卷　(清)王朝璩撰　清刻本　一冊

360000－1901－0035809　122070
需次燕語一卷　(清)王朝璩撰　清刻本　一冊

360000－1901－0035810　301692
徐鼎臣詩集四卷附錄一卷　(宋)徐鉉撰　(清)袁寧珍輯　**三徐事實一卷**　(清)袁寧珍輯　清刻本　一冊

360000－1901－0035811　801054
徐鳳竹先生大學衍義補纂要六卷　(明)徐栻輯　(清)陳可先評閱　清刻本　一冊　存一卷(六)

360000－1901－0035812　408248
徐洄谿先生十三種　(清)徐大椿撰　清光緒二十二年(1896)珍藝書局鉛印本　十三冊

360000－1901－0035813　404277
徐烈婦詩鈔二卷附報素聞書并回文一卷　(清)吳宗愛撰　清同治十三年(1874)桐城吳氏雲鶴仙館刻本　一冊

360000－1901－0035814　301694
徐烈婦詩鈔二卷回文同心梔子鏡箔圖一卷附錄一卷　(清)吳宗愛撰　清咸豐二年(1852)刻本　一冊

360000－1901－0035815　408247
徐靈胎醫學全書　(清)徐大椿撰　清光緒三十二年(1906)上海六藝書局石印本　一冊　存二種

360000－1901－0035816　408243
徐靈胎醫學全書　(清)徐大椿撰　清末石印本　一冊　存四種

360000－1901－0035817　803516
徐靈胎醫學全書　(清)徐大椿撰　清末石印

本　一册　存二種

360000－1901－0035818　420595
徐批外科正宗十二卷　(明)陳實功撰　(清)徐大椿評　清光緒二十二年(1896)珍藝書局鉛印本　四册

360000－1901－0035819　162763
徐批葉天士先生方案真本一卷　(清)葉桂撰　(清)徐大椿批　清光緒十五年(1889)介石堂刻本　一册

360000－1901－0035820　408756
徐批葉天士先生方案真本一卷　(清)葉桂撰　(清)徐大椿批　清光緒十五年(1889)介石堂刻本　二册

360000－1901－0035821　418477
徐騎省集三十卷　(宋)徐鉉撰　**補遺一卷**　朱孔彰撰　**校勘記一卷**　(清)李英元撰　清光緒十六年至十九年(1890－1893)黟南李宗煝刻本　八册

360000－1901－0035822　301693
徐騎省集校勘記一卷　(清)李英元撰　清刻本　一册

360000－1901－0035823　402928－1
徐氏三種　(清)徐士業輯　清寶文堂刻本　一册

360000－1901－0035824　402928－2
徐氏三種　(清)徐士業輯　清富春堂刻本　一册

360000－1901－0035825　402926
徐氏三種　(清)徐士業輯　清光緒二十一年(1895)文奎堂刻本　一册

360000－1901－0035826　402928－5
徐氏三種　(清)徐士業輯　清金陵芸生堂刻本　一册

360000－1901－0035827　230122
徐氏三種　(清)徐士業輯　清康熙五年(1666)徐士業刻本　一册　存二種

360000－1901－0035828　402927
徐氏三種　(清)徐士業輯　清刻本　一册

360000－1901－0035829　402928－4
徐氏三種　(清)徐士業輯　清刻本　一册

360000－1901－0035830　160857
徐氏三種　(清)徐士業輯　清兩儀堂刻本　一册

360000－1901－0035831　402928
徐氏三種　(清)徐士業輯　清四教堂刻本　一册

360000－1901－0035832　402928－3
徐氏三種　(清)徐士業輯　清郁文堂刻本　一册

360000－1901－0035833　150743
徐氏醫書八種　(清)徐大椿撰　清大文堂刻本　十二册

360000－1901－0035834　150720
徐氏醫書八種　(清)徐大椿撰　清光緒十八年(1892)湖北官書處刻本　十二册

360000－1901－0035835　150719
徐氏醫書八種　(清)徐大椿撰　清光緒四年(1878)掃葉山房刻本　十二册

360000－1901－0035836　408242
徐氏醫書八種　(清)徐大椿撰　清光緒四年(1878)掃葉山房刻本　七册

360000－1901－0035837　408239
徐氏醫書八種　(清)徐大椿撰　清刻本　十四册

360000－1901－0035838　408244
徐氏醫書八種　(清)徐大椿撰　清末石印本　三册

360000－1901－0035839　408240
徐氏醫書六種　(清)徐大椿撰　清刻本　一册

360000－1901－0035840　408241
徐氏醫書六種　(清)徐大椿撰　清刻本　二册

360000－1901－0035841　408236
徐氏醫書六種　(清)徐大椿撰　清乾隆刻本　四冊

360000－1901－0035842　408237
徐氏醫書六種　(清)徐大椿撰　清同治十二年(1873)湖北崇文書局刻本　三冊

360000－1901－0035843　408238
徐氏醫書六種　(清)徐大椿撰　清同治十二年(1873)湖北崇文書局刻本　八冊

360000－1901－0035844　404914－1
徐氏雜著四種　(清)徐大椿撰　清光緒鉛印本　一冊

360000－1901－0035845　404914
徐氏雜著四種　(清)徐大椿撰　清光緒著易堂書局鉛印本　一冊

360000－1901－0035846　230232
徐氏鍼灸捷法六卷　(明)徐鳳編　明刻本　一冊　存一卷(三)

360000－1901－0035847　417653
徐位山六種　(清)徐文靖撰　清光緒二年(1876)刻本　二十三冊　存五種

360000－1901－0035848　150289
徐位山六種　(清)徐文靖撰　清雍正、乾隆志寧堂刻本　十八冊　存四種

360000－1901－0035849　421760
徐文長傳一卷　(明)陶望齡撰　清宣統三年(1911)石印本　一冊

360000－1901－0035850　312322
徐文長文集三十卷四聲猿一卷　(明)徐渭撰　(明)袁宏道評點　明刻本　二冊　存三卷(一至三)

360000－1901－0035851　240656
徐文長文集三十卷四聲猿一卷　(明)徐渭撰　(明)袁宏道評點　明萬曆四十二年(1614)鍾人傑刻本　七冊　缺一卷(四聲猿一卷)

360000－1901－0035852　240657
徐文長文集三十卷四聲猿一卷　(明)徐渭撰　(明)袁宏道評點　明萬曆四十二年(1614)鍾人傑刻本　六冊　缺一卷(四聲猿一卷)

360000－1901－0035853　305387
徐霞客遊記十卷　(明)徐弘祖撰　**外編一卷　補編一卷**　(清)葉廷甲輯　清光緒七年(1881)瘦影山房刻本　十八冊

360000－1901－0035854　313579
徐霞客遊記十卷　(明)徐弘祖撰　**外編一卷　補編一卷**　(清)葉廷甲輯　清光緒七年(1881)瘦影山房刻本　十冊

360000－1901－0035855　719991
徐霞客遊記十卷　(明)徐弘祖撰　**外編一卷　補編一卷**　(清)葉廷甲輯　清刻本　六冊　存七卷(三至七、九至十)

360000－1901－0035856　121546
徐先生手訂書經狐白集六卷首一卷　(明)徐大儀撰　清同治十三年(1874)大原琢玉堂刻本　六冊

360000－1901－0035857　301696
徐孝穆全集六卷　(南朝陳)徐陵撰　(清)吳兆宜箋注　**備考一卷**　(清)徐文炳撰　清光緒二年(1876)廣東翰墨園刻本　三冊

360000－1901－0035858　317203
徐孝穆全集六卷　(南朝陳)徐陵撰　(清)吳兆宜箋注　**備考一卷**　(清)徐文炳撰　清光緒二年(1876)廣東翰墨園刻本　六冊

360000－1901－0035859　301698
徐孝穆全集六卷　(南朝陳)徐陵撰　(清)吳兆宜箋注　**備考一卷**　(清)徐文炳撰　清光緒四年(1878)刻本　三冊

360000－1901－0035860　301699
徐孝穆全集六卷　(南朝陳)徐陵撰　(清)吳兆宜箋注　**備考一卷**　(清)徐文炳撰　清光緒四年(1878)刻本　三冊

360000－1901－0035861　163305
徐孝穆全集六卷　(南朝陳)徐陵撰　(清)吳兆宜箋注　**備考一卷**　(清)徐文炳撰　清刻

本　二册

360000－1901－0035862　411245
徐孝穆全集六卷　（南朝陳）徐陵撰　（清）吳兆宜箋注　**備考一卷**　（清）徐文炳撰　清乾隆十九年（1754）淮南阮學濬困學書屋刻本　二册

360000－1901－0035863　411246
徐孝穆全集六卷　（南朝陳）徐陵撰　（清）吳兆宜箋注　**備考一卷**　（清）徐文炳撰　清乾隆十九年（1754）淮南阮學濬困學書屋刻本　二册

360000－1901－0035864　301697
徐孝穆全集六卷　（南朝陳）徐陵撰　（清）吳兆宜箋注　**備考一卷**　（清）徐文炳撰　清揚州藝古堂刻本　四册

360000－1901－0035865　316683
徐州二遺民集十卷　（清）萬壽祺　（清）閻爾梅撰　清光緒十九年（1893）刻本　五册

360000－1901－0035866　316683－1
徐州二遺民集十卷　（清）萬壽祺　（清）閻爾梅撰　清光緒十九年（1893）刻本　五册

360000－1901－0035867　301691
徐州詩徵八卷　（清）桂中行輯　清光緒十七年（1891）刻本　四册

360000－1901－0035868　414075
徐州詩徵八卷　（清）桂中行輯　清光緒十七年（1891）刻本　四册

360000－1901－0035869　414076
徐州詩徵八卷　（清）桂中行輯　清光緒十七年（1891）刻本　四册

360000－1901－0035870　150448
鄦齋叢書　徐乃昌輯　清光緒二十六年（1900）南陵徐氏刻江蘇省揚州市古舊書店印本　二十四册

360000－1901－0035871　150449
鄦齋叢書　徐乃昌輯　清光緒二十六年（1900）南陵徐氏刻江蘇省揚州市古舊書店印本　十三册　存十五種

360000－1901－0035872　417493
鄦齋叢書　徐乃昌輯　清光緒二十六年（1900）南陵徐氏刻江蘇省揚州市古舊書店印本　二十四册

360000－1901－0035873　405448
湑葉文存不分卷　（清）牛梅樹撰　清同治三年（1864）刻本　二册

360000－1901－0035874　805101
湑葉文存不分卷　（清）牛梅樹撰　清同治三年（1864）刻本　三册

360000－1901－0035875　805102
湑葉文存不分卷　（清）牛梅樹撰　清同治三年（1864）刻本　二册

360000－1901－0035876　805103
湑葉文存不分卷　（清）牛梅樹撰　清同治三年（1864）刻本　一册

360000－1901－0035877　805200
湑葉文存不分卷　（清）牛梅樹撰　清同治三年（1864）刻本　二册

360000－1901－0035878　407814
絮春樹詩存一卷　（清）戴烜姒撰　清光緒三十一年（1905）石印本　一册

360000－1901－0035879　407814－1
絮春樹詩存一卷　（清）戴烜姒撰　清光緒三十一年（1905）石印本　一册

360000－1901－0035880　407908
絮春樹詩存一卷　（清）戴烜姒撰　清光緒三十一年（1905）石印本　一册

360000－1901－0035881　162054
續碑傳集八十六卷首二卷　繆荃孫纂　清宣統二年（1910）江楚編譯書局刻本　二十四册

360000－1901－0035882　405378
續碑傳集八十六卷首二卷　繆荃孫纂　清宣統二年（1910）江楚編譯書局刻本　二册　存七卷（十五至十八、七十七至七十九）

360000－1901－0035883　305338
續編各國通商條款四卷　(□)□□輯　清刻本　四册

360000－1901－0035884　305339
續編各國通商條款四卷　(□)□□輯　清刻本　四册

360000－1901－0035885　220168
續編資治宋元綱目大全二十七卷　(明)商輅等撰　明嘉靖三十六年(1557)吉澄刻本(卷十五配清抄本)　二十六册

360000－1901－0035886　164284
續編資治宋元綱目大全二十七卷　(明)商輅等撰　清刻本　六册　存十三卷(七至八、十三至二十三)

360000－1901－0035887　416424
續博物志十卷　(宋)李石撰　明刻本　一册　存五卷(一至五)

360000－1901－0035888　718358
續博物志十卷　(宋)李石撰　清光緒元年(1875)湖北崇文書局刻子書百家本　一册

360000－1901－0035889　230496
續博物志十卷　(宋)李石撰　清康熙七年(1668)新安汪氏據古今逸史刊版重編印秘書廿一種本　二册

360000－1901－0035890　416411
續博物志十卷　(宋)李石撰　清刻本　一册

360000－1901－0035891　416411－1
續博物志十卷　(宋)李石撰　清刻本　一册

360000－1901－0035892　220100
續藏書二十七卷　(明)李贄撰　(明)柴應槐　(明)錢萬國重訂　明刻本　十二册

360000－1901－0035893　220101
續藏書二十七卷　(明)李贄撰　(明)柴應槐　(明)錢萬國重訂　明末刻本(卷三至四配明萬曆三十九年刻本)　二册　存七卷(三至九)

360000－1901－0035894　400373
續春秋左氏傳博議二卷　(清)王夫之撰　清光緒二十八年(1902)上海書局石印本　一册

360000－1901－0035895　400372
續春秋左氏傳博議二卷　(清)王夫之撰　清光緒二十四年(1898)上海文瑞樓石印本　四册

360000－1901－0035896　161327
續春秋左氏傳博議二卷　(清)王夫之撰　清光緒二十五年(1899)申昌書莊石印本　一册

360000－1901－0035897　603184
續春秋左氏傳博議二卷　(清)王夫之撰　清光緒二十五年(1899)申昌書莊石印本　一册

360000－1901－0035898　400374
續春秋左氏傳博議二卷　(清)王夫之撰　清光緒簡青齋書局石印本　一册

360000－1901－0035899　603946
續春秋左氏傳博議二卷　(清)王夫之撰　清末石印本　一册

360000－1901－0035900　414856
續詞選二卷　(清)董毅輯　清同治六年(1867)刻本　二册

360000－1901－0035901　404777
續典林瑯嬛□□卷　(□)□□撰　清刻本　一册　存五卷(十至十四)

360000－1901－0035902　721278
續兒女英雄全傳八卷三十二回　(清)趙子衡撰　清光緒三十二年(1906)上海書局石印本　二册

360000－1901－0035903　163059
續泛槎圖不分卷　(清)張寶繪　清嘉慶二十四年(1819)羊城尚古齋張太占刻本　二册

360000－1901－0035904　411293
續分類尺牘備覽十卷　(□)□□撰　清光緒著易堂鉛印本　二册　存四卷(一至二、九至十)

360000－1901－0035905　411292
續分類尺牘備覽十卷　(□)□□撰　清末石

印本　二冊　存二卷(四、六)

360000－1901－0035906　313642
續富國策四卷　(清)陳熾撰　清光緒二十三年(1897)刻本　四冊

360000－1901－0035907　401832
續富國策四卷　(清)陳熾撰　清光緒二十四年(1898)刻本　一冊　存二卷(一至二)

360000－1901－0035908　401832－1
續富國策四卷　(清)陳熾撰　清光緒二十四年(1898)刻本　一冊　存二卷(一至二)

360000－1901－0035909　401832－2
續富國策四卷　(清)陳熾撰　清光緒刻本　一冊　存一卷(四)

360000－1901－0035910　401833
續富國策四卷　(清)陳熾撰　清光緒萍鄉縣署刻本　一冊　存一卷(一)

360000－1901－0035911　719270
續古文辭類纂二十八卷　(清)黎庶昌輯　清光緒二十六年(1900)石印本　七冊　存二十五卷(一至十三、十七至二十八)

360000－1901－0035912　302537
續古文辭類纂二十八卷　(清)黎庶昌輯　清光緒十六年(1890)金陵書局刻本　十二冊

360000－1901－0035913　316947
續古文辭類纂二十八卷　(清)黎庶昌輯　清光緒十六年(1890)金陵書局刻本　十二冊

360000－1901－0035914　419298
續古文辭類纂二十八卷　(清)黎庶昌輯　清光緒十六年(1890)金陵書局刻本　十一冊　存二十七卷(一至二十二、二十四至二十八)

360000－1901－0035915　419299
續古文辭類纂二十八卷　(清)黎庶昌輯　清光緒十六年(1890)金陵書局刻本　一冊　存五卷(二十四至二十八)

360000－1901－0035916　150397－2
續古文辭類纂三十四卷　王先謙輯　清光緒八年(1882)長沙王氏虚受堂刻本　八冊

360000－1901－0035917　302530
續古文辭類纂三十四卷　王先謙輯　清光緒八年(1882)長沙王氏虚受堂刻本　八冊

360000－1901－0035918　302534
續古文辭類纂三十四卷　王先謙輯　清光緒八年(1882)長沙王氏虚受堂刻本　八冊

360000－1901－0035919　305817
續古文辭類纂三十四卷　王先謙輯　清光緒八年(1882)長沙王氏虚受堂刻本　八冊

360000－1901－0035920　308789－1
續古文辭類纂三十四卷　王先謙輯　清光緒八年(1882)長沙王氏虚受堂刻本　九冊　存二十八卷(一至二十八)

360000－1901－0035921　309654
續古文辭類纂三十四卷　王先謙輯　清光緒八年(1882)長沙王氏虚受堂刻本　六冊　存三十卷(五至三十四)

360000－1901－0035922　713762
續古文辭類纂三十四卷　王先謙輯　清光緒三十年(1904)上海商務印書館鉛印本　一冊　存八卷(一至八)

360000－1901－0035923　419274
續古文辭類纂三十四卷　王先謙輯　清光緒十八年(1892)掃葉山房刻本　八冊

360000－1901－0035924　316127
續古文辭類纂十卷　王先謙輯　清光緒二十年(1894)上海圖書集成印書局鉛印本　四冊

360000－1901－0035925　316669
續古文奇賞三十四卷　(明)陳仁錫選評　明刻本　十六冊

360000－1901－0035926　302552
續古文苑二十卷　(清)孫星衍輯　清光緒九年(1883)江蘇書局刻本　六冊

360000－1901－0035927　305829
續古文苑二十卷　(清)孫星衍輯　清光緒十年(1884)朱氏槐廬家塾刻本　一冊　存三卷(八至十)

360000－1901－0035928　409574
續古文苑二十卷　(清)孫星衍輯　清光緒十年(1884)朱氏槐廬家塾刻本　六冊　存十一卷(十至二十)

360000－1901－0035929　410421
續廣博物志十六卷　(清)徐壽基撰　清光緒十二年(1886)武進徐氏刻本　二冊　存七卷(一至四、十四至十六)

360000－1901－0035930　803704
續廣達生編五卷首二卷　(清)周登庸輯　清刻本　一冊　存一卷(二)

360000－1901－0035931　407396
續廣事類賦三十卷　(清)王鳳喈輯　清道光十三年(1833)刻本　十六冊

360000－1901－0035932　707404
續廣事類賦三十卷　(清)王鳳喈輯　清道光四年(1824)玉書樓刻本　十一冊　存二十五卷(一至二十五)

360000－1901－0035933　407400
續廣事類賦三十卷　(清)王鳳喈輯　清嘉慶二十五年(1820)芸生堂刻本　十二冊

360000－1901－0035934　407401
續廣事類賦三十卷　(清)王鳳喈輯　清嘉慶二十五年(1820)芸生堂刻本　八冊　存二十卷(一至十六、十九至二十二)

360000－1901－0035935　407402
續廣事類賦三十卷　(清)王鳳喈輯　清嘉慶二十五年(1820)芸生堂刻本　七冊　存二十三卷(一至六、十四至三十)

360000－1901－0035936　122674
續廣事類賦三十卷　(清)王鳳喈輯　清經元堂刻本　十三冊

360000－1901－0035937　122675
續廣事類賦三十卷　(清)王鳳喈輯　清刻本　八冊

360000－1901－0035938　407399
續廣事類賦三十卷　(清)王鳳喈輯　清刻本　八冊　存十一卷(三至八、十至十四)

360000－1901－0035939　601807
續廣事類賦三十卷　(清)王鳳喈輯　清刻本　六冊　存十七卷(四至五、七至二十一)

360000－1901－0035940　707405
續廣事類賦三十卷　(清)王鳳喈輯　清刻本　七冊　存二十五卷(六至三十)

360000－1901－0035941　707406
續廣事類賦三十卷　(清)王鳳喈輯　清刻本　六冊　存十八卷(十三至三十)

360000－1901－0035942　707409
續廣事類賦三十卷　(清)王鳳喈輯　清刻本　一冊　存四卷(一至四)

360000－1901－0035943　707410
續廣事類賦三十卷　(清)王鳳喈輯　清刻本　二冊　存六卷(十六至十七、二十一至二十四)

360000－1901－0035944　707412
續廣事類賦三十卷　(清)王鳳喈輯　清刻本　五冊　存十一卷(五至十二、十五至十七)

360000－1901－0035945　707413
續廣事類賦三十卷　(清)王鳳喈輯　清刻本　一冊　存二卷(十一至十二)

360000－1901－0035946　421972
景岳全書六十四卷　(明)張介賓撰　清刻本　十五冊　存二十三卷(四十一至六十、六十二至六十四)

360000－1901－0035947　721781
續廣事類賦三十卷　(清)王鳳喈輯　清刻本　五冊　存十八卷(十三至三十)

360000－1901－0035948　801027
續廣事類賦三十卷　(清)王鳳喈輯　清刻本　一冊　存一卷(十七)

360000－1901－0035949　122673
續廣事類賦三十三卷　(清)王鳳喈輯　清道光二十六年(1846)刻本　十四冊

360000－1901－0035950　123091
續廣事類賦三十三卷　(清)王鳳喈輯　清道光二十六年(1846)刻本　六册

360000－1901－0035951　407397
續廣事類賦三十三卷　(清)王鳳喈輯　清道光二十六年(1846)刻本　十五册　存三十二卷(一至十六、十八至三十三)

360000－1901－0035952　407398
續廣事類賦三十三卷　(清)王鳳喈輯　清道光二十六年(1846)刻本(卷十七、二十三至二十六、三十二配清刻本)　六册　存二十卷(一至十四、十七、二十三至二十六、三十二)

360000－1901－0035953　407398－1
續廣事類賦三十三卷　(清)王鳳喈輯　清刻本　一册　存二卷(十六至十七)

360000－1901－0035954　707408
續廣事類賦三十三卷　(清)王鳳喈輯　清刻本　四册　存七卷(二十二至二十六、二十九至三十)

360000－1901－0035955　707411
續廣事類賦三十三卷　(清)王鳳喈輯　清刻本　四册　存十卷(五、十八至十九、二十七至三十三)

360000－1901－0035956　707407
續廣事類賦三十三卷　(清)王鳳喈輯　清文富堂刻本　十五册　存三十一卷(一至三十一)

360000－1901－0035957　405766
續廣雅三卷　(清)劉燦輯　(清)王堃訂　清道光六年(1826)刻本　一册

360000－1901－0035958　308297
續漢書八志三十卷　(晉)司馬彪撰　(南朝梁)劉昭注補　清刻本　二册

360000－1901－0035959　310981
續漢志三十卷　(晉)司馬彪撰　(南朝梁)劉昭注補　清金陵書局刻本　四册

360000－1901－0035960　301213
續行水金鑑一百五十六卷圖一卷　(清)俞正燮　(清)董士錫纂　清道光十二年(1832)河庫道署刻本　八十册

360000－1901－0035961　301007
續弘簡録元史類編四十二卷　(清)邵遠平撰　清康熙刻乾隆印本　十六册

360000－1901－0035962　300729
續弘簡録元史類編四十二卷　(清)邵遠平撰　清康熙三十八年(1699)刻本　二十册

360000－1901－0035963　220114
續弘簡録元史類編四十二卷　(清)邵遠平撰　清康熙三十八年(1699)刻乾隆印本　十六册

360000－1901－0035964　312114
續弘簡録元史類編四十二卷　(清)邵遠平撰　清刻本　二十册

360000－1901－0035965　402997－1
續弘簡録元史類編四十二卷　(清)邵遠平撰　清刻本　三册　存八卷(三十五至四十二)

360000－1901－0035966　122680
續後漢書補十七卷首一卷　(清)尹繼美撰　清光緒十二年(1886)鼎吉堂刻本　三册

360000－1901－0035967　400158
續後漢書補十七卷首一卷　(清)尹繼美撰　清光緒十二年(1886)刻本　三册

360000－1901－0035968　122679
續後漢書四十二卷義例一卷音義四卷　(宋)蕭常撰　清光緒十二年(1886)鼎吉堂刻本　七册

360000－1901－0035969　400157
續後漢書四十二卷義例一卷音義四卷　(宋)蕭常撰　清光緒十一年(1885)刻本　七册

360000－1901－0035970　400159
續後漢書四十二卷義例一卷音義四卷　(宋)蕭常撰　清同治八年(1869)刻本　六册

360000－1901－0035971　400160
續後漢書四十二卷義例一卷音義四卷　(宋)

蕭常撰　清同治八年(1869)刻本　六冊

360000－1901－0035972　400160－1
續後漢書四十二卷義例一卷音義四卷　(宋)蕭常撰　清同治八年(1869)刻本　一冊　存六卷(一至六)

360000－1901－0035973　601806
續後漢書四十二卷義例一卷音義四卷　(宋)蕭常撰　清同治八年(1869)刻本　六冊

360000－1901－0035974　122676
續後漢書四十二卷義例一卷音義四卷　(宋)蕭常撰　清同治八年(1869)師古山房刻本　六冊

360000－1901－0035975　122677
續後漢書四十二卷義例一卷音義四卷　(宋)蕭常撰　清同治八年(1869)師古山房刻本　六冊

360000－1901－0035976　122678
續後漢書四十二卷義例一卷音義四卷　(宋)蕭常撰　清同治八年(1869)師古山房刻本　六冊

360000－1901－0035977　410587
續華亭百詠一卷　(清)唐天泰撰　清光緒四年(1878)有穀堂刻本　一冊

360000－1901－0035978　407644
續回生集二卷　(清)陳杰輯　清刻本　一冊　存一卷(上)

360000－1901－0035979　163079
續回生集二卷　(清)陳杰輯　清宣統三年(1911)刻本　一冊　存一卷(上)

360000－1901－0035980　409431
續集漢印分韻二卷　(清)謝景卿纂摹　清嘉慶八年(1803)漱藝堂刻本　二冊

360000－1901－0035981　409431－1
續集漢印分韻二卷　(清)謝景卿纂摹　清嘉慶八年(1803)漱藝堂刻本　一冊　存一卷(下)

360000－1901－0035982　000954
續金瓶梅十二卷六十四回　(清)丁耀亢撰　清刻本　十六冊

360000－1901－0035983　721712
續金瓶梅十二卷六十四回　(清)丁耀亢撰　清刻本　一冊　存二卷(七至八)十六回(二十九至四十四)

360000－1901－0035984　404794
續錦機十五卷補遺六卷　(清)劉青芝撰　清乾隆二十年(1755)刻劉氏傳家集本　六冊　存十八卷(續錦機十五卷、補遺一至三)

360000－1901－0035985　601634
續刊敬信錄訓言一卷　(清)周鼎臣輯　清同治五年(1866)婺東雞田俞玉珊堂刻本　一冊

360000－1901－0035986　300160
續刊文廟祀位一卷　(清)李觀濤輯　清末刻本　一冊

360000－1901－0035987　300161
續刊文廟祀位一卷　(清)李觀濤輯　清末刻本　一冊

360000－1901－0035988　401099
續刊文廟祀位一卷　(清)李觀濤輯　清末刻本　一冊

360000－1901－0035989　401099－1
續刊文廟祀位一卷　(清)李觀濤輯　清末刻本　一冊

360000－1901－0035990　313147
續刻讀史快編七十五卷　(明)趙維宸撰　(清)李承薰校續　清光緒三年(1877)渝州李承薰刻本　四十八冊

360000－1901－0035991　220700
續刻麻姑山丹霞洞天志十七卷　(明)鄔鳴雷修　(明)左宗郢纂　(清)何天爵續修　(清)邱時彬續纂　清康熙五十七年(1718)瀧溪曉樓刻本　六冊

360000－1901－0035992　220701
續刻麻姑山丹霞洞天志十七卷　(明)鄔鳴雷修　(明)左宗郢纂　(清)何天爵續修

（清）邱時彬續纂　清康熙五十七年（1718）瀧溪曉樓刻本　五冊　存八卷（五至十二）

360000－1901－0035993　303371
續栝蒼金石志四卷　（清）李遇孫撰　（清）鄒柏森校補　清刻本　二冊

360000－1901－0035994　240751
續離騷經七卷　（明）黄道周撰　明萬曆三十六年（1608）刻本　佚名批　二冊

360000－1901－0035995　161232
續禮記集說一百卷　（清）杭世駿撰　清光緒二十一年（1895）浙江書局刻本　三十九冊　存九十七卷（一至七十二、七十六至一百）

360000－1901－0035996　805055
續禮記集說一百卷　（清）杭世駿撰　清刻本　一冊　存三卷（七十三至七十五）

360000－1901－0035997　404795
續良史述一卷　（清）錢儀吉撰　清光緒羊城刻本　一冊

360000－1901－0035998　161325
續呂氏家塾讀詩記三卷　（宋）戴溪撰　清刻本　二冊

360000－1901－0035999　161326
續呂氏家塾讀詩記三卷　（宋）戴溪撰　清刻本　二冊

360000－1901－0036000　122672
續梅花百詠一卷　（清）陶德勛撰　清宣統三年（1911）刻本　一冊

360000－1901－0036001　405030
續梅花百詠一卷　（清）陶德勛撰　清宣統三年（1911）刻本　一冊

360000－1901－0036002　405030－1
續梅花百詠一卷　（清）陶德勛撰　清宣統三年（1911）刻本　一冊

360000－1901－0036003　164806
續名醫類案三十六卷　（清）魏之琇撰　清光緒二十二年（1896）耕餘堂鉛印本　十四冊

360000－1901－0036004　161741
續明紀事本末十八卷　（清）倪在田輯　清光緒二十九年（1903）育英學社鉛印本　四冊

360000－1901－0036005　161749
續泉匯元集三卷亨集三卷利集三卷貞集五卷補遺二卷　（清）鮑康　（清）李佐賢撰　清光緒元年（1875）刻本　三冊　缺三卷（元集三卷）

360000－1901－0036006　122670
續世說十二卷　（宋）孔平仲撰　清咸豐十年（1860）南海伍氏刻本　四冊

360000－1901－0036007　901129
續試律大觀三十二卷　（清）竹屏居士輯　清刻本　一冊　存二卷（二至三）

360000－1901－0036008　901720
續試律大觀三十二卷　（清）竹屏居士輯　清刻本　三冊　存十一卷（一至二、二十四至三十二）

360000－1901－0036009　902202
續試律大觀三十二卷　（清）竹屏居士輯　清刻本　三冊　存十卷（三至六、十一至十六）

360000－1901－0036010　902201
續試律大觀三十二卷　（清）竹屏居士輯　清同治四年（1865）刻本　四冊　存二十三卷（一、八至二十九）

360000－1901－0036011　160229
續四書遺訓後集四卷　（清）鄧逢光撰　清光緒十七年（1891）刻本　六冊

360000－1901－0036012　403467
續四書遺訓後集四卷　（清）鄧逢光撰　清光緒十七年（1891）刻本　六冊

360000－1901－0036013　409743
續太平廣記八卷　（清）陸壽名輯　清刻本　二冊　存二卷（一、五）

360000－1901－0036014　300109
續唐書七十卷　（清）陳鱣撰　清道光四年（1824）刻本　十六冊

360000－1901－0036015　404780
續同人集不分卷　(清)袁枚輯　清刻本　三冊

360000－1901－0036016　404781
續同人集不分卷　(清)袁枚輯　清刻本　三冊

360000－1901－0036017　404782
續同人集不分卷　(清)袁枚輯　清刻本　七冊

360000－1901－0036018　404782－2
續同人集不分卷　(清)袁枚輯　清刻本　二冊

360000－1901－0036019　404782－1
續同人集不分卷　(清)袁枚輯　清刻本　二冊

360000－1901－0036020　404774
續同人集不分卷　(清)袁枚輯　清乾隆五十五年(1790)刻隨園三十種本　一冊

360000－1901－0036021　404774－1
續同人集不分卷　(清)袁枚輯　清乾隆五十五年(1790)刻隨園三十種本　一冊

360000－1901－0036022　304003
續同書二十四卷　(清)福申輯　清道光十九年(1839)刻本　八冊

360000－1901－0036023　413861
續魏塘漱芳集一卷　(清)陳銓衡等撰　清光緒二十六年(1900)刻本　一冊

360000－1901－0036024　220473
續文獻通考二百五十四卷　(明)王圻撰　明萬曆三十一年(1603)曹時聘、許維新等刻本　一百十八冊　缺二卷(一百三十至一百三十一)

360000－1901－0036025　308870
續文獻通考纂二十二卷　(明)王圻撰　(清)郎星等輯　清光緒二十八年(1902)上海鴻文書局石印三通考纂要本　二冊

360000－1901－0036026　309822
續文獻通考纂二十二卷　(明)王圻撰　(清)郎星等輯　清刻本　八冊

360000－1901－0036027　241210
續文選三十二卷　(明)湯紹祖輯　明萬曆三十年(1602)希貴堂刻本　八冊

360000－1901－0036028　300163
續文章正宗復刻十二卷　(宋)真德秀輯　清乾隆三十三年(1768)楊氏刻本　十二冊

360000－1901－0036029　300169
續文章正宗復刻十二卷　(宋)真德秀輯　清同治三年(1864)刻本　八冊

360000－1901－0036030　317272
續文章正宗復刻十二卷　(宋)真德秀輯　**西山真文忠公心政二經二卷**　(宋)真德秀撰　清同治三年(1864)刻本　十二冊

360000－1901－0036031　800854
續先正事略八卷　朱孔彰撰　清末石印本　一冊　存一卷(七)

360000－1901－0036032　405565
續新齊諧十卷　(清)袁枚撰　清光緒鉛印本　一冊　存五卷(六至十)

360000－1901－0036033　604029
續修大清會典四卷　(清)托津等撰　清同治十一年(1872)湖北崇文書局刻本　四冊

360000－1901－0036034　803840
續選草堂詩餘不分卷　(清)□□輯　清抄本　一冊

360000－1901－0036035　122880
續選古文雅正十四卷　(清)林有席輯評　清道光二十二年(1842)林氏刻本　八冊

360000－1901－0036036　412637
續選古文雅正十四卷　(清)林有席輯評　清道光二十二年(1842)鈐陽林氏刻本　二冊　存一卷(二)

360000－1901－0036037　418793
續選古文雅正十四卷　(清)林有席輯評　清刻本　十冊　存十一卷(一至四、六至七、十

至十四)

360000－1901－0036038　418794
續選古文雅正十四卷　(清)林有席輯評　清刻本　八冊　存十卷(一至二、四、六至八、十一至十四)

360000－1901－0036039　418794－1
續選古文雅正十四卷　(清)林有席輯評　清刻本　一冊　存一卷(一)

360000－1901－0036040　405387
續學堂詩鈔四卷首一卷　(清)梅文鼎撰　清乾隆梅轂成刻本　二冊

360000－1901－0036041　408763
續醫宗摘要一卷　(清)俞世球撰　清光緒三十四年(1908)翰墨書局鉛印本　一冊

360000－1901－0036042　301429
續疑年錄四卷　(清)吳修撰　清嘉慶二十三年(1818)刻本　一冊

360000－1901－0036043　801955
續英烈傳五卷三十四回　(明)空谷老人撰　清刻本　一冊　存一卷(四)十回(二十五至三十四)

360000－1901－0036044　417070－1
續增洗冤錄辨證三卷　(清)瞿中溶撰　(清)李璋煜重訂　清末石印本　一冊

360000－1901－0036045　417070－2
續增洗冤錄辨證三卷　(清)瞿中溶撰　(清)李璋煜重訂　清末石印本　一冊

360000－1901－0036046　417070－3
續增洗冤錄辨證三卷　(清)瞿中溶撰　(清)李璋煜重訂　清末石印本　一冊

360000－1901－0036047　417070－4
續增洗冤錄辨證三卷　(清)瞿中溶撰　(清)李璋煜重訂　清末文盛書局石印本　一冊

360000－1901－0036048　417070－5
續增洗冤錄辨證三卷　(清)瞿中溶撰　(清)李璋煜重訂　清末文盛書局石印本　一冊

360000－1901－0036049　164823
續增洗冤錄辨證三卷　(清)瞿中溶撰　(清)李璋煜重訂　**檢驗合參一卷**　(清)郎錦騏輯　**洗冤錄解一卷**　(清)姚德豫撰　清光緒三十三年(1907)上海書局石印本　一冊

360000－1901－0036050　417070
續增洗冤錄辨證三卷　(清)瞿中溶撰　(清)李璋煜重訂　**檢驗合參一卷**　(清)郎錦騏輯　**洗冤錄解一卷**　(清)姚德豫撰　清光緒三十三年(1907)上海書局石印本　一冊

360000－1901－0036051　406406
續增刑案匯覽十六卷　(清)祝慶祺輯　清道光二十四年(1844)刻本　一冊　存一卷(一)

360000－1901－0036052　122671
續指月錄二十卷首一卷尊宿集一卷　(清)聶先輯　清光緒十二年(1886)金陵刻經處刻本　六冊

360000－1901－0036053　122879
續指月錄二十卷首一卷尊宿集一卷　(清)聶先輯　清光緒十二年(1886)金陵刻經處刻本　六冊

360000－1901－0036054　302164
續資治通鑑長編拾補六十卷　(清)秦緗業等輯注　清光緒九年(1883)浙江書局刻本　十六冊

360000－1901－0036055　311792
續資治通鑑長編拾補六十卷　(清)秦緗業等輯注　清光緒九年(1883)浙江書局刻本　十六冊

360000－1901－0036056　302168
續資治通鑑長編五百二十卷目錄二卷　(宋)李燾撰　清光緒七年(1881)浙江書局刻本　一百二十冊

360000－1901－0036057　305618
續資治通鑑長編五百二十卷目錄二卷　(宋)李燾撰　清光緒七年(1881)浙江書局刻本　一百十八冊　存五百十四卷(一至四百九十九、五百四至五百十六,目錄二卷)

360000－1901－0036058　309249
續資治通鑑長編五百二十卷目錄二卷　（宋）李燾撰　清光緒七年（1881）浙江書局刻本　一百二十册

360000－1901－0036059　310540
續資治通鑑長編五百二十卷目錄二卷　（宋）李燾撰　清光緒七年（1881）浙江書局刻本　四十八册

360000－1901－0036060　313540
續資治通鑑長編五百二十卷目錄二卷　（宋）李燾撰　清光緒七年（1881）浙江書局刻本　一百二十册

360000－1901－0036061　415653
續資治通鑑長編五百二十卷目錄二卷　（宋）李燾撰　清嘉慶二十四年（1819）張氏愛日精廬木活字印本　十七册　存一百十二卷（一百二十二至一百二十八、一百五十四至二百四、四百三十三至四百七十九、四百八十七至四百九十三）

360000－1901－0036062　719653
續資治通鑑長編五百二十卷目錄二卷　（宋）李燾撰　清嘉慶二十四年（1819）張氏愛日精廬木活字印本　二十二册　存一百三十三卷（二百三十六至二百八十四、三百至三百五、三百二十一至三百二十八、三百五十八至三百七十六、三百八十二至四百三十二）

360000－1901－0036063　722021
續資治通鑑長編五百二十卷目錄二卷　（宋）李燾撰　清嘉慶二十四年（1819）張氏愛日精廬木活字印本　十六册　存九十八卷（一百二十九至一百五十三、二百五至二百三十五、三百四十三至三百五十七、四百九十四至五百二十）

360000－1901－0036064　415654
續資治通鑑長編五百二十卷目錄二卷　（宋）李燾撰　**續資治通鑑長編拾補六十卷**　（清）秦緗業等輯注　清光緒七年至九年（1881－1883）浙江書局刻本　二十五册　存一百九卷（一至二、三十七至四十二、四十七至四十九、九十七至一百一、一百六至一百十、一百三十二至一百三十五、一百五十七至一百六十六、一百七十至一百七十四、一百八十三至一百八十七、二百六十至二百六十三、二百八十六至三百、三百五十五至三百五十九、三百九十二至四百三、四百三十六至四百三十九、四百五十七至四百七十三、五百八至五百十二，續資治通鑑長編拾補四至五）

360000－1901－0036065　415591
續資治通鑑二百二十卷　（清）畢沅撰　清光緒二十八年（1902）上海積山書局石印本　十七册　存一百七十卷（一至一百、一百十一至一百二十、一百三十一至一百四十、一百五十一至一百九十、二百一至二百十）

360000－1901－0036066　415588
續資治通鑑二百二十卷　（清）畢沅撰　清光緒二十六年（1900）圖書集成局鉛印本　二十八册

360000－1901－0036067　415587
續資治通鑑二百二十卷　（清）畢沅撰　清光緒二十四年（1898）上海積山書局石印本　二十二册

360000－1901－0036068　310717
續資治通鑑二百二十卷　（清）畢沅撰　清光緒二十五年（1899）上海蜚英館石印本　三十册　存八十三卷（一百三十五至二百十七）

360000－1901－0036069　307898
續資治通鑑二百二十卷　（清）畢沅撰　清光緒十六年（1890）上海積山書局石印本　二十一册　存二百十卷（一至十、二十一至二百二十）

360000－1901－0036070　415590
續資治通鑑二百二十卷　（清）畢沅撰　清光緒十四年（1888）上海蜚英館石印本　二十册

360000－1901－0036071　415590－1
續資治通鑑二百二十卷　（清）畢沅撰　清光緒十四年（1888）上海蜚英館石印本　四册　存四十三卷（七十一至八十一、九十三至一百

十二、一百九十八至二百九）

360000－1901－0036072　309271
續資治通鑑二百二十卷　（清）畢沅撰　清刻本　四十二册　存一百五十七卷（八至四十六、五十一至六十八、七十三至一百八、一百二十七至一百三十、一百四十四至一百四十六、一百五十一至一百五十九、一百六十六至一百七十二、一百七十六至二百五、二百十至二百二十）

360000－1901－0036073　309483
續資治通鑑二百二十卷　（清）畢沅撰　清刻本　二十四册　存八十三卷（一百三十五至二百十七）

360000－1901－0036074　310713
續資治通鑑二百二十卷　（清）畢沅撰　清末石印本　二十册

360000－1901－0036075　415591－1
續資治通鑑二百二十卷　（清）畢沅撰　清末石印本　五册　存三十六卷（一百八十五至二百二十）

360000－1901－0036076　302181
續資治通鑑二百二十卷　（清）畢沅撰　清乾隆鎮洋畢氏刻嘉慶六年（1801）桐鄉馮氏德裕堂續刻本　四十八册

360000－1901－0036077　311043
續資治通鑑二百二十卷　（清）畢沅撰　清乾隆鎮洋畢氏刻嘉慶六年（1801）桐鄉馮氏德裕堂續刻本　六十四册

360000－1901－0036078　415586
續資治通鑑二百二十卷　（清）畢沅撰　清乾隆鎮洋畢氏刻嘉慶六年（1801）桐鄉馮氏德裕堂續刻本　五十九册　存二百一卷（一至十一、十六至五十、五十二至一百十、一百二十一至一百三十、一百三十五至二百二十）

360000－1901－0036079　307994
續資治通鑑二百二十卷　（清）畢沅撰　清乾隆鎮洋畢氏刻嘉慶六年（1801）桐鄉馮氏德裕堂續刻同治六年（1867）永康應氏補刻八年（1869）江蘇書局修補印本　四十七册　存一百六十九卷（一至三十、三十五至五十二、八十八至九十五、九十九至一百九十六、二百六至二百二十）

360000－1901－0036080　310970
續資治通鑑二百二十卷　（清）畢沅撰　清乾隆鎮洋畢氏刻嘉慶六年（1801）桐鄉馮氏德裕堂續刻同治六年（1867）永康應氏補刻八年（1869）江蘇書局修補印本　五十八册　存二百十一卷（一至十四、二十四至二百二十）

360000－1901－0036081　311010
續資治通鑑二百二十卷　（清）畢沅撰　清乾隆鎮洋畢氏刻嘉慶六年（1801）桐鄉馮氏德裕堂續刻同治六年（1867）永康應氏補刻八年（1869）江蘇書局修補印本　六十册

360000－1901－0036082　311788
續資治通鑑二百二十卷　（清）畢沅撰　清乾隆鎮洋畢氏刻嘉慶六年（1801）桐鄉馮氏德裕堂續刻同治六年（1867）永康應氏補刻八年（1869）江蘇書局修補印本　六十册

360000－1901－0036083　415584
續資治通鑑二百二十卷　（清）畢沅撰　清乾隆鎮洋畢氏刻嘉慶六年（1801）桐鄉馮氏德裕堂續刻同治六年（1867）永康應氏補刻八年（1869）江蘇書局修補印本　六十册

360000－1901－0036084　415585
續資治通鑑二百二十卷　（清）畢沅撰　清乾隆鎮洋畢氏刻嘉慶六年（1801）桐鄉馮氏德裕堂續刻同治六年（1867）永康應氏補刻八年（1869）江蘇書局修補印本　五十六册　缺十二卷（一至三、三十六至四十四）

360000－1901－0036085　603950
續資治通鑑二百二十卷　（清）畢沅撰　清乾隆鎮洋畢氏刻嘉慶六年（1801）桐鄉馮氏德裕堂續刻同治六年（1867）永康應氏補刻八年（1869）江蘇書局修補印本　六十册

360000－1901－0036086　305625
續資治通鑑二百二十卷　（清）畢沅撰　清乾

隆鎮洋畢氏刻嘉慶六年(1801)桐鄉馮氏德裕堂續刻同治六年(1867)永康應氏補刻本　二十七册　存一百四卷(一至七十六、八十七至一百十四)

360000－1901－0036087　305626
續資治通鑑二百二十卷　(清)畢沅撰　清乾隆鎮洋畢氏刻嘉慶六年(1801)桐鄉馮氏德裕堂續刻同治六年(1867)永康應氏補刻本　七十六册　存二百九卷(一至四十、四十六至一百十一、一百十五至一百三十四、一百三十八至二百二十)

360000－1901－0036088　415592
續資治通鑑二百二十卷　(清)畢沅撰　清乾隆鎮洋畢氏刻嘉慶六年(1801)桐鄉馮氏德裕堂續刻同治六年(1867)永康應氏補刻本　三十册　存一百四卷(一百十七至二百二十)

360000－1901－0036089　415593
續資治通鑑二百二十卷　(清)畢沅撰　清乾隆鎮洋畢氏刻嘉慶六年(1801)桐鄉馮氏德裕堂續刻同治六年(1867)永康應氏補刻本　十二册　存三十七卷(五十四至五十六、一百十五至一百三十四、一百四十五至一百四十六、一百五十二至一百五十五、一百六十至一百六十一、一百七十八至一百八十、二百十八至二百二十)

360000－1901－0036090　603950－1
續資治通鑑綱目二十七卷　(明)商輅等撰　(明)陳仁錫評　清刻本　一册　存一卷(四)

360000－1901－0036091　302161
續資治通鑑綱目二十七卷末一卷　(明)商輅等撰　(明)陳仁錫評　清敬書堂刻本　三十二册

360000－1901－0036092　302172
續資治通鑑綱目二十七卷末一卷　(明)商輅等撰　(明)陳仁錫評　清刻本　二十八册

360000－1901－0036093　305616
續資治通鑑綱目二十七卷末一卷　(明)商輅等撰　(明)陳仁錫評　清刻本　二十七册　存二十二卷(一至四、十一至二十七,末一卷)

360000－1901－0036094　901226
宣風東修義學恩卹崇祀録不分卷　(清)李鳳飛等撰　清光緒刻本　一册

360000－1901－0036095　412606
宣和畫譜二十卷　(宋)□□撰　明崇禎海虞毛氏汲古閣刻本　一册　存十卷(一至十)

360000－1901－0036096　404276
宣講集要十五卷首一卷　(清)吴莘民輯　清同治元年(1862)同德堂刻本　一册　存一卷(七)

360000－1901－0036097　404908
宣講拾遺六卷首一卷　(清)莊跛仙輯　清末石印本　一册　存二卷(三至四)

360000－1901－0036098　309596
宣講最好聽案證四卷　(□)□□撰　清刻本　四册

360000－1901－0036099　404603
宣南鴻雪集二卷　(清)潘椒坡輯　清同治三年(1864)大魁堂刻本　二册

360000－1901－0036100　405473
宣南鴻雪集二卷　(清)潘椒坡輯　清同治三年(1864)大魁堂刻本　二册

360000－1901－0036101　230494
宣室志十卷補遺一卷　(唐)張讀撰　明萬曆會稽商濬半埜堂刻稗海本　二册　存十卷(宣室志十卷)

360000－1901－0036102　803282
宣統二年孟春月辛正茂淄吉野流水不分卷　(清)□□輯　稿本　一册

360000－1901－0036103　805295
宣統己酉科各行省優貢全録一卷　(清)盧靖等輯　清宣統二年(1910)京師刻本　一册

360000－1901－0036104　123136
宣統己酉科江西部卷一卷　熊用梅撰　清宣統三年(1911)刻本　一册

360000－1901－0036105　902344
宣統三年華英通書一卷　(清)□□撰　清末石印本　一冊

360000－1901－0036106　240719
玄居集十卷首一卷　(明)李春熙撰　清乾隆二十六年(1761)徐時作刻本　三冊

360000－1901－0036107　407164
玄門傳度醮科一卷　(□)□□撰　清光緒二十一年(1895)盧藹堂抄本　一冊

360000－1901－0036108　803386
玄女默告科文不分卷　(□)□□輯　清紹成記抄本　一冊

360000－1901－0036109　230562
玄女一百二十秘授靈應神傳脈絡真經一卷　(□)□□撰　清乾隆十九年(1754)抄本　一冊

360000－1901－0036110　804019
玄天上帝金科玉律不分卷　(□)□□輯　清婺邑文林堂刻本　一冊

360000－1901－0036111　804020
玄天上帝金科玉律不分卷　(□)□□輯　清婺邑文林堂刻本　一冊

360000－1901－0036112　417326
璇璣經集註一卷　(晉)趙載撰　清乾隆五十五年(1790)顧氏樂真堂刻陰陽五要奇書本　一冊

360000－1901－0036113　122173
璇璣遺述十卷　(清)揭暄撰　清咸豐九年(1859)刻本　四冊

360000－1901－0036114　122174
璇璣遺述十卷　(清)揭暄撰　清咸豐九年(1859)刻本　二冊　存五卷(一至三、九至十)

360000－1901－0036115　240805
懸榻編六卷　(清)徐芳撰　清康熙刻本　六冊

360000－1901－0036116　419056
選訂詳註古文初集六卷　(清)王相輯注　清三讓堂刻本　四冊

360000－1901－0036117　419057
選訂詳註古文初集六卷　(清)王相輯注　清三讓堂刻本　四冊　存五卷(一、三至六)

360000－1901－0036118　419057－1
選訂詳註古文初集六卷　(清)王相輯注　清三讓堂刻本　一冊　存一卷(六)

360000－1901－0036119　241203
選賦六卷附名人世次爵里一卷　(南朝梁)蕭統輯　(明)郭正域評點　明淩氏鳳笙閣刻朱墨套印本　八冊

360000－1901－0036120　314399
選集漢印分韻二卷　(清)袁日省輯　(清)謝雲生摹錄　清嘉慶二年(1797)漱藝堂刻本　二冊

360000－1901－0036121　409432
選集漢印分韻二卷　(清)袁日省輯　(清)謝雲生摹錄　清嘉慶二年(1797)漱藝堂刻本　二冊

360000－1901－0036122　301853
選輯駢珠小草一卷　(清)海霈輯　清光緒元年(1875)刻本　一冊

360000－1901－0036123　603937
選輯諸名家評註批點蘇文八卷　(宋)蘇洵　(宋)蘇軾　(宋)蘇轍撰　(明)詹奎光輯　清刻本　一冊　存三卷(四至六)

360000－1901－0036124　900650
選句韻編□□卷　(□)□□輯　清抄本　一冊　存目錄

360000－1901－0036125　405021
選刻四六夢花四卷　(明)戴文宗撰　明刻本　一冊

360000－1901－0036126　800370
選錄古文一卷　(清)□□輯　清抄本　一冊

360000－1901－0036127　900624
選評會試闈藝大全不分卷　(清)□□輯　清

末石印本　二冊

360000－1901－0036128　413341－1
選日要覽一卷　(明)董潛撰　清光緒十四年(1888)守愚草堂刻本　一冊

360000－1901－0036129　413341－2
選日要覽一卷　(明)董潛撰　清光緒十四年(1888)守愚草堂刻本　一冊

360000－1901－0036130　413341－3
選日要覽一卷　(明)董潛撰　清光緒十四年(1888)守愚草堂刻本　一冊

360000－1901－0036131　413341－4
選日要覽一卷　(明)董潛撰　清光緒十四年(1888)守愚草堂刻本　一冊

360000－1901－0036132　902016
選詩補遺不分卷　(□)□□輯　清抄本　一冊

360000－1901－0036133　241201
選詩補註八卷　(元)劉履撰　**補遺二卷續編四卷**　(元)劉履輯　明嘉靖三十一年(1552)養吾堂刻本　三冊　存三卷(三、五、七)

360000－1901－0036134　241202
選詩七卷詩人世次爵里一卷　(南朝梁)蕭統輯　(明)郭正域評點　(明)淩濛初輯評　明淩濛初刻朱墨套印本　八冊

360000－1901－0036135　305650
選時造命四卷　(清)魏青江撰　清乾隆七年(1742)懷德堂刻本　二冊　存二卷(一、三)

360000－1901－0036136　165090
選擇抄批點聊齋志異不分卷　(清)蒲松齡撰　(清)王士禛評　(清)何守奇批點　清抄本　四冊

360000－1901－0036137　416763
選擇求真十卷　(清)胡暉撰　清道光十一年(1831)同文堂刻本　三冊　存六卷(一至二、七至十)

360000－1901－0036138　230518
選擇通書秘竅二卷　(明)甘霖撰　明唐錦池文林閣刻五種秘竅全書本　二冊

360000－1901－0036139　802553
選擇通書秘竅三卷　(明)甘霖撰　明唐錦池文林閣刻五種秘竅全書本　四冊　存二卷(上、中)

360000－1901－0036140　402829
選註六朝唐賦不分卷　(清)馬傳庚選注　清刻本　一冊

360000－1901－0036141　805058
選註六朝唐賦不分卷　(清)馬傳庚選注　清刻本　一冊

360000－1901－0036142　413062
選註六朝唐賦不分卷　(清)馬傳庚選注　清末石印本　一冊

360000－1901－0036143　304636
選註六朝唐賦二卷　(清)馬傳庚選注　清光緒二年(1876)刻本　二冊

360000－1901－0036144　402819
選註六朝唐賦二卷　(清)馬傳庚選注　清光緒十九年(1893)上海寶善石印本　二冊

360000－1901－0036145　402818
選註六朝唐賦二卷　(清)馬傳庚選注　清光緒十三年(1887)同文書局石印本　二冊

360000－1901－0036146　150741
薛氏醫按二十四種　(明)吳琯輯　明刻本　二十四冊　存二十種

360000－1901－0036147　708874
薛氏醫按二十四種　(明)吳琯輯　明刻本　二十九冊　存九種

360000－1901－0036148　150618
薛氏醫按二十四種　(明)吳琯輯　明天啓七年(1627)刻本　十一冊　存六種

360000－1901－0036149　230190
薛氏醫按二十四種　(明)吳琯輯　明萬曆刻本　三十一冊　存十四種

360000－1901－0036150　705173

薛氏醫按二十四種　(明)吴琯輯　明萬曆刻本　一册　存三種

360000－1901－0036151　408870
薛氏醫按二十四種　(明)吴琯輯　清東溪堂刻本　三十七册　存二十一種

360000－1901－0036152　408871
薛氏醫按二十四種　(明)吴琯輯　清東溪堂刻本　三十五册　存二十三種

360000－1901－0036153　408873
薛氏醫按二十四種　(明)吴琯輯　清嘉慶十四年(1809)書業堂刻本　三十五册

360000－1901－0036154　408874
薛氏醫按二十四種　(明)吴琯輯　清刻本　十三册　存九種

360000－1901－0036155　408877
薛氏醫按二十四種　(明)吴琯輯　清刻本　二十五册　存十二種

360000－1901－0036156　408878
薛氏醫按二十四種　(明)吴琯輯　清刻本　二十七册　存二十三種

360000－1901－0036157　408879
薛氏醫按二十四種　(明)吴琯輯　清刻本　二十二册　存十六種

360000－1901－0036158　600393
薛氏醫按二十四種　(明)吴琯輯　清刻本　六册　存六種

360000－1901－0036159　705178－1
薛氏醫按二十四種　(明)吴琯輯　清刻本　三册　存十四種

360000－1901－0036160　719277
薛氏醫按二十四種　(明)吴琯輯　清刻本　五册　存五種

360000－1901－0036161　721751－1
薛氏醫按二十四種　(明)吴琯輯　清刻本　五册　存四種

360000－1901－0036162　721840
薛氏醫按二十四種　(明)吴琯輯　清刻本　十三册　存七種

360000－1901－0036163　901377
薛氏醫按二十四種　(明)吴琯輯　清刻本　十五册　存十一種

360000－1901－0036164　408876
薛氏醫按二十四種　(明)吴琯輯　清玉蘭堂刻本　三十五册　存十九種

360000－1901－0036165　408880
薛氏醫按十六種　(明)薛己輯　清刻本　十八册　存八種

360000－1901－0036166　408881
薛氏醫按十六種　(明)薛己輯　清刻本　六册　存五種

360000－1901－0036167　408882
薛氏醫按十六種　(明)薛己輯　清刻本　七册　存四種

360000－1901－0036168　408883
薛氏醫按十六種　(明)薛己輯　清刻本　二十册　存十種

360000－1901－0036169　122514
薛文清公讀書錄鈔一卷讀書續錄鈔一卷　(明)薛瑄撰　(清)紀大奎輯　清嘉慶二十一年(1816)刻本　一册

360000－1901－0036170　123420
薛文清公讀書錄鈔一卷讀書續錄鈔一卷　(明)薛瑄撰　(清)紀大奎輯　清嘉慶二十一年(1816)刻本　一册

360000－1901－0036171　416556
薛文清公讀書錄講義十二卷　(清)鄒昌焆撰　**文清公薛敬軒先生行實一卷**　(清)馬寬裕撰　清雍正九年(1731)刻本　一册　存四卷(薛文清公讀書錄講義一至三、文清公薛敬軒先生行實一卷)

360000－1901－0036172　230083
薛文清公讀書全錄類編二十卷　(明)薛瑄撰　(明)侯鶴齡輯　明萬曆二十七年(1599)薛

應麟、薛應第刻本　八冊

360000－1901－0036173　313901
薛子條貫續篇十三卷　(明)薛瑄撰　清道光二十八年(1848)刻本　一冊

360000－1901－0036174　230091
薛子庸語十二卷　(明)薛應旂撰　(明)向程釋　明隆慶刻本　四冊

360000－1901－0036175　413740
學安心室詩鈔二卷　(清)饒觀化撰　清同治元年(1862)刻本　二冊

360000－1901－0036176　413740－1
學安心室詩鈔二卷　(清)饒觀化撰　清同治元年(1862)刻本　一冊　存一卷(上)

360000－1901－0036177　312655
學案小識十四卷首一卷末一卷　(清)唐鑑撰　清光緒十年(1884)刻本　十二冊

360000－1901－0036178　416849
學案小識十四卷首一卷末一卷　(清)唐鑑撰　清光緒十年(1884)刻本　六冊　存七卷(三至六、八、十二至十三)

360000－1901－0036179　306385
學案小識十四卷首一卷末一卷　(清)唐鑑撰　清光緒十年(1884)四砭齋刻本　一冊　存三卷(一至二、首一卷)

360000－1901－0036180　306635
學案小識十四卷首一卷末一卷　(清)唐鑑撰　清光緒十年(1884)四砭齋刻本　十一冊　存十三卷(三至十四、末一卷)

360000－1901－0036181　805205
學部官報不分卷　(清)學部編　清光緒、宣統鉛印本　四冊

360000－1901－0036182　805206
學部官報不分卷　(清)學部編　清光緒三十三年(1907)鉛印本　一冊

360000－1901－0036183　416683
學部奏定勸學所章程一卷奏定初等小學章程一卷　(清)學部編　清末刻本　一冊

360000－1901－0036184　603870
學春秋隨筆十卷　(清)萬斯大撰　清乾隆二十六年(1761)辨志堂刻本　二冊

360000－1901－0036185　162868
學佛捷徑十章　丁福保編　清宣統三年(1911)上海醫學書局鉛印本　一冊

360000－1901－0036186　320306
學古堂藏書目一卷學古堂捐藏書目一卷　(□)□□撰　清末刻本　一冊

360000－1901－0036187　413120
學古堂日記　(清)雷浚　(清)汪之昌輯　清光緒十六年至二十二年(1890－1896)刻本　七冊　存十種

360000－1901－0036188　804023
學古堂日記叢鈔六卷　(清)雷浚　(清)汪之昌輯　清光緒十六年至二十二年(1890－1896)刻本　一冊　存二卷(三至四)

360000－1901－0036189　306637
學古齋金石叢書四集　(清)葛元煦輯　清光緒崇川葛氏學古齋刻本　八冊　存六種

360000－1901－0036190　304112
學詁齋文集二卷　(清)薛壽撰　清光緒六年(1880)冶城山館刻本　一冊

360000－1901－0036191　404994
學海津梁四卷　(清)崔學古編　清刻本　二冊

360000－1901－0036192　250105
學海君道部□□卷目錄□卷　(明)饒伸輯　明萬曆刻本　三冊　存九卷(創業類纂逆始事三至六、強藩事據三,中興類僞命復興一,繼統類帝王繼統四至六)

360000－1901－0036193　150479
學海類編　(清)曹溶輯　(清)陶越增訂　清刻本　二十九冊　存一百六種

360000－1901－0036194　308062
學海堂集十六卷　(清)阮元輯　**學海堂二集二十二卷**　(清)吳蘭修輯　**學海堂三集二十**

四卷 （清）張維屏輯 清道光五年至咸豐九年（1825－1859）啓秀山房刻本 十冊 存二十七卷（學海堂集四至六、十一至十六，學海堂二集十二至十五、十八至二十，學海堂三集三至十一、十八至十九）

360000－1901－0036195 308731
學海堂集十六卷 （清）阮元輯 **學海堂二集二十二卷** （清）吴蘭修輯 **學海堂三集二十四卷** （清）張維屏輯 清道光五年至咸豐九年（1825－1859）啓秀山房刻本 二十四冊

360000－1901－0036196 900157
學海堂課藝不分卷 （清）□□輯 清刻本 一冊

360000－1901－0036197 900158
學海堂課藝三編不分卷 （清）□□輯 清刻本 一冊

360000－1901－0036198 900160
學海堂課藝四編不分卷 （清）汪鳴鑾輯 清光緒十一年（1885）刻本 五冊

360000－1901－0036199 900159
學海堂課藝五編不分卷 （清）唐根石輯 清光緒十一年（1885）刻本 四冊

360000－1901－0036200 719992
學海堂四集二十八卷 （清）金錫齡輯 清光緒十二年（1886）啓秀山房刻本 十六冊

360000－1901－0036201 311022
學海堂志一卷 （清）林伯桐撰 （清）陳澧續 清同治五年（1866）刻脩本堂叢書本 一冊

360000－1901－0036202 401747
學計一得二卷 （清）鄒伯奇撰 清末石印本 一冊 存一卷（下）

360000－1901－0036203 417448
學計韻言一卷 （清）江衡撰 清光緒十四年（1888）元和江氏一溉齋刻溉齋算學本 一冊

360000－1901－0036204 417464
學彊恕齋筆算十卷 （清）梅啓照撰 清光緒八年（1882）南昌梅啓照東河節署刻本 五冊

360000－1901－0036205 417433
學彊恕齋筆算十卷 （清）梅啓照撰 清光緒二十二年（1896）上海文盛堂石印本 九冊 存九卷（一至七、九至十）

360000－1901－0036206 122416
學彊恕齋筆算十卷 （清）梅啓照撰 清同治十二年（1873）刻本 五冊

360000－1901－0036207 122417
學彊恕齋筆算續編五卷 （清）梅啓照撰 清光緒七年（1881）刻本 一冊

360000－1901－0036208 413847
學彊恕齋天學問答二卷 （清）梅啓照撰 清光緒刻本 二冊

360000－1901－0036209 150478
學津討原 （清）張海鵬輯 清嘉慶十年（1805）虞山張氏照曠閣刻本 二十九冊 存十三種

360000－1901－0036210 150478－1
學津討原 （清）張海鵬輯 清嘉慶十年（1805）虞山張氏照曠閣刻本 三冊 存四種

360000－1901－0036211 421838
學津討原 （清）張海鵬輯 清刻本 三冊 存三種

360000－1901－0036212 163063
學看銀洋捷徑一卷 （清）余惠人撰 清光緒三十年（1904）屯溪三元書局刻本 一冊

360000－1901－0036213 163108
學禮質疑二卷 （清）萬斯大撰 清嘉慶元年（1796）刻本 一冊

360000－1901－0036214 316180
學詩法程四卷 （清）王祖源輯 清光緒石印本 一冊

360000－1901－0036215 241491
學詩津逮 （清）朱琰輯 清乾隆二十五年（1760）朱氏刻本 一冊 存四種

360000－1901－0036216 600382
學詩津逮 （清）朱琰輯 清乾隆二十五年

(1760)朱氏刻本　一冊　存四種

360000－1901－0036217　241492
學詩津逮　(清)朱琰輯　清乾隆刻本　一冊　存二種

360000－1901－0036218　122415
學詩毛鄭異同籤二十三卷　(清)張汝霖撰　清嘉慶二十四年(1819)木活字印本　八冊

360000－1901－0036219　161244
學詩堂經解二十卷　(清)李宗棠輯　清宣統三年(1911)鉛印本　八冊

360000－1901－0036220　308123
學仕録十六卷　(清)戴肇辰輯　清同治六年(1867)刻本　八冊

360000－1901－0036221　312928
學仕遺規四卷　(清)陳弘謀輯　清刻本　十冊

360000－1901－0036222　304897
學仕遺規四卷補四卷　(清)陳弘謀輯　清光緒二十年(1894)刻本　五冊

360000－1901－0036223　304296
學仕遺規四卷補四卷　(清)陳弘謀輯　清光緒二十年(1894)培遠堂刻本　五冊

360000－1901－0036224　313774
學仕遺規四卷補四卷　(清)陳弘謀輯　清乾隆三十四年(1769)培遠堂刻本　五冊

360000－1901－0036225　318116
學術雜鈔不分卷　(清)□□輯　清抄本　七冊

360000－1901－0036226　308531
學算筆談十二卷　(清)華蘅芳撰　清光緒八年(1882)刻本　六冊

360000－1901－0036227　417423
學算筆談十二卷　(清)華蘅芳撰　清光緒二十八年(1902)算學館鉛印本　三冊

360000－1901－0036228　417434
學算筆談十二卷　(清)華蘅芳撰　清光緒二十二年(1896)鉛印本　六冊

360000－1901－0036229　417420
學算筆談十二卷　(清)華蘅芳撰　清光緒二十二年(1896)上海文海書局石印本　三冊

360000－1901－0036230　417421
學算筆談十二卷　(清)華蘅芳撰　清光緒二十二年(1896)上海文瑞樓石印行素軒算稿本　二冊　存六卷(一至六)

360000－1901－0036231　417421－1
學算筆談十二卷　(清)華蘅芳撰　清光緒二十二年(1896)上海文瑞樓石印行素軒算稿本　一冊　存三卷(一至三)

360000－1901－0036232　417422
學算筆談十二卷　(清)華蘅芳撰　清光緒十年(1884)石印本　四冊

360000－1901－0036233　317680
學算筆談十二卷　(清)華蘅芳撰　清光緒石印本　四冊

360000－1901－0036234　417422－1
學算筆談十二卷　(清)華蘅芳撰　清光緒石印本　一冊　存三卷(十至十二)

360000－1901－0036235　305991
學算筆談十二卷　(清)華蘅芳撰　清光緒十年(1884)鴻寶齋書局石印本　三冊　存九卷(一至三、七至十二)

360000－1901－0036236　220406
學統五十三卷　(清)熊賜履撰　清康熙二十四年(1685)刻本　十六冊

360000－1901－0036237　220407
學統五十三卷　(清)熊賜履撰　清康熙二十四年(1685)刻本　十五冊　缺一卷(一)

360000－1901－0036238　220408
學統五十三卷　(清)熊賜履撰　清康熙二十四年(1685)下學堂刻本　十冊　缺十九卷(二至三、六至七、十九至三十、四十一、五十一至五十二)

360000－1901－0036239　401749

學統五十三卷 （清）熊賜履撰　清康熙二十四年（1685）下學堂刻本　一冊　存二卷（五十一至五十二）

360000－1901－0036240　417503
學文堂文集十六卷詩集五卷詩餘三卷 （清）陳玉璂撰　清光緒二十三年（1897）武進盛氏思惠齋刻常州先哲遺書本　六冊

360000－1901－0036241　417504
學文堂文集十六卷詩集五卷詩餘三卷 （清）陳玉璂撰　清光緒二十三年（1897）武進盛氏思惠齋刻常州先哲遺書本　六冊

360000－1901－0036242　417505
學文堂文集十六卷詩集五卷詩餘三卷 （清）陳玉璂撰　清光緒二十三年（1897）武進盛氏思惠齋刻常州先哲遺書本　六冊

360000－1901－0036243　417506
學文堂文集十六卷詩集五卷詩餘三卷 （清）陳玉璂撰　清光緒二十三年（1897）武進盛氏思惠齋刻常州先哲遺書本　六冊

360000－1901－0036244　413743
學憲鑒定諸生問五卷 （清）王應昌撰　清刻本　一冊　存三卷（三至五）

360000－1901－0036245　901338
學校管理法不分卷 （清）商務印書館編譯所編　清光緒上海商務印書館鉛印本　一冊

360000－1901－0036246　164158
學校人物志十二卷首一卷 （清）董其生輯　清康熙五十六年（1717）私淑齋刻本　四冊

360000－1901－0036247　722469
學校衛生學十篇 （日本）三島通良撰　（清）周起鳳譯　清光緒二十九年（1903）上海廣智書局鉛印本　一冊

360000－1901－0036248　404784
學校衛生學十篇 （日本）三島通良撰　（清）周起鳳譯　清光緒二十七年（1901）教育世界社刻本　一冊

360000－1901－0036249　413515
學言稿六卷 （元）吳當撰　清乾隆四年（1739）崇仁吳氏刻本　一冊

360000－1901－0036250　803395
學一齋文稿不分卷 （清）徐紹植撰　清抄本　一冊

360000－1901－0036251　310933
學易集八卷首一卷 （宋）劉跂撰　清刻本　二冊

360000－1901－0036252　413760
學庸脈絡圖一卷三算連環一卷 （清）張楚鍾撰　清光緒三十一年（1905）刻本　一冊

360000－1901－0036253　405933
學庸示掌不分卷 （清）湯自銘撰　清乾隆四年（1739）刻本　一冊

360000－1901－0036254　403517
學庸示掌二卷 （清）湯自銘撰　清道光二十六年（1846）雙桂齋刻本　一冊

360000－1901－0036255　403862
學庸圖説一卷 （清）侯連成撰　清嘉慶十八年（1813）刻本　一冊

360000－1901－0036256　417508
學源堂古文十二卷 （清）吳乘權　（清）吳大職輯　清綠幄山房刻本　五冊　存十卷（一至十）

360000－1901－0036257　403176
學源堂合纂四書體註十九卷 （清）范翔輯　清學源堂刻本　六冊

360000－1901－0036258　210351
學源堂四書體注合講十九卷四書圖考一卷 （清）翁復輯　清雍正八年（1730）學源堂刻本　六冊

360000－1901－0036259　403323
學源堂四書體註合講十九卷 （清）翁復輯　清刻本　六冊

360000－1901－0036260　403306
學源堂四書體註合講十九卷 （清）翁復輯　清學源堂刻本　六冊

360000－1901－0036261　403319－3
學源堂四書體註合講十九卷　(清)翁復輯　清學源堂刻本　一册　存二卷(孟子四至五)

360000－1901－0036262　403298－1
學源堂四書體註合講十九卷　(清)翁復輯　清酌雅齋刻本　二册　存七卷(論語一至五、孟子六至七)

360000－1901－0036263　401750
學治識端一卷　(清)徐壽玆撰　清光緒二十七年(1901)大梁刻本　一册

360000－1901－0036264　413327
學治體行録二卷　(清)王鳳生撰　清道光三年(1823)刻本　一册

360000－1901－0036265　304343
學治續説一卷説贅一卷　(清)汪輝祖撰　清同治七年(1868)湖北崇文書局刻本　一册

360000－1901－0036266　401753
學治續説一卷説贅一卷　(清)汪輝祖撰　附**增畿輔事宜一卷**　(清)托渾布撰　清道光十八年(1838)刻本　一册

360000－1901－0036267　401752
學治續説一卷説贅一卷佐治藥言一卷續一卷　(清)汪輝祖撰　清同治五年(1866)刻本　一册

360000－1901－0036268　304113
學治一得編一卷　(清)何耿繩撰　清同治十三年(1874)湖北崇文書局刻牧令書四種本　一册

360000－1901－0036269　304114
學治一得編一卷　(清)何耿繩撰　清同治十三年(1874)湖北崇文書局刻牧令書四種本　一册

360000－1901－0036270　401748
學治一得編一卷　(清)何耿繩撰　清同治十三年(1874)湖北崇文書局刻牧令書四種本　一册

360000－1901－0036271　304344
學治臆説二卷　(清)汪輝祖撰　清同治七年(1868)湖北崇文書局刻本　一册

360000－1901－0036272　161878
學治臆説二卷　(清)汪輝祖撰　清同治五年(1866)刻本　一册

360000－1901－0036273　401751
學治臆説二卷續説一卷　(清)汪輝祖撰　清刻本　三册

360000－1901－0036274　401755
學治臆説二卷續説一卷説贅一卷　(清)汪輝祖撰　清同治七年(1868)湖北崇文書局刻本　二册

360000－1901－0036275　401756
學治臆説二卷續説一卷説贅一卷　(清)汪輝祖撰　清咸豐二年(1852)刻本　二册

360000－1901－0036276　415477
雪牀遺詩一卷續刻一卷　(清)釋德亮撰　清道光元年(1821)吴江柳氏刻本　一册

360000－1901－0036277　415477－1
雪牀遺詩一卷續刻一卷　(清)釋德亮撰　清道光元年(1821)吴江柳氏刻本　一册

360000－1901－0036278　415477－10
雪牀遺詩一卷續刻一卷　(清)釋德亮撰　清道光元年(1821)吴江柳氏刻本　一册

360000－1901－0036279　415477－11
雪牀遺詩一卷續刻一卷　(清)釋德亮撰　清道光元年(1821)吴江柳氏刻本　一册

360000－1901－0036280　415477－12
雪牀遺詩一卷續刻一卷　(清)釋德亮撰　清道光元年(1821)吴江柳氏刻本　一册

360000－1901－0036281　415477－13
雪牀遺詩一卷續刻一卷　(清)釋德亮撰　清道光元年(1821)吴江柳氏刻本　一册

360000－1901－0036282　415477－2
雪牀遺詩一卷續刻一卷　(清)釋德亮撰　清道光元年(1821)吴江柳氏刻本　一册

360000－1901－0036283　415477－3
雪牀遺詩一卷續刻一卷　（清）釋德亮撰　清道光元年（1821）吳江柳氏刻本　一册

360000－1901－0036284　415477－4
雪牀遺詩一卷續刻一卷　（清）釋德亮撰　清道光元年（1821）吳江柳氏刻本　一册

360000－1901－0036285　415477－5
雪牀遺詩一卷續刻一卷　（清）釋德亮撰　清道光元年（1821）吳江柳氏刻本　一册

360000－1901－0036286　415477－6
雪牀遺詩一卷續刻一卷　（清）釋德亮撰　清道光元年（1821）吳江柳氏刻本　一册

360000－1901－0036287　415477－7
雪牀遺詩一卷續刻一卷　（清）釋德亮撰　清道光元年（1821）吳江柳氏刻本　一册

360000－1901－0036288　415477－8
雪牀遺詩一卷續刻一卷　（清）釋德亮撰　清道光元年（1821）吳江柳氏刻本　一册

360000－1901－0036289　415477－9
雪牀遺詩一卷續刻一卷　（清）釋德亮撰　清道光元年（1821）吳江柳氏刻本　一册

360000－1901－0036290　121463
雪鴻詩草七卷　（清）梁道奐撰　清嘉慶五年（1800）刻本　四册

360000－1901－0036291　404537
雪鴻軒尺牘四卷　（清）龔萼撰　清同治十一年（1872）刻本　四册

360000－1901－0036292　405539
雪鴻吟草一卷賸詩選存一卷雜詩附録一卷　（清）董汝成輯　清道光二十二年（1842）刻本　一册

360000－1901－0036293　300706
雪磯叢稿四卷　（宋）樂雷發撰　清道光七年（1827）春陵樂氏刻本　一册

360000－1901－0036294　220405
雪交亭集十二卷　（明）高宇泰撰　清光緒二十三年（1897）傅以禮抄本　二册

360000－1901－0036295　164302
雪廬讀史快編六十卷　（明）趙維寰輯　明刻本　六册　存三十二卷（一至三十二）

360000－1901－0036296　409209
雪廬詩話一卷　（清）賴學海撰　清光緒十八年（1892）邱園刻本　一册

360000－1901－0036297　163425
雪門詩草十四卷　（清）許瑤光撰　清同治十三年（1874）刻本　六册

360000－1901－0036298　405537
雪門詩草十四卷　（清）許瑤光撰　清同治十三年（1874）刻本　三册　存七卷（三至九）

360000－1901－0036299　121458
雪坡集二卷　（宋）姚勉撰　清木活字印本　二册

360000－1901－0036300　121459
雪坡文集十二卷獨行詩集八卷醉吟詩九卷　（明）萬節撰　**倉篔詩存一卷**　（明）萬震撰　清光緒三年（1877）萬燕翼堂刻本　六册

360000－1901－0036301　121460
雪坡文集十二卷獨行詩集八卷醉吟詩九卷　（明）萬節撰　**倉篔詩存一卷**　（明）萬震撰　清光緒三年（1877）萬燕翼堂刻本　六册

360000－1901－0036302　603906
雪樵經解三十卷附録三卷　（清）馮世瀛輯　清光緒十一年（1885）馮氏辨齋錫活字印本　一册　存五卷（禮記集解五至六、附録三卷）

360000－1901－0036303　160892
雪樵經解三十卷附録三卷　（清）馮世瀛輯　清光緒十一年（1885）馮氏辨齋錫活字印本　八册

360000－1901－0036304　712002
雪樵經解三十卷附録三卷　（清）馮世瀛輯　清光緒十一年（1885）馮氏辨齋錫活字印本　八册

360000－1901－0036305　712003
雪樵經解三十卷附録三卷　（清）馮世瀛輯

清光緒十一年(1885)馮氏辨齋錫活字印本　八冊

360000－1901－0036306　712004
雪樵經解三十卷附錄三卷　(清)馮世瀛輯　清光緒十一年(1885)馮氏辨齋錫活字印本　二冊　存九卷(十五至十八、二十至二十四)

360000－1901－0036307　712000
雪樵經解三十卷附錄三卷　(清)馮世瀛輯　清光緒石印本　六冊　存二十五卷(九至三十、附錄三卷)

360000－1901－0036308　712001
雪樵經解三十卷附錄三卷　(清)馮世瀛輯　清光緒石印本　二冊　存八卷(十七至二十四)

360000－1901－0036309　603563
雪樵經解三十卷附錄三卷　(清)馮世瀛輯　清末鉛印本　三冊　存十二卷(五至十六)

360000－1901－0036310　163424
雪青閣詩集四卷　(清)謝維藩撰　清光緒九年(1883)開封官廨刻本　四冊

360000－1901－0036311　240377
雪山集十六卷　(宋)王質撰　清乾隆刻武英殿聚珍版書本　四冊

360000－1901－0036312　240782
雪堂集選三卷　(清)熊文舉撰　清順治八年(1651)刻本　三冊

360000－1901－0036313　405535
雪堂文鈔二卷于埜草一卷　(清)崔繡撰　清嘉慶二十四年(1819)刻本　三冊

360000－1901－0036314　240783
雪堂先生集選十四卷　(清)熊文舉撰　(清)錢謙益輯　清順治十二年(1655)刻本　六冊

360000－1901－0036315　240784
雪堂先生詩選四卷　(清)熊文舉撰　清康熙刻本　六冊

360000－1901－0036316　404533
雪心賦正解四卷　(唐)卜應天撰　(清)孟浩注　清初刻本　一冊

360000－1901－0036317　404532
雪心賦正解四卷　(唐)卜應天撰　(清)孟浩注　**辯論三十篇一卷**　(清)孟浩撰　清大成堂刻本　一冊

360000－1901－0036318　704558
雪心賦正解四卷　(唐)卜應天撰　(清)孟浩注　**辯論三十篇一卷**　(清)孟浩撰　清會賢堂刻本　一冊　存二卷(雪心賦正解一、辯論三十篇一卷)

360000－1901－0036319　404530
雪心賦正解四卷　(唐)卜應天撰　(清)孟浩注　**辯論三十篇一卷**　(清)孟浩撰　清刻本　二冊

360000－1901－0036320　404530－2
雪心賦正解四卷　(唐)卜應天撰　(清)孟浩注　**辯論三十篇一卷**　(清)孟浩撰　清刻本　一冊　存三卷(二至四)

360000－1901－0036321　404530－3
雪心賦正解四卷　(唐)卜應天撰　(清)孟浩注　**辯論三十篇一卷**　(清)孟浩撰　清刻本　二冊　存四卷(雪心賦正解二至四、辯論三十篇一卷)

360000－1901－0036322　404532－1
雪心賦正解四卷　(唐)卜應天撰　(清)孟浩注　**辯論三十篇一卷**　(清)孟浩撰　清刻本　一冊　存一卷(二)

360000－1901－0036323　704559
雪心賦正解四卷　(唐)卜應天撰　(清)孟浩注　**辯論三十篇一卷**　(清)孟浩撰　清文德堂刻本　二冊

360000－1901－0036324　404531
雪心賦正解四卷　(唐)卜應天撰　(清)孟浩注　**辯論三十篇一卷**　(清)孟浩撰　清宣統三年(1911)上海廣益書局石印本　一冊

360000－1901－0036325　404531－1
雪心賦正解四卷　(唐)卜應天撰　(清)孟浩

注　**辯論三十篇一卷**　(清)孟浩撰　清宣統三年(1911)上海廣益書局石印本　一冊

360000－1901－0036326　404542
雪月梅傳十卷五十回　(清)陳朗撰　(清)董孟汾評釋　清刻本　八冊　存八卷(三至十)四十回(十一至五十)

360000－1901－0036327　404539
雪月梅傳十卷五十回　(清)陳朗撰　(清)董孟汾評釋　清末石印本　一冊　存一卷(五)五回(二十一至二十五)

360000－1901－0036328　405536
雪舟詩集四卷　(清)戴泰運撰　清刻本　一冊　存一卷(二)

360000－1901－0036329　412704
雪竹樓詩稿十四卷文稿一卷首一卷　(清)黃道讓撰　清同治六年(1867)刻本　六冊

360000－1901－0036330　801408
血盆經一卷　(□)□□撰　清抄本　一冊

360000－1901－0036331　163653
血性吟一卷　(清)慶之源撰　(清)慶之金選輯　清同治十三年(1874)恒陽官署刻本　一冊

360000－1901－0036332　408564
血證論八卷　(清)唐宗海撰　清光緒三十二年(1906)上海千頃堂書局石印本　二冊　存七卷(一至四、六至八)

360000－1901－0036333　405454
窨花書屋遺稿一卷　(清)鍾泰撰　清道光十年(1830)刻本　一冊

360000－1901－0036334　150545－1
荀子補注二卷　(清)郝懿行撰　清刻齊魯先喆遺書本　一冊

360000－1901－0036335　302917
荀子補注二卷　(清)郝懿行撰　清刻本　一冊

360000－1901－0036336　302956
荀子二十卷　(唐)楊倞注　清光緒二十三年(1897)文瑞樓鉛印本　二冊

360000－1901－0036337　305847－2
荀子二十卷　(唐)楊倞注　清光緒十年(1884)遵義黎氏日本東京使署影宋刻古逸叢書本　六冊

360000－1901－0036338　302918
荀子二十卷　(唐)楊倞注　清嘉慶九年(1804)刻本　三冊

360000－1901－0036339　805452
荀子二十卷　(唐)楊倞注　清刻本　四冊

360000－1901－0036340　161468
荀子二十卷　(唐)楊倞注　(清)謝墉輯補　**校勘補遺一卷**　(清)謝墉撰　清光緒二年(1876)浙江書局刻二十二子本　六冊

360000－1901－0036341　307748
荀子二十卷　(唐)楊倞注　(清)謝墉輯補　**校勘補遺一卷**　(清)謝墉撰　清光緒二年(1876)浙江書局刻二十二子本　三冊　存十卷(一至十)

360000－1901－0036342　416262
荀子二十卷　(唐)楊倞注　(清)謝墉輯補　**校勘補遺一卷**　(清)謝墉撰　清光緒二年(1876)浙江書局刻二十二子本　三冊　存十二卷(一至三、七至十、十四至十八)

360000－1901－0036343　416263
荀子二十卷　(唐)楊倞注　(清)謝墉輯補　**校勘補遺一卷**　(清)謝墉撰　清光緒二十三年(1897)新化三味書室刻本　五冊

360000－1901－0036344　416261
荀子二十卷　(唐)楊倞注　(清)謝墉輯補　**校勘補遺一卷**　(清)謝墉撰　清嘉慶九年(1804)姑蘇王氏聚文堂刻十子全書本　二冊　存十卷(一至十)

360000－1901－0036345　416265
荀子二十卷　(唐)楊倞注　(清)謝墉輯補　**校勘補遺一卷**　(清)謝墉撰　清末上海廣益書局石印本　四冊

360000－1901－0036346　603533
荀子二十卷　(唐)楊倞注　(清)謝墉輯補　**校勘補遺一卷**　(清)謝墉撰　清乾隆五十一年(1786)謝墉安雅堂刻本　一册　存六卷(十六至二十、校勘補遺一卷)

360000－1901－0036347　302915
荀子二十卷首一卷　(唐)楊倞注　王先謙集解　清光緒十七年(1891)長沙思賢講舍刻本　六册

360000－1901－0036348　308372
荀子二十卷首一卷　(唐)楊倞注　王先謙集解　清光緒十七年(1891)長沙思賢講舍刻本　六册

360000－1901－0036349　313795
荀子考異一卷　(宋)錢佃撰　清光緒江蔭繆氏影刻抄本　一册

360000－1901－0036350　407876
循理堂全集六卷　(清)黄家駿撰　清光緒三十年(1904)刻本　二册　存二卷(二至三)

360000－1901－0036351　240982
尋古齋集六卷　(清)李繼聖撰　清乾隆八年(1743)積秀堂刻本　六册

360000－1901－0036352　414862－1
竟山樂録四卷　(清)毛奇齡撰　清刻本　二册

360000－1901－0036353　405016
尋古齋集六卷　(清)李繼聖撰　清乾隆十八年(1753)李氏尋古齋刻本　三册　存三卷(一至二、四)

360000－1901－0036354　405017
尋古齋集六卷　(清)李繼聖撰　清乾隆十八年(1753)李氏尋古齋刻本　二册　存二卷(一至二)

360000－1901－0036355　405018
尋古齋集六卷　(清)李繼聖撰　清乾隆十八年(1753)李氏尋古齋刻本　二册　存二卷(一至二)

360000－1901－0036356　313891
尋樂堂日録二十五卷附録一卷(清順治十年至康熙四十七年)　(清)竇克勤撰　清康熙六十一年(1722)刻光緒四年(1878)修補本　十七册

360000－1901－0036357　707770
尋樂堂日録二十五卷附録一卷(清順治十年至康熙四十七年)　(清)竇克勤撰　清刻本　三册　存四卷(十五至十七、附録一卷)

360000－1901－0036358　415150
尋樂習先生文集二十卷　(明)習經撰　清道光二十八年(1848)木活字印本　三册　存十四卷(一至九、十六至二十)

360000－1901－0036359　415150－1
尋樂習先生文集二十卷　(明)習經撰　清道光二十八年(1848)木活字印本　一册　存四卷(六至九)

360000－1901－0036360　417522
尋樂習先生文集二十卷　(明)習經撰　清道光二十八年(1848)木活字印本　四册

360000－1901－0036361　417523
尋樂習先生文集二十卷　(明)習經撰　清道光二十八年(1848)木活字印本　五册

360000－1901－0036362　240988
尋樂齋集十四卷　(清)廖道稷撰　清乾隆十九年(1754)刻本　二册

360000－1901－0036363　405684
潯聲二卷　(清)陳景賢輯　清光緒十六年(1890)刻本　一册

360000－1901－0036364　405684－2
潯聲二卷　(清)陳景賢輯　清光緒十六年(1890)刻本　一册

360000－1901－0036365　416642
救命書一卷　(明)呂坤撰　**城書一卷**　清刻本　一册

360000－1901－0036366　402596
潯陽萬氏六經家塾讀本　(清)萬青銓輯　清

江右潯陽萬氏蓮峰書屋刻朱墨套印本　二十冊　存四種

360000－1901－0036367　305134－1
訓蒙千字文一卷　(清)何桂珍撰　清光緒十年(1884)六安涂氏刻本　一冊

360000－1901－0036368　414880
訓蒙四益模本不分卷　(清)李時庵集錄　清光緒三年(1877)刻本　一冊

360000－1901－0036369　318118－19
訓蒙四字經二集讀本二卷　(清)李暉吉　(清)徐濽輯　清抄本　一冊

360000－1901－0036370　416882
訓俗遺規補編二卷　(清)陳弘謀輯　清刻本　一冊

360000－1901－0036371　416835
訓俗遺規不分卷　(清)陳弘謀輯　清道光九年(1829)當塗夏氏刻四種遺規本　一冊

360000－1901－0036372　416835－1
訓俗遺規不分卷　(清)陳弘謀輯　清道光九年(1829)當塗夏氏刻四種遺規本　一冊

360000－1901－0036373　304893
訓俗遺規四卷　(清)陳弘謀輯　清道光十年(1830)刻本　一冊　存二卷(一至二)

360000－1901－0036374　804031
訓俗遺規四卷　(清)陳弘謀輯　清道光十年(1830)培遠堂刻本　一冊　存二卷(一至二)

360000－1901－0036375　416878
訓俗遺規四卷　(清)陳弘謀輯　清道光十年(1830)培遠堂刻五種遺規本　三冊

360000－1901－0036376　416878－1
訓俗遺規四卷　(清)陳弘謀輯　清道光十年(1830)培遠堂刻五種遺規本　三冊

360000－1901－0036377　416902
訓俗遺規四卷　(清)陳弘謀輯　清鄧陽張相侯刻本　一冊　存一卷(二)

360000－1901－0036378　801586
訓俗遺規四卷　(清)陳弘謀輯　清刻本　一冊　存一卷(二)

360000－1901－0036379　416880
訓俗遺規四卷　(清)陳弘謀輯　清乾隆三十七年(1772)刻本　四冊

360000－1901－0036380　416877
訓俗遺規四卷　(清)陳弘謀輯　清如皋汪之珩刻本　四冊

360000－1901－0036381　416876
訓俗遺規四卷　(清)陳弘謀輯　清如皋汪之珩刻鶴山留耕堂印本　三冊　存三卷(二至四)

360000－1901－0036382　304669
訓俗遺規四卷　(清)陳弘謀輯　**補編一卷**　(清)華希閔輯　清光緒三十四年(1908)學部圖書局石印本　一冊　存一卷(二)

360000－1901－0036383　416901
訓俗遺規四卷　(清)陳弘謀輯　**補編一卷**　(清)華希閔輯　清光緒三十四年(1908)學部圖書局石印本　二冊　存二卷(一至二)

360000－1901－0036384　416879
訓俗遺規四卷　(清)陳弘謀輯　**補編一卷**　(清)華希閔輯　清光緒五年(1879)江西書局刻五種遺規本　四冊

360000－1901－0036385　416879－1
訓俗遺規四卷　(清)陳弘謀輯　**補編一卷**　(清)華希閔輯　清光緒五年(1879)江西書局刻五種遺規本　一冊　存一卷(二)

360000－1901－0036386　416882－1
訓俗遺規四卷補二卷　(清)陳弘謀輯　清培遠堂刻本　二冊　存四卷(三至四、補二卷)

360000－1901－0036387　416836
訓俗遺規五卷　(清)陳弘謀輯　(清)華希閔補輯　清刻本　一冊　存二卷(四至五)

360000－1901－0036388　416884
訓俗遺規摘鈔二卷補鈔一卷　(清)陳弘謀輯　清同治五年(1866)刻本　二冊

360000－1901－0036389　416883
訓俗遺規摘鈔三卷補摘鈔一卷　（清）陳弘謀輯　（清）劉肇紳摘抄　清同治七年（1868）楚北崇文書局刻五種遺規摘鈔本　二册

360000－1901－0036390　416883－1
訓俗遺規摘鈔三卷補摘鈔一卷　（清）陳弘謀輯　（清）劉肇紳摘抄　清同治七年（1868）楚北崇文書局刻五種遺規摘鈔本　一册　存二卷（一至二）

360000－1901－0036391　716722
訓童要讀一卷　（清）□□輯　清同治五年（1866）刻本　一册

360000－1901－0036392　162537
訓學良規書館必備一卷　（清）知非子編　清末刻本　一册

360000－1901－0036393　300310
訓真書屋詩存二卷　（清）黄國瑾撰　清光緒三十二年（1906）貴筑黄氏家塾刻本　二册

360000－1901－0036394　416761
訓子語二卷　（清）張履祥撰　清刻本　一册

360000－1901－0036395　803821
訓子語二卷　（清）張履祥撰　清乾隆三十八年（1773）抄本　一册

360000－1901－0036396　802732
訓子姪記一卷　（清）程鼎調撰　清抄本　一册

360000－1901－0036397　716721
訓子姪記一卷　（清）程鼎調撰　清道光四年（1824）刻本　一册

360000－1901－0036398　300312
訓纂堂叢書　（清）楊調元輯　清光緒貴筑楊氏刻本　二册　存二種

360000－1901－0036399　240829
巽書八卷　（清）毛先舒撰　清初刻本　二册

360000－1901－0036400　240406
巽齋文集二十七卷　（宋）歐陽守道撰　清乾隆四庫館抄本　七册

360000－1901－0036401　121724
巽齋文集二十七卷附存一卷　（宋）歐陽守道撰　清廬陵志局刻本　六册

360000－1901－0036402　121725
巽齋文集二十七卷附存一卷　（宋）歐陽守道撰　清廬陵志局刻本　六册

360000－1901－0036403　121726
巽齋文集二十七卷附存一卷　（宋）歐陽守道撰　清廬陵志局刻本　六册

360000－1901－0036404　601554
巽齋文集二十七卷附存一卷　（宋）歐陽守道撰　清廬陵志局刻本　六册

360000－1901－0036405　601555
巽齋文集二十七卷附存一卷　（宋）歐陽守道撰　清廬陵志局刻本　六册

360000－1901－0036406　150432
遜敏堂叢書　（清）黄秩模輯　清道光、咸豐宜黄黄氏木活字印本　六册　存四十三種

360000－1901－0036407　150433
遜敏堂叢書　（清）黄秩模輯　清道光、咸豐宜黄黄氏木活字印本　八册　存三十四種

360000－1901－0036408　150434
遜敏堂叢書　（清）黄秩模輯　清道光、咸豐宜黄黄氏木活字印本　六册　存三十二種

360000－1901－0036409　600330
遜敏堂叢書　（清）黄秩模輯　清道光、咸豐宜黄黄氏木活字印本　四册　存二十八種

360000－1901－0036410　600331
遜敏堂叢書　（清）黄秩模輯　清道光、咸豐宜黄黄氏木活字印本　五册　存二十七種

360000－1901－0036411　804540
遜敏堂叢書　（清）黄秩模輯　清道光、咸豐宜黄黄氏木活字印本　一册　存八種

360000－1901－0036412　301937
遜學齋詩鈔十卷　（清）孫衣言撰　清同治三年（1864）刻本　二册

360000－1901－0036413　301939
遜學齋詩鈔十卷　(清)孫衣言撰　清同治三年(1864)刻本　二冊

360000－1901－0036414　301938
遜學齋詩鈔十卷　(清)孫衣言撰　清同治十二年(1873)刻本　四冊

360000－1901－0036415　405631
遜學齋文鈔十二卷首一卷末一卷文續鈔五卷詩鈔十卷詩續鈔五卷　(清)孫衣言撰　清同治十二年(1873)刻本　三冊　存十二卷(文鈔一至三、首一卷,文續鈔一至三,詩續鈔五卷)

360000－1901－0036416　718357
遜志齋集二十四卷　(明)方孝孺撰　**附錄一卷**　(明)范惟一輯　明嘉靖四十年(1561)王可大刻本　七冊　存七卷(一至六、十四)

360000－1901－0036417　405284
濬靈秘書二卷　(清)樓溮輯評　清刻本　一冊　存一卷(下)

360000－1901－0036418　413693
濬治東湖豫章溝清冊不分卷　(清)□□撰　清刻本　一冊

360000－1901－0036419　150507
顨軒孔氏所著書　(清)孔廣森撰　清刻本　十冊

360000－1901－0036420　150508
顨軒孔氏所著書　(清)孔廣森撰　清刻本　十二冊

360000－1901－0036421　403839
顨軒孔氏所著書　(清)孔廣森撰　清乾隆、嘉慶刻嘉慶二十二年(1817)曲阜孔氏儀鄭堂彙印本　四冊　存三種

360000－1901－0036422　404541
壓線編六卷　(清)趙古農　(清)繆艮撰　清刻本　二冊　存二卷(三至四)

360000－1901－0036423　801834
壓線二集一卷　(清)趙森撰　清抄本　一冊

360000－1901－0036424　417297
牙牌靈數不分卷　(清)何汝樫撰　清光緒十九年(1893)上海書局石印本　一冊

360000－1901－0036425　417289
牙牌靈數不分卷　(清)何汝樫撰　清同治八年(1869)刻本　一冊

360000－1901－0036426　417299
牙牌靈數不分卷　(清)何汝樫撰　清同治十一年(1872)刻本　一冊

360000－1901－0036427　417296
牙牌靈數不分卷　(清)何汝樫撰　清同治元年(1862)刻本　一冊

360000－1901－0036428　803533
牙牌神數註解抄覽不分卷　(清)岳慶山樵撰　清同治九年(1870)抄本　一冊

360000－1901－0036429　803806
雅曆六卷　(清)戴□撰　清乾隆三十六年(1771)抄本　一冊

360000－1901－0036430　121710
雅似堂文集十卷　(明)文德翼撰　清刻本　十冊

360000－1901－0036431　121711
雅似堂文集十卷　(明)文德翼撰　清刻本　九冊

360000－1901－0036432　241394
雅頌正音五卷　(明)劉仔肩輯　清抄本　一冊

360000－1901－0036433　250102
雅餘八卷　(明)羅曰褧輯　明萬曆二十五年(1597)滋蘭館刻本　四冊

360000－1901－0036434　241019
雅雨山人出塞集一卷　(清)盧見曾撰　清乾隆十一年(1746)刻本　一冊

360000－1901－0036435　150362
雅雨堂叢書　(清)盧見曾輯　清乾隆二十一年(1756)德州盧氏雅雨堂刻增修本　二十八冊　存十二種

360000－1901－0036436　719982

雅雨堂叢書　(清)盧見曾輯　清乾隆二十一年(1756)德州盧氏雅雨堂刻增修本　二十一册　存十二種

360000－1901－0036437　303854

雅雨堂文集四卷詩集二卷出塞集一卷　(清)盧見曾撰　清道光二十年(1840)清雅堂刻本　四册

360000－1901－0036438　401007

亞剌伯史一卷　(日本)北村三郎撰　趙必振譯　清光緒二十九年(1903)廣智書局鉛印本　一册

360000－1901－0036439　302233

亞歐兩洲沿岸海道紀要二卷末一卷　(清)陳運溶撰　清光緒二十九年(1903)刻本　一册

360000－1901－0036440　408611

咽喉秘集二卷　(清)海山仙館輯　清光緒二十八年(1902)刻本　一册

360000－1901－0036441　408612

咽喉秘集二卷　(清)海山仙館輯　清光緒二十八年(1902)刻本　一册

360000－1901－0036442　408613

咽喉秘集二卷　(清)海山仙館輯　清光緒二十八年(1902)刻本　一册

360000－1901－0036443　420742－1

咽喉秘集二卷　(清)海山仙館輯　清海山仙館刻本　一册

360000－1901－0036444　420742

咽喉秘集二卷　(清)海山仙館輯　清同治十三年(1874)海山仙館刻本　一册

360000－1901－0036445　420743

咽喉秘集二卷　(清)海山仙館輯　清同治元年(1862)海山仙館刻本　一册

360000－1901－0036446　421047

胭脂牡丹六卷　(清)韓鄂撰　清道光二十六年(1846)富春堂刻本　六册

360000－1901－0036447　421048

胭脂牡丹六卷　(清)韓鄂撰　清道光二十六年(1846)富春堂刻本　五册

360000－1901－0036448　421049

胭脂牡丹六卷　(清)韓鄂撰　清道光二十七年(1847)文德堂刻本　六册

360000－1901－0036449　421050

胭脂牡丹六卷　(清)韓鄂撰　清道光二十七年(1847)文德堂刻本　六册

360000－1901－0036450　421051

胭脂牡丹六卷　(清)韓鄂撰　清道光刻本　三册

360000－1901－0036451　421052

胭脂牡丹六卷　(清)韓鄂撰　清道光刻本　六册

360000－1901－0036452　804531

胭脂牡丹六卷　(清)韓鄂撰　清道光刻本　二册　存二卷(一、四)

360000－1901－0036453　800486

胭脂牡丹六卷　(清)韓鄂撰　清道光十九年(1839)刻本　一册

360000－1901－0036454　804533－1

胭脂牡丹六卷　(清)韓鄂撰　清道光十九年(1839)刻本　一册　存三卷(一至三)

360000－1901－0036455　804532

胭脂牡丹六卷　(清)韓鄂撰　清光緒八年(1882)刻本　一册　存一卷(一)

360000－1901－0036456　804530

胭脂牡丹六卷　(清)韓鄂撰　清刻本　二册　存二卷(一、三)

360000－1901－0036457　804533

胭脂牡丹六卷　(清)韓鄂撰　清刻本　一册　存二卷(一至二)

360000－1901－0036458　804534

胭脂牡丹六卷　(清)韓鄂撰　清刻本　一册　存二卷(五至六)

360000－1901－0036459　804535

胭脂牡丹六卷 (清)韓鄂撰 清刻本 一册 存一卷(五)

360000－1901－0036460 804536
胭脂牡丹六卷 (清)韓鄂撰 清刻本 一册 存一卷(五)

360000－1901－0036461 804537
胭脂牡丹六卷 (清)韓鄂撰 清刻本 一册 存一卷(五)

360000－1901－0036462 804538
胭脂牡丹六卷 (清)韓鄂撰 清刻本 一册 存一卷(六)

360000－1901－0036463 804539
胭脂牡丹六卷 (清)韓鄂撰 清刻本 一册 存一卷(六)

360000－1901－0036464 405696
烟雲供養齋詩草二卷 (清)邱煥撰 清道光十六年(1836)刻本 二册

360000－1901－0036465 303531
煙晝東堂四譜四卷 繆荃孫輯 清南陵徐氏刻本 一册

360000－1901－0036466 722517
煙霞萬古樓文集六卷 (清)王曇撰 清光緒元年(1875)南海伍氏刻粤雅堂叢書本 一册 存二卷(五至六)

360000－1901－0036467 304379
煙嶼樓集 (清)徐時棟撰 清同治、光緒刻彙印本 十二册 存三種

360000－1901－0036468 241468
延陵四稿合編 (清)吴炳等撰 清抄本 三册

360000－1901－0036469 241544
延露詞三卷 (清)彭孫遹撰 清康熙休寧孫氏留松閣刻國朝名家詩餘本 一册

360000－1901－0036470 705214
延露詞三卷 (清)彭孫遹撰 清末掃葉山房石印本 一册

360000－1901－0036471 705215
延綠閣集十二卷 (清)華希閔撰 清刻本 五册 存九卷(四至十二)

360000－1901－0036472 120739
延平李先生師弟子答問二卷 (宋)朱熹輯 清光緒五年(1879)刻本 二册

360000－1901－0036473 120740
延平李先生師弟子答問二卷 (宋)朱熹輯 清光緒五年(1879)刻本 二册

360000－1901－0036474 220443
延平四先生年譜 (清)毛念恃輯 清乾隆十年(1745)張坦刻本 二册

360000－1901－0036475 411122
言行類編十六卷 (清)汪本直撰 清道光十六年(1836)刻本 三册 存十二卷(一至四、九至十六)

360000－1901－0036476 421174
炎陵志□□卷 (清)□□纂 清雍正刻本 一册 存二卷(三至四)

360000－1901－0036477 410810
研花館吟草二卷 (清)董廷策撰 清光緒鉛印本 一册

360000－1901－0036478 414157
研經堂稿不分卷 (清)楊殿英撰 清同治元年(1862)刻本 一册

360000－1901－0036479 414157－1
研經堂稿不分卷 (清)楊殿英撰 清同治元年(1862)刻本 一册

360000－1901－0036480 414157－2
研經堂稿不分卷 (清)楊殿英撰 清同治元年(1862)刻本 一册

360000－1901－0036481 805016
研經堂稿不分卷 (清)楊殿英撰 清同治元年(1862)刻本 一册

360000－1901－0036482 163398
研六室文鈔十卷 (清)胡培翬撰 清道光十七年(1837)刻本 二册

360000－1901－0036483　410648
研露樓琴譜四卷首一卷　(清)王受白撰　(清)崔應階輯　清乾隆三十一年(1766)張松孫刻本　三册　存四卷(一至三、首一卷)

360000－1901－0036484　902516
研露齋詩鈔八卷文鈔三卷　(清)饒學曙撰　清道光七年(1827)趙懋勛刻本　一册　存三卷(詩鈔六至八)

360000－1901－0036485　121154
研露齋文鈔三卷詩鈔八卷　(清)饒學曙撰　清道光七年(1827)刻本　六册

360000－1901－0036486　121155
研露齋文鈔三卷詩鈔八卷　(清)饒學曙撰　清道光七年(1827)刻本　六册

360000－1901－0036487　601439
研露齋文鈔三卷詩鈔八卷　(清)饒學曙撰　清道光七年(1827)刻本　二册　存五卷(文鈔一至二、詩鈔三至五)

360000－1901－0036488　300979
揅經室一集十四卷二集八卷三集五卷四集二卷四集詩十一卷外集五卷續集十一卷再續集六卷　(清)阮元撰　清道光三年(1823)儀徵阮氏文選樓刻本　十八册

360000－1901－0036489　309190
揅經室一集十四卷二集八卷三集五卷四集二卷四集詩十一卷外集五卷續集十一卷再續集六卷　(清)阮元撰　清道光三年(1823)儀徵阮氏文選樓刻本　二十四册

360000－1901－0036490　315857
揅經室一集十四卷二集八卷三集五卷四集二卷四集詩十一卷外集五卷續集十一卷再續集六卷　(清)阮元撰　清道光三年(1823)儀徵阮氏文選樓刻本　二十四册

360000－1901－0036491　316740
揅經室一集十四卷二集八卷三集五卷四集二卷四集詩十一卷外集五卷續集十一卷再續集六卷　(清)阮元撰　清道光三年(1823)儀徵阮氏文選樓刻本　十八册

360000－1901－0036492　414162
揅經室一集十四卷二集八卷三集五卷四集二卷四集詩十一卷外集五卷續集十一卷再續集六卷　(清)阮元撰　清道光三年(1823)儀徵阮氏文選樓刻本　二十二册

360000－1901－0036493　414163
揅經室一集十四卷二集八卷三集五卷四集二卷四集詩十一卷外集五卷續集十一卷再續集六卷　(清)阮元撰　清道光三年(1823)儀徵阮氏文選樓刻本　十六册　存三十一卷(一集十四卷、二集八卷、三集五卷、四集二卷、四集詩六至七)

360000－1901－0036494　414164
揅經室一集十四卷二集八卷三集五卷四集二卷四集詩十一卷外集五卷續集十一卷再續集六卷　(清)阮元撰　清道光三年(1823)儀徵阮氏文選樓刻本　七册　存十八卷(四集二卷、四集詩十一卷、外集五卷)

360000－1901－0036495　304162
閻潛丘先生[若璩]年譜一卷　(清)張穆撰　清道光二十七年(1847)壽陽祁氏䜣亭刻本　一册

360000－1901－0036496　317685
顔李遺書　(清)顔元　(清)李塨撰　清刻本　十册

360000－1901－0036497　404858
顔魯公文集三十卷補遺一卷　(唐)顔真卿撰　清道光十九年(1839)刻本　九册

360000－1901－0036498　308487
顔魯公文集三十卷補遺一卷　(唐)顔真卿撰　**顔魯公年譜一卷**　(宋)留元剛撰　清道光二十五年(1845)湘陰蔣環刻三長物齋叢書本　十一册　存二十九卷(四至三十、補遺一卷、顔魯公年譜一卷)

360000－1901－0036499　304648
顔魯公文集十五卷補遺一卷附録一卷　(唐)顔真卿撰　**年譜一卷**　(宋)留元剛撰　清嘉慶七年(1802)顔崇槼刻本　二册　存十五卷

(四至十五、補遺一卷、附録一卷、年譜一卷)

360000－1901－0036500　122588
顏色對語二卷　(清)章慶輯　清嘉慶二十二年(1817)刻本　二册

360000－1901－0036501　220713
顏山雜記四卷　(清)孫廷銓撰　清康熙五年(1666)刻本　四册

360000－1901－0036502　164580
顏氏家訓二卷　(北齊)顏之推撰　清光緒三年(1877)刻本　一册

360000－1901－0036503　164581
顏氏家訓二卷　(北齊)顏之推撰　清光緒三年(1877)刻本　一册

360000－1901－0036504　410332
顏氏家訓二卷　(北齊)顏之推撰　清光緒元年(1875)湖北崇文書局刻子書百家本　一册

360000－1901－0036505　230392
顏氏家訓二卷　(北齊)顏之推撰　清康熙五十年(1711)汭陽顏星刻本　一册

360000－1901－0036506　410314
顏氏家訓二卷　(北齊)顏之推撰　清乾隆五十六年(1791)金谿王氏刻本　一册

360000－1901－0036507　410314－1
顏氏家訓二卷　(北齊)顏之推撰　清乾隆五十六年(1791)金谿王氏刻本　一册

360000－1901－0036508　410316
顏氏家訓二卷　(北齊)顏之推撰　(清)朱軾評點　清光緒二十三年(1897)朱衡等刻朱文端公藏書本　二册

360000－1901－0036509　410317
顏氏家訓二卷　(北齊)顏之推撰　(清)朱軾評點　清光緒二十三年(1897)朱衡等刻朱文端公藏書本　二册

360000－1901－0036510　410317－1
顏氏家訓二卷　(北齊)顏之推撰　(清)朱軾評點　清光緒二十三年(1897)朱衡等刻朱文端公藏書本　一册　存一卷(上)

360000－1901－0036511　416686
顏氏家訓二卷　(北齊)顏之推撰　(清)朱軾評點　清光緒二十三年(1897)朱衡等刻朱文端公藏書本　一册　存一卷(上)

360000－1901－0036512　603893
顏氏家訓二卷　(北齊)顏之推撰　(清)朱軾評點　清光緒二十三年(1897)朱衡等刻朱文端公藏書本　一册　存一卷(上)

360000－1901－0036513　230393
顏氏家訓二卷　(北齊)顏之推撰　(清)朱軾評點　清康熙五十八年(1719)刻朱文端公藏書本　一册

360000－1901－0036514　230394
顏氏家訓二卷　(北齊)顏之推撰　(清)朱軾評點　清康熙五十八年(1719)刻朱文端公藏書本　一册

360000－1901－0036515　230395
顏氏家訓二卷　(北齊)顏之推撰　(清)朱軾評點　清康熙五十八年(1719)刻朱文端公藏書本　二册

360000－1901－0036516　410315
顏氏家訓二卷　(北齊)顏之推撰　(清)朱軾評點　清康熙五十八年(1719)刻朱文端公藏書本　一册

360000－1901－0036517　313737
顏氏學記十卷　(清)戴望撰　清光緒二十年(1894)龍山白巖書院刻本　四册

360000－1901－0036518　313939
顏氏學記十卷　(清)戴望撰　清光緒二十年(1894)龍山白巖書院刻本　四册

360000－1901－0036519　314195
顏氏學記十卷　(清)戴望撰　清光緒二十年(1894)龍山白巖書院刻本　四册

360000－1901－0036520　161953
顏習齋先生[元]年譜二卷　(清)李塨撰　清光緒三十四年(1908)國學保存會鉛印本　一册

360000－1901－0036521　304645
顏習齋先生[元]年譜二卷　(清)李塨撰　清刻本　一册　存一卷(上)

360000－1901－0036522　162981
嚴陵張九儀地理穿山透地真傳一卷　(清)張鳳藻撰　清康熙五十七年(1718)刻本　一册

360000－1901－0036523　417339
嚴陵張九儀儀度六壬選日要訣不分卷　(清)張廷楨撰　清刻本　一册

360000－1901－0036524　417339－1
嚴陵張九儀儀度六壬選日要訣不分卷　(清)張廷楨撰　清刻本　一册

360000－1901－0036525　417339－2
嚴陵張九儀儀度六壬選日要訣不分卷　(清)張廷楨撰　清刻本　一册

360000－1901－0036526　305919
嚴陵張九儀增釋地理琢玉斧巒頭歌括五卷　(明)徐之鏌撰　(清)張鳳藻增釋　清刻本　四册　存三卷(二至四)

360000－1901－0036527　303760
嚴太僕先生集十二卷　(清)嚴虞惇撰　清光緒十年(1884)刻本　四册

360000－1901－0036528　316263
嚴太僕先生集十二卷　(清)嚴虞惇撰　清光緒十年(1884)刻本　四册

360000－1901－0036529　316931
嚴太僕先生集十二卷　(清)嚴虞惇撰　清光緒十年(1884)刻本　四册

360000－1901－0036530　220144
嚴永思先生通鑑補正略三卷　(明)嚴衍撰　(清)張敦仁輯　清道光八年(1828)抄本　四册

360000－1901－0036531　304449
簷曝雜記六卷　(清)趙翼撰　清刻本　二册

360000－1901－0036532　305409
簷曝雜記六卷　(清)趙翼撰　清刻本　四册　存四卷(一至四)

360000－1901－0036533　316572
簷曝雜記六卷　(清)趙翼撰　清刻本　二册

360000－1901－0036534　417884
簷曝雜記六卷　(清)趙翼撰　清刻本　一册　存三卷(一至三)

360000－1901－0036535　417885
簷曝雜記六卷　(清)趙翼撰　清刻本　二册

360000－1901－0036536　161667
鹽法議略二卷　(清)王守基撰　清光緒十九年(1893)鉛印本　一册

360000－1901－0036537　304148
鹽法議略一卷　(清)王守基撰　清同治十二年(1873)刻本　一册

360000－1901－0036538　401705
鹽釐章程不分卷　(清)耆齡輯　清抄本　一册

360000－1901－0036539　230022
鹽鐵論十二卷　(漢)桓寬撰　(明)張之象注　明嘉靖三十三年(1554)張氏猗蘭堂刻明程榮重修本　三册　缺三卷(四至六)

360000－1901－0036540　230023
鹽鐵論十二卷　(漢)桓寬撰　(明)張之象注　明刻本　二册

360000－1901－0036541　416257
鹽鐵論十二卷　(漢)桓寬撰　(明)鍾惺評　清刻本　一册　存六卷(七至十二)

360000－1901－0036542　230021
鹽鐵論十卷　(漢)桓寬撰　明刻本(卷六至十配明抄本)　四册

360000－1901－0036543　603965
鹽鐵論十卷　(漢)桓寬撰　清刻本　一册　存三卷(一至三)

360000－1901－0036544　301059
鹽鐵論十卷　(漢)桓寬撰　**校勘小識一卷**　王先謙撰　清光緒十七年(1891)思賢講舍刻本　二册

360000－1901－0036545　304149
鹽鐵論十卷　(漢)桓寬撰　**校勘小識一卷**　王先謙撰　清光緒十七年(1891)思賢講舍刻本　二册

360000－1901－0036546　309560
鹽鐵論十卷　(漢)桓寬撰　**校勘小識一卷**　王先謙撰　清光緒十七年(1891)思賢講舍刻本　二册

360000－1901－0036547　163363
衍波詞二卷　(清)王士禛撰　清留松閣刻本　一册

360000－1901－0036548　161786
弇山畢公[畢沅]年譜一卷　(清)史善長撰　清同治十一年(1872)刻本　一册

360000－1901－0036549　161991
弇山畢公[畢沅]年譜一卷　(清)史善長撰　清同治十一年(1872)刻本　一册

360000－1901－0036550　163981
弇山堂別集一百卷　(明)王世貞撰　清光緒廣雅書局刻本　二十册

360000－1901－0036551　240674
弇州山人讀書後八卷　(明)王世貞撰　明刻本　六册

360000－1901－0036552　240669
弇州山人四部稿一百八十卷目錄十二卷　(明)王世貞撰　明萬曆五年(1577)王氏世經堂刻本　六十四册

360000－1901－0036553　240670
弇州山人四部稿一百八十卷目錄十二卷　(明)王世貞撰　明萬曆五年(1577)王氏世經堂刻本　八册　存四十七卷(三十一至四十八、五十五至六十、六十七至七十二、七十九至八十四、一百六至一百十、一百三十九至一百四十四)

360000－1901－0036554　240667
弇州山人四部稿一百七十四卷目錄十二卷　(明)王世貞撰　明萬曆五年(1577)王氏世經堂刻本　三十册

360000－1901－0036555　240668
弇州山人四部稿一百七十四卷目錄十二卷　(明)王世貞撰　明萬曆五年(1577)王氏世經堂刻本　一册　存二卷(一百四十二至一百四十三)

360000－1901－0036556　240671
弇州山人續稿二百七卷目錄十卷　(明)王世貞撰　明刻本　四十一册　缺四十九卷(九十六、一百一至一百九、一百三十至一百五十八,目錄十卷)

360000－1901－0036557　405619
弇州山人續稿二百七卷目錄十卷　(明)王世貞撰　明刻本　一册　存五卷(九十六至一百)

360000－1901－0036558　317227
剡源集三十卷　(元)戴表元撰　清道光二十年(1840)上海郁松年刻宜稼堂叢書本　六册

360000－1901－0036559　304346
剡源文鈔四卷佚文一卷　(元)戴表元撰　(清)黃宗羲輯　清光緒十五年(1889)刻本　二册

360000－1901－0036560　802429
眼疾總論一卷　(□)□□撰　清抄本　一册

360000－1901－0036561　408267
眼科寶鑑一卷　(□)□□撰　清抄本　一册

360000－1901－0036562　408269
眼科良方一卷　(清)葉桂撰　清光緒十六年(1890)南昌天祿閣刻本　一册

360000－1901－0036563　408269－1
眼科良方一卷　(清)葉桂撰　清光緒十六年(1890)南昌天祿閣刻本　一册

360000－1901－0036564　408270
眼科良方一卷　(清)葉桂撰　清南雄成德堂刻本　一册

360000－1901－0036565　162619
眼科秘方一卷　(清)程松崖輯　清光緒八年

(1882)積善書舍刻本　一冊

360000－1901－0036566　408268
眼科秘旨不分卷　(□)□□撰　清光緒三十年(1904)紅杏山房刻本　一冊

360000－1901－0036567　164846
眼科新新集二卷　(清)吳嘉祥撰　清光緒三十一年(1905)懋德堂刻本　一冊

360000－1901－0036568　801141
眼科要方不分卷　(清)程采蘩撰　清抄本　一冊

360000－1901－0036569　220786
偃師金石遺文記二卷　(清)武億撰　清乾隆五十三年(1788)刻本　二冊

360000－1901－0036570　162768
演炮圖說一卷　(□)□□撰　清末刻本　一冊

360000－1901－0036571　802096
演禽神數不分卷　(□)□□輯　清抄本　一冊

360000－1901－0036572　800404
演禽數六卷　(□)□□輯　清經鉏堂抄本　二冊　存二卷(二至三)

360000－1901－0036573　800900
演禽數六卷　(□)□□輯　清經鉏堂抄本　三冊　存三卷(一、五至六)

360000－1901－0036574　405549
演習神武不分卷　(法國)味增爵撰　(法國)聖味增爵會士增譯　清光緒八年(1882)北京救世堂鉛印本　一冊

360000－1901－0036575　240577
儼山文集一百卷目錄二卷外集四十卷續集十卷　(明)陸深撰　明嘉靖二十四年至三十年(1545－1551)雲間陸楫刻本　十一冊　存六十八卷(儼山文集一至六、十三至十九、三十七至四十一、七十二至八十一,外集四十卷)

360000－1901－0036576　303650
晏子春秋八卷　清光緒元年(1875)湖北崇文書局刻子書百家本　二冊

360000－1901－0036577　603531
晏子春秋八卷　清光緒元年(1875)湖北崇文書局刻子書百家本　二冊

360000－1901－0036578　603531－1
晏子春秋八卷　清光緒元年(1875)湖北崇文書局刻子書百家本　一冊　存三卷(一至三)

360000－1901－0036579　303659
晏子春秋八卷　清嘉慶二十一年(1816)全椒吳鼒刻本　八冊

360000－1901－0036580　220426
晏子春秋六卷　(明)楊慎評點　明天啓刻合諸名家批點諸子全書本　一冊

360000－1901－0036581　805186－5
舊五代史一百五十卷附考證　(宋)薛居正等撰　(清)邵晉涵等輯　清同治十一年(1872)湖北崇文書局刻二十四史本　十一冊　存九十七卷(一至四十、七十六至一百三十,目錄二卷)

360000－1901－0036582　303649
晏子春秋七卷　(清)蘇輿校注　清光緒十八年(1892)思賢講舍刻本　二冊

360000－1901－0036583　303654
晏子春秋七卷　(清)蘇輿校注　清光緒十八年(1892)思賢講舍刻本　二冊

360000－1901－0036584　220425
晏子春秋四卷　明萬曆十六年(1588)吳懷保刻本　四冊

360000－1901－0036585　303653
晏子春秋校勘二卷　(清)黄以周撰　清光緒二年(1876)定海黄以周刻本　一冊

360000－1901－0036586　121714
硯北筆存一卷　(清)丁弘誨撰　清同治八年(1869)木活字印本　二冊

360000－1901－0036587　413748
硯北筆存一卷　(清)丁弘誨撰　清同治八年(1869)木活字印本　二冊

360000－1901－0036588　230609
硯箋四卷　(宋)高似孫撰　清光緒元年(1875)遼海丹崖李氏抄本　一册

360000－1901－0036589　121715
硯食齋詩鈔四卷　(清)彭定瀾撰　清同治刻本　二册

360000－1901－0036590　121716
硯食齋詩鈔四卷　(清)彭定瀾撰　清同治刻本　二册

360000－1901－0036591　150363
硯雲　(清)金忠淳輯　清乾隆四十年至四十三年(1775－1778)金氏硯雲書屋刻本　十册　存十四種

360000－1901－0036592　162649
硯雲甲編　(清)金忠淳輯　清光緒上海申報館鉛印本　二册　存五種

360000－1901－0036593　316148
雁門集六卷　(元)薩都剌撰　清康熙十九年(1680)刻本　四册

360000－1901－0036594　303890
雁門集六卷　(元)薩都剌撰　清刻本　四册

360000－1901－0036595　409430
雁門集六卷附一卷補遺一卷　(元)薩都剌撰　清宣統二年(1910)薩嘉曦刻本　四册

360000－1901－0036596　303891
雁門集十四卷　(元)薩都剌撰　**倡和錄一卷別錄一卷附一卷**　(清)薩龍光輯　清嘉慶十二年(1807)刻本　八册

360000－1901－0036597　316686
雁門集十四卷　(元)薩都剌撰　**倡和錄一卷別錄一卷附一卷**　(清)薩龍光輯　清嘉慶十二年(1807)刻本　八册

360000－1901－0036598　163246
燕川集十四卷　(清)范泰恒撰　清嘉慶十四年(1809)顧起盧刻本　六册

360000－1901－0036599　163247
燕川集十四卷　(清)范泰恒撰　清嘉慶十四年(1809)顧起盧刻本　十四册

360000－1901－0036600　309414
燕滇雪跡集六卷　(清)何南鈺撰　清嘉慶二十年(1815)刻本　三册

360000－1901－0036601　412928
燕都日記一卷　(明)馮夢龍撰　(清)莫釐山人增補　清刻本　一册

360000－1901－0036602　902498
燕蘭小譜五卷　(清)吳長元撰　**海漚小譜一卷**　(清)趙執信撰　清宣統三年(1911)長沙葉氏刻本　一册

360000－1901－0036603　122337
燕門百菊詠一卷燕門菊譜一卷　(清)黃爵滋撰　清光緒二十一年(1895)刻本　一册

360000－1901－0036604　163168
燕山外史註釋八卷　(清)陳球撰　(清)傅聲谷輯注　清光緒二十二年(1896)文奎堂刻本　一册　存四卷(一至四)

360000－1901－0036605　721689
燕山外史註釋八卷　(清)陳球撰　(清)傅聲谷輯注　清光緒九年(1883)星沙華林書室刻本　二册

360000－1901－0036606　164225
燕山外史註釋八卷　(清)陳球撰　(清)傅聲谷輯注　清光緒三十二年(1906)上海海左書局石印本　一册

360000－1901－0036607　721705
燕山外史註釋八卷　(清)陳球撰　(清)傅聲谷輯注　清刻本　一册　存四卷(五至八)

360000－1901－0036608　721688
燕山外史註釋二卷　(清)陳球撰　(清)傅聲谷輯注　清末石印本　二册

360000－1901－0036609　721688－1
燕山外史註釋二卷　(清)陳球撰　(清)傅聲谷輯注　清宣統元年(1909)上海鑄記書局石印本　一册　存一卷(上)

360000－1901－0036610　802912

燕山制義不分卷　(清)宓如椿撰　清嘉慶二十五年(1820)三益堂刻本　二册

360000－1901－0036611　305648
燕下鄉脞録十六卷　(清)陳康祺撰　清光緒八年(1882)刻本　二册　存八卷(五至八、十三至十六)

360000－1901－0036612　405411
燕下鄉脞録十六卷　(清)陳康祺撰　清光緒七年(1881)暨陽刻本　七册

360000－1901－0036613　313828
燕下鄉脞録十六卷　(清)陳康祺撰　清光緒七年(1881)刻本　八册

360000－1901－0036614　405453－1
燕下鄉脞録十六卷　(清)陳康祺撰　清刻本　一册　存二卷(十五至十六)

360000－1901－0036615　902466
燕遊小草一卷　(清)朱時序撰　清道光六年(1826)刻本　一册

360000－1901－0036616　302785
燕寓偶談六卷　(明)楊繼益撰　清嘉慶十九年(1814)刻本　二册

360000－1901－0036617　403838
燕樂考原六卷　(清)淩廷堪撰　清嘉慶十六年(1811)宣城張其錦刻本　二册

360000－1901－0036618　302779
燕子箋彈詞四卷十八回　(清)澹園氏撰　清刻本　四册

360000－1901－0036619　713736
諺云詩草六卷　(清)張志泰撰　清道光十三年(1833)刻本　一册　存三卷(一至三)

360000－1901－0036620　408782
驗方集要一卷　(清)暘谷居士輯　清道光二十六年(1846)刻本　一册

360000－1901－0036621　720336
驗方集要一卷　(清)暘谷居士輯　清道光二十六年(1846)刻本　一册

360000－1901－0036622　720336－1
驗方集要一卷　(清)暘谷居士輯　清道光二十六年(1846)刻本　一册

360000－1901－0036623　720336－2
驗方集要一卷　(清)暘谷居士輯　清道光二十六年(1846)刻本　一册

360000－1901－0036624　720336－3
驗方集要一卷　(清)暘谷居士輯　清道光二十六年(1846)刻本　一册

360000－1901－0036625　901929
驗方集要一卷　(清)暘谷居士輯　清道光二十六年(1846)刻本　一册

360000－1901－0036626　901927
驗方集要一卷　(清)暘谷居士輯　清刻本　一册

360000－1901－0036627　901928
驗方集要一卷　(清)暘谷居士輯　清刻本　一册

360000－1901－0036628　162923
驗方新編八卷　(清)鮑相璈輯　清同治九年(1870)刻本　八册

360000－1901－0036629　408827
驗方新編補遺一卷　(清)徐□續輯　清滄雅局刻本　一册

360000－1901－0036630　420741
驗方新編二十四卷　(清)鮑相璈輯　清光緒十四年(1888)鴻寶齋石印本　六册

360000－1901－0036631　420736－1
驗方新編十八卷　(清)鮑相璈輯　清光緒三十二年(1906)上海文盛書局石印本(卷四至八配清末石印本)　二册　存八卷(一至八)

360000－1901－0036632　420736
驗方新編十八卷　(清)鮑相璈輯　清光緒三十年(1904)上海治記書局石印本　五册　存十四卷(一至四、九至十八)

360000－1901－0036633　801235
驗方新編十八卷　(清)鮑相璈輯　清刻本

一册　存三卷(二至四)

360000－1901－0036634　803118
驗方新編十八卷　(清)鮑相璈輯　清刻本　一册　存一卷(十八)

360000－1901－0036635　420740
驗方新編十八卷　(清)鮑相璈輯　清末鉛印本　三册　存十卷(三至九、十二至十四)

360000－1901－0036636　421429－1
驗方新編十八卷　(清)鮑相璈輯　清末鉛印本　一册　存十七卷(一至十七)

360000－1901－0036637　421430
驗方新編十八卷　(清)鮑相璈輯　清末鉛印本　一册

360000－1901－0036638　801242
驗方新編十八卷　(清)鮑相璈輯　清末石印本　一册　存二卷(十一至十二)

360000－1901－0036639　162925
驗方新編十六卷　(清)鮑相璈輯　清光緒三十年(1904)上海治記書局石印本　五册

360000－1901－0036640　720704
驗方新編十六卷　(清)鮑相璈輯　清光緒四年(1878)刻本　五册　存九卷(一至四、八至九、十一、十五至十六)

360000－1901－0036641　420707
驗方新編十六卷　(清)鮑相璈輯　清刻本　三册　存六卷(十一至十六)

360000－1901－0036642　420711
驗方新編十六卷　(清)鮑相璈輯　清刻本　八册　存十三卷(一、三至四、七至十六)

360000－1901－0036643　420712
驗方新編十六卷　(清)鮑相璈輯　清刻本　四册　存七卷(十至十六)

360000－1901－0036644　420714
驗方新編十六卷　(清)鮑相璈輯　清刻本　五册　存七卷(七、九至十四)

360000－1901－0036645　420715
驗方新編十六卷　(清)鮑相璈輯　清刻本　八册　存十四卷(一至三、五至七、九至十六)

360000－1901－0036646　720698
驗方新編十六卷　(清)鮑相璈輯　清刻本　四册　存十卷(五至八、十一至十六)

360000－1901－0036647　720701
驗方新編十六卷　(清)鮑相璈輯　清刻本　三册　存六卷(十一至十六)

360000－1901－0036648　720703－1
驗方新編十六卷　(清)鮑相璈輯　清刻本　一册　存一卷(十)

360000－1901－0036649　720705－1
驗方新編十六卷　(清)鮑相璈輯　清刻本　一册　存四卷(五至八)

360000－1901－0036650　420713
驗方新編十六卷　(清)鮑相璈輯　清刻本(卷一配清同治三年刻本)　五册　存十卷(一、五至十、十四至十六)

360000－1901－0036651　720700
驗方新編十六卷　(清)鮑相璈輯　清同治七年(1868)刻本　八册

360000－1901－0036652　162922
驗方新編十六卷　(清)鮑相璈輯　清同治三年(1864)文墨齋刻本　八册

360000－1901－0036653　420710
驗方新編十六卷　(清)鮑相璈輯　清同治文墨齋刻本(卷五至九配清刻本)　七册　存十三卷(一、五至十六)

360000－1901－0036654　720702
驗方新編十六卷　(清)鮑相璈輯　清同治五年(1866)刻本　七册　存十三卷(一、五至十六)

360000－1901－0036655　162926
驗方新編十六卷　(清)鮑相璈輯　清咸豐九年(1859)刻本　五册　存十卷(一至十)

360000－1901－0036656　720705
驗方新編十六卷　(清)鮑相璈輯　清咸豐九

年(1859)刻本　七冊　存十三卷(一至六、九至十、十二至十六)

360000－1901－0036657　162927
驗方新編十六卷　(清)鮑相璈輯　清咸豐十一年(1861)崇仁謝氏刻本　八冊

360000－1901－0036658　420697
驗方新編十六卷　(清)鮑相璈輯　清咸豐十一年(1861)刻本　八冊

360000－1901－0036659　165016
驗方新編十六卷　(清)鮑相璈輯　**痧症全書三卷**　(清)王凱輯　**咽喉秘集二卷**　(清)海山仙館輯　清同治元年(1862)海山仙館刻本　八冊

360000－1901－0036660　165013
驗方新編十六卷　(清)鮑相璈輯　**驗方續編二卷**　(清)海山仙館輯　清同治十年(1871)刻本　十冊

360000－1901－0036661　121047
洋防說略二卷　(清)徐家榦撰　清光緒十三年(1887)刻本　二冊

360000－1901－0036662　121048
洋防說畧二卷　(清)徐家榦撰　清光緒木活字印本　二冊

360000－1901－0036663　722106－1
洋務備考十六卷　(清)□□撰　清光緒石印本　一冊　存一卷(十三)

360000－1901－0036664　802818
洋務備考十六卷　(清)□□撰　清光緒石印本　一冊　存三卷(十一至十三)

360000－1901－0036665　312848
洋務經濟通考十六卷　(清)應祖錫輯　清光緒二十八年(1902)鴻寶齋石印本　十二冊

360000－1901－0036666　401608
洋務經濟通考十六卷　(清)應祖錫輯　清光緒二十八年(1902)上海鴻寶齋石印本　三冊　存四卷(一至四)

360000－1901－0036667　161765
洋務經濟通考十六卷　(清)應祖錫輯　清光緒二十七年(1901)上海鴻寶齋石印本　十二冊

360000－1901－0036668　305655
洋務時事彙編八卷　(清)葛子源輯　清光緒二十四年(1898)上海書局石印本　十一冊　存七卷(一至三、五至八)

360000－1901－0036669　401607
洋務實學新編二卷　(清)傅雲龍輯　清光緒二十二年(1896)上海書局石印本　一冊　存一卷(二)

360000－1901－0036670　401609
洋務新編八卷　(清)朱克敬輯　清光緒六年(1880)上海譯書會刻本　三冊　存六卷(一至二、五至八)

360000－1901－0036671　401605
洋務新論六卷　(英國)李提摩太撰　(清)仲英輯　清光緒二十三年(1897)上海書局石印本　六冊

360000－1901－0036672　162426
洋務自強新論四卷　(清)管斯駿輯　清光緒二十二年(1896)上海書局石印本　四冊

360000－1901－0036673　416645
洋煙害身誡一卷　(清)沈致實撰　清光緒三十三年(1907)刻本　一冊

360000－1901－0036674　230098
陽和語錄六卷　(明)涂宗濬撰　明萬曆四十年(1612)刻本　一冊

360000－1901－0036675　418504
陽明按索圖四卷　(明)陳復心撰　(明)陳漢卿補注　明尚白齋刻本　一冊

360000－1901－0036676　417302
陽明按索圖四卷首一卷按索圖星煞考註補一卷　(明)陳復心撰　(明)陳漢卿補注　清乾隆五十五年(1790)顧氏樂真堂刻本　一冊

360000－1901－0036677　802774
陽明先生[王守仁]年譜二卷　(明)李贄編

清康熙二十四年(1685)刻本　一册　存一卷(上)

360000－1901－0036678　240557
陽明先生集抄十六卷　(明)王守仁撰　(明)李騰芳輯　明崇禎汪孟□等刻本　二册　存二卷(十二、十四)

360000－1901－0036679　417552
陽明先生集要　(明)王守仁撰　(清)施邦曜輯　清末鉛印本　六册

360000－1901－0036680　150364
陽明先生集要　(明)王守仁撰　(清)施邦曜輯　清乾隆五十二年(1787)濟美堂刻本　十二册

360000－1901－0036681　150365
陽明先生集要　(明)王守仁撰　(清)施邦曜輯　清宣統三年(1911)明明學社鉛印本　四册

360000－1901－0036682　413465
陽明先生集要　(明)王守仁撰　(清)施邦曜輯　清宣統三年(1911)明明學社鉛印本　四册

360000－1901－0036683　417556
陽明先生文集十六卷　(明)王守仁撰　清刻本　一册　存一卷(十五)

360000－1901－0036684　417549
陽明先生文集十六卷目録二卷　(明)王守仁撰　**陽明先生年譜二卷**　(明)李贄編　清康熙二十四年(1685)刻本　十九册

360000－1901－0036685　417550
陽明先生文集十六卷目録二卷　(明)王守仁撰　**陽明先生年譜二卷**　(明)李贄編　清康熙二十四年(1685)刻本　十一册　存十三卷(三至五、七至十六)

360000－1901－0036686　417551
陽明先生文集十六卷目録二卷　(明)王守仁撰　**陽明先生年譜二卷**　(明)李贄編　清康熙二十四年(1685)刻本　十二册　存八卷(七、十至十六)

360000－1901－0036687　240553
陽明先生文録五卷外集九卷别録十卷　(明)王守仁撰　(明)錢德洪等編　明嘉靖十四年(1535)聞人詮姑蘇刻本　二十册

360000－1901－0036688　240554
陽明先生文録五卷外集九卷别録十卷　(明)王守仁撰　(明)錢德洪等編　明嘉靖十四年(1535)聞人詮姑蘇刻本　佚名批　十六册

360000－1901－0036689　240552
陽明先生文録五卷外集九卷别録十四卷　(明)王守仁撰　明嘉靖刻本　二十四册

360000－1901－0036690　240686
陽秋館集二十三卷　(明)帥機撰　清乾隆三年至四年(1738－1739)修獻堂刻本　八册

360000－1901－0036691　240687
陽秋館集二十三卷　(明)帥機撰　清乾隆三年至四年(1738－1739)修獻堂刻日新堂、修獻堂重修本　八册

360000－1901－0036692　314103
陽山叢牘不分卷　(清)符翕撰　清光緒十五年(1889)陽山縣署刻本　二册

360000－1901－0036693　121693
陽溪遺稿六卷附録一卷　(明)徐燦撰　清道光十六年(1836)刻本　四册

360000－1901－0036694　317699
陽羨名陶録二卷　(清)吳騫撰　清仁和許增刻本　一册

360000－1901－0036695　162657
陽羨名陶録二卷續録一卷　(清)吳騫撰　清末石印本　一册

360000－1901－0036696　803827
陽宅愛衆篇四卷　(清)張覺正撰　清末石印本　一册　存一卷(二)

360000－1901－0036697　309119
陽宅愛衆篇四卷　(清)張覺正撰　清宣統元年(1909)上海鑄記書局石印本　四册

360000－1901－0036698 230554
陽宅大成 (清)魏青江撰 清乾隆懷德堂刻本 十冊

360000－1901－0036699 417314
陽宅都天發用全書一卷 (清)瞿天賫校 清光緒三十四年(1908)刻本 一冊

360000－1901－0036700 162655
陽宅都天發用全書一卷 (清)瞿天賫校 清刻本 一冊

360000－1901－0036701 162656
陽宅都天發用全書一卷 (清)瞿天賫校 清刻本 一冊

360000－1901－0036702 407248
陽宅都天發用全書一卷 (清)瞿天賫校 清刻本 一冊

360000－1901－0036703 417313
陽宅都天發用全書一卷羅經問答一卷 (清)瞿天賫校 清刻本 一冊

360000－1901－0036704 417313－1
陽宅都天發用全書一卷陽宅都天滚盤珠要法一卷 (清)瞿天賫校 清刻本 一冊

360000－1901－0036705 804787－19
陽宅都天發用全書一卷陽宅都天滚盤珠要法一卷 (清)瞿天賫校 清刻本 一冊

360000－1901－0036706 804956
陽宅都天發用全書一卷陽宅都天滚盤珠要法一卷 (清)瞿天賫校 清刻本 一冊

360000－1901－0036707 417305
陽宅集成八卷 (清)姚廷鑾輯 清刻本 五冊 存五卷(一至二、四至六)

360000－1901－0036708 417304
陽宅集成八卷 (清)姚廷鑾輯 清乾隆十六年(1751)刻本 八冊

360000－1901－0036709 417305－1
陽宅集成八卷 (清)姚廷鑾輯 清乾隆十六年(1751)刻本 二冊 存二卷(二、七)

360000－1901－0036710 417292
陽宅輯要傳家寶三卷魯班仙師源流一卷 (清)蔣道南輯 清刻本 二冊

360000－1901－0036711 303988
陽宅輯要傳家寶三卷末一卷 (清)蔣道南撰 清嘉慶八年(1803)務本堂刻本 一冊

360000－1901－0036712 417303
陽宅見易正宗二卷 (清)馮家楷撰 清嘉慶二十年(1815)刻本 二冊

360000－1901－0036713 802714
陽宅捷徑一卷 (清)谷程村撰 清抄本 一冊

360000－1901－0036714 800354
陽宅捷錄一卷 (清)□□撰 清抄本 一冊

360000－1901－0036715 900798
陽宅秘旨不分卷 (清)□□撰 清抄本 一冊

360000－1901－0036716 306583
陽宅三要四卷 (清)趙廷棟撰 清刻本 一冊 存二卷(三至四)

360000－1901－0036717 417308
陽宅三要四卷 (清)趙廷棟撰 清刻本 二冊

360000－1901－0036718 417308－1
陽宅三要四卷 (清)趙廷棟撰 清刻本 一冊 存三卷(二至四)

360000－1901－0036719 417308－2
陽宅三要四卷 (清)趙廷棟撰 清刻本 一冊 存三卷(二至四)

360000－1901－0036720 417308－3
陽宅三要四卷 (清)趙廷棟撰 清刻本 一冊 存二卷(一至二)

360000－1901－0036721 417308－4
陽宅三要四卷 (清)趙廷棟撰 清刻本 一冊 存二卷(一至二)

360000－1901－0036722 230561

陽宅三要四卷　(清)趙廷棟撰　清乾隆五十二年(1787)刻本　二册

360000－1901－0036723　416199
陽宅指南一卷　(清)蔣平階撰　(清)尹有本發義　清嘉慶十二年(1807)刻四祕全書本　一册

360000－1901－0036724　416199－1
陽宅指南一卷　(清)蔣平階撰　(清)尹有本發義　清嘉慶十二年(1807)刻四祕全書本　一册

360000－1901－0036725　416199－2
陽宅指南一卷　(清)蔣平階撰　(清)尹有本發義　清嘉慶十二年(1807)刻四祕全書本　一册

360000－1901－0036726　416199－3
陽宅指南一卷　(清)蔣平階撰　(清)尹有本發義　清嘉慶十二年(1807)刻四祕全書本　一册

360000－1901－0036727　405370
揚州畫舫詞一卷　(清)韓日華撰　清道光七年(1827)錢江韓日華刻本　一册

360000－1901－0036728　313693
揚州畫舫錄十八卷　(清)李斗撰　清乾隆六十年(1795)刻本　六册

360000－1901－0036729　303403
揚州水道記四卷　(清)劉文淇撰　清道光二十五年(1845)江西撫署刻本　四册

360000－1901－0036730　303402
揚州水道記四卷　(清)劉文淇撰　清道光十七年(1837)欲寡過齋刻同治十一年(1872)淮南書局補刻本　二册

360000－1901－0036731　308723
揚州水道記四卷　(清)劉文淇撰　清道光十七年(1837)欲寡過齋刻同治十一年(1872)淮南書局補刻本　一册　存一卷(四)

360000－1901－0036732　313584
揚州水道記四卷　(清)劉文淇撰　清道光十七年(1837)欲寡過齋刻同治十一年(1872)淮南書局補刻本　二册

360000－1901－0036733　303395
揚子法言十三卷音義一卷　(漢)揚雄撰　(晉)李軌等注　清光緒二年(1876)浙江書局刻二十二子本　一册

360000－1901－0036734　716325
揚子法言十三卷音義一卷　(漢)揚雄撰　(晉)李軌等注　清光緒二年(1876)浙江書局刻二十二子本　一册

360000－1901－0036735　722002
揚子法言十三卷音義一卷　(漢)揚雄撰　(晉)李軌等注　清光緒二年(1876)浙江書局刻二十二子本　一册

360000－1901－0036736　303405
揚子法言十三卷音義一卷　(漢)揚雄撰　(晉)李軌等注　清嘉慶二十三年(1818)秦氏石研齋影宋刻本　一册

360000－1901－0036737　416337
揚子法言十三卷音義一卷　(漢)揚雄撰　(晉)李軌等注　清嘉慶二十三年(1818)秦氏石研齋影宋刻本　一册　存十二卷(一至十一、音義一卷)

360000－1901－0036738　313710
揚子法言十三卷音義一卷　(漢)揚雄撰　(晉)李軌等注　清同治十一年(1872)維揚倪文林刻本　一册

360000－1901－0036739　410585
揚子江流域現勢論四編　(日本)林繁撰　(清)汪國屏譯　清光緒鉛印本　一册　存一編(一)

360000－1901－0036740　418051
揚子江流域現勢論四編　(日本)林繁撰　(清)汪國屏譯　清光緒上海廣智書局鉛印本　一册　存三編(一至二、四)

360000－1901－0036741　230024
揚子十卷　(漢)揚雄撰　明嘉靖刻六子書本

一册

360000－1901－0036742　230527
揚子太玄經十卷　（漢）揚雄撰　明天啓六年(1626)趙如源等刻本　二册

360000－1901－0036743　417096
楊曾地理元文　（清）端木國瑚注　清道光五年(1825)刻本　三册

360000－1901－0036744　417096－1
楊曾地理元文　（清）端木國瑚注　清道光五年(1825)刻本　三册

360000－1901－0036745　417096－2
楊曾地理元文　（清）端木國瑚注　清道光五年(1825)刻本　三册

360000－1901－0036746　417136
楊曾地理元文　（清）端木國瑚注　清道光五年(1825)刻本　一册　存二種

360000－1901－0036747　417136－1
楊曾地理元文　（清）端木國瑚注　清道光五年(1825)刻本　一册　存二種

360000－1901－0036748　417136－2
楊曾地理元文　（清）端木國瑚注　清道光五年(1825)刻本　一册　存二種

360000－1901－0036749　801373
楊公造命衍義十八卷　（清）劉應對撰　清刻本　一册　存四卷(十五至十八)

360000－1901－0036750　230525
楊公造命衍義十八卷　（清）劉應對撰　清乾隆五十年(1785)刻本　六册

360000－1901－0036751　303057
楊龜山先生集四十二卷首一卷　（宋）楊時撰　清光緒九年(1883)刻本　十册

360000－1901－0036752　308011
楊龜山先生集四十二卷首一卷　（宋）楊時撰　清光緒刻本　十册

360000－1901－0036753　303058
楊龜山先生集四十二卷首一卷　（宋）楊時撰　清光緒五年(1879)刻本　十册

360000－1901－0036754　316612
楊龜山先生集四十二卷首一卷　（宋）楊時撰　清光緒五年(1879)刻本　十册

360000－1901－0036755　309922
楊龜山先生集四十二卷首一卷　（宋）楊時撰　清刻本　四册　存十九卷(十八至三十六)

360000－1901－0036756　240335
楊龜山先生集四十二卷首一卷末一卷　（宋）楊時撰　清康熙四十六年(1707)延平楊氏刻本　八册　缺一卷(末一卷)

360000－1901－0036757　413497
楊椒山先生垂範集不分卷　（明）楊繼盛撰　清咸豐二年(1852)刻本　一册

360000－1901－0036758　413471
楊椒山先生集四卷椒山先生自著年譜一卷　（明）楊繼盛撰　清道光二十一年(1841)京師會文齋刻本　二册

360000－1901－0036759　316787
楊椒山先生集四卷椒山先生自著年譜一卷　（明）楊繼盛撰　清康熙刻本　四册

360000－1901－0036760　603673
楊椒山先生集四卷椒山先生自著年譜一卷　（明）楊繼盛撰　清刻本　一册

360000－1901－0036761　413472
楊椒山先生集四卷椒山先生自著年譜一卷　（明）楊繼盛撰　清同治五年(1866)刻本　二册

360000－1901－0036762　413496
楊椒山遺墨一卷　（明）楊繼盛撰　清光緒三十一年(1905)刻本　一册

360000－1901－0036763　318117－2
楊救貧灶卦撮要不分卷　（□）□□撰　清抄本　一册

360000－1901－0036764　900470
楊蘭畹時文不分卷　（清）楊錫紱撰　清刻本　二册

360000－1901－0036765　406657
楊仁山居士遺著　(清)楊文會撰　清光緒三十二年(1906)金陵刻經處刻本　一冊　存二種

360000－1901－0036766　241526
楊升菴先生批點文心雕龍十卷　(南朝梁)劉勰撰　(明)楊慎批點　(明)梅慶生音注　明萬曆三十七年(1609)梅慶生刻天啓二年(1622)重修本　四冊

360000－1901－0036767　241527
楊升菴先生批點文心雕龍十卷　(南朝梁)劉勰撰　(明)楊慎批點　(明)梅慶生音注　明萬曆三十七年(1609)梅慶生刻天啓二年(1622)重修本　四冊

360000－1901－0036768　121941
楊氏誠齋先生易傳二十卷首一卷　(宋)楊萬里撰　清光緒二年(1876)滏塘振撕堂刻本　六冊

360000－1901－0036769　320067
楊氏誠齋先生易傳二十卷首一卷　(宋)楊萬里撰　清刻本　三冊　存十六卷(一至十六)

360000－1901－0036770　411600
楊氏誠齋先生易傳二十卷首一卷　(宋)楊萬里撰　清刻本　二冊　存十卷(七至十六)

360000－1901－0036771　411600－1
楊氏誠齋先生易傳二十卷首一卷　(宋)楊萬里撰　清刻本　一冊　存六卷(六至十一)

360000－1901－0036772　803535
楊氏家訓一卷　(□)□□輯　清抄本　一冊

360000－1901－0036773　500448
[江西萍鄉]楊氏七修族譜□□卷　(清)□□纂修　清宣統木活字印本　一冊　存一卷(五)

360000－1901－0036774　804504
楊氏全書　(清)楊名時撰　清刻本　一冊　存三種

360000－1901－0036775　150384
楊氏全書　(清)楊名時撰　清乾隆五十九年(1794)江陰葉廷甲水心草堂刻本　八冊

360000－1901－0036776　150385
楊氏全書　(清)楊名時撰　清乾隆五十九年(1794)江陰葉廷甲水心草堂刻本　十六冊

360000－1901－0036777　150572
楊氏全書　(清)楊名時撰　清乾隆五十九年(1794)江陰葉廷甲水心草堂刻本　八冊

360000－1901－0036778　713117
楊氏全書　(清)楊名時撰　清乾隆五十九年(1794)江陰葉廷甲水心草堂刻本　五冊　存二種

360000－1901－0036779　240449
楊鐵崖先生文集十一卷附鐵笛清江引一卷　(元)楊維楨撰　明萬曆四十三年(1615)陳善學刻本　十冊

360000－1901－0036780　601887
楊文節公詩集四十二卷　(宋)楊萬里撰　清刻本　十冊　存三十九卷(四至四十二)

360000－1901－0036781　413279
楊文節公文集四十二卷首一卷末一卷　(宋)楊萬里撰　清乾隆五十九年至六十年(1794－1795)帶經軒刻本　十四冊

360000－1901－0036782　413280
楊文節公文集四十二卷首一卷末一卷　(宋)楊萬里撰　清乾隆五十九年至六十年(1794－1795)帶經軒刻本　六冊　存二十五卷(十六至四十)

360000－1901－0036783　413280－1
楊文節公文集四十二卷首一卷末一卷　(宋)楊萬里撰　清乾隆五十九年至六十年(1794－1795)帶經軒刻本　三冊　存十五卷(二十五至三十九)

360000－1901－0036784　240365
楊文節公文集四十二卷首一卷末一卷詩集四十二卷誠齋文節先生錦繡策二卷　(宋)楊萬里撰　清乾隆五十九年至六十年(1794－

1795)帶經軒刻本　二十七册

360000－1901－0036785　240366
楊文節公文集四十二卷首一卷末一卷詩集四十二卷誠齋文節先生錦繡策二卷　(宋)楊萬里撰　清乾隆五十九年至六十年(1794－1795)帶經軒刻本　二十四册

360000－1901－0036786　240367
楊文節公文集四十二卷首一卷末一卷詩集四十二卷誠齋文節先生錦繡策二卷　(宋)楊萬里撰　清乾隆五十九年至六十年(1794－1795)吉水湴塘刻本　三十册

360000－1901－0036787　240368
楊文節公文集四十二卷首一卷末一卷詩集四十二卷誠齋文節先生錦繡策二卷　(宋)楊萬里撰　清乾隆五十九年至六十年(1794－1795)吉水湴塘刻本　一册　存二卷(誠齋文節先生錦繡策二卷)

360000－1901－0036788　163178
楊盈川集十卷　(唐)楊炯撰　清鄒氏叢雅居刻本　四册

360000－1901－0036789　163179
楊盈川集十卷　(唐)楊炯撰　清鄒氏叢雅居刻本　三册

360000－1901－0036790　307745
楊勇慤公奏議十六卷首一卷　(清)楊岳斌撰　清光緒二十一年(1895)問竹軒刻本　十五册　存十五卷(一至十一、十三至十五,首一卷)

360000－1901－0036791　802260
楊馭遠四書文不分卷　(清)楊徽烈撰　清刻本　一册

360000－1901－0036792　413965－1
楊園先生備忘四卷　(清)張履祥撰　清刻本　一册　存二卷(三至四)

360000－1901－0036793　404939
楊園先生備忘四卷　(清)張履祥撰　清乾隆十九年(1754)刻楊園張先生全集本　一册　存二卷(一至二)

360000－1901－0036794　150519
楊園先生全集五十四卷　(清)張履祥撰　**張楊園先生年譜一卷**　(清)蘇惇元輯　清同治十年(1871)江蘇書局刻本　十六册

360000－1901－0036795　413964
楊園先生全集五十四卷　(清)張履祥撰　**張楊園先生年譜一卷**　(清)蘇惇元輯　清同治十年(1871)江蘇書局刻本　十二册　存四十三卷(十二至五十四)

360000－1901－0036796　413964－1
楊園先生全集五十四卷　(清)張履祥撰　**張楊園先生年譜一卷**　(清)蘇惇元輯　清同治十年(1871)江蘇書局刻本　二册　存七卷(十二至十四、四十三至四十六)

360000－1901－0036797　600313
楊園先生全集五十四卷　(清)張履祥撰　**張楊園先生年譜一卷**　(清)蘇惇元輯　清同治十年(1871)江蘇書局刻本　十二册

360000－1901－0036798　317059
楊忠烈公文集五卷　(明)楊漣撰　清宣統三年(1911)文盛書局石印本　五册

360000－1901－0036799　162786
楊忠愍公傳家寶訓一卷　(明)楊繼盛撰　清道光二十二年(1842)刻本　一册

360000－1901－0036800　123046
楊忠愍公集四卷首一卷　(明)楊繼盛撰　清道光三十年(1850)婺源單遺經堂刻本　二册

360000－1901－0036801　713498
楊忠愍公集五卷首一卷末一卷　(明)楊繼盛撰　清光緒十五年(1889)刻本　一册　存二卷(三至四)

360000－1901－0036802　722340
楊忠愍公集五卷首一卷末一卷　(明)楊繼盛撰　清刻本　一册　存四卷(三至五、末一卷)

360000－1901－0036803　413510

楊忠愍公集五卷首一卷末一卷　(明)楊繼盛撰　清同治七年(1868)楚醴景萊書室刻本　二冊

360000－1901－0036804　315729－1
楊忠愍公集五卷首一卷末一卷　(明)楊繼盛撰　**楊忠愍公表忠記二卷**　(清)丁耀亢撰　清同治十一年(1872)刻本　五冊

360000－1901－0036805　413508
楊忠愍公家訓衍義一卷　(明)楊繼盛撰　(清)藍煦增注　清光緒十九年(1893)刻本　一冊

360000－1901－0036806　413508－1
楊忠愍公家訓衍義一卷　(明)楊繼盛撰　(清)藍煦增注　清光緒十九年(1893)刻本　一冊

360000－1901－0036807　413495
楊忠愍公家訓一卷　(明)楊繼盛撰　清光緒十五年(1889)刻本　一冊

360000－1901－0036808　712869
楊忠愍公全集不分卷　(明)楊繼盛撰　清刻本　一冊

360000－1901－0036809　413509
楊忠愍公全集四卷　(明)楊繼盛撰　清光緒十一年(1885)刻本　一冊

360000－1901－0036810　413502
楊忠愍公全集四卷　(明)楊繼盛撰　清刻本　一冊

360000－1901－0036811　413503
楊忠愍公全集四卷　(明)楊繼盛撰　清刻本　一冊　存二卷(三至四)

360000－1901－0036812　413468
楊忠愍公全集四卷　(明)楊繼盛撰　清尚論堂刻本　二冊

360000－1901－0036813　413469
楊忠愍公全集四卷　(明)楊繼盛撰　清尚論堂刻本　四冊

360000－1901－0036814　413470
楊忠愍公全集四卷　(明)楊繼盛撰　清尚論堂刻本　二冊　存二卷(一至二)

360000－1901－0036815　413506
楊忠愍公全集四卷　(明)楊繼盛撰　清益善堂刻本　二冊

360000－1901－0036816　413507
楊忠愍公全集四卷　(明)楊繼盛撰　清益善堂刻本　二冊

360000－1901－0036817　240654
楊忠愍公全集四卷　(明)楊繼盛撰　(清)章鈺重訂　清康熙三十七年(1698)敬一齋刻四十九年(1710)重修本　四冊

360000－1901－0036818　240655
楊忠愍公全集四卷　(明)楊繼盛撰　(清)章鈺重訂　清康熙三十七年(1698)敬一齋刻四十九年(1710)重修本　四冊

360000－1901－0036819　308826
楊忠愍公全集四卷　(明)楊繼盛撰　(清)章鈺重訂　清康熙三十七年(1698)刻本　二冊

360000－1901－0036820　713501
楊忠愍公全集四卷　(明)楊繼盛撰　(清)章鈺重訂　清康熙三十七年(1698)刻本　四冊

360000－1901－0036821　303062
楊忠愍公全集四卷首一卷　(明)楊繼盛撰　清光緒十九年(1893)味菜廬刻本　四冊

360000－1901－0036822　413494
楊忠愍公全集四卷首一卷　(明)楊繼盛撰　清光緒十九年(1893)味菜廬刻本　四冊

360000－1901－0036823　413500
楊忠愍公全集四卷首一卷　(明)楊繼盛撰　清刻本　二冊

360000－1901－0036824　413505
楊忠愍公全集四卷首一卷　(明)楊繼盛撰　清刻本　一冊　存二卷(一、首一卷)

360000－1901－0036825　303066
楊忠愍公全集四卷首一卷　(明)楊繼盛撰　清同治十一年(1872)刻本　三冊

360000－1901－0036826　413492
楊忠愍公文集摘要不分卷　(明)楊繼盛撰　清光緒六年(1880)刻本　一冊

360000－1901－0036827　164169
楊忠愍公遺墨一卷　(明)楊繼盛撰　清光緒三十一年(1905)刻本　一冊

360000－1901－0036828　413493
楊忠愍公遺書一卷　(明)楊繼盛撰　清道光二十五年(1845)刻本　一冊

360000－1901－0036829　417376
楊忠愍公自著年譜一卷家訓一卷奏議一卷　(明)楊繼盛撰　清咸豐三年(1853)刻本　一冊

360000－1901－0036830　303066－1
楊忠愍蚺蛇膽表忠記二卷三十六齣　(清)丁耀亢撰　清同治十一年(1872)刻本　二冊

360000－1901－0036831　121931
楊子書繹六卷　(清)楊文彩撰　清光緒二年(1876)仁和韓懿章寧都文起堂刻本　十冊

360000－1901－0036832　121932
楊子書繹六卷　(清)楊文彩撰　清光緒二年(1876)仁和韓懿章寧都文起堂刻本　十冊

360000－1901－0036833　121933
楊子書繹六卷　(清)楊文彩撰　清光緒二年(1876)仁和韓懿章寧都文起堂刻本　十冊

360000－1901－0036834　413511
楊子書繹六卷　(清)楊文彩撰　清光緒二年(1876)仁和韓懿章寧都文起堂刻本　六冊　存四卷(一至四)

360000－1901－0036835　601609
楊子書繹六卷　(清)楊文彩撰　清光緒二年(1876)仁和韓懿章寧都文起堂刻本　二冊　存三卷(一、四至五)

360000－1901－0036836　720961
楊子書繹六卷　(清)楊文彩撰　清光緒二年(1876)仁和韓懿章寧都文起堂刻本　一冊　存二卷(四至五)

360000－1901－0036837　720962
楊子書繹六卷　(清)楊文彩撰　清光緒二年(1876)仁和韓懿章寧都文起堂刻本　三冊　存二卷(五至六)

360000－1901－0036838　603671
楊子書繹六卷　(清)楊文彩撰　清刻本　七冊　存五卷(二至六)

360000－1901－0036839　230528
楊子太玄別訓四卷首一卷　(清)劉斯組撰　清乾隆刻本　四冊　存四卷(一至二、四,首一卷)

360000－1901－0036840　164976
瘍科捷徑三卷補遺一卷　(清)時世瑞撰　清光緒十一年(1885)刻本　一冊

360000－1901－0036841　420524
瘍科選粹八卷　(明)陳文治撰　明崇禎元年(1628)刻本　五冊　存五卷(二至五、七)

360000－1901－0036842　164974
瘍醫大全四十卷　(清)顧世澄撰　清光華堂刻本　三十六冊

360000－1901－0036843　164975
瘍醫大全四十卷　(清)顧世澄撰　清光華堂刻本　一冊　存一卷(五)

360000－1901－0036844　721846
瘍醫大全四十卷　(清)顧世澄撰　清刻本　四冊　存四卷(三十六至三十七、三十九至四十)

360000－1901－0036845　902449
瘍醫大全四十卷　(清)顧世澄撰　清刻顧氏秘書本　一冊　存一卷(十四)

360000－1901－0036846　722208
瘍醫大全四十卷　(清)顧世澄撰　清末石印本　二冊　存四卷(十八至十九、二十四至二十五)

360000－1901－0036847　230283
瘍醫準繩六卷　(明)王肯堂撰　明萬曆三十六年(1608)金壇王肯堂刻本　一冊　存一卷

（一）

360000－1901－0036848　230284
瘍醫準繩六卷　（明）王肯堂撰　清初刻本　七冊

360000－1901－0036849　902183
仰北青雲堂志不分卷　（清）□□編　清同治十一年（1872）木活字印本　一冊

360000－1901－0036850　150186
仰視千七百二十九鶴齋叢書　（清）趙之謙輯　清光緒會稽趙氏刻本　十八冊　存二十五種

360000－1901－0036851　150187
仰視千七百二十九鶴齋叢書　（清）趙之謙輯　清光緒會稽趙氏刻本　六冊　存十二種

360000－1901－0036852　150188
仰視千七百二十九鶴齋叢書　（清）趙之謙輯　清光緒會稽趙氏刻本　七冊　存十二種

360000－1901－0036853　901006
仰視千七百二十九鶴齋叢書　（清）趙之謙輯　清光緒會稽趙氏刻本　一冊　存三種

360000－1901－0036854　301559
仰蕭樓文集一卷國朝經學名儒記一卷　（清）張星鑑撰　清光緒六年至八年（1880－1882）刻本　一冊

360000－1901－0036855　407836
仰止子詳考古今名家潤色詩林正宗十二卷韻林正宗六卷　（明）余象斗輯　清刻本　三冊　存三卷（詩林正宗六、十，韻林正宗二）

360000－1901－0036856　405158
仰止子詳考古今名家潤色詩林正宗十二卷韻林正宗六卷　（明）余象斗輯　清刻本　九冊　存九卷（詩林正宗三至六、九、十二，韻林正宗二至四）

360000－1901－0036857　704095
仰止子詳考古今名家潤色詩林正宗十二卷韻林正宗六卷　（明）余象斗輯　清咸豐八年（1858）自厚堂刻本　十八冊

360000－1901－0036858　704096
仰止子詳考古今名家潤色詩林正宗十二卷韻林正宗六卷　（明）余象斗輯　清咸豐八年（1858）自厚堂刻本　十二冊

360000－1901－0036859　122169
養春齋詩鈔二卷　（清）涂以輈撰　清道光四年（1824）慎積堂刻本　一冊

360000－1901－0036860　802686
養浩齋賦草不分卷　（清）□□輯　清抄本　一冊

360000－1901－0036861　803332
養浩齋賦選不分卷　（清）□□輯　清抄本　一冊

360000－1901－0036862　163206
養浩齋詩稿九卷續稿五卷　（清）桂超萬撰　清同治五年（1866）刻本　三冊

360000－1901－0036863　304356
養晦堂文集十卷詩集二卷　（清）劉蓉撰　清光緒三年（1877）思賢講舍刻本　一冊　存二卷（詩集二卷）

360000－1901－0036864　418217
養晦堂文集十卷詩集二卷　（清）劉蓉撰　清光緒三年（1877）思賢講舍刻本　六冊

360000－1901－0036865　418218
養晦堂文集十卷詩集二卷　（清）劉蓉撰　清光緒三年（1877）思賢講舍刻本　二冊　存四卷（文集五至六、詩集二卷）

360000－1901－0036866　304357
養晦堂文集十卷詩集二卷思辨錄疑義一卷　（清）劉蓉撰　清光緒三年（1877）思賢講舍刻本　六冊

360000－1901－0036867　304352
養吉齋叢錄二十六卷餘錄十卷　（清）吳振棫撰　清光緒二十二年（1896）刻本　八冊

360000－1901－0036868　803742
養漿成實證治括不分卷　（清）□□輯　清抄本　一冊

360000－1901－0036869　404818
養痾三編八卷　(清)夏炘輯　清同治元年(1862)刻景紫堂全書本　二冊

360000－1901－0036870　404819
養痾三編八卷　(清)夏炘輯　清同治元年(1862)刻景紫堂全書本　二冊

360000－1901－0036871　404819－1
養痾三編八卷　(清)夏炘輯　清同治元年(1862)刻景紫堂全書本　一冊　存五卷(一至五)

360000－1901－0036872　304473
養蒙金鑑二卷　(清)林之望輯　清光緒元年(1875)鄂垣藩署刻本　二冊

360000－1901－0036873　304474
養蒙金鑑二卷　(清)林之望輯　清光緒元年(1875)鄂垣藩署刻本　二冊

360000－1901－0036874　406223
養蒙金鑑二卷　(清)林之望輯　清光緒元年(1875)鄂垣藩署刻本　二冊

360000－1901－0036875　406224
養蒙金鑑二卷　(清)林之望輯　清光緒元年(1875)鄂垣藩署刻本　二冊

360000－1901－0036876　416717
養蒙書九種　(清)賀瑞麟輯　清傳經堂刻本　一冊

360000－1901－0036877　416716
養蒙書十種　(清)賀瑞麟輯　清同治三年(1864)關中劉氏述荆堂刻本　一冊

360000－1901－0036878　406222
養蒙圖説不分卷　(清)涂時相撰　清刻本　一冊

360000－1901－0036879　406220
養蒙針度四卷　(清)潘子聲撰　清李光明莊刻本　二冊

360000－1901－0036880　406219－1
養蒙針度五卷　(清)潘子聲撰　清刻本　二冊

360000－1901－0036881　802988
養蒙針度五卷　(清)潘子聲撰　清刻本　一冊　存二卷(一至二)

360000－1901－0036882　406219
養蒙針度五卷　(清)潘子聲撰　清善成堂刻本　一冊

360000－1901－0036883　802988－1
養蒙針度五卷　(清)潘子聲撰　清善成堂刻本　一冊　存一卷(三)

360000－1901－0036884　305484
養氣齋全集不分卷　(清)陳文新撰　清末木活字印本　七冊

360000－1901－0036885　408808
養生保命錄一卷　(清)□□編　清光緒十六年(1890)刻本　一冊

360000－1901－0036886　408761
養生經驗合集　(清)毛世洪輯　清道光十二年(1832)刻本　一冊

360000－1901－0036887　408760
養生經驗合集　(清)毛世洪輯　清咸豐元年(1851)章山郡舍刻本　一冊

360000－1901－0036888　408760－1
養生經驗合集　(清)毛世洪輯　清咸豐元年(1851)章山郡舍刻本　一冊

360000－1901－0036889　408760－2
養生經驗合集　(清)毛世洪輯　清咸豐元年(1851)章山郡舍刻本　一冊

360000－1901－0036890　303225
養素堂文集三十五卷首一卷　(清)張澍撰　清道光十七年(1837)棗華書屋刻本　十六冊

360000－1901－0036891　801919
養吾浩然齋讀史日記不分卷　(□)□□撰　清抄本　一冊

360000－1901－0036892　417242
養心七巧圖錄不分卷　(□)□□撰　清光緒四年(1878)刻本　一冊

360000－1901－0036893　407257

養性編不分卷　（清）沈一桂等編　清同治元年（1862）刻本　一册

360000－1901－0036894　121161

養性閑筆語録摘要四卷　（清）鄧逢光撰　（清）傅寅變選　清咸豐五年（1855）刻本　四册

360000－1901－0036895　300318－4

養一齋詞三卷　（清）潘德輿撰　清咸豐三年（1853）刻本　一册

360000－1901－0036896　301314

養一齋集二十六卷詞一卷試帖一卷四書文一卷　（清）潘德輿撰　清道光二十九年（1849）刻本　十二册

360000－1901－0036897　300318

養一齋集二十六卷首一卷　（清）潘德輿撰　清道光二十九年（1849）刻同治補刻本　八册

360000－1901－0036898　404845

養一齋集二十六卷首一卷　（清）潘德輿撰　清刻本　二册　存七卷（六至十二）

360000－1901－0036899　405044

養一齋詩話十卷　（清）潘德輿撰　清道光十六年（1836）刻本　一册　存三卷（一至三）

360000－1901－0036900　300318－2

養一齋詩話十卷李杜詩話三卷　（清）潘德輿撰　清道光十六年（1836）刻本　三册

360000－1901－0036901　300318－1

養一齋四書文一卷　（清）潘德輿撰　清道光十七年（1837）刻本　四册

360000－1901－0036902　300319

養一齋文集二十卷　（清）李兆洛撰　清光緒四年（1878）刻本　八册

360000－1901－0036903　303422

養一齋文集二十卷　（清）李兆洛撰　清光緒四年（1878）刻本　八册

360000－1901－0036904　316083

養一齋文集二十卷　（清）李兆洛撰　清光緒四年（1878）刻本　八册

360000－1901－0036905　315764

養一齋文集二十卷詩集四卷詩餘一卷　（清）李兆洛撰　清光緒四年（1878）刻本　十册

360000－1901－0036906　418216

養一齋文集二十卷詩集四卷詩餘一卷　（清）李兆洛撰　清光緒四年（1878）刻本　八册　存二十卷（養一齋文集二十卷）

360000－1901－0036907　300318－3

養一齋劄記九卷　（清）潘德輿撰　清同治十一年（1872）刻本　二册

360000－1901－0036908　418219－5

養餘齋初集四卷二集四卷三集六卷　（清）柳樹芳撰　清道光二十七年（1847）吴江柳氏勝谿草堂刻養餘齋全集本　四册

360000－1901－0036909　418219

養餘齋初集四卷二集四卷三集六卷　（清）柳樹芳撰　清道光二十七年（1847）吴江柳氏勝谿草堂刻養餘齋全集本　四册

360000－1901－0036910　418219－1

養餘齋初集四卷二集四卷三集六卷　（清）柳樹芳撰　清道光二十七年（1847）吴江柳氏勝谿草堂刻養餘齋全集本　四册

360000－1901－0036911　418219－2

養餘齋初集四卷二集四卷三集六卷　（清）柳樹芳撰　清道光二十七年（1847）吴江柳氏勝谿草堂刻養餘齋全集本　四册

360000－1901－0036912　418219－3

養餘齋初集四卷二集四卷三集六卷　（清）柳樹芳撰　清道光二十七年（1847）吴江柳氏勝谿草堂刻養餘齋全集本　四册

360000－1901－0036913　418219－4

養餘齋初集四卷二集四卷三集六卷　（清）柳樹芳撰　清道光二十七年（1847）吴江柳氏勝谿草堂刻養餘齋全集本　四册

360000－1901－0036914　418215

養餘齋詩初刻八卷　（清）柳樹芳撰　清道光

十二年(1832)勝谿草堂刻本　二册

360000－1901－0036915　418215－1
養餘齋詩初刻八卷　(清)柳樹芳撰　清道光十二年(1832)勝谿草堂刻本　二册

360000－1901－0036916　418215－2
養餘齋詩初刻八卷　(清)柳樹芳撰　清道光十二年(1832)勝谿草堂刻本　二册

360000－1901－0036917　418215－3
養餘齋詩初刻八卷　(清)柳樹芳撰　清道光十二年(1832)勝谿草堂刻本　二册

360000－1901－0036918　418215－4
養餘齋詩初刻八卷　(清)柳樹芳撰　清道光十二年(1832)勝谿草堂刻本　一册　存四卷(孤唱集一至二、勝溪竹枝詞一、荆穎集一)

360000－1901－0036919　122171
養源山房詩鈔七卷附養真山人遺詩一卷　(清)徐士霖撰　清光緒三十四年(1908)武林刻本　二册

360000－1901－0036920　713735
養源山房詩鈔七卷附養真山人遺詩一卷　(清)徐士霖撰　清光緒三十四年(1908)武林刻本　一册　存四卷(一至四)

360000－1901－0036921　122170
養雲樓詩鈔十卷附西園自訂年譜一卷　(清)甘立猷撰　清道光十八年(1838)學本軒刻本　三册

360000－1901－0036922　414084
養雲樓詩鈔十卷附西園自訂年譜一卷　(清)甘立猷撰　清刻本　一册　存二卷(養雲樓詩鈔一至二)

360000－1901－0036923　800332
養雲山館詩一卷　(清)許球撰　(清)許長治注　清抄本　一册

360000－1901－0036924　803331
養雲山館試帖二卷　(清)許球撰　清抄本　一册

360000－1901－0036925　163208
養雲山館試帖二卷　(清)許球撰　清道光十八年(1838)刻本　一册

360000－1901－0036926　805038
養雲山館試帖二卷　(清)許球撰　清刻本　二册

360000－1901－0036927　900168
養雲山館試帖二卷　(清)許球撰　清刻本　一册　存一卷(下)

360000－1901－0036928　900168－1
養雲山館試帖二卷　(清)許球撰　清刻本　一册　存一卷(下)

360000－1901－0036929　900169
養雲山館試帖二卷　(清)許球撰　清同治四年(1865)刻本　二册

360000－1901－0036930　603775－1
養雲山館試帖四卷　(清)許球撰　(清)王榮紱注釋　清光緒刻本　一册　存一卷(一)

360000－1901－0036931　900115
養雲山館試帖四卷　(清)許球撰　(清)王榮紱注釋　清光緒十四年(1888)刻本　二册

360000－1901－0036932　900116
養雲山館試帖四卷　(清)許球撰　(清)王榮紱注釋　清光緒十四年(1888)刻本　二册

360000－1901－0036933　900117
養雲山館試帖四卷　(清)許球撰　(清)王榮紱注釋　清光緒十四年(1888)刻本　二册

360000－1901－0036934　900167
養雲山館試帖四卷　(清)許球撰　(清)王榮紱注釋　清刻本　二册　存二卷(二、四)

360000－1901－0036935　901911
養雲山館試帖四卷　(清)許球撰　(清)王榮紱注釋　清刻本　一册　存二卷(三至四)

360000－1901－0036936　901910
養雲山館試帖四卷　(清)許球撰　(清)王榮紱注釋　清立文堂刻本　一册　存二卷(一至二)

360000－1901－0036937　901907
養雲山館試帖四卷　（清）許球撰　（清）王榮紱注釋　清末鉛印本　一冊　存二卷（三至四）

360000－1901－0036938　302659
養雲山館試帖四卷　（清）許球撰　（清）王榮紱注釋　清同治七年（1868）刻本　四冊

360000－1901－0036939　603775
養雲山館試帖四卷　（清）許球撰　（清）王榮紱注釋　清同治七年（1868）刻本　四冊

360000－1901－0036940　901908
養雲山館試帖四卷　（清）許球撰　（清）王榮紱注釋　清同治七年（1868）刻本　二冊　存三卷（一、三至四）

360000－1901－0036941　163207
養雲山館試帖四卷　（清）許球撰　（清）王榮紱注釋　清同治七年（1868）立文堂刻本　二冊

360000－1901－0036942　900114
養雲山館試帖四卷　（清）許球撰　（清）王榮紱注釋　清同治七年（1868）立文堂刻本　二冊　存二卷（一、三）

360000－1901－0036943　901909
養雲山館試帖四卷　（清）許球撰　（清）王榮紱注釋　清同治十三年（1874）刻本　二冊　存三卷（一、三至四）

360000－1901－0036944　801432
養雲山館試帖一卷　（清）許球撰　清抄本　一冊

360000－1901－0036945　900166
養雲山館試帖一卷　（清）許球撰　清抄本　一冊

360000－1901－0036946　402038
養齋府君［楊有涵］行述一卷　（清）楊懋宣等撰　清嘉慶刻本　一冊

360000－1901－0036947　404842
養正編一卷　（清）陳敬基撰　清光緒二十五年（1899）刻本　一冊

360000－1901－0036948　404842－1
養正編一卷　（清）陳敬基撰　清光緒二十五年（1899）刻本　一冊

360000－1901－0036949　404842－2
養正編一卷　（清）陳敬基撰　清光緒二十五年（1899）刻本　一冊

360000－1901－0036950　404842－3
養正編一卷　（清）陳敬基撰　清光緒二十五年（1899）刻本　一冊

360000－1901－0036951　404842－4
養正編一卷　（清）陳敬基撰　清光緒二十五年（1899）刻本　一冊

360000－1901－0036952　404842－5
養正編一卷　（清）陳敬基撰　清光緒二十五年（1899）刻本　一冊

360000－1901－0036953　404842－6
養正編一卷　（清）陳敬基撰　清光緒二十五年（1899）刻本　一冊

360000－1901－0036954　404842－7
養正編一卷　（清）陳敬基撰　清光緒二十五年（1899）刻本　一冊

360000－1901－0036955　404842－8
養正編一卷　（清）陳敬基撰　清光緒二十五年（1899）刻本　一冊

360000－1901－0036956　404841
養正集二卷　（清）黄本崑撰　清同治元年（1862）德裕堂木活字印本　一冊　存一卷（上）

360000－1901－0036957　404841－1
養正集二卷　（清）黄本崑撰　清同治元年（1862）德裕堂木活字印本　一冊　存一卷（上）

360000－1901－0036958　404844
養正録二卷　（□）□□撰　清刻本　一冊　存一卷（下）

360000－1901－0036959　305153
養正書屋全集定本四十卷目錄四卷　(清)宣宗旻寧撰　清道光二年(1822)內府刻本　十一冊　存二十二卷(十九至四十)

360000－1901－0036960　418455
養正書屋全集定本四十卷目錄四卷　(清)宣宗旻寧撰　清道光二年(1822)內府刻本　二十四冊

360000－1901－0036961　313797
養正遺規二卷補編一卷　(清)陳弘謀輯　清光緒五年(1879)江西書局刻五種遺規本　二冊

360000－1901－0036962　416888
養正遺規二卷補編一卷　(清)陳弘謀輯　清光緒五年(1879)江西書局刻五種遺規本　二冊

360000－1901－0036963　416875
養正遺規二卷補編一卷　(清)陳弘謀輯　清刻本　一冊

360000－1901－0036964　416875－1
養正遺規二卷補編一卷　(清)陳弘謀輯　清刻本　一冊　存二卷(養正遺規二卷)

360000－1901－0036965　416875－3
養正遺規二卷補編一卷　(清)陳弘謀輯　清培遠堂刻五種遺規本　一冊　存一卷(補編一卷)

360000－1901－0036966　416878－2
養正遺規二卷補編一卷　(清)陳弘謀輯　清培遠堂刻五種遺規本　一冊

360000－1901－0036967　304355
養知書屋文集二十八卷詩集十五卷　(清)郭嵩燾撰　清光緒十八年(1892)刻本　十四冊　存三十七卷(文集七至二十八、詩集十五卷)

360000－1901－0036968　412821
養知書屋文集二十八卷詩集十五卷　(清)郭嵩燾撰　清光緒十八年(1892)刻本　一冊　存二卷(文集十五至十六)

360000－1901－0036969　150559
養志居僅存藁　(清)陳宗起撰　清光緒十一年(1885)丹徒陳氏刻本　八冊

360000－1901－0036970　163205
養拙山人詩集一卷辭集一卷　(明)孫祇若撰　清刻本　一冊

360000－1901－0036971　305886
姚伯山先生全集　(清)姚柬之撰　清道光二十八年(1848)內鄉王檢心刻本　九冊　存三種

360000－1901－0036972　305886－1
姚端恪公文集十八卷詩集十二卷外集十八卷　(清)姚文然撰　清刻本　一冊　存三卷(外集四至六)

360000－1901－0036973　722467
姚姬傳先生經說四種　(清)姚鼐撰　清乾隆五十七年(1792)新城陳氏刻本　一冊

360000－1901－0036974　410232－3
姚牧菴先生文選五卷　(元)姚燧撰　(清)李祖陶選　清道光二十五年(1845)刻金元明八大家文選本　三冊　存二卷(一至二)

360000－1901－0036975　302653
姚氏先德傳六卷　(清)姚瑩撰　清刻本　一冊

360000－1901－0036976　802307
姚選古文真本五色標記表十五卷首一卷　(清)吳汝綸講授　(清)張剛編　清宣統二年(1910)五色古文山房刻本　一冊　存十卷(六至十五)

360000－1901－0036977　316285
姚正甫文集五卷　(清)姚承輿撰　清咸豐刻本　二冊

360000－1901－0036978　240842
堯峯詩鈔五十卷　(清)汪琬撰　(清)林佶編　清康熙三十二年(1693)林佶刻本　八冊

360000－1901－0036979　417623

堯峯文鈔五十卷　(清)汪琬撰　(清)林佶編　清康熙三十二年(1693)林佶刻本　八冊　存二十五卷(十六至四十)

360000－1901－0036980　316528
堯峰文鈔四十卷　(清)汪琬撰　(清)林佶編　清宣統二年(1910)圖書集成公司石印本　八冊

360000－1901－0036981　803740
堯山堂外紀一百卷　(明)蔣一葵撰　清抄本　一冊　存十一卷(二十二至三十二)

360000－1901－0036982　240750
瑤光閣集十二卷外集二卷明夷集一卷　(明)黄端伯撰　清乾隆四年(1739)黄祐刻本　三冊

360000－1901－0036983　411341
瑤華閣詩鈔二卷詞鈔一卷補遺一卷　(清)袁綬撰　清同治六年(1867)刻本　四冊

360000－1901－0036984　122663
咬根山房詩存二卷　(清)彭光澧撰　清咸豐十一年(1861)耕心書屋刻本　二冊

360000－1901－0036985　316399
齩菜根齋詩話二卷　(清)鑑曲鈍漢撰　清宣統元年(1909)刻本　一冊

360000－1901－0036986　122863
藥房詩集六卷蛩音詞草一卷　(清)鄧裴撰　**附曉白堂詩稿一卷**　(清)鄧錤式撰　清刻本　三冊

360000－1901－0036987　801488
藥品化義不分卷　(明)賈所學撰　清抄本　一冊

360000－1901－0036988　801478
藥書不分卷　(清)劉良寶記　清抄本　一冊

360000－1901－0036989　802094
藥性不分卷　(清)□□輯　清余文暄抄本　一冊

360000－1901－0036990　800525
藥性闡微一卷製方玄解一卷　(□)□□撰　清抄本　一冊

360000－1901－0036991　902271
藥性賦直解一卷醫方捷徑一卷　(金)李杲撰　(明)太醫院編　清刻本　一冊

360000－1901－0036992　801966
藥性歌不分卷　(□)□□撰　清抄本　一冊

360000－1901－0036993　318117－1
藥性究源不分卷　(□)□□撰　清抄本　一冊

360000－1901－0036994　165055
藥性類抄不分卷　(□)□□撰　清光緒八年(1882)抄本　一冊

360000－1901－0036995　407234
覺世真經排律詩箋一卷　(清)□□輯　清道光二年(1822)刻本　一冊

360000－1901－0036996　802321
藥性炮製歌一卷　(清)□□輯　清抄本　一冊

360000－1901－0036997　408583
藥性氣味類不分卷　(清)□□撰　清抄本　一冊

360000－1901－0036998　800513
藥性須知一卷　(□)□□撰　清抄本　一冊

360000－1901－0036999　408582
藥性摘要不分卷　(□)□□輯　清光緒十六年(1890)胡鏡湖抄本　一冊

360000－1901－0037000　408850
藥性總義不分卷　(□)□□輯　清抄本　一冊

360000－1901－0037001　802730
藥性總義不分卷　(□)□□輯　清光緒四年(1878)胡錦鑾抄本　一冊

360000－1901－0037002　417573
冶城山房詩稿十六卷附詩餘一卷花草精神畫錄一卷　(清)彭俊生撰　清光緒二十七年(1901)木活字印本　八冊

360000－1901－0037003　417574

冶城山房詩稿十六卷附詩餘一卷花草精神畫錄一卷　(清)彭俊生撰　清光緒二十七年(1901)木活字印本　八冊

360000－1901－0037004　417575

冶城山房詩稿十六卷附詩餘一卷花草精神畫錄一卷　(清)彭俊生撰　清光緒二十七年(1901)木活字印本　五冊　存十二卷(一至六、九至十一、十六,詩餘一卷,花草精神畫錄一卷)

360000－1901－0037005　417575－1

冶城山房詩稿十六卷附詩餘一卷花草精神畫錄一卷　(清)彭俊生撰　清光緒二十七年(1901)木活字印本　二冊　存四卷(一至二、五至六)

360000－1901－0037006　241138

冶城山房詩稿十三卷附香爐煙一卷下里巴人一卷花草精神一卷乙丙草一卷丁戊草一卷　(清)彭俊生撰　清抄本　十一冊

360000－1901－0037007　164031

康熙字典十二集三十六卷總目一卷檢字一卷辨似一卷等韻一卷補遺一卷備考一卷　(清)張玉書等纂修　清光緒十年(1884)上海點石齋石印本　六冊

360000－1901－0037008　412086

冶梅石譜二卷　(清)王寅繪　清末上海朝記書莊影印本　二冊

360000－1901－0037009　412086－1

冶梅石譜二卷　(清)王寅繪　清末上海朝記書莊影印本　二冊

360000－1901－0037010　240895

埜耕集三卷　(清)許士佐撰　清乾隆刻本　一冊

360000－1901－0037011　165110

野菜譜一卷　(明)王磐撰　清抄本　一冊

360000－1901－0037012　240395

野谷詩稿六卷　(宋)趙汝鐩撰　清抄本　二冊

360000－1901－0037013　310479

野獲編三十卷首一卷補遺四卷　(明)沈德符撰　(清)錢枋輯　清道光七年(1827)錢塘姚祖恩扶荔山房刻本　十冊

360000－1901－0037014　303836

野獲編三十卷首一卷補遺四卷　(明)沈德符撰　(清)錢枋輯　清道光七年(1827)錢塘姚祖恩扶荔山房刻同治八年(1869)錢塘姚德恒補刻本　二十冊

360000－1901－0037015　303838

野獲編三十卷首一卷補遺四卷　(明)沈德符撰　(清)錢枋輯　清道光七年(1827)錢塘姚祖恩扶荔山房刻同治八年(1869)錢塘姚德恒補刻本　二十冊

360000－1901－0037016　307819

野獲編三十卷首一卷補遺四卷　(明)沈德符撰　(清)錢枋輯　清道光七年(1827)錢塘姚祖恩扶荔山房刻同治八年(1869)錢塘姚德恒補刻本　二十冊

360000－1901－0037017　310984

野獲編三十卷首一卷補遺四卷　(明)沈德符撰　(清)錢枋輯　清道光七年(1827)錢塘姚祖恩扶荔山房刻同治八年(1869)錢塘姚德恒補刻本　二十冊

360000－1901－0037018　309450

野客叢書三十卷附錄野老記聞一卷　(宋)王楙撰　清刻本　六冊

360000－1901－0037019　716964

野客叢書三十卷附錄野老記聞一卷　(宋)王楙撰　**宋王先生壙銘一卷**　(宋)郭紹彭撰　清刻本　六冊

360000－1901－0037020　713637

野趣軒稿二十卷　(清)梁柄魁撰　清光緒十七年(1891)刻本　三冊　存十卷(文四至九、十三至十四,詩一至二)

360000－1901－0037021　713638

野趣軒稿十二卷　(清)梁柄魁撰　清刻本　三册

360000－1901－0037022　721857
野趣軒稿十二卷　(清)梁柄魁撰　清刻本　一册　存三卷(古文四至六)

360000－1901－0037023　240943
野香亭集十三卷　(清)李孚青撰　清康熙刻本　一册　存四卷(乙亥稿、丙子稿、丁丑稿、戊寅稿)

360000－1901－0037024　716387
野學堂聯存八卷　(清)江式撰　清光緒十年(1884)刻本　一册

360000－1901－0037025　713643
野學堂詩存六卷　(清)江式撰　清末刻本　三册　存三卷(四至六)

360000－1901－0037026　121564
野學堂文存一卷詩存六卷　(清)江式撰　清木活字印本　五册　存三卷(詩存一至三)

360000－1901－0037027　410061
夜譚隨錄十二卷　(清)和邦額撰　清光緒二年(1876)愛日堂刻本　七册　存十一卷(一至九、十一至十二)

360000－1901－0037028　410062
夜譚隨錄十二卷　(清)和邦額撰　清光緒二年(1876)愛日堂刻本　三册　存三卷(四、七、十一)

360000－1901－0037029　410060
夜譚隨錄十二卷　(清)和邦額撰　清緯文堂刻本　六册

360000－1901－0037030　407652
夜雨秋燈續錄八卷　(清)宣鼎撰　清末石印本　一册　存二卷(一至二)

360000－1901－0037031　306120
葉健庵先生[世倬]年譜二卷　(清)端木從恒編　清道光刻本　一册　存一卷(下)

360000－1901－0037032　405416
葉芘庵藁一卷　(清)葉芬撰　清嘉慶二十四年(1819)刻本　一册

360000－1901－0037033　307887
葉氏存古叢書　葉銘輯　清宣統二年(1910)西泠印社鉛印本　二册

360000－1901－0037034　800876
葉氏菉竹堂碑目六卷　(明)葉盛撰　清咸豐四年(1854)刻粤雅堂叢書本　一册

360000－1901－0037035　164646
葉氏息園畫譜不分卷　葉鴻業繪　清光緒十二年(1886)刻本　三册

360000－1901－0037036　122238
葉嘯廬詩鈔八卷　(清)葉向榮撰　清嘉慶十一年(1806)刻本　二册

360000－1901－0037037　408566
葉種德堂丹丸全錄不分卷　(清)葉種德堂主人輯　清同治五年(1866)刻本　一册

360000－1901－0037038　122402
鄴芸文集五卷　(清)李騰華撰　清道光五年(1825)湘川書院刻本　四册

360000－1901－0037039　122403
鄴芸文集五卷　(清)李騰華撰　清道光五年(1825)湘川書院刻本　五册

360000－1901－0037040　405648
鄴中記一卷　(晉)陸翽撰　清刻本　一册

360000－1901－0037041　300889
一八九八年之西美戰史不分卷　(法國)勃利德撰　(清)李景鎬譯　清光緒三十年(1904)江南機器製造總局鉛印本　二册

360000－1901－0037042　401891
一草亭讀史漫筆二卷　(清)吳孟堅撰　清光緒北京大學堂官書局鉛印本　一册　存一卷(一)

360000－1901－0037043　408807
一草亭目科全書四卷　(明)鄧苑撰　清道光刻本　二册　存三卷(二至四)

360000－1901－0037044　408807－1

一草亭目科全書四卷　(明)鄧苑撰　清道光刻本　一冊　存一卷(三)

360000 - 1901 - 0037045　721294
一草亭目科全書一卷　(清)鄧苑撰　清聚錦堂刻本　一冊

360000 - 1901 - 0037046　721295
一草亭眼科全集書四卷　(清)鄧苑撰　(清)文永周輯　清光緒二年(1876)刻本　一冊　存一卷(一)

360000 - 1901 - 0037047　310122
一乘決疑論一卷　(清)彭紹升撰　清同治八年(1869)如皋刻經處刻本　一冊

360000 - 1901 - 0037048　407077
一乘決疑論一卷　(清)彭紹升撰　清同治八年(1869)如皋刻經處刻本　一冊

360000 - 1901 - 0037049　410611
一輻集十八卷　(清)項淳撰　清乾隆五十五年(1790)殖蔭軒刻本　六冊

360000 - 1901 - 0037050　803598
一溉堂詩集一卷　(清)余光耿撰　清抄本　一冊

360000 - 1901 - 0037051　417118 - 1
一貫堪輿八卷　(明)唐世友輯　清刻本　一冊　存一卷(三)

360000 - 1901 - 0037052　163444
一行居集八卷首一卷　(清)彭紹升撰　清道光五年(1825)刻本　八冊

360000 - 1901 - 0037053　121613
一鑑亭詠古彙存二卷雜詠彙存六卷　(清)熊清河撰　清光緒六年(1880)刻本　四冊

360000 - 1901 - 0037054　800339
一粒粟地理一卷　(□)□□撰　清抄本　一冊

360000 - 1901 - 0037055　414603
一甌睡足詩草二卷　(清)譚龍驤撰　清宣統元年(1909)刻本　二冊

360000 - 1901 - 0037056　309934
一品集二卷　(清)費錫章撰　清嘉慶十四年(1809)吳興費錫章恩詒堂刻本　一冊

360000 - 1901 - 0037057　163442
一山文存三卷　章梫撰　清宣統元年(1909)京華印書局鉛印本　一冊

360000 - 1901 - 0037058　410607
一山文存三卷　章梫撰　清宣統元年(1909)京華印書局鉛印本　一冊

360000 - 1901 - 0037059　410605
一山文存十二卷　章梫撰　清末鉛印本　一冊　存一卷(駢體一)

360000 - 1901 - 0037060　410608
一聲長嘯萬松間圖題詞一卷續編一卷　(清)徐達源輯　清嘉慶刻本　一冊

360000 - 1901 - 0037061　161350
一統志案說十六卷　(清)顧炎武撰　(清)徐乾學纂　清道光七年(1827)順德張氏清芬閣木活字印本　十冊

360000 - 1901 - 0037062　161351
一統志案說十六卷　(清)顧炎武撰　(清)徐乾學纂　清道光七年(1827)順德張氏清芬閣木活字印本　六冊

360000 - 1901 - 0037063　300537
一微塵集五卷　何震彝輯　清宣統元年(1909)江陰何氏天津行館韞芬室鉛印本　一冊

360000 - 1901 - 0037064　300955
一西自記年譜一卷附述一卷　(清)張師誠撰　清道光刻本　一冊

360000 - 1901 - 0037065　318109
一笑軒文鈔不分卷　(清)一笑軒主人輯　清一笑軒抄本　六冊

360000 - 1901 - 0037066　240213
伊川擊壤集二十卷　(宋)邵雍撰　明末刻本　四冊

360000 - 1901 - 0037067　240214

伊川擊壤集二十卷　(宋)邵雍撰　明末刻本　一冊　存三卷(七至九)

360000－1901－0037068　240212

伊川擊壤集二十卷　(宋)邵雍撰　明末刻本　一冊　存五卷(一至五)

360000－1901－0037069　240211

伊川擊壤集二十卷　(宋)邵雍撰　明萬曆刻本　五冊　缺三卷(十八至二十)

360000－1901－0037070　316421

伊川擊壤集二十卷　(宋)邵雍撰　明文靖書院刻本　三冊

360000－1901－0037071　410692－2

伊川經說八卷　(宋)程頤撰　清康熙石門呂氏寶誥堂刻河南程氏全書本　二冊

360000－1901－0037072　410692－1

伊川易傳四卷　(宋)程頤撰　清康熙石門呂氏寶誥堂刻河南程氏全書本　二冊　存二卷(一、三)

360000－1901－0037073　301586

伊蒿室文集六卷詩集二卷詩餘一卷　(清)王效成撰　清咸豐五年(1855)吳氏望三益齋刻光緒七年(1881)補刻本　三冊

360000－1901－0037074　220413

伊洛淵源錄十四卷　(宋)朱熹撰　明黃瑜刻本　四冊

360000－1901－0037075　401574

伊洛淵源錄十四卷　(宋)朱熹撰　清刻本　一冊　存九卷(一至九)

360000－1901－0037076　161693

伊洛淵源錄十四卷　(宋)朱熹撰　(清)張伯行輯　清康熙四十八年(1709)正誼堂刻本　二冊

360000－1901－0037077　401573

伊洛淵源錄新增十四卷　(宋)朱熹撰　(明)楊廉輯　清萬載李春菲等刻本　一冊　存三卷(八至十)

360000－1901－0037078　220414

伊洛淵源續錄二十卷　(清)張伯行撰　清康熙五十年(1711)張氏正誼堂刻本　六冊

360000－1901－0037079　301583

伊索寓言不分卷　林紓等譯　清光緒三十三年(1907)商務印書館鉛印本　一冊

360000－1901－0037080　410704

依古類聯一卷　(清)步雲氏編　清抄本　一冊

360000－1901－0037081　405323

依舊草堂遺稿一卷附詞一卷　(清)費丹旭撰　清同治九年(1870)胡鳳丹退補齋刻本　一冊

360000－1901－0037082　406031

依韻檢題十卷　(清)數珍居士輯　清同治七年(1868)日益軒刻本　四冊

360000－1901－0037083　406032

依韻檢題十卷　(清)數珍居士輯　清同治七年(1868)日益軒刻本　三冊　存九卷(一至四、六至十)

360000－1901－0037084　406033

依韻檢題十卷　(清)數珍居士輯　清同治七年(1868)日益軒刻本　一冊　存二卷(三至四)

360000－1901－0037085　406033－1

依韻檢題十卷　(清)數珍居士輯　清同治七年(1868)日益軒刻本　二冊　存七卷(四至十)

360000－1901－0037086　305944

猗覺寮雜記二卷　(宋)朱翌撰　清刻本　一冊　存一卷(上)

360000－1901－0037087　121593

猗蘿吟草二卷　(清)漆桐撰　清光緒十七年(1891)刻本　一冊

360000－1901－0037088　407865

壹是紀始二十二卷補遺一卷　(清)魏崧撰　清刻本　一冊　存三卷(十一至十三)

360000－1901－0037089　302405

壹齋集四十卷奏御集二卷兩朝恩賚記一卷　(清)黄鉞撰　清刻本　八册

360000－1901－0037090　317028
壹齋集五十卷　(清)黄鉞撰　清咸豐九年(1859)蕪湖許氏廣東南海縣丞署刻本　十册

360000－1901－0037091　414748
壹齋集五十卷　(清)黄鉞撰　清咸豐九年(1859)蕪湖許氏廣東南海縣丞署刻本　十册

360000－1901－0037092　414749
壹齋集五十卷　(清)黄鉞撰　清咸豐九年(1859)蕪湖許氏廣東南海縣丞署刻本　二册　存九卷(一至九)

360000－1901－0037093　801533
漪園重訂三蘇文範十八卷　(明)楊慎輯　(明)袁宏道評　清刻本　一册　存三卷(一至三)

360000－1901－0037094　420402
醫按指掌不分卷　(清)劉方超輯　清劉方超抄本　一册

360000－1901－0037095　230287
醫案二卷論八篇一卷附驗方一卷　(明)程侖撰　清乾隆二十四年(1759)柴國璉抄本　二册

360000－1901－0037096　162887
醫案輯錄一卷　(清)程文囿撰　清道光九年(1829)刻本　一册

360000－1901－0037097　420484
醫案偶存十二卷　(清)李鐸撰　清同治四年(1865)刻本　二册　存四卷(九至十二)

360000－1901－0037098　123081
醫案續錄一卷　(清)程文囿撰　清道光刻本　一册

360000－1901－0037099　122488
醫鈔類編二十四卷　(清)翁藻輯　清光緒二十一年(1895)奉新許振禕刻本　二十三册　存二十二卷(一、三至十一、十三至二十四)

360000－1901－0037100　122489
醫鈔類編二十四卷　(清)翁藻輯　清光緒二十一年(1895)奉新許振禕刻本　十三册　存十卷(三、八、十七至二十四)

360000－1901－0037101　420500
醫鈔類編二十四卷　(清)翁藻輯　清光緒二十一年(1895)奉新許振禕刻本　二十六册

360000－1901－0037102　420501
醫鈔類編二十四卷　(清)翁藻輯　清光緒二十一年(1895)奉新許振禕刻本　二十六册

360000－1901－0037103　420502
醫鈔類編二十四卷　(清)翁藻輯　清光緒二十一年(1895)奉新許振禕刻本　十八册　存十七卷(一至二、四至十六、二十、二十四)

360000－1901－0037104　420502－1
醫鈔類編二十四卷　(清)翁藻輯　清光緒二十一年(1895)奉新許振禕刻本　一册　存一卷(二)

360000－1901－0037105　165052
醫醇賸義四卷　(清)費伯雄撰　清光緒三年(1877)刻本　四册

360000－1901－0037106　420478
醫醇賸義四卷　(清)費伯雄撰　清同治二年(1863)刻本　四册

360000－1901－0037107　800603
醫法彙編一卷　(□)□□編　清運醫氏抄本　一册

360000－1901－0037108　420489
醫法精義□□卷　(清)喻昌撰　清刻本　一册　存一卷(二)

360000－1901－0037109　165019
醫法圓通四卷　(清)鄭壽全撰　清光緒二十九年(1903)刻本　四册

360000－1901－0037110　801476
醫方不分卷　(□)□□撰　清抄本　一册

360000－1901－0037111　165061
醫方叢話八卷　(清)徐士鑾輯　清光緒十五年(1889)津門徐氏蝴園刻蝶訪居所輯書本

一册　存二卷(一至二)

360000－1901－0037112　805217
醫方彙編不分卷　(□)□□編　清孑遺抄本　一册

360000－1901－0037113　720368
醫方彙編六卷　(清)亟齋居士撰　清道光四年(1824)刻本　一册　存三卷(醫方彙編一至二、慈幼編二)

360000－1901－0037114　420944
醫方集解二十三卷　(清)汪昂撰　清光緒十三年(1887)鴻文書局石印本　一册　存六卷(一至六)

360000－1901－0037115　800222
醫方集解二十三卷　(清)汪昂撰　清刻本　一册　存三卷(八至十)

360000－1901－0037116　902232
醫方集解二十三卷　(清)汪昂撰　清刻本　一册　存九卷(十五至二十三)

360000－1901－0037117　420944－1
醫方集解二十三卷　(清)汪昂撰　清末鉛印本　二册　存十三卷(六至十、十六至二十三)

360000－1901－0037118　800201
醫方集解二十三卷　(清)汪昂撰　清末石印本　一册　存四卷(十三至十六)

360000－1901－0037119　420936
醫方集解二十一卷　(清)汪昂撰　清道光二十五年(1845)瓶花書屋刻瓶花書屋醫書本　四册

360000－1901－0037120　420937
醫方集解二十一卷　(清)汪昂撰　清道光二十五年(1845)瓶花書屋刻瓶花書屋醫書本　三册　存十四卷(一至二、十至二十一)

360000－1901－0037121　420934
醫方集解六卷　(清)汪昂撰　清光緒二十年(1894)刻本　六册

360000－1901－0037122　420935
醫方集解六卷　(清)汪昂撰　清光緒二十年(1894)刻本　九册

360000－1901－0037123　800221
醫方集解六卷　(清)汪昂撰　清刻本　一册　存一卷(四)

360000－1901－0037124　802630
醫方集解六卷　(清)汪昂撰　清刻本　二册　存二卷(五至六)

360000－1901－0037125　802630－1
醫方集解六卷　(清)汪昂撰　清刻本　一册　存一卷(五)

360000－1901－0037126　803115
醫方集解六卷　(清)汪昂撰　清刻本　一册　存一卷(六)

360000－1901－0037127　420927
醫方集解三卷　(清)汪昂撰　清刻本　四册

360000－1901－0037128　420929
醫方集解三卷　(清)汪昂撰　清刻本　四册

360000－1901－0037129　420930
醫方集解三卷　(清)汪昂撰　清刻本　四册

360000－1901－0037130　420931
醫方集解三卷　(清)汪昂撰　清刻本　三册

360000－1901－0037131　420932
醫方集解三卷　(清)汪昂撰　清刻本　三册

360000－1901－0037132　420933
醫方集解三卷　(清)汪昂撰　清刻本　三册

360000－1901－0037133　420938
醫方集解三卷　(清)汪昂撰　清刻本　三册

360000－1901－0037134　420939
醫方集解三卷　(清)汪昂撰　清刻本　二册　存二卷(上、中)

360000－1901－0037135　721324
醫方集解三卷　(清)汪昂撰　清刻本　六册

360000－1901－0037136　800220
醫方集解三卷　(清)汪昂撰　清刻本　一册

存一卷(中)

360000－1901－0037137　802630－2

醫方集解三卷　(清)汪昂撰　清刻本　二册　存二卷(中、下)

360000－1901－0037138　802824

醫方集解三卷　(清)汪昂撰　清刻本　一册　存一卷(上)

360000－1901－0037139　420940

醫方集解三卷　(清)汪昂撰　清兩儀堂刻本　二册　存二卷(上、中)

360000－1901－0037140　420941

醫方集解三卷　(清)汪昂撰　清同文堂刻本　三册　存二卷(上、中)

360000－1901－0037141　420928

醫方集解三卷　(清)汪昂撰　清同治八年(1869)刻本　六册

360000－1901－0037142　902275

醫方捷徑八卷首一卷末一卷　(明)太醫院編　(明)羅必煒訂　清刻本　一册　存二卷(醫方捷徑八、末一卷)

360000－1901－0037143　901938

醫方捷徑二卷　(□)□□輯　清大鐾堂刻本　一册　存一卷(下)

360000－1901－0037144　409176

醫方捷徑一卷　(明)羅必煒訂　清刻本　一册

360000－1901－0037145　409177

醫方捷徑一卷　(明)羅必煒訂　清刻本　一册

360000－1901－0037146　409178

醫方捷徑一卷　(明)羅必煒訂　清刻本　一册

360000－1901－0037147　230248

醫方考六卷　(明)吳崐撰　明萬曆方元振等刻本　二册　存三卷(一至二、五)

360000－1901－0037148　165062

醫方論四卷　(清)費伯雄撰　清光緒三年(1877)刻本　二册

360000－1901－0037149　722387

醫方論四卷　(清)費伯雄撰　清刻本　一册　存一卷(三)

360000－1901－0037150　902522

醫方論四卷　(清)費伯雄撰　清同治五年(1866)耕心堂刻本　二册　存二卷(一至二)

360000－1901－0037151　408788

醫方十種彙編　(清)文晟輯　清同治萍鄉文氏刻本　一册

360000－1901－0037152　801964

醫方湯頭歌訣一卷　(清)汪昂撰　清抄本　一册

360000－1901－0037153　803859

醫方湯頭歌訣一卷　(清)汪昂撰　清抄本　一册

360000－1901－0037154　420879

醫方湯頭歌訣一卷　(清)汪昂撰　清刻本　一册

360000－1901－0037155　902236

醫方湯頭歌訣一卷　(清)汪昂撰　清刻本　一册

360000－1901－0037156　902237

醫方湯頭歌訣一卷　(清)汪昂撰　清刻本　一册

360000－1901－0037157　902239

醫方湯頭歌訣一卷　(清)汪昂撰　清刻本　一册

360000－1901－0037158　420868

醫方湯頭歌訣一卷經絡歌訣一卷　(清)汪昂撰　清光緒二十六年(1900)文宜書局石印本　一册

360000－1901－0037159　420880

醫方湯頭歌訣一卷經絡歌訣一卷　(清)汪昂撰　清還讀齋刻本　一册

360000－1901－0037160　420876
醫方湯頭歌訣一卷經絡歌訣一卷　(清)汪昂撰　清刻本　一册

360000－1901－0037161　420877
醫方湯頭歌訣一卷經絡歌訣一卷　(清)汪昂撰　清刻本　一册

360000－1901－0037162　420878
醫方湯頭歌訣一卷經絡歌訣一卷　(清)汪昂撰　清刻本　一册

360000－1901－0037163　420866
醫方湯頭歌括一卷　(清)汪昂撰　清光緒二十二年(1896)刻本　一册

360000－1901－0037164　902273
醫方藥性二卷　(明)羅必煒訂　清刻本　一册

360000－1901－0037165　902274
醫方藥性十卷　(明)羅必煒訂　清刻本　一册　存三卷(一至三)

360000－1901－0037166　801225
醫方一盤珠十卷　(清)洪金鼎撰　清刻本　一册　存五卷(六至十)

360000－1901－0037167　165063
醫方易簡新編六卷　(清)龔自璋　(清)黄統輯　清咸豐六年(1856)順邑羅葉祥刻本　三册

360000－1901－0037168　420508
醫方易簡新編六卷　(清)龔自璋　(清)黄統輯　清咸豐六年(1856)順邑羅葉祥刻本　三册

360000－1901－0037169　420509
醫方易簡新編六卷　(清)龔自璋　(清)黄統輯　清咸豐六年(1856)順邑羅葉祥刻本　二册　存三卷(一至二、六)

360000－1901－0037170　230291
醫貫砭二卷　(清)徐大椿撰　清乾隆朱記榮槐廬刻本　一册

360000－1901－0037171　800015
醫貫六卷　(明)趙獻可撰　清刻本　一册　存一卷(五)

360000－1901－0037172　408851
醫級十卷首一卷末一卷　(清)董西園撰　清乾隆四十二年(1777)刻本　四册　存四卷(三、七至九)

360000－1901－0037173　420492
醫家心法一卷　(清)高斗魁撰　(清)胡珏評　清雍正三年(1725)刻本　一册

360000－1901－0037174　800307
醫經大旨四卷　(明)賀岳撰　清抄本　二册　存二卷(一至二)

360000－1901－0037175　803548
醫經釋注不分卷　(□)□□輯　清抄本　一册

360000－1901－0037176　162889
醫經原旨六卷　(清)薛雪撰　清宣統元年(1909)同文會刻本　六册

360000－1901－0037177　165053
醫經原旨十四卷　(清)薛雪撰　清刻本　五册　存十一卷(四至十四)

360000－1901－0037178　165054
醫經允中集成二十四卷　(清)李熙和撰　清道光十九年(1839)松筠閣刻本　十三册

360000－1901－0037179　230293
醫壘元戎十二卷　(元)王好古撰　明萬曆二十一年(1593)屠本畯刻本(卷九至十配明抄本)　三册　缺五卷(一至三、十一至十二)

360000－1901－0037180　165050
醫理真傳四卷　(清)鄭壽全撰　清光緒二十九年(1903)刻本　四册

360000－1901－0037181　165018
醫林改錯二卷　(清)王清任撰　清同治七年(1868)刻本　二册

360000－1901－0037182　164512
醫林統要二卷　(□)□□撰　清刻本　一册

360000－1901－0037183　408865
醫林統要全書□□卷　(□)□□撰　清刻本　一册　存二卷(三至四)

360000－1901－0037184　408798
醫林枕秘保赤存真十卷　(清)余含棻輯　清刻本　二册　存四卷(四至五、七至八)

360000－1901－0037185　420474
醫林枕秘保赤存真十卷　(清)余含棻輯　清刻本　二册　存四卷(三至六)

360000－1901－0037186　420474－1
醫林枕秘保赤存真十卷　(清)余含棻輯　清刻本　二册　存四卷(六至九)

360000－1901－0037187　150619
醫林指月　(清)王琦輯　清刻本　一册　存三種

360000－1901－0037188　420406
醫林指月　(清)王琦輯　清刻本　三册　存二種

360000－1901－0037189　420404
醫林指月　(清)王琦輯　清乾隆三十二年(1767)寶笏樓刻本　三册　存四種

360000－1901－0037190　420405
醫林指月　(清)王琦輯　清乾隆三十二年(1767)寶笏樓刻本(扁鵲心書卷上配清刻本)　四册　存三種

360000－1901－0037191　803851
醫林纂要探源不分卷　(清)汪紱撰　清抄本　一册

360000－1901－0037192　803854
醫林纂要探源不分卷　(清)汪紱撰　清抄本　一册

360000－1901－0037193　163052
醫林纂要探源不分卷　(清)汪紱撰　清末鞠齋氏抄本　一册

360000－1901－0037194　123080
醫林纂要探源十卷附錄一卷　(清)汪紱撰　清道光二十九年(1849)遺經堂刻本　九册　存十卷(一至七、九至十,附錄一卷)

360000－1901－0037195　410888
醫林纂要探源十卷附錄一卷　(清)汪紱撰　清道光二十九年(1849)遺經堂刻本　八册　存八卷(二至九)

360000－1901－0037196　410889
醫林纂要探源十卷附錄一卷　(清)汪紱撰　清道光二十九年(1849)遺經堂刻本　九册　存十卷(二至十、附錄一卷)

360000－1901－0037197　410889－1
醫林纂要探源十卷附錄一卷　(清)汪紱撰　清道光二十九年(1849)遺經堂刻本　六册　存六卷(四至九)

360000－1901－0037198　410889－2
醫林纂要探源十卷附錄一卷　(清)汪紱撰　清道光二十九年(1849)遺經堂刻本　四册　存四卷(六至九)

360000－1901－0037199　410889－3
醫林纂要探源十卷附錄一卷　(清)汪紱撰　清道光二十九年(1849)遺經堂刻本　五册　存六卷(二、四、六至九)

360000－1901－0037200　410889－4
醫林纂要探源十卷附錄一卷　(清)汪紱撰　清道光二十九年(1849)遺經堂刻本　三册　存二卷(七至八)

360000－1901－0037201　721756
醫林纂要探源十卷附錄一卷　(清)汪紱撰　清道光二十九年(1849)遺經堂刻本　二册　存三卷(九至十、附錄一卷)

360000－1901－0037202　721859
醫林纂要探源十卷附錄一卷　(清)汪紱撰　清道光二十九年(1849)遺經堂刻本　二册　存二卷(一、八)

360000－1901－0037203　721882－1
醫林纂要探源十卷附錄一卷　(清)汪紱撰　清道光二十九年(1849)遺經堂刻本　九册　存十卷(二至十、附錄一卷)

360000－1901－0037204　123079
醫林纂要探源十卷附録一卷　（清）汪紱撰　清光緒二十二年（1896）江蘇書局刻汪雙池先生叢書本　十冊

360000－1901－0037205　420491
醫門棒喝二集傷寒論本旨九卷　（清）章楠撰　清刻本　一冊　存一卷（六）

360000－1901－0037206　230315
醫門法律二十四卷　（清）喻昌撰　清乾隆陳守誠刻喻氏醫書三種本　八冊

360000－1901－0037207　122486
醫門法律六卷　（清）喻昌撰　清刻本　五冊　存五卷（一至三、五至六）

360000－1901－0037208　122487
醫門法律六卷　（清）喻昌撰　清刻本　三冊　存三卷（一、三、六）

360000－1901－0037209　601769
醫門法律六卷　（清）喻昌撰　清刻本　一冊　存一卷（一）

360000－1901－0037210　601770
醫門法律六卷　（清）喻昌撰　清刻本　三冊

360000－1901－0037211　716956
醫門法律六卷　（清）喻昌撰　清刻本　一冊　存一卷（四）

360000－1901－0037212　720432－1
醫門法律六卷　（清）喻昌撰　清刻本　一冊　存一卷（四）

360000－1901－0037213　722181
醫門法律六卷　（清）喻昌撰　清刻本　一冊　存一卷（六）

360000－1901－0037214　800839
醫門法律六卷　（清）喻昌撰　清刻本　二冊　存二卷（四、六）

360000－1901－0037215　800840
醫門法律六卷　（清）喻昌撰　清刻本　一冊　存一卷（五）

360000－1901－0037216　800841
醫門法律六卷　（清）喻昌撰　清刻本　三冊　存三卷（三至五）

360000－1901－0037217　800842
醫門法律六卷　（清）喻昌撰　清刻本　一冊　存一卷（四）

360000－1901－0037218　800843
醫門法律六卷　（清）喻昌撰　清刻本　一冊　存一卷（三）

360000－1901－0037219　800845
醫門法律六卷　（清）喻昌撰　清刻本　一冊　存一卷（六）

360000－1901－0037220　800846
醫門法律六卷　（清）喻昌撰　清刻本　一冊　存二卷（四至五）

360000－1901－0037221　801644
醫門法律六卷　（清）喻昌撰　清刻本　一冊　存一卷（六）

360000－1901－0037222　802568
醫門法律六卷　（清）喻昌撰　清刻本　一冊　存一卷（六）

360000－1901－0037223　802577
醫門法律六卷　（清）喻昌撰　清刻本　一冊　存一卷（三）

360000－1901－0037224　802841
醫門法律六卷　（清）喻昌撰　清刻本　二冊　存二卷（一、四）

360000－1901－0037225　803066
醫門法律六卷　（清）喻昌撰　清刻本　一冊　存一卷（六）

360000－1901－0037226　900956
醫門法律六卷　（清）喻昌撰　清刻本　一冊　存一卷（五）

360000－1901－0037227　902012
醫門法律六卷　（清）喻昌撰　清刻本　二冊　存二卷（五至六）

360000－1901－0037228　800844
醫門法律六卷　(清)喻昌撰　清末上海掃葉山房石印本　一冊　存二卷(三至四)

360000－1901－0037229　601768
醫門法律六卷　(清)喻昌撰　清同文堂刻本　三冊　存四卷(一至三、六)

360000－1901－0037230　122485
醫門法律六卷　(清)喻昌撰　清同治經綸堂刻本　十冊

360000－1901－0037231　800372
醫門摘要□卷　(清)□□輯　清張立祚抄本　一冊　存一卷(上)

360000－1901－0037232　800319
醫門雋眼十二卷　(清)潘衍基撰　清抄本　一冊

360000－1901－0037233　162888
醫師秘笈二卷　(□)□□撰　**薛生白濕熱條辨一卷**　(清)薛雪撰　清光緒七年(1881)浙寧簡香齋刻本　二冊

360000－1901－0037234　800526
醫書滙參輯成不分卷　(清)蔡宗玉輯　清抄本　一冊

360000－1901－0037235　420395
醫書滙參輯成二十四卷　(清)蔡宗玉輯　清嘉慶十二年(1807)蔡氏次知齋刻本　二十四冊

360000－1901－0037236　420396
醫書滙參輯成二十四卷　(清)蔡宗玉輯　清嘉慶十二年(1807)蔡氏次知齋刻本　九冊　存十八卷(一至十二、十五至十八、二十一至二十二)

360000－1901－0037237　420397
醫書滙參輯成二十四卷　(清)蔡宗玉輯　清嘉慶十二年(1807)蔡氏次知齋刻本　十四冊　存十四卷(一至五、七至十一、十三、十六至十七、二十三)

360000－1901－0037238　420398
醫書滙參輯成二十四卷　(清)蔡宗玉輯　清嘉慶十二年(1807)蔡氏次知齋刻本　四冊　存八卷(一至八)

360000－1901－0037239　420399
醫書滙參輯成二十四卷　(清)蔡宗玉輯　清嘉慶十二年(1807)蔡氏次知齋刻本　九冊　存十九卷(一至七、十一至二十二)

360000－1901－0037240　420401－1
醫書滙參輯成二十四卷　(清)蔡宗玉輯　清嘉慶十二年(1807)蔡氏次知齋刻本　四冊　存七卷(二至三、五、十二、十七至十八、二十)

360000－1901－0037241　420401－2
醫書滙參輯成二十四卷　(清)蔡宗玉輯　清嘉慶十二年(1807)蔡氏次知齋刻本　一冊　存一卷(十七)

360000－1901－0037242　420400
醫書滙參輯成二十四卷　(清)蔡宗玉輯　清嘉慶十二年(1807)蔡氏次知齋刻文奎堂重修本　三冊　存六卷(一至二、五至八)

360000－1901－0037243　420400－1
醫書滙參輯成二十四卷　(清)蔡宗玉輯　清嘉慶十二年(1807)蔡氏次知齋刻文奎堂重修本　一冊　存三卷(一至三)

360000－1901－0037244　420401
醫書滙參輯成二十四卷　(清)蔡宗玉輯　清嘉慶十二年(1807)蔡氏次知齋刻文奎堂重修本　七冊　存七卷(九、十六至十七、二十一至二十四)

360000－1901－0037245　420407
醫統正脈全書　(明)王肯堂輯　清江陰朱文震刻光緒三十三年(1907)京師醫局修補印本　八十冊

360000－1901－0037246　420408
醫統正脈全書　(明)王肯堂輯　清江陰朱文震刻光緒三十三年(1907)京師醫局修補印本　二十冊　存六種

360000－1901－0037247　420408－1

醫統正脈全書 (明)王肯堂輯 清江陰朱文震刻光緒三十三年(1907)京師醫局修補印本 五册 存三種

360000 - 1901 - 0037248 420507
醫效秘傳三卷 (清)葉桂撰 清刻本 二册 存二卷(二至三)

360000 - 1901 - 0037249 420507 - 1
醫效秘傳三卷 (清)葉桂撰 清刻本 一册 存一卷(二)

360000 - 1901 - 0037250 420495
醫效秘傳三卷 (清)葉桂撰 **溫熱贅言一卷** (清)寄瓢子撰 清道光十一年(1831)貯春僊館吳氏刻本 一册

360000 - 1901 - 0037251 420496
醫效秘傳三卷 (清)葉桂撰 **溫熱贅言一卷** (清)寄瓢子撰 清道光十一年(1831)貯春僊館吳氏刻本 二册

360000 - 1901 - 0037252 420497
醫效秘傳三卷 (清)葉桂撰 **溫熱贅言一卷** (清)寄瓢子撰 清道光十一年(1831)貯春僊館吳氏刻本 二册

360000 - 1901 - 0037253 420498
醫效秘傳三卷 (清)葉桂撰 **溫熱贅言一卷** (清)寄瓢子撰 清道光十一年(1831)貯春僊館吳氏刻本 二册

360000 - 1901 - 0037254 420499
醫效秘傳三卷 (清)葉桂撰 **溫熱贅言一卷** (清)寄瓢子撰 清道光十一年(1831)貯春僊館吳氏刻本 二册 存二卷(一至二)

360000 - 1901 - 0037255 420494
醫效秘傳四卷 (清)葉桂撰 清末石印本 一册

360000 - 1901 - 0037256 165045
醫學辨正不分卷 (清)張學醇撰 清刻本 一册

360000 - 1901 - 0037257 800543
醫學發明一卷 (金)李杲撰 清抄本 一册

360000 - 1901 - 0037258 162885
醫學發明一卷 (元)朱震亨撰 清慎修堂刻本 一册

360000 - 1901 - 0037259 720376
醫學集成四卷 (清)劉仕廉撰 清同治十二年(1873)刻本 三册 存三卷(一至三)

360000 - 1901 - 0037260 122492
醫學輯要八卷首一卷 (清)謝甘澍輯 (清)李丙寅類纂 清光緒二十六年(1900)滸灣舊學山房刻本 八册

360000 - 1901 - 0037261 122493
醫學輯要八卷首一卷 (清)謝甘澍輯 (清)李丙寅類纂 清光緒二十六年(1900)滸灣舊學山房刻本 二册 存二卷(三、六)

360000 - 1901 - 0037262 318117 - 7
醫學輯要不分卷 (清)謝甘澍輯 清光緒三十二年(1906)熊用梅抄本 一册

360000 - 1901 - 0037263 165040
醫學精要八卷 (清)黃巖撰 清同治六年(1867)聚經堂刻本 七册 存七卷(一、三至八)

360000 - 1901 - 0037264 420488
醫學啓蒙□□卷 (明)翟良撰 清刻本 三册 存八卷(二至九)

360000 - 1901 - 0037265 420487
醫學啓蒙彙編六卷 (明)翟良撰 清康熙文盛堂刻本 四册 存四卷(一、三至四、六)

360000 - 1901 - 0037266 165043
醫學切要全集 (清)王文選輯 **附醫學一統一卷** (清)黃爲良輯 清光緒八年(1882)刻本 六册

360000 - 1901 - 0037267 802067
醫學入門摘抄不分卷 (明)李梴撰 清李呈祥抄本 一册

360000 - 1901 - 0037268 408046
醫學三字經四卷 (清)陳念祖撰 清光緒三十二年(1906)吳閶醫學書會石印本 一册

360000 - 1901 - 0037269 162891

醫學三字經四卷　(清)陳念祖撰　清嘉慶八年(1803)南雅堂刻本　二册

360000－1901－0037270　408045
醫學三字經四卷　(清)陳念祖撰　清刻本　二册

360000－1901－0037271　408048
醫學三字經四卷　(清)陳念祖撰　清刻本　一册

360000－1901－0037272　722179
醫學三字經四卷　(清)陳念祖撰　清刻本　一册

360000－1901－0037273　900994
醫學三字經四卷　(清)陳念祖撰　清刻本　一册　存二卷(一至二)

360000－1901－0037274　900995
醫學三字經四卷　(清)陳念祖撰　清刻本　一册　存二卷(一至二)

360000－1901－0037275　721844
醫學三字經四卷　(清)陳念祖撰　清末石印本　一册

360000－1901－0037276　162890
醫學三字經四卷　(清)陳念祖撰　清羊城金谷園刻本　二册

360000－1901－0037277　408037
醫學實在易八卷　(清)陳念祖撰　(清)陳元犀參訂　清道光二十四年(1844)刻本　六册

360000－1901－0037278　408038
醫學實在易八卷　(清)陳念祖撰　(清)陳元犀參訂　清道光二十四年(1844)刻本　四册

360000－1901－0037279　408039
醫學實在易八卷　(清)陳念祖撰　(清)陳元犀參訂　清道光二十四年(1844)刻本　四册

360000－1901－0037280　408040
醫學實在易八卷　(清)陳念祖撰　(清)陳元犀參訂　清道光二十四年(1844)刻本　三册　存六卷(三至八)

360000－1901－0037281　408041
醫學實在易八卷　(清)陳念祖撰　(清)陳元犀參訂　清道光二十四年(1844)刻本　二册　存四卷(二至三、五至六)

360000－1901－0037282　408042
醫學實在易八卷　(清)陳念祖撰　(清)陳元犀參訂　清刻本　二册　存三卷(三、五至六)

360000－1901－0037283　802098
醫學湯頭歌括□□卷　(□)程國祿輯　清抄本　一册　存一卷(三)

360000－1901－0037284　165046
醫學同源三卷　(清)徐延旭撰　清光緒六年(1880)刻本　一册

360000－1901－0037285　165047
醫學同源三卷　(清)徐延旭撰　清光緒六年(1880)刻本　一册

360000－1901－0037286　165048
醫學同源三卷　(清)徐延旭撰　清光緒六年(1880)刻本　一册

360000－1901－0037287　165049
醫學同源三卷　(清)徐延旭撰　清光緒六年(1880)刻本　一册

360000－1901－0037288　164250
醫學心悟不分卷　(清)程國彭撰　清抄本　一册

360000－1901－0037289　165041
醫學心悟六卷　(清)程國彭撰　清兩儀堂刻本　三册　存五卷(一、三至六)

360000－1901－0037290　420419
醫學心悟五卷附外科十法一卷　(清)程國彭撰　清寶文堂刻本　四册

360000－1901－0037291　803849
醫學心悟五卷附外科十法一卷　(清)程國彭撰　清抄本　二册

360000－1901－0037292　720429
醫學心悟五卷附外科十法一卷　(清)程國彭

撰　清大文堂刻本　二冊　存二卷(一至二)

360000－1901－0037293　420409
醫學心悟五卷附外科十法一卷　(清)程國彭撰　清光緒六年(1880)文奎堂刻本　四冊

360000－1901－0037294　720443
醫學心悟五卷附外科十法一卷　(清)程國彭撰　清光緒三十三年(1907)上海書局石印本　一冊　存二卷(一至二)

360000－1901－0037295　720443－1
醫學心悟五卷附外科十法一卷　(清)程國彭撰　清光緒三十三年(1907)上海書局石印本　一冊　存二卷(一至二)

360000－1901－0037296　420410
醫學心悟五卷附外科十法一卷　(清)程國彭撰　清嘉慶二十四年(1819)掃葉山房刻本　二冊

360000－1901－0037297　420417
醫學心悟五卷附外科十法一卷　(清)程國彭撰　清聚錦堂刻本　四冊

360000－1901－0037298　420418
醫學心悟五卷附外科十法一卷　(清)程國彭撰　清聚錦堂刻本　四冊

360000－1901－0037299　420411
醫學心悟五卷附外科十法一卷　(清)程國彭撰　清刻本　四冊

360000－1901－0037300　420412
醫學心悟五卷附外科十法一卷　(清)程國彭撰　清刻本　四冊

360000－1901－0037301　420413
醫學心悟五卷附外科十法一卷　(清)程國彭撰　清刻本　四冊

360000－1901－0037302　720422
醫學心悟五卷附外科十法一卷　(清)程國彭撰　清刻本　四冊

360000－1901－0037303　720423
醫學心悟五卷附外科十法一卷　(清)程國彭撰　清刻本　四冊

360000－1901－0037304　720426－1
醫學心悟五卷附外科十法一卷　(清)程國彭撰　清刻本　二冊　存四卷(三至五、外科十法一卷)

360000－1901－0037305　720431
醫學心悟五卷附外科十法一卷　(清)程國彭撰　清刻本　四冊

360000－1901－0037306　720439
醫學心悟五卷附外科十法一卷　(清)程國彭撰　清刻本　三冊

360000－1901－0037307　720439－1
醫學心悟五卷附外科十法一卷　(清)程國彭撰　清刻本　一冊　存三卷(四至五、外科十法一卷)

360000－1901－0037308　720440
醫學心悟五卷附外科十法一卷　(清)程國彭撰　清刻本　二冊　存四卷(一、四至五,外科十法一卷)

360000－1901－0037309　720440－1
醫學心悟五卷附外科十法一卷　(清)程國彭撰　清刻本　三冊　存五卷(二至五、外科十法一卷)

360000－1901－0037310　722141
醫學心悟五卷附外科十法一卷　(清)程國彭撰　清刻本　一冊　存一卷(二)

360000－1901－0037311　722142
醫學心悟五卷附外科十法一卷　(清)程國彭撰　清刻本　一冊　存一卷(二)

360000－1901－0037312　722142－1
醫學心悟五卷附外科十法一卷　(清)程國彭撰　清刻本　一冊　存一卷(二)

360000－1901－0037313　722143
醫學心悟五卷附外科十法一卷　(清)程國彭撰　清刻本　一冊　存一卷(二)

360000－1901－0037314　722144
醫學心悟五卷附外科十法一卷　(清)程國彭撰　清刻本　一冊　存一卷(二)

360000－1901－0037315　803113
醫學心悟五卷附外科十法一卷　(清)程國彭撰　清刻本　一冊　存一卷(三)

360000－1901－0037316　720425
醫學心悟五卷附外科十法一卷　(清)程國彭撰　清刻本(卷一配清務本堂刻本)　四冊

360000－1901－0037317　720426
醫學心悟五卷附外科十法一卷　(清)程國彭撰　清兩儀堂刻本　二冊　存二卷(一至二)

360000－1901－0037318　720430
醫學心悟五卷附外科十法一卷　(清)程國彭撰　清兩儀堂刻本　四冊

360000－1901－0037319　420416
醫學心悟五卷附外科十法一卷　(清)程國彭撰　清乾隆五十六年(1791)書粟軒刻本　四冊

360000－1901－0037320　420415
醫學心悟五卷附外科十法一卷　(清)程國彭撰　清書粟軒刻本　三冊

360000－1901－0037321　720427－1
醫學心悟五卷附外科十法一卷　(清)程國彭撰　清書粟軒刻本　二冊　存二卷(二至三)

360000－1901－0037322　720432
醫學心悟五卷附外科十法一卷　(清)程國彭撰　清書粟軒刻本　五冊　存五卷(一至三、五,外科十法一卷)

360000－1901－0037323　720438
醫學心悟五卷附外科十法一卷　(清)程國彭撰　清書粟軒刻本　二冊　存二卷(二至三)

360000－1901－0037324　420414
醫學心悟五卷附外科十法一卷　(清)程國彭撰　清松盛堂刻本　二冊

360000－1901－0037325　420421
醫學心悟五卷附外科十法一卷　(清)程國彭撰　清文奎堂刻本　四冊

360000－1901－0037326　720427
醫學心悟五卷附外科十法一卷　(清)程國彭撰　清務本堂刻本　二冊　存四卷(一、四至五,外科十法一卷)

360000－1901－0037327　722140
醫學心悟五卷附外科十法一卷　(清)程國彭撰　清務本堂刻本　一冊　存二卷(一至二)

360000－1901－0037328　720424
醫學心悟五卷附外科十法一卷　(清)程國彭撰　清務本堂刻本(卷五、外科十法配清刻本)　四冊

360000－1901－0037329　720444
醫學心悟五卷附外科十法一卷　(清)程國彭撰　清宣統三年(1911)上海會文堂石印本　四冊

360000－1901－0037330　720438－1
醫學心悟五卷附外科十法一卷　(清)程國彭撰　清翼聖堂刻本　一冊　存一卷(一)

360000－1901－0037331　420420
醫學心悟五卷附外科十法一卷　(清)程國彭撰　清竹秀山堂刻本　四冊

360000－1901－0037332　162886
醫學源流論二卷　(清)徐大椿撰　清刻本　二冊

360000－1901－0037333　165044
醫學源流論二卷　(清)徐大椿撰　清刻本　二冊

360000－1901－0037334　800578
醫學源流一卷　(□)□□撰　清俞其昌抄本　一冊

360000－1901－0037335　803560
醫學摘要□卷　(□)□□輯　清抄本　一冊　存一卷(女科下)

360000－1901－0037336　163050
醫學摘要□卷　(□)素漪氏輯　清抄本　三冊　存三卷(女科上、麻痘科、簡便方)

360000－1901－0037337　803336
醫學摘要□卷　(□)素漪氏輯　清抄本　二冊　存二卷(男科、湯要)

360000－1901－0037338　803232
醫學摘要不分卷　(□)□□輯　清抄本　一冊

360000－1901－0037339　803336－1
醫學摘要秘言不分卷　(元)朱震亨撰　清抄本　一冊

360000－1901－0037340　802332
醫學正義不分卷　(明)程衍道撰　清抄本　一冊

360000－1901－0037341　420480
醫學纂要二卷　(清)袁靜安撰　清道光二十三年(1843)刻本　二冊

360000－1901－0037342　420481
醫學纂要靈機條辨不分卷　(清)劉淵撰　清翰香堂刻本　一冊

360000－1901－0037343　165051
醫藥家柢六卷　(清)王銓撰　清光緒二年(1876)文莫室刻本　二冊

360000－1901－0037344　900991
醫醫偶錄二卷　(清)陳念祖撰　清蜀川蓬萊友善堂刻本　一冊　存一卷(二)

360000－1901－0037345　804660
醫醫偶錄二卷　(清)陳念祖撰　清晚香草堂主人抄本　一冊　存一卷(二)

360000－1901－0037346　122483
醫宗備要三卷　(清)曾鼎撰　清嘉慶十九年(1814)南城曾氏忠恕堂刻曾氏醫書四種本　一冊

360000－1901－0037347　122484
醫宗備要三卷　(清)曾鼎撰　清同治八年(1869)楚北崇文書局刻本　一冊

360000－1901－0037348　123419
醫宗備要三卷　(清)曾鼎撰　清同治八年(1869)楚北崇文書局刻本　一冊

360000－1901－0037349　123078
醫宗備要三卷　(清)曾鼎撰　清嘉慶十九年(1814)南城曾氏忠恕堂刻曾氏醫書四種本　一冊

360000－1901－0037350　804944
醫宗必讀不分卷　(明)李中梓撰　清抄本　一冊

360000－1901－0037351　165022
醫宗必讀十卷　(明)李中梓撰　清刻本　五冊

360000－1901－0037352　165024
醫宗必讀十卷　(明)李中梓撰　清刻本　一冊

360000－1901－0037353　420311
醫宗必讀十卷　(明)李中梓撰　清刻本　六冊

360000－1901－0037354　420314
醫宗必讀十卷　(明)李中梓撰　清刻本　六冊

360000－1901－0037355　420315
醫宗必讀十卷　(明)李中梓撰　清刻本　三冊

360000－1901－0037356　420298
醫宗必讀十卷　(明)李中梓撰　清乾隆二十一年(1756)寶章堂刻本　三冊

360000－1901－0037357　420313
醫宗必讀十卷　(明)李中梓撰　清乾隆三十一年(1766)刻本　五冊　存九卷(一至四、六至十)

360000－1901－0037358　720359
醫宗必讀五卷　(明)李中梓撰　清嘉慶二十年(1815)刻本　三冊　存三卷(一至三)

360000－1901－0037359　420297
醫宗必讀五卷　(明)李中梓撰　清經國堂刻本　五冊

360000－1901－0037360　420296
醫宗必讀五卷　(明)李中梓撰　清刻本　四冊

360000－1901－0037361　720361

醫宗必讀五卷　(明)李中梓撰　清刻本　一冊　存一卷(一)

360000－1901－0037362　720362
醫宗必讀五卷　(明)李中梓撰　清刻本　二冊　存三卷(三至五)

360000－1901－0037363　720367－1
醫宗必讀五卷　(明)李中梓撰　清刻本　二冊　存二卷(四至五)

360000－1901－0037364　722382
醫宗必讀五卷　(明)李中梓撰　清刻本　一冊　存一卷(四)

360000－1901－0037365　722383
醫宗必讀五卷　(明)李中梓撰　清刻本　一冊　存二卷(三至四)

360000－1901－0037366　722384
醫宗必讀五卷　(明)李中梓撰　清刻本　一冊　存一卷(五)

360000－1901－0037367　800009
醫宗必讀五卷　(明)李中梓撰　清刻本　二冊　存二卷(二至三)

360000－1901－0037368　800010
醫宗必讀五卷　(明)李中梓撰　清刻本　二冊　存二卷(二至三)

360000－1901－0037369　800011
醫宗必讀五卷　(明)李中梓撰　清刻本　一冊　存一卷(三)

360000－1901－0037370　800040
醫宗必讀五卷　(明)李中梓撰　清刻本　一冊　存一卷(五)

360000－1901－0037371　420293
醫宗必讀五卷　(明)李中梓撰　清尚友堂刻本　四冊

360000－1901－0037372　420294
醫宗必讀五卷　(明)李中梓撰　清順治六年(1649)盛德堂刻本　三冊

360000－1901－0037373　420291
醫宗必讀五卷　(明)李中梓撰　清文聚堂刻本　五冊

360000－1901－0037374　420295
醫宗必讀五卷　(明)李中梓撰　清芸生堂刻本　六冊

360000－1901－0037375　420292
醫宗必讀五卷　(明)李中梓撰　清竹林堂刻本　五冊

360000－1901－0037376　165023
醫宗必讀五卷首一卷　(明)李中梓撰　清盛德堂刻本　五冊

360000－1901－0037377　164247
醫宗必讀五卷首一卷　(明)李中梓撰　清文秀堂刻本　四冊

360000－1901－0037378　803769
醫宗金鑑眼科心法要訣二卷　(清)吳謙等撰　清抄本　一冊

360000－1901－0037379　420453
醫宗說約六卷　(清)蔣示吉撰　清道光八年(1828)經元堂刻本　一冊

360000－1901－0037380　420452
醫宗說約六卷　(清)蔣示吉撰　清道光八年(1828)松盛堂刻本(卷四至六配清刻本)　二冊

360000－1901－0037381　420456
醫宗說約六卷　(清)蔣示吉撰　清康熙元年(1662)刻本　一冊　存一卷(一)

360000－1901－0037382　420451
醫宗說約六卷　(清)蔣示吉撰　清刻本　二冊

360000－1901－0037383　420458
醫宗說約六卷　(清)蔣示吉撰　清刻本　二冊　存三卷(一、四至五)

360000－1901－0037384　420458－1
醫宗說約六卷　(清)蔣示吉撰　清刻本　一冊　存一卷(五)

360000－1901－0037385　420450
醫宗說約六卷　(清)蔣示吉撰　清刻本(卷一配清嘉慶十八年德堂刻本)　三冊

360000－1901－0037386　420449
醫宗說約六卷　(清)蔣示吉撰　清刻本(卷一配清漁古山房刻本)　三冊

360000－1901－0037387　420457
醫宗說約六卷　(清)蔣示吉撰　清乾隆十五年(1750)麗正堂刻本(卷四至六配清刻本)　二冊　存五卷(一至二、四至六)

360000－1901－0037388　420454
醫宗說約五卷首一卷　(清)蔣示吉撰　清光緒三十二年(1906)上海善記書莊石印本　一冊

360000－1901－0037389　120521
夷堅志甲集二十卷乙集二十卷丙集二十卷丁集二十卷　(宋)洪邁撰　清光緒五年(1879)歸安陸氏刻十萬卷樓叢書本　十二冊

360000－1901－0037390　120522
夷堅志甲集二十卷乙集二十卷丙集二十卷丁集二十卷　(宋)洪邁撰　清光緒五年(1879)歸安陸氏刻十萬卷樓叢書本　十四冊

360000－1901－0037391　411141
夷堅志甲集二十卷乙集二十卷丙集二十卷丁集二十卷　(宋)洪邁撰　清光緒五年(1879)歸安陸氏刻十萬卷樓叢書本　四冊　存二十八卷(甲集七至十四、乙集二十卷)

360000－1901－0037392　230497
夷堅志十集二十卷　(宋)洪邁撰　清乾隆四十三年(1778)周棨耕烟草堂刻本　十冊

360000－1901－0037393　304677－2
攷古質疑六卷　(宋)葉大慶撰　清刻武英殿聚珍版書本　一冊　存三卷(四至六)

360000－1901－0037394　801472
怡白雲山房詩草□□卷　(清)董韞瑜撰　清抄本　一冊　存一卷(三)

360000－1901－0037395　803462
怡白雲山房詩草□□卷　(清)董韞瑜撰　稿本　二冊　存八卷(甲辰、乙巳、丙午、丁未、戊申、己酉、甲寅、乙卯)

360000－1901－0037396　900448
怡養齋制藝一卷試帖一卷律賦一卷古今雜體一卷　(清)聞捷撰　清光緒十八年(1892)刻本　三冊

360000－1901－0037397　120768
怡怡堂圍棋新譜三卷　(清)唐淦　(清)唐淦輯　清道光二十九年(1849)怡怡堂刻本　三冊

360000－1901－0037398　240771
怡雲堂集不分卷　(明)萬發祥撰　清抄本　一冊

360000－1901－0037399　303678
怡志堂詩初編八卷　(清)朱琦撰　清咸豐七年(1857)刻本　二冊

360000－1901－0037400　316411
怡志堂文初編六卷　(清)朱琦撰　清同治四年(1865)刻本　一冊　存三卷(一至三)

360000－1901－0037401　902185
宜春縣圖冊二卷末一卷　(清)宜春縣衙編　清木活字印本　一冊　存二卷(二、末一卷)

360000－1901－0037402　902184
宜春縣圖冊九卷首一卷　(清)宜春縣衙編　清道光二十二年(1842)木活字印本　一冊　存一卷(首一卷)

360000－1901－0037403　902186
宜春縣圖冊十四卷首一卷　(清)宜春縣衙編　清木活字印本　一冊

360000－1901－0037404　404743
宜豐鹽步書院甲子課選不分卷　(清)漆廷選　清木活字印本　一冊

360000－1901－0037405　150203
宜稼堂叢書　(清)郁松年輯　清道光二十年至二十二年(1840－1842)上海郁氏刻本　六十二冊

360000－1901－0037406　150204
宜稼堂叢書　(清)郁松年輯　清道光二十年至二十二年(1840－1842)上海郁氏刻本　四十四册　存六種

360000－1901－0037407　413072
宜稼堂叢書　(清)郁松年輯　清道光二十年至二十二年(1840－1842)上海郁氏刻本　五十九册　存六種

360000－1901－0037408　413073
宜稼堂叢書　(清)郁松年輯　清道光二十年至二十二年(1840－1842)上海郁氏刻本　十一册　存三種

360000－1901－0037409　241042
移晴堂四六一卷地山初藁一卷　(清)曹秀先撰　清乾隆刻本　三册

360000－1901－0037410　301640
移芝室古文讀本十三卷詩鈔三卷尺牘二卷外集一卷試帖一卷律賦一卷芰餘草一卷　(清)楊彝珍撰　清光緒十一年(1885)刻本　八册

360000－1901－0037411　404584
移芝室古文讀本十三卷思舊集一卷詩集讀本三卷外集一卷律賦一卷誠帖一卷芰餘草一卷會試硃卷一卷朝考卷一卷士辰鄉墨一卷　(清)楊彝珍撰　(清)閻鎮珩輯　清光緒二十二年(1896)楊世猷刻本　二册　存四卷(移芝室古文讀本一至二、詩集讀本二至三)

360000－1901－0037412　301642
移芝室古文二卷詩鈔二卷　(清)楊彝珍撰　清同治七年(1868)刻本　四册

360000－1901－0037413　900471
移芝室時文一卷　(清)楊彝珍撰　清刻本　一册

360000－1901－0037414　803601
貽孫堂戲醮收用錢簿不分卷(道光七年至八年)　(清)□□撰　稿本　一册

360000－1901－0037415　900454
詒穀堂制藝不分卷　(清)王德固撰　清光緒十一年(1885)京都刻本　一册

360000－1901－0037416　150352
詒經堂藏書　(清)金長春輯　清刻本　一册　存三種

360000－1901－0037417　300329
詒謀隨筆二卷　(清)但明倫撰　清光緒四年(1878)貴陽但氏刻本　二册

360000－1901－0037418　300330
詒謀隨筆二卷　(清)但明倫撰　清光緒四年(1878)貴陽但氏刻本　二册

360000－1901－0037419　300331
詒謀隨筆二卷　(清)但明倫撰　清光緒四年(1878)貴陽但氏刻本　二册

360000－1901－0037420　304240
詒謀隨筆二卷　(清)但明倫撰　清光緒四年(1878)貴陽但氏刻本　二册

360000－1901－0037421　307651
詒謀隨筆二卷　(清)但明倫撰　清光緒四年(1878)貴陽但氏刻本　二册

360000－1901－0037422　307652
詒謀隨筆二卷　(清)但明倫撰　清光緒四年(1878)貴陽但氏刻本　二册

360000－1901－0037423　309632
詒謀隨筆二卷　(清)但明倫撰　清光緒四年(1878)貴陽但氏刻本　二册

360000－1901－0037424　309633
詒謀隨筆二卷　(清)但明倫撰　清光緒四年(1878)貴陽但氏刻本　二册

360000－1901－0037425　309639
詒謀隨筆二卷　(清)但明倫撰　清光緒四年(1878)貴陽但氏刻本　二册

360000－1901－0037426　316552
詒謀隨筆二卷　(清)但明倫撰　清光緒四年(1878)貴陽但氏刻本　二册

360000－1901－0037427　410334
詒謀隨筆二卷　(清)但明倫撰　清光緒四年

(1878)貴陽但氏刻本　一册　存一卷(下)

360000－1901－0037428　722007
詒謀隨筆二卷　(清)但明倫撰　清光緒四年(1878)貴陽但氏刻本　一册　存一卷(上)

360000－1901－0037429　409974
詒煒集五卷　(清)許振禕輯　清光緒十八年(1892)東河節署刻本　一册　存二卷(一、三)

360000－1901－0037430　409974－1
詒煒集五卷　(清)許振禕輯　清光緒十八年(1892)東河節署刻本　一册　存二卷(一、三)

360000－1901－0037431　409974－2
詒煒集五卷　(清)許振禕輯　清光緒十八年(1892)東河節署刻本　一册　存二卷(一、三)

360000－1901－0037432　409974－3
詒煒集五卷　(清)許振禕輯　清光緒十八年(1892)東河節署刻本　一册　存二卷(一、三)

360000－1901－0037433　409974－4
詒煒集五卷　(清)許振禕輯　清光緒十八年(1892)東河節署刻本　一册　存二卷(一、三)

360000－1901－0037434　409974－5
詒煒集五卷　(清)許振禕輯　清光緒十八年(1892)東河節署刻本　一册　存二卷(一、三)

360000－1901－0037435　409974－6
詒煒集五卷　(清)許振禕輯　清光緒十八年(1892)東河節署刻本　一册　存二卷(一、三)

360000－1901－0037436　409974－7
詒煒集五卷　(清)許振禕輯　清光緒十八年(1892)東河節署刻本　一册　存二卷(一、三)

360000－1901－0037437　409974－8
詒煒集五卷　(清)許振禕輯　清光緒十八年(1892)東河節署刻本　一册　存二卷(一、三)

360000－1901－0037438　409975
詒煒集五卷　(清)許振禕輯　清光緒十八年(1892)東河節署刻本　一册

360000－1901－0037439　409975－1
詒煒集五卷　(清)許振禕輯　清光緒十八年(1892)東河節署刻本　一册

360000－1901－0037440　121618
詒煒集五卷侍香集一卷　(清)許振禕輯　清光緒二十三年(1897)廣州節署刻本　二册

360000－1901－0037441　121619
詒煒集五卷侍香集一卷　(清)許振禕輯　清光緒二十三年(1897)廣州節署刻本　二册

360000－1901－0037442　121620
詒煒集五卷侍香集一卷　(清)許振禕輯　清光緒二十三年(1897)廣州節署刻本　二册

360000－1901－0037443　123309
詒煒集五卷侍香集一卷　(清)許振禕輯　清光緒二十三年(1897)廣州節署刻本　二册

360000－1901－0037444　409976
詒煒集五卷侍香集一卷　(清)許振禕輯　清光緒二十三年(1897)廣州節署刻本　二册

360000－1901－0037445　409977
詒煒集五卷侍香集一卷　(清)許振禕輯　清光緒二十三年(1897)廣州節署刻本　二册

360000－1901－0037446　409977－1
詒煒集五卷侍香集一卷　(清)許振禕輯　清光緒二十三年(1897)廣州節署刻本　一册　存二卷(一至二)

360000－1901－0037447　409977－2
詒煒集五卷侍香集一卷　(清)許振禕輯　清光緒二十三年(1897)廣州節署刻本　一册　存二卷(一至二)

360000－1901－0037448　601543
詒煒集五卷侍香集一卷　(清)許振禕輯　清

光緒二十三年(1897)廣州節署刻本　二册

360000－1901－0037449　601544

詒煒集五卷侍香集一卷　(清)許振禕輯　清光緒二十三年(1897)廣州節署刻本　二册

360000－1901－0037450　601545

詒煒集五卷侍香集一卷　(清)許振禕輯　清光緒二十三年(1897)廣州節署刻本　二册

360000－1901－0037451　601546

詒煒集五卷侍香集一卷　(清)許振禕輯　清光緒二十三年(1897)廣州節署刻本　二册

360000－1901－0037452　601912

詒煒集五卷侍香集一卷　(清)許振禕輯　清刻本　一册　存三卷(一至三)

360000－1901－0037453　416234

孔氏家語十卷　題(三國魏)王肅注　清刻本　二册

360000－1901－0037454　240941

飴山詩集二十卷聲調譜三卷談龍録一卷　(清)趙執信撰　清乾隆十七年(1752)、三十九年(1774)因園刻本　三册　缺六卷(十四至十九)

360000－1901－0037455　240940

飴山詩集二十卷文集十二卷附録一卷聲調譜三卷談龍録一卷禮俗權衡二卷　(清)趙執信撰　清乾隆十七年(1752)、三十九年(1774)因園刻本　八册

360000－1901－0037456　240939

飴山詩集二十卷文集十二卷附録一卷聲韻譜三卷談龍録一卷禮俗權衡二卷　(清)趙執信撰　清乾隆十七年(1752)、三十九年(1774)因園刻本　十册

360000－1901－0037457　301584

疑年賡録二卷　(清)張鳴珂撰　清光緒二十四年(1898)刻本　一册

360000－1901－0037458　413217

疑雨集四卷　(明)王彦泓撰　清刻本　二册　存二卷(二至三)

360000－1901－0037459　801882

遺安戶當業田一卷　(清)□□録　清光緒三十四年(1908)抄本　一册

360000－1901－0037460　300721

遺山詩鈔三卷　(金)元好問撰　清光緒九年(1883)樊宗源敘州汗青簃刻本　三册

360000－1901－0037461　316541

遺山先生詩集二十卷　(金)元好問撰　明崇禎海虞毛氏汲古閣刻本　十二册

360000－1901－0037462　240420

遺山先生詩集二十卷　(金)元好問撰　明崇禎十一年(1638)海虞毛氏汲古閣刻元人十種詩本　佚名校並録劍溪先生評　六册

360000－1901－0037463　240421

遺山先生文集四十卷　(金)元好問撰　**附録一卷**　(明)儲巏輯　清康熙四十六年(1707)無錫華希閔刻本　八册

360000－1901－0037464　315707

儀顧堂集十六卷　(清)陸心源撰　清同治十三年(1874)福州刻本　四册

360000－1901－0037465　403676

儀禮讀本四卷　(清)梁鴻翥撰　清乾隆三十八年(1773)刻本　三册　存三卷(一、三至四)

360000－1901－0037466　161179

儀禮古今文疏義十七卷　(清)胡承珙撰　清光緒三年(1877)湖北崇文書局刻本　四册

360000－1901－0037467　600221－22

儀禮古今文疏義十七卷　(清)胡承珙撰　清光緒三年(1877)湖北崇文書局刻本　四册

360000－1901－0037468　161178

儀禮古今文疏義十七卷　(清)胡承珙撰　清光緒元年(1875)湖北崇文書局刻崇文書局彙刻書本　二册

360000－1901－0037469　403689

儀禮古今文疏義十七卷　(清)胡承珙撰　清光緒元年(1875)湖北崇文書局刻崇文書局彙

刻書本　二冊

360000－1901－0037470　403690
儀禮古今文疏義十七卷　(清)胡承珙撰　清光緒元年(1875)湖北崇文書局刻崇文書局彙刻書本　二冊

360000－1901－0037471　161180
儀禮古今文異同五卷　(清)徐養原撰　清光緒湖城義塾刻湖州叢書本　一冊

360000－1901－0037472　122270
儀禮節略二十卷　(清)朱軾撰　清光緒二十三年(1897)朱衡等刻朱文端公藏書本　十六冊

360000－1901－0037473　210158
儀禮節略二十卷　(清)朱軾撰　清康熙五十八年(1719)浙江撫署刻朱文端公藏書本　八冊

360000－1901－0037474　410298
儀禮節略二十卷　(清)朱軾撰　清刻朱文端公藏書本　十冊　存十八卷(一至六、八至十六、十八至二十)

360000－1901－0037475　410299
儀禮節略二十卷　(清)朱軾撰　清刻朱文端公藏書本　十三冊

360000－1901－0037476　410301
儀禮節略二十卷　(清)朱軾撰　清刻朱文端公藏書本　十三冊

360000－1901－0037477　410302
儀禮節略二十卷　(清)朱軾撰　清刻朱文端公藏書本　七冊　存十一卷(一至二、八至十三、十五至十七)

360000－1901－0037478　410302－1
儀禮節略二十卷　(清)朱軾撰　清刻朱文端公藏書本　八冊　存九卷(二、八至十三、十五至十六)

360000－1901－0037479　410302－2
儀禮節略二十卷　(清)朱軾撰　清刻朱文端公藏書本　一冊　存二卷(十五至十六)

360000－1901－0037480　410302－3
儀禮節略二十卷　(清)朱軾撰　清刻朱文端公藏書本　一冊　存二卷(十五至十六)

360000－1901－0037481　410296
儀禮節略二十卷　(清)朱軾撰　清雍正刻朱文端公藏書本　十冊

360000－1901－0037482　410297
儀禮節略二十卷　(清)朱軾撰　清雍正刻朱文端公藏書本　十六冊

360000－1901－0037483　410300
儀禮節略二十卷　(清)朱軾撰　清雍正刻朱文端公藏書本　十六冊

360000－1901－0037484　704321
儀禮經傳通解三十七卷　(宋)朱熹撰　清初刻本　四冊

360000－1901－0037485　703703
儀禮經傳通解三十七卷　(宋)朱熹撰　**續二十九卷**　(宋)黄榦撰　清初刻本　十五冊　存二十七卷(儀禮經傳通解二十三至二十七,續一至三、六至七、十一至二十七)

360000－1901－0037486　403703
儀禮經傳通解三十七卷　(宋)朱熹撰　**續二十九卷**　(宋)黄榦撰　清刻西京清麓叢書本　十六冊

360000－1901－0037487　403706
儀禮經傳通解三十七卷　(宋)朱熹撰　**續二十九卷**　(宋)黄榦撰　清刻西京清麓叢書本　五冊　存十四卷(儀禮經傳通解三十七,續一至五、十九至二十五、二十七)

360000－1901－0037488　403707
儀禮經傳通解三十七卷　(宋)朱熹撰　**續二十九卷**　(宋)黄榦撰　清刻西京清麓叢書本　九冊　存三十二卷(儀禮經傳通解一至五、十九至二十七,續一至五、十七至二十九)

360000－1901－0037489　403708
儀禮經傳通解三十七卷　(宋)朱熹撰　**續二十九卷**　(宋)黄榦撰　清刻西京清麓叢書本

九册　存二十四卷(儀禮經傳通解一至四、二十至二十四,續一至二、十五至二十七)

360000－1901－0037490　210153
儀禮經傳通解三十七卷　(宋)朱熹撰　**續二十九卷**　(宋)黄榦撰　(宋)楊復訂　明正德十六年(1521)劉瑞、曹山刻本　十册　缺二十九卷(續二十九卷)

360000－1901－0037491　703704
儀禮經傳通解續二十九卷　(宋)黄榦撰　(宋)楊復訂　清初刻本　五册　存十三卷(十七至二十九)

360000－1901－0037492　603840
儀禮經傳通解續二十九卷　(宋)黄榦撰　(宋)楊復訂　清刻本　一册　存二卷(二至三)

360000－1901－0037493　704322
儀禮經傳通解續二十九卷　(宋)黄榦撰　(宋)楊復訂　清刻本　三册　存六卷(三至五、十五至十六、二十九)

360000－1901－0037494　403702
儀禮經傳注疏參義内編二十三卷外編五卷　(清)姜兆錫撰　清刻九經補注本　十册　存二十二卷(内編三至十六、二十一至二十三,外編五卷)

360000－1901－0037495　210156
儀禮經傳注疏參義内編二十三卷外編五卷　(清)姜兆錫撰　清乾隆元年(1736)寅清樓刻九經補注本　十四册

360000－1901－0037496　210157
儀禮經傳注疏參義内編二十三卷外編五卷　(清)姜兆錫撰　清乾隆元年(1736)寅清樓刻九經補注本　十二册

360000－1901－0037497　403699
儀禮經傳注疏參義内編二十三卷外編五卷　(清)姜兆錫撰　清乾隆元年(1736)寅清樓刻九經補注本　十册

360000－1901－0037498　403700
儀禮經傳注疏參義内編二十三卷外編五卷　(清)姜兆錫撰　清乾隆元年(1736)寅清樓刻九經補注本　九册　存二十二卷(内編七至二十三、外編五卷)

360000－1901－0037499　416235
孔氏家語十卷　題(三國魏)王肅注　清刻本　四册

360000－1901－0037500　210160
儀禮經注疏正訛十七卷　(清)金曰追撰　清乾隆五十三年(1788)肅齋家塾刻本　四册

360000－1901－0037501　161194
儀禮經注一隅二卷　(清)朱駿聲撰　清道光二十九年(1849)朱氏刻本　一册

360000－1901－0037502　161198
儀禮精義不分卷補編一卷　(清)黄淦撰　清嘉慶十二年(1807)令德堂刻本　一册

360000－1901－0037503　210154
儀禮商二卷附録一卷　(清)萬斯大撰　清乾隆二十六年(1761)刻本　一册

360000－1901－0037504　804274
儀禮十七卷　(漢)鄭玄注　清抄本　一册

360000－1901－0037505　161239
儀禮十七卷　(漢)鄭玄注　清道光旌德朱氏立本齋刻本　六册

360000－1901－0037506　412644
儀禮十七卷　(漢)鄭玄注　清光緒九年(1883)上海同文書局石印篆文六經四書本　二册

360000－1901－0037507　403688
儀禮十七卷　(漢)鄭玄注　清文畬堂刻本　一册　存四卷(十至十三)

360000－1901－0037508　161167
儀禮十七卷　(漢)鄭玄注　(唐)陸德明音義　清光緒十二年(1886)湖北官書處刻本　四册

360000－1901－0037509　161168
儀禮十七卷　(漢)鄭玄注　(唐)陸德明音義

清光緒十二年(1886)湖北官書處刻本　四册

360000－1901－0037510　161169
儀禮十七卷　(漢)鄭玄注　(唐)陸德明音義　清同治七年(1868)湖北官書處刻本　四册

360000－1901－0037511　703579
儀禮十七卷　(漢)鄭玄注　**附校錄一卷**　(清)黄丕烈撰　清末石印本　二册

360000－1901－0037512　165095
儀禮十七卷　(漢)鄭玄注　**附校錄一卷續校一卷**　(清)黄丕烈撰　清嘉慶二十年(1815)吳縣黄丕烈讀未見書齋刻本　一册

360000－1901－0037513　161164
儀禮十七卷　(漢)鄭玄注　**附校錄一卷續校一卷**　(清)黄丕烈撰　清同治九年(1870)湖北崇文書局刻本　二册

360000－1901－0037514　161165
儀禮十七卷　(漢)鄭玄注　**附校錄一卷續校一卷**　(清)黄丕烈撰　清同治九年(1870)湖北崇文書局刻本　二册

360000－1901－0037515　161166
儀禮十七卷　(漢)鄭玄注　**附校錄一卷續校一卷**　(清)黄丕烈撰　清同治九年(1870)湖北崇文書局刻本　二册

360000－1901－0037516　603821
儀禮十七卷　(漢)鄭玄注　**附校錄一卷續校一卷**　(清)黄丕烈撰　清同治九年(1870)湖北崇文書局刻本　二册

360000－1901－0037517　405930
儀禮十七卷首一卷　(漢)鄭玄注　清同治十二年(1873)稽古樓刻袖珍十三經注本　九册　存十四卷(一至十三、首一卷)

360000－1901－0037518　413555
儀禮釋宫一卷　(宋)李如圭撰　**春秋傳説例一卷**　(宋)劉敞撰　清同治十三年(1874)江西書局刻武英殿聚珍版書本　一册

360000－1901－0037519　161203
儀禮釋官九卷首一卷　(清)胡匡衷撰　清同治八年(1869)績溪胡肇智研六閣刻本　四册

360000－1901－0037520　312520
儀禮釋官九卷首一卷　(清)胡匡衷撰　清同治八年(1869)績溪胡肇智研六閣刻本　四册

360000－1901－0037521　161204
儀禮釋注二卷　(清)丁晏撰　清道光三年(1823)刻本　一册

360000－1901－0037522　161189
儀禮疏五十卷　(唐)賈公彦等撰　清道光十年(1830)汪士鐘藝芸書舍影宋刻本　十册

360000－1901－0037523　161190
儀禮疏五十卷　(唐)賈公彦等撰　清道光十年(1830)汪士鐘藝芸書舍影宋刻本　八册

360000－1901－0037524　403691
儀禮疏五十卷　(唐)賈公彦等撰　清道光十年(1830)汪士鐘藝芸書舍影宋刻本　一册　存八卷(一至八)

360000－1901－0037525　210155
儀禮述註十九卷　(清)李光坡撰　清乾隆三十二年(1767)李氏清白堂刻本　五册　缺四卷(十六至十九)

360000－1901－0037526　161181
儀禮私箋八卷　(清)鄭珍撰　清光緒十七年(1891)廣雅書局刻本　二册

360000－1901－0037527　161182
儀禮私箋八卷　(清)鄭珍撰　清同治五年(1866)成山唐氏刻本　二册

360000－1901－0037528　161183
儀禮私箋八卷　(清)鄭珍撰　清同治五年(1866)成山唐氏刻本　二册

360000－1901－0037529　403685
儀禮圖六卷　(清)張惠言撰　清刻本　二册　存四卷(三至六)

360000－1901－0037530　161199
儀禮圖六卷　(清)張惠言撰　清同治九年(1870)湖北崇文書局刻本　三册

360000－1901－0037531　161200
儀禮圖六卷　(清)張惠言撰　清同治九年(1870)湖北崇文書局刻本　三冊

360000－1901－0037532　161201
儀禮圖六卷　(清)張惠言撰　清同治九年(1870)湖北崇文書局刻本　三冊

360000－1901－0037533　164215
儀禮圖六卷　(清)張惠言撰　清同治九年(1870)湖北崇文書局刻本　三冊

360000－1901－0037534　603841
儀禮圖六卷　(清)張惠言撰　清同治九年(1870)湖北崇文書局刻本　三冊

360000－1901－0037535　603842
儀禮圖六卷　(清)張惠言撰　清同治九年(1870)湖北崇文書局刻本　三冊

360000－1901－0037536　161188
儀禮問津一卷　(清)孟先穎撰　清道光十五年(1835)恩遇堂刻本　一冊

360000－1901－0037537　403687
儀禮析疑十七卷　(清)方苞撰　清乾隆十一年(1746)桐城方氏刻抗希堂十六種本　四冊

360000－1901－0037538　161184
儀禮要義五十卷　(宋)魏了翁撰　清光緒江蘇書局刻五經要義本　十二冊

360000－1901－0037539　161185
儀禮要義五十卷　(宋)魏了翁撰　清光緒江蘇書局刻五經要義本　十二冊

360000－1901－0037540　804675
儀禮易讀十七卷　(清)馬駉撰　清抄本　四冊

360000－1901－0037541　801713
儀禮易讀十七卷　(清)馬駉撰　清刻本　一冊　存四卷(十四至十七)

360000－1901－0037542　403696
儀禮易讀十七卷　(清)馬駉撰　清乾隆悅六齋刻本　四冊

360000－1901－0037543　403697
儀禮易讀十七卷　(清)馬駉撰　清乾隆悅六齋刻本　二冊

360000－1901－0037544　403698
儀禮易讀十七卷　(清)馬駉撰　清乾隆悅六齋刻本　三冊

360000－1901－0037545　412760
儀禮逸經傳二卷　(元)吳澄撰　清刻本　一冊

360000－1901－0037546　403695
儀禮音訓不分卷　(清)楊國楨撰　清道光十一年(1831)崇陽楊國楨大梁書院刻十一經音訓本　一冊

360000－1901－0037547　801714
儀禮音訓不分卷　(清)楊國楨撰　清刻本　一冊

360000－1901－0037548　802138
儀禮約編不分卷　(清)汪基撰　清抄本　一冊

360000－1901－0037549　402372－1
儀禮約編三卷　(清)汪基撰　清刻三禮約編喈鳳本　一冊

360000－1901－0037550　403663
儀禮章句十七卷　(清)吳廷華撰　清光緒六年(1880)雲南書局刻本　四冊

360000－1901－0037551　403661
儀禮章句十七卷　(清)吳廷華撰　清嘉慶七年(1802)嵩秀堂刻本　四冊

360000－1901－0037552　403662
儀禮章句十七卷　(清)吳廷華撰　清嘉慶七年(1802)嵩秀堂刻本　四冊

360000－1901－0037553　403659
儀禮章句十七卷　(清)吳廷華撰　清嘉慶三年(1798)同人堂刻本　四冊

360000－1901－0037554　403660
儀禮章句十七卷　(清)吳廷華撰　清嘉慶三年(1798)同人堂刻本　四冊

360000－1901－0037555　403666
儀禮章句十七卷　(清)吳廷華撰　清嘉慶三年(1798)永安堂刻本　四冊

360000－1901－0037556　403658
儀禮章句十七卷　(清)吳廷華撰　清刻本　六冊

360000－1901－0037557　403665
儀禮章句十七卷　(清)吳廷華撰　清刻本　四冊

360000－1901－0037558　403668
儀禮章句十七卷　(清)吳廷華撰　清刻本　二冊　存十二卷(六至十七)

360000－1901－0037559　403668－1
儀禮章句十七卷　(清)吳廷華撰　清刻本　二冊　存三卷(六至八)

360000－1901－0037560　403664
儀禮章句十七卷　(清)吳廷華撰　清乾隆二十二年(1757)東壁書莊刻本　四冊　存十四卷(一至十、十四至十七)

360000－1901－0037561　603829
儀禮章句十七卷　(清)吳廷華撰　清乾隆二十二年(1757)東壁書莊刻本　一冊　存八卷(一至八)

360000－1901－0037562　603829－1
儀禮章句十七卷　(清)吳廷華撰　清乾隆二十二年(1757)東壁書莊刻本　四冊

360000－1901－0037563　403667
儀禮章句十七卷　(清)吳廷華撰　清三讓堂刻本　三冊　存十二卷(一至八、十四至十七)

360000－1901－0037564　161187
儀禮章句十七卷　(清)吳廷華撰　清文奎堂刻本　四冊

360000－1901－0037565　161175
儀禮正義四十卷　(清)胡培翬撰　清蘇州湯晉苑局刻本　十二冊

360000－1901－0037566　161176
儀禮正義四十卷　(清)胡培翬撰　清蘇州湯晉苑局刻本　十二冊

360000－1901－0037567　161177
儀禮正義四十卷　(清)胡培翬撰　清同治七年(1868)績溪胡氏刻本　二十冊

360000－1901－0037568　603822
儀禮正義四十卷　(清)胡培翬撰　清同治七年(1868)蘇州湯晉苑局刻本　十九冊　存三十八卷(一至四、七至四十)

360000－1901－0037569　403692
儀禮正義四十卷　(清)胡培翬撰　(清)楊大堉補　清咸豐二年(1852)刻同治七年(1868)補刻本　二十冊

360000－1901－0037570　403693
儀禮正義四十卷　(清)胡培翬撰　(清)楊大堉補　清咸豐二年(1852)刻同治七年(1868)補刻本　十冊　存二十卷(一至二十)

360000－1901－0037571　161170
儀禮鄭注句讀十七卷監本正誤一卷石本誤字一卷　(清)張爾岐撰　清光緒八年(1882)成都錦江書局刻本　六冊

360000－1901－0037572　403669
儀禮鄭注句讀十七卷監本正誤一卷石本誤字一卷　(清)張爾岐撰　清光緒南京李光明莊刻本　六冊

360000－1901－0037573　403675
儀禮鄭注句讀十七卷監本正誤一卷石本誤字一卷　(清)張爾岐撰　清嘉慶六年(1801)尚德堂刻本(卷八至十三配清刻本)　四冊　存十一卷(一至五、八至九、十至十三)

360000－1901－0037574　403673
儀禮鄭注句讀十七卷監本正誤一卷石本誤字一卷　(清)張爾岐撰　清刻本　六冊

360000－1901－0037575　403674
儀禮鄭注句讀十七卷監本正誤一卷石本誤字一卷　(清)張爾岐撰　清刻本　四冊　存十七卷(一至五、八至十七,監本正誤一卷、石本

誤字一卷）

360000－1901－0037576　609537－2
儀禮鄭注句讀十七卷監本正誤一卷石本誤字一卷　（清）張爾岐撰　清刻本　一冊　存四卷（十四至十七）

360000－1901－0037577　161171
儀禮鄭注句讀十七卷監本正誤一卷石本誤字一卷　（清）張爾岐撰　清同治七年（1868）金陵書局刻十三經讀本本　四冊

360000－1901－0037578　161172
儀禮鄭注句讀十七卷監本正誤一卷石本誤字一卷　（清）張爾岐撰　清同治七年（1868）金陵書局刻十三經讀本本　四冊

360000－1901－0037579　403671
儀禮鄭注句讀十七卷監本正誤一卷石本誤字一卷　（清）張爾岐撰　清同治七年（1868）金陵書局刻十三經讀本本　二冊　存八卷（一至八）

360000－1901－0037580　603844
儀禮鄭注句讀十七卷監本正誤一卷石本誤字一卷　（清）張爾岐撰　清同治七年（1868）金陵書局刻十三經讀本本　四冊

360000－1901－0037581　161173
儀禮鄭注句讀十七卷監本正誤一卷石本誤字一卷　（清）張爾岐撰　清同治十三年（1874）湖南書局刻本　四冊

360000－1901－0037582　161174
儀禮鄭注句讀十七卷監本正誤一卷石本誤字一卷　（清）張爾岐撰　清同治十三年（1874）湖南書局刻本　四冊

360000－1901－0037583　403670
儀禮鄭注句讀十七卷監本正誤一卷石本誤字一卷　（清）張爾岐撰　清同治十三年（1874）湖南書局刻本　四冊

360000－1901－0037584　603843
儀禮鄭注句讀十七卷監本正誤一卷石本誤字一卷　（清）張爾岐撰　清同治十三年（1874）湖南書局刻本　六冊　存十七卷（儀禮鄭注句讀十七卷）

360000－1901－0037585　721882
儀禮鄭註句讀十七卷監本正誤一卷石本誤字一卷　（清）張爾岐撰　清刻本　一冊　存四卷（十至十三）

360000－1901－0037586　603828
儀禮注疏五十卷　（漢）鄭玄注　（唐）陸德明音義　（唐）賈公彥疏　清刻本　八冊　存十卷（八至十七）

360000－1901－0037587　720817
儀禮注疏五十卷　（漢）鄭玄注　（唐）陸德明音義　（唐）賈公彥疏　清刻本　一冊　存一卷（十七）

360000－1901－0037588　603826
儀禮注疏五十卷　（漢）鄭玄注　（唐）陸德明音義　（唐）賈公彥疏　**附校勘記五十卷**　（清）阮元撰　（清）盧宣旬摘錄　清嘉慶二十年（1815）江西南昌府學刻道光六年（1826）盱江朱華臨重校印重刊宋本十三經注疏本　十冊　存六十四卷（一至三十二、校勘記一至三十二）

360000－1901－0037589　720830
儀禮注疏五十卷　（漢）鄭玄注　（唐）陸德明音義　（唐）賈公彥疏　**附校勘記五十卷**　（清）阮元撰　（清）盧宣旬摘錄　清光緒十八年（1892）湖南寶慶務本書局刻重刊宋本十三經注疏本　三冊　存二十六卷（一至十三、校勘記一至十三）

360000－1901－0037590　161192
儀禮注疏五十卷　（漢）鄭玄注　（唐）陸德明音義　（唐）賈公彥疏　**附校勘記五十卷**　（清）阮元撰　（清）盧宣旬摘錄　清嘉慶二十年（1815）江西南昌府學刻重刊宋本十三經注疏本　十八冊

360000－1901－0037591　603823
儀禮注疏五十卷　（漢）鄭玄注　（唐）陸德明音義　（唐）賈公彥疏　**附校勘記五十卷**

(清)阮元撰　(清)盧宣旬摘錄　清嘉慶二十年(1815)江西南昌府學刻重刊宋本十三經注疏本　十六册

360000－1901－0037592　720816
儀禮注疏五十卷　(漢)鄭玄注　(唐)陸德明音義　(唐)賈公彦疏　**附校勘記五十卷**　(清)阮元撰　(清)盧宣旬摘錄　清嘉慶二十年(1815)江西南昌府學刻重刊宋本十三經注疏本　八册　存六十六卷(十八至五十、校勘記十八至五十)

360000－1901－0037593　721997
儀禮注疏五十卷　(漢)鄭玄注　(唐)陸德明音義　(唐)賈公彦疏　**附校勘記五十卷**　(清)阮元撰　(清)盧宣旬摘錄　清嘉慶二十年(1815)江西南昌府學刻重刊宋本十三經注疏本　九册　存五十八卷(二十二至五十、校勘記二十二至五十)

360000－1901－0037594　161191
儀禮注疏五十卷　(漢)鄭玄注　(唐)陸德明音義　(唐)賈公彦疏　**附校勘記五十卷**　(清)阮元撰　(清)盧宣旬摘錄　清同治十二年(1873)江西書局刻重刊宋本十三經注疏本　十三册

360000－1901－0037595　603824
儀禮注疏五十卷　(漢)鄭玄注　(唐)陸德明音義　(唐)賈公彦疏　**附校勘記五十卷**　(清)阮元撰　(清)盧宣旬摘錄　清同治十二年(1873)江西書局刻重刊宋本十三經注疏本　十六册

360000－1901－0037596　603827
儀禮注疏五十卷　(漢)鄭玄注　(唐)陸德明音義　(唐)賈公彦疏　**附校勘記五十卷**　(清)阮元撰　(清)盧宣旬摘錄　清同治十二年(1873)江西書局刻重刊宋本十三經注疏本　七册　存四十二卷(一至三、七至十五、十九至二十一、三十六至三十八、四十二至四十四,校勘記一至三、七至十五、十九至二十一、三十六至三十八、四十二至四十四)

360000－1901－0037597　403694
儀禮注疏詳校十七卷　(清)盧文弨撰　清乾隆、嘉慶刻抱經堂叢書本　二册　存七卷(十一至十七)

360000－1901－0037598　210151
儀禮註疏十七卷　(漢)鄭玄注　(唐)賈公彦疏　明刻本　十册

360000－1901－0037599　210152
儀禮註疏十七卷　(漢)鄭玄注　(唐)賈公彦疏　明刻本　八册

360000－1901－0037600　902425
儀禮註疏十七卷　(漢)鄭玄注　(唐)賈公彦疏　(唐)陸德明音義　明崇禎九年(1636)毛氏汲古閣刻十三經注疏本　七册

360000－1901－0037601　301657
儀卿進奉文鈔不分卷　(清)廖鴻藻撰　清道光十二年(1832)刻本　一册

360000－1901－0037602　301656
儀衛軒詩集五卷遺詩二卷　(清)方東樹撰　清同治七年至八年(1868－1869)刻本　三册

360000－1901－0037603　304072
頤世方書不分卷　(清)同仁堂編　清光緒二十八年(1902)江右洗馬池同仁堂刻本　一册

360000－1901－0037604　408958
頤世方書不分卷　(清)同仁堂編　清光緒二十八年(1902)江右洗馬池同仁堂刻本　一册

360000－1901－0037605　408958－1
頤世方書不分卷　(清)同仁堂編　清光緒二十八年(1902)江右洗馬池同仁堂刻本　一册

360000－1901－0037606　720341
頤世方書不分卷　(清)同仁堂編　清光緒二十八年(1902)江右洗馬池同仁堂刻本　一册

360000－1901－0037607　416214
頤軒詩鈔二卷　(清)羅起振撰　清刻本　二册

360000－1901－0037608　317250
彝經堂集詩鈔六卷　(清)王維翰撰　清光緒七年(1881)梅梨小隱半繭園刻本　一册

360000－1901－0037609　711162
乙巳東瀛游記一卷　(清)周錫璋撰　清光緒三十一年(1905)鉛印本　一冊

360000－1901－0037610　412790
乙巳年酬世全書不分卷　(清)□□輯　清光緒三十一年(1905)石印本　一冊

360000－1901－0037611　230531
乙巳占十卷　題(唐)李淳風撰　清抄本　一冊　存三卷(一至三)

360000－1901－0037612　416236
孔氏家語十卷　題(三國魏)王肅注　清刻本　四冊

360000－1901－0037613　240957
乙未亭詩集六卷　(清)徐昂發撰　清康熙三十二年(1693)桂森堂刻本　一冊

360000－1901－0037614　123619
乙酉年江西拔優同年譜不分卷　(清)李枝茂輯　清光緒十一年(1885)刻本　一冊

360000－1901－0037615　802380
已得叢書總目五卷　(□)□□輯　清抄本　二冊　存二卷(一、五)

360000－1901－0037616　240860
已畦詩集十卷殘餘一卷　(清)葉燮撰　清康熙二十五年至三十八年(1686－1699)葉氏二弃草堂刻本　四冊

360000－1901－0037617　121370
倚松老人詩集二卷　(宋)饒節撰　清宣統二年(1910)姚埭沈氏刻本　一冊

360000－1901－0037618　121371
倚松老人詩集二卷　(宋)饒節撰　清宣統二年(1910)姚埭沈氏刻本　二冊

360000－1901－0037619　301371
倚霞宫筆錄二卷　易順鼎撰　清光緒十九年(1893)易園刻本　二冊

360000－1901－0037620　412860
倚香閣詩鈔一卷　(清)俞鏡秋撰　**浣薇軒夢餘吟草一卷**　(清)李恒撰　清光緒三十一年(1905)木活字印本　一冊

360000－1901－0037621　415073
倚雲樓詩二卷　(清)劉綬槐撰　清光緒二十年(1894)刻本　一冊

360000－1901－0037622　121431
倚雲樓詩二卷　(清)劉綬槐撰　清倚雲樓刻本　一冊

360000－1901－0037623　305242
倚雲仙琯新聲二卷　(清)□□撰　清光緒十年(1884)刻本　二冊

360000－1901－0037624　405360
倚雲仙琯新聲二卷　(清)□□撰　清刻本　二冊

360000－1901－0037625　163266
蟻餘偶筆一卷蟻餘附筆一卷諫言瑣記一卷　(清)劉因之撰　清光緒十二年(1886)石菖蒲吟榭刻本　二冊

360000－1901－0037626　163267
蟻餘偶筆一卷蟻餘附筆一卷諫言瑣記一卷　(清)劉因之撰　清光緒十二年(1886)石菖蒲吟榭刻本　二冊

360000－1901－0037627　120077
弋陽三賢集　(宋)謝枋得等撰　清道光三年至同治十年(1823－1871)刻本　八冊

360000－1901－0037628　320599
亦靜山房詩文賸稿二卷　(清)盛玥等撰　**小桐軒稿二卷**　(清)盛聯奎撰　清光緒九年(1883)刻本　一冊

360000－1901－0037629　240992
亦廬詩二十八卷　(清)湯斯祚撰　清乾隆二十二年(1757)刻本　四冊

360000－1901－0037630　120514
亦吾廬詩草八卷　(清)歐陽雲撰　清光緒二年(1876)刻本　二冊

360000－1901－0037631　120515
亦吾廬詩草八卷　(清)歐陽雲撰　清光緒二年(1876)刻本　一冊　存四卷(五至八)

360000－1901－0037632　705194
亦有生齋樂府二卷　(清)趙懷玉撰　清光緒十三年(1887)木活字印本　一冊

360000－1901－0037633　710161
亦園詩存不分卷　(清)滯行客芝陔撰　清木活字印本　一冊

360000－1901－0037634　150207
亦園亭全集　(清)孟超然撰　清嘉慶二十年(1815)刻本　十九冊

360000－1901－0037635　313145
亦政堂重修考古圖十卷　(宋)呂大臨撰　明萬曆二十九年(1601)吳萬化刻清乾隆十七年(1752)天都黄晟亦政堂重印三古圖本　五冊　存八卷(三至十)

360000－1901－0037636　220792
亦政堂重修宣和博古圖録三十卷　(宋)王黼等撰　清乾隆十八年(1753)黄晟槐蔭草堂刻本　三十冊

360000－1901－0037637　120512
亦拙詩草十二卷　(清)歐陽翹撰　清光緒十二年(1886)新城學署刻本　三冊

360000－1901－0037638　120513
亦拙詩草十二卷　(清)歐陽翹撰　清光緒十二年(1886)新城學署刻本　三冊

360000－1901－0037639　410828
亦拙詩草十二卷　(清)歐陽翹撰　清光緒十二年(1886)新城學署刻本　三冊

360000－1901－0037640　161983
孔子編年五卷　(宋)胡仔編　清嘉慶二十三年(1818)耕經軒刻本　一冊

360000－1901－0037641　120913
易觸七卷　(清)賀貽孫撰　清咸豐二年(1852)勅書樓刻水田居全集本　五冊

360000－1901－0037642　120914
易觸七卷　(清)賀貽孫撰　清咸豐二年(1852)勅書樓刻水田居全集本　五冊

360000－1901－0037643　120915
易觸七卷　(清)賀貽孫撰　清咸豐二年(1852)勅書樓刻水田居全集本　五冊

360000－1901－0037644　120901
易傳撮要一卷　(明)劉髦撰　清乾隆二十八年(1763)桂山堂刻劉文安公全集本　一冊

360000－1901－0037645　210022
易傳撮要一卷　(明)劉髦撰　清乾隆二十八年(1763)桂山堂刻劉文安公全集本　一冊

360000－1901－0037646　210023
易傳撮要一卷　(明)劉髦撰　清乾隆二十八年(1763)桂山堂刻劉文安公全集本　一冊

360000－1901－0037647　210052
易傳附義二卷　(清)李重華撰　清乾隆二十七年(1762)萬葉堂刻本　一冊

360000－1901－0037648　160473
易大義補一卷　(清)桂文燦撰　清咸豐七年至光緒十九年(1857－1893)刻南海桂氏經學叢書本　一冊

360000－1901－0037649　160563
易讀四卷　(清)宋邦綏撰　清嘉慶九年(1804)刻本　四冊

360000－1901－0037650　210054
易貫十四卷首二卷　(清)張敘撰　清乾隆二十一年(1756)蓮花書院刻本　六冊

360000－1901－0037651　411542－2
易漢學八卷易例大全一卷　(清)□□輯　清末石印本　一冊

360000－1901－0037652　411542－3
易漢學八卷易例大全一卷　(清)□□輯　清末石印本　一冊

360000－1901－0037653　413028
易漢學師承表一卷漢置五經博士攷一卷　(清)吳翊寅撰　清光緒二十年(1894)刻本　一冊

360000－1901－0037654　120898
易會八卷首一卷　(明)鄒德溥撰　清同治九年(1870)袁州府學副齋木活字印本　四冊

360000－1901－0037655　120899
易會八卷首一卷　(明)鄒德溥撰　清同治九年(1870)袁州府學副齋木活字印本　四册

360000－1901－0037656　120900
易會八卷首一卷　(明)鄒德溥撰　清同治九年(1870)袁州府學副齋木活字印本　四册

360000－1901－0037657　411602
易會八卷首一卷　(明)鄒德溥撰　清同治九年(1870)袁州府學副齋木活字印本　三册　存七卷(一至二、五至八,首一卷)

360000－1901－0037658　164843
易簡方便醫書六卷　(清)周茂五輯　清刻本　二册

360000－1901－0037659　800008
易簡方便醫書六卷　(清)周茂五輯　清刻本　三册　存三卷(二、五至六)

360000－1901－0037660　164845
易簡方便醫書六卷　(清)周茂五輯　清咸豐十一年(1861)石陽周日新堂刻本　六册

360000－1901－0037661　420284
易簡方便醫書六卷　(清)周茂五輯　清咸豐十一年(1861)石陽周日新堂刻本　六册

360000－1901－0037662　420285
易簡方便醫書六卷　(清)周茂五輯　清咸豐十一年(1861)石陽周日新堂刻本　六册

360000－1901－0037663　420286
易簡方便醫書六卷　(清)周茂五輯　清咸豐十一年(1861)石陽周日新堂刻本　六册

360000－1901－0037664　420287
易簡方便醫書六卷　(清)周茂五輯　清咸豐十一年(1861)石陽周日新堂刻本　六册

360000－1901－0037665　420288
易簡方便醫書六卷　(清)周茂五輯　清咸豐十一年(1861)石陽周日新堂刻本　五册　存五卷(一至二、四至六)

360000－1901－0037666　420289
易簡方便醫書六卷　(清)周茂五輯　清咸豐十一年(1861)石陽周日新堂刻本　四册　存四卷(一至二、五至六)

360000－1901－0037667　420290
易簡方便醫書六卷　(清)周茂五輯　清咸豐十一年(1861)石陽周日新堂刻本　二册　存二卷(二、五)

360000－1901－0037668　420290－1
易簡方便醫書六卷　(清)周茂五輯　清咸豐十一年(1861)石陽周日新堂刻本　一册　存一卷(五)

360000－1901－0037669　160544
易解經傳證五卷首一卷　(清)張步騫注　清同治十年(1871)刻本　五册

360000－1901－0037670　160543
易解拾遺七卷　(清)周世金撰　清道光元年(1821)刻本　四册

360000－1901－0037671　160542
易解拾遺七卷附周易讀本四卷　(清)周世金撰　清嘉慶二十四年(1819)和義堂刻本　九册

360000－1901－0037672　802075
易筋經不分卷　題(北魏)釋達摩祖師撰　(唐)釋般剌密諦譯義　清同治五年(1866)抄本　一册

360000－1901－0037673　800232
易筋經外經圖說一卷　(□)□□輯　清抄本　一册

360000－1901－0037674　160531
易經八卷　(宋)程頤傳　清同治五年(1866)金陵書局刻十三經讀本本　三册

360000－1901－0037675　406568
易經八卷　(宋)程頤傳　清同治五年(1866)金陵書局刻十三經讀本本　一册　存四卷(五至八)

360000－1901－0037676　411542－1
易經備解不分卷　(清)周封魯輯　清道光二十七年(1847)聚經書屋刻本　一册

360000－1901－0037677　411533
易經備解不分卷　(清)周封魯輯　清道光三年(1823)刻本　一冊

360000－1901－0037678　411531
易經備解二卷　(清)周封魯輯　清刻本　二冊

360000－1901－0037679　411530
易經備解二卷　(清)周封魯輯　清咸豐十年(1860)槐里書屋刻本　二冊

360000－1901－0037680　711524
易經備考三卷　(清)鄭敷教　(清)嚴摳撰　清初刻本　一冊

360000－1901－0037681　402667
易經初學讀本不分卷　(清)萬廷蘭輯　清嘉慶元年(1796)萬廷蘭刻十一經初學讀本本　一冊

360000－1901－0037682　413017
易經觸義七卷　(清)賀貽孫撰　清咸豐二年(1852)勅書樓刻本　二冊　存二卷(一至二)

360000－1901－0037683　402564
易經大全會解四卷　(清)來爾繩纂輯　清道光二十年(1840)古香書屋刻五經體注大全本　二冊

360000－1901－0037684　402565
易經大全會解四卷　(清)來爾繩纂輯　清道光二十年(1840)古香書屋刻五經體注大全本　一冊　存一卷(一)

360000－1901－0037685　402565－1
易經大全會解四卷　(清)來爾繩纂輯　清道光二十年(1840)古香書屋刻五經體注大全本　一冊　存一卷(一)

360000－1901－0037686　402751
易經大全會解四卷　(清)來爾繩纂輯　清康熙二十年(1681)朱采治刻本　二冊

360000－1901－0037687　402752－1
易經大全會解四卷　(清)來爾繩纂輯　清康熙二十年(1681)朱采治刻本　一冊　存三卷(二至四)

360000－1901－0037688　402753－1
易經大全會解四卷　(清)來爾繩纂輯　清康熙二十年(1681)朱采治刻本　一冊　存三卷(二至四)

360000－1901－0037689　402750
易經大全會解四卷　(清)來爾繩纂輯　清刻本　一冊

360000－1901－0037690　402752
易經大全會解四卷　(清)來爾繩纂輯　清刻本　一冊　存一卷(一)

360000－1901－0037691　402753
易經大全會解四卷　(清)來爾繩纂輯　清乾隆五十二年(1787)來道添刻本　一冊　存一卷(一)

360000－1901－0037692　402748
易經大全會解四卷　(清)來爾繩纂輯　清乾隆五十三年(1788)世德堂刻本　二冊

360000－1901－0037693　402749
易經大全會解四卷　(清)來爾繩纂輯　清乾隆五十四年(1789)刻本　二冊

360000－1901－0037694　402563
易經大全會解四卷　(清)來爾繩纂輯　清咸豐十一年(1861)古香書屋刻五經體注大全本　四冊

360000－1901－0037695　711522
易經定本三卷　(明)黃澍撰　明刻本　一冊

360000－1901－0037696　711523
易經定本三卷　(明)黃澍撰　明刻本　一冊　存二卷(二至三)

360000－1901－0037697　802286
易經二卷　清刻本　一冊　存一卷(下經)

360000－1901－0037698　713032
易經發蒙六卷　(清)王朝珊撰　清康熙培桂齋刻本　一冊　存一卷(二)

360000－1901－0037699　120907

易經古本庸說四卷首一卷　(清)李士林撰　清光緒三十一年(1905)刻本　三冊

360000－1901－0037700　160549
易經彙纂詳解六卷　(清)呂留良撰　清刻本　五冊

360000－1901－0037701　801521
易經彙纂詳解六卷　(清)呂留良撰　清刻本　一冊　存一卷(二)

360000－1901－0037702　160550
易經精華六卷末一卷　(清)薛嘉穎撰　清同治二年(1863)崇文堂刻本　三冊

360000－1901－0037703　160551
易經精華六卷末一卷　(清)薛嘉穎撰　清咸豐元年(1851)姑蘇會文堂刻本　四冊

360000－1901－0037704　411587
易經精華六卷末一卷　(清)薛嘉穎撰　清道光七年(1827)姑蘇步月樓刻本　三冊

360000－1901－0037705　411588
易經精華六卷末一卷　(清)薛嘉穎撰　清道光十二年(1832)姑蘇步月樓刻本　四冊

360000－1901－0037706　411590
易經精華六卷末一卷　(清)薛嘉穎撰　清光韙堂刻本　三冊

360000－1901－0037707　411591
易經精華六卷末一卷　(清)薛嘉穎撰　清刻本　二冊　存六卷(二至六、末一卷)

360000－1901－0037708　411591－1
易經精華六卷末一卷　(清)薛嘉穎撰　清刻本　一冊　存三卷(五至六、末一卷)

360000－1901－0037709　411589
易經精華六卷末一卷　(清)薛嘉穎撰　清同治四年(1865)金玉樓刻本　三冊

360000－1901－0037710　413019
易經離句解四卷　(清)李盤輯撰　清道光八年(1828)刻本　二冊

360000－1901－0037711　402570－5
易經旁訓三卷　(明)李恕撰　清刻五經旁訓本　一冊　存一卷(一)

360000－1901－0037712　804168
易經旁訓三卷　(明)李恕撰　清刻五經旁訓本　一冊

360000－1901－0037713　803481
易經旁訓文選合編三卷　(□)□□撰　清道光二十三年(1843)刻袖珍八經旁訓本　一冊

360000－1901－0037714　160535
易經全解六卷首一卷　(清)藍煦撰　清同治十三年(1874)忠恕堂刻本　六冊

360000－1901－0037715　160536
易經全解六卷首一卷　(清)藍煦撰　清同治十三年(1874)忠恕堂刻本　六冊

360000－1901－0037716　411473
易經詮義十四卷首一卷　(清)汪紱撰　清同治十二年(1873)常郡曲水書局木活字印重訂汪子遺書本　十五冊

360000－1901－0037717　411474
易經詮義十四卷首一卷　(清)汪紱撰　清同治十二年(1873)常郡曲水書局木活字印重訂汪子遺書本　十二冊　存十二卷(一至四、八至十四,首一卷)

360000－1901－0037718　411475
易經詮義十四卷首一卷　(清)汪紱撰　清同治十二年(1873)常郡曲水書局木活字印重訂汪子遺書本　四冊　存三卷(三至四、十一)

360000－1901－0037719　603291
易經詮義十四卷首一卷　(清)汪紱撰　清同治十二年(1873)常郡曲水書局木活字印重訂汪子遺書本　十冊　存十卷(一至二、五至八、十一至十四)

360000－1901－0037720　603291－1
易經詮義十四卷首一卷　(清)汪紱撰　清同治十二年(1873)常郡曲水書局木活字印重訂汪子遺書本　十四冊　存十四卷(易經詮義十四卷)

360000－1901－0037721　603291－2
易經詮義十四卷首一卷　（清）汪紱撰　清同治十二年（1873）常郡曲水書局木活字印重訂汪子遺書本　二冊　存二卷（十三至十四）

360000－1901－0037722　411469
易經如話十二卷首一卷　（清）汪紱撰　清抄本　一冊　存三卷（五至七）

360000－1901－0037723　710929
易經如話十二卷首一卷　（清）汪紱撰　清抄本　一冊　存一卷（三）

360000－1901－0037724　803362
易經如話十二卷首一卷　（清）汪紱撰　清抄本　一冊　存一卷（二）

360000－1901－0037725　803764
易經如話十二卷首一卷　（清）汪紱撰　清嘉慶二十一年（1816）張煥抄本　五冊　存六卷（一、四至七，首一卷）

360000－1901－0037726　120908
易經如話十二卷首一卷　（清）汪紱撰　清同治十二年（1873）常郡曲水書局木活字印重訂汪子遺書本　六冊

360000－1901－0037727　411476
易經如話十二卷首一卷　（清）汪紱撰　清同治十二年（1873）常郡曲水書局木活字印重訂汪子遺書本　六冊

360000－1901－0037728　411477
易經如話十二卷首一卷　（清）汪紱撰　清同治十二年（1873）常郡曲水書局木活字印重訂汪子遺書本　六冊

360000－1901－0037729　411478
易經如話十二卷首一卷　（清）汪紱撰　清同治十二年（1873）常郡曲水書局木活字印重訂汪子遺書本　六冊

360000－1901－0037730　411480
易經如話十二卷首一卷　（清）汪紱撰　清同治十二年（1873）常郡曲水書局木活字印重訂汪子遺書本　六冊

360000－1901－0037731　411481
易經如話十二卷首一卷　（清）汪紱撰　清同治十二年（1873）常郡曲水書局木活字印重訂汪子遺書本　六冊

360000－1901－0037732　411481－1
易經如話十二卷首一卷　（清）汪紱撰　清同治十二年（1873）常郡曲水書局木活字印重訂汪子遺書本　六冊

360000－1901－0037733　411482
易經如話十二卷首一卷　（清）汪紱撰　清同治十二年（1873）常郡曲水書局木活字印重訂汪子遺書本　六冊

360000－1901－0037734　411483
易經如話十二卷首一卷　（清）汪紱撰　清同治十二年（1873）常郡曲水書局木活字印重訂汪子遺書本　五冊　存七卷（一至二、五至八，首一卷）

360000－1901－0037735　603291－4
易經如話十二卷首一卷　（清）汪紱撰　清同治十二年（1873）常郡曲水書局木活字印重訂汪子遺書本　六冊

360000－1901－0037736　603291－5
易經如話十二卷首一卷　（清）汪紱撰　清同治十二年（1873）常郡曲水書局木活字印重訂汪子遺書本　六冊

360000－1901－0037737　603291－6
易經如話十二卷首一卷　（清）汪紱撰　清同治十二年（1873）常郡曲水書局木活字印重訂汪子遺書本　六冊

360000－1901－0037738　120995
易經十二卷首一卷末一卷　（宋）朱熹本義　（宋）呂祖謙音訓　清同治四年（1865）金陵書局刻本　二冊

360000－1901－0037739　120996
易經十二卷首一卷末一卷　（宋）朱熹本義　（宋）呂祖謙音訓　清同治四年（1865）金陵書局刻本　二冊

360000－1901－0037740　402755
易經體注大全合參四卷　(清)李兆賢輯　清嘉慶四年(1799)積秀堂刻本　二冊

360000－1901－0037741　402756
易經體注大全合參四卷　(清)李兆賢輯　清嘉慶四年(1799)積秀堂刻本　二冊

360000－1901－0037742　402757
易經體注大全合參四卷　(清)李兆賢輯　清嘉慶四年(1799)積秀堂刻本　二冊

360000－1901－0037743　402747
易經體注大全合參四卷　(清)李兆賢輯　清刻本　二冊

360000－1901－0037744　402758
易經體注大全合參四卷　(清)李兆賢輯　清刻本　二冊

360000－1901－0037745　402759－1
易經體注大全合參四卷　(清)李兆賢輯　清刻本　一冊　存三卷(二至四)

360000－1901－0037746　402759
易經體注大全合參四卷　(清)李兆賢輯　清乾隆五十三年(1788)芸生堂刻本　一冊　存一卷(一)

360000－1901－0037747　803145
易經體注大全合參四卷　(清)李兆賢輯　清四美堂刻本　一冊　存一卷(二)

360000－1901－0037748　210042
易經體注大全四卷　(清)來爾繩纂輯　(清)朱采治　(清)朱之澄編　清康熙刻本　二冊

360000－1901－0037749　210060
易經圖釋十二卷　(明)劉定之撰　清乾隆二十八年(1763)崇恩閣刻本　二冊

360000－1901－0037750　210061
易經圖釋十二卷　(明)劉定之撰　清乾隆二十八年(1763)崇恩閣刻本　二冊

360000－1901－0037751　900315
易經文鵠不分卷　(清)文印山房主人輯　清道光二十九年(1849)文印山房刻五經文鵠本　一冊

360000－1901－0037752　413021
易經一說不分卷　(清)王淑輯　清刻本　一冊

360000－1901－0037753　411534
易經繹五卷　(明)鄧元錫撰　清嘉慶二十二年(1817)刻本　五冊

360000－1901－0037754　402665
易經音訓不分卷　(清)楊國楨撰　清光緒三年(1877)湖北崇文書局刻十一經音訓本　二冊

360000－1901－0037755　603342
易經音訓不分卷　(清)楊國楨撰　清光緒三年(1877)湖北崇文書局刻十一經音訓本　二冊

360000－1901－0037756　411532
易經擇粹五卷　(清)□□撰　清道光二十三年(1843)琉璃廠刻本　二冊

360000－1901－0037757　800820
易經增訂旁訓三卷　(清)徐立綱輯　清刻五經旁訓本　一冊

360000－1901－0037758　413020
易經增註十卷　(明)張鏡心撰　清雲隱堂刻本　一冊　存二卷(三至四)

360000－1901－0037759　210031
易經註疏大全合纂六十四卷首一卷周易繫辭註疏大全合纂四卷　(明)張溥輯　明崇禎七年(1634)刻本　七冊　存三十三卷(易經註疏大全合纂一至十八、四十三至五十二,首一卷,周易繫辭註疏大全合纂四卷)

360000－1901－0037760　711526
易經纂註四卷　(宋)朱熹撰　(明)李廷機輯　明崇禎刻五經纂注本　一冊　存一卷(一)

360000－1901－0037761　160521
易君子以錄不分卷　(清)夏炘撰　清同治十年(1871)刻本　一冊

360000－1901－0037762　406560

易君子以錄不分卷　(清)夏炘撰　清同治十年(1871)刻本　一册

360000－1901－0037763　406560－1

易君子以錄不分卷　(清)夏炘撰　清同治十年(1871)刻本　一册

360000－1901－0037764　120895

易考二卷易續考二卷　(清)李榮陛撰　清嘉慶二十年(1815)亙古齋刻李厚岡集本　二册

360000－1901－0037765　210059

易困輯解內外篇二卷　(□)王國年輯　清抄本　四册

360000－1901－0037766　210066

易例二卷　(清)惠棟撰　清乾隆四十年(1775)刻本　一册

360000－1901－0037767　210068

易林補遺十二卷　(明)張世寶撰　明萬曆刻本　四册　缺四卷(九至十二)

360000－1901－0037768　712814

易林補遺十二卷　(明)張世寶撰　清刻本　一册　存二卷(九至十)

360000－1901－0037769　160556

易錄七卷　(清)姚柬之撰　清刻本　一册　存五卷(三至七)

360000－1901－0037770　230572

易冒十卷　(清)程良玉撰　清康熙三年(1664)蟾溪草堂刻本　一册　存二卷(七至八)

360000－1901－0037771　163107

易確二十卷首一卷　(清)許桂林撰　清道光十四年(1834)江寧劉文奎局刻本　二册　存十四卷(一至十四)

360000－1901－0037772　603338

易剩不分卷　(清)姚世勳輯　清刻本　一册

360000－1901－0037773　160561

易釋五卷　(清)易順豫撰　清刻本　四册

360000－1901－0037774　160520

易守三十二卷附易卦總論一卷　(清)葉佩蓀撰　清嘉慶十五年(1810)慎餘齋刻本　三册　存六卷(易論四卷、學易慎餘錄三至四)

360000－1901－0037775　411468

易說六卷　(宋)司馬光撰　清刻本　三册

360000－1901－0037776　160544－1

易說醒四卷　(明)洪守美撰　清同治十一年(1872)安徽涇縣洪汝奎刻本　二册　存三卷(二至四)

360000－1901－0037777　160554

易說醒四卷首一卷　(明)洪守美撰　清同治十一年(1872)刻本　一册　存二卷(一、首一卷)

360000－1901－0037778　121175

易堂九子文鈔　(清)彭玉雯輯　清道光十七年(1837)刻本　十二册

360000－1901－0037779　121177

易堂九子文鈔　(清)彭玉雯輯　清道光十七年(1837)刻本　九册

360000－1901－0037780　601338

易堂九子文鈔　(清)彭玉雯輯　清道光十七年(1837)刻本　十册　存五種

360000－1901－0037781　601339

易堂九子文鈔　(清)彭玉雯輯　清道光十七年(1837)刻本　七册　存四種

360000－1901－0037782　601340

易堂九子文鈔　(清)彭玉雯輯　清道光十七年(1837)刻本　八册　存四種

360000－1901－0037783　601341

易堂九子文鈔　(清)彭玉雯輯　清道光十七年(1837)刻本　九册　存七種

360000－1901－0037784　601682

易堂九子文鈔　(清)彭玉雯輯　清道光十七年(1837)刻本　四册　存二種

360000－1901－0037785　316957

易堂十三子文選四卷　(清)王泉之輯　清道光八年(1828)刻本　四册

360000－1901－0037786　601842
易堂十三子文選四卷　(清)王泉之輯　清道光八年(1828)刻本　一冊　存二卷(一至二)

360000－1901－0037787　404932－1
易堂問目四卷　(清)吳鼎撰　清乾隆三十七年(1772)刻本　二冊

360000－1901－0037788　407662
易堂問目四卷　(清)吳鼎撰　清乾隆三十七年(1772)刻本　一冊　存二卷(三至四)

360000－1901－0037789　411498
易圖存是二卷　(清)辛紹業撰　清嘉慶二十一年(1816)經笥齋刻本　一冊

360000－1901－0037790　411499
易圖存是二卷　(清)辛紹業撰　清刻本　一冊

360000－1901－0037791　411497
易圖存是二卷冬官旁求二卷　(清)辛紹業撰　清嘉慶刻本　一冊

360000－1901－0037792　120754
易問六卷　(清)紀大奎撰　清嘉慶六年(1801)刻本　三冊

360000－1901－0037793　601337
易問六卷　(清)紀大奎撰　清刻本　二冊　存四卷(三至六)

360000－1901－0037794　160524
易悟六卷　(清)劉方璿撰　清同治六年(1867)劉氏聰訓堂刻本　三冊

360000－1901－0037795　210032
易憲四卷　(明)沈泓疏　清乾隆刻本　六冊

360000－1901－0037796　210024
易象鈔四卷　(明)胡居仁撰　清抄本　二冊　存二卷(一至二)

360000－1901－0037797　711521
易象意言一卷　(宋)蔡淵撰　清刻武英殿聚珍版書本　一冊

360000－1901－0037798　715020
易象正十二卷初二卷終二卷　(明)黄道周撰　清康熙三十二年(1693)晉安鄭肇刻道光二十八年(1848)長洲彭蘊章補刻石齋先生經傳九種本　七冊　存十二卷(一至六、九至十二,終二卷)

360000－1901－0037799　160529
易象致用說二卷　(清)秦東來撰　清光緒十三年(1887)壽陽刻本　一冊

360000－1901－0037800　407703
易續考二卷　(清)李榮陛撰　清亙古齋刻本　一冊

360000－1901－0037801　407703－1
易續考二卷　(清)李榮陛撰　清亙古齋刻本　一冊

360000－1901－0037802　407703－2
易續考二卷　(清)李榮陛撰　清亙古齋刻本　一冊

360000－1901－0037803　407703－3
易續考二卷　(清)李榮陛撰　清亙古齋刻本　一冊

360000－1901－0037804　122846
易學變通六卷　(元)曾貫撰　清抄本　二冊

360000－1901－0037805　123150
易學六原内編二十二卷首一卷外編十四卷　(清)歐陽易撰　清同治十一年(1872)鍾陵學舍刻本　十二冊

360000－1901－0037806　411471
易學啓蒙通釋二卷圖一卷　(宋)胡方平撰　清嘉慶十七年(1812)慶餘堂刻本　一冊　存二卷(下、圖一卷)

360000－1901－0037807　210055
易研八卷首一卷　(清)胡翹元撰　清乾隆五十七年(1792)凝暉閣刻本　八冊

360000－1901－0037808　210056
易研八卷首一卷　(清)胡翹元撰　清乾隆五十七年(1792)凝暉閣刻本　四冊

360000－1901－0037809　413029

易研八卷首一卷 (清)胡翹元撰 清乾隆五十七年(1792)凝暉閣刻本 三冊 存三卷(六至八)

360000－1901－0037810 160530
易義別錄十四卷 (清)張惠言輯 清刻本 四冊

360000－1901－0037811 411529
易義萃精四卷 (清)徐有珂撰 清光緒十四年(1888)上海大同書局石印本 四冊

360000－1901－0037812 120905
易義選參二卷 (清)魏祥 (清)魏禧 (清)魏禮撰 (清)邱維屏評選 清光緒二年(1876)寧都魏氏刻翠微峰易堂印本 二冊

360000－1901－0037813 120906
易義選參二卷 (清)魏祥 (清)魏禧 (清)魏禮撰 (清)邱維屏評選 清光緒二年(1876)寧都魏氏刻翠微峰易堂印本 二冊

360000－1901－0037814 122901
易義選參二卷 (清)魏祥 (清)魏禧 (清)魏禮撰 (清)邱維屏評選 清光緒二年(1876)寧都魏氏刻翠微峰易堂印本 二冊

360000－1901－0037815 802318
易義一卷 (清)楊世樹撰 清抄本 一冊

360000－1901－0037816 120893
易引二卷 (清)徐鵬展撰 清咸豐三年(1853)徐緣山房刻本 二冊

360000－1901－0037817 160560
易隱八卷首一卷 (清)曹九錫輯 清光緒十一年(1885)祥麟書屋刻本 四冊

360000－1901－0037818 210012
易原八卷 (宋)程大昌撰 清乾隆武英殿木活字印本 二冊

360000－1901－0037819 411470
易原八卷 (宋)程大昌撰 清乾隆武英殿木活字印本 一冊 存四卷(五至八)

360000－1901－0037820 210036
易原不分卷 (清)趙振芳撰 **易或十卷** (清)徐在漢撰 清順治十七年(1660)焦白居刻本 十六冊

360000－1901－0037821 315566
易占經緯四卷附錄一卷 (明)韓邦奇輯 清刻本 四冊 存四卷(易占經緯四卷)

360000－1901－0037822 801362
易知簡能通書□□卷 (清)廖鴻舉輯 清同治九年(1870)有真樂齋刻本 一冊 存一卷(上)

360000－1901－0037823 402019
易知錄三卷 (清)俞楷撰 清康熙寒泉精舍刻本 一冊

360000－1901－0037824 411441
易指事四卷 (清)彭焯南撰 清光緒二年(1876)古梅草廬刻本 一冊

360000－1901－0037825 160525
易酌十四卷 (清)刁包撰 清道光二十三年(1843)祁陽刁懷謹順積樓刻本 十四冊

360000－1901－0037826 120911
易纂言十二卷首一卷外翼八卷 (元)吴澄撰 清刻本 八冊

360000－1901－0037827 122847
易纂言外翼八卷 (元)吴澄撰 清抄本 四冊

360000－1901－0037828 230360
秇林伐山二十卷 (明)楊慎撰 明嘉靖三十五年(1556)王詢刻本 四冊

360000－1901－0037829 416812
奕程一卷 (清)張雅博輯 清嘉慶四年(1799)張雅博退一步山房刻本 一冊

360000－1901－0037830 318128
奕局指南不分卷 (□)□□撰 清抄本 一冊

360000－1901－0037831 416813
奕理指歸續編一卷 (清)施紹闇撰 清刻本 一冊

360000－1901－0037832　408815
疫門輯要一卷　(明)吳有性　(清)喻昌等撰　清同治七年(1868)刻本　一冊

360000－1901－0037833　408815－1
疫門輯要一卷　(明)吳有性　(清)喻昌等撰　清同治七年(1868)刻本　一冊

360000－1901－0037834　408815－2
疫門輯要一卷　(明)吳有性　(清)喻昌等撰　清同治七年(1868)刻本　一冊

360000－1901－0037835　408815－3
疫門輯要一卷　(明)吳有性　(清)喻昌等撰　清同治七年(1868)刻本　一冊

360000－1901－0037836　408815－4
疫門輯要一卷　(明)吳有性　(清)喻昌等撰　清同治七年(1868)刻本　一冊

360000－1901－0037837　408815－5
疫門輯要一卷　(明)吳有性　(清)喻昌等撰　清同治七年(1868)刻本　一冊

360000－1901－0037838　408815－6
疫門輯要一卷　(明)吳有性　(清)喻昌等撰　清同治七年(1868)刻本　一冊

360000－1901－0037839　408815－7
疫門輯要一卷　(明)吳有性　(清)喻昌等撰　清同治七年(1868)刻本　一冊

360000－1901－0037840　408815－8
疫門輯要一卷　(明)吳有性　(清)喻昌等撰　清同治七年(1868)刻本　一冊

360000－1901－0037841　408815－9
疫門輯要一卷　(明)吳有性　(清)喻昌等撰　清同治七年(1868)刻本　一冊

360000－1901－0037842　163392
挹翠樓詩鈔四卷　(清)潘清撰　清咸豐六年(1856)刻本　一冊

360000－1901－0037843　303407
挹江軒防浦紀略五卷　(清)周士拔撰　清嘉慶二年(1797)刻本　五冊

360000－1901－0037844　403882
益元堂訂正幼學妥註新增珠璣三卷首一卷　(明)程登吉撰　清光緒二十五年(1899)益元書局刻本　二冊

360000－1901－0037845　315806
益智編四十一卷　(明)孫能傳輯　清光緒十七年(1891)刻郯上遺書輯存本　十二冊

360000－1901－0037846　304209
益智圖二卷　(清)童葉庚撰　清光緒四年(1878)崇明童葉庚睫巢刻本　二冊

360000－1901－0037847　416913
益智圖二卷　(清)童葉庚撰　清光緒四年(1878)崇明童葉庚睫巢刻本　二冊

360000－1901－0037848　416914
益智圖二卷　(清)童葉庚撰　清光緒四年(1878)崇明童葉庚睫巢刻本　二冊

360000－1901－0037849　416914－1
益智圖二卷　(清)童葉庚撰　清光緒四年(1878)崇明童葉庚睫巢刻本　二冊

360000－1901－0037850　416914－2
益智圖二卷　(清)童葉庚撰　清虎林任有容齋刻本　二冊

360000－1901－0037851　416913－1
益智續圖一卷　(清)童昂等撰　清光緒六年(1880)任菊農刻本　一冊

360000－1901－0037852　416913－3
益智燕几圖一卷副本一卷　(清)童葉庚撰　清光緒十六年(1890)童葉庚刻本　二冊

360000－1901－0037853　416914－3
益智燕几圖一卷副本一卷　(清)童葉庚撰　清光緒十六年(1890)童葉庚刻本　二冊

360000－1901－0037854　416913－2
益智字圖一卷　(清)瑤華仙史梅君撰　清光緒十一年(1885)童葉庚刻本　一冊

360000－1901－0037855　407216
異傳地理真訣一卷附錄一卷　(明)李起麟撰　清咸豐五年(1855)貯真室刻本　一冊

360000－1901－0037856　800413
異傳太乙神鍼法一卷　(清)周雍和撰　清抄本　一册

360000－1901－0037857　162905
異方便淨土傳燈歸元鏡三祖實錄二卷　(清)釋智達撰　清刻本　二册

360000－1901－0037858　162079
異書四種　(清)申報館輯　清光緒二年(1876)鉛印申報館叢書本　一册　存二種

360000－1901－0037859　421659－1
異説後唐傳三集薛丁山征西樊梨花全傳十二卷八十八回　(清)如蓮居士撰　清刻本　一册　存一卷(十一)七回(七十三至七十九)

360000－1901－0037860　421658
異説後唐傳三集薛丁山征西樊梨花全傳十卷八十八回　(清)中都逸叟編　清刻本　二册　存五卷(一至五)四十四回(一至四十四)

360000－1901－0037861　721718
異説後唐傳三集薛丁山征西樊梨花全傳十卷八十八回　(清)中都逸叟編　清刻本　三册　存三卷(二至三、五)二十四回(六至二十一、二十九至三十六)

360000－1901－0037862　801334
異説後唐傳三集薛丁山征西樊梨花全傳十卷八十八回　(清)中都逸叟編　清刻本　一册　存二卷(四至五)十八回(二十七至四十四)

360000－1901－0037863　803712
逸典要言不分卷　(清)□□輯　清抄本　一册

360000－1901－0037864　302138
逸周書管箋十卷疏證一卷提要一卷集説一卷摭訂三卷　(晉)孔晁注　(清)丁宗洛撰　清道光十年(1830)濟寧丁宗洛迂園刻本　十册

360000－1901－0037865　302139
逸周書集訓校釋十卷逸文一卷　(清)朱右曾撰　清光緒三年(1877)湖北崇文書局刻本　二册

360000－1901－0037866　719561
逸周書集訓校釋十卷逸文一卷　(清)朱右曾撰　清光緒三年(1877)湖北崇文書局刻本　一册

360000－1901－0037867　417087
逸周書十卷　(晉)孔晁注　清刻本　一册　存二卷(一至二)

360000－1901－0037868　220242
逸周書十卷校正補遺一卷附錄一卷　(晉)孔晁注　(清)盧文弨校　清乾隆五十一年(1786)盧氏抱經堂刻抱經堂叢書本　二册

360000－1901－0037869　220243
逸周書十卷校正補遺一卷附錄一卷　(晉)孔晁注　(清)盧文弨校　清乾隆五十一年(1786)盧氏抱經堂刻抱經堂叢書本　二册

360000－1901－0037870　405385
肄山詩鈔□□卷　(清)張敬業撰　清刻本　一册　存二卷(三至四)

360000－1901－0037871　420513
瘍醫大全四十卷　(清)顧世澄撰　清刻本　十四册　存十四卷(一至三、五至九、十三、十六、二十七、二十九、三十一、三十七)

360000－1901－0037872　420513－1
瘍醫大全四十卷　(清)顧世澄撰　清刻本　一册　存一卷(三十一)

360000－1901－0037873　420512
瘍醫大全四十卷　(清)顧世澄撰　清乾隆二十五年(1760)二酉堂刻本　二十四册　存二十四卷(一、三至十三、十六至十八、二十一、二十五至二十六、二十八至二十九、三十一至三十二、三十四至三十五)

360000－1901－0037874　407912
意達天庭一卷　(清)俞汝華撰　清光緒二年(1876)抄本　一册

360000－1901－0037875　300156
意林五卷　(唐)馬總輯　清光緒三年(1877)湖北崇文書局刻本　二册

360000－1901－0037876　600221－12
意林五卷　(唐)馬總輯　清光緒三年(1877)湖北崇文書局刻本　二冊

360000－1901－0037877　121800
意園文錄二卷　(清)鄒昉撰　清咸豐八年(1858)清溪書堂刻本　二冊

360000－1901－0037878　121801
意園文錄二卷　(清)鄒昉撰　清咸豐八年(1858)清溪書堂刻本　二冊

360000－1901－0037879　300167
意園文略二卷　(清)盛昱撰　(清)楊鍾羲輯　**事略一卷**　(清)楊鍾羲撰　清宣統二年(1910)刻朱印本　一冊

360000－1901－0037880　404406
意中緣傳奇二卷三十齣　(清)李漁撰　清刻本　一冊　存一卷(上)十五齣(一至十五)

360000－1901－0037881　803105
意中緣傳奇二卷三十齣　(清)李漁撰　清刻本　一冊　存一卷(上)十五齣(一至十五)

360000－1901－0037882　404752
義渡錄四集二卷　(清)鹿江義渡局輯　清光緒三十一年(1905)鹿江義渡局刻本　一冊

360000－1901－0037883　404938
義府二卷　(清)黄生撰　清道光二十二年(1842)黄承吉刻本　二冊

360000－1901－0037884　403320－1
義經堂四書體註合講孟子七卷　(清)翁復編　清義經堂刻本　一冊　存三卷(一至三)

360000－1901－0037885　301210
義門讀書記不分卷　(清)何焯撰　清光緒六年(1880)刻本　十二冊

360000－1901－0037886　410034
義門讀書記五十八卷　(清)何焯撰　清刻本　十五冊　缺三卷(河東集一至三)

360000－1901－0037887　230372
義門讀書記五十八卷　(清)何焯撰　清乾隆三十四年(1769)蔣維鈞刻本　十六冊

360000－1901－0037888　304812
義門讀書記五十八卷　(清)何焯撰　清乾隆三十四年(1769)刻本　十一冊　存五十三卷(四書四至六,詩經上、下,左氏春秋上、下,史記上、下,前漢書一至六,後漢書一至五,三國志一至三,五代史一,昌黎集一至五,河東集一至三,歐文上、下,元豐類稿一至五,文選一至五,杜工部集一至六,義山詩集上、下,陶靖節集一)

360000－1901－0037889　307616
義門讀書記五十八卷　(清)何焯撰　清乾隆三十四年(1769)刻本　八冊　存三十四卷(四書一至六,詩經上、下,左氏春秋上、下,穀梁春秋一,公羊春秋一,史記上、下,前漢書一至六,後漢書一至五,三國志一至三,五代史一,昌黎集一至五)

360000－1901－0037890　301203
義門讀書記五十八卷　(清)何焯撰　清乾隆三十四年(1769)石香齋刻本　八冊

360000－1901－0037891　410033
義門讀書記五十八卷　(清)何焯撰　清乾隆三十四年(1769)石香齋刻本　八冊　缺二卷(三國志一至二)

360000－1901－0037892　410035
義門讀書記五十八卷　(清)何焯撰　清乾隆三十四年(1769)石香齋刻本　十冊

360000－1901－0037893　405054
義山文集六卷　(唐)李商隱撰　清嘉慶二十二年(1817)程昌甯刻本　一冊　存一卷(一)

360000－1901－0037894　417375
義塾記畧不分卷　(清)薛丙元輯　清光緒十一年(1885)刻本　一冊

360000－1901－0037895　421471
義俠好逑傳四卷十八回　(清)名教中人輯　清刻本　一冊　存二卷(三至四)八回(十一至十八)

360000－1901－0037896　421471－1
義俠好逑傳四卷十八回　(清)名教中人輯

清刻本　一册　存二卷(三至四)八回(十一至十八)

360000－1901－0037897　318118－3
義字號福田收官不分卷　(清)文林等輯　清光緒二年(1876)抄本　一册

360000－1901－0037898　405108
蓺蘭書屋詩鈔不分卷　(清)程定祥等撰　清刻本　一册

360000－1901－0037899　405109
蓺香詩草二卷　(清)俞鰲撰　清道光二十年(1840)刻本　一册

360000－1901－0037900　405110
藝舟雙楫不分卷　(清)包世臣撰　清光緒八年(1882)日省齋刻本　一册

360000－1901－0037901　412471
瘞鶴銘考補一卷校勘記一卷　(清)翁方綱撰　**山樵書外紀一卷**　(清)張開福撰　清光緒三十四年(1908)浭陽端方刻本　一册

360000－1901－0037902　122144
毅堂文稿二卷　(清)黄暉吉撰　(清)舒暢之輯　清嘉慶二十四年(1819)刻本　二册

360000－1901－0037903　304280
憶雲詞四卷刪存一卷　(清)項廷紀撰　清光緒十九年(1893)刻本　一册

360000－1901－0037904　409746
翼道錄二十四卷首一卷末一卷　(清)同善堂輯　清道光八年(1828)同善堂刻本　十一册　存十六卷(忠部一至三、肅部一至四、恭部一至二、惠部一至二、和部一至四,首一卷)

360000－1901－0037905　301148
翼教叢編六卷　(清)蘇輿輯　清光緒二十四年(1898)刻本　三册

360000－1901－0037906　404852
翼駟稗編八卷　(清)湯用中撰　(清)徐廷華評　清同治八年(1869)刻本　二册　存四卷(一至四)

360000－1901－0037907　901595
翼頌集□□卷　(清)胥欽輯　清刻本　一册　存八卷(一至八)

360000－1901－0037908　123182
翼堂詩草四卷　(清)梁維翰撰　清光緒五年(1879)刻本　二册

360000－1901－0037909　712935
翼菽典略十卷　(清)蕭正發撰　清刻本　二册　存二卷(四、七)

360000－1901－0037910　712936
翼菽典略十卷　(清)蕭正發撰　清刻本　一册　存一卷(一)

360000－1901－0037911　712937
翼菽典略十卷　(清)蕭正發撰　清刻本　三册　存四卷(二至四、六)

360000－1901－0037912　210361
翼藝典略十卷　(清)蕭正發撰　清乾隆四年(1739)刻本　二册　存三卷(一至二、五)

360000－1901－0037913　302926
藝風堂文集八卷藏書記八卷　繆荃孫撰　清光緒二十七年(1901)刻本　六册

360000－1901－0037914　418548
藝概六卷　(清)劉熙載撰　清光緒二十年(1894)清江徐氏刻本　二册

360000－1901－0037915　418549
藝概六卷　(清)劉熙載撰　清光緒二十年(1894)清江徐氏刻本　二册

360000－1901－0037916　410110－1
藝概六卷　(清)劉熙載撰　清同治十二年(1873)刻本　一册　存三卷(一至三)

360000－1901－0037917　410112
藝概六卷　(清)劉熙載撰　清同治十二年(1873)刻本　二册

360000－1901－0037918　417488
藝海珠塵　(清)吴省蘭輯　清嘉慶南匯吴氏聽彝堂刻本　四十二册

360000－1901－0037919　417489

藝海珠塵　(清)吳省蘭輯　清嘉慶南匯吳氏聽彝堂刻本　六冊　存十四種

360000－1901－0037920　600357
藝海珠塵　(清)吳省蘭輯　清嘉慶南匯吳氏聽彝堂刻本　六十五冊

360000－1901－0037921　600358
藝海珠塵　(清)吳省蘭輯　清嘉慶南匯吳氏聽彝堂刻本　四冊　存八種

360000－1901－0037922　150495
藝海珠塵　(清)吳省蘭輯　清刻本　六十三冊　存八集(甲集、乙集、丙集、丁集、戊集、己集、庚集、辛集)

360000－1901－0037923　409337
藝林萃珍二十四卷試帖味外味二卷　(清)□□輯　清片玉山房刻本　二十六冊

360000－1901－0037924　404540
藝林類擷十六卷　(清)謝輔祜輯　清刻本　一冊　存二卷(三至四)

360000－1901－0037925　405067
藝林述記六卷續二卷　(清)任兆麟撰　清刻本　三冊　存四卷(藝林述記五至六、續二卷)

360000－1901－0037926　802191
藝林珠玉不分卷　(清)□□輯　清刻本　一冊　存中庸

360000－1901－0037927　802196
藝林珠玉不分卷　(清)□□輯　清刻本　四冊　存中庸、下論、孟子

360000－1901－0037928　803010
藝林珠玉不分卷　(清)□□輯　清刻本　二冊

360000－1901－0037929　603738－1
藝文備覽一百二十卷檢字一卷補詳字義十四卷　(清)沙木集注　清刻本　七冊　存三十卷(未集六至十、申集十卷、酉集十卷、戌集一至五)

360000－1901－0037930　161309
藝文備覽一百二十卷檢字一卷附補詳字義十四篇　(清)沙木集注　清嘉慶十三年(1808)刻本　二十八冊

360000－1901－0037931　161310
藝文備覽一百二十卷檢字一卷附補詳字義十四篇　(清)沙木集注　清嘉慶十一年(1806)刻本　五十六冊

360000－1901－0037932　603932
藝文備覽一百二十卷檢字一卷附補詳字義十四篇　(清)沙木集注　清嘉慶十一年(1806)刻本　二十八冊

360000－1901－0037933　603933
藝文備覽一百二十卷檢字一卷附補詳字義十四篇　(清)沙木集注　清刻本　十九冊　存八十一卷(子集十卷、丑集十卷、寅集十卷、卯集十卷、辰集十卷、巳集十卷、午集十卷、未集十卷,檢字一卷)

360000－1901－0037934　805063
藝文備覽一百二十卷檢字一卷附補詳字義十四篇　(清)沙木集注　清刻本　四冊　存十五卷(戌集六至十、亥集十卷)

360000－1901－0037935　250002
藝文類聚一百卷　(唐)歐陽詢輯　明嘉靖六年至七年(1527－1528)胡纘宗、陸采刻本　十冊

360000－1901－0037936　418578
藝文類聚一百卷　(唐)歐陽詢輯　明嘉靖六年至七年(1527－1528)胡纘宗、陸采刻本　二冊　存四卷(十八至二十一)

360000－1901－0037937　250003
藝文類聚一百卷　(唐)歐陽詢輯　明刻本　二十冊

360000－1901－0037938　250004
藝文類聚一百卷　(唐)歐陽詢輯　明刻本　一冊　存九卷(六十四至七十二)

360000－1901－0037939　164248
藝文類聚一百卷　(唐)歐陽詢輯　清光緒五

年(1879)華陽宏達堂刻本　四十册

360000－1901－0037940　164249

藝文類聚一百卷　(唐)歐陽詢輯　清光緒五年(1879)華陽宏達堂刻本　七册　存二十一卷(八至九、十四至十八、二十三至二十五、六十八至七十二、八十五至八十七、九十至九十二)

360000－1901－0037941　302925

藝文類聚一百卷　(唐)歐陽詢輯　清光緒五年(1879)華陽宏達堂刻本　三十六册

360000－1901－0037942　164273

藝文類聚一百卷　(唐)歐陽詢輯　清刻本　二册　存六卷(八十三至八十八)

360000－1901－0037943　405106

藝香詞鈔四卷　(清)吳綺撰　清刻本　一册　存一卷(一)

360000－1901－0037944　713732

藝香山館藏稿四卷首一卷　(清)劉吉祥輯撰　清道光二十六年(1846)刻本　二册

360000－1901－0037945　713733

藝香山館藏稿四卷首一卷　(清)劉吉祥輯撰　清道光二十六年(1846)刻本　二册

360000－1901－0037946　409335

藝學統纂九十五卷　(清)馬建忠輯　清光緒二十八年(1902)上海文林石印本　二十三册　存八十八卷(天學五卷、地學五卷、測繪學六卷、製造學十卷、算學八卷、礦學八卷、聲學四卷、光學四卷、電學五卷、化學八卷、汽學六卷、重學四卷、農學七卷、醫學八卷)

360000－1901－0037947　409336

藝學統纂九十五卷　(清)馬建忠輯　清光緒二十八年(1902)上海文林石印本　十九册　存六十九卷(天學五卷、地學五卷、測繪學六卷、製造學十卷、算學八卷、礦學八卷、聲學四卷、光學四卷、電學五卷、化學八卷、汽學六卷)

360000－1901－0037948　405533

藝苑叢鈔　(清)王棔輯　清桐華館刻本　一册　存二種

360000－1901－0037949　405107

藝苑菁華不分卷　(清)武林吟花講舍主人筆珊氏編　清刻本　一册

360000－1901－0037950　805180

藝苑捃華　(清)顧之逵輯　清刻本　一册　存三種

360000－1901－0037951　400933

藝苑捃華　(清)顧之逵輯　清同治刻本　六册　存十六種

360000－1901－0037952　400934

藝苑捃華　(清)顧之逵輯　清同治刻本　五册　存十六種

360000－1901－0037953　402246

藝苑捃華　(清)顧之逵輯　清同治刻本　二册　存八種

360000－1901－0037954　800779

藝苑名言八卷　(清)蔣瀾輯　清抄本　一册　存二卷(三至四)

360000－1901－0037955　803541

藝苑名言八卷　(清)蔣瀾輯　清抄本　一册　存二卷(五至六)

360000－1901－0037956　418777－1

藝苑名言八卷　(清)蔣瀾輯　清道光四年(1824)刻本　一册　存二卷(一至二)

360000－1901－0037957　418764

藝苑名言八卷　(清)蔣瀾輯　清嘉慶二十五年(1820)刻本　二册

360000－1901－0037958　418765

藝苑名言八卷　(清)蔣瀾輯　清嘉慶二十五年(1820)刻本　二册

360000－1901－0037959　418766

藝苑名言八卷　(清)蔣瀾輯　清嘉慶二十五年(1820)刻本　二册

360000－1901－0037960　418767

藝苑名言八卷　(清)蔣瀾輯　清嘉慶二十五年(1820)刻本　二册

360000－1901－0037961　418777－3
藝苑名言八卷　(清)蔣瀾輯　清嘉慶二十五年(1820)刻本　一册　存四卷(一至四)

360000－1901－0037962　418769
藝苑名言八卷　(清)蔣瀾輯　清嘉慶二十五年(1820)刻本(卷五至八配清刻本)　三册

360000－1901－0037963　418768
藝苑名言八卷　(清)蔣瀾輯　清嘉慶二十五年(1820)刻本(卷五至六配清刻本)　三册

360000－1901－0037964　302920
藝苑名言八卷　(清)蔣瀾輯　清嘉慶二十五年(1820)務本堂刻本　四册

360000－1901－0037965　420082
藝苑名言八卷　(清)蔣瀾輯　清嘉慶十九年(1814)刻本(卷三至六配清刻本)　三册　存六卷(一至六)

360000－1901－0037966　418757
藝苑名言八卷　(清)蔣瀾輯　清刻本　四册

360000－1901－0037967　418758
藝苑名言八卷　(清)蔣瀾輯　清刻本　二册

360000－1901－0037968　418759
藝苑名言八卷　(清)蔣瀾輯　清刻本　四册

360000－1901－0037969　418760
藝苑名言八卷　(清)蔣瀾輯　清刻本　五册

360000－1901－0037970　418761
藝苑名言八卷　(清)蔣瀾輯　清刻本　三册　存六卷(一至四、七至八)

360000－1901－0037971　418772
藝苑名言八卷　(清)蔣瀾輯　清刻本　四册

360000－1901－0037972　418775
藝苑名言八卷　(清)蔣瀾輯　清刻本　二册

360000－1901－0037973　418776
藝苑名言八卷　(清)蔣瀾輯　清刻本　四册　存七卷(一至六、八)

360000－1901－0037974　418777
藝苑名言八卷　(清)蔣瀾輯　清刻本　一册　存四卷(一至四)

360000－1901－0037975　418777－2
藝苑名言八卷　(清)蔣瀾輯　清刻本　一册　存二卷(三至四)

360000－1901－0037976　418773
藝苑名言八卷　(清)蔣瀾輯　清刻本(卷一至二配清乾隆四十八年刻本)　五册

360000－1901－0037977　418770
藝苑名言八卷　(清)蔣瀾輯　清乾隆四十八年(1783)刻本　四册　存七卷(一至四、六至八)

360000－1901－0037978　418771
藝苑名言八卷　(清)蔣瀾輯　清乾隆四十八年(1783)刻本　四册

360000－1901－0037979　418774
藝苑名言八卷　(清)蔣瀾輯　清乾隆四十八年(1783)刻本(卷五至八配清刻本)　二册

360000－1901－0037980　418762
藝苑名言八卷　(清)蔣瀾輯　清乾隆五十六年(1791)刻本　四册

360000－1901－0037981　418763
藝苑名言八卷　(清)蔣瀾輯　清乾隆五十六年(1791)刻本(卷二至四配清刻本)　六册

360000－1901－0037982　410441
藝芸館詩鈔十三卷　(清)王世錦撰　**環翠樓詩鈔一卷**　(清)王熊伯撰　清嘉慶刻本　一册　存五卷(廣香草一卷、嘉峪草一卷、歸去草一卷、補遺草一卷,環翠樓詩鈔一卷)

360000－1901－0037983　405111
藝舟雙楫六卷　(清)包世臣撰　清光緒高安鄒氏刻玉雞苗館叢書本　一册　存四卷(一至四)

360000－1901－0037984　413430
藝舟雙楫六卷　(清)包世臣撰　清刻安吳四種本　一册　存二卷(一至二)

360000－1901－0037985　302924
藝舟雙楫書論二卷　(清)包世臣撰　清光緒十七年(1891)刻本　二冊

360000－1901－0037986　161312
繹孟百二篇二卷　(清)吳文翰撰　清道光十四年(1834)南陔堂刻本　二冊

360000－1901－0037987　162040
繹史一百六十卷　(清)馬驌撰　清光緒十五年(1889)金匱浦氏刻本　四十冊

360000－1901－0037988　162041
繹史一百六十卷　(清)馬驌撰　清光緒十五年(1889)金匱浦氏刻本　四十冊

360000－1901－0037989　400707
繹史一百六十卷世系圖一卷年表一卷　(清)馬驌撰　清光緒二十三年(1897)武林尚友齋石印本　十六冊　存九十三卷(十六至二十二、二十五至三十六、四十五至五十六、七十一至一百十、一百十九至一百三十八,世系圖一卷,年表一卷)

360000－1901－0037990　313189
繹史一百六十卷世系圖一卷年表一卷　(清)馬驌撰　清光緒三十年(1904)浙江書局刻本　五十冊

360000－1901－0037991　310047
繹史一百六十卷世系圖一卷年表一卷　(清)馬驌撰　清康熙九年(1670)刻本　四十四冊

360000－1901－0037992　220223
繹史一百六十卷世系圖一卷年表一卷　(清)馬驌撰　清康熙刻本　二十四冊

360000－1901－0037993　220224
繹史一百六十卷世系圖一卷年表一卷　(清)馬驌撰　清康熙刻本　四十四冊

360000－1901－0037994　220225
繹史一百六十卷世系圖一卷年表一卷　(清)馬驌撰　清康熙刻本　四十七冊　缺一卷(世系圖一卷)

360000－1901－0037995　314694
繹史一百六十卷世系圖一卷年表一卷　(清)馬驌撰　清康熙刻本　二十四冊

360000－1901－0037996　400706
繹史一百六十卷世系圖一卷年表一卷　(清)馬驌撰　清康熙刻本　三十六冊

360000－1901－0037997　400706－1
繹史一百六十卷世系圖一卷年表一卷　(清)馬驌撰　清康熙刻本　一冊　存十卷(一至十)

360000－1901－0037998　400706－2
繹史一百六十卷世系圖一卷年表一卷　(清)馬驌撰　清康熙刻本　一冊　存五卷(一至四、年表一卷)

360000－1901－0037999　313997
南疆繹史勘本三十卷首二卷　(清)溫睿臨撰　(清)李瑤勘定　**繹史摭遺十八卷卹謚考八卷**　(清)李瑤撰　清道光十年(1830)刻本　六冊　存二十六卷(繹史摭遺十八卷、卹謚考八卷)

360000－1901－0038000　240991
繹堂存稿十卷首一卷　(清)曹茂先撰　清乾隆二十三年(1758)刻本　三冊

360000－1901－0038001　301543
繹志十九卷　(清)胡承諾撰　清道光十七年(1837)婁東顧氏謏聞書屋刻本　六冊

360000－1901－0038002　164307
繹志十九卷　(清)胡承諾撰　清刻本　五冊　存十一卷(三至十三)

360000－1901－0038003　164305
繹志十九卷　(清)胡承諾撰　清同治十一年(1872)浙江書局刻本　八冊

360000－1901－0038004　164306
繹志十九卷　(清)胡承諾撰　清同治十一年(1872)浙江書局刻本　八冊

360000－1901－0038005　400708
繹志十九卷　(清)胡承諾撰　清同治十一年(1872)浙江書局刻本　八冊　存十五卷(一至二、五至六、九至十九)

360000－1901－0038006　400709
繹志十九卷　(清)胡承諾撰　清同治十一年(1872)浙江書局刻本　四册　存十卷(一至四、十四至十九)

360000－1901－0038007　802458
議書一卷　(清)朱信堅撰　清光緒七年(1881)稿本　一册

360000－1901－0038008　230397
因話錄六卷　(唐)趙璘撰　明刻本　一册

360000－1901－0038009　303656
因寄軒文初集十卷二集六卷補遺一卷　(清)管同撰　清光緒五年(1879)刻本　四册

360000－1901－0038010　163341
因寄軒文初集十卷二集六卷補遺一卷　(清)管同撰　清道光十三年(1833)上元管氏刻本　四册

360000－1901－0038011　310130
因明入正理論疏八卷　(唐)釋窺基撰　清光緒二十二年(1896)金陵刻經處刻本　二册

360000－1901－0038012　800125
因樹屋書影十一卷　(清)周亮工撰　清雍正三年(1725)懷德堂刻本　四册　存五卷(一至五)

360000－1901－0038013　405022
因文見道錄一卷　(□)□□編　清抄本　一册

360000－1901－0038014　405975－1
音論三卷　(清)顧炎武撰　清刻音學五書本　一册

360000－1901－0038015　901699
音律指迷二卷　(清)周知撰　(清)謝蘭生編　清道光十七年(1837)刻本　一册

360000－1901－0038016　210449
音同義異辯一卷　(清)畢沅撰　清乾隆四十九年(1784)刻本　一册

360000－1901－0038017　405974
音學辨微一卷　(清)江永撰　清成都敦睦堂刻本　一册

360000－1901－0038018　405973
音學辨微一卷　(清)江永撰　清乾隆二十四年(1759)刻本　一册

360000－1901－0038019　121063
音學秘書四卷　(清)涂謙撰　清道光九年(1829)六吉居刻本　四册

360000－1901－0038020　405985
音學秘書四卷　(清)涂謙撰　清道光九年(1829)六吉居刻本　三册　存三卷(二至四)

360000－1901－0038021　405986
音學秘書四卷　(清)涂謙撰　清道光九年(1829)六吉居刻本　二册　存二卷(二、四)

360000－1901－0038022　405986－1
音學秘書四卷　(清)涂謙撰　清道光九年(1829)六吉居刻本　一册　存一卷(二)

360000－1901－0038023　121064
音學偶存二卷續編一卷　(清)郭師古撰　清光緒十二年(1886)清芬堂刻本　一册

360000－1901－0038024　405969
音學五書　(清)顧炎武撰　清光緒十六年(1890)思賢講舍刻本　十二册

360000－1901－0038025　405970
音學五書　(清)顧炎武撰　清光緒十六年(1890)思賢講舍刻本　十册　存音論三卷，詩本音一至四、九至十，易音三卷，唐韻正一至十六、十九至二十，古音表二卷

360000－1901－0038026　160654
音學五書　(清)顧炎武撰　清光緒十一年(1885)四明觀稼樓刻本　十二册

360000－1901－0038027　210465
音學五書　(清)顧炎武撰　清康熙六年(1667)山陽張弨符山堂刻本　十二册

360000－1901－0038028　210466
音學五書　(清)顧炎武撰　清康熙六年(1667)山陽張弨符山堂刻本　二十册

360000－1901－0038029　210467
音學五書　(清)顧炎武撰　清康熙六年(1667)山陽張弨符山堂刻本　八冊

360000－1901－0038030　603405
音學五書　(清)顧炎武撰　清康熙六年(1667)山陽張弨符山堂刻本　十五冊　存音論三卷,詩本音十卷,易音三卷,唐韻正一至十、十四至二十,古音表二卷

360000－1901－0038031　405971
音學五書　(清)顧炎武撰　清刻本　十冊　存四種

360000－1901－0038032　405972
音學五書　(清)顧炎武撰　清刻本　七冊　存三種

360000－1901－0038033　405975
音學五書　(清)顧炎武撰　清刻本　七冊　存四種

360000－1901－0038034　603407
音學五書　(清)顧炎武撰　清刻本　八冊　存三種

360000－1901－0038035　405976
音韻辨譌一卷　(清)萬青銓撰　清道光十二年(1832)芋栗園刻本　一冊

360000－1901－0038036　405976－10
音韻辨譌一卷　(清)萬青銓撰　清道光十二年(1832)芋栗園刻本　一冊

360000－1901－0038037　405976－11
音韻辨譌一卷　(清)萬青銓撰　清道光十二年(1832)芋栗園刻本　一冊

360000－1901－0038038　405976－12
音韻辨譌一卷　(清)萬青銓撰　清道光十二年(1832)芋栗園刻本　一冊

360000－1901－0038039　405976－2
音韻辨譌一卷　(清)萬青銓撰　清道光十二年(1832)芋栗園刻本　一冊

360000－1901－0038040　405976－3
音韻辨譌一卷　(清)萬青銓撰　清道光十二年(1832)芋栗園刻本　一冊

360000－1901－0038041　405976－4
音韻辨譌一卷　(清)萬青銓撰　清道光十二年(1832)芋栗園刻本　一冊

360000－1901－0038042　405976－5
音韻辨譌一卷　(清)萬青銓撰　清道光十二年(1832)芋栗園刻本　一冊

360000－1901－0038043　405976－6
音韻辨譌一卷　(清)萬青銓撰　清道光十二年(1832)芋栗園刻本　一冊

360000－1901－0038044　405976－7
音韻辨譌一卷　(清)萬青銓撰　清道光十二年(1832)芋栗園刻本　一冊

360000－1901－0038045　405976－8
音韻辨譌一卷　(清)萬青銓撰　清道光十二年(1832)芋栗園刻本　一冊

360000－1901－0038046　405976－9
音韻辨譌一卷　(清)萬青銓撰　清道光十二年(1832)芋栗園刻本　一冊

360000－1901－0038047　405976－1
音韻辨譌一卷　(清)萬青銓撰　清芋栗園刻本　一冊

360000－1901－0038048　803756
音韻綱目□□卷　(清)□□輯　清抄本　一冊　存一卷(上)

360000－1901－0038049　405980
音韻合註四書一卷五經一卷　(清)鄒岳輯　清刻本　一冊

360000－1901－0038050　706076
音韻合註四書一卷五經一卷　(清)鄒岳輯　清同治七年(1868)方子箴刻本　一冊

360000－1901－0038051　405984
音韻輯要二十一卷　(清)王鵕撰　清乾隆四十九年(1784)崑山咸德堂刻本　四冊

360000－1901－0038052　405982
音韻日月燈六十四卷　(明)呂維祺撰　明刻

本　一册　存三卷(同文鐸二十二至二十四)

360000－1901－0038053　405981
音韻須知二卷　(清)李書雲輯　清康熙二十九年(1690)刻本　一册

360000－1901－0038054　405978
音韻正訛四卷　(明)孫耀輯　清嘉慶十六年(1811)述經堂刻本　二册

360000－1901－0038055　405977
音韻正訛四卷　(明)孫耀輯　清刻本　一册

360000－1901－0038056　416204
音韻字畫指禺不分卷　(清)□□輯　清刻本　一册

360000－1901－0038057　414550
音註小倉山房尺牘八卷補遺一卷　(清)袁枚撰　(清)胡光斗箋釋　清光緒二十一年(1895)上海焕文書局石印本　二册

360000－1901－0038058　414551
音註小倉山房尺牘八卷補遺一卷　(清)袁枚撰　(清)胡光斗箋釋　清光緒二十一年(1895)上海焕文書局石印本　三册　存六卷(一至六)

360000－1901－0038059　414553
音註小倉山房尺牘八卷補遺一卷　(清)袁枚撰　(清)胡光斗箋釋　清光緒十二年(1886)上海掃葉山房刻朱墨套印本　四册

360000－1901－0038060　414554
音註小倉山房尺牘八卷補遺一卷　(清)袁枚撰　(清)胡光斗箋釋　清光緒十二年(1886)上海掃葉山房刻朱墨套印本　四册

360000－1901－0038061　163485
音註小倉山房尺牘八卷補遺一卷　(清)袁枚撰　(清)胡光斗箋釋　清光緒十一年(1885)上海著易堂石印本　四册

360000－1901－0038062　414552
音註小倉山房尺牘八卷補遺一卷　(清)袁枚撰　(清)胡光斗箋釋　清光緒十一年(1885)上海著易堂石印本　四册

360000－1901－0038063　161841
殷商貞卜文字考一卷　羅振玉撰　清宣統二年(1910)上虞羅氏玉簡齋石印本　一册

360000－1901－0038064　161995
殷商貞卜文字考一卷　羅振玉撰　清宣統二年(1910)上虞羅氏玉簡齋石印本　一册

360000－1901－0038065　304098
月齋文集八卷詩集四卷　(清)張穆撰　清咸豐八年(1858)刻本　四册

360000－1901－0038066　705174
月齋文集八卷詩集四卷　(清)張穆撰　清咸豐八年(1858)刻本　一册　存三卷(月齋文集六至八)

360000－1901－0038067　405553－1
陰道一卷陽道一卷　(清)□□撰　**滚盤珠一卷**　(清)吕天玉選　(清)劉光遠訂　清刻本　一册

360000－1901－0038068　302965
陰符經發隱一卷道德經發隱一卷沖虚經發隱一卷南華經發隱一卷　(清)楊文會等注　清光緒三十年(1904)刻本　一册

360000－1901－0038069　304178
陰符經發隱一卷道德經發隱一卷沖虚經發隱一卷南華經發隱一卷　(清)楊文會等注　清刻本　一册

360000－1901－0038070　407186
陰符經一卷　(漢)張良注　**黄帝陰符經一卷**　(明)吕坤注　**陰符經一卷**　(清)李光地注　清刻本　一册

360000－1901－0038071　301524
陰静夫先生遺文二卷　(清)陰承方撰　清嘉慶十二年(1807)刻本　一册

360000－1901－0038072　707185
陰陽寶海三元玉鏡奇書三卷　(元)釋幕講撰　(明)江之棟輯　清尚白齋刻本　一册

360000－1901－0038073　722474
陰陽寶海三元玉鏡奇書三卷　(元)釋幕講撰

(明)江之棟輯　清尚白齋刻本　一冊

360000－1901－0038074　319590
陰陽定論四卷　(明)周視撰　明刻本　三冊

360000－1901－0038075　230557
陰陽二宅全書　(清)姚廷鑾輯　清乾隆十七年(1752)華亭姚氏片山書樓刻本　六冊

360000－1901－0038076　804628
陰陽玅理竅一卷陽宅開門捷要一卷　(□)□□輯　清抄本　一冊

360000－1901－0038077　306577
陰陽指正四卷　(清)姚承輿撰　清咸豐二年(1852)刻本　二冊

360000－1901－0038078　407171
陰宅集要四卷　(清)姚廷鑾輯　清乾隆十七年(1752)刻本　二冊　存二卷(一、三)

360000－1901－0038079　407169
陰宅集要四卷　(清)姚廷鑾輯　清乾隆十三年(1748)刻本　四冊

360000－1901－0038080　407170
陰宅集要四卷　(清)姚廷鑾輯　清乾隆十三年(1748)刻本　三冊　存三卷(一至三)

360000－1901－0038081　407146
陰騭果報圖注不分卷　(明)顔正注　(清)黄正元集證　(清)吳友如繪　清光緒十七年(1891)石印本　一冊

360000－1901－0038082　407146－1
陰騭果報圖注不分卷　(明)顔正注　(清)黄正元集證　(清)吳友如繪　清末石印本　一冊

360000－1901－0038083　304177
陰騭文賦四卷　(清)夏琮鼎撰　清光緒二十四年(1898)薌城乾元堂刻本　二冊

360000－1901－0038084　304179
陰騭文説証彙纂八卷文昌帝君勸孝文集證一卷楊椒公家訓一卷　(□)□□撰　清光緒九年(1883)浙湖最樂齋善書坊刻本　八冊

360000－1901－0038085　407165
陰騭文圖證不分卷　(清)費丹旭繪　(清)許光清集證　清道光二十四年(1844)海昌蔣氏別下齋刻本　二冊

360000－1901－0038086　307656
陰騭文圖證不分卷　(清)費丹旭繪　(清)許光清集證　清同治七年(1868)待鶴齋刻本　二冊

360000－1901－0038087　407168
陰騭文圖註二卷　(清)顔正注釋　(清)黄正元圖說　清乾隆四十二年(1777)煥文堂刻本　一冊　存一卷(上)

360000－1901－0038088　707177
陰鷙文詩一卷　(清)思無邪齋主人撰　清道光二十一年(1841)刻本　一冊

360000－1901－0038089　405218
吟鞭草一卷　(清)周書酉撰　清刻本　一冊

360000－1901－0038090　120728
吟次偶記四卷　(清)羅安撰　清嘉慶二十年(1815)刻本　四冊

360000－1901－0038091　405220
吟鏨軒稿□□卷附編一卷　(清)顧文煜撰　清刻本　一冊　存一卷(附編一卷)

360000－1901－0038092　901678
吟花課藝一卷　(清)如棻輯　清八怪山房刻本　一冊

360000－1901－0038093　410922
吟花新篇一卷　(清)顧森書撰　清光緒二十五年(1899)刻本　一冊

360000－1901－0038094　163686
吟梅閣集唐三卷　(清)何鈺麟撰　清道光刻本　一冊

360000－1901－0038095　405228
吟香室詩草二卷　(清)楊蘊輝撰　清光緒二十四年(1898)刻本　二冊

360000－1901－0038096　417617
寅清書屋課存不分卷　(清)許振祎撰　清咸

豐十年(1860)刻本　三冊

360000－1901－0038097　402077
欽頒州縣事宜一卷　(清)田文鏡撰　清同治七年(1868)江蘇書局刻牧令全書本　一冊

360000－1901－0038098　402078
欽頒州縣事宜一卷　(清)田文鏡撰　清同治七年(1868)江蘇書局刻牧令全書本　一冊

360000－1901－0038099　163096
欽定本朝四書文不分卷　(清)張玉書等撰　清光緒二年(1876)崇文書局刻本　七冊

360000－1901－0038100　603220－1
欽定本朝四書文不分卷　(清)張玉書等撰　清刻本　七冊

360000－1901－0038101　805010
欽定本朝四書文不分卷　(清)張玉書等撰　清刻本　七冊

360000－1901－0038102　160685
欽定春秋傳說彙纂三十八卷首二卷　(清)王掞等撰　清光緒十四年(1888)上海鴻文書局石印御纂七經本　三冊

360000－1901－0038103　603430
欽定春秋傳說彙纂三十八卷首二卷　(清)王掞等撰　清康熙六十年(1721)刻本　三十二冊

360000－1901－0038104　210289
欽定春秋傳說彙纂三十八卷首二卷　(清)王掞等撰　清康熙六十年(1721)武英殿刻本　二十四冊

360000－1901－0038105　210290
欽定春秋傳說彙纂三十八卷首二卷　(清)王掞等撰　清康熙六十年(1721)武英殿刻本　二十四冊

360000－1901－0038106　402607－2
欽定春秋傳說彙纂三十八卷首二卷　(清)王掞等撰　清康熙六十年(1721)武英殿刻本　十七冊　存三十七卷(一至十八、二十二至三十八,首二卷)

360000－1901－0038107　402609
欽定春秋傳說彙纂三十八卷首二卷　(清)王掞等撰　清康熙六十年(1721)武英殿刻本　七冊　存十一卷(八至十八)

360000－1901－0038108　402610
欽定春秋傳說彙纂三十八卷首二卷　(清)王掞等撰　清刻本　十九冊　存三十三卷(一至九、十一至十二、十五至二十五、二十八至三十八)

360000－1901－0038109　402612－2
欽定春秋傳說彙纂三十八卷首二卷　(清)王掞等撰　清刻本　十冊　存二十四卷(一至三、十一至十六、十八、二十二至二十四、二十九至三十八,首上)

360000－1901－0038110　402612－3
欽定春秋傳說彙纂三十八卷首二卷　(清)王掞等撰　清刻本　八冊　存十六卷(一至八、十三至二十)

360000－1901－0038111　402616
欽定春秋傳說彙纂三十八卷首二卷　(清)王掞等撰　清刻本　四冊　存七卷(十八至二十二、二十九至三十)

360000－1901－0038112　402616－1
欽定春秋傳說彙纂三十八卷首二卷　(清)王掞等撰　清刻本　三冊　存四卷(二十七至二十八、三十六至三十七)

360000－1901－0038113　402616－2
欽定春秋傳說彙纂三十八卷首二卷　(清)王掞等撰　清刻本　四冊　存十一卷(一至三、六至八、十八至二十二)

360000－1901－0038114　402616－3
欽定春秋傳說彙纂三十八卷首二卷　(清)王掞等撰　清刻本　八冊　存十四卷(五至六、十八至二十二、二十八至三十四)

360000－1901－0038115　402617－13
欽定春秋傳說彙纂三十八卷首二卷　(清)王掞等撰　清刻本　五冊　存十五卷(一至四、九至十七、二十三至二十四)

360000－1901－0038116　402617－14

欽定春秋傳說彙纂三十八卷首二卷　(清)王掞等撰　清刻本　六册　存八卷(六至八、十一至十二、十七至十八,首下)

360000－1901－0038117　402617－15

欽定春秋傳說彙纂三十八卷首二卷　(清)王掞等撰　清刻本　八册　存十三卷(二至三、六、十三至十六、十九至二十、二十九至三十、三十二至三十三)

360000－1901－0038118　402617－16

欽定春秋傳說彙纂三十八卷首二卷　(清)王掞等撰　清刻本　二册　存二卷(十五、三十)

360000－1901－0038119　603434

欽定春秋傳說彙纂三十八卷首二卷　(清)王掞等撰　清刻本　二十四册

360000－1901－0038120　800073

欽定春秋傳說彙纂三十八卷首二卷　(清)王掞等撰　清刻本　一册　存一卷(三)

360000－1901－0038121　803222

欽定春秋傳說彙纂三十八卷首二卷　(清)王掞等撰　清刻本　十七册　存三十八卷(欽定春秋傳說彙纂三十八卷)

360000－1901－0038122　402620－1

欽定春秋傳說彙纂三十八卷首二卷　(清)王掞等撰　清末石印本　一册　存十四卷(二十五至三十八)

360000－1901－0038123　402607－1

欽定春秋傳說彙纂三十八卷首二卷　(清)王掞等撰　清同治十年(1871)湖北崇文書局刻本　二十册

360000－1901－0038124　603433

欽定春秋傳說彙纂三十八卷首二卷　(清)王掞等撰　清同治十年(1871)湖北崇文書局刻本　二十三册　存三十五卷(一至六、九至三十五,首二卷)

360000－1901－0038125　402625

欽定春秋傳說彙纂三十八卷首二卷　(清)王掞等撰　清尊經閣刻本　十四册

360000－1901－0038126　803328

欽定春秋纂不分卷　(清)□□輯　清抄本　一册

360000－1901－0038127　803906

欽定春秋纂不分卷附三傳諸說　(宋)胡安國撰　清抄本　一册

360000－1901－0038128　160306

欽定春秋左傳讀本三十卷　(清)英和等撰　清道光二年(1822)武英殿刻本　十六册

360000－1901－0038129　416025

欽定春秋左傳讀本三十卷　(清)英和等撰　清光緒八年(1882)山西濬文書局刻本　十六册

360000－1901－0038130　715821

欽定春秋左傳讀本三十卷　(清)英和等撰　清刻本　二册　存七卷(五至八、十四至十六)

360000－1901－0038131　718351

欽定春秋左傳讀本三十卷　(清)英和等撰　清刻本　三册　存七卷(二十至二十六)

360000－1901－0038132　720821

欽定春秋左傳讀本三十卷　(清)英和等撰　清刻本　二册　存四卷(二十七至三十)

360000－1901－0038133　804525

欽定春秋左傳讀本三十卷　(清)英和等撰　清刻本　二册　存四卷(九至十二)

360000－1901－0038134　160305

欽定春秋左傳讀本三十卷　(清)英和等撰　清同治八年(1869)江蘇書局刻本　十二册

360000－1901－0038135　416023

欽定春秋左傳讀本三十卷　(清)英和等撰　清同治八年(1869)江蘇書局刻本　十册

360000－1901－0038136　416024

欽定春秋左傳讀本三十卷　(清)英和等撰　清同治八年(1869)江蘇書局刻本　十册

360000－1901－0038137　718350
欽定春秋左傳讀本三十卷　(清)英和等撰　清同治八年(1869)刻本　六冊　存十四卷(一至四、九至十、十三至十八、二十一至二十二)

360000－1901－0038138　722352
欽定春秋左傳讀本三十卷　(清)英和等撰　清同治八年(1869)刻本　一冊　存二卷(二十七至二十八)

360000－1901－0038139　603427
欽定春秋左傳讀本三十卷　(清)英和等撰　**春秋三傳異文考一卷**　(清)張之萬撰　清同治九年(1870)金陵張之萬刻本　十四冊　存二十七卷(欽定春秋左傳讀本三至四、七至三十,春秋三傳異文考一卷)

360000－1901－0038140　401633
欽定大清會典八十卷　(清)托津等撰　清嘉慶刻本　二十冊

360000－1901－0038141　164346
欽定大清會典八十卷圖一百三十二卷目錄二卷事例九百二十卷目錄八卷　(清)托津等撰　清嘉慶二十三年(1818)刻本　四百四十冊

360000－1901－0038142　420252
欽定大清會典八十卷圖一百三十二卷目錄二卷事例九百二十卷目錄八卷　(清)托津等撰　清嘉慶二十三年(1818)刻本　十三冊　存三十五卷(十九至二十五、三十七至三十八、四十三至四十六、五十四至六十四、六十七至七十七)

360000－1901－0038143　805054
欽定大清會典紀要四卷　(清)□□撰　清同治十一年(1872)湖北崇文書局刻本　四冊

360000－1901－0038144　401617
欽定大清會典事例九百二十卷目錄八卷　(清)托津等撰　清嘉慶二十三年(1818)武英殿刻本　一百八冊　存三百八十六卷(一至一百七十六、三百六十一至五百六十二,目錄八卷)

360000－1901－0038145　401618
欽定大清會典事例九百二十卷目錄八卷　(清)托津等撰　清刻本　五十二冊　存一百四十九卷(三十五至三十六、三十九至四十、五十五至六十三、六十六至七十、七十四至八十、一百十二至一百十四、一百五十七至一百五十九、一百七十七至一百七十九、二百十三至二百十五、二百二十二至二百二十三、二百三十七至二百三十八、二百九十至二百九十二、三百至三百一、三百五至三百十、三百六十三至三百六十八、三百七十一至三百七十三、四百十三至四百十六、四百四十九至四百五十一、四百五十六至四百五十八、四百九十七至四百九十九、五百二至五百三、五百十八至五百二十、五百三十一至五百三十八、五百九十二至五百九十三、六百二十三至六百二十六、六百五十至六百五十一、六百五十八至六百五十九、六百六十八至六百七十、六百九十至六百九十二、七百四十至七百四十二、七百四十九至七百五十一、七百六十五至七百六十八、七百七十八至七百八十、八百十二至八百二十五、八百五十六至八百五十九、八百八十一至八百八十八、九百至九百六)

360000－1901－0038146　401618－1
欽定大清會典事例九百二十卷目錄八卷　(清)托津等撰　清刻本　一冊　存四卷(六十二至六十五)

360000－1901－0038147　164351
欽定大清會典事例一千二百二十卷目錄八卷　(清)崑岡等撰　清光緒三十四年(1908)上海商務印書館石印本　一百五十冊

360000－1901－0038148　401620
欽定大清會典事例一千二百二十卷目錄八卷　(清)崑岡等撰　清光緒三十四年(1908)上海商務印書館石印本　十三冊　存九十八卷(一百十五至一百二十、一百三十六至一百五十一、一百九十六至二百三、二百四十八至二百五十五、三百十九至三百二十五、四百八十八至四百九十四、五百四十九至五百五十四、五百六十一至五百六十七、六百八十八至七

百五、七百九十八至八百六、一千九十至一千九十五)

360000－1901－0038149　805025

欽定大清會典事例一千二百二十卷目錄八卷　(清)崑岡等撰　清光緒三十四年(1908)上海商務印書館石印本　九十一冊　存七百四十九卷(三百三十四至三百八十五、三百九十三至四百六十一、四百七十六至五百六十七、五百七十六至六百十三、六百六十六至六百八十七、六百九十八至七百四十九、七百六十至八百六、八百二十五至八百五十一、八百六十二至一千二百十一)

360000－1901－0038150　805219

欽定大清會典事例一千二百二十卷目錄八卷　(清)崑岡等撰　清刻本　十七冊　存七十三卷(三十九至四十九、八十六至一百九、二百二十一至二百二十三、二百三十至二百三十二、七百四至七百九、七百三十九至七百四十八、七百五十七至七百六十六、八百九十四至八百九十九)

360000－1901－0038151　800452－1

欽定大清會典事例一千二百二十卷目錄八卷　(清)崑岡等撰　清末石印本　二十六冊　存一百三卷(九百五十八至九百六十二、九百六十七至一千四、一千二十六至一千五十七、一千六十六至一千七十、一千七十五至一千八十二、一千八十八至一千一百、一千一百六至一千一百七)

360000－1901－0038152　805027

欽定大清會典事例一千二百二十卷目錄八卷　(清)崑岡等撰　清末石印本　九十三冊　存三百三卷(一百四十九至一百五十八、一百八十九至一百九十八、二百三十二至二百三十七、二百四十一至二百四十三、二百四十八至二百六十四、二百七十二至二百七十五、二百八十至二百八十六、二百八十九、二百九十七至三百一、三百六至三百十一、三百十九至三百二十、三百二十四至三百二十五、三百三十六至三百三十九、三百五十五至三百五十七、三百六十四至三百七十五、四百九十九至五百十一、五百十五至五百二十三、五百二十六至五百三十五、五百三十九至五百四十一、五百五十八至五百五十九、五百八十三至五百八十五、五百九十四至五百九十六、六百四至六百十一、六百四十七至六百五十六、六百六十至六百六十二、六百七十一至六百八十一、六百八十六至六百八十七、六百九十五至七百九、七百十六至七百十九、九百四十九至九百五十七、一千一百五至一千一百十六、一千一百二十一至一千一百四十五、一千一百五十至一千一百六十一、一千一百六十六至一千二百十、一千二百十二至一千二百二十)

360000－1901－0038153　800105

欽定大清會典事例一千二百二十卷目錄八卷　(清)崑岡等撰　清宣統元年(1909)上海商務印書館石印本　八冊　存六十五卷(二百七十六至三百三十三、六百十四至六百二十)

360000－1901－0038154　805218

欽定大清會典圖二百七十卷首一卷　(清)崑岡等撰　清刻本　十四冊　存四十六卷(八十七至一百三十二)

360000－1901－0038155　805026

欽定大清會典圖二百七十卷首一卷　(清)崑岡等撰　清末石印本　三十四冊　存一百二十三卷(九至十六、三十一至三十八、四十二至四十九、五十四至七十六、八十至九十三、一百四至一百十三、一百十八、一百二十二至一百二十七、一百三十至一百三十二、一百三十五至一百三十九、一百五十三至一百七十七、一百九十九至二百四、二百九至二百十四)

360000－1901－0038156　401621

欽定大清會典圖一百三十二卷　(清)托津等撰　清刻本　二冊　存七卷(二十九至三十一、五十五至五十八)

360000－1901－0038157　164352

欽定大清會典武備圖目錄清單不分卷　(清)□□撰　清末鉛印本　六冊

360000－1901－0038158　401632

欽定大清會典一百卷　(清)崑岡等撰　清光緒二十七年(1901)上海文林石印本　三册　存四十八卷(一至十一、六十四至一百)

360000－1901－0038159　164348
欽定大清會典一百卷　(清)崑岡等撰　清光緒二十五年(1899)上海書局石印本　六册

360000－1901－0038160　401648
欽定大清會典一百卷　(清)崑岡等撰　清光緒二十五年(1899)上海書局石印本　六册

360000－1901－0038161　401649
欽定大清會典一百卷　(清)崑岡等撰　清光緒二十五年(1899)上海書局石印本　五册　缺二十七卷(十二至三十八)

360000－1901－0038162　805258
欽定大清會典一百卷　(清)崑岡等撰　清光緒二十五年(1899)上海書局石印本　六册

360000－1901－0038163　164349
欽定大清會典一百卷　(清)崑岡等撰　清刻本　二十册

360000－1901－0038164　164350
欽定大清會典一百卷　(清)崑岡等撰　清刻本　二十四册

360000－1901－0038165　401626
欽定大清會典一百卷　(清)崑岡等撰　清刻本　六册　存二十九卷(一至三、二十至三十二、八十四至九十二、九十七至一百)

360000－1901－0038166　401626－1
欽定大清會典一百卷　(清)崑岡等撰　清刻本　一册　存三卷(八至十)

360000－1901－0038167　401626－2
欽定大清會典一百卷　(清)崑岡等撰　清刻本　一册　存六卷(二十三至二十八)

360000－1901－0038168　401626－3
欽定大清會典一百卷　(清)崑岡等撰　清刻本　十六册　存八十二卷(三至七、九至十九、二十六至三十、三十二至三十六、四十一至八十六、九十一至一百)

360000－1901－0038169　401626－4
欽定大清會典一百卷　(清)崑岡等撰　清刻本　一册　存六卷(三十八至四十三)

360000－1901－0038170　401627
欽定大清會典一百卷　(清)崑岡等撰　清刻本　十一册　存四十八卷(一至七、二十六至三十六、四十一至四十七、七十四至七十九、八十四至一百)

360000－1901－0038171　401628
欽定大清會典一百卷　(清)崑岡等撰　清刻本　二册　存十卷(八至十七)

360000－1901－0038172　401629
欽定大清會典一百卷　(清)崑岡等撰　清刻本　八册　存五十一卷(一至二、八至十九、二十七至三十五、四十六至五十、五十五至五十八、六十八至七十八、九十三至一百)

360000－1901－0038173　401630
欽定大清會典一百卷　(清)崑岡等撰　清刻本　七册　存四十四卷(十二至十九、三十二至四十二、五十八至六十二、七十至七十七、八十九至一百)

360000－1901－0038174　401631
欽定大清會典一百卷　(清)崑岡等撰　清刻本　二册　存十一卷(八十三至八十五、九十三至一百)

360000－1901－0038175　401637
欽定大清會典一百卷　(清)崑岡等撰　清刻本　七册　存三十五卷(八至十九、三十一至三十五、四十四至五十、六十八至六十九、八十二至九十)

360000－1901－0038176　401643
欽定大清會典一百卷　(清)崑岡等撰　清刻本　十六册　存九十九卷(一至八、十至一百)

360000－1901－0038177　401644
欽定大清會典一百卷　(清)崑岡等撰　清刻本　十二册

360000－1901－0038178　401645

欽定大清會典一百卷　(清)崑岡等撰　清刻本　二十一冊

360000－1901－0038179　401646

欽定大清會典一百卷　(清)崑岡等撰　清刻本　十九冊　缺五卷(五十九至六十三)

360000－1901－0038180　401647

欽定大清會典一百卷　(清)崑岡等撰　清刻本　十九冊　缺五卷(八十四至八十八)

360000－1901－0038181　401632－1

欽定大清會典一百卷　(清)崑岡等撰　清末石印本　三冊　存六十八卷(三十三至一百)

360000－1901－0038182　401650

欽定大清會典一百卷　(清)崑岡等撰　清末石印本　四冊　存六十一卷(四十至一百)

360000－1901－0038183　401651

欽定大清會典一百卷　(清)崑岡等撰　清末石印本　二冊　存三十一卷(三十九至五十、六十四至八十二)

360000－1901－0038184　805220

欽定大清會典一百卷首一卷　(清)崑岡等撰　清末石印本　十一冊　存三十五卷(四至十、四十三至四十五、四十九至五十一、五十三至五十七、六十九至七十二、七十七至七十八、八十九至九十八,首一卷)

360000－1901－0038185　164347

欽定大清會典一百卷圖二百七十卷事例一千二百二十卷　(清)崑岡等撰　清光緒二十五年(1899)石印本　四百九十三冊

360000－1901－0038186　401619

欽定大清會典則例一百八十卷　(清)張廷玉等纂修　清內府刻本　二十二冊　存四十八卷(十八至二十四、三十八至三十九、四十七至四十八、五十三、五十九至六十五、六十八至七十九、九十三至九十五、九十八至九十九、一百二、一百十三、一百十九至一百二十一、一百二十四、一百三十一至一百三十三、一百四十八、一百六十、一百七十六)

360000－1901－0038187　161554

欽定大清新律例二卷　(清)□□編　清光緒三十三年(1907)均益書莊石印本　一冊

360000－1901－0038188　901758

欽定殿試策不分卷　(清)□□輯　清光緒石印本　一冊

360000－1901－0038189　121049

欽定洞麓堂集十卷　(明)尹臺撰　清嘉慶五年(1800)刻本　六冊

360000－1901－0038190　121050

欽定洞麓堂集十卷　(明)尹臺撰　清嘉慶五年(1800)刻本　六冊

360000－1901－0038191　121051

欽定洞麓堂集十卷　(明)尹臺撰　清嘉慶五年(1800)刻本　六冊

360000－1901－0038192　406416

欽定法院編制法不分卷附法官考試任用司法區域分劃及初級暨地方審判廳管轄案件暫行章程不分卷　奕劻等撰　清宣統二年(1910)刻本　一冊

360000－1901－0038193　301603

欽定各郊壇廟樂章不分卷　(清)張樂盛等撰　清光緒十二年(1886)神樂署刻本　一冊

360000－1901－0038194　300244

欽定工部則例一百十六卷首一卷　(清)岳琪等纂修　清光緒十年(1884)刻本　四十冊

360000－1901－0038195　162003

欽定古今圖書集成一萬卷目錄三十二卷　(清)蔣廷錫　(清)陳夢雷等輯　清光緒十年(1884)上海圖書集成書局鉛印本　一千六百二十八冊

360000－1901－0038196　162004

欽定古今圖書集成一萬卷目錄三十二卷　(清)蔣廷錫　(清)陳夢雷等輯　清光緒十年(1884)上海圖書集成書局鉛印本　一千五百九十二冊

360000－1901－0038197　164265

欽定古今圖書集成一萬卷目錄三十二卷
(清)蔣廷錫 (清)陳夢雷等輯 清光緒十年(1884)上海圖書集成書局鉛印本 一千六百二十三册 缺九卷(曆法典十七至十九、九十八至一百三)

360000－1901－0038198 401023
欽定古今圖書集成一萬卷目錄三十二卷
(清)蔣廷錫 (清)陳夢雷等輯 清光緒十年(1884)上海圖書集成書局鉛印本 一千三百九册 存八千二百五卷(乾象典一至一百,歲功典一至一百十六,曆法典一至一百四十,庶徵典一至三十一、三十九至一百八十八,職方典二百八十四至二百九十、六百四十四至六百五十七、六百七十二至一千五百四十四,山川典一至三百二十,邊裔典一至一百四十,皇極典一至三百,宮闈典一至一百四十,官常典一至三十、三十七至八百,家範典一至十二、三十一至一百十六,交誼典一至一百二十,氏族典一至一百四十四、一百五十二至一百六十、一百八十九至一百九十四、二百二十三至二百五十三、二百六十四至三百六十九、三百九十七至四百十一、四百二十八至四百三十四、四百四十二至六百四十,人事典一至一百十二,閨媛典一至一百三十八、一百四十六至二百三十六、二百四十三至三百三十二、三百三十九至三百七十六,藝術典一至五百四十三、五百五十九至六百四十六、七百三十六至八百二十四,神異典一至六、十二至二百九十二、三百六至三百二十,禽蟲典一至九十一、九十八至一百十六、一百二十三至一百二十五、一百三十三至一百九十二,草木典一至一百七十四、一百八十二至二百二十五、二百三十三至二百三十八、二百四十六至三百二十,經籍典一至五、二十二至三十九、四十五至四十八、五十九至六十四、九十五至九十八、一百三至一百二十二、一百五十一至一百七十、一百八十至一百八十四、一百九十一至二百二、二百十至二百三十七、三百四至三百十、四百九十七至五百,文學典七至二百六十,字學典一至五、十二至一百六十,選舉典一至一百三十六,銓衡典一至一百二十,食貨典一至三百六十,禮儀典七至十一、十七至一百二十七、一百三十四至一百三十九、一百四十六至三百四十八,樂律典一至一百三十六,戎政典一至三百,祥刑典一至一百八十,考工典一至二百五十二;目錄三十二卷)

360000－1901－0038199 802425
欽定古今圖書集成一萬卷目錄三十二卷
(清)蔣廷錫 (清)陳夢雷等輯 清光緒十年(1884)上海圖書集成書局鉛印本 十七册 存九十六卷(經籍典一至五十、一百十一至一百二十二、四百十三至四百四十六)

360000－1901－0038200 802425－1
欽定古今圖書集成一萬卷目錄三十二卷
(清)蔣廷錫 (清)陳夢雷等輯 清光緒十年(1884)上海圖書集成書局鉛印本 八册 存五十一卷(草木典一百八十二至二百十九、二百三十三至二百三十八、二百四十六至二百五十二)

360000－1901－0038201 802425－2
欽定古今圖書集成一萬卷目錄三十二卷
(清)蔣廷錫 (清)陳夢雷等輯 清光緒十年(1884)上海圖書集成書局鉛印本 四册 存二十卷(經籍典四百八十一至五百)

360000－1901－0038202 802425－3
欽定古今圖書集成一萬卷目錄三十二卷
(清)蔣廷錫 (清)陳夢雷等輯 清光緒十年(1884)上海圖書集成書局鉛印本 十九册 存一百二十四卷(銓衡典十八至五十六,職方典三百七十八至三百九十一、四百八十五至五百五十五)

360000－1901－0038203 802425－4
欽定古今圖書集成一萬卷目錄三十二卷
(清)蔣廷錫 (清)陳夢雷等輯 清光緒十年(1884)上海圖書集成書局鉛印本 六十六册 存四百一卷(經籍典三百九十六至四百十二、四百四十七至四百八十,學行典一至十二,官常典四百六十至五百八十五,食貨典一至一百二十三,禮儀典一百二十二至二百十)

360000－1901－0038204 418220

欽定古今圖書集成一萬卷目録四十卷考證二十四卷 （清）蔣廷錫 （清）陳夢雷等輯 清光緒二十年(1894)上海同文書局石印本 四百十五册 存八百三十二卷(乾象典一至二、三十三至六十四、八十一至一百,庶徵典一至十六、四十九至一百八、一百二十九至一百六十八,草木典二十三至二十四、四十九至五十、五十五至六十六、七十一至七十二、七十五至七十六、七十九至一百、一百二十一至一百四十、一百五十五至一百五十六、一百五十九至一百六十、二百一至二百二十、二百二十七至二百二十八、二百三十七至二百三十八、二百五十九至二百六十、二百七十五至二百七十六,禽蟲典六十一至八十、一百四十九至一百五十、一百五十五至一百五十六、一百六十九至一百七十、一百七十五至一百七十六、一百八十三至一百八十四,神異典八十一至一百二十、二百一至二百十二、二百十七至二百二十、二百八十九至二百九十八,藝術典二十一至四十、一百八十一至一百八十六、一百八十九至二百、二百八十一至三百、三百四十一至三百六十二,文學典一百一至一百六、一百九至一百二十、一百八十三至一百八十八、一百九十七至二百,經籍典六十一至八十,氏族典三百一至三百二十、四百七至四百十、四百八十一至五百、五百四十一至五百五十六、五百六十一至五百八十、六百十七至六百四十,官常典四百九至四百十、四百六十一至四百八十、六百二十一至六百四十,閨媛典二百三至二百四、二百九至二百十、二百十五至二百十六、二百四十一至二百六十、三百十三至三百十六、三百二十七至三百二十八,經濟彙編選舉典五十七至六十二,禮儀典二十一至三十六、一百五十一至一百五十二、一百五十五至一百六十、一百八十一至一百八十六、一百九十七至一百九十八、三百一至三百十六,樂律典三十三至三十六、三十九至四十、四十三至四十六、一百十七至一百三十二、一百三十五至一百三十六,祥刑典五十五至七十二,食貨典一百九十九至二百、二百十二至二百十五,職方典十九至二十、三十三至四十八、八百七十七至八百八十四;目録一至十六、十九至二十八、三十一至三十六、三十九至四十)

360000－1901－0038205　721740

欽定古今圖書集成一萬卷目録四十卷考證二十四卷 （清）蔣廷錫 （清）陳夢雷等輯 清光緒十六年(1890)上海同文書局石印本 三十六册 存七十二卷(藝術典三百六十三至三百八十、六百一至六百十六、六百十九至六百二十,曆法典十九至四十八,歲功典一至四、十一至十二)

360000－1901－0038206　722263

欽定古今圖書集成一萬卷目録四十卷考證二十四卷 （清）蔣廷錫 （清）陳夢雷等輯 清光緒十六年(1890)上海同文書局石印本 十册 存二十卷(草木典二百八十一至三百)

360000－1901－0038207　162000

欽定古今圖書集成一萬卷目録四十卷考證二十四卷 （清）蔣廷錫 （清）陳夢雷等輯 清光緒十六年(1890)上海同文書局石印本 四千七百三十三册 缺五百九十八卷(庶政典五十三至五十四,職方典一百十三至一百十四、一千二十七至一千四十、一千四十三至一千四十四、一千一百四十一至一千一百四十二,山川典二百二十三至二百二十四,皇極典三十七至三十八、二百五至二百六,官常典一百四十五至一百四十八、四百三十七至四百四十、四百四十七至四百六十、七百六十一至七百八十,家範典一至二、七至八、十五至十六、十九至二十、二十五至二十六、四十三至四十四、八十九至九十,氏族典二十一至二十四、二十七至二十八、三十九至四十、二百一、二百四十一至二百八十、三百一至三百二、三百十九至三百二十、三百六十一至三百六十二、四百二十一至四百二十二、四百三十九至四百四十、四百九十一至四百九十二、四百九十九至五百、五百十九至五百二十,閨媛典八十一至八十二、一百一至一百二、二百八十一至二百八十二、三百四十五至三百四十六,藝術典一至六十、八十一至二百四十、三百九至三百十、三百四十至四百二十、四百四十一至四百六十、四百六十三至四百六十四、四百八十一至四百八十二、六百四十五至六百四十六、七百九至七百十，神異典六十一至六十四、七十三至八十、二百五十三至二百五十四、二百五十七至二百五十八、二百六十，禽蟲典三十五，草木典一百二十五至一百二十六，經籍典三百七十三至三百七十四、四百四十九至四百五十，文學典四十三至四十四、一百五十七至一百五十八，食貨典五十三至五十八，樂律典六十五至七十六、七十九至八十，戎政典二百三十五至二百三十六，考工典一百九十三至二百十二；目錄四十卷）

360000－1901－0038208　150159
欽定古香齋袖珍十種　清同治、光緒南海孔氏三十有三萬卷堂刻本　二百七十七册

360000－1901－0038209　163516
欽定國朝詩別裁集三十二卷　（清）沈德潛纂評　清刻本　十六册

360000－1901－0038210　410123－1
欽定國朝詩別裁集三十二卷　（清）沈德潛纂評　清刻本　二册　存十一卷（九至十四、二十八至三十二）

360000－1901－0038211　410126
欽定國朝詩別裁集三十二卷　（清）沈德潛纂評　清刻本　十册　存二十四卷（一至十、十三至十六、十九至二十一、二十五至二十九、三十一至三十二）

360000－1901－0038212　410126－1
欽定國朝詩別裁集三十二卷　（清）沈德潛纂評　清刻本　六册　存十五卷（一至十一、十六至十七、二十九至三十）

360000－1901－0038213　410126－2
欽定國朝詩別裁集三十二卷　（清）沈德潛纂評　清刻本　二册　存五卷（四至六、十至十一）

360000－1901－0038214　410126－3
欽定國朝詩別裁集三十二卷　（清）沈德潛纂評　清刻本　一册　存四卷（五至八）

360000－1901－0038215　410127
欽定國朝詩別裁集三十二卷　（清）沈德潛纂評　清刻本　十五册　存三十卷（一至二十六、二十九至三十二）

360000－1901－0038216　410128
欽定國朝詩別裁集三十二卷　（清）沈德潛纂評　清刻本　十二册　存二十五卷（一至三、十一至三十二）

360000－1901－0038217　410128－1
欽定國朝詩別裁集三十二卷　（清）沈德潛纂評　清刻本　三册　存六卷（十六至十七、二十二至二十五）

360000－1901－0038218　410129
欽定國朝詩別裁集三十二卷　（清）沈德潛纂評　清刻本　十一册　存二十二卷（三至八、十一至十四、十七至二十四、二十七至三十）

360000－1901－0038219　410129－1
欽定國朝詩別裁集三十二卷　（清）沈德潛纂評　清刻本　九册　存十九卷（三至四、十一至二十二、二十八至三十二）

360000－1901－0038220　410129－2
欽定國朝詩別裁集三十二卷　（清）沈德潛纂評　清刻本　六册　存十三卷（一至四、八至十、十四至十七、二十一至二十二）

360000－1901－0038221　410129－3
欽定國朝詩別裁集三十二卷　（清）沈德潛纂評　清刻本　六册　存十卷（十二至十三、十六至十七、十九至二十、二十四至二十七）

360000－1901－0038222　410129－4
欽定國朝詩別裁集三十二卷　（清）沈德潛纂評　清刻本　三册　存五卷（二十四至二十六、二十八至二十九）

360000－1901－0038223　410129－5
欽定國朝詩別裁集三十二卷　（清）沈德潛纂評　清刻本　一册　存二卷（二十八至二十九）

360000－1901－0038224　241413
欽定國朝詩别裁集三十二卷　(清)沈德潛纂評　清乾隆二十六年(1761)刻本　十六册

360000－1901－0038225　410123
欽定國朝詩别裁集三十二卷　(清)沈德潛纂評　清乾隆二十六年(1761)刻本　五册

360000－1901－0038226　410124
欽定國朝詩别裁集三十二卷　(清)沈德潛纂評　清乾隆二十六年(1761)刻本　八册　存二十卷(一至八、十至十七、十九至二十、二十三至二十四)

360000－1901－0038227　410124－1
欽定國朝詩别裁集三十二卷　(清)沈德潛纂評　清乾隆二十六年(1761)刻本　二册　存七卷(一至五、十三至十四)

360000－1901－0038228　718099
欽定國朝詩别裁集三十二卷　(清)沈德潛纂評　清乾隆刻本　二册　存四卷(二十五至二十六、二十八至二十九)

360000－1901－0038229　303489
欽定國子監則例四十五卷　(清)汪廷珍纂修　清道光四年(1824)刻本　六册

360000－1901－0038230　164132
欽定行政綱目一卷　(□)□□撰　清末石印本　一册

360000－1901－0038231　410589
欽定河工實價則例章程五卷首一卷　(清)工部編　清刻本　一册　存一卷(一)

360000－1901－0038232　304628
欽定戶部軍需則例九卷續纂一卷兵部軍需則例五卷工部兵需則例一卷　(清)阿桂等纂　清刻本　三册　存十四卷(欽定戶部軍需則例三至九、續纂一卷,兵部軍需則例五卷,工部兵需則例一卷)

360000－1901－0038233　304625
欽定戶部則例一百卷　(清)倭仁等修　(清)英傑等纂　清同治四年(1865)刻本　四十七册　存九十七卷(一至七十、七十四至一百)

360000－1901－0038234　304629
欽定戶部則例一百卷　(清)載齡等修　(清)惠祥等纂　清同治十三年(1874)刻本　一册　存二卷(五十八至五十九)

360000－1901－0038235　421850
欽定徽寧池三府世僕例案不分卷　(清)余元旭等撰　清嘉慶十六年(1811)黄秉光抄本　一册

360000－1901－0038236　401636
欽定金國語解十二卷　清刻本　二册

360000－1901－0038237　304308
欽定金史語解十二卷　清道光四年(1824)刻本　四册

360000－1901－0038238　401635
欽定軍衛道里表十八卷　(清)鄂爾泰等纂　清乾隆八年(1743)武英殿刻本　一册　存三卷(一至三)

360000－1901－0038239　300047
欽定康濟錄四卷　(清)陸曾禹撰　(清)倪國璉釐正　清道光二十八年(1848)瓶花書屋刻本　四册

360000－1901－0038240　401656－1
欽定康濟錄四卷　(清)陸曾禹撰　(清)倪國璉釐正　清刻本　一册　存一卷(四)

360000－1901－0038241　401658
欽定康濟錄四卷　(清)陸曾禹撰　(清)倪國璉釐正　清刻本　一册　存一卷(四)

360000－1901－0038242　401656
欽定康濟錄四卷　(清)陸曾禹撰　(清)倪國璉釐正　清乾隆五年(1740)武英殿刻本　二册　存二卷(一、三)

360000－1901－0038243　300046
欽定康濟錄四卷　(清)陸曾禹撰　(清)倪國璉釐正　清同治八年(1869)崇文書局刻本　三册

360000－1901－0038244　304537

欽定康濟録四卷　(清)陸曾禹撰　(清)倪國璉釐正　清同治八年(1869)崇文書局刻本　四册

360000-1901-0038245　309796
欽定康濟録四卷　(清)陸曾禹撰　(清)倪國璉釐正　清同治八年(1869)崇文書局刻本　四册

360000-1901-0038246　313118
欽定康濟録四卷　(清)陸曾禹撰　(清)倪國璉釐正　清同治三年(1864)浙江撫署刻本　三册

360000-1901-0038247　401655
欽定康濟録四卷　(清)陸曾禹撰　(清)倪國璉釐正　清同治三年(1864)浙江撫署刻本　三册

360000-1901-0038248　401657
欽定康濟録四卷　(清)陸曾禹撰　(清)倪國璉釐正　清同治三年(1864)浙江撫署刻本　三册

360000-1901-0038249　406372
欽定科場條例六十卷　(清)杜受田等修　(清)英匯等纂　**續增科場條例不分卷**　(清)□□纂　清刻本　二十三册　存三十卷(四、六至七、十至十二、十七至十九、二十至二十八、三十六至三十九、四十四至五十、五十九)

360000-1901-0038250　406371
欽定科場條例六十卷首一卷　(清)景安等修　(清)蔡鑾揚等纂　**續增科場條例不分卷**　(清)□□纂　清嘉慶刻本　十五册

360000-1901-0038251　406372-1
欽定科場條例六十卷首一卷　(清)奎潤等修　(清)詹鴻謨等纂　清光緒十三年(1887)刻本　二册　存四卷(十六至十八、五十)

360000-1901-0038252　308182
欽定科場條例六十卷首一卷　(清)耆英等修　(清)麟桂等纂　**續增科場條例不分卷**　(清)□□纂　清刻本　八册　存三十七卷(一至二十七、五十一至六十)

360000-1901-0038253　309322
欽定科場條例六十卷首一卷　(清)耆英等修　(清)麟桂等纂　**續增科場條例不分卷**　(清)□□纂　清刻本　三十二册

360000-1901-0038254　304639-1
欽定禮部則例二百二卷　(清)禮部纂修　清刻本　二册　存二十一卷(二十四至三十二、一百五十九至一百七十)

360000-1901-0038255　304634
欽定禮部則例二百二卷　(清)文孚等修　(清)薩迎阿等纂　清嘉慶二十五年(1820)刻本　二十五册

360000-1901-0038256　406359
欽定禮部則例二百二卷　(清)文孚等修　(清)薩迎阿等纂　清嘉慶刻本　一册　存十四卷(八十九至一百二)

360000-1901-0038257　402609-4
欽定禮記義疏八十二卷首一卷　(清)允祿等撰　清刻本　三十二册　存三十七卷(一至十六、十九至三十八,首一卷)

360000-1901-0038258　402609-5
欽定禮記義疏八十二卷首一卷　(清)允祿等撰　清刻本　十九册　存五十二卷(八至九、二十四至二十六、三十六至八十二)

360000-1901-0038259　402609-6
欽定禮記義疏八十二卷首一卷　(清)允祿等撰　清刻本　十六册　存二十卷(五十三至七十二)

360000-1901-0038260　402616-4
欽定禮記義疏八十二卷首一卷　(清)允祿等撰　清刻本　九册　存十一卷(五十七、六十至六十七、七十三、七十九)

360000-1901-0038261　402617-7
欽定禮記義疏八十二卷首一卷　(清)允祿等撰　清刻本　一册　存一卷(四十七)

360000-1901-0038262　402617-8
欽定禮記義疏八十二卷首一卷　(清)允祿等

撰　清刻本　三冊　存五卷(六至七、五十至五十二)

360000－1901－0038263　402617－9
欽定禮記義疏八十二卷首一卷　(清)允祿等撰　清刻本　二冊　存三卷(五十一、五十三至五十四)

360000－1901－0038264　603911
欽定禮記義疏八十二卷首一卷　(清)允祿等撰　清刻本　十二冊　存二十六卷(五至八、二十至二十一、二十六至二十七、三十四至三十八、四十九至五十二、六十二至六十五、七十一至七十二、七十五至七十七)

360000－1901－0038265　603913
欽定禮記義疏八十二卷首一卷　(清)允祿等撰　清刻本　四十九冊　存六十五卷(一至十一、二十八至八十,首一卷)

360000－1901－0038266　805270
欽定禮記義疏八十二卷首一卷　(清)允祿等撰　清刻本　十一冊　存十七卷(一至十六、首一卷)

360000－1901－0038267　421931
欽定禮記義疏八十二卷首一卷　(清)允祿等撰　清刻御纂七經本　六冊　存十一卷(六十二至七十一、八十)

360000－1901－0038268　402609－8
欽定禮記義疏八十二卷首一卷　(清)允祿等撰　清同治六年(1867)浙江書局刻御纂七經本　六冊　存十四卷(五至六、十五至十七、四十三至四十六、五十至五十四)

360000－1901－0038269　603908
欽定禮記義疏八十二卷首一卷　(清)允祿等撰　清同治十年(1871)湖北崇文書局刻御纂七經本　三冊　存六卷(三十二至三十七)

360000－1901－0038270　603909
欽定禮記義疏八十二卷首一卷　(清)允祿等撰　清同治十年(1871)湖北崇文書局刻御纂七經本　二十四冊　存四十一卷(一至十、二十六至五十六)

360000－1901－0038271　161235
欽定禮記義疏八十二卷首一卷　(清)允祿等撰　清同治十一年(1872)江西書局刻御纂七經本　四十八冊

360000－1901－0038272　402359－2
欽定禮記義疏八十二卷首一卷　(清)允祿等撰　清同治十一年(1872)江西書局刻御纂七經本　八冊　存九卷(三十、三十二、三十六至四十一、八十)

360000－1901－0038273　603912
欽定禮記義疏八十二卷首一卷　(清)允祿等撰　清同治十一年(1872)江西書局刻御纂七經本　四十三冊　缺八卷(五十七至五十八、六十七至七十、八十一至八十二)

360000－1901－0038274　161234
欽定禮記義疏八十二卷首一卷　(清)允祿等撰　清尊經閣刻本　五十冊

360000－1901－0038275　402609－9
欽定禮記義疏八十二卷首一卷　(清)允祿等撰　清尊經閣刻本　二十一冊　存二十六卷(一至二、六至七、十五至十九、二十四、二十八、三十九、四十一至四十二、四十七至四十八、六十二、六十六至七十一、七十五至七十七)

360000－1901－0038276　704334
欽定吏部處分則例□□卷　(清)文孚等纂修　清刻本　十二冊　存二十六卷(二十三至四十四、四十九至五十二)

360000－1901－0038277　406361
欽定吏部處分則例五十二卷　(清)□□編　清嘉慶刻本　十七冊　存三十二卷(三至七、十六至三十六、三十八至四十三)

360000－1901－0038278　406360
欽定吏部處分則例五十二卷　(清)□□編　清嘉慶十九年(1814)刻本　十三冊　存二十六卷(一至四、六至十四、十七至十八、二十二至二十七、三十八、四十二至四十五)

360000－1901－0038279　406367

欽定吏部處分則例五十二卷　(清)□□編　清同治刻本　八冊　存十七卷(二、五至六、九至二十、二十三至二十四)

360000－1901－0038280　406356

欽定吏部處分則例五十二卷　(清)保寧等纂修　清乾隆六十年(1795)武英殿木活字印欽定吏部則例本　三冊　存四卷(一至二、十九至二十)

360000－1901－0038281　161950

欽定吏部處分則例五十二卷　(清)吏部編　清道光二十六年(1846)刻本　二十冊

360000－1901－0038282　706351

欽定吏部處分則例五十二卷　(清)吏部編　清道光二十三年(1843)刻本　二十一冊　存四十六卷(一至四十六)

360000－1901－0038283　706349

欽定吏部處分則例五十二卷　(清)吏部編　清光緒刻本　九冊　存十二卷(一、十四至二十一、四十五至四十七)

360000－1901－0038284　706350

欽定吏部處分則例五十二卷　(清)吏部編　清光緒刻本　十一冊　存十四卷(一至二、十四至二十一、四十五至四十八)

360000－1901－0038285　300250

欽定吏部處分則例五十二卷　(清)吏部編　清刻本　二十冊

360000－1901－0038286　300255

欽定吏部處分則例五十二卷　(清)吏部編　清刻本　十二冊

360000－1901－0038287　304637

欽定吏部處分則例五十二卷　(清)吏部編　清刻本　十冊　存二十四卷(三至四、七、十至十二、二十一至二十二、二十五至二十六、三十一至四十二、四十八至四十九)

360000－1901－0038288　304639

欽定吏部處分則例五十二卷　(清)吏部編　清刻本　二冊　存五卷(一至二、二十六至二十八)

360000－1901－0038289　406369

欽定吏部處分則例五十二卷　(清)吏部編　清刻本　八冊　存十六卷(十五至十八、二十四至二十五、二十七至二十八、三十五至三十七、四十二至四十六)

360000－1901－0038290　721779

欽定吏部處分則例五十二卷　(清)吏部編　清刻本　二十二冊　存三十八卷(二至十三、二十二至四十四、四十八至五十)

360000－1901－0038291　721779－1

欽定吏部處分則例五十二卷　(清)吏部編　清刻本　二冊　存四卷(四十七至五十)

360000－1901－0038292　804856

欽定吏部處分則例五十二卷　(清)吏部編　清刻本　一冊　存二卷(五十一至五十二)

360000－1901－0038293　406352

欽定吏部處分則例五十二卷　(清)吏部編　清同治刻本　二十一冊　存三十八卷(三至五、八至十一、十三至二十、二十三至二十七、二十九至三十四、三十八至四十九)

360000－1901－0038294　406357

欽定吏部處分則例五十二卷　(清)文孚等修　(清)清平等纂　清道光八年(1828)刻欽定吏部則例本　七冊　存十六卷(一至四、四十一至五十二)

360000－1901－0038295　406368

欽定吏部處分則例五十二卷　(清)文孚等修　(清)清平等纂　清道光八年(1828)刻欽定吏部則例本　三冊　存七卷(一至四、二十三至二十五)

360000－1901－0038296　406373

欽定吏部處分則例五十二卷　(清)文孚等修　(清)清平等纂　清道光刻同治四年(1865)補修欽定吏部則例本　十一冊　存三十七卷(一至二十、二十五至三十四、四十六至五十二)

360000－1901－0038297　406374
欽定吏部處分則例五十二卷　（清）文孚等修（清）清平等纂　清道光刻同治四年（1865）補修欽定吏部則例本　七册　存十二卷（一至二、九至十四、十八至二十一）

360000－1901－0038298　406353
欽定吏部處分則例五十二卷　（清）文孚等修（清）清平等纂　清道光刻欽定吏部則例本　十六册　存三十一卷（二、六至九、二十一至三十九、四十一至四十三、四十六至四十七、五十一至五十二）

360000－1901－0038299　406354
欽定吏部處分則例五十二卷　（清）文孚等修（清）清平等纂　清道光刻欽定吏部則例本　十一册　存二十四卷（三至九、十五至十七、二十二至二十三、三十九至四十、四十二、四十四至五十二）

360000－1901－0038300　406375
欽定吏部處分則例五十二卷　（清）文孚等修（清）清平等纂　清道光刻欽定吏部則例本　十五册　存二十四卷（一至五、十一至二十、二十二、四十至四十一、四十三至四十五、四十八至五十）

360000－1901－0038301　304632
欽定吏部處分章程三十三卷　（清）吏部編　清同治刻本　四册

360000－1901－0038302　406370
欽定吏部處分章程三十三卷　（清）吏部編　清同治刻本　三册　存二十三卷（一至二十三）

360000－1901－0038303　300245
欽定吏部稽勳司則例八卷　（清）吏部編　清刻本　四册

360000－1901－0038304　300259
欽定吏部銓選漢官品級考四卷　（清）吏部編　清刻本　四册

360000－1901－0038305　300260
欽定吏部銓選漢官則例八卷　（清）吏部編　清刻本　八册

360000－1901－0038306　300248
欽定吏部銓選滿洲官員品級考四卷　（清）吏部編　清道光刻本　四册

360000－1901－0038307　300249
欽定吏部銓選滿洲官員品級考四卷則例五卷　（清）錫珍等修　（清）施人鏡　（清）陳其璋等纂　清光緒十二年（1886）刻本　七册

360000－1901－0038308　300258
欽定吏部銓選滿洲官員則例五卷　（清）吏部編　清刻本　五册

360000－1901－0038309　303183
欽定吏部文選司章程三十二卷　（清）吏部編　清同治十二年（1873）刻本　八册　存十八卷（一至十八）

360000－1901－0038310　304630
欽定吏部驗封司章程五卷　（清）吏部編　清同治刻本　一册　存二卷（三至四）

360000－1901－0038311　406358
欽定吏部驗封司章程五卷　（清）吏部編　清同治刻本　四册

360000－1901－0038312　304626
欽定吏部則例□□卷　（清）□□纂　清刻本　十一册　存十卷（欽定吏部銓選漢官則例一至八、欽定吏部銓選漢官品級考三至四）

360000－1901－0038313　304630－1
欽定吏部則例□□卷　（清）□□纂　清刻本　一册　存一卷（六）

360000－1901－0038314　304635
欽定吏部則例□□卷　（清）□□纂　清刻本　三册　存五卷（一、三至六）

360000－1901－0038315　804121
欽定吏部則例□□卷　（清）□□纂　清刻本　一册　存九卷（五至十三）

360000－1901－0038316　406365
欽定吏部則例□□卷　（清）松筠等修　（清）興科等纂　清嘉慶十九年（1814）刻本　十三

册　存十八卷(吏部銓選滿洲官員則例一至四,吏部銓選滿洲官品級考三卷,吏部銓選蒙古官品級考一卷,吏部銓選漢官品級考四卷,吏部銓選漢官則例一至二、四至六、八)

360000－1901－0038317　406355
欽定吏部則例□□卷　(清)松筠等修　(清)興科等纂　清嘉慶十九年(1814)刻本(六部處分則例爲清道光八年刻本)　三十五册　存七十七卷(吏部銓選滿洲官員則例五卷,吏部銓選滿洲官品級考一至四,吏部銓選漢官品級考一至二,吏部銓選漢官則例五、八,吏部稽勳司則例十三卷,吏部驗封司則例六卷,六部處分則例一至三、五至四十五、首一卷)

360000－1901－0038318　406362
欽定吏部則例八十七卷　(清)錫珍等修(清)施人鏡等纂　清光緒十二年(1886)刻本　九册　存十三卷(吏部銓選滿洲官員則例二至五,吏部銓選漢官則例三、五至七,吏部處分則例十四至十六、四十一至四十二)

360000－1901－0038319　406363
欽定吏部則例八十七卷　(清)錫珍等修(清)施人鏡等纂　清光緒十二年(1886)刻本　四册　存八卷(吏部銓選漢官品級考四卷,吏部銓選漢官則例一、五至六、八)

360000－1901－0038320　406364
欽定吏部則例八十七卷　(清)錫珍等修(清)施人鏡等纂　清光緒十二年(1886)刻本　七册　存九卷(吏部銓選滿洲官員則例五卷、吏部銓選滿洲官員品級考三卷、吏部銓選蒙古官員品級考一卷)

360000－1901－0038321　300246
欽定吏部則例六卷　(清)□□纂　清同治刻本　六册

360000－1901－0038322　406366
欽定吏部則例六十八卷　(清)阿桂等纂修　清乾隆四十八年(1783)武英殿刻本　五册　存十一卷(吏部銓選滿官則例四至五,吏部銓選漢官則例五至六,吏部處分則例一至三、四十二至四十五)

360000－1901－0038323　400573
欽定歷代職官表七十二卷首一卷　(清)紀昀等纂修　清乾隆武英殿刻本　十册　存二十卷(八至九、十七至二十、四十一至四十二、四十九至六十)

360000－1901－0038324　302032
欽定遼史語解十卷　清道光四年(1824)刻本　四册

360000－1901－0038325　303935
欽定遼史語解十卷　清光緒四年(1878)江蘇書局刻本　二册

360000－1901－0038326　310920
欽定遼史語解十卷欽定金史語解十二卷　清光緒四年(1878)江蘇書局刻本　四册

360000－1901－0038327　310032
欽定遼史語解十卷欽定金史語解十二卷欽定元史語解二十四卷　清光緒四年(1878)江蘇書局刻本　十册

360000－1901－0038328　310802
欽定遼史語解十卷欽定金史語解十二卷欽定元史語解二十四卷　清光緒四年(1878)江蘇書局刻本　八册

360000－1901－0038329　304638
欽定六部處分則例五十二卷　清光緒十八年(1892)上海圖書集成局石印本　八册

360000－1901－0038330　406376
欽定六部處分則例五十二卷　清刻本　二册　存三卷(十九至二十一)

360000－1901－0038331　406374－1
欽定六部處分則例五十二卷　清末鉛印本　二册　存十一卷(二十五至三十、四十七至五十一)

360000－1901－0038332　609817
欽定六部處分則例五十二卷　清末鉛印本　七册　存四十八卷(五至五十二)

360000－1901－0038333　161916
欽定明鑑二十四卷首一卷　(清)托津等修

（清）胡敬等纂　清嘉慶二十三年（1818）刻本　十册

360000－1901－0038334　162065
欽定明鑑二十四卷首一卷　（清）托津等修（清）胡敬等纂　清嘉慶二十三年（1818）刻本　十册

360000－1901－0038335　162066
欽定明鑑二十四卷首一卷　（清）托津等修（清）胡敬等纂　清嘉慶二十三年（1818）刻本　六册

360000－1901－0038336　162067
欽定明鑑二十四卷首一卷　（清）托津等修（清）胡敬等纂　清嘉慶二十三年（1818）刻本　六册

360000－1901－0038337　400873
欽定明鑑二十四卷首一卷　（清）托津等修（清）胡敬等纂　清嘉慶二十三年（1818）刻本　一册　存五卷（一至四、首一卷）

360000－1901－0038338　303821
欽定明鑑二十四卷首一卷　（清）托津等修（清）胡敬等纂　清同治九年（1870）湖北崇文書局刻本　十册

360000－1901－0038339　310033
欽定明鑑二十四卷首一卷　（清）托津等修（清）胡敬等纂　清同治九年（1870）湖北崇文書局刻本　十册

360000－1901－0038340　401721
欽定南河料物價值現行事例□□卷　（□）□□輯　清刻本　一册　存一卷（二）

360000－1901－0038341　308480
欽定平苗紀略五十二卷首四卷　（清）鄂輝等撰　清嘉慶武英殿木活字印本　九册　存二十一卷（九至十、三十二至四十八、五十一至五十二）

360000－1901－0038342　406099
欽定七經綱領一卷　（清）學部圖書局編　清宣統元年（1909）學部圖書局鉛印本　一册

360000－1901－0038343　123291
欽定啟禎四書文不分卷　（清）方苞等選評　清刻本　二册

360000－1901－0038344　313143
欽定錢録十六卷　（清）梁詩正等撰　清光緒五年（1879）江寧李圭茹古室刻本　四册

360000－1901－0038345　164037
欽定清文鑑二十六卷　（清）傅達禮　（清）馬齊等編　清刻本　二十六册

360000－1901－0038346　307950
欽定全唐文一千卷目録三卷　（清）董誥等輯　清嘉慶二十三年（1818）刻本　一百八十二册　存五百四十八卷（八至八十二、八十六至九十二、一百一至一百十九、一百二十四至一百三十三、一百三十七至一百五十九、一百六十四至一百七十八、一百八十二至二百十九、二百二十三至二百二十八、二百三十二至三百二十七、三百三十一至三百四十三、三百四十七至三百六十三、三百六十六至四百十二、四百十六至四百五十六、四百六十一至四百八十七、四百九十至五百九十一、五百九十五至五百九十七，目録三卷）

360000－1901－0038347　309253
欽定全唐文一千卷目録三卷　（清）董誥等輯　清嘉慶二十三年（1818）刻本　二百四十册

360000－1901－0038348　315369
欽定全唐文一千卷目録三卷　（清）董誥等輯　清嘉慶二十三年（1818）刻本　三百二十册

360000－1901－0038349　306687
欽定全唐文一千卷目録三卷　（清）董誥等輯　清嘉慶刻本　五十四册　存一百七十八卷（一百三十八至一百四十三、一百五十二至一百六十一、一百六十九、一百七十三至一百七十六、二百二至二百四、三百五十至三百五十三、四百三十二至四百三十三、四百五十五至四百五十七、四百八十二至四百九十、五百六至五百十二、五百二十二至五百六十八、六百八至六百十、六百十五至六百七十四、六百九十六至六百九十八、七百七至七百十八、八百

四十九至八百五十二)

360000－1901－0038350　306688

欽定全唐文一千卷目録三卷　(清)董誥等輯　清嘉慶刻本　十六册　存四十卷(三百八十一至三百九十四、四百三十一至四百三十二、五百五十二至五百五十六、五百九十五至六百十、七百九十至七百九十二)

360000－1901－0038351　306690

欽定全唐文一千卷目録三卷　(清)董誥等輯　清嘉慶刻本　一百三十九册　存三百四十五卷(六百一至六百二十九、六百三十六至六百六十、六百六十四至六百六十五、六百六十八至七百二十五、七百二十八至七百四十九、七百五十二至七百五十七、七百六十至七百六十一、七百六十四至七百九十、七百九十四至八百四、八百八至八百二十七、八百三十三至八百八十七、八百九十五至八百九十六、九百二至九百十七、九百二十四至九百七十三、九百七十八至九百九十四、九百九十八至一千)

360000－1901－0038352　306685

欽定全唐文一千卷目録三卷　(清)董誥等輯　清嘉慶十九年(1814)刻本　四百八十三册　存九百七十一卷(一至一百二、一百五至二百十二、二百十五至二百四十二、二百四十五至三百十六、三百十九至五百五十、五百五十七至五百七十八、五百八十一至六百二十二、六百二十九至七百八十四、七百八十七至七百八十八、七百九十三至八百十八、八百二十一至九百四十四、九百四十七至一千,目録三卷)

360000－1901－0038353　306686

欽定全唐文一千卷目録三卷　(清)董誥等輯　清嘉慶十九年(1814)刻本　六十二册　存一百九十八卷(一百十四至一百十九、一百二十四至一百三十二、一百三十六至一百六十四、一百七十四至一百八十五、一百九十至一百九十五、一百九十九至二百一、二百五至二百十、二百十四至二百三十二、二百四十六至二百五十五、二百七十七至二百八十二、二百八十六至二百八十八、二百九十八至三百、三百八十九至三百九十一、三百九十五至三百九十六、三百九十九至四百一、四百八至四百九、四百三十三至四百三十五、五百八十四至五百八十六、五百九十六至五百九十八、六百二十至六百二十二、六百四十一至六百四十六、六百四十九至六百五十、六百六十四至六百八十、六百九十至六百九十五、七百五十一至七百五十六、七百七十二至七百七十四、七百八十七至七百八十九、八百四十一至八百四十四、八百五十一至八百五十四,目録一)

360000－1901－0038354　307950－1

欽定全唐文一千卷目録三卷　(清)董誥等輯　清刻本　一册　存三卷(一百三十三至一百三十五)

360000－1901－0038355　400509

欽定三通考證七卷　(清)□□輯　清光緒二十年(1894)浙江書局刻本　二册　存四卷(欽定通典考證一卷、欽定通志考證三卷)

360000－1901－0038356　400510

欽定三通考證七卷　(清)□□輯　清光緒二十年(1894)浙江書局刻本　四册　存四卷(欽定通典考證一卷、欽定通志考證三卷)

360000－1901－0038357　304224

欽定勝朝殉節諸臣録十二卷首一卷　(清)紀昀等撰　清光緒十二年(1886)江西臬署刻本　六册

360000－1901－0038358　304225

欽定勝朝殉節諸臣録十二卷首一卷　(清)紀昀等撰　清光緒十二年(1886)江西臬署刻本　六册

360000－1901－0038359　306677

欽定勝朝殉節諸臣録十二卷首一卷　(清)紀昀等撰　清嘉慶二年(1797)謝啓昆刻本　五册　存十卷(三至十二)

360000－1901－0038360　306678

欽定勝朝殉節諸臣録十二卷首一卷　(清)紀昀等撰　清嘉慶二年(1797)謝啓昆刻本　四

冊　存八卷(三至四、七至十二)

360000－1901－0038361　306679
欽定勝朝殉節諸臣錄十二卷首一卷　(清)紀昀等撰　清嘉慶二年(1797)謝啓昆刻本　二冊　存四卷(九至十二)

360000－1901－0038362　800357
欽定詩經傳說彙纂不分卷　(清)王鴻緒等撰　清抄本　一冊

360000－1901－0038363　402608－2
欽定詩經傳說彙纂二十一卷首二卷詩序二卷　(清)王鴻緒等撰　清刻本　十四冊

360000－1901－0038364　402608－3
欽定詩經傳說彙纂二十一卷首二卷詩序二卷　(清)王鴻緒等撰　清刻本　十三冊　存二十一卷(一至十九、首二卷)

360000－1901－0038365　402609－1
欽定詩經傳說彙纂二十一卷首二卷詩序二卷　(清)王鴻緒等撰　清刻本　二十四冊

360000－1901－0038366　402612－4
欽定詩經傳說彙纂二十一卷首二卷詩序二卷　(清)王鴻緒等撰　清刻本　八冊　存十三卷(三至九、十四至十九)

360000－1901－0038367　402614
欽定詩經傳說彙纂二十一卷首二卷詩序二卷　(清)王鴻緒等撰　清刻本　八冊　存十一卷(一至四、七至八、十五至十九)

360000－1901－0038368　402614－1
欽定詩經傳說彙纂二十一卷首二卷詩序二卷　(清)王鴻緒等撰　清刻本　四冊　存四卷(二十至二十一、詩序二卷)

360000－1901－0038369　402614－10
欽定詩經傳說彙纂二十一卷首二卷詩序二卷　(清)王鴻緒等撰　清刻本　四冊　存四卷(二十至二十一、詩序二卷)

360000－1901－0038370　402614－2
欽定詩經傳說彙纂二十一卷首二卷詩序二卷　(清)王鴻緒等撰　清刻本　七冊　存十卷(八至十三、十七至十八、二十一,詩序下)

360000－1901－0038371　402614－3
欽定詩經傳說彙纂二十一卷首二卷詩序二卷　(清)王鴻緒等撰　清刻本　四冊　存四卷(三、五、七、十七)

360000－1901－0038372　402614－4
欽定詩經傳說彙纂二十一卷首二卷詩序二卷　(清)王鴻緒等撰　清刻本　六冊　存七卷(十一、十五至十八、二十至二十一)

360000－1901－0038373　402614－5
欽定詩經傳說彙纂二十一卷首二卷詩序二卷　(清)王鴻緒等撰　清刻本　五冊　存九卷(十一至十六、十九至二十一)

360000－1901－0038374　402614－6
欽定詩經傳說彙纂二十一卷首二卷詩序二卷　(清)王鴻緒等撰　清刻本　五冊　存五卷(十九至二十一、詩序二卷)

360000－1901－0038375　402614－7
欽定詩經傳說彙纂二十一卷首二卷詩序二卷　(清)王鴻緒等撰　清刻本　四冊　存六卷(三至四、十至十三)

360000－1901－0038376　402614－8
欽定詩經傳說彙纂二十一卷首二卷詩序二卷　(清)王鴻緒等撰　清刻本　二冊　存二卷(四、十九)

360000－1901－0038377　402614－9
欽定詩經傳說彙纂二十一卷首二卷詩序二卷　(清)王鴻緒等撰　清刻本　二冊　存三卷(七至九)

360000－1901－0038378　402618－10
欽定詩經傳說彙纂二十一卷首二卷詩序二卷　(清)王鴻緒等撰　清刻本　二冊　存七卷(十三至十七、詩序二卷)

360000－1901－0038379　402618－11
欽定詩經傳說彙纂二十一卷首二卷詩序二卷　(清)王鴻緒等撰　清刻本　三冊　存三卷(五、二十,首下)

360000－1901－0038380　402618－12
欽定詩經傳說彙纂二十一卷首二卷詩序二卷　（清）王鴻緒等撰　清刻本　十册　存十二卷（一至三、五、十二至十三、十九至二十一，首二卷，詩序下）

360000－1901－0038381　402618－13
欽定詩經傳說彙纂二十一卷首二卷詩序二卷　（清）王鴻緒等撰　清刻本　六册　存十卷（五至九、十一至十三、二十，詩序下）

360000－1901－0038382　402618－9
欽定詩經傳說彙纂二十一卷首二卷詩序二卷　（清）王鴻緒等撰　清刻本　九册　存九卷（一至三、六、九、十二至十四，首下）

360000－1901－0038383　402622
欽定詩經傳說彙纂二十一卷首二卷詩序二卷　（清）王鴻緒等撰　清刻本　十一册　存十二卷（一、四、七至九、十三至十四、十七、十九至二十一，詩序下）

360000－1901－0038384　402623
欽定詩經傳說彙纂二十一卷首二卷詩序二卷　（清）王鴻緒等撰　清刻本　十二册　存十五卷（一至九、十三至十六、十九、二十一）

360000－1901－0038385　402624
欽定詩經傳說彙纂二十一卷首二卷詩序二卷　（清）王鴻緒等撰　清刻本　三册　存四卷（八、十三至十四、十九）

360000－1901－0038386　603651
欽定詩經傳說彙纂二十一卷首二卷詩序二卷　（清）王鴻緒等撰　清刻本　二册　存四卷（九至十二）

360000－1901－0038387　603651－1
欽定詩經傳說彙纂二十一卷首二卷詩序二卷　（清）王鴻緒等撰　清刻本　三册　存四卷（二十至二十一、詩序二卷）

360000－1901－0038388　800417
欽定詩經傳說彙纂二十一卷首二卷詩序二卷　（清）王鴻緒等撰　清刻本　二十三册　缺一卷（二十一）

360000－1901－0038389　402621
欽定詩經傳說彙纂二十一卷首二卷詩序二卷　（清）王鴻緒等撰　清刻御纂七經本　二十三册

360000－1901－0038390　603648
欽定詩經傳說彙纂二十一卷首二卷詩序二卷　（清）王鴻緒等撰　清乾隆七年（1742）刻本　十二册

360000－1901－0038391　160993
欽定詩經傳說彙纂二十一卷首二卷詩序二卷　（清）王鴻緒等撰　清四川督署蘇廷玉刻本　十八册

360000－1901－0038392　402618－8
欽定詩經傳說彙纂二十一卷首二卷詩序二卷　（清）王鴻緒等撰　清同治十年（1871）湖北崇文書局刻御纂七經本　六册　存十卷（一至二、八至九、十一至十二，首二卷，詩序二卷）

360000－1901－0038393　603649
欽定詩經傳說彙纂二十一卷首二卷詩序二卷　（清）王鴻緒等撰　清同治十年（1871）湖北崇文書局刻御纂七經本　十六册　存二十一卷（一至十九、首二卷）

360000－1901－0038394　160994
欽定詩經傳說彙纂二十一卷首二卷詩序二卷　（清）王鴻緒等撰　清同治十一年（1872）江西書局刻御纂七經本　二十册

360000－1901－0038395　402612
欽定詩經傳說彙纂二十一卷首二卷詩序二卷　（清）王鴻緒等撰　清同治十一年（1872）江西書局刻御纂七經本　十四册　存十五卷（一、四至七、十、十三至二十一）

360000－1901－0038396　603645
欽定詩經傳說彙纂二十一卷首二卷詩序二卷　（清）王鴻緒等撰　清同治十一年（1872）江西書局刻御纂七經本　二十册

360000－1901－0038397　603650
欽定詩經傳說彙纂二十一卷首二卷詩序二卷

（清）王鴻緒等撰　清同治十一年（1872）江西書局刻御纂七經本　二十册

360000－1901－0038398　160992
欽定詩經傳説彙纂二十一卷首二卷詩序二卷　（清）王鴻緒等撰　清雍正五年（1727）内府刻御纂七經本　二十四册

360000－1901－0038399　164139
欽定詩經傳説彙纂二十一卷首二卷詩序二卷　（清）王鴻緒等撰　清雍正五年（1727）内府刻御纂七經本　十七册

360000－1901－0038400　402602－2
欽定詩經傳説彙纂二十一卷首二卷詩序二卷　（清）王鴻緒等撰　清雍正五年（1727）内府刻御纂七經本　十八册　存十九卷（一至十七、首二卷）

360000－1901－0038401　603646
欽定詩經傳説彙纂二十一卷首二卷詩序二卷　（清）王鴻緒等撰　清雍正五年（1727）内府刻御纂七經本　二十一册　存二十二卷（三至二十一、首上、詩序二卷）

360000－1901－0038402　160943
欽定詩經樂譜全書三十卷樂律正俗一卷　（清）鄒奕孝等撰　清光緒二十年（1894）刻本　二十二册　存二十八卷（一至十一、十五至三十，樂律正俗一卷）

360000－1901－0038403　306327
欽定授時通考七十八卷　（清）鄂爾泰等撰　清刻本　十二册　存三十八卷（四十一至七十八）

360000－1901－0038404　306329
欽定授時通考七十八卷　（清）鄂爾泰等撰　清刻本　十一册　存三十四卷（二十四至二十七、三十二至三十七、四十至四十三、五十一至七十）

360000－1901－0038405　306330
欽定授時通考七十八卷　（清）鄂爾泰等撰　清刻本　三册　存十八卷（五十四至七十一）

360000－1901－0038406　401109
欽定授時通考七十八卷　（清）鄂爾泰等撰　清刻本　十八册

360000－1901－0038407　401110
欽定授時通考七十八卷　（清）鄂爾泰等撰　清刻本　十五册　存六十六卷（一至四十八、五十四至七十一）

360000－1901－0038408　401111
欽定授時通考七十八卷　（清）鄂爾泰等撰　清刻本　三册　存十卷（三十至三十二、六十至六十二、六十九至七十二）

360000－1901－0038409　162600
欽定授時通考七十八卷　（清）鄂爾泰等撰　清乾隆七年（1742）江西巡撫刻本　二十四册

360000－1901－0038410　162601
欽定授時通考七十八卷　（清）鄂爾泰等撰　清乾隆七年（1742）江西巡撫刻本　二十四册

360000－1901－0038411　162602
欽定授時通考七十八卷　（清）鄂爾泰等撰　清乾隆七年（1742）江西巡撫刻本　二十四册

360000－1901－0038412　162603
欽定授時通考七十八卷　（清）鄂爾泰等撰　清乾隆七年（1742）江西巡撫刻本　二十册

360000－1901－0038413　800356
欽定書經傳説彙纂不分卷　（清）王頊齡等撰　清抄本　一册

360000－1901－0038414　402611－2
欽定書經傳説彙纂二十一卷首二卷書序一卷　（清）王頊齡等撰　清道光十八年（1838）刻本　六册　存十一卷（一至三、八至九、十七至二十，首二卷）

360000－1901－0038415　402610－1
欽定書經傳説彙纂二十一卷首二卷書序一卷　（清）王頊齡等撰　清刻本　十二册　存十六卷（二、四至十八）

360000－1901－0038416　402615
欽定書經傳説彙纂二十一卷首二卷書序一卷

(清)王頊齡等撰　清刻本　二册　存四卷(十九至二十一、書序一卷)

360000－1901－0038417　402615－1
欽定書經傳説彙纂二十一卷首二卷書序一卷
(清)王頊齡等撰　清刻本　三册　存六卷(十至十三、十六至十七)

360000－1901－0038418　402615－2
欽定書經傳説彙纂二十一卷首二卷書序一卷
(清)王頊齡等撰　清刻本　九册　存十一卷(一至十一)

360000－1901－0038419　402615－3
欽定書經傳説彙纂二十一卷首二卷書序一卷
(清)王頊齡等撰　清刻本　二册　存二卷(八至九)

360000－1901－0038420　402615－4
欽定書經傳説彙纂二十一卷首二卷書序一卷
(清)王頊齡等撰　清刻本　六册　存十一卷(十至十一、十四至二十一,書序一卷)

360000－1901－0038421　402615－5
欽定書經傳説彙纂二十一卷首二卷書序一卷
(清)王頊齡等撰　清刻本　八册　存十卷(十二至二十一)

360000－1901－0038422　402618
欽定書經傳説彙纂二十一卷首二卷書序一卷
(清)王頊齡等撰　清刻本　二册　存三卷(四至六)

360000－1901－0038423　402618－1
欽定書經傳説彙纂二十一卷首二卷書序一卷
(清)王頊齡等撰　清刻本　二册　存三卷(三、十至十一)

360000－1901－0038424　402618－2
欽定書經傳説彙纂二十一卷首二卷書序一卷
(清)王頊齡等撰　清刻本　四册　存五卷(十、十九至二十一,首上)

360000－1901－0038425　402618－3
欽定書經傳説彙纂二十一卷首二卷書序一卷
(清)王頊齡等撰　清刻本　五册　存九卷(一至三、六至七、十至十一,首二卷)

360000－1901－0038426　402618－4
欽定書經傳説彙纂二十一卷首二卷書序一卷
(清)王頊齡等撰　清刻本　八册　存十五卷(一至三、七至九、十一至十二、十八至二十一,首二卷,書序一卷)

360000－1901－0038427　402618－5
欽定書經傳説彙纂二十一卷首二卷書序一卷
(清)王頊齡等撰　清刻本　六册　存十卷(一至三、十二、十七至十八、二十一,首二卷,書序一卷)

360000－1901－0038428　402618－6
欽定書經傳説彙纂二十一卷首二卷書序一卷
(清)王頊齡等撰　清刻本　三册　存三卷(二、二十一,首上)

360000－1901－0038429　402618－7
欽定書經傳説彙纂二十一卷首二卷書序一卷
(清)王頊齡等撰　清刻本　一册　存一卷(二十一)

360000－1901－0038430　800418
欽定書經傳説彙纂二十一卷首二卷書序一卷
(清)王頊齡等撰　清刻本　四册　存八卷(十五至二十一、書序一卷)

360000－1901－0038431　421930
欽定書經傳説彙纂二十一卷首二卷書序一卷
(清)王頊齡等撰　清刻御纂七經本　二十册　存二十卷(一至七、十至二十一,書序一卷)

360000－1901－0038432　603523
欽定書經傳説彙纂二十一卷首二卷書序一卷
(清)王頊齡等撰　清刻御纂七經本　十册　存十四卷(一至八、十、十二至十三、十六至十七、二十)

360000－1901－0038433　603527
欽定書經傳説彙纂二十一卷首二卷書序一卷
(清)王頊齡等撰　清刻御纂七經本　一册　存二卷(首下、書序一卷)

360000－1901－0038434　603528
欽定書經傳說彙纂二十一卷首二卷書序一卷　(清)王頊齡等撰　清刻御纂七經本　一冊　存二卷(六至七)

360000－1901－0038435　603529
欽定書經傳說彙纂二十一卷首二卷書序一卷　(清)王頊齡等撰　清刻御纂七經本　十二冊　存十七卷(二至四、九至二十一,書序一卷)

360000－1901－0038436　160847
欽定書經傳說彙纂二十一卷首二卷書序一卷　(清)王頊齡等撰　清同治十一年(1872)江西書局刻御纂七經本　十六冊

360000－1901－0038437　160848
欽定書經傳說彙纂二十一卷首二卷書序一卷　(清)王頊齡等撰　清同治十一年(1872)江西書局刻御纂七經本　十六冊

360000－1901－0038438　603522
欽定書經傳說彙纂二十一卷首二卷書序一卷　(清)王頊齡等撰　清同治十一年(1872)江西書局刻御纂七經本　十一冊　存二十二卷(欽定書經傳說彙纂二十一卷、書序一卷)

360000－1901－0038439　402603－1
欽定書經傳說彙纂二十一卷首二卷書序一卷　(清)王頊齡等撰　清雍正八年(1730)內府刻御纂七經本　十九冊　存二十二卷(一至十三、十六至二十一,首二卷,書序一卷)

360000－1901－0038440　402728
欽定書經傳說彙纂二十一卷首二卷書序一卷　(清)王頊齡等撰　清雍正八年(1730)內府刻御纂七經本　六冊　存十一卷(一至九、首二卷)

360000－1901－0038441　603521
欽定書經傳說彙纂二十一卷首二卷書序一卷　(清)王頊齡等撰　清雍正八年(1730)內府刻御纂七經本　十六冊

360000－1901－0038442　603524
欽定書經傳說彙纂二十一卷首二卷書序一卷　(清)王頊齡等撰　清雍正八年(1730)內府刻御纂七經本　十二冊　存十三卷(一至十一、首二卷)

360000－1901－0038443　603525
欽定書經傳說彙纂二十一卷首二卷書序一卷　(清)王頊齡等撰　清雍正八年(1730)內府刻御纂七經本　十七冊　存二十卷(一至五、十至二十一,首二卷,書序一卷)

360000－1901－0038444　603526
欽定書經傳說彙纂二十一卷首二卷書序一卷　(清)王頊齡等撰　清雍正八年(1730)內府刻御纂七經本　十二冊

360000－1901－0038445　210087
欽定書經傳說彙纂二十一卷首二卷書序一卷　(清)王頊齡等撰　清雍正八年(1730)內府刻御纂七經本　十二冊

360000－1901－0038446　160852
欽定書經圖說五十卷　(清)孫家鼐等纂　清光緒三十一年(1905)石印本　十六冊

360000－1901－0038447　160853
欽定書經圖說五十卷　(清)孫家鼐等纂　清光緒三十一年(1905)石印本　十六冊

360000－1901－0038448　421682
欽定四庫全書附存目錄十卷　(清)胡虔輯　清刻本　二冊　存四卷(二至三、九至十)

360000－1901－0038449　714657
欽定四庫全書簡明目錄二十卷首一卷　(清)紀昀等撰　清光緒二十六年(1900)同好樓木活字印本　一冊　存序

360000－1901－0038450　308454－1
欽定四庫全書簡明目錄二十卷首一卷　(清)紀昀等撰　清光緒二十年(1894)上海點石齋石印本　四冊

360000－1901－0038451　714651
欽定四庫全書簡明目錄二十卷首一卷　(清)紀昀等撰　清光緒二十年(1894)上海點石齋石印本　四冊

360000－1901－0038452　714659
欽定四庫全書簡明目錄二十卷首一卷　（清）紀昀等撰　清刻本　九册　存十八卷（一至十、十三至二十）

360000－1901－0038453　303519
欽定四庫全書簡明目錄二十卷首一卷　（清）紀昀等撰　清刻本　十二册

360000－1901－0038454　313432
欽定四庫全書簡明目錄二十卷首一卷　（清）紀昀等撰　清刻本　十八册

360000－1901－0038455　313519
欽定四庫全書簡明目錄二十卷首一卷　（清）紀昀等撰　清刻本　八册

360000－1901－0038456　314020
欽定四庫全書簡明目錄二十卷首一卷　（清）紀昀等撰　清刻本　十册

360000－1901－0038457　320250
欽定四庫全書簡明目錄二十卷首一卷　（清）紀昀等撰　清刻本　十二册

360000－1901－0038458　414666
欽定四庫全書簡明目錄二十卷首一卷　（清）紀昀等撰　清刻本　十册

360000－1901－0038459　414671
欽定四庫全書簡明目錄二十卷首一卷　（清）紀昀等撰　清刻本　十一册

360000－1901－0038460　414672
欽定四庫全書簡明目錄二十卷首一卷　（清）紀昀等撰　清刻本　十三册

360000－1901－0038461　414673
欽定四庫全書簡明目錄二十卷首一卷　（清）紀昀等撰　清刻本　十二册

360000－1901－0038462　414674
欽定四庫全書簡明目錄二十卷首一卷　（清）紀昀等撰　清刻本　十二册

360000－1901－0038463　414675
欽定四庫全書簡明目錄二十卷首一卷　（清）紀昀等撰　清刻本　六册　存十三卷（一至十一、十五至十六）

360000－1901－0038464　414676
欽定四庫全書簡明目錄二十卷首一卷　（清）紀昀等撰　清刻本　七册　存十五卷（一至十五）

360000－1901－0038465　414677
欽定四庫全書簡明目錄二十卷首一卷　（清）紀昀等撰　清刻本　十册

360000－1901－0038466　414678
欽定四庫全書簡明目錄二十卷首一卷　（清）紀昀等撰　清刻本　十册

360000－1901－0038467　414679
欽定四庫全書簡明目錄二十卷首一卷　（清）紀昀等撰　清刻本　十册　存十七卷（一至二、五至十五、十七至二十）

360000－1901－0038468　414680
欽定四庫全書簡明目錄二十卷首一卷　（清）紀昀等撰　清刻本　四册　存八卷（五至八、十三至十四、十九至二十）

360000－1901－0038469　414681
欽定四庫全書簡明目錄二十卷首一卷　（清）紀昀等撰　清刻本　二册　存三卷（一、十五至十六）

360000－1901－0038470　414682
欽定四庫全書簡明目錄二十卷首一卷　（清）紀昀等撰　清刻本　三册　存七卷（三至六、八至十）

360000－1901－0038471　414683
欽定四庫全書簡明目錄二十卷首一卷　（清）紀昀等撰　清刻本　三册　存十卷（三至十二）

360000－1901－0038472　421681
欽定四庫全書簡明目錄二十卷首一卷　（清）紀昀等撰　清刻本　十二册　存十八卷（一至三、五至十二、十四至二十）

360000－1901－0038473　603973
欽定四庫全書簡明目錄二十卷首一卷　（清）

紀昀等撰　清刻本　一册　存二卷(十三至十四)

360000－1901－0038474　714652
欽定四庫全書簡明目錄二十卷首一卷　(清)紀昀等撰　清刻本　六册　存十六卷(五至二十)

360000－1901－0038475　714653
欽定四庫全書簡明目錄二十卷首一卷　(清)紀昀等撰　清刻本　九册　存十八卷(一至十八)

360000－1901－0038476　714655
欽定四庫全書簡明目錄二十卷首一卷　(清)紀昀等撰　清刻本　六册　存十六卷(二至四、八至二十)

360000－1901－0038477　714655－1
欽定四庫全書簡明目錄二十卷首一卷　(清)紀昀等撰　清刻本　三册　存六卷(一至六)

360000－1901－0038478　714655－2
欽定四庫全書簡明目錄二十卷首一卷　(清)紀昀等撰　清刻本　三册　存九卷(五至七、十一至十三、十八至二十)

360000－1901－0038479　714656－3
欽定四庫全書簡明目錄二十卷首一卷　(清)紀昀等撰　清刻本　三册　存十卷(一至十)

360000－1901－0038480　714670
欽定四庫全書簡明目錄二十卷首一卷　(清)紀昀等撰　清刻本　七册　存十二卷(一、十至二十)

360000－1901－0038481　421962
困知記二卷續二卷三續一卷四續一卷續補一卷外編一卷附錄一卷　(明)羅欽順撰　清乾隆二十一年(1756)刻嘉慶四年(1799)闕城房補刻本　一册　存一卷(困知記上)

360000－1901－0038482　802212
欽定四庫全書簡明目錄二十卷首一卷　(清)紀昀等撰　清刻本　一册　存二卷(十九至二十)

360000－1901－0038483　802225
欽定四庫全書簡明目錄二十卷首一卷　(清)紀昀等撰　清刻本　二册　存二卷(十四、十八)

360000－1901－0038484　802434
欽定四庫全書簡明目錄二十卷首一卷　(清)紀昀等撰　清刻本　一册　存一卷(十六)

360000－1901－0038485　804651
欽定四庫全書簡明目錄二十卷首一卷　(清)紀昀等撰　清刻本　一册　存二卷(十九至二十)

360000－1901－0038486　714658
欽定四庫全書簡明目錄二十卷首一卷　(清)紀昀等撰　清末石印本　二册　存十一卷(一至十一)

360000－1901－0038487　800883
欽定四庫全書簡明目錄二十卷首一卷　(清)紀昀等撰　清末石印本　二册　存九卷(十二至二十)

360000－1901－0038488　714656－1
欽定四庫全書簡明目錄二十卷首一卷　(清)紀昀等撰　清同治九年(1870)刻本　十一册　存十九卷(一至二、五至二十,首一卷)

360000－1901－0038489　414654
欽定四庫全書簡明目錄二十卷首一卷　(清)紀昀等撰　清同治七年(1868)廣東書局刻本　十册　存十八卷(一至十七、首一卷)

360000－1901－0038490　414655
欽定四庫全書簡明目錄二十卷首一卷　(清)紀昀等撰　清同治七年(1868)廣東書局刻本　七册　存十八卷(一、五至二十,首一卷)

360000－1901－0038491　714654
欽定四庫全書簡明目錄二十卷首一卷　(清)紀昀等撰　清同治七年(1868)廣東書局刻本　十册　存十四卷(一、四至五、十三、十七至二十,目錄一、四至八)

360000－1901－0038492　714656

欽定四庫全書簡明目錄二十卷首一卷　(清)紀昀等撰　清同治七年(1868)廣東書局刻本　十四冊

360000－1901－0038493　714656－4
欽定四庫全書簡明目錄二十卷首一卷　(清)紀昀等撰　清同治七年(1868)廣東書局刻本　一冊　存一卷(首一卷)

360000－1901－0038494　714658－1
欽定四庫全書簡明目錄二十卷首一卷　(清)紀昀等撰　**四庫未收書目提要五卷**　(清)阮元撰　清末石印本　二冊　存十五卷(六至十二、十八至二十,四庫未收書目提要五卷)

360000－1901－0038495　714658－2
欽定四庫全書簡明目錄二十卷首一卷　(清)紀昀等撰　**四庫未收書目提要五卷**　(清)阮元撰　清末石印本　二冊　存十三卷(十三至二十、四庫未收書目提要五卷)

360000－1901－0038496　412784
欽定四庫全書考證一百卷　(清)王太岳 (清)曹錫寶等撰　清刻本　六冊　存十一卷(二十五、四十至四十二、八十三至八十六、九十六至九十八)

360000－1901－0038497　802254
欽定四庫全書考證一百卷　(清)王太岳 (清)曹錫寶等撰　清刻武英殿聚珍版書本　一冊　存二卷(八十七至八十八)

360000－1901－0038498　220807
欽定四庫全書考證一百卷　(清)王太岳 (清)曹錫寶等撰　清乾隆刻武英殿聚珍版書本　五十冊　缺十六卷(一至十六)

360000－1901－0038499　310600
欽定四庫全書總目二百卷簡明目錄二十卷　(清)紀昀等撰　清刻本　一百二十冊

360000－1901－0038500　310021
欽定四庫全書總目二百卷首四卷　(清)紀昀等撰　清刻本　一百四十四冊

360000－1901－0038501　711082
欽定四庫全書總目二百卷首四卷　(清)紀昀等撰　清刻本　七冊　存十七卷(一百三十五至一百四十三、一百五十八至一百六十五)

360000－1901－0038502　711083
欽定四庫全書總目二百卷首四卷　(清)紀昀等撰　清刻本　七冊　存十五卷(一百四十五至一百五十九)

360000－1901－0038503　220808
欽定四庫全書總目二百卷首四卷　(清)紀昀等撰　清乾隆武英殿刻本　八十四冊

360000－1901－0038504　307797
欽定四庫全書總目二百卷首一卷　(清)紀昀等撰　清刻本　六十六冊　存一百六十四卷(十一至一百七十四)

360000－1901－0038505　310343
欽定四庫全書總目二百卷首一卷　(清)紀昀等撰　清刻本　一百八冊

360000－1901－0038506　310602
欽定四庫全書總目二百卷首一卷　(清)紀昀等撰　清刻本　一百二十冊

360000－1901－0038507　312463
欽定四庫全書總目二百卷首一卷　(清)紀昀等撰　清刻本　一百十二冊

360000－1901－0038508　714648
欽定四庫全書總目二百卷首一卷　(清)紀昀等撰　清刻本　五十三冊　存一百十三卷(一至十六、三十五至四十一、四十五至五十、五十三至五十四、五十九至九十、九十三至九十五、一百八至一百十、一百十三至一百十六、一百二十至一百二十四、一百二十七至一百三十四、一百四十一至一百四十四、一百六十至一百六十二、一百六十六至一百七十四、一百七十七至一百八十二、一百八十六至一百八十九,首一卷)

360000－1901－0038509　714649
欽定四庫全書總目二百卷首一卷　(清)紀昀等撰　清刻本　五十冊　存一百六卷(一至八、十八至三十、三十三至三十七、六十四至

六十六、六十九至八十四、八十八至一百一、一百五至一百六、一百九至一百二十五、一百二十九至一百三十四、一百六十六至一百六十八、一百七十至一百七十一、一百七十四、一百七十七至一百七十九、一百八十二至一百八十三、一百八十六至一百八十七、一百九十至一百九十一、一百九十四至二百）

360000－1901－0038510　714650

欽定四庫全書總目二百卷首一卷　（清）紀昀等撰　清刻本　六十九冊　存一百三十四卷（一至四十九、五十一至五十四、六十七至七十三、七十六、八十一、八十四至八十七、九十三至九十五、九十七至一百、一百四至一百五十七、一百六十四至一百六十九，首一卷）

360000－1901－0038511　721999

欽定四庫全書總目二百卷首一卷　（清）紀昀等撰　清刻本　十四冊　存三十卷（九十六至一百五、一百五十至一百五十一、一百五十四至一百五十七、一百六十三至一百六十五、一百九十至二百）

360000－1901－0038512　722487

欽定四庫全書總目二百卷首一卷　（清）紀昀等撰　清刻本　十一冊　存二十三卷（三十八至五十三、五十七至六十三）

360000－1901－0038513　802168

欽定四庫全書總目二百卷首一卷　（清）紀昀等撰　清刻本　一冊　存一卷（七十六）

360000－1901－0038514　802218

欽定四庫全書總目二百卷首一卷　（清）紀昀等撰　清刻本　一冊　存二卷（五十七至五十八）

360000－1901－0038515　805052

欽定四庫全書總目二百卷首一卷　（清）紀昀等撰　清刻本　九冊　存十五卷（一百四十九至一百五十三、一百五十六至一百六十一、一百九十四至一百九十六、一百九十八）

360000－1901－0038516　900833

欽定四庫全書總目二百卷首一卷　（清）紀昀等撰　清刻本　二十三冊　存四十四卷（九至十六、十九至二十二、二十五至二十九、四十三、五十三至五十四、五十七至五十八、六十一至六十四、七十二至七十五、七十九至八十一、一百十六、一百二十五至一百二十六、一百三十五至一百三十九、一百四十一至一百四十二、一百四十六）

360000－1901－0038517　803271

欽定四庫全書總目二百卷首一卷　（清）紀昀等撰　清末鉛印本　十六冊　存九十三卷（一百八至二百）

360000－1901－0038518　802226

欽定四庫全書總目二百卷首一卷　（清）紀昀等撰　清末石印本　一冊　存五卷（一百九十至一百九十四）

360000－1901－0038519　308377

欽定四庫全書總目二百卷首一卷　（清）紀昀等撰　清同治七年（1868）廣東書局刻本　九十八冊　存一百九十八卷（一至一百二、一百六至二百，首一卷）

360000－1901－0038520　309985

欽定四庫全書總目二百卷首一卷　（清）紀昀等撰　清同治七年（1868）廣東書局刻本　八十四冊　存一百四十五卷（一至二十四、二十六至四十一、四十五至四十六、五十五至六十、六十三至七十、七十四至七十八、八十一至八十七、九十三至九十六、九十九至一百十二、一百十五至一百二十二、一百二十五至一百三十七、一百四十一至一百五十三、一百五十六至一百五十九、一百七十五至一百七十七、一百八十至一百八十一、一百八十四至一百九十四、一百九十六至二百）

360000－1901－0038521　310601

欽定四庫全書總目二百卷首一卷　（清）紀昀等撰　清同治七年（1868）廣東書局刻本　一百八冊

360000－1901－0038522　310611

欽定四庫全書總目二百卷首一卷　（清）紀昀等撰　清同治七年（1868）廣東書局刻本　一

百二十册

360000－1901－0038523　310710

欽定四庫全書總目二百卷首一卷　(清)紀昀等撰　清同治七年(1868)廣東書局刻本　一百二十册

360000－1901－0038524　310711

欽定四庫全書總目二百卷首一卷　(清)紀昀等撰　清同治七年(1868)廣東書局刻本　八十册　存一百十卷(一至一百九、首一卷)

360000－1901－0038525　310735

欽定四庫全書總目二百卷首一卷　(清)紀昀等撰　清同治七年(1868)廣東書局刻本　一百六册　存一百七十四卷(一至七十、九十三至一百九、一百十五至二百,首一卷)

360000－1901－0038526　320243

欽定四庫全書總目二百卷首一卷　(清)紀昀等撰　清同治七年(1868)廣東書局刻本　一百二十册

360000－1901－0038527　414651

欽定四庫全書總目二百卷首一卷　(清)紀昀等撰　清同治七年(1868)廣東書局刻本　三十二册　存六十卷(一至十、十五、二十四至二十九、三十二至三十三、三十八至三十九、一百六至一百八、一百十五至一百十九、一百二十二至一百二十三、一百二十九至一百三十八、一百四十一至一百五十八,首一卷)

360000－1901－0038528　414652

欽定四庫全書總目二百卷首一卷　(清)紀昀等撰　清同治七年(1868)廣東書局刻本　十四册　存二十一卷(一、九至十、一百二十二至一百二十三、一百四十七、一百五十、一百五十三至一百五十四、一百五十七至一百五十八、一百七十六、一百七十九、一百八十三至一百八十五、一百八十七、一百九十二、一百九十六至一百九十七,首一卷)

360000－1901－0038529　414653

欽定四庫全書總目二百卷首一卷　(清)紀昀等撰　清同治七年(1868)廣東書局刻本　二十三册　存四十六卷(三十五至三十六、六十九至七十八、八十三至八十四、九十九至一百四、一百六至一百十八、一百五十二至一百五十三、一百六十九至一百七十七、一百九十五至一百九十六)

360000－1901－0038530　600375

欽定四庫全書總目二百卷首一卷　(清)紀昀等撰　清同治七年(1868)廣東書局刻本　六十八册　存八十一卷(一至八、十七至十八、二十三至二十四、三十至三十一、四十四至五十、五十二至五十六、五十九至六十、六十八至七十一、七十六至七十七、八十二至九十、一百十至一百十一、一百十三至一百十五、一百十七至一百二十四、一百二十七至一百三十一、一百四十、一百四十三至一百四十五、一百四十七至一百四十八、一百五十四、一百六十二至一百六十九、一百九十七至二百,首一卷)

360000－1901－0038531　310690

欽定四庫全書總目二百卷首一卷　(清)紀昀等撰　清宣統二年(1910)存古齋石印本　三十一册　存一百九十五卷(一至五十五、六十二至二百,首一卷)

360000－1901－0038532　722472

欽定四庫全書總目二百卷首一卷　(清)紀昀等撰　清宣統二年(1910)存古齋石印本　八册　存四十四卷(一百五十二至一百八十九、一百九十五至二百)

360000－1901－0038533　308454

欽定四庫全書總目二百卷首一卷　(清)紀昀等撰　**四庫未收書目提要五卷**　(清)阮元撰　清光緒二十年(1894)上海點石齋石印本　十九册　存一百九十二卷(一至一百六、一百十六至二百,首一卷)

360000－1901－0038534　600374

欽定四庫全書總目二百卷首一卷　(清)紀昀等撰　清同治七年(1868)廣東書局刻本　一百二十册

360000－1901－0038535　306402

欽定四書文不分卷　(清)方苞輯　清光緒十五年(1889)刻本　二十三册

360000 - 1901 - 0038536　316116

欽定四書文不分卷　(清)方苞輯　清刻本　十三册

360000 - 1901 - 0038537　405744

欽定四書文不分卷　(清)方苞輯　清刻本　一册

360000 - 1901 - 0038538　405777

欽定四書文不分卷　(清)方苞輯　清刻本　二十四册

360000 - 1901 - 0038539　405778

欽定四書文不分卷　(清)方苞輯　清刻本　二十二册

360000 - 1901 - 0038540　405779

欽定四書文不分卷　(清)方苞輯　清刻本　二十四册

360000 - 1901 - 0038541　405780

欽定四書文不分卷　(清)方苞輯　清刻本　八册

360000 - 1901 - 0038542　405781

欽定四書文不分卷　(清)方苞輯　清刻本　十册

360000 - 1901 - 0038543　405782

欽定四書文不分卷　(清)方苞輯　清刻本　八册

360000 - 1901 - 0038544　405783

欽定四書文不分卷　(清)方苞輯　清刻本　八册

360000 - 1901 - 0038545　405784

欽定四書文不分卷　(清)方苞輯　清刻本　七册

360000 - 1901 - 0038546　405785

欽定四書文不分卷　(清)方苞輯　清刻本　五册

360000 - 1901 - 0038547　405785 - 1

欽定四書文不分卷　(清)方苞輯　清刻本　一册

360000 - 1901 - 0038548　405785 - 2

欽定四書文不分卷　(清)方苞輯　清刻本　一册

360000 - 1901 - 0038549　603220

欽定四書文不分卷　(清)方苞輯　清刻本　一册

360000 - 1901 - 0038550　160313

欽定四書文選三十卷　(清)方苞等輯　清乾隆慎修堂刻本　十六册

360000 - 1901 - 0038551　302402

欽定臺規四十二卷首一卷　(清)延煦等撰　清光緒十八年(1892)都察院刻本　二十四册

360000 - 1901 - 0038552　313156

欽定天禄琳琅書目十卷　(清)于敏中等撰　**後編二十卷**　(清)彭元瑞等撰　清光緒十年(1884)長沙王氏刻本　六册　存二十二卷(欽定天禄琳琅書目九至十、後編二十卷)

360000 - 1901 - 0038553　800120

欽定天禄琳琅書目十卷　(清)于敏中等撰　**後編二十卷**　(清)彭元瑞等撰　清光緒十年(1884)長沙王氏刻本　十册

360000 - 1901 - 0038554　800121

欽定天禄琳琅書目十卷　(清)于敏中等撰　**後編二十卷**　(清)彭元瑞等撰　清光緒十年(1884)長沙王氏刻本　十册

360000 - 1901 - 0038555　902473

欽定天禄琳琅書目十卷　(清)于敏中等撰　**後編二十卷**　(清)彭元瑞等撰　清光緒十年(1884)長沙王氏刻本　四册　存八卷(欽定天禄琳琅書目一至八)

360000 - 1901 - 0038556　300574

欽定通典考證一卷欽定通志考證三卷欽定文獻通考考證三卷　(清)□□撰　清末石印本　一册

360000 - 1901 - 0038557　603567

欽定通考考證三卷 （清）□□撰 清刻本 三册

360000－1901－0038558 210464
欽定同文韻統六卷 （清）允祿等纂 清乾隆十五年（1750）武英殿刻朱墨套印本 五册

360000－1901－0038559 803055
欽定萬年書不分卷（清嘉慶二十三年至光緒二十七年） （清）欽天監編 清刻本 一册

360000－1901－0038560 803056
欽定萬年書不分卷（清乾隆元年至光緒五年） （清）欽天監編 清刻本 一册

360000－1901－0038561 902145－1
欽定萬年書不分卷 （清）欽天監編 清光緒刻本 一册

360000－1901－0038562 804788
欽定萬年書不分卷 （清）欽天監編 清末石印本 一册

360000－1901－0038563 902145
欽定萬年書不分卷 （清）欽天監編 清宣統刻本 一册

360000－1901－0038564 802529
欽定萬年書一卷 （清）欽天監編 清光緒刻本 一册

360000－1901－0038565 802992－3
欽定萬年書一卷 （清）欽天監編 清刻本 一册

360000－1901－0038566 802992－4
欽定萬年書一卷 （清）欽天監編 清刻本 一册

360000－1901－0038567 900573
欽定萬年書一卷 （清）欽天監編 清刻本 一册

360000－1901－0038568 802308
欽定五軍道里表不分卷 （清）明亮等修 （清）常泰等纂 清同治十一年（1872）湖北讞局刻本 一册

360000－1901－0038569 304104
欽定熙朝雅頌集一百六卷首集二十六卷餘集二卷首一卷 （清）鐵保輯 清嘉慶九年（1804）刻本 二十四册

360000－1901－0038570 716427
欽定協紀辨方書三十六卷 （清）允祿等撰 清刻本 二册 存三卷（一、四至五）

360000－1901－0038571 721794
欽定協紀辨方書三十六卷 （清）允祿等撰 清刻本 四册 存八卷（六至十三）

360000－1901－0038572 803049
欽定協紀辨方書三十六卷 （清）允祿等撰 清刻本 二册 存三卷（十五、二十九至三十）

360000－1901－0038573 803120
欽定協紀辨方書三十六卷 （清）允祿等撰 清刻本 四册 存四卷（五至八）

360000－1901－0038574 416429
欽定協紀辨方書三十六卷 （清）允祿等撰 清刻朱墨套印本 十册 存十四卷（一至三、二十一至二十二、二十七至三十五）

360000－1901－0038575 416430
欽定協紀辨方書三十六卷 （清）允祿等撰 清刻朱墨套印本 十三册 存二十九卷（一至十四、十七至二十三、二十七至三十四）

360000－1901－0038576 716428
欽定協紀辨方書三十六卷 （清）允祿等撰 清刻朱墨套印本 七册 存十卷（四至八、十二至十三、十六、二十七至二十八）

360000－1901－0038577 717941
欽定協紀辨方書三十六卷 （清）允祿等撰 清刻朱墨套印本 十册 存二十五卷（二至三、十四至三十六）

360000－1901－0038578 721795
欽定協紀辨方書三十六卷 （清）允祿等撰 清刻朱墨套印本 十三册 存十四卷（七至二十）

360000－1901－0038579　802846

欽定協紀辨方書三十六卷　(清)允祿等撰　清刻朱墨套印本　一册　存一卷(十八)

360000－1901－0038580　416431

欽定協紀辨方書三十六卷　(清)允祿等撰　清末上海會文堂書局石印本　七册　存三十二卷(一至七、十二至三十六)

360000－1901－0038581　416431－1

欽定協紀辨方書三十六卷　(清)允祿等撰　清末上海會文堂書局石印本　四册　存二十一卷(十六至三十六)

360000－1901－0038582　416432

欽定協紀辨方書三十六卷　(清)允祿等撰　清末石印本　二册　存十卷(十七至二十六)

360000－1901－0038583　230522

欽定協紀辨方書三十六卷　(清)允祿等撰　清乾隆六年(1741)武英殿刻朱墨套印本　十五册

360000－1901－0038584　230523

欽定協紀辨方書三十六卷　(清)允祿等撰　清乾隆六年(1741)武英殿刻朱墨套印本　十六册

360000－1901－0038585　230524

欽定協紀辨方書三十六卷　(清)允祿等撰　清乾隆六年(1741)武英殿刻朱墨套印本　十五册

360000－1901－0038586　416433

欽定協紀辨方書三十六卷　(清)允祿等撰　清乾隆六年(1741)武英殿刻朱墨套印本　三册　存七卷(五至六、十一至十五)

360000－1901－0038587　416433－1

欽定協紀辨方書三十六卷　(清)允祿等撰　清乾隆六年(1741)武英殿刻朱墨套印本　二册　存五卷(十一至十五)

360000－1901－0038588　416433－2

欽定協紀辨方書三十六卷　(清)允祿等撰　清乾隆六年(1741)武英殿刻朱墨套印本　一册　存二卷(十二至十三)

360000－1901－0038589　600308

欽定續通典一百五十卷　(清)嵇璜等纂　清光緒二十八年(1902)貫吾齋石印九通全書本　六册　存一百四十九卷(一至一百四十九)

360000－1901－0038590　600309

欽定續通典一百五十卷　(清)嵇璜等纂　清光緒二十八年(1902)貫吾齋石印九通全書本　五册　存一百二十八卷(二十三至一百五十)

360000－1901－0038591　600306

欽定續通典一百五十卷　(清)嵇璜等纂　清光緒二十八年(1902)上海鴻寶書局石印九通本　八册

360000－1901－0038592　600310

欽定續通典一百五十卷　(清)嵇璜等纂　清光緒二十八年(1902)上海鴻寶書局石印九通本　四册　存七十九卷(五十四至七十一、九十至一百五十)

360000－1901－0038593　600305

欽定續通典一百五十卷　(清)嵇璜等纂　清光緒二十七年(1901)上海圖書集成印書局鉛印九通本　十一册　存一百四十卷(一至十二、二十三至一百五十)

360000－1901－0038594　600301

欽定續通典一百五十卷　(清)嵇璜等纂　清光緒十二年(1886)浙江書局刻九通本　四十册

360000－1901－0038595　600302

欽定續通典一百五十卷　(清)嵇璜等纂　清光緒十二年(1886)浙江書局刻九通本　三十二册　存一百十三卷(一至一百十三)

360000－1901－0038596　600303

欽定續通典一百五十卷　(清)嵇璜等纂　清光緒十二年(1886)浙江書局刻九通本　十八册　存六十七卷(一至三、七至五十一、七十八至八十五、一百三十九至一百四十九)

360000－1901－0038597　600304

欽定續通典一百五十卷　(清)嵇璜等纂　清光緒十二年(1886)浙江書局刻九通本　十冊　存三十九卷(一至二十二、一百十四至一百三十)

360000－1901－0038598　805335

欽定續通典一百五十卷　(清)嵇璜等纂　清光緒十二年(1886)浙江書局刻九通本　二十一冊　存七十四卷(二十三至九十六)

360000－1901－0038599　312691

欽定續通典一百五十卷　(清)嵇璜等纂　清光緒十二年(1886)浙江書局刻九通本　十八冊　存六十八卷(五十二至七十七、九十七至一百三十八)

360000－1901－0038600　600300

欽定續通典一百五十卷　(清)嵇璜等纂　清光緒元年(1875)廣東學海堂刻本　四十六冊　存一百十三卷(八至二十八、三十一至五十四、五十九至七十一、七十五至九十六、一百至一百十二、一百三十一至一百五十)

360000－1901－0038601　307852

欽定續通典一百五十卷　(清)嵇璜等纂　清刻本　三十三冊　存一百一卷(十四至二十、二十三至二十五、三十一至六十五、六十九至九十一、九十八至一百、一百七至一百二十、一百二十七至一百二十八、一百三十三至一百四十六)

360000－1901－0038602　801036

欽定續通典一百五十卷　(清)嵇璜等纂　清刻本　九冊　存三十七卷(九十七至一百十三、一百三十一至一百五十)

360000－1901－0038603　400505

欽定續通志六百四十卷　(清)嵇璜等纂　清光緒二十八年(1902)貫吾齋石印九通全書本　一冊　存二十八卷(四百一至四百二十八)

360000－1901－0038604　600290

欽定續通志六百四十卷　(清)嵇璜等纂　清光緒二十八年(1902)貫吾齋石印九通全書本　二十四冊

360000－1901－0038605　600296

欽定續通志六百四十卷　(清)嵇璜等纂　清光緒二十八年(1902)貫吾齋石印九通全書本　三冊　存九十二卷(四百二十九至五百二十)

360000－1901－0038606　600295

欽定續通志六百四十卷　(清)嵇璜等纂　清光緒二十八年(1902)上海鴻寶書局石印九通本　三十七冊　存六百一卷(十八至六百十八)

360000－1901－0038607　600299

欽定續通志六百四十卷　(清)嵇璜等纂　清光緒二十八年(1902)上海鴻寶書局石印九通本　二十九冊　存四百六卷(一至四百六)

360000－1901－0038608　600289

欽定續通志六百四十卷　(清)嵇璜等纂　清光緒二十七年(1901)上海圖書集成印書局鉛印九通本　五十二冊　存五百三十二卷(一至一百五十一、一百五十九至二百九十六、三百九至五百、五百三十八至五百六十七、六百六至六百二十六)

360000－1901－0038609　600292

欽定續通志六百四十卷　(清)嵇璜等纂　清光緒二十七年(1901)上海圖書集成印書局鉛印九通本　六十冊

360000－1901－0038610　600293

欽定續通志六百四十卷　(清)嵇璜等纂　清光緒二十七年(1901)上海圖書集成印書局鉛印九通本　六十冊

360000－1901－0038611　600294

欽定續通志六百四十卷　(清)嵇璜等纂　清光緒二十七年(1901)上海圖書集成印書局鉛印九通本　三十五冊　存三百九十八卷(一百五十三至二百、二百十至二百四十、二百六十二至三百六十四、三百七十三至三百八十、三百八十九至五百三十七、五百六十八至六百二十六)

360000－1901－0038612　600297
欽定續通志六百四十卷　(清)嵇璜等纂　清光緒二十七年(1901)上海圖書集成印書局鉛印九通本　十二册　存九十二卷(二十五至三十、一百五十九至二百二十、三百三十三至三百五十六)

360000－1901－0038613　603949
欽定續通志六百四十卷　(清)嵇璜等纂　清光緒二十七年(1901)上海圖書集成印書局鉛印九通本　五十四册　缺四十三卷(七十一至七十九、三百三十三至三百三十九、三百五十七至三百六十四、三百八十九至三百九十七、四百七至四百十六)

360000－1901－0038614　603949－2
欽定續通志六百四十卷　(清)嵇璜等纂　清光緒二十七年(1901)上海圖書集成印書局鉛印九通本　二册　存十九卷(二百五十一至二百六十一、三百八十一至三百八十八)

360000－1901－0038615　600285
欽定續通志六百四十卷　(清)嵇璜等纂　清光緒十二年(1886)浙江書局刻九通本　一百八十五册　存五百九十五卷(一至二百四十一、二百五十至三百七十七、三百九十二至四百十二、四百二十三至四百二十九、四百四十至五百二十二、五百二十六至六百四十)

360000－1901－0038616　600286
欽定續通志六百四十卷　(清)嵇璜等纂　清光緒十二年(1886)浙江書局刻九通本　三十五册　存八十三卷(一至二、三百二十六至四百六)

360000－1901－0038617　600286－1
欽定續通志六百四十卷　(清)嵇璜等纂　清光緒十二年(1886)浙江書局刻九通本　一百三册　存三百六十七卷(一至二、六至八十四、一百七十六至一百八十六、一百八十九至二百三、二百八十一至二百八十四、三百七十六至五百九十二、六百二至六百四十)

360000－1901－0038618　600287
欽定續通志六百四十卷　(清)嵇璜等纂　清光緒十二年(1886)浙江書局刻九通本　一百五十二册　存四百九十八卷(一百十至二百三、二百十一至二百七十七、三百四至六百四十)

360000－1901－0038619　805305
欽定續通志六百四十卷　(清)嵇璜等纂　清光緒十二年(1886)浙江書局刻九通本　一百五十六册　存五百五十三卷(三至二百四十二、二百四十七至三百二十五、四百七至六百四十)

360000－1901－0038620　805306
欽定續通志六百四十卷　(清)嵇璜等纂　清光緒十二年(1886)浙江書局刻九通本　二十九册　存八十卷(八十五至八十八、一百十至一百七十五、一百八十七至一百八十八、二百四十二至二百四十九)

360000－1901－0038621　902027
欽定續通志六百四十卷　(清)嵇璜等纂　清光緒十二年(1886)浙江書局刻九通本　六册　存二十一卷(八十九至一百九)

360000－1901－0038622　309615
欽定續通志六百四十卷　(清)嵇璜等纂　清光緒石印本　十册　存一百九十五卷(四百二十四至六百十八)

360000－1901－0038623　309615－1
欽定續通志六百四十卷　(清)嵇璜等纂　清光緒石印本　一册　存二十卷(五百四十五至五百六十四)

360000－1901－0038624　805170
欽定續通志六百四十卷　(清)嵇璜等纂　清刻本　一册　存三卷(二十五至二十七)

360000－1901－0038625　603949－1
欽定續通志六百四十卷　(清)嵇璜等纂　清末鉛印本　一册　存二十五卷(六十六至九十)

360000－1901－0038626　603949－3
欽定續通志六百四十卷　(清)嵇璜等纂　清末石印本　一册　存十二卷(三百三十六至

三百四十七）

360000－1901－0038627　600284－1
欽定續文獻通考二百五十卷　（清）嵇璜等纂
清光緒二十八年（1902）貫吾齋石印九通全書本　一册　存十卷（二百五至二百十四）

360000－1901－0038628　600278
欽定續文獻通考二百五十卷　（清）嵇璜等纂
清光緒二十八年（1902）上海鴻寶書局石印九通本　二十四册

360000－1901－0038629　600283
欽定續文獻通考二百五十卷　（清）嵇璜等纂
清光緒二十八年（1902）上海鴻寶書局石印九通本　二十三册　存二百四十卷（一至二百四十）

360000－1901－0038630　300178
欽定續文獻通考二百五十卷　（清）嵇璜等纂
清光緒二十六年（1900）北洋石印官書局石印本　三十二册

360000－1901－0038631　600279
欽定續文獻通考二百五十卷　（清）嵇璜等纂
清光緒二十七年（1901）上海圖書集成印書局鉛印九通本　三十六册

360000－1901－0038632　600281
欽定續文獻通考二百五十卷　（清）嵇璜等纂
清光緒二十七年（1901）上海圖書集成印書局鉛印九通本　十七册　存一百三十九卷（一百七至一百二十九、一百三十五至二百五十）

360000－1901－0038633　603945
欽定續文獻通考二百五十卷　（清）嵇璜等纂
清光緒二十七年（1901）上海圖書集成印書局鉛印九通本　三十六册

360000－1901－0038634　722476
欽定續文獻通考二百五十卷　（清）嵇璜等纂
清光緒二十七年（1901）上海圖書集成印書局鉛印九通本　一册　存八卷（二百四十三至二百五十）

360000－1901－0038635　600277
欽定續文獻通考二百五十卷　（清）嵇璜等纂
清光緒十三年（1887）浙江書局刻九通本　一百九册　存二百二十七卷（一至七十六、一百至二百五十）

360000－1901－0038636　600284
欽定續文獻通考二百五十卷　（清）嵇璜等纂
清光緒十三年（1887）浙江書局刻九通本　九册　存十八卷（七十七至八十二、八十七至九十八）

360000－1901－0038637　804101
欽定續文獻通考二百五十卷　（清）嵇璜等纂
清光緒十三年（1887）浙江書局刻九通本　八册　存十三卷（一至十三）

360000－1901－0038638　805337
欽定續文獻通考二百五十卷　（清）嵇璜等纂
清光緒十三年（1887）浙江書局刻九通本　一百一册　存二百十三卷（十四至四十四、四十七至七十六、九十九至二百五十）

360000－1901－0038639　805338
欽定續文獻通考二百五十卷　（清）嵇璜等纂
清光緒十三年（1887）浙江書局刻九通本　十一册　存二十三卷（七十七至九十九）

360000－1901－0038640　309973
欽定續文獻通考二百五十卷　（清）嵇璜等纂
清光緒十三年（1887）浙江書局刻九通本　九册　存十六卷（一至十六）

360000－1901－0038641　600276
欽定續文獻通考二百五十卷　（清）嵇璜等纂
清刻本　一百十册　存二百三十四卷（十七至二百五十）

360000－1901－0038642　400507
欽定續文獻通考二百五十卷　（清）嵇璜等纂
清末石印本　一册　存五卷（十五至十九）

360000－1901－0038643　308945
欽定續文獻通考輯要二十六卷　湯壽潛輯
清光緒二十五年（1899）上海圖書集成局鉛印三通考輯要本　九册

360000－1901－0038644　307966
欽定續文獻通考詳節二十六卷　(清)嚴虞惇輯　清光緒二十七年(1901)鴻寶齋書局石印三通考詳節本　六冊

360000－1901－0038645　307967
欽定續文獻通考詳節二十六卷　(清)嚴虞惇輯　清光緒二十七年(1901)鴻寶齋書局石印三通考詳節本　六冊

360000－1901－0038646　308926
欽定續文獻通考詳節二十六卷　(清)嚴虞惇輯　清光緒二十七年(1901)鴻寶齋書局石印三通考詳節本　六冊

360000－1901－0038647　301328
欽定續纂外藩蒙古回部王公表十二卷傳十二卷　(清)□□編　清咸豐九年(1859)刻本　二十三冊　缺一卷(傳十二)

360000－1901－0038648　406446
欽定學堂章程不分卷　(清)張百熙編　清光緒三十二年(1906)上海會文學社鉛印本　七冊

360000－1901－0038649　406445
欽定學堂章程不分卷　(清)張百熙編　清光緒三十二年(1906)上海時中書局鉛印本　一冊

360000－1901－0038650　406446－1
欽定學堂章程不分卷　(清)張百熙編　清末鉛印本　一冊

360000－1901－0038651　402144
欽定學政全書八卷　清刻本　八冊

360000－1901－0038652　402143
欽定學政全書八卷　清乾隆刻本　七冊　存七卷(一至七)

360000－1901－0038653　220484
欽定學政全書八十二卷　(清)王杰等修　(清)廣興等纂　清乾隆五十八年(1793)刻本　十二冊

360000－1901－0038654　402134
欽定學政全書八十六卷首一卷　(清)童璜等纂修　清嘉慶刻本　二十二冊　存八十一卷(四至四十二、四十五至八十六)

360000－1901－0038655　402135
欽定學政全書八十六卷首一卷　(清)童璜等纂修　清嘉慶刻本　二十四冊

360000－1901－0038656　402136
欽定學政全書八十六卷首一卷　(清)童璜等纂修　清嘉慶刻本　二十一冊

360000－1901－0038657　402137
欽定學政全書八十六卷首一卷　(清)童璜等纂修　清嘉慶刻本　九冊　存三十八卷(五至十一、三十四至四十二、五十八至六十一、六十九至八十六)

360000－1901－0038658　402138
欽定學政全書八十六卷首一卷　(清)童璜等纂修　清嘉慶刻本　四冊　存十八卷(四至九、五十六至六十三、八十三至八十六)

360000－1901－0038659　402138－1
欽定學政全書八十六卷首一卷　(清)童璜等纂修　清嘉慶刻本　一冊　存四卷(八十三至八十六)

360000－1901－0038660　402139
欽定學政全書八十六卷首一卷　(清)童璜等纂修　清嘉慶刻本　十二冊　存五十五卷(一至十、十二至二十一、二十三至四十九、五十二至五十四、七十四至七十八)

360000－1901－0038661　402139－1
欽定學政全書八十六卷首一卷　(清)童璜等纂修　清嘉慶刻本　一冊　存三卷(九至十一)

360000－1901－0038662　402140
欽定學政全書八十六卷首一卷　(清)童璜等纂修　清嘉慶刻本　十一冊　存四十二卷(十五至十七、二十二至二十八、五十三至五十四、五十七至八十六)

360000－1901－0038663　402140－1

欽定學政全書八十六卷首一卷　(清)童璜等纂修　清嘉慶刻本　一册　存四卷(十二至十五)

360000－1901－0038664　402141

欽定學政全書八十六卷首一卷　(清)童璜等纂修　清嘉慶刻本　十三册　存六十二卷(六至十、十三至三十六、五十四至八十六)

360000－1901－0038665　402141－1

欽定學政全書八十六卷首一卷　(清)童璜等纂修　清嘉慶刻本　一册　存十三卷(五十七至六十九)

360000－1901－0038666　304111

欽定學政全書八十六卷首一卷　(清)童璜等纂修　清嘉慶十七年(1812)刻本　二十四册

360000－1901－0038667　304115

欽定學政全書八十六卷首一卷　(清)童璜等纂修　清嘉慶十七年(1812)刻本　二十册

360000－1901－0038668　306626

欽定學政全書八十六卷首一卷　(清)童璜等纂修　清嘉慶十七年(1812)刻本　三册　存十五卷(一至四、四十至四十九,首一卷)

360000－1901－0038669　306627

欽定學政全書八十六卷首一卷　(清)童璜等纂修　清嘉慶十七年(1812)刻本　十六册　存五十四卷(一至十八、三十至三十八、四十三至五十一、五十五至五十六、七十二至八十六,首一卷)

360000－1901－0038670　306628

欽定學政全書八十六卷首一卷　(清)童璜等纂修　清嘉慶十七年(1812)刻本　十八册

360000－1901－0038671　306623

欽定學政全書八十六卷首一卷　(清)童璜等纂修　清刻本　十八册　存七十七卷(十至八十六)

360000－1901－0038672　307958

欽定學政全書八十六卷首一卷　(清)童璜等纂修　清刻本　十六册　存六十一卷(二十一至八十一)

360000－1901－0038673　308207

欽定學政全書八十六卷首一卷　(清)童璜等纂修　清刻本　二册　存九卷(二十四至三十、五十至五十一)

360000－1901－0038674　312771

欽定學政全書八十六卷首一卷　(清)童璜等纂修　清刻本　二十册

360000－1901－0038675　402142

欽定學政全書八十六卷首一卷　(清)童璜等纂修　清刻本　十七册　存六十四卷(四至七、十二至十四、二十二至三十二、三十六至六十七、七十三至八十六)

360000－1901－0038676　603837

欽定儀禮義疏四十八卷首二卷　(清)朱軾等撰　清光緒十四年(1888)上海鴻文書局石印本　四册　存四十三卷(一至四十一、首二卷)

360000－1901－0038677　402617－5

欽定儀禮義疏四十八卷首二卷　(清)朱軾等撰　清刻本　三册　存三卷(四十五至四十七)

360000－1901－0038678　402617－6

欽定儀禮義疏四十八卷首二卷　(清)朱軾等撰　清刻本　二册　存二卷(三十一、四十四)

360000－1901－0038679　603832

欽定儀禮義疏四十八卷首二卷　(清)朱軾等撰　清刻本　四十册

360000－1901－0038680　603833

欽定儀禮義疏四十八卷首二卷　(清)朱軾等撰　清刻本　三十六册

360000－1901－0038681　603836

欽定儀禮義疏四十八卷首二卷　(清)朱軾等撰　清刻本　二十七册　存四十八卷(一至二十四、二十七至四十八,首二卷)

360000－1901－0038682　603838

欽定儀禮義疏四十八卷首二卷　（清）朱軾等撰　清刻本　九冊　存九卷（十至十八）

360000－1901－0038683　805056
欽定儀禮義疏四十八卷首二卷　（清）朱軾等撰　清刻本　二冊　存二卷（四十七至四十八）

360000－1901－0038684　801374
欽定儀禮義疏四十八卷首二卷　（清）朱軾等撰　清刻御纂七經本　一冊　存一卷（四十）

360000－1901－0038685　402359－1
欽定儀禮義疏四十八卷首二卷　（清）朱軾等撰　清同治十一年（1872）江西書局刻御纂七經本　三冊　存三卷（十一至十三）

360000－1901－0038686　603831
欽定儀禮義疏四十八卷首二卷　（清）朱軾等撰　清同治十一年（1872）江西書局刻御纂七經本　三十九冊　存四十九卷（一至十二、十四至四十八，首二卷）

360000－1901－0038687　603835
欽定儀禮義疏四十八卷首二卷　（清）朱軾等撰　清同治十一年（1872）江西書局刻御纂七經本　四十冊

360000－1901－0038688　402611－1
欽定儀禮義疏四十八卷首二卷　（清）朱軾等撰　清紫陽書院刻本　二十五冊　存二十五卷（二至二十四、首二卷）

360000－1901－0038689　402609－7
欽定儀禮義疏四十八卷首二卷　（清）朱軾等撰　清尊經閣刻本　十二冊　存十七卷（一至九、四十至四十三、四十五至四十八）

360000－1901－0038690　161193
欽定儀禮義疏四十八卷首二卷　（清）朱軾等撰　清同治十一年（1872）江西書局刻御纂七經本　四十八冊

360000－1901－0038691　300735
欽定元史語解二十四卷　清道光四年（1824）刻本　六冊

360000－1901－0038692　402803
欽定元史語解二十四卷　清光緒四年（1878）江蘇書局刻遼金元三史語解本　六冊

360000－1901－0038693　308527
欽定增修六部處分則例五十二卷　清光緒十一年（1885）刻本　十八冊

360000－1901－0038694　603141
欽定中樞政考八旗三十二卷綠營四十卷　（清）明達等纂修　清嘉慶十三年（1808）刻本　八冊　存十六卷（八旗一至十六）

360000－1901－0038695　306208
欽定中樞政考八旗三十二卷綠營四十卷　（清）明亮等修　（清）納蘇泰等纂　清刻本　九冊　存九卷（八旗十四至十九，綠營三十七至三十八、四十）

360000－1901－0038696　400871
欽定中樞政考八旗三十二卷綠營四十卷　（清）明亮等修　（清）納蘇泰等纂　清刻本　十八冊　存十九卷（綠營七至十八、三十至三十三、三十七至三十九）

360000－1901－0038697　303149
欽定中樞政考八旗三十二卷綠營四十卷續纂四卷　（清）明亮等修　（清）納蘇泰等纂　清道光五年（1825）刻本　七十六冊

360000－1901－0038698　409950
欽定重刻淳化閣帖釋文十卷　（清）吳省蘭等編　清末影印本　二冊

360000－1901－0038699　311828
欽定重修兩浙鹽法志三十卷首二卷　（清）阮元等修　（清）馮培等纂　清同治十三年（1874）刻本　二十四冊

360000－1901－0038700　402605－1
欽定周官義疏四十八卷首一卷　（清）鄂爾泰等撰　清光緒十四年（1888）戶部刻御纂七經本　二十三冊　存四十七卷（二至四十八）

360000－1901－0038701　402359－3
欽定周官義疏四十八卷首一卷　（清）鄂爾泰

等撰　清光緒十四年(1888)江南書局刻御纂七經本　一冊　存二卷(一、首一卷)

360000－1901－0038702　160572
欽定周官義疏四十八卷首一卷　(清)鄂爾泰等撰　清刻本　四十八冊

360000－1901－0038703　402617
欽定周官義疏四十八卷首一卷　(清)鄂爾泰等撰　清刻本　二冊　存二卷(二十一、三十九)

360000－1901－0038704　402617－1
欽定周官義疏四十八卷首一卷　(清)鄂爾泰等撰　清刻本　三冊　存四卷(四十一至四十二、四十六至四十七)

360000－1901－0038705　402617－2
欽定周官義疏四十八卷首一卷　(清)鄂爾泰等撰　清刻本　五冊　存九卷(十四至十五、二十一至二十二、四十一至四十三、四十六至四十七)

360000－1901－0038706　402617－3
欽定周官義疏四十八卷首一卷　(清)鄂爾泰等撰　清刻本　三冊　存四卷(七至九、十六)

360000－1901－0038707　402617－4
欽定周官義疏四十八卷首一卷　(清)鄂爾泰等撰　清刻本　二冊　存四卷(三至四、四十三至四十四)

360000－1901－0038708　603349
欽定周官義疏四十八卷首一卷　(清)鄂爾泰等撰　清刻本　二十四冊　存四十一卷(一至四十、首一卷)

360000－1901－0038709　603350
欽定周官義疏四十八卷首一卷　(清)鄂爾泰等撰　清刻本　十一冊　存二十二卷(二十七至四十八)

360000－1901－0038710　603354
欽定周官義疏四十八卷首一卷　(清)鄂爾泰等撰　清刻本　八冊　存十五卷(二十一至三十五)

360000－1901－0038711　603355
欽定周官義疏四十八卷首一卷　(清)鄂爾泰等撰　清刻本　七冊　存九卷(四十至四十八)

360000－1901－0038712　603356
欽定周官義疏四十八卷首一卷　(清)鄂爾泰等撰　清刻本　二十九冊　存四十七卷(二至四十八)

360000－1901－0038713　603357
欽定周官義疏四十八卷首一卷　(清)鄂爾泰等撰　清刻本　三十二冊

360000－1901－0038714　603357－1
欽定周官義疏四十八卷首一卷　(清)鄂爾泰等撰　清刻本　六冊　存八卷(四十一至四十八)

360000－1901－0038715　803221
欽定周官義疏四十八卷首一卷　(清)鄂爾泰等撰　清刻本　六冊　存十九卷(一至十八、首一卷)

360000－1901－0038716　804249
欽定周官義疏四十八卷首一卷　(清)鄂爾泰等撰　清刻本　一冊　存二卷(十六至十七)

360000－1901－0038717　603351
欽定周官義疏四十八卷首一卷　(清)鄂爾泰等撰　清刻欽定三禮義疏本　二十四冊

360000－1901－0038718　603352
欽定周官義疏四十八卷首一卷　(清)鄂爾泰等撰　清末石印本　三冊　存三十八卷(十一至四十八)

360000－1901－0038719　402359－4
欽定周官義疏四十八卷首一卷　(清)鄂爾泰等撰　清同治七年(1868)浙江書局刻御纂七經本　一冊　存二卷(一、首一卷)

360000－1901－0038720　402607－4
欽定周官義疏四十八卷首一卷　(清)鄂爾泰等撰　清同治七年(1868)浙江書局刻御纂七

經本　八冊　存十五卷(一至三、二十七至三十一、四十一至四十四、四十六、四十八,首一卷)

360000－1901－0038721　603353
欽定周官義疏四十八卷首一卷　(清)鄂爾泰等撰　清同治十年(1871)湖北崇文書局刻本　一冊　存二卷(四十三至四十四)

360000－1901－0038722　160573
欽定周官義疏四十八卷首一卷　(清)鄂爾泰等撰　清同治十一年(1872)江西書局刻御纂七經本　三十二冊

360000－1901－0038723　160574
欽定周官義疏四十八卷首一卷　(清)鄂爾泰等撰　清同治十一年(1872)江西書局刻御纂七經本　三十二冊

360000－1901－0038724　402359
欽定周官義疏四十八卷首一卷　(清)鄂爾泰等撰　清同治十一年(1872)江西書局刻御纂七經本　七冊　存七卷(二十八、三十八、四十至四十四)

360000－1901－0038725　603347
欽定周官義疏四十八卷首一卷　(清)鄂爾泰等撰　清同治十一年(1872)江西書局刻御纂七經本　三十一冊　存四十八卷(一至二十、二十二至四十八,首一卷)

360000－1901－0038726　402611
欽定周官義疏四十八卷首一卷　(清)鄂爾泰等撰　清紫陽書院刻本　三十七冊　存四十六卷(一至二十、二十二至三十一、三十三至三十八、四十至四十八,首一卷)

360000－1901－0038727　160755
欽定篆文六經四書　(清)李光地等編　清光緒九年(1883)上海同文書局影印本　十冊

360000－1901－0038728　160758
欽定篆文六經四書　(清)李光地等編　清光緒九年(1883)上海同文書局影印本　十冊

360000－1901－0038729　210001
欽定篆文六經四書　(清)李光地等編　清雍正元年(1723)内府刻本　十八冊　存九種

360000－1901－0038730　301798
欽定宗人府則例三十一卷首一卷　(清)載銓等修　清道光二十九年(1849)刻本　十冊

360000－1901－0038731　301822
欽定宗室王公功績表傳十二卷首一卷　(清)國史館編　清刻本　八冊

360000－1901－0038732　305445
欽定宗室王公功績表傳十二卷首一卷　(清)國史館編　清刻本　五冊　存十一卷(二至十二)

360000－1901－0038733　309749
欽定宗室王公功績表傳十二卷首一卷　(清)國史館編　清刻本　七冊　存十一卷(二至十二)

360000－1901－0038734　302414
欽定總管内務府現行則例四卷　(清)内務府編　清刻本　四冊

360000－1901－0038735　603618
欽旌婺源金氏節孝諭旨暨詩文全集不分卷　(清)婺源縣地方紳士輯　清道光二十七年(1847)刻本　一冊

360000－1901－0038736　313415
欽取朝考卷(光緒二年三年六年九年十二年)不分卷　(清)□□輯　清末石印本　二冊

360000－1901－0038737　804307
銀海精微二卷　題(唐)孫思邈撰　清刻本　一冊　存一卷(上)

360000－1901－0038738　804308
銀海精微二卷　題(唐)孫思邈撰　清末石印本　一冊　存一卷(下)

360000－1901－0038739　408274
銀海精微四卷　題(唐)孫思邈撰　清刻本　二冊

360000－1901－0038740　408275
銀海精微四卷　題(唐)孫思邈撰　清刻本

一册

360000－1901－0038741　408276
銀海精微四卷　題(唐)孫思邈撰　清乾隆四十一年(1776)近聖堂刻本　二册

360000－1901－0038742　804306
銀海精微四卷　題(唐)孫思邈撰　清乾隆五十一年(1786)英德堂刻本　一册

360000－1901－0038743　408277
銀海精微四卷　題(唐)孫思邈撰　清文秀堂刻本　一册

360000－1901－0038744　408277－1
銀海精微四卷　題(唐)孫思邈撰　清文秀堂刻本　一册　存二卷(一至二)

360000－1901－0038745　408273
銀海精微四卷　題(唐)孫思邈撰　清玉蘭堂刻本　二册

360000－1901－0038746　162859
銀海指南四卷　(清)顧錫撰　清嘉慶十五年(1810)刻本　一册

360000－1901－0038747　163098
銀經發秘三卷　(清)梁恩澤撰　清同治四年(1865)大懋堂刻本　一册

360000－1901－0038748　416402
銀礦指南一卷　(美國)亞倫撰　(英國)傅蘭雅口譯　(清)應祖錫筆述　清光緒十七年(1891)江南機器製造局刻本　一册

360000－1901－0038749　500028
[江西高安]銀澍王氏族譜□□卷首一卷　(清)王烈伶等纂修　清光緒十五年(1889)槐蔭堂木活字印本　一册　存一卷(首一卷)

360000－1901－0038750　500027
[江西高安]銀澍五子王氏宗譜□□卷　(清)王效文等纂修　清道光八年(1828)紹槐堂木活字印本　三册　存五卷(八、十四至十七)

360000－1901－0038751　402248
蟫史二十卷　(清)屠紳撰　清刻本　十册

360000－1901－0038752　413201
蟫餘集不分卷附會墨一卷　(清)朱承寵撰　清道光刻本　三册

360000－1901－0038753　711368
尹和靖先生集一卷　(宋)尹焞撰　清同治五年(1866)福州正誼書院刻正誼堂全書本　一册

360000－1901－0038754　120246
尹訥庵先生遺稿十卷首一卷　(明)尹昌隆撰　清光緒十二年(1886)孝友堂刻本　二册

360000－1901－0038755　408391
引痘略一卷　(清)邱熺撰　清道光刻本　一册

360000－1901－0038756　408386
引痘略一卷　(清)邱熺撰　清道光十八年(1838)保齡堂刻本　一册

360000－1901－0038757　408386－1
引痘略一卷　(清)邱熺撰　清道光十八年(1838)保齡堂刻本　一册

360000－1901－0038758　408388
引痘略一卷　(清)邱熺撰　清道光十六年(1836)陶裒豳堂刻本　一册

360000－1901－0038759　164724
引痘略一卷　(清)邱熺撰　清光緒二十年(1894)江西書局刻本　一册

360000－1901－0038760　164725
引痘略一卷　(清)邱熺撰　清光緒二十年(1894)江西書局刻本　一册

360000－1901－0038761　164726
引痘略一卷　(清)邱熺撰　清光緒二十年(1894)江西書局刻本　一册

360000－1901－0038762　164727
引痘略一卷　(清)邱熺撰　清光緒二十年(1894)江西書局刻本　一册

360000－1901－0038763　805126
引痘略一卷　(清)邱熺撰　清光緒二十年(1894)江西書局刻本　一册

360000－1901－0038764　805127
引痘略一卷　(清)邱熺撰　清光緒二十年(1894)江西書局刻本　一册

360000－1901－0038765　805128
引痘略一卷　(清)邱熺撰　清光緒二十年(1894)江西書局刻本　一册

360000－1901－0038766　805129
引痘略一卷　(清)邱熺撰　清光緒二十年(1894)江西書局刻本　一册

360000－1901－0038767　805130
引痘略一卷　(清)邱熺撰　清光緒二十年(1894)江西書局刻本　一册

360000－1901－0038768　805131
引痘略一卷　(清)邱熺撰　清光緒二十年(1894)江西書局刻本　一册

360000－1901－0038769　805132
引痘略一卷　(清)邱熺撰　清光緒二十年(1894)江西書局刻本　一册

360000－1901－0038770　805133
引痘略一卷　(清)邱熺撰　清光緒二十年(1894)江西書局刻本　一册

360000－1901－0038771　805134
引痘略一卷　(清)邱熺撰　清光緒二十年(1894)江西書局刻本　一册

360000－1901－0038772　805135
引痘略一卷　(清)邱熺撰　清光緒二十年(1894)江西書局刻本　一册

360000－1901－0038773　805136
引痘略一卷　(清)邱熺撰　清光緒二十年(1894)江西書局刻本　一册

360000－1901－0038774　805137
引痘略一卷　(清)邱熺撰　清光緒二十年(1894)江西書局刻本　一册

360000－1901－0038775　805138
引痘略一卷　(清)邱熺撰　清光緒二十年(1894)江西書局刻本　一册

360000－1901－0038776　805139
引痘略一卷　(清)邱熺撰　清光緒二十年(1894)江西書局刻本　一册

360000－1901－0038777　805140
引痘略一卷　(清)邱熺撰　清光緒二十年(1894)江西書局刻本　一册

360000－1901－0038778　805141
引痘略一卷　(清)邱熺撰　清光緒二十年(1894)江西書局刻本　一册

360000－1901－0038779　408389
引痘略一卷　(清)邱熺撰　清刻本　一册

360000－1901－0038780　408389－1
引痘略一卷　(清)邱熺撰　清刻本　一册

360000－1901－0038781　408389－2
引痘略一卷　(清)邱熺撰　清刻本　一册

360000－1901－0038782　408389－3
引痘略一卷　(清)邱熺撰　清刻本　一册

360000－1901－0038783　408390
引痘略一卷　(清)邱熺撰　清刻本　一册

360000－1901－0038784　408392
引痘略一卷　(清)邱熺撰　清咸豐五年(1855)劉堃刻本　一册

360000－1901－0038785　408387
引痘略一卷　(清)邱熺撰　(清)李汝霖輯　清光緒三年(1877)皖省痘局刻本　一册

360000－1901－0038786　408385
引痘略一卷　(清)邱熺撰　**醫家心法一卷**　(清)胡珏撰　清光緒三十四年(1908)上海章福記石印本　一册

360000－1901－0038787　163032
引蒙百首一卷　(清)楊步瀛撰　清道光九年(1829)江西百花洲鼎頤泰萬應凡局刻本　一册

360000－1901－0038788　160159
引申義舉例二卷　程先甲撰　清光緒二十二年(1896)刻千一齋全書本　一册

360000－1901－0038789　162192
引種牛痘紀要一卷　(清)邱禧撰　清道光二十年(1840)刻本　一册

360000－1901－0038790　408963
引種牛痘紀要一卷　(清)邱禧撰　清同治九年(1870)刻本　一册

360000－1901－0038791　409499
飲冰室文集二卷　梁啓超撰　清光緒三十年(1904)上海廣智書局鉛印本　一册　存一卷(下)

360000－1901－0038792　163148
飲水詞鈔二卷　(清)納蘭性德撰　(清)袁通選　**箏船詞一卷**　(清)劉嗣綰撰　清光緒刻隨園三十種本　一册

360000－1901－0038793　163149
飲水詞鈔二卷　(清)納蘭性德撰　(清)袁通選　**箏船詞一卷**　(清)劉嗣綰撰　清光緒刻隨園三十種本　一册

360000－1901－0038794　304413
飲水詞一卷　(清)納蘭性德撰　清道光二十六年(1846)刻本　一册

360000－1901－0038795　412735
飲水集不分卷　(清)納蘭性德撰　清道光二十五年(1845)刻本　一册

360000－1901－0038796　404653－2
飲香書集不分卷　(清)□□編　清刻本　一册

360000－1901－0038797　241504
隱居放言詩話一卷詞話一卷　(清)夏基撰　清抄本　一册

360000－1901－0038798　122502
隱居通議三十一卷　(元)劉壎撰　(清)劉冠寰輯　清光緒十一年(1885)劉鈞刻本　四册

360000－1901－0038799　122503
隱居通議三十一卷　(元)劉壎撰　(清)劉冠寰輯　清光緒十一年(1885)劉鈞刻本　四册

360000－1901－0038800　122500
隱居通議三十一卷　(元)劉壎撰　(清)劉冠寰輯　清嘉慶六年(1801)愛餘堂刻本　四册

360000－1901－0038801　122501
隱居通議三十一卷　(元)劉壎撰　(清)劉冠寰輯　清嘉慶六年(1801)愛餘堂刻本　四册

360000－1901－0038802　240735
隱秀軒集八卷　(明)鍾惺撰　明末書林近聖居刻本　六册

360000－1901－0038803　305948
蘟蒔山莊駢散芰存一卷　(清)吳修祜撰　清末木活字印本　一册

360000－1901－0038804　120613
印度劄記二卷　(清)黄楙材撰　清光緒二十二年(1896)刻本　一册

360000－1901－0038805　120619
印度劄記二卷　(清)黄楙材撰　清光緒二十二年(1896)刻本　一册

360000－1901－0038806　164682
印譜不分卷印說不分卷　(清)季良玉撰　清同治十一年(1872)季良玉堂鈐印本　三册

360000－1901－0038807　317888
印譜一卷　(清)丁筱農篆　清鈐印本　一册

360000－1901－0038808　220456
印亭日記不分卷(清光緒十七年)　(清)鮑恩綬撰　稿本　一册

360000－1901－0038809　315572
印香閣印譜一卷　(清)趙錫綬篆　清嘉慶十一年(1806)鈐印本　三册

360000－1901－0038810　163660
印心石屋文鈔不分卷　(清)陶澍撰　清刻本　一册

360000－1901－0038811　402968
印心石屋文鈔十三卷　(清)陶澍撰　清刻本　三册

360000－1901－0038812　163049
印雪軒詩稿一卷　(清)胡鴻澤撰　清光緒四

年(1878)刻本　一冊

360000－1901－0038813　164684
印證不分卷　(清)季良玉撰　清季良玉堂鈐印本　二冊

360000－1901－0038814　421507
英德堂繪像第七才子書六卷　(元)高明撰　清愛日堂刻本　二冊

360000－1901－0038815　302896
英俄印度交涉書一卷　(英國)馬文撰　(英國)羅亨利　(清)瞿昂來譯　清刻本　一冊

360000－1901－0038816　309459
英俄印度交涉書一卷　(英國)馬文撰　(英國)羅亨利　(清)瞿昂來譯　清刻本　一冊

360000－1901－0038817　401601
英俄印度交涉書一卷續編一卷　(英國)馬文撰　(英國)羅亨利　(清)瞿昂來譯　清刻本　一冊

360000－1901－0038818　400613
英法俄德四國志略四卷　沈敦和輯譯　清光緒十八年(1892)鉛印本　一冊

360000－1901－0038819　304328
英法義比志譯略四卷　吳宗濂等譯　清光緒二十五年(1899)上海石印本　二冊

360000－1901－0038820　302866
英法政概二卷英藩政概四卷　(清)劉啓彤編譯　清光緒二十二年(1896)成都刻本　二冊

360000－1901－0038821　401566
英藩政概四卷　(清)劉啓彤編譯　清光緒湖南省城經濟書局刻本　一冊

360000－1901－0038822　404625
英國度支考六章　(英國)司可得開勒撰　(清)華龍譯　清光緒二十九年(1903)上海商務印書館鉛印本　一冊

360000－1901－0038823　401569
英國樞政法十四卷　(英國)圖雷爾撰　清光緒二十八年(1902)南洋公學譯書院鉛印本　一冊

360000－1901－0038824　418427
英國水師考一卷　(英國)巴那比　(美國)克理撰　(英國)傅蘭雅　(清)鍾天緯譯　**法國水師考一卷**　(美國)杜默能撰　(英國)羅亨利　(清)瞿昂來譯　清光緒十二年(1886)上海機器製造局鉛印本　三冊

360000－1901－0038825　309702
英國水師考一卷美國水師考一卷　(英國)巴那比　(美國)克理撰　(英國)傅蘭雅　(清)鍾天緯譯　**法國水師考一卷**　(美國)杜默能撰　(英國)羅亨利　(清)瞿昂來譯　**俄國水師考一卷**　(英國)百拉西撰　(英國)傅紹蘭　(清)李嶽蘅譯　清光緒十二年(1886)上海機器製造局鉛印本　五冊

360000－1901－0038826　406477
英國水師律例四卷　(英國)德麟撰　(英國)極福德撰　舒高第　(清)鄭昌棪譯　清光緒三年(1877)鉛印本　一冊　存二卷(一至二)

360000－1901－0038827　416498
英國水師律例四卷　(英國)德麟撰　(英國)極福德撰　舒高第　(清)鄭昌棪譯　清光緒三年(1877)鉛印本　二冊

360000－1901－0038828　401567
英國憲法史十編　(日本)松平康國編　麥孟華譯　清光緒二十九年(1903)上海廣智書局鉛印本　三冊

360000－1901－0038829　401568
英國憲法史十編　(日本)松平康國編　麥孟華譯　清末鉛印本　二冊　存七編(一至七)

360000－1901－0038830　312711
英國續議通商行船條約一卷　(清)呂海寰纂　清末刻本　一冊

360000－1901－0038831　401565
英國議事章程一卷　(英國)李提摩太譯　清光緒二十五年(1899)鉛印本　一冊

360000－1901－0038832　801320
英話註解不分卷　(清)馮澤夫撰　清咸豐十年(1860)刻本　一冊

360000－1901－0038833　803006
英臺記不分卷　(□)□□撰　清抄本　一册

360000－1901－0038834　302865
英興記二卷首一卷末一卷　(英國)鄧理槎(英國)慕理海撰　(美國)林樂知　(清)任延旭譯　清光緒二十四年(1898)上海廣學會鉛印本　二册

360000－1901－0038835　407709
英雅八卷　(清)趙晉等撰　清刻本　二册

360000－1901－0038836　421591
英雲夢傳八卷　(清)九容樓主人松雲氏撰(清)掃花頭陀剩齋氏評　清刻本　二册　存四卷(一至二、七至八)

360000－1901－0038837　721570
英雲夢傳八卷　(清)九容樓主人松雲氏撰(清)掃花頭陀剩齋氏評　清刻本　四册　存七卷(一、三至八)

360000－1901－0038838　802948
英雲夢傳八卷　(清)九容樓主人松雲氏撰(清)掃花頭陀剩齋氏評　清刻本　一册　存二卷(七至八)

360000－1901－0038839　404623－10
英字指南六卷　(清)楊勳輯譯　清光緒五年(1879)上海美華書館鉛印本　六册

360000－1901－0038840　404623－7
英字指南六卷　(清)楊勳輯譯　清光緒五年(1879)上海美華書館鉛印本　六册

360000－1901－0038841　404623－8
英字指南六卷　(清)楊勳輯譯　清光緒五年(1879)上海美華書館鉛印本　六册

360000－1901－0038842　404623－9
英字指南六卷　(清)楊勳輯譯　清光緒五年(1879)上海美華書館鉛印本　六册

360000－1901－0038843　404650
英字指南六卷　(清)楊勳輯譯　清光緒五年(1879)上海美華書館鉛印本　五册　存五卷(一、三至六)

360000－1901－0038844　404651
英字指南六卷　(清)楊勳輯譯　清光緒五年(1879)上海美華書館鉛印本　四册　存四卷(一、三至五)

360000－1901－0038845　404651－1
英字指南六卷　(清)楊勳輯譯　清光緒五年(1879)上海美華書館鉛印本　一册　存一卷(一)

360000－1901－0038846　704648
英字指南六卷　(清)楊勳輯譯　清光緒五年(1879)上海美華書館鉛印本　六册

360000－1901－0038847　704649
英字指南六卷　(清)楊勳輯譯　清光緒五年(1879)上海美華書館鉛印本　六册

360000－1901－0038848　704650
英字指南六卷　(清)楊勳輯譯　清光緒五年(1879)上海美華書館鉛印本　六册

360000－1901－0038849　704651
英字指南六卷　(清)楊勳輯譯　清光緒五年(1879)上海美華書館鉛印本　六册

360000－1901－0038850　704652
英字指南六卷　(清)楊勳輯譯　清光緒五年(1879)上海美華書館鉛印本　六册

360000－1901－0038851　704653
英字指南六卷　(清)楊勳輯譯　清光緒五年(1879)上海美華書館鉛印本　六册

360000－1901－0038852　704654
英字指南六卷　(清)楊勳輯譯　清光緒五年(1879)上海美華書館鉛印本　六册

360000－1901－0038853　704655
英字指南六卷　(清)楊勳輯譯　清光緒五年(1879)上海美華書館鉛印本　六册

360000－1901－0038854　704656
英字指南六卷　(清)楊勳輯譯　清光緒五年(1879)上海美華書館鉛印本　六册

360000－1901－0038855　704657
英字指南六卷　(清)楊勳輯譯　清光緒五年

(1879)上海美華書館鉛印本　六冊

360000－1901－0038856　801152
嬰堂章程不分卷　(清)楊□撰　清抄本　一冊

360000－1901－0038857　230272
嬰童百問十卷　(明)魯伯嗣撰　明刻本　四冊

360000－1901－0038858　230273
嬰童百問十卷　(明)魯伯嗣撰　明刻本　一冊　存二卷(一至二)

360000－1901－0038859　162882
嬰童百問十卷　(明)魯伯嗣撰　明天啓枕松堂刻本　三冊　存八卷(一至八)

360000－1901－0038860　163273
嚶求集二卷　(清)繆艮撰　清光緒十六年(1890)上海積山書局石印本　二冊

360000－1901－0038861　163274
嚶求集四卷　(清)繆艮撰　清光緒三十一年(1905)刻本　一冊

360000－1901－0038862　413058
嚶求集四卷　(清)繆艮撰　清刻本　一冊　存二卷(三至四)

360000－1901－0038863　407889
鶯喬倡和草一卷　(清)饒思棠等撰　**韶石遺音草一卷**　(清)梁麟章撰　清光緒二十一年(1895)省城西湖街寶珍樓刻本　一冊

360000－1901－0038864　306141
桯史十五卷附錄一卷　(宋)岳珂撰　清光緒四年(1878)上海申報館鉛印本　四冊

360000－1901－0038865　306151
楹聯叢話十二卷　(清)梁章鉅輯　清道光二十二年(1842)刻本　一冊　存四卷(一至四)

360000－1901－0038866　162788
楹聯叢話十二卷　(清)梁章鉅輯　清道光二十二年(1842)長沙府署刻本　二冊

360000－1901－0038867　162789
楹聯叢話十二卷　(清)梁章鉅輯　清道光二十年(1840)環碧軒刻本　二冊

360000－1901－0038868　303101
楹聯叢話十二卷　(清)梁章鉅輯　清道光二十年(1840)刻本　四冊

360000－1901－0038869　303105
楹聯叢話十二卷　(清)梁章鉅輯　清道光二十年(1840)刻本　四冊

360000－1901－0038870　710764
楹聯叢話十二卷　(清)梁章鉅輯　清光緒八年(1882)刻本　二冊　存六卷(一至六)

360000－1901－0038871　710767
楹聯叢話十二卷　(清)梁章鉅輯　清刻本　一冊　存六卷(一至六)

360000－1901－0038872　710758
楹聯叢話十二卷　(清)梁章鉅輯　清同治五年(1866)刻本　四冊

360000－1901－0038873　410766
楹聯叢話十二卷續話四卷　(清)梁章鉅輯　清道光二十二年(1842)長沙府署刻本　六冊

360000－1901－0038874　410767
楹聯叢話十二卷續話四卷　(清)梁章鉅輯　清道光二十二年(1842)長沙府署刻本　四冊　存十二卷(楹聯叢話十二卷)

360000－1901－0038875　410768
楹聯叢話十二卷續話四卷　(清)梁章鉅輯　清道光二十二年(1842)長沙府署刻本　四冊　存十二卷(楹聯叢話十二卷)

360000－1901－0038876　410769
楹聯叢話十二卷續話四卷　(清)梁章鉅輯　清道光二十二年(1842)長沙府署刻本　三冊　存九卷(一至六、十至十二)

360000－1901－0038877　410770
楹聯叢話十二卷續話四卷　(清)梁章鉅輯　清道光二十二年(1842)長沙府署刻本　三冊　存九卷(一至六、十至十二)

360000－1901－0038878　410770－1

楹聯叢話十二卷續話四卷　(清)梁章鉅輯　清道光二十二年(1842)刻本　一冊　存六卷(一至六)

360000－1901－0038879　413072－1
楹聯叢話十二卷續話四卷　(清)梁章鉅輯　清道光二十六年(1846)上海郁氏刻宜稼堂叢書本　六冊

360000－1901－0038880　413073－1
楹聯叢話十二卷續話四卷　(清)梁章鉅輯　清道光二十六年(1846)上海郁氏刻宜稼堂叢書本　五冊　存十四卷(楹聯叢話一至三、六至十二,續話四卷)

360000－1901－0038881　410771
楹聯叢話十二卷續話四卷　(清)梁章鉅輯　清道光二十三年(1843)南浦廨齋刻本　五冊

360000－1901－0038882　410772
楹聯叢話十二卷續話四卷　(清)梁章鉅輯　清道光二十三年(1843)南浦廨齋刻本　三冊　存七卷(楹聯叢話七至九、續話四卷)

360000－1901－0038883　410773
楹聯叢話十二卷續話四卷　(清)梁章鉅輯　清道光二十五年(1845)長沙省廨刻本　六冊

360000－1901－0038884　410774
楹聯叢話十二卷續話四卷　(清)梁章鉅輯　清道光二十五年(1845)長沙省廨刻本　三冊

360000－1901－0038885　410775
楹聯叢話十二卷續話四卷　(清)梁章鉅輯　清道光二十五年(1845)長沙省廨刻本　四冊　存十二卷(楹聯叢話十二卷)

360000－1901－0038886　306153
楹聯叢話十二卷續話四卷　(清)梁章鉅輯　清刻本　一冊　存二卷(續話三至四)

360000－1901－0038887　710765
楹聯叢話十二卷續話四卷　(清)梁章鉅輯　清刻本　一冊　存五卷(楹聯叢話十二、續話四卷)

360000－1901－0038888　710766
楹聯叢話十二卷續話四卷　(清)梁章鉅輯　清刻本　一冊　存二卷(續話三至四)

360000－1901－0038889　410726
楹聯彙編八卷　(清)王榮商輯　清光緒三十年(1904)上海書局石印本　七冊

360000－1901－0038890　410727
楹聯彙編八卷　(清)王榮商輯　清光緒三十年(1904)上海書局石印本　三冊　存三卷(一、四、八)

360000－1901－0038891　410701
楹聯集古一卷　(清)楊調元撰　清光緒二十六年(1900)雙錫山房鉛印本　一冊

360000－1901－0038892　410731
楹聯集錦八卷　(清)胡鳳丹輯　清光緒八年(1882)燕喜堂刻本　一冊　存二卷(一至二)

360000－1901－0038893　162790
楹聯集錦八卷　(清)胡鳳丹輯　清光緒五年(1879)刻本　二冊

360000－1901－0038894　804897
楹聯集錦八卷　(清)胡鳳丹輯　清刻本　一冊　存四卷(五至八)

360000－1901－0038895　313950
楹聯集帖一卷　(清)何紹基集　(清)吳雲續集　清刻本　一冊

360000－1901－0038896　410728
楹聯新華五卷　(清)馮譽驤輯　清刻本　三冊　存三卷(一、三至四)

360000－1901－0038897　410772－1
楹聯續話四卷　(清)梁章鉅輯　清道光二十三年(1843)南浦廨齋刻本　二冊

360000－1901－0038898　303103
楹書隅錄五卷續編四卷　(清)楊紹和撰　清光緒二十年(1894)刻民國元年(1912)武進董康補刻本　八冊

360000－1901－0038899　800780
楹帖採腴七卷　(清)羅昌基撰　清抄本　二冊　存二卷(三至四)

360000－1901－0038900　801453
楹帖採腴七卷　(清)羅昌基撰　清抄本　一冊　存一卷(二)

360000－1901－0038901　410730
楹帖採腴七卷　(清)羅昌基撰　清刻本　二冊　存四卷(三至四、六至七)

360000－1901－0038902　413063
螢窓異草四卷　(清)浩歌子撰　(清)隨園老人續評　清光緒上海申報館鉛印本　一冊

360000－1901－0038903　412770
螢照閣集十六卷　(清)車騰芳撰　清乾隆二十年(1755)刻本　一冊　存二卷(一至二)

360000－1901－0038904　716525
營城揭要二卷　(英國)儲意比撰　(英國)傅蘭雅口譯　(清)徐壽筆述　清末石印本　一冊

360000－1901－0038905　416514
營城揭要二卷附圖一卷　(英國)儲意比撰　(英國)傅蘭雅口譯　(清)徐壽筆述　清末江南製造總局刻本　二冊

360000－1901－0038906　416691
營城揭要二卷附圖一卷　(英國)儲意比撰　(英國)傅蘭雅口譯　(清)徐壽筆述　清末江南製造總局刻本　二冊

360000－1901－0038907　416691－1
營城揭要二卷附圖一卷　(英國)儲意比撰　(英國)傅蘭雅口譯　(清)徐壽筆述　清末江南製造總局刻本　二冊

360000－1901－0038908　416513
營工要覽四卷　(英國)武備工程課原本　(英國)傅蘭雅　(清)汪振聲譯　清光緒江南製造局鉛印江南製造局譯書本　二冊

360000－1901－0038909　301719
瀛海論三卷　(清)羅江荷笠者(張自牧)撰　清光緒十一年(1885)蓮塘李氏刻本　一冊

360000－1901－0038910　421036
瀛海探驪集八卷　(清)朱埏之輯　(清)馮泉等注　清嘉慶十九年(1814)蕚詒山館刻本　八冊

360000－1901－0038911　421037
瀛海探驪集八卷　(清)朱埏之輯　(清)馮泉等注　清嘉慶十九年(1814)蕚詒山館刻本　五冊　存五卷(一、三至五、八)

360000－1901－0038912　421034
瀛海探驪集八卷　(清)朱埏之輯　(清)馮泉等注　清嘉慶十九年(1814)刻本　四冊

360000－1901－0038913　421035
瀛海探驪集八卷　(清)朱埏之輯　(清)馮泉等注　清嘉慶十九年(1814)刻本　五冊　存五卷(一、三至六)

360000－1901－0038914　301721
瀛環新志十卷　(清)李慎儒撰　清光緒二十八年(1902)退思軒石印本　六冊

360000－1901－0038915　162047
瀛環志略十卷　(清)徐繼畬撰　清道光二十八年(1848)刻本　六冊

360000－1901－0038916　162048
瀛環志略十卷　(清)徐繼畬撰　清道光二十八年(1848)刻本　六冊

360000－1901－0038917　420208
瀛環志略十卷　(清)徐繼畬撰　清道光二十八年(1848)刻本　一冊　存二卷(一至二)

360000－1901－0038918　308728
瀛環志略十卷　(清)徐繼畬撰　清道光刻本　四冊　存六卷(三至八)

360000－1901－0038919　301735
瀛環志略十卷　(清)徐繼畬撰　清道光三十年(1850)紅杏山房刻本　六冊

360000－1901－0038920　301736
瀛環志略十卷　(清)徐繼畬撰　清道光三十年(1850)紅杏山房刻本　八冊

360000－1901－0038921　420209
瀛環志略十卷　(清)徐繼畬撰　清光緒二十四年(1898)上海美華局石印本　四冊

360000－1901－0038922　305402
瀛環志略十卷　(清)徐繼畬撰　清光緒二十四年(1898)新化三味書室刻本　五冊

360000－1901－0038923　302304
瀛環志略十卷　(清)徐繼畬撰　清光緒二十一年(1895)上海寶文局石印本　四冊

360000－1901－0038924　305398
瀛環志略十卷　(清)徐繼畬撰　清末鉛印本　五冊　存八卷(一至六、九至十)

360000－1901－0038925　301720
瀛環志略十卷　(清)徐繼畬撰　清同治十二年(1873)掞雲樓刻本　六冊

360000－1901－0038926　420214
瀛環志略十卷　(清)徐繼畬撰　清同治十二年(1873)掞雲樓刻本　四冊　存七卷(一至二、四至六、九至十)

360000－1901－0038927　420211
瀛環志略十卷　(清)徐繼畬撰　**續集四卷末一卷**　(英國)慕維廉纂　**補遺一卷**　(清)陳俠君校正　清光緒二十八年(1902)上海點石齋石印本　三冊　存四卷(瀛環志略一至二、續集一至二)

360000－1901－0038928　420216
瀛環志略十卷　(清)徐繼畬撰　**續集四卷末一卷**　(英國)慕維廉纂　**補遺一卷**　(清)陳俠君校正　清光緒二十八年(1902)上海日新書莊石印本　五冊　存十四卷(瀛環志略三至十、續集四卷、末一卷、補遺一卷)

360000－1901－0038929　420210
瀛環志略十卷　(清)徐繼畬撰　**續集四卷末一卷**　(英國)慕維廉纂　**補遺一卷**　(清)陳俠君校正　清光緒二十三年(1897)新學會堂石印本　五冊

360000－1901－0038930　420215
瀛環志略十卷　(清)徐繼畬撰　**續集四卷末一卷**　(英國)慕維廉纂　**補遺一卷**　(清)陳俠君校正　清光緒二十四年(1898)掃葉山房鉛印本　四冊　存六卷(續集四卷、末一卷、補遺一卷)

360000－1901－0038931　420212
瀛環志略十卷　(清)徐繼畬撰　**續集四卷末一卷**　(英國)慕維廉纂　**補遺一卷**　(清)陳俠君校正　清刻本　七冊　存十一卷(瀛環志略一至六、十,續集一、四,末一卷,補遺一卷)

360000－1901－0038932　420213
瀛環志略十卷　(清)徐繼畬撰　**續集四卷末一卷**　(英國)慕維廉纂　**補遺一卷**　(清)陳俠君校正　清刻本　一冊　存三卷(續集四、末一卷、補遺一卷)

360000－1901－0038933　161455
瀛奎律髓刊誤四十九卷　(元)方回輯　(清)紀昀批點　清嘉慶五年(1800)侯官李光垣雙桂堂刻本　八冊

360000－1901－0038934　307696
瀛奎律髓刊誤四十九卷　(元)方回輯　(清)紀昀批點　清嘉慶五年(1800)侯官李光垣雙桂堂刻本　十冊

360000－1901－0038935　417638
瀛奎律髓四十九卷　(元)方回輯　**重刻律髓記言一卷**　(清)吳寶芝撰　清康熙五十一年(1712)吳寶芝刻本　三冊　存八卷(一至七、重刻律髓記言一卷)

360000－1901－0038936　301722
瀛壖雜志六卷　(清)王韜撰　清光緒元年(1875)刻本　二冊

360000－1901－0038937　420095
瀛壖雜志六卷　(清)王韜撰　清光緒元年(1875)刻本　二冊

360000－1901－0038938　420095－1
瀛壖雜志六卷　(清)王韜撰　清光緒元年(1875)刻本　一冊　存三卷(四至六)

360000－1901－0038939　420302
瀛經堂詳校醫宗必讀十卷　(明)李中梓撰　清刻本　四冊　存八卷(一至四、七至十)

360000－1901－0038940　302017
影唐寫本漢書食貨志一卷　（漢）班固撰　（唐）顔師古註　清光緒八年（1882）遵義黎氏日本東京使署影刻古逸叢書本　一冊

360000－1901－0038941　241460
潁濱先生集一卷　（宋）蘇轍撰　明萬曆四十一年（1613）王世元刻蘇雋本　一冊

360000－1901－0038942　000739
潁濱先生詩集傳十九卷　（宋）蘇轍撰　明萬曆二十五年（1597）金陵畢氏刻兩蘇經解本　一冊　存四卷（八至十一）

360000－1901－0038943　401863
映雪齋官商便覽五百種不分卷　（清）淞南太原氏編譯　清光緒二十九年（1903）上海澄衷學堂石印本　一冊

360000－1901－0038944　301787
映雪齋官商便覽壹千種不分卷　（清）□□撰　清光緒三十二年（1906）毘陵掌芝堂石印本　一冊

360000－1901－0038945　402923
暎雪軒墨醇不分卷　（清）張世芬輯　清同治四年（1865）四明暎雪軒刻本　四冊

360000－1901－0038946　404756
應酬彙選新集八卷　（清）陸九如輯　清光緒二年（1876）紹城奎照樓刻本　二冊　存四卷（金、石、絲、竹）

360000－1901－0038947　404756－1
應酬彙選新集八卷　（清）陸九如輯　清刻本　一冊　存二卷（金、石）

360000－1901－0038948　404757
應酬彙選新集八卷　（清）陸九如輯　清刻本　一冊　存四卷（五至八）

360000－1901－0038949　404758
應酬見錄不分卷　（清）董允燮編　清刻本　一冊

360000－1901－0038950　405616
應酬名聯彙選不分卷　（□）□□編　清刻本　一冊

360000－1901－0038951　901470
應酬帖式□□卷　（清）王桐彙選　清刻本　一冊　存一卷（四）

360000－1901－0038952　800523
應酬襪線一卷　（清）洪宗珥撰　清抄本　一冊

360000－1901－0038953　901043
應試詩賦題箋略二十卷　（清）吳甡　（清）黃嘉訓輯　清刻本　三冊　存十卷（七至十二、十七至二十）

360000－1901－0038954　901045
應試詩賦題箋略二十卷　（清）吳甡　（清）黃嘉訓輯　清刻本　二冊　存六卷（三至七、十七）

360000－1901－0038955　901047
應試詩賦題箋略二十卷　（清）吳甡　（清）黃嘉訓輯　清刻本　一冊　存五卷（四至八）

360000－1901－0038956　800990
應試詩賦題箋略二十卷　（清）吳甡　（清）黃嘉訓輯　清乾隆二十八年（1763）刻本　三冊　存十五卷（一至十一、十三至十六）

360000－1901－0038957　901042
應試詩賦題箋略二十卷　（清）吳甡　（清）黃嘉訓輯　清乾隆二十八年（1763）刻本　一冊　存九卷（一至九）

360000－1901－0038958　901044
應試詩賦題箋略二十卷　（清）吳甡　（清）黃嘉訓輯　清乾隆二十八年（1763）刻本　一冊　存十二卷（一至十二）

360000－1901－0038959　901046
應試詩賦題箋略二十卷　（清）吳甡　（清）黃嘉訓輯　清乾隆二十八年（1763）刻本　一冊　存三卷（一至三）

360000－1901－0038960　901040
應試詩賦題箋略二十卷　（清）吳甡　（清）黃嘉訓輯　清乾隆四十二年（1777）刻本　三冊

存十二卷(一至八、十三至十六)

360000－1901－0038961　901041
應試詩賦題箋略二十卷　(清)吳甡　(清)黄嘉訓輯　清乾隆四十二年(1777)刻本　四册　存十卷(一至九、十八)

360000－1901－0038962　901039
應試詩賦題箋略二十卷　(清)吳甡　(清)黄嘉訓輯　清乾隆四十一年(1776)刻本　六册

360000－1901－0038963　800817
應試詩文選讀□□卷　(清)□□輯　清刻本　一册　存二卷(五十二至五十三)

360000－1901－0038964　304548
應試唐詩類釋十九卷　(清)臧岳編　清本立堂刻本　六册

360000－1901－0038965　410078
應試唐詩類釋十九卷　(清)臧岳編　清刻本　二册　存十二卷(八至十九)

360000－1901－0038966　410078－1
應試唐詩類釋十九卷　(清)臧岳編　清刻本　二册　存五卷(十五至十九)

360000－1901－0038967　410074
應試唐詩類釋十九卷　(清)臧岳編　清乾隆二十二年(1757)古吳德馨堂刻本　四册

360000－1901－0038968　163222
應試唐詩類釋十九卷　(清)臧岳編　清乾隆二十三年(1758)德馨堂刻本　二册　存六卷(一至六)

360000－1901－0038969　410075
應試唐詩類釋十九卷　(清)臧岳編　清錫環堂刻本　六册

360000－1901－0038970　410076
應試唐詩類釋十九卷　(清)臧岳編　清錫環堂刻本　四册

360000－1901－0038971　410077
應試唐詩類釋十九卷　(清)臧岳編　清錫環堂刻本　六册

360000－1901－0038972　800828
應試五排精選五卷　(清)周大樞選釋　(清)吳昌宗　(清)申贇皇箋　清乾隆二十六年(1761)刻本　一册　存三卷(一至三)

360000－1901－0038973　800829
應試五排精選五卷　(清)周大樞選釋　(清)吳昌宗　(清)申贇皇箋　清乾隆二十六年(1761)刻本　一册　存二卷(一至二)

360000－1901－0038974　901038
應試新賦備要初集六卷二集六卷　(清)謝稼思輯　清乾隆四十八年(1783)味經堂刻本　五册　存十卷(初集三至六、二集六卷)

360000－1901－0038975　901037
應試新賦備要初集六卷二集六卷　(清)謝稼思輯　清乾隆四十八年(1783)味經堂刻本　六册

360000－1901－0038976　800038
應驗良方六卷　(清)辛用成輯　清嘉慶十五年(1810)刻本　二册　存三卷(一、五至六)

360000－1901－0038977　801679
應驗良方六卷　(清)辛用成輯　清嘉慶十五年(1810)刻本(卷五至六配清刻本)　二册　存三卷(二、五至六)

360000－1901－0038978　707751
應驗良方六卷　(清)辛用成輯　清嘉慶十五年(1810)萬載同善堂刻本　一册　存二卷(二至三)

360000－1901－0038979　708900
應驗良方六卷　(清)辛用成輯　清嘉慶十五年(1810)萬載同善堂刻本　四册

360000－1901－0038980　708901
應驗良方六卷　(清)辛用成輯　清嘉慶十五年(1810)萬載同善堂刻本　四册

360000－1901－0038981　708902
應驗良方六卷　(清)辛用成輯　清嘉慶十五年(1810)萬載同善堂刻本　三册　存五卷(一至五)

360000－1901－0038982　708906
應驗良方六卷　（清）辛用成輯　清嘉慶十五年（1810）萬載同善堂刻本　四冊

360000－1901－0038983　708911
應驗良方六卷　（清）辛用成輯　清嘉慶十五年（1810）萬載同善堂刻本　二冊　存三卷（一至三）

360000－1901－0038984　708915
應驗良方六卷　（清）辛用成輯　清嘉慶十五年（1810）萬載同善堂刻本　四冊

360000－1901－0038985　708918
應驗良方六卷　（清）辛用成輯　清嘉慶十五年（1810）萬載同善堂刻本　三冊　存四卷（一、四至六）

360000－1901－0038986　721830
應驗良方六卷　（清）辛用成輯　清嘉慶十五年（1810）萬載同善堂刻本　二冊　存三卷（一至二、四）

360000－1901－0038987　721831
應驗良方六卷　（清）辛用成輯　清嘉慶十五年（1810）萬載同善堂刻本　一冊　存一卷（四）

360000－1901－0038988　722334
應驗良方六卷　（清）辛用成輯　清嘉慶十五年（1810）萬載同善堂刻本　一冊　存一卷（四）

360000－1901－0038989　720335
應驗良方六卷　（清）辛用成輯　清刻本　一冊　存二卷（五至六）

360000－1901－0038990　720335－1
應驗良方六卷　（清）辛用成輯　清刻本　一冊　存二卷（五至六）

360000－1901－0038991　722333
應驗良方六卷　（清）辛用成輯　清刻本　一冊　存二卷（二至三）

360000－1901－0038992　722335
應驗良方六卷　（清）辛用成輯　清刻本　一冊　存二卷（五至六）

360000－1901－0038993　722336
應驗良方六卷　（清）辛用成輯　清刻本　一冊　存二卷（五至六）

360000－1901－0038994　801223
應驗良方六卷　（清）辛用成輯　清刻本　一冊　存二卷（五至六）

360000－1901－0038995　801224
應驗良方六卷　（清）辛用成輯　清刻本　一冊　存二卷（五至六）

360000－1901－0038996　801676
應驗良方六卷　（清）辛用成輯　清刻本　二冊　存四卷（一至二、五至六）

360000－1901－0038997　801677
應驗良方六卷　（清）辛用成輯　清刻本　二冊　存四卷（一至二、五至六）

360000－1901－0038998　801678
應驗良方六卷　（清）辛用成輯　清刻本　二冊　存三卷（二、五至六）

360000－1901－0038999　801680
應驗良方六卷　（清）辛用成輯　清刻本　二冊　存四卷（一至二、五至六）

360000－1901－0039000　801681
應驗良方六卷　（清）辛用成輯　清刻本　二冊　存四卷（一至二、五至六）

360000－1901－0039001　801682
應驗良方六卷　（清）辛用成輯　清刻本　二冊　存四卷（一至二、五至六）

360000－1901－0039002　801682－1
應驗良方六卷　（清）辛用成輯　清刻本　一冊　存一卷（五）

360000－1901－0039003　164538
應齋雜著六卷　（宋）趙善括撰　清抄本　二冊

360000－1901－0039004　800826
應制詩賦題解四卷　（清）丁湘錦選注　清刻

本　二册　存二卷(三至四)

360000－1901－0039005　800991
應制詩賦題解四卷　(清)丁湘錦選注　清乾隆二十三年(1758)刻本　三册　存三卷(一至三)

360000－1901－0039006　800830
應制體排律自得編四卷　(清)陳九松輯　清康熙刻本　一册　存一卷(四)

360000－1901－0039007　800827
應制五言排律類選□□卷　(清)劉宗魏輯　清刻本　二册　存五卷(二至三、七至九)

360000－1901－0039008　300045
庸庵全集　(清)薛福成撰　清光緒十年至二十四年(1884－1898)無錫薛氏刻本　三十八册

360000－1901－0039009　300049
庸庵文編四卷　(清)薛福成撰　清光緒十四年(1888)刻本　四册

360000－1901－0039010　304533
庸庵文外編四卷　(清)薛福成撰　清光緒二十三年(1897)上海醉六堂石印本　二册　存三卷(一至三)

360000－1901－0039011　407903
庸庵文外編四卷　(清)薛福成撰　清刻本　一册　存一卷(三)

360000－1901－0039012　304532
庸盦筆記六卷　(清)薛福成撰　清光緒二十三年(1897)蕭山陳氏遺經樓刻本　四册　存四卷(二、四至六)

360000－1901－0039013　300044
庸盦筆記六卷　(清)薛福成撰　清宣統二年(1910)掃葉山房石印本　三册

360000－1901－0039014　305666
庸盦海外文編四卷　(清)薛福成撰　清光緒二十三年(1897)上海醉六堂石印本　一册　存二卷(一至二)

360000－1901－0039015　405695
庸盦海外文編四卷　(清)薛福成撰　清光緒二十三年(1897)上海醉六堂石印本　一册　存二卷(一至二)

360000－1901－0039016　300042
庸盦全集　(清)薛福成撰　清光緒二十三年(1897)上海醉六堂石印本　八册　存四種

360000－1901－0039017　230133
庸行編八卷　(清)史典輯　(清)牟允中參補　清康熙三十一年(1692)慶澤堂刻本　四册

360000－1901－0039018　162589
庸行編八卷　(清)史典輯　(清)牟允中參補　清咸豐七年(1857)刻本　八册

360000－1901－0039019　414085
庸吏庸言二卷　(清)劉衡撰　清道光三十年(1850)刻本　三册

360000－1901－0039020　804894
庸吏庸言二卷　(清)劉衡撰　清同治七年(1868)楚北崇文書局刻牧令書四種本　二册

360000－1901－0039021　240833
庸書二十卷　(清)張貞生撰　清康熙十八年(1679)張世坤等刻本　二十册

360000－1901－0039022　240834
庸書二十卷　(清)張貞生撰　清康熙十八年(1679)張世坤等刻本　四册　存八卷(十至十七)

360000－1901－0039023　314034
庸書内篇二卷外篇二卷　(清)陳熾撰　清光緒二十三年(1897)豫寧余氏本　四册

360000－1901－0039024　421770
庸書内篇二卷外篇二卷　(清)陳熾撰　清光緒二十三年(1897)豫寧余氏本　一册

360000－1901－0039025　402031
庸書内篇二卷外篇二卷　(清)陳熾撰　清光緒二十四年(1898)刻本　一册　存一卷(内篇上)

360000－1901－0039026　901030
庸書内篇二卷外篇二卷　(清)陳熾撰　清光

緒二十四年(1898)慎記書莊石印本　五冊　存三卷(庸書内篇二卷、外篇上)

360000－1901－0039027　800468
庸書内篇二卷外篇二卷　(清)陳熾撰　清末石印本　一冊　存一卷(内篇下)

360000－1901－0039028　802184
庸書内篇二卷外篇二卷　(清)陳熾撰　清末石印本　一冊　存一卷(内篇上)

360000－1901－0039029　123614
庸書外篇二卷　(清)陳熾撰　清光緒鉛印本　四冊

360000－1901－0039030　308572
庸書外篇二卷　(清)陳熾撰　清光緒石印本　二冊　存一卷(下)

360000－1901－0039031　317370
庸間齋筆記十二卷　(清)陳其元撰　清末申報館鉛印本　四冊　存八卷(一至八)

360000－1901－0039032　304531
庸間齋筆記十二卷　(清)陳其元撰　清同治十三年(1874)刻本　九冊　存九卷(一至四、八至十二)

360000－1901－0039033　404576
庸間齋筆記十二卷　(清)陳其元撰　清同治十三年(1874)刻本　三冊　存六卷(一至四、七至八)

360000－1901－0039034　404577
庸間齋筆記十二卷　(清)陳其元撰　清宣統三年(1911)掃葉山房石印本　四冊　存六卷(一至四、七至八)

360000－1901－0039035　123016
庸言四卷　(清)余元遴撰　清咸豐二年(1852)刻本　二冊

360000－1901－0039036　123017
庸言四卷　(清)余元遴撰　清咸豐二年(1852)刻本　二冊

360000－1901－0039037　407904
庸言四卷　(清)余元遴撰　清咸豐二年(1852)刻本　一冊　存二卷(三至四)

360000－1901－0039038　300048
庸菴集十四卷　(元)宋禧撰　清嘉慶十三年(1808)餘姚宋氏木活字印本　二冊

360000－1901－0039039　421334
庸齋四言□□卷　(清)丁景運輯　清刻本　一冊　存二卷(十三至十四)

360000－1901－0039040　122001
傭吹錄二十卷　(明)文德翼撰　清刻本　九冊　存十八卷(三至二十)

360000－1901－0039041　401613
雍正上諭内閣不分卷　(清)允禄等輯　(清)弘晝等續輯　清刻本　三十三冊　存康熙六十一年十一月至雍正十三年八月

360000－1901－0039042　401614
雍正上諭内閣不分卷　(清)允禄等輯　(清)弘晝等續輯　清刻本　二十七冊　存雍正元年二月至三年四月、雍正三年八月至雍正五年二月、雍正五年七月至十月、雍正六年正月至三月、雍正六年九月至雍正七年三月、雍正七年十一月至雍正九年五月、雍正十年至雍正十三年八月

360000－1901－0039043　401615
雍正上諭内閣不分卷　(清)允禄等輯　(清)弘晝等續輯　清刻本　二十三冊　存康熙六十一年十一月至雍正元年十二月、雍正二年七月至雍正五年六月、雍正五年十月至十二月、雍正六年五月至雍正十三年八月

360000－1901－0039044　401616
雍正上諭内閣不分卷　(清)允禄等輯　(清)弘晝等續輯　清刻本　十三冊　存康熙六十一年十一月至雍正元年四月、雍正二年、雍正四年正月至七月、雍正五年閏三月至四月、雍正六年四月至六月、雍正七年正月至八月、雍正七年十一月至十二月、雍正八年八月至十二月、雍正十三年正月至八月

360000－1901－0039045　401616－1
雍正上諭内閣不分卷　(清)允禄等輯　(清)

弘晝等續輯　清刻本　六冊　存雍正八年、雍正十年、雍正十一年七月至十二月、雍正十三年正月至八月

360000 - 1901 - 0039046　405415
擁翠園題詞八卷首一卷末一卷　(清)張建鼇輯　清刻本　一冊

360000 - 1901 - 0039047　314041
永福庵文字緣略一卷　(清)釋慧霖輯　清同治九年(1870)松雲精舍刻本　一冊

360000 - 1901 - 0039048　120307
永懷堂文鈔十卷　(清)龍文彬撰　清光緒十七年(1891)刻本　四冊

360000 - 1901 - 0039049　900447
永懷堂制義不分卷　(清)龍文彬撰　清刻本　二冊

360000 - 1901 - 0039050　406872
永嘉禪宗集二卷　(唐)釋玄覺撰　(明)釋傳燈重輯並注　清同治十年(1871)刻本　一冊

360000 - 1901 - 0039051　150140
永嘉叢書　(清)孫衣言輯　清同治、光緒瑞安孫氏詒善祠塾刻本　五十冊

360000 - 1901 - 0039052　150141
永嘉叢書　(清)孫衣言輯　清同治、光緒瑞安孫氏詒善祠塾刻本　五十六冊　存十三種

360000 - 1901 - 0039053　416859
永嘉先生八面鋒十三卷　(宋)陳傅良輯　清光緒二十九年(1903)上海書局石印本　一冊

360000 - 1901 - 0039054　164266
永嘉先生八面鋒十三卷　(宋)陳傅良撰　清光緒二十九年(1903)上海書局石印本　一冊

360000 - 1901 - 0039055　600234 - 3
永曆實錄二十六卷　(清)王夫之撰　清同治四年(1865)湘鄉曾氏金陵刻光緒十三年(1887)船山書院補刻船山遺書本(原缺卷十六)　一冊　存十三卷(十四至二十六)

360000 - 1901 - 0039056　802521
永寧通書天集三卷地集三卷人集三卷和集三卷　(清)王維德輯　清光緒三十三年(1907)上海校經山房石印本　一冊　存三卷(永寧通書天集三卷)

360000 - 1901 - 0039057　230521
永寧通書天集三卷地集三卷人集三卷和集三卷　(清)王維德輯　清康熙五十年(1711)刻本　四冊

360000 - 1901 - 0039058　802532
永寧通書天集三卷地集三卷人集三卷和集三卷　(清)王維德輯　清刻本　一冊　存三卷(地集三卷)

360000 - 1901 - 0039059　900278
永慶橋會錄不分卷　(清)李逢辰輯　清光緒六年(1880)刻本　一冊

360000 - 1901 - 0039060　120305
永新詩徵三十三卷首一卷附錄九卷　(清)尹繼隆輯　清同治六年(1867)刻本　十冊

360000 - 1901 - 0039061　120306
永新詩徵三十三卷首一卷附錄九卷　(清)尹繼隆輯　清同治六年(1867)刻本　九冊　缺三卷(一至三)

360000 - 1901 - 0039062　421767
永新詩徵三十三卷首一卷附錄九卷　(清)尹繼隆輯　清同治六年(1867)刻本　十冊

360000 - 1901 - 0039063　403320 - 2
永言堂四書體註合講十九卷　(清)翁復編　清永言堂刻本　一冊　存三卷(孟子一至三)

360000 - 1901 - 0039064　311784
永樂大典目錄六十卷　(明)姚廣孝等編　清道光二十八年(1848)靈石楊氏刻連筠簃叢書本　二十四冊

360000 - 1901 - 0039065　241432
甬上耆舊詩三十卷　(清)胡文學　(清)李鄴嗣輯　清康熙十五年(1676)胡氏敬義堂刻本　八冊

360000 - 1901 - 0039066　241433
甬上耆舊詩三十卷　(清)胡文學　(清)李鄴

嗣輯　清康熙十五年(1676)胡氏敬義堂刻本　十册

360000－1901－0039067　407519－1
雷公炮製藥性解六卷　(明)李中梓輯　清大文堂刻本　一册

360000－1901－0039068　316555
甬上宋元詩略十六卷　(清)董沛輯　清光緒七年(1881)刻本　四册

360000－1901－0039069　404413
咏物詩選八卷　(清)俞琰輯　清刻本　四册

360000－1901－0039070　404414
咏物詩選八卷　(清)俞琰輯　清刻本　三册

360000－1901－0039071　404414－1
咏物詩選八卷　(清)俞琰輯　清刻本　一册　存一卷(四)

360000－1901－0039072　404426
咏物詩選註釋八卷　(清)俞琰輯　(清)孫洊鳴　(清)易開縉注　清道光元年(1821)刻本　四册

360000－1901－0039073　404418
咏物詩選註釋八卷　(清)俞琰輯　(清)孫洊鳴　(清)易開縉注　清富有堂刻本　四册

360000－1901－0039074　404419
咏物詩選註釋八卷　(清)俞琰輯　(清)孫洊鳴　(清)易開縉注　清富有堂刻本　三册　存六卷(一至六)

360000－1901－0039075　404416
咏物詩選註釋八卷　(清)俞琰輯　(清)孫洊鳴　(清)易開縉注　清嘉慶十三年(1808)富有堂刻本　四册

360000－1901－0039076　404417
咏物詩選註釋八卷　(清)俞琰輯　(清)孫洊鳴　(清)易開縉注　清嘉慶十三年(1808)富有堂刻本　四册

360000－1901－0039077　404419－1
咏物詩選註釋八卷　(清)俞琰輯　(清)孫洊鳴　(清)易開縉注　清嘉慶十三年(1808)富有堂刻本　一册　存二卷(一至二)

360000－1901－0039078　404421
咏物詩選註釋八卷　(清)俞琰輯　(清)孫洊鳴　(清)易開縉注　清嘉慶十五年(1810)經國堂刻本　三册　存六卷(一至四、七至八)

360000－1901－0039079　404422
咏物詩選註釋八卷　(清)俞琰輯　(清)孫洊鳴　(清)易開縉注　清嘉慶十五年(1810)經國堂刻本　四册

360000－1901－0039080　404427
咏物詩選註釋八卷　(清)俞琰輯　(清)孫洊鳴　(清)易開縉注　清刻本　三册　存六卷(三至八)

360000－1901－0039081　404427－1
咏物詩選註釋八卷　(清)俞琰輯　(清)孫洊鳴　(清)易開縉注　清刻本　一册　存二卷(四至五)

360000－1901－0039082　404427－2
咏物詩選註釋八卷　(清)俞琰輯　(清)孫洊鳴　(清)易開縉注　清刻本　一册　存二卷(三至四)

360000－1901－0039083　404423
咏物詩選註釋八卷　(清)俞琰輯　(清)孫洊鳴　(清)易開縉注　清乾隆四十四年(1779)刻本　四册

360000－1901－0039084　404424
咏物詩選註釋八卷　(清)俞琰輯　(清)孫洊鳴　(清)易開縉注　清乾隆四十四年(1779)刻本　四册

360000－1901－0039085　404425
咏物詩選註釋八卷　(清)俞琰輯　(清)孫洊鳴　(清)易開縉注　清乾隆四十四年(1779)刻本　四册

360000－1901－0039086　415358
詠古帚存二卷　(清)熊清河撰　清光緒九年(1883)刻本　一册　存一卷(一)

360000－1901－0039087　415364

詠樓盍戠集十一卷　(清)沈秉成編　清同治十年(1871)歸安沈氏刻本　四冊

360000－1901－0039088　121616
詠史古體詩四卷　(清)湯儲璠撰　清光緒九年(1883)刻本　一冊

360000－1901－0039089　121614
詠史集八卷別集一卷　(清)汪元慎撰　清光緒五年(1879)鑄錯軒刻本　四冊

360000－1901－0039090　121615
詠史集八卷別集一卷　(清)汪元慎撰　清光緒五年(1879)鑄錯軒刻本　四冊

360000－1901－0039091　722284
詠史絕句合鈔不分卷　(清)吳受福輯　清光緒十六年(1890)小穜字林刻本　一冊

360000－1901－0039092　300325
詠物七言律詩偶記一卷　(清)翁方綱撰　清嘉慶刻本　一冊

360000－1901－0039093　802092
詠物詩鈔不分卷　(清)王夢庚等撰　清抄本　一冊

360000－1901－0039094　404429
詠物詩龤人集二卷續二卷繼聲集二卷續二卷　(清)趙丕烈撰　清刻本　一冊

360000－1901－0039095　718220
湧幢小品三十二卷　(明)朱國禎撰　明天啓刻本　十一冊　存三十卷(三至三十二)

360000－1901－0039096　162265
用器畫緒言一卷　(清)□□撰　清末鉛印本　一冊

360000－1901－0039097　803616
用數(光緒三十一年)　(清)□□輯　清光緒稿本　一冊

360000－1901－0039098　803615
用數(光緒三十一年至光緒三十三年)　(清)□□輯　清光緒稿本　一冊

360000－1901－0039099　801458
用藥歌訣一卷　(清)□□錄　清抄本　一冊

360000－1901－0039100　405726
幽佳軒分韻試帖二卷　(清)徐學江撰　清刻本　一冊　存一卷(下)

360000－1901－0039101　413756
優曇夢一卷哀蟬餘韻一卷　(清)彭敏生撰　清同治三年(1864)刻本　一冊

360000－1901－0039102　404349
尤西堂稿一卷　(清)尤侗撰　清末鉛印本　一冊

360000－1901－0039103　805174
尤西堂稿註釋不分卷　(清)尤侗撰　清嘉慶十五年(1810)友益齋刻本　一冊

360000－1901－0039104　305893
尤西堂樂府　(清)尤侗撰　清刻本　二冊　存五種

360000－1901－0039105　240692
由拳集二十三卷　(明)屠隆撰　明萬曆八年(1580)馮夢禎秀水刻世錦堂重修本　十二冊

360000－1901－0039106　302235
遊道堂集四卷　(清)朱彬撰　清同治七年(1868)杭州袁浦刻本　二冊

360000－1901－0039107　230421
遊宦餘談一卷　(明)朱孟震撰　明萬曆刻朱秉器全集本　一冊

360000－1901－0039108　308045
遊記十卷外編一卷　(明)徐弘祖撰　(清)徐寄輯　(清)季夢良編　**補編一卷**　(清)葉廷甲輯　清光緒七年(1881)瘦影山房木活字印本　十冊

360000－1901－0039109　302230
遊歷芻言一卷　(清)黃楙材撰　清光緒二十二年(1896)江召棠刻得一齋雜著本　一冊

360000－1901－0039110　305664
遊歷芻言一卷　(清)黃楙材撰　清光緒二十三年(1897)湖南新學書局刻本　一冊

360000－1901－0039111　305667
遊歷記存一卷　(清)朱書撰　清光緒十九年(1893)宿松黄修礽刻本　一册

360000－1901－0039112　305235
遊歷圖經六種餘紀十五卷　(清)傅雲龍撰　清光緒十五年(1889)鉛印本　二十九册　存三種

360000－1901－0039113　121860
遊麻姑山歌不分卷　(清)謝甘澍撰　清同治十三年(1874)謝氏漁鹽軒刻本　一册

360000－1901－0039114　404728
遊日本學校筆記不分卷　(清)項文瑞撰　清光緒二十九年(1903)鉛印本　一册

360000－1901－0039115　800316
遊日詩草一卷　(清)□□撰　清抄本　一册

360000－1901－0039116　121858
遊山日記十二卷　(清)舒夢蘭撰　清嘉慶九年(1804)蓮根詩社刻本　四册

360000－1901－0039117　121859
遊山日記十二卷　(清)舒夢蘭撰　清嘉慶九年(1804)蓮根詩社刻本　四册

360000－1901－0039118　803242
遊戲隨録象譜殘局不分卷　(□)□□輯　清抄本　一册

360000－1901－0039119　405489
遊藝録二卷别録一卷　(清)蔣湘南撰　清刻本　一册　存二卷(遊藝録二、别録一卷)

360000－1901－0039120　302212
游定夫先生集六卷首一卷末一卷　(宋)游酢撰　清同治六年(1867)和州官刻本　一册

360000－1901－0039121　400902
游歷日本圖經三十卷　(清)傅雲龍撰　清光緒十五年(1889)石印籑喜廬所著書本　三册　存四卷(二十三至二十四、二十六至二十七)

360000－1901－0039122　415360
游廌山先生集八卷　(清)游酢撰　清同治九年(1870)刻本　二册

360000－1901－0039123　716980
輶軒集一卷　(清)雷鼎鈞輯　清光緒十五年(1889)刻本　一册

360000－1901－0039124　160100
輶軒使者絕代語釋别國方言箋疏十三卷　(漢)揚雄撰　(清)錢繹箋疏　清光緒十六年(1890)紅蝠山房刻本　六册

360000－1901－0039125　405149
輶軒使者絕代語釋别國方言箋疏十三卷　(漢)揚雄撰　(清)錢繹箋疏　清光緒十六年(1890)紅蝠山房刻本　一册　存三卷(七至九)

360000－1901－0039126　716803
輶軒使者絕代語釋别國方言箋疏十三卷　(漢)揚雄撰　(清)錢繹箋疏　清光緒十六年(1890)紅蝠山房刻本　五册

360000－1901－0039127　716804
輶軒使者絕代語釋别國方言箋疏十三卷　(漢)揚雄撰　(清)錢繹箋疏　清光緒十六年(1890)紅蝠山房刻本　一册　存二卷(三至四)

360000－1901－0039128　603100
輶軒使者絕代語釋别國方言箋疏十三卷　(漢)揚雄撰　(清)錢繹箋疏　清嘉慶六年(1801)刻本　一册　存二卷(一至二)

360000－1901－0039129　603099
輶軒使者絕代語釋别國方言箋疏十三卷　(漢)揚雄撰　(清)錢繹箋疏　清刻本　一册　存六卷(五至十)

360000－1901－0039130　603854
輶軒使者絕代語釋别國方言十三卷　(漢)揚雄撰　(晉)郭璞注　清刻本　一册　存三卷(十一至十三)

360000－1901－0039131　718237
輶軒使者絕代語釋别國方言十三卷　(漢)揚雄撰　(晉)郭璞注　**校正補遺一卷**　(清)盧

文弨撰　清刻本　一冊

360000－1901－0039132　210494
輶軒使者絕代語釋別國方言十三卷　（漢）揚雄撰　（晉）郭璞注　**校正補遺一卷**　（清）盧文弨撰　清乾隆四十九年（1784）刻抱經堂叢書本　一冊

360000－1901－0039133　416802
輶軒使者絕代語釋別國方言十三卷　（漢）揚雄撰　（清）戴震疏證　清光緒八年（1882）汗青簃刻本　二冊　存五卷（一至四、十三）

360000－1901－0039134　160097
輶軒使者絕代語釋別國方言十三卷首一卷　（漢）揚雄撰　（晉）郭璞注　**續方言二卷**　（清）杭世駿撰　**續方言補一卷**　（清）程際盛撰　清光緒十七年（1891）湖南思賢講舍刻本　三冊

360000－1901－0039135　160098
輶軒使者絕代語釋別國方言十三卷首一卷　（漢）揚雄撰　（晉）郭璞注　**續方言二卷**　（清）杭世駿撰　**續方言補一卷**　（清）程際盛撰　清光緒十七年（1891）湖南思賢講舍刻本　二冊

360000－1901－0039136　413547
輶軒使者絕代語釋別國方言十三卷首一卷　（漢）揚雄撰　（晉）郭璞注　**續方言二卷**　（清）杭世駿撰　**續方言補一卷**　（清）程際盛撰　清光緒十七年（1891）湖南思賢講舍刻本　一冊　存七卷（一至六、首一卷）

360000－1901－0039137　603098
輶軒使者絕代語釋別國方言十三卷首一卷　（漢）揚雄撰　（晉）郭璞注　**續方言二卷**　（清）杭世駿撰　**續方言補一卷**　（清）程際盛撰　清光緒十七年（1891）湖南思賢講舍刻本　二冊

360000－1901－0039138　308810
輶軒語不分卷　（清）張之洞撰　清光緒十年（1884）武寧縣司訓署木活字印本　二冊

360000－1901－0039139　314709
輶軒語不分卷書目答問不分卷　（清）張之洞撰　清光緒元年（1875）刻四年（1878）印本　二冊

360000－1901－0039140　162840
輶軒語一卷　（清）張之洞撰　清光緒八年（1882）江西書局木活字印本　一冊

360000－1901－0039141　162841
輶軒語一卷　（清）張之洞撰　清光緒八年（1882）江西書局木活字印本　一冊

360000－1901－0039142　164222
輶軒語一卷　（清）張之洞撰　清光緒八年（1882）江西書局木活字印本　一冊

360000－1901－0039143　164223
輶軒語一卷　（清）張之洞撰　清光緒八年（1882）江西書局木活字印本　一冊

360000－1901－0039144　164224
輶軒語一卷　（清）張之洞撰　清光緒八年（1882）江西書局木活字印本　一冊

360000－1901－0039145　303430
輶軒語一卷　（清）張之洞撰　清光緒八年（1882）江西書局木活字印本　一冊

360000－1901－0039146　716982
輶軒語一卷　（清）張之洞撰　清光緒八年（1882）江西書局木活字印本　一冊

360000－1901－0039147　716983
輶軒語一卷　（清）張之洞撰　清光緒八年（1882）江西書局木活字印本　一冊

360000－1901－0039148　805066
輶軒語一卷　（清）張之洞撰　清光緒八年（1882）江西書局木活字印本　一冊

360000－1901－0039149　805067
輶軒語一卷　（清）張之洞撰　清光緒八年（1882）江西書局木活字印本　一冊

360000－1901－0039150　900837
輶軒語一卷　（清）張之洞撰　清光緒八年（1882）江西書局木活字印本　一冊

360000－1901－0039151　900838
輶軒語一卷　(清)張之洞撰　清光緒八年(1882)江西書局木活字印本　一册

360000－1901－0039152　900839
輶軒語一卷　(清)張之洞撰　清光緒八年(1882)江西書局木活字印本　一册

360000－1901－0039153　416561
輶軒語一卷　(清)張之洞撰　清光緒篤慶堂刻本　一册

360000－1901－0039154　416560
輶軒語一卷　(清)張之洞撰　清光緒二年(1876)胡鳳丹退補齋刻本　二册

360000－1901－0039155　303428
輶軒語一卷　(清)張之洞撰　清光緒二十一年(1895)湖北官書處刻本　一册

360000－1901－0039156　416558
輶軒語一卷　(清)張之洞撰　清光緒九年(1883)陳寶琛刻本　一册

360000－1901－0039157　416558－1
輶軒語一卷　(清)張之洞撰　清光緒九年(1883)陳寶琛刻本　一册

360000－1901－0039158　803147
輶軒語一卷　(清)張之洞撰　清光緒九年(1883)陳寶琛刻本　一册

360000－1901－0039159　309892
輶軒語一卷　(清)張之洞撰　清光緒九年(1883)刻本　一册

360000－1901－0039160　313669
輶軒語一卷　(清)張之洞撰　清光緒刻本　一册

360000－1901－0039161　416562
輶軒語一卷　(清)張之洞撰　清光緒三年(1877)濠上書齋刻本　一册

360000－1901－0039162　722480
輶軒語一卷　(清)張之洞撰　清光緒三年(1877)濠上書齋刻本　一册

360000－1901－0039163　722481
輶軒語一卷　(清)張之洞撰　清光緒三年(1877)濠上書齋刻本　一册

360000－1901－0039164　722482
輶軒語一卷　(清)張之洞撰　清光緒三年(1877)濠上書齋刻本　一册

360000－1901－0039165　162842
輶軒語一卷　(清)張之洞撰　清光緒十年(1884)刻本　一册

360000－1901－0039166　416559
輶軒語一卷　(清)張之洞撰　清光緒十年(1884)刻本　一册

360000－1901－0039167　416559－1
輶軒語一卷　(清)張之洞撰　清光緒十年(1884)刻本　一册

360000－1901－0039168　900930
友仁書室譜不分卷　(清)楊洊典撰　清刻本　一册

360000－1901－0039169　711386
友三友圖締言初集一卷續集一卷　(清)鍾體志輯　清光緒二十三年(1897)奉新官舍刻本　一册

360000－1901－0039170　711386－1
友三友圖締言初集一卷續集一卷　(清)鍾體志輯　清光緒二十三年(1897)奉新官舍刻本　一册

360000－1901－0039171　711386－2
友三友圖締言初集一卷續集一卷　(清)鍾體志輯　清光緒二十三年(1897)奉新官舍刻本　一册

360000－1901－0039172　711386－3
友三友圖締言初集一卷續集一卷　(清)鍾體志輯　清光緒二十三年(1897)奉新官舍刻本　一册

360000－1901－0039173　304906
友聲集　(清)王相輯　清咸豐八年(1858)信芳閣刻本　一册　存六種

360000－1901－0039174　404399
友聲集尺牘二卷　(清)黄澹園編　清嘉慶九年(1804)刻本　一册　存一卷(上)

360000－1901－0039175　241475
友聲集文二卷詩五卷　(清)賴鯤升等輯　清康熙五十六年(1717)霞綺園刻本　六册

360000－1901－0039176　241476
友聲集文二卷詩五卷　(清)賴鯤升等輯　清康熙五十六年(1717)霞綺園刻本　六册

360000－1901－0039177　711383
友石山房詩稿七卷文稿三卷　(清)黄邦達撰　清道光二十七年(1847)刻本　三册

360000－1901－0039178　711384
友石山房詩稿七卷文稿三卷　(清)黄邦達撰　清道光二十七年(1847)刻本　二册　存九卷(友石山房詩稿七卷、文稿二至三)

360000－1901－0039179　711385
友石山房詩稿七卷文稿三卷　(清)黄邦達撰　清道光二十七年(1847)刻本　二册　存五卷(詩稿一至三、文稿二至三)

360000－1901－0039180　317618
友石軒印存一卷　(清)楊秉信鐫　清光緒三十年(1904)鈐印本　一册

360000－1901－0039181　711382
友竹山房詩草七卷補遺一卷續鈔七卷末一卷　(清)蘇履吉撰　清道光十三年(1833)泥陽書院刻本　七册　存十四卷(友竹山房詩草七卷,補遺一卷,續鈔一至二、五至七,末一卷)

360000－1901－0039182　120549
有不爲齋算學四卷　(清)傅九淵撰　**拙齋府君行述一卷**　(清)傅壽朋撰　清同治九年(1870)刻本　一册

360000－1901－0039183　410562
有不爲齋算學四卷　(清)傅九淵撰　**拙齋府君行述一卷**　(清)傅壽朋撰　清同治九年(1870)刻本　一册

360000－1901－0039184　410562－1
有不爲齋算學四卷　(清)傅九淵撰　**拙齋府君行述一卷**　(清)傅壽朋撰　清同治九年(1870)刻本　一册

360000－1901－0039185　410562－2
有不爲齋算學四卷　(清)傅九淵撰　**拙齋府君行述一卷**　(清)傅壽朋撰　清同治九年(1870)刻本　一册

360000－1901－0039186　162332
有不爲齋隨筆十卷　(清)光聰諧撰　清光緒十四年(1888)蘇州藩署刻本　二册

360000－1901－0039187　302426
有恒心齋集　(清)程鴻詔撰　清同治刻本　十二册

360000－1901－0039188　403934
夏小正集説四卷補一卷存説二卷　(清)程鴻詔撰　清同治刻有恒心齋集本　二册

360000－1901－0039189　407825
有恒心齋集　(清)程鴻詔撰　清同治刻本　九册　存七種

360000－1901－0039190　240904
有懷堂詩藁六卷文藁二十二卷　(清)韓菼撰　清康熙四十二年(1703)韓氏有懷堂刻本　六册

360000－1901－0039191　163418
有懷堂詩藁六卷文藁二十二卷　(清)韓菼撰　清康熙四十二年(1703)刻本　六册

360000－1901－0039192　163419
有懷堂詩藁六卷文藁二十二卷　(清)韓菼撰　清康熙四十二年(1703)刻本　四册　缺六卷(文藁十六至二十一)

360000－1901－0039193　240973
有懷堂詩集一卷文集一卷　(清)田肇麗撰　清乾隆七年(1742)天同之刻本　一册

360000－1901－0039194　803725
有疑勿蓄不分卷　(清)□□輯　清抄本　一册

360000－1901－0039195　707666
有樂堂韻語不分卷　(清)曾培祺撰　清刻朱印本　一冊

360000－1901－0039196　409813
有正味齋尺牘二卷　(清)吳錫麒撰　清刻本　一冊　存一卷(下)

360000－1901－0039197　409814
有正味齋尺牘二卷　(清)吳錫麒撰　清末鉛印本　一冊　存一卷(下)

360000－1901－0039198　409799
有正味齋詞集八卷　(清)吳錫麒撰　清嘉慶刻本　二冊

360000－1901－0039199　409800
有正味齋詞集八卷　(清)吳錫麒撰　清嘉慶刻本　四冊

360000－1901－0039200　409801
有正味齋詞集八卷　(清)吳錫麒撰　清嘉慶刻本　二冊　存七卷(一至三、五至八)

360000－1901－0039201　409801－1
有正味齋詞集八卷　(清)吳錫麒撰　清嘉慶刻本　一冊　存二卷(一至二)

360000－1901－0039202　409862
有正味齋詞集八卷　(清)吳錫麒撰　清嘉慶刻本　二冊

360000－1901－0039203　409863
有正味齋詞集八卷　(清)吳錫麒撰　清嘉慶刻本　二冊

360000－1901－0039204　409864
有正味齋詞集八卷　(清)吳錫麒撰　清嘉慶刻本　一冊

360000－1901－0039205　409865
有正味齋詞集八卷　(清)吳錫麒撰　清嘉慶刻本　一冊　存四卷(五至八)

360000－1901－0039206　409865－1
有正味齋詞集八卷　(清)吳錫麒撰　清嘉慶刻本　一冊　存四卷(五至八)

360000－1901－0039207　409865－2
有正味齋詞集八卷　(清)吳錫麒撰　清嘉慶刻本　一冊　存四卷(五至八)

360000－1901－0039208　409865－3
有正味齋詞集八卷　(清)吳錫麒撰　清嘉慶刻本　一冊　存四卷(五至八)

360000－1901－0039209　409865－4
有正味齋詞集八卷　(清)吳錫麒撰　清嘉慶刻本　一冊　存三卷(六至八)

360000－1901－0039210　409802
有正味齋詞集八卷　(清)吳錫麒撰　清宣統元年(1909)上海掃葉山房石印本　二冊　存五卷(一至二、六至八)

360000－1901－0039211　163632
有正味齋詞集八卷有正味齋詞續集二卷有正味齋外集二卷　(清)吳錫麒撰　清刻本　二冊

360000－1901－0039212　409865－5
有正味齋詞續集二卷　(清)吳錫麒撰　清嘉慶刻本　一冊

360000－1901－0039213　409866
有正味齋詞續集二卷　(清)吳錫麒撰　清嘉慶刻本　一冊

360000－1901－0039214　409866－1
有正味齋詞續集二卷　(清)吳錫麒撰　清嘉慶刻本　一冊

360000－1901－0039215　409804
有正味齋賦稿二卷　(清)吳錫麒撰　(清)孫理評輯　(清)胡玉樹編注　清道光八年(1828)同文堂刻本　二冊

360000－1901－0039216　421952
類經三十二卷　(明)張介賓類注　清刻本　一冊　存一卷(四)

360000－1901－0039217　720343
釐正按摩要術四卷　(清)張振鋆輯　清刻本　一冊　存一卷(四)

360000－1901－0039218　409808－1

有正味齋賦稿二卷　(清)吴錫麒撰　(清)孫理評輯　(清)胡玉樹編注　清道光十年(1830)芸生堂刻本　一册

360000－1901－0039219　409807
有正味齋賦稿二卷　(清)吴錫麒撰　(清)孫理評輯　(清)胡玉樹編注　清道光四年(1824)大文堂刻本　一册

360000－1901－0039220　409805
有正味齋賦稿二卷　(清)吴錫麒撰　(清)孫理評輯　(清)胡玉樹編注　清道光四年(1824)刻本　二册

360000－1901－0039221　409806
有正味齋賦稿二卷　(清)吴錫麒撰　(清)孫理評輯　(清)胡玉樹編注　清道光四年(1824)三讓堂刻本　二册

360000－1901－0039222　409803
有正味齋賦稿二卷　(清)吴錫麒撰　(清)孫理評輯　(清)胡玉樹編注　清道光四年(1824)務本堂刻本　二册

360000－1901－0039223　409803－1
有正味齋賦稿二卷　(清)吴錫麒撰　(清)孫理評輯　(清)胡玉樹編注　清道光四年(1824)務本堂刻本　二册

360000－1901－0039224　409804－1
有正味齋賦稿二卷　(清)吴錫麒撰　(清)孫理評輯　(清)胡玉樹編注　清刻本　二册

360000－1901－0039225　804230
有正味齋賦稿一卷　(清)吴錫麒撰　(清)黄蟾桂注　清刻本　一册

360000－1901－0039226　409870
有正味齋賦稿一卷　(清)吴錫麒撰　(清)黄蟾桂注　清咸豐十年(1860)刻本　一册

360000－1901－0039227　409845
有正味齋集十六卷　(清)吴錫麒撰　清乾隆八年(1743)刻本　二册

360000－1901－0039228　409846
有正味齋集十六卷　(清)吴錫麒撰　清乾隆八年(1743)刻本　四册

360000－1901－0039229　409852
有正味齋駢體文二十四卷　(清)吴錫麒撰　清嘉慶刻本　三册　存十八卷(一至十八)

360000－1901－0039230　409855
有正味齋駢體文二十四卷　(清)吴錫麒撰　清嘉慶刻本　四册

360000－1901－0039231　409855－1
有正味齋駢體文二十四卷　(清)吴錫麒撰　清嘉慶刻本　一册　存十五卷(一至九、十九至二十四)

360000－1901－0039232　409856
有正味齋駢體文二十四卷　(清)吴錫麒撰　清嘉慶刻本　四册　存二十一卷(一至九、十二至十八、二十至二十四)

360000－1901－0039233　409856－1
有正味齋駢體文二十四卷　(清)吴錫麒撰　清嘉慶刻本　二册　存九卷(一至九)

360000－1901－0039234　409857
有正味齋駢體文二十四卷　(清)吴錫麒撰　清嘉慶刻本　三册　存十八卷(一至十二、十九至二十四)

360000－1901－0039235　409857－1
有正味齋駢體文二十四卷　(清)吴錫麒撰　清嘉慶刻本　二册　存九卷(八至十一、二十至二十四)

360000－1901－0039236　302421
有正味齋駢體文二十四卷　(清)吴錫麒撰　清刻本　四册

360000－1901－0039237　409809
有正味齋駢體文二十四卷　(清)吴錫麒撰　清刻本　五册　存二十卷(五至二十四)

360000－1901－0039238　409810
有正味齋駢體文二十四卷　(清)吴錫麒撰　清刻本　五册　存二十一卷(四至二十四)

360000－1901－0039239　409810－1
有正味齋駢體文二十四卷　(清)吴錫麒撰

清刻本　二册　存六卷(十三至十五、二十二至二十四)

360000－1901－0039240　316360
有正味齋駢體文二十四卷　(清)吳錫麒撰　清咸豐九年(1859)青箱塾刻本　七册

360000－1901－0039241　316091
有正味齋駢體文二十四卷首一卷　(清)吳錫麒撰　(清)王廣業箋　(清)葉聯芬注　清光緒十五年(1889)上海蜚英館石印本　四册

360000－1901－0039242　316107
有正味齋駢體文二十四卷首一卷　(清)吳錫麒撰　(清)王廣業箋　(清)葉聯芬注　清光緒十五年(1889)上海蜚英館石印本　四册

360000－1901－0039243　409811
有正味齋駢體文二十四卷首一卷　(清)吳錫麒撰　(清)王廣業箋　(清)葉聯芬注　清光緒十五年(1889)上海蜚英館石印本　四册

360000－1901－0039244　409812
有正味齋駢體文二十四卷首一卷　(清)吳錫麒撰　(清)王廣業箋　(清)葉聯芬注　清光緒十五年(1889)上海蜚英館石印本　二册　存十卷(一至十)

360000－1901－0039245　409812－1
有正味齋駢體文二十四卷首一卷　(清)吳錫麒撰　(清)王廣業箋　(清)葉聯芬注　清光緒十五年(1889)上海蜚英館石印本　二册　存八卷(一至八)

360000－1901－0039246　409812－2
有正味齋駢體文二十四卷首一卷　(清)吳錫麒撰　(清)王廣業箋　(清)葉聯芬注　清光緒十五年(1889)上海蜚英館石印本　二册　存十一卷(一至四、十八至二十四)

360000－1901－0039247　309550
有正味齋駢體文二十四卷續集八卷詞集八卷詞續集二卷外集五卷　(清)吳錫麒撰　清刻本　九册　存四十三卷(有正味齋駢體文一至二十、續集八卷、詞集八卷、詞續集二卷、外集五卷)

360000－1901－0039248　307731
有正味齋駢體文二十四卷續集八卷詩集十六卷詩續集八卷詞集八卷詞續集二卷詞外集二卷　(清)吳錫麒撰　清嘉慶十三年(1808)刻本　十六册

360000－1901－0039249　409858
有正味齋駢體文續集八卷　(清)吳錫麒撰　清嘉慶刻本　二册

360000－1901－0039250　409859
有正味齋駢體文續集八卷　(清)吳錫麒撰　清嘉慶刻本　一册

360000－1901－0039251　409860
有正味齋駢體文續集八卷　(清)吳錫麒撰　清嘉慶刻本　一册

360000－1901－0039252　409861
有正味齋駢體文續集八卷　(清)吳錫麒撰　清嘉慶刻本　一册　存三卷(五至七)

360000－1901－0039253　715060
有正味齋駢體文續集八卷　(清)吳錫麒撰　清嘉慶十三年(1808)刻本　二册

360000－1901－0039254　308467
有正味齋全集五十三卷續集二十卷　(清)吳錫麒撰　清嘉慶刻本　十五册

360000－1901－0039255　308606
有正味齋全集五十三卷續集二十卷　(清)吳錫麒撰　清刻本　六册　存三十一卷(駢體文一至六、十三至二十四,詞集八卷,外集五卷)

360000－1901－0039256　409820－1
有正味齋詩集十六卷　(清)吳錫麒撰　清嘉慶刻本　一册　存三卷(十四至十六)

360000－1901－0039257　409847
有正味齋詩集十六卷　(清)吳錫麒撰　清嘉慶十三年(1808)刻本　四册

360000－1901－0039258　409848
有正味齋詩集十六卷　(清)吳錫麒撰　清嘉慶十三年(1808)刻本　三册

360000－1901－0039259　409849
有正味齋詩集十六卷　(清)吳錫麒撰　清嘉慶十三年(1808)刻本　三冊　存十三卷(一至五、九至十六)

360000－1901－0039260　409850
有正味齋詩集十六卷　(清)吳錫麒撰　清嘉慶十三年(1808)刻本　三冊　存十三卷(一至五、九至十六)

360000－1901－0039261　409851
有正味齋詩集十六卷　(清)吳錫麒撰　清嘉慶十三年(1808)刻本　三冊　存八卷(一至四、十三至十六)

360000－1901－0039262　302422
有正味齋詩集十六卷詞集八卷駢體文二十四卷外集五卷　(清)吳錫麒撰　清嘉慶刻本　十冊

360000－1901－0039263　316348
有正味齋詩集十六卷駢體文二十四卷續集八卷詞集八卷詞續集二卷外集五卷　(清)吳錫麒撰　清嘉慶十三年(1808)刻本　十八冊

360000－1901－0039264　409820
有正味齋詩集十六卷外集五卷　(清)吳錫麒撰　清嘉慶刻本　五冊　存十七卷(詩集一至七、十至十六,外集一至三)

360000－1901－0039265　308278
有正味齋詩集十六卷詞集八卷詞續集二卷詞外集二卷外集五卷　(清)吳錫麒撰　清嘉慶十三年(1808)刻本　八冊

360000－1901－0039266　305765
有正味齋詩集十六卷續集八詞集八卷續集二卷外集五卷　(清)吳錫麒撰　清嘉慶刻本　九冊　缺三卷(外集三至五)

360000－1901－0039267　305766
有正味齋詩集十六卷續集八卷駢體文二十四卷　(清)吳錫麒撰　清嘉慶刻本　七冊　存三十卷(有正味齋詩集十六卷,續集八卷,駢體文十四至十五、二十一至二十四)

360000－1901－0039268　409853
有正味齋詩續集八卷　(清)吳錫麒撰　清嘉慶刻本　一冊

360000－1901－0039269　409853－1
有正味齋詩續集八卷　(清)吳錫麒撰　清嘉慶刻本　一冊

360000－1901－0039270　409853－2
有正味齋詩續集八卷　(清)吳錫麒撰　清嘉慶刻本　一冊

360000－1901－0039271　409854
有正味齋詩續集八卷　(清)吳錫麒撰　清嘉慶刻本　二冊

360000－1901－0039272　305763
有正味齋詩續集八卷駢體文二十四卷續集八卷　(清)吳錫麒撰　清嘉慶刻本　八冊

360000－1901－0039273　803530
有正味齋試帖不分卷　(清)吳錫麒撰　(清)吳清皐等注　清抄本　一冊

360000－1901－0039274　163896
有正味齋試帖詩註八卷　(清)吳錫麒撰　(清)吳清學等注　清嘉慶二十三年(1818)刻本　三冊

360000－1901－0039275　409821
有正味齋試帖詩註八卷　(清)吳錫麒撰　(清)吳清學等注　清道光八年(1828)天文堂刻本　七冊　存七卷(一至二、四至八)

360000－1901－0039276　409836
有正味齋試帖詩註八卷　(清)吳錫麒撰　(清)吳清學等注　清道光二十八年(1848)英德堂刻本　二冊　存四卷(一至二、五至六)

360000－1901－0039277　409835
有正味齋試帖詩註八卷　(清)吳錫麒撰　(清)吳清學等注　清嘉慶二十三年(1818)刻本　四冊

360000－1901－0039278　409816－1
有正味齋試帖詩註八卷　(清)吳錫麒撰　(清)吳清學等注　清刻本　一冊　存二卷

（一至二）

360000－1901－0039279　409822
有正味齋試帖詩註八卷　（清）吳錫麒撰（清）吳清學等注　清刻本　五冊

360000－1901－0039280　409823
有正味齋試帖詩註八卷　（清）吳錫麒撰（清）吳清學等注　清刻本　八冊

360000－1901－0039281　409824
有正味齋試帖詩註八卷　（清）吳錫麒撰（清）吳清學等注　清刻本　一冊　存二卷（五至六）

360000－1901－0039282　409824－1
有正味齋試帖詩註八卷　（清）吳錫麒撰（清）吳清學等注　清刻本　一冊　存二卷（五至六）

360000－1901－0039283　409824－2
有正味齋試帖詩註八卷　（清）吳錫麒撰（清）吳清學等注　清刻本　一冊　存一卷（六）

360000－1901－0039284　409815
有正味齋試帖詩註六卷　（清）吳錫麒撰（清）吳清學等注　清道光五年（1825）務本堂刻本　三冊

360000－1901－0039285　409816
有正味齋試帖詩註六卷　（清）吳錫麒撰（清）吳清學等注　清道光五年（1825）務本堂刻本　二冊

360000－1901－0039286　409817
有正味齋試帖詩註六卷　（清）吳錫麒撰（清）吳清學等注　清道光五年（1825）務本堂刻本　四冊

360000－1901－0039287　409839
有正味齋試帖詩註六卷　（清）吳錫麒撰（清）吳清學等注　清道光十年（1830）芸生堂刻本　二冊

360000－1901－0039288　409840
有正味齋試帖詩註六卷　（清）吳錫麒撰（清）吳清學等注　清道光十年（1830）芸生堂刻本　一冊

360000－1901－0039289　409841
有正味齋試帖詩註六卷　（清）吳錫麒撰（清）吳清學等注　清道光十年（1830）芸生堂刻本　一冊

360000－1901－0039290　409842
有正味齋試帖詩註六卷　（清）吳錫麒撰（清）吳清學等注　清道光十年（1830）芸生堂刻本　二冊

360000－1901－0039291　409843
有正味齋試帖詩註六卷　（清）吳錫麒撰（清）吳清學等注　清道光十年（1830）芸生堂刻本　二冊

360000－1901－0039292　409873
有正味齋試帖詳註八卷　（清）吳錫麒撰（清）吳清學等注　清道光八年（1828）刻本　三冊　存六卷（一至四、六至七）

360000－1901－0039293　409844
有正味齋試帖詳註四卷　（清）吳錫麒撰（清）吳掄　（清）吳敬恒注　清崇文堂刻本　二冊

360000－1901－0039294　409830
有正味齋試帖詳註四卷　（清）吳錫麒撰（清）吳掄　（清）吳敬恒注　清道光十年（1830）芸生堂刻本　一冊

360000－1901－0039295　409831
有正味齋試帖詳註四卷　（清）吳錫麒撰（清）吳掄　（清）吳敬恒注　清道光十年（1830）芸生堂刻本　二冊

360000－1901－0039296　409832
有正味齋試帖詳註四卷　（清）吳錫麒撰（清）吳掄　（清）吳敬恒注　清道光十年（1830）芸生堂刻本　二冊

360000－1901－0039297　409833
有正味齋試帖詳註四卷　（清）吳錫麒撰（清）吳掄　（清）吳敬恒注　清道光十年

(1830)芸生堂刻本　二册

360000－1901－0039298　409834－2
有正味齋試帖詳註四卷　(清)吳錫麒撰　(清)吳掄　(清)吳敬恒注　清道光十年(1830)芸生堂刻本　一册　存三卷(一至三)

360000－1901－0039299　409834
有正味齋試帖詳註四卷　(清)吳錫麒撰　(清)吳掄　(清)吳敬恒注　清道光五年(1825)務本堂刻本　二册　存二卷(一、四)

360000－1901－0039300　409834－1
有正味齋試帖詳註四卷　(清)吳錫麒撰　(清)吳掄　(清)吳敬恒注　清道光五年(1825)務本堂刻本　一册　存二卷(一至二)

360000－1901－0039301　409837
有正味齋試帖詳註四卷　(清)吳錫麒撰　(清)吳掄　(清)吳敬恒注　清道光五年(1825)務本堂刻本　二册

360000－1901－0039302　409838
有正味齋試帖詳註四卷　(清)吳錫麒撰　(清)吳掄　(清)吳敬恒注　清道光五年(1825)務本堂刻本　四册

360000－1901－0039303　409825
有正味齋試帖詳註四卷　(清)吳錫麒撰　(清)吳掄　(清)吳敬恒注　清嘉慶八年(1803)一經堂刻本　二册　存三卷(一、三至四)

360000－1901－0039304　409826
有正味齋試帖詳註四卷　(清)吳錫麒撰　(清)吳掄　(清)吳敬恒注　清嘉慶刻本　三册　存三卷(一至三)

360000－1901－0039305　409874
有正味齋試帖詳註四卷　(清)吳錫麒撰　(清)吳掄　(清)吳敬恒注　清嘉慶十九年(1814)愛蓮堂刻本　二册

360000－1901－0039306　409827
有正味齋試帖詳註四卷　(清)吳錫麒撰　(清)吳掄　(清)吳敬恒注　清嘉慶十年(1805)一經堂刻本　四册

360000－1901－0039307　409828
有正味齋試帖詳註四卷　(清)吳錫麒撰　(清)吳掄　(清)吳敬恒注　清嘉慶十年(1805)一經堂刻本　四册

360000－1901－0039308　409871
有正味齋試帖詳註四卷　(清)吳錫麒撰　(清)吳掄　(清)吳敬恒注　清嘉慶十三年(1808)四友堂刻本　四册

360000－1901－0039309　409872
有正味齋試帖詳註四卷　(清)吳錫麒撰　(清)吳掄　(清)吳敬恒注　清嘉慶十三年(1808)四友堂刻本　四册

360000－1901－0039310　409829
有正味齋試帖詳註四卷　(清)吳錫麒撰　(清)吳掄　(清)吳敬恒注　清嘉慶十四年(1809)敦化堂刻本　三册

360000－1901－0039311　409834－3
有正味齋試帖詳註四卷　(清)吳錫麒撰　(清)吳掄　(清)吳敬恒注　清刻本　二册　存二卷(一至二)

360000－1901－0039312　409834－4
有正味齋試帖詳註四卷　(清)吳錫麒撰　(清)吳掄　(清)吳敬恒注　清刻本　一册　存二卷(一至二)

360000－1901－0039313　716998
有正味齋試帖詳註四卷　(清)吳錫麒撰　(清)吳掄　(清)吳敬恒注　清一經堂刻本　一册　存一卷(二)

360000－1901－0039314　163631
有正味齋試帖詩註八卷　(清)吳錫麒撰　(清)吳清學等註　清嘉慶二十二年(1817)刻本　八册

360000－1901－0039315　163630
有正味齋試帖詳注四卷　(清)吳錫麒撰　(清)吳掄　(清)吳敬恒注　清嘉慶八年(1803)一經堂刻本　四册

360000－1901－0039316　409867

有正味齋外集五卷　(清)吳錫麒撰　清嘉慶刻本　二册

360000－1901－0039317　409868

有正味齋外集五卷　(清)吳錫麒撰　清嘉慶刻本　一册

360000－1901－0039318　409868－1

有正味齋外集五卷　(清)吳錫麒撰　清嘉慶刻本　一册

360000－1901－0039319　409868－2

有正味齋外集五卷　(清)吳錫麒撰　清嘉慶刻本　一册

360000－1901－0039320　409868－3

有正味齋外集五卷　(清)吳錫麒撰　清嘉慶刻本　一册

360000－1901－0039321　800387

有正味齋文集一卷　(清)吳錫麒撰　清抄本　一册

360000－1901－0039322　409818

有正味齋文續集二卷　(清)吳錫麒撰　清會文堂刻本　一册

360000－1901－0039323　409819－1

有正味齋文續集二卷　(清)吳錫麒撰　清嘉慶十年(1805)刻本　一册

360000－1901－0039324　409819

有正味齋文續集二卷　(清)吳錫麒撰　清較經堂刻本　一册

360000－1901－0039325　409819－2

有正味齋文續集二卷　(清)吳錫麒撰　清較經堂刻本　一册

360000－1901－0039326　409819－3

有正味齋文續集二卷　(清)吳錫麒撰　清較經堂刻本　一册　存一卷(上)

360000－1901－0039327　409819－4

有正味齋文續集二卷　(清)吳錫麒撰　清較經堂刻本　一册　存一卷(上)

360000－1901－0039328　409869

有正味齋文續集二卷　(清)吳錫麒撰　清較經堂刻本　一册

360000－1901－0039329　409818－1

有正味齋文續集二卷　(清)吳錫麒撰　清刻本　一册

360000－1901－0039330　412811

有正味齋文續集二卷　(清)吳錫麒撰　清刻本　一册　存一卷(下)

360000－1901－0039331　302420

有正味齋文續集二卷　(清)吳錫麒撰　清校經堂刻本　二册

360000－1901－0039332　302423

有竹居集十五卷　(清)任兆麟撰　**蒼頡篇二卷三蒼二卷**　(清)任大椿考逸　(清)任兆麟補正　清嘉慶二十四年(1819)兩廣節署刻本　六册

360000－1901－0039333　162349

酉陽雜俎二卷　(唐)段成式撰　清刻本　一册

360000－1901－0039334　316443－1

酉陽雜俎二十卷　(唐)段成式撰　清廣文堂刻本　一册　存八卷(一至八)

360000－1901－0039335　000306

酉陽雜俎二十卷續集十卷　(唐)段成式撰　明末毛氏汲古閣刻本　三册　存二十二卷(酉陽雜俎九至二十、續集十卷)

360000－1901－0039336　317333

酉陽雜俎二十卷續集十卷　(唐)段成式撰　清道光二十九年(1849)刻本　四册

360000－1901－0039337　300891

酉陽雜俎二十卷續集十卷　(唐)段成式撰　清道光二十九年(1849)小嫏嬛山館刻本　四册

360000－1901－0039338　230503

酉陽雜俎續集十卷　(唐)段成式撰　明崇禎虞山毛氏汲古閣刻津逮祕書本　一册　存四

卷(一至四)

360000－1901－0039339　410667
酉陽雜俎續集十卷　(唐)段成式撰　清光緒三年(1877)湖北崇文書局刻本　二册

360000－1901－0039340　600221－8
酉陽雜俎續集十卷　(唐)段成式撰　清光緒元年(1875)湖北崇文書局刻本　一册

360000－1901－0039341　600221－9
酉陽雜俎續集十卷　(唐)段成式撰　清光緒元年(1875)湖北崇文書局刻本　一册

360000－1901－0039342　805018
槱亭文鈔六卷　(清)馬廷棫撰　清同治十三年(1874)刻本　六册

360000－1901－0039343　410193
右台仙館筆記十六卷　(清)俞樾撰　清光緒刻本　六册

360000－1901－0039344　710192
右台仙館筆記十六卷　(清)俞樾撰　清光緒刻本　六册　存十一卷(一至十一)

360000－1901－0039345　722363
右台仙館筆記十六卷　(清)俞樾撰　清光緒刻本　二册　存六卷(十一至十六)

360000－1901－0039346　901486
右台仙館筆記十六卷　(清)俞樾撰　清光緒刻本　五册　存十三卷(一至六、十至十六)

360000－1901－0039347　804003
幼華琴譜六卷　(清)□□輯　清抄本　一册

360000－1901－0039348　120488
幼科集要二卷　(清)方略撰　清道光二十四年(1844)尚友堂刻本　二册

360000－1901－0039349　408631
幼科集要二卷　(清)方略撰　清道光刻本　一册　存一卷(上)

360000－1901－0039350　801968
幼科經驗不分卷　(□)□□撰　清抄本　一册

360000－1901－0039351　800542
幼科鐵鏡六卷　(清)夏鼎撰　清抄本　一册

360000－1901－0039352　164777
幼科鐵鏡六卷　(清)夏鼎撰　清光緒二十一年(1895)貴池劉氏信天堂刻本　二册

360000－1901－0039353　164779
幼科鐵鏡六卷　(清)夏鼎撰　清光緒二十一年(1895)劉思訓刻本　一册

360000－1901－0039354　164780
幼科鐵鏡六卷　(清)夏鼎撰　清光緒二十一年(1895)劉思訓刻本　一册

360000－1901－0039355　164781
幼科鐵鏡六卷　(清)夏鼎撰　清光緒二十一年(1895)劉思訓刻本　一册

360000－1901－0039356　164782
幼科鐵鏡六卷　(清)夏鼎撰　清光緒二十一年(1895)劉思訓刻本　一册

360000－1901－0039357　230276
幼科鐵鏡六卷　(清)夏鼎撰　清康熙刻本　一册

360000－1901－0039358　902215
幼科鐵鏡六卷　(清)夏鼎撰　清刻本　一册　存三卷(四至六)

360000－1901－0039359　230233
幼科推拿秘書五卷　(清)駱如龍撰　清雍正三年(1725)經義堂刻本　一册

360000－1901－0039360　408630
幼科醫學指南四卷　(清)周震撰　清乾隆刻本　一册　存二卷(一至二)

360000－1901－0039361　408624
幼科銕鏡六卷　(清)夏鼎撰　清大文堂刻本　二册

360000－1901－0039362　408628
幼科銕鏡六卷　(清)夏鼎撰　清光緒二十一年(1895)華西草堂刻本　一册

360000－1901－0039363　408626

幼科錸鏡六卷 （清）夏鼎撰 清會友堂刻本 二冊

360000－1901－0039364 408622
幼科錸鏡六卷 （清）夏鼎撰 清聚文堂刻本 二冊

360000－1901－0039365 408617
幼科錸鏡六卷 （清）夏鼎撰 清刻本 一冊

360000－1901－0039366 408618
幼科錸鏡六卷 （清）夏鼎撰 清刻本 一冊

360000－1901－0039367 408623
幼科錸鏡六卷 （清）夏鼎撰 清刻本 一冊

360000－1901－0039368 408625
幼科錸鏡六卷 （清）夏鼎撰 清刻本 二冊

360000－1901－0039369 805120
幼科錸鏡六卷 （清）夏鼎撰 清刻本 一冊 存一卷（四）

360000－1901－0039370 902214
幼科錸鏡六卷 （清）夏鼎撰 清刻本 一冊 存一卷（一）

360000－1901－0039371 408616
幼科錸鏡六卷 （清）夏鼎撰 清鳴鳳樓刻本 一冊

360000－1901－0039372 408627
幼科錸鏡六卷 （清）夏鼎撰 清文元堂刻本 一冊

360000－1901－0039373 408619
幼科錸鏡六卷 （清）夏鼎撰 清務本堂刻本 一冊

360000－1901－0039374 408620
幼科錸鏡六卷 （清）夏鼎撰 清務本堂刻本 一冊

360000－1901－0039375 408621
幼科錸鏡六卷 （清）夏鼎撰 清學畬堂刻本 一冊

360000－1901－0039376 802145
幼科哲俩不分卷 （清）胡繩武校閲 清抄本 一冊

360000－1901－0039377 802097
幼科證治準繩抄不分卷 （明）王肯堂撰 清抄本 一冊

360000－1901－0039378 230275
幼科證治準繩九卷 （明）王肯堂撰 明萬曆三十五年（1607）刻證治準繩本 三冊 存二卷（一、四）

360000－1901－0039379 800317
幼科證治準繩九卷 （明）王肯堂撰 清抄本 一冊 存二卷（一至二）

360000－1901－0039380 164775
幼科證治準繩九卷 （明）王肯堂撰 清九思堂刻本 六冊 存六卷（一至三、六至八）

360000－1901－0039381 902392
幼科證治準繩九卷 （明）王肯堂撰 清刻本 四冊 存四卷（二至四、七）

360000－1901－0039382 123287
幼科指歸二卷 （清）曾鼎輯 清嘉慶忠恕堂刻本 一冊

360000－1901－0039383 403927
幼學必讀三字鑑直解二卷 （清）熊峻運輯 清刻本 一冊

360000－1901－0039384 404356
幼學必讀三字鑑直解二卷 （清）熊峻運撰 清刻本 一冊

360000－1901－0039385 405141
幼學補編不分卷 （清）朗如氏選 清抄本 一冊

360000－1901－0039386 403907
幼學求源三十三卷 （明）程登吉撰 （清）鄒聖脈增補 （清）董成注 清大文堂刻本 六冊

360000－1901－0039387 403908
幼學求源三十三卷 （明）程登吉撰 （清）鄒聖脈增補 （清）董成注 清大文堂刻本 八冊

360000－1901－0039388　403909
幼學求源三十三卷　(明)程登吉撰　(清)鄒聖脈增補　(清)董成注　清大文堂刻本　八冊

360000－1901－0039389　403910
幼學求源三十三卷　(明)程登吉撰　(清)鄒聖脈增補　(清)董成注　清大文堂刻本　十冊

360000－1901－0039390　902358
幼學求源三十三卷　(明)程登吉撰　(清)鄒聖脈增補　(清)董成注　清大文堂刻本　四冊　存十三卷(一至五、十至十三、二十三至二十六)

360000－1901－0039391　902361
幼學求源三十三卷　(明)程登吉撰　(清)鄒聖脈增補　(清)董成注　清大文堂刻本　四冊　存十六卷(一至八、十六至十九、二十四至二十七)

360000－1901－0039392　902362
幼學求源三十三卷　(明)程登吉撰　(清)鄒聖脈增補　(清)董成注　清大文堂刻本　四冊　存十八卷(一至三、七至二十一)

360000－1901－0039393　309477
幼學求源三十三卷　(明)程登吉撰　(清)鄒聖脈增補　(清)董成注　清刻本　二冊　存十一卷(四至十四)

360000－1901－0039394　403915
幼學求源三十三卷　(明)程登吉撰　(清)鄒聖脈增補　(清)董成注　清刻本　四冊

360000－1901－0039395　403916
幼學求源三十三卷　(明)程登吉撰　(清)鄒聖脈增補　(清)董成注　清刻本　四冊

360000－1901－0039396　403917
幼學求源三十三卷　(明)程登吉撰　(清)鄒聖脈增補　(清)董成注　清刻本　八冊

360000－1901－0039397　902360
幼學求源三十三卷　(明)程登吉撰　(清)鄒聖脈增補　(清)董成注　清刻本　三冊　存十卷(四至七、二十三至二十六、三十二至三十三)

360000－1901－0039398　902363
幼學求源三十三卷　(明)程登吉撰　(清)鄒聖脈增補　(清)董成注　清刻本　二冊　存六卷(六至八、十八至二十)

360000－1901－0039399　902364
幼學求源三十三卷　(明)程登吉撰　(清)鄒聖脈增補　(清)董成注　清刻本　二冊　存八卷(十六至十九、二十二至二十五)

360000－1901－0039400　902365
幼學求源三十三卷　(明)程登吉撰　(清)鄒聖脈增補　(清)董成注　清刻本　二冊　存六卷(二十八至三十三)

360000－1901－0039401　902366－1
幼學求源三十三卷　(明)程登吉撰　(清)鄒聖脈增補　(清)董成注　清刻本　一冊　存五卷(十五至十九)

360000－1901－0039402　902367－1
幼學求源三十三卷　(明)程登吉撰　(清)鄒聖脈增補　(清)董成注　清刻本　二冊　存十卷(四至八、二十七至三十一)

360000－1901－0039403　902368
幼學求源三十三卷　(明)程登吉撰　(清)鄒聖脈增補　(清)董成注　清刻本　四冊　存二十卷(一至三、七至十三、十九至二十二、二十八至三十三)

360000－1901－0039404　902368－1
幼學求源三十三卷　(明)程登吉撰　(清)鄒聖脈增補　(清)董成注　清刻本　二冊　存九卷(二十一至二十九)

360000－1901－0039405　902368－2
幼學求源三十三卷　(明)程登吉撰　(清)鄒聖脈增補　(清)董成注　清刻本　一冊　存八卷(十八至二十五)

360000－1901－0039406　902366

幼學求源三十三卷 （明）程登吉撰 （清）鄒聖脈增補 （清）董成注 清兩儀堂刻本 三冊 存十二卷（一至二、十三至十七、二十九至三十三）

360000－1901－0039407 902359
幼學求源三十三卷 （明）程登吉撰 （清）鄒聖脈增補 （清）董成注 清啓仁堂刻本 二冊 存八卷（一至三、十四至十八）

360000－1901－0039408 403911
幼學求源三十三卷 （明）程登吉撰 （清）鄒聖脈增補 （清）董成注 清文奎堂刻本 五冊

360000－1901－0039409 403912
幼學求源三十三卷 （明）程登吉撰 （清）鄒聖脈增補 （清）董成注 清文奎堂刻本 八冊

360000－1901－0039410 403913
幼學求源三十三卷 （明）程登吉撰 （清）鄒聖脈增補 （清）董成注 清文餘堂刻本 六冊

360000－1901－0039411 403914
幼學求源三十三卷 （明）程登吉撰 （清）鄒聖脈增補 （清）董成注 清文餘堂刻本 八冊

360000－1901－0039412 902367
幼學求源三十三卷 （明）程登吉撰 （清）鄒聖脈增補 （清）董成注 清文餘堂刻本 六冊 存二十一卷（一至二、五至八、十五至二十二、二十七至三十三）

360000－1901－0039413 804150
幼學須知直解二卷 （明）程登吉撰 （清）唐良瑜 （清）唐良瑚集注 清集古堂刻本 一冊 存一卷（上）

360000－1901－0039414 403876
幼學須知直解二卷 （明）程登吉撰 （清）唐良瑜 （清）唐良瑚集注 清刻本 二冊

360000－1901－0039415 403877
幼學須知直解二卷 （明）程登吉撰 （清）唐良瑜 （清）唐良瑚集注 清婺邑文和堂刻本 一冊

360000－1901－0039416 603251
幼學須知直解二卷 （明）程登吉撰 （清）唐良瑜 （清）唐良瑚集注 清刻本 二冊

360000－1901－0039417 603251－1
幼學須知直解二卷 （明）程登吉撰 （清）唐良瑜 （清）唐良瑚集注 清刻本 一冊 存一卷（上）

360000－1901－0039418 603251－2
幼學須知直解二卷 （明）程登吉撰 （清）唐良瑜 （清）唐良瑚集注 清刻本 一冊 存一卷（上）

360000－1901－0039419 603251－3
幼學須知直解二卷 （明）程登吉撰 （清）唐良瑜 （清）唐良瑚集注 清刻本 一冊 存一卷（上）

360000－1901－0039420 603251－4
幼學須知直解二卷 （明）程登吉撰 （清）唐良瑜 （清）唐良瑚集注 清刻本 一冊 存一卷（上）

360000－1901－0039421 603251－5
幼學須知直解二卷 （明）程登吉撰 （清）唐良瑜 （清）唐良瑚集注 清刻本 一冊 存一卷（下）

360000－1901－0039422 804122
幼學須知直解二卷 （明）程登吉撰 （清）唐良瑜 （清）唐良瑚集注 清刻本 一冊 存一卷（上）

360000－1901－0039423 804146
幼學須知直解二卷 （明）程登吉撰 （清）唐良瑜 （清）唐良瑚集注 清刻本 一冊 存一卷（下）

360000－1901－0039424 804151
幼學須知直解二卷 （明）程登吉撰 （清）唐良瑜 （清）唐良瑚集注 清刻本 一冊 存

一卷(上)

360000－1901－0039425　804145
幼學須知直解二卷　(明)程登吉撰　(清)唐良瑜　(清)唐良瑚集注　清文和堂刻本　一册　存一卷(上)

360000－1901－0039426　241087
柚堂文存四卷　(清)盛百二撰　清乾隆五十七年(1792)賓綸堂刻本　二册

360000－1901－0039427　241248
迂齋先生標註崇古文訣三十五卷　(宋)樓昉編　明嘉靖十二年(1533)王鴻漸刻本　十二册

360000－1901－0039428　241028
迂齋學古編四卷　(清)法坤宏撰　清乾隆三十九年(1774)海上廬刻本　二册

360000－1901－0039429　241029
迂齋學古編四卷　(清)法坤宏撰　清乾隆三十九年(1774)海上廬刻本　四册

360000－1901－0039430　230329
於陵子一卷　(清)陳先登　(清)周彬評解　清乾隆福建周彬芝石堂刻本　一册

360000－1901－0039431　300474
於越先賢像傳贊二卷　(清)王齡撰　(清)任熊繪　清咸豐六年(1856)蕭山王氏養龢堂刻本　四册

360000－1901－0039432　411049
于湖小集六卷金陵雜事詩一卷　(清)袁昶撰　清光緒二十年(1894)水明樓刻本　三册

360000－1901－0039433　220527
于清端公政書八卷　(清)于成龍撰　清康熙二十二年(1683)刻本　四册　缺二卷(七至八)

360000－1901－0039434　400239
于文定公讀史漫錄二十卷　(明)于慎行撰　清道光刻本　九册　存十八卷(三至二十)

360000－1901－0039435　313053
于埜左氏錄二卷　(清)盛大謨撰　清同治五年(1866)課花别館刻盛于埜遺著本　二册

360000－1901－0039436　601026
于埜左氏錄二卷　(清)盛大謨撰　清同治五年(1866)課花别館刻盛于埜遺著本　二册

360000－1901－0039437　601027
于埜左氏錄二卷　(清)盛大謨撰　清同治五年(1866)課花别館刻盛于埜遺著本　二册

360000－1901－0039438　803666
余光耿詩集不分卷　(清)余光耿撰　清抄本　一册

360000－1901－0039439　122404
餘師錄前集十四卷後集十卷續集八卷　(清)楊希閔撰　清光緒四年(1878)刻本　十六册

360000－1901－0039440　418424
余氏天文算學三種　(清)余煌撰　清光緒元年(1875)刻本　一册

360000－1901－0039441　418424－1
余氏天文算學三種　(清)余煌撰　清光緒元年(1875)刻本　一册

360000－1901－0039442　304358
余忠宣公文集六卷　(元)余闕撰　清同治六年(1867)皖江臬署刻本　二册

360000－1901－0039443　304359
余忠宣公文集六卷　(元)余闕撰　清同治六年(1867)皖江臬署刻本　二册

360000－1901－0039444　803374
俞天池先生痧痘集解六卷　(清)俞茂鯤撰　清抄本　一册　存一卷(六)

360000－1901－0039445　720887
娱萊軒字釋一卷　(清)章震福撰　**俗書證誤一卷**　(隋)顏愍楚撰　**識字最易法一卷**　(清)章震福編　清光緒二十年(1894)鉛印本　一册

360000－1901－0039446　404595
娱目醒心編十六卷　(清)杜綱撰　(清)許寶善評　清刻本　一册　存三卷(一至三)

360000－1901－0039447　121385
娛性齋詩鈔六卷　(清)張德昇撰　清同治九年(1870)刻本　二册

360000－1901－0039448　404911
娛萱草彈詞三十二卷　(清)橘道人撰　清光緒二十年(1894)木活字印本　六册

360000－1901－0039449　150291
娛園叢刻　(清)許增輯　清光緒十五年(1889)仁和許氏刻本　十二册

360000－1901－0039450　150292
娛園叢刻　(清)許增輯　清光緒十五年(1889)仁和許氏刻本　六册　存八種

360000－1901－0039451　415197
萸江古文存四卷　(清)陶必銓撰　清嘉慶十六年(1811)愛吾廬刻本　一册

360000－1901－0039452　316891
萸江古文存四卷萸江詩存三卷附萸江遺集一卷　(清)陶必銓撰　**印心石屋文鈔不分卷**　(清)陶澍撰　清嘉慶刻本　五册

360000－1901－0039453　121456
雩都三宋先生詩文集　(清)宋昌圖等撰　清道光十七年(1837)刻本　五册

360000－1901－0039454　410596
魚鳧彙刻　(清)魚鳧居士輯　清咸豐十一年(1861)金谿周行謹刻本　三册

360000－1901－0039455　241093
魚亭詩鈔二卷　(清)汪軔撰　清乾隆刻本　一册

360000－1901－0039456　241094
魚亭詩選二卷藻香館詞一卷　(清)汪軔撰　清乾隆四十三年(1778)石竹山房刻本　一册

360000－1901－0039457　413237
畬香草存六卷續刻一卷　(清)倪元坦撰　清道光刻本　三册

360000－1901－0039458　163550
畬香草存三卷續刻一卷　(清)倪元坦撰　清道光涵和堂刻本　二册

360000－1901－0039459　721205
渝北賓興堂志不分卷　(清)黎茵纂修　清道光六年(1826)刻本　一册

360000－1901－0039460　721205－1
渝北賓興堂志不分卷　(清)黎茵纂修　清道光六年(1826)刻本　一册

360000－1901－0039461　721205－2
渝北賓興堂志不分卷　(清)黎茵纂修　清道光六年(1826)刻本　一册

360000－1901－0039462　900235
渝北倉記不分卷　(清)陸堯春等撰　清道光十八年(1838)木活字印本　二册

360000－1901－0039463　900236
渝北倉記不分卷　(清)陸堯春等撰　清道光十八年(1838)木活字印本　二册

360000－1901－0039464　900225
渝東賓興堂志不分卷　(清)胡亨榮等纂修　清道光十四年(1834)刻本　一册

360000－1901－0039465　410991
渝水詩存不分卷　(清)陸堯春輯　清刻本　一册

360000－1901－0039466　123169
渝水詩觀三十二卷　(清)黃之晉輯　清道光二十九年(1849)刻本　十册

360000－1901－0039467　406939
瑜伽餤口施食要集一卷　(清)釋德基輯　(清)釋寶華述　清刻本　一册

360000－1901－0039468　306171
榆塞紀行錄四卷　(清)李嘉績撰　清光緒十二年(1886)李氏代耕堂刻本　一册

360000－1901－0039469　121948
榆溪逸稿八卷　(清)徐世溥撰　清嘉慶十七年(1812)刻徐巨源全集本　七册

360000－1901－0039470　150387
榆園叢刻　(清)許增輯　清同治、光緒刻本　九册　存八種

360000－1901－0039471　150388

榆園叢刻　(清)許增輯　清同治、光緒刻本　八册　存七種

360000－1901－0039472　317037

榆園叢刻　(清)許增輯　清同治、光緒刻本　一册　存二種

360000－1901－0039473　409894

榆園雜興詩一卷　(清)袁振業撰　清光緒十八年(1892)木活字印本　一册

360000－1901－0039474　409894－1

榆園雜興詩一卷　(清)袁振業撰　清光緒十八年(1892)木活字印本　一册

360000－1901－0039475　410483

虞伯生道園集不分卷　(元)虞集撰　清雍正二年(1724)刻本　七册

360000－1901－0039476　240437

虞伯生詩八卷補遺一卷　(元)虞集撰　明崇禎海虞毛氏汲古閣刻元詩四大家本　四册

360000－1901－0039477　410443

虞伯生選杜律七言註三卷　(唐)杜甫撰　(元)虞集注　(清)查弘道　(清)金集補注　清康熙刻本　一册

360000－1901－0039478　705471

虞初新志二十卷　(清)張潮輯　清刻本　四册　存五卷(二至三、八至十)

360000－1901－0039479　230482

虞初新志二十卷　(清)張潮輯　清乾隆二十五年(1760)張氏詒清堂刻本　十册

360000－1901－0039480　705466

虞初新志二十卷　(清)張潮輯　清咸豐元年(1851)小嫏嬛山館刻本　八册　存十六卷(一至四、七至十八)

360000－1901－0039481　705467

虞初新志二十卷　(清)張潮輯　清咸豐元年(1851)小嫏嬛山館刻本　一册　存二卷(一至二)

360000－1901－0039482　317363

虞初續志十卷　(清)鄭澍若輯　清嘉慶七年(1802)養花草堂刻本　二册　存三卷(一、六至七)

360000－1901－0039483　240438

虞道園文選二卷　(元)虞集撰　(清)劉肇虞選評　清乾隆二十九年(1764)步月樓刻元明八大家古文選本　四册

360000－1901－0039484　410233

虞道園先生文選八卷　(元)虞集撰　(清)李祖陶評點　清道光二十五年(1845)刻本　二册

360000－1901－0039485　410234

虞道園先生文選八卷　(元)虞集撰　(清)李祖陶評點　清道光二十五年(1845)刻本　四册

360000－1901－0039486　410235

虞道園先生文選八卷　(元)虞集撰　(清)李祖陶評點　清道光二十五年(1845)刻本　五册

360000－1901－0039487　901136

虞山七家試律鈔不分卷　(清)錢禄泰輯　清揖柳書堂刻本　一册

360000－1901－0039488　121957

虞亭詩集五卷補遺一卷　(清)揭垂佩撰　清嘉慶二十四年(1819)刻本　二册

360000－1901－0039489　121881

虞文靖公道園全集詩八卷遺稿詩八卷文四十四卷　(元)虞集撰　清光緒元年(1875)陵陽書局刻本　十六册

360000－1901－0039490　121882

虞文靖公道園全集詩八卷遺稿詩八卷文四十四卷　(元)虞集撰　清光緒元年(1875)陵陽書局刻本　十五册

360000－1901－0039491　600367－1

虞夏贖金釋文一卷　(清)劉師陸撰　清同治十二年(1873)鮑氏觀古閣刻本　一册

360000－1901－0039492　705432

愚溪詩鈔四卷　(清)胡本淵撰　清刻本　一冊　存二卷(一至二)

360000－1901－0039493　160953
愚一錄十二卷　(清)鄭獻甫撰　(清)周幹臣校　清光緒二年(1876)黔南刻本　六冊

360000－1901－0039494　413210
愚一錄十二卷　(清)鄭獻甫撰　(清)周幹臣校　清光緒九年(1883)仁和葛氏刻嘯園叢書本　六冊

360000－1901－0039495　413211
愚一錄十二卷　(清)鄭獻甫撰　(清)周幹臣校　清光緒九年(1883)仁和葛氏刻嘯園叢書本　六冊

360000－1901－0039496　413212
愚一錄十二卷　(清)鄭獻甫撰　(清)周幹臣校　清光緒九年(1883)仁和葛氏刻嘯園叢書本　六冊

360000－1901－0039497　413213
愚一錄十二卷　(清)鄭獻甫撰　(清)周幹臣校　清光緒九年(1883)仁和葛氏刻嘯園叢書本　四冊

360000－1901－0039498　302130
漁盦詩集三卷附聯語二卷　(清)周延俊撰　清宣統三年(1911)鉛印本　一冊

360000－1901－0039499　414246
漁古軒詩韻五卷　(清)余照撰　(清)朱德蕃增訂　清道光十七年(1837)刻本　四冊

360000－1901－0039500　414247
漁古軒詩韻五卷　(清)余照撰　(清)朱德蕃增訂　清道光十七年(1837)刻本　一冊　存三卷(三至五)

360000－1901－0039501　414247－1
漁古軒詩韻五卷　(清)余照撰　(清)朱德蕃增訂　清道光十七年(1837)刻本　一冊　存三卷(三至五)

360000－1901－0039502　414247－2
漁古軒詩韻五卷　(清)余照撰　(清)朱德蕃增訂　清道光十七年(1837)刻本　一冊　存一卷(三)

360000－1901－0039503　803200
漁古軒詩韻五卷　(清)余照撰　(清)朱德蕃增訂　清刻本　一冊　存三卷(三至五)

360000－1901－0039504　411295
漁磯漫鈔十卷　(清)汪琇瑩　(清)雷琳　(清)莫劍光輯　清刻本　二冊　存三卷(八至十)

360000－1901－0039505　305779
漁磯漫鈔十卷　(清)汪琇瑩　(清)雷琳　(清)莫劍光輯　清同治十年(1871)刻本　三冊　存八卷(一至八)

360000－1901－0039506　122032
漁瀾山人集十二卷　(清)彭龕撰　清嘉慶十五年(1810)刻本　四冊

360000－1901－0039507　122031
漁郎詩集三卷首一卷　(清)余光令撰　清光緒二十九年(1903)刻本　三冊

360000－1901－0039508　302132
漁浦草堂詩集四卷補遺一卷影香詞一卷雪煩詞一卷　(清)張道撰　清同治六年(1867)刻本　二冊

360000－1901－0039509　241511
漁洋杜詩話一卷　(清)王士禛撰　(清)翁方綱輯　清乾隆三十二年(1767)翁方綱石洲艸堂刻本　一冊

360000－1901－0039510　417854
漁洋山人古詩選三十二卷　(清)王士禛輯　清康熙刻本　三冊　存十五卷(七言詩歌行鈔一至十五)

360000－1901－0039511　417855
漁洋山人古詩選三十二卷　(清)王士禛輯　清康熙刻本　四冊　存十五卷(七言詩歌行鈔一至十五)

360000－1901－0039512　417856
漁洋山人古詩選三十二卷　(清)王士禛輯

清康熙刻本　三冊　存十一卷(七言詩歌行鈔一至十一)

360000－1901－0039513　417856－1
漁洋山人古詩選三十二卷　(清)王士禛輯
清刻本　一冊　存四卷(七言詩歌行鈔五至八)

360000－1901－0039514　417846
漁洋山人古詩選三十二卷　(清)王士禛輯
清末掃葉山房石印本　一冊　存六卷(五言詩十二至十七)

360000－1901－0039515　304853
漁洋山人古詩選三十二卷　(清)王士禛輯
清同治七年(1868)湘鄉曾氏刻本　八冊　存二十八卷(五言詩一至十七、七言詩歌行鈔一至十一)

360000－1901－0039516　308488
漁洋山人古詩選三十二卷　(清)王士禛輯
清同治五年(1866)金陵書局刻本　八冊

360000－1901－0039517　316262
漁洋山人古詩選三十二卷　(清)王士禛輯
清同治五年(1866)金陵書局刻本　十冊

360000－1901－0039518　316332
漁洋山人古詩選三十二卷　(清)王士禛輯
清同治五年(1866)金陵書局刻本　十冊

360000－1901－0039519　316771
漁洋山人古詩選三十二卷　(清)王士禛輯
清同治五年(1866)金陵書局刻本　十冊

360000－1901－0039520　417850
漁洋山人古詩選三十二卷　(清)王士禛輯
清同治五年(1866)金陵書局刻本　八冊

360000－1901－0039521　417851
漁洋山人古詩選三十二卷　(清)王士禛輯
清同治五年(1866)金陵書局刻本　八冊

360000－1901－0039522　417852
漁洋山人古詩選三十二卷　(清)王士禛輯
清同治五年(1866)金陵書局刻本　七冊　存二十七卷(五言詩一至十二,七言詩歌行鈔一至十、十三至十七)

360000－1901－0039523　417853
漁洋山人古詩選三十二卷　(清)王士禛輯
清同治五年(1866)金陵書局刻本　三冊　存十二卷(五言詩十至十三,七言詩歌行鈔一至四、十二至十五)

360000－1901－0039524　417857
漁洋山人古詩選三十二卷　(清)王士禛輯
清同治五年(1866)金陵書局刻本　四冊　存十七卷(五言詩一至十七)

360000－1901－0039525　421697
漁洋山人古詩選三十二卷　(清)王士禛輯
清同治五年(1866)金陵書局刻本　一冊　存五卷(七言詩歌行鈔十一至十五)

360000－1901－0039526　300637
漁洋山人古詩選三十二卷　(清)王士禛輯
五七言今體詩鈔十八卷　(清)姚鼐輯　清同治七年(1868)湘鄉曾氏刻本　十冊

360000－1901－0039527　317214
漁洋山人古詩選三十二卷　(清)王士禛輯
五七言今體詩鈔十八卷　(清)姚鼐輯　清同治七年(1868)湘鄉曾氏刻本　十二冊

360000－1901－0039528　316653
漁洋山人精華錄箋注十二卷補一卷附年譜一卷　(清)王士禛撰　(清)金榮箋注　清康熙鳳翽堂刻本　六冊

360000－1901－0039529　316902
漁洋山人精華錄箋注十二卷補一卷附年譜一卷　(清)王士禛撰　(清)金榮箋注　清康熙鳳翽堂刻本　四冊

360000－1901－0039530　418190
漁洋山人精華錄箋注十二卷補一卷附年譜一卷　(清)王士禛撰　(清)金榮箋注　清刻本　五冊

360000－1901－0039531　418191
漁洋山人精華錄箋注十二卷補一卷附年譜一卷　(清)王士禛撰　(清)金榮箋注　清刻本

五册

360000－1901－0039532　418192

漁洋山人精華錄箋注十二卷補一卷附年譜一卷　(清)王士禛撰　(清)金榮箋注　清刻本　七册　存十二卷(一至十一、年譜一卷)

360000－1901－0039533　418193

漁洋山人精華錄箋注十二卷補一卷附年譜一卷　(清)王士禛撰　(清)金榮箋注　清刻本　四册　存八卷(一至七、年譜一卷)

360000－1901－0039534　418194

漁洋山人精華錄箋注十二卷補一卷附年譜一卷　(清)王士禛撰　(清)金榮箋注　清刻本　二册　存六卷(二至七)

360000－1901－0039535　718094

漁洋山人精華錄箋注十二卷補一卷附年譜一卷　(清)王士禛撰　(清)金榮箋注　清刻本　八册　存十一卷(一至十、年譜一卷)

360000－1901－0039536　718095

漁洋山人精華錄箋注十二卷補一卷附年譜一卷　(清)王士禛撰　(清)金榮箋注　清刻本　九册　存十二卷(一至十一、年譜一卷)

360000－1901－0039537　722120

漁洋山人精華錄箋注十二卷補一卷附年譜一卷　(清)王士禛撰　(清)金榮箋注　清刻本　一册　存一卷(十一)

360000－1901－0039538　603720

漁洋山人精華錄箋注十二卷補一卷附年譜一卷　(清)王士禛撰　(清)金榮箋注　清乾隆刻本　一册　存二卷(一、年譜一卷)

360000－1901－0039539　418185

漁洋山人精華錄箋注十二卷補一卷年譜一卷　(清)王士禛撰　(清)金榮箋注　清康熙五十一年(1712)鳳翽堂刻乾隆二年(1737)印本　六册

360000－1901－0039540　418186

漁洋山人精華錄箋注十二卷補一卷年譜一卷　(清)王士禛撰　(清)金榮箋注　清康熙五十一年(1712)鳳翽堂刻乾隆二年(1737)印本　六册

360000－1901－0039541　240881

漁洋山人精華錄箋注十二卷補一卷年譜一卷　(清)王士禛撰　(清)金榮箋注　清康熙五十一年(1712)鳳翽堂刻乾隆二年(1737)印本　六册

360000－1901－0039542　240882

漁洋山人精華錄箋注十二卷補一卷年譜一卷　(清)王士禛撰　(清)金榮箋注　清康熙五十一年(1712)鳳翽堂刻乾隆二年(1737)印本　十四册

360000－1901－0039543　240883

漁洋山人精華錄箋注十二卷補一卷年譜一卷　(清)王士禛撰　(清)金榮箋注　清康熙五十一年(1712)鳳翽堂刻乾隆二年(1737)印本　十二册

360000－1901－0039544　713701

漁洋山人精華錄箋注十二卷補一卷附年譜一卷　(清)王士禛撰　(清)金榮箋注　清刻本　一册　存二卷(十二、補一卷)

360000－1901－0039545　240880

漁洋山人精華錄十卷　(清)王士禛撰　清康熙三十九年(1700)林佶刻王漁洋遺書本　六册

360000－1901－0039546　316901

漁洋山人精華錄十卷　(清)王士禛撰　清康熙三十九年(1700)林佶刻王漁洋遺書本　四册

360000－1901－0039547　405773

漁洋山人精華錄十卷　(清)王士禛撰　清康熙三十九年(1700)林佶刻王漁洋遺書本　二册　存五卷(六至十)

360000－1901－0039548　418184

漁洋山人精華錄選鈔不分卷　(清)王士禛撰　(清)查慎行　(清)何焯評　清道光十四年(1834)山右郭汝驄刻本　一册

360000－1901－0039549　418179
漁洋山人精華錄訓纂十卷目錄二卷　(清)王士禛撰　(清)惠棟注　清光緒十七年(1891)南皮張氏刻本　七册　存八卷(一、三至七，目錄二卷)

360000－1901－0039550　418179－1
漁洋山人精華錄訓纂十卷目錄二卷　(清)王士禛撰　(清)惠棟注　清光緒十七年(1891)南皮張氏刻本　二册　存三卷(四、目錄二卷)

360000－1901－0039551　315553
漁洋山人精華錄訓纂十卷目錄二卷　(清)王士禛撰　(清)惠棟注　**漁洋山人自撰年譜二卷**　(清)惠棟注補　清康熙刻本　二十四册

360000－1901－0039552　220450
漁洋山人精華錄訓纂十卷目錄二卷　(清)王士禛撰　(清)惠棟注　**漁洋山人自撰年譜二卷**　(清)惠棟注補　**金氏精華錄箋註辯訛一卷**　(清)惠棟撰　清乾隆惠氏紅豆齋刻本　一册　存三卷(漁洋山人自撰年譜二卷、金氏精華錄箋註辯訛一卷)

360000－1901－0039553　240884
漁洋山人精華錄訓纂十卷目錄二卷　(清)王士禛撰　(清)惠棟注　**漁洋山人自撰年譜二卷**　(清)惠棟注補　**金氏精華錄箋註辯訛一卷**　(清)惠棟撰　清乾隆惠氏紅豆齋刻本　十六册

360000－1901－0039554　240885
漁洋山人精華錄訓纂十卷目錄二卷　(清)王士禛撰　(清)惠棟注　**漁洋山人自撰年譜二卷**　(清)惠棟注補　**金氏精華錄箋註辯訛一卷**　(清)惠棟撰　清乾隆惠氏紅豆齋刻本　十一册　缺一卷(金氏精華錄箋註辯訛一卷)

360000－1901－0039555　240886
漁洋山人精華錄訓纂十卷目錄二卷　(清)王士禛撰　(清)惠棟注　**漁洋山人自撰年譜二卷**　(清)惠棟注補　**金氏精華錄箋註辯訛一卷**　(清)惠棟撰　清乾隆惠氏紅豆齋刻本　十二册　缺一卷(金氏精華錄箋註辯訛一卷)

360000－1901－0039556　316905
漁洋山人精華錄訓纂十卷目錄二卷　(清)王士禛撰　(清)惠棟注　**漁洋山人自撰年譜二卷**　(清)惠棟注補　**金氏精華錄箋註辯訛一卷**　(清)惠棟撰　清乾隆惠氏紅豆齋刻本　二十四册　缺一卷(金氏精華錄箋註辯訛一卷)

360000－1901－0039557　418181
漁洋山人精華錄訓纂十卷目錄二卷　(清)王士禛撰　(清)惠棟注　**漁洋山人自撰年譜二卷**　(清)惠棟注補　**金氏精華錄箋註辯訛一卷**　(清)惠棟撰　清乾隆惠氏紅豆齋刻本　十二册

360000－1901－0039558　316238
漁洋山人文略十四卷　(清)王士禛撰　清康熙刻本　五册

360000－1901－0039559　417843
漁洋詩話二卷　(清)王士禛撰　清道光十五年(1835)刻本(卷下配清同治九年滸灣立文堂刻本)　二册

360000－1901－0039560　417840
漁洋詩話二卷　(清)王士禛撰　清嘉慶三年(1798)刻本　一册

360000－1901－0039561　417841
漁洋詩話二卷　(清)王士禛撰　清同治九年(1870)許灣立文堂刻本　二册

360000－1901－0039562　417842
漁洋詩話三卷　(清)王士禛撰　清刻本　三册

360000－1901－0039563　417780
漁洋詩話三卷　(清)王士禛撰　清乾隆二十三年(1758)刻本　三册

360000－1901－0039564　316161
漁洋詩話三卷　(清)王士禛撰　清乾隆十三年(1748)養素堂刻本　一册

360000－1901－0039565　409782－1
漁洋詩續集十六卷　(清)王士禛撰　(清)程

哲編　清康熙五十一年(1712)歙縣程哲七署書堂刻本　一册　存六卷(一至六)

360000－1901－0039566　305656
漁隱叢話前集六十卷　(宋)胡仔輯　清道光二十六年(1846)刻海山仙館叢書本　四册　存四十七卷(一至四十七)

360000－1901－0039567　308291
漁隱叢話前集六十卷後集四十卷　(宋)胡仔輯　清刻本　九册　存九十一卷(漁隱叢話前集十至六十、後集四十卷)

360000－1901－0039568　313803
漁隱叢話前集六十卷後集四十卷　(宋)胡仔輯　清刻本　十三册　存九十六卷(漁隱叢話前集六十卷、後集一至三十六)

360000－1901－0039569　303819
餘冬錄六十一卷　(明)何春孟輯　清同治三年(1864)刻本　十六册

360000－1901－0039570　303820
餘杭南湖圖考一卷　(明)陳幼學撰　清書福樓刻本　一册

360000－1901－0039571　123073
餘綺山房制藝一卷　(清)汪正元撰　清光緒五年(1879)刻本　一册

360000－1901－0039572　123255
餘綺山房制藝一卷　(清)汪正元撰　清光緒五年(1879)刻本　一册

360000－1901－0039573　601750
餘綺山房制藝一卷　(清)汪正元撰　清光緒五年(1879)刻本　一册

360000－1901－0039574　601751
餘綺山房制藝一卷　(清)汪正元撰　清光緒五年(1879)刻本　一册

360000－1901－0039575　900425
餘綺山房制藝一卷　(清)汪正元撰　清光緒五年(1879)刻本　一册

360000－1901－0039576　900426
餘綺山房制藝一卷　(清)汪正元撰　清光緒五年(1879)刻本　一册

360000－1901－0039577　900427
餘綺山房制藝一卷　(清)汪正元撰　清光緒五年(1879)刻本　一册

360000－1901－0039578　305420
餘師錄四卷　(宋)王正德撰　清刻本　一册

360000－1901－0039579　313920
輿地碑記目四卷　(宋)王象之撰　清同治九年(1870)吴縣潘祖蔭滂喜齋刻本　二册

360000－1901－0039580　220548
輿地廣記三十八卷　(宋)歐陽忞撰　清抄本　佚名題識　六册

360000－1901－0039581　220547
輿地廣記三十八卷　(宋)歐陽忞撰　清乾隆武英殿木活字印武英殿聚珍版書本　十二册

360000－1901－0039582　400979
輿地廣記三十八卷　(宋)歐陽忞撰　**校勘輿地廣記札記二卷**　(清)黄丕烈撰　清光緒六年(1880)金陵書局刻本　三册　存二十九卷(一至十九、三十一至三十八,校勘輿地廣記札記二卷)

360000－1901－0039583　601754
輿地廣記三十八卷　(宋)歐陽忞撰　**校勘輿地廣記札記二卷**　(清)黄丕烈撰　清光緒六年(1880)金陵書局刻本　二册　存十九卷(一至十九)

360000－1901－0039584　304674
輿地紀勝二百卷首一卷　(宋)王象之編　清咸豐五年(1855)南海伍崇曜粤雅堂刻本　二十四册　存一百九十九卷(一至一百九十九)

360000－1901－0039585　307998
輿地紀勝二百卷首一卷　(宋)王象之編　清咸豐五年(1855)南海伍崇曜粤雅堂刻本　二十四册　存一百九十六卷(一至五十三、五十五至一百九十七)

360000－1901－0039586　307999
輿地紀勝二百卷首一卷　(宋)王象之編　清

咸豐五年(1855)南海伍崇曜粵雅堂刻本　二十八册　存一百九十八卷(一至三、五至一百九十九)

360000－1901－0039587　400978
輿地教科書五卷高等學堂輿地習問題一卷　(清)江南高等學堂輯　清末刻本　一册　存二卷(五、高等學堂輿地習問題一卷)

360000－1901－0039588　400976
輿地經緯度里表一卷　(清)丁取忠撰　清咸豐十一年(1861)刻本　一册

360000－1901－0039589　400976－1
輿地經緯度里表一卷　(清)丁取忠撰　清咸豐十一年(1861)刻本　一册

360000－1901－0039590　802251
輿地三字經便讀一卷　(清)□□輯　清刻本　一册

360000－1901－0039591　404769
輿誦編二卷　(清)□□輯　清道光五年(1825)刻本　一册

360000－1901－0039592　312696
輿圖記敘一卷　(明)桂萼撰　清乾隆三十八年(1773)刻本　一册

360000－1901－0039593　300407
輿圖要覽四卷　(清)顧祖禹撰　清嘉慶十六年(1811)龍萬育敷文閣刻本　三册

360000－1901－0039594　304929
雨村詩話十六卷　(清)李調元撰　清刻本　二册　存七卷(一至三、十至十三)

360000－1901－0039595　413458
雨村詩話十六卷　(清)李調元撰　清刻本　三册　存六卷(五至六、九至十、十三至十四)

360000－1901－0039596　405242
雨峯詩鈔不分卷　(清)齊翀撰　清乾隆刻本　一册

360000－1901－0039597　405242－1
雨峯詩鈔不分卷　(清)齊翀撰　清乾隆刻本　一册

360000－1901－0039598　407653
雨亭尺牘六卷　(清)林欽潤撰　清道光二十三年(1843)綠蘋寄舫刻本　三册　存三卷(一、五至六)

360000－1901－0039599　410101
雨屋深鐙詞一卷續集一卷　汪兆鏞撰　清宣統三年(1911)鉛印本　一册

360000－1901－0039600　410401
雨屋深鐙詞一卷續集一卷　汪兆鏞撰　清宣統三年(1911)鉛印本　一册

360000－1901－0039601　160803
禹貢班義述三卷　(清)成蓉鏡撰　清光緒十一年(1885)刻本　一册

360000－1901－0039602　160804
禹貢班義述三卷　(清)成蓉鏡撰　清光緒十一年(1885)刻本　一册

360000－1901－0039603　160805
禹貢班義述三卷附漢麋水入尚龍溪考一卷　(清)成蓉鏡撰　清光緒十四年(1888)刻本　一册

360000－1901－0039604　803553
禹貢不分卷　清抄本　一册

360000－1901－0039605　314237
禹貢地理圖攷不分卷　(清)蘇廷鑑撰　清刻本　一册

360000－1901－0039606　210093
禹貢會箋十二卷首一卷　(清)徐文靖撰　清乾隆十八年(1753)志寧堂刻徐位山六種本　四册

360000－1901－0039607　406014
禹貢彙覽四卷　(清)夏之芳撰　清乾隆十二年(1747)積翠軒刻本　二册　存二卷(二至三)

360000－1901－0039608　160807
禹貢集解二卷　(宋)傅寅撰　清同治八年(1869)退補齋刻本　二册

360000－1901－0039609　122996

禹貢輯注一卷　(清)余宗英輯　清刻本　一冊

360000－1901－0039610　123208

禹貢輯注一卷　(清)余宗英輯　清一經堂刻本　一冊

360000－1901－0039611　121232

禹貢講義會纂一卷　(清)黄成棠撰　清嘉慶十三年(1808)刻本　一冊

360000－1901－0039612　417581－9

禹貢解八卷　(清)晏斯盛撰　清乾隆新喻晏氏刻道光二十一年(1841)修補楚蒙山房集本　一冊　存二卷(五至六)

360000－1901－0039613　210094

禹貢考九卷　(清)邱兆軒撰　清抄本　三冊

360000－1901－0039614　160809

禹貢説二卷　(清)魏源撰　清同治六年(1867)碧玲瓏館刻本　一冊

360000－1901－0039615　210091

禹貢一卷檀弓一卷考工記一卷　明刻本　一冊

360000－1901－0039616　160802

禹貢因一卷　(清)沈練集注　清光緒十八年(1892)溧陽沈氏刻本　一冊

360000－1901－0039617　406018

禹貢註節讀一卷圖説一卷　(清)馬俊良撰　清乾隆端溪書院刻本　二冊

360000－1901－0039618　210092

禹貢錐指二十卷略例一卷圖一卷　(清)胡渭撰　清康熙四十四年(1705)漱六軒刻本　八冊

360000－1901－0039619　406010

禹貢錐指二十卷略例一卷圖一卷　(清)胡渭撰　清康熙四十四年(1705)漱六軒刻本　八冊　存二十卷(一至五、八至二十,略例一卷,圖一卷)

360000－1901－0039620　406011

禹貢錐指二十卷略例一卷圖一卷　(清)胡渭撰　清康熙四十四年(1705)漱六軒刻本　六冊　存十二卷(三至五、八至九、十三至十九)

360000－1901－0039621　406011－1

禹貢錐指二十卷略例一卷圖一卷　(清)胡渭撰　清康熙四十四年(1705)漱六軒刻本　十一冊

360000－1901－0039622　803457

禹貢纂注不分卷　(□)□□撰　清抄本　一冊

360000－1901－0039623　164058

庾度支集一卷　(南朝梁)庾肩吾撰　明刻本　一冊

360000－1901－0039624　402767

庾開府哀江南賦註一卷　(北周)庾信撰　(清)徐樹穀　(清)徐炯輯　清道光十三年(1833)吳江沈氏世楷堂刻昭代叢書本　一冊

360000－1901－0039625　418367

庾開府哀江南賦註一卷　(北周)庾信撰　(清)徐樹穀　(清)徐炯輯　清道光十三年(1833)吳江沈氏世楷堂刻昭代叢書本　一冊

360000－1901－0039626　712815

庾開府集二卷　(北周)庾信撰　清刻漢魏六朝百三名家集本　一冊　存一卷(一)

360000－1901－0039627　315836

庾子山集十六卷　(北周)庾信撰　(清)倪璠注　**總釋一卷年譜一卷**　(清)倪璠撰　清道光十九年(1839)刻本　十二冊

360000－1901－0039628　317814

庾子山集十六卷　(北周)庾信撰　(清)倪璠注　**總釋一卷年譜一卷**　(清)倪璠撰　清道光十九年(1839)刻本　八冊

360000－1901－0039629　315833

庾子山集十六卷　(北周)庾信撰　(清)倪璠注　**總釋一卷年譜一卷**　(清)倪璠撰　清道光十九年(1839)同文堂刻本　十二冊

360000－1901－0039630　300076

庾子山集十六卷　(北周)庾信撰　(清)倪璠

注　**總釋一卷年譜一卷**　（清）倪璠撰　清光緒二十年（1894）儒雅堂刻本　十二冊

360000－1901－0039631　308717
庾子山集十六卷　（北周）庾信撰　（清）倪璠注　**總釋一卷年譜一卷**　（清）倪璠撰　清康熙二十六年（1687）崇岫堂刻本　十一冊　存十七卷（一、三至十六，總釋一卷，年譜一卷）

360000－1901－0039632　415465
庾子山集十六卷　（北周）庾信撰　（清）倪璠注　**總釋一卷年譜一卷**　（清）倪璠撰　清康熙刻本　十一冊　缺二卷（一、年譜一卷）

360000－1901－0039633　415466
庾子山集十六卷　（北周）庾信撰　（清）倪璠注　**總釋一卷年譜一卷**　（清）倪璠撰　清康熙刻本　十一冊　缺一卷（一）

360000－1901－0039634　415467
庾子山集十六卷　（北周）庾信撰　（清）倪璠注　**總釋一卷年譜一卷**　（清）倪璠撰　清康熙刻本　三冊　存七卷（八至十四）

360000－1901－0039635　240036
庾子山集十六卷　（北周）庾信撰　（清）倪璠注　**總釋一卷年譜一卷**　（清）倪璠撰　清康熙刻金閶書業堂印本　六冊

360000－1901－0039636　308035
庾子山集十六卷　（北周）庾信撰　（清）倪璠注　**總釋一卷年譜一卷**　（清）倪璠撰　清刻本　十六冊

360000－1901－0039637　317264
庾子山集十六卷　（北周）庾信撰　（清）倪璠注　**總釋一卷年譜一卷**　（清）倪璠撰　清刻本　十二冊

360000－1901－0039638　300067
庾子山集十六卷　（北周）庾信撰　（清）倪璠注　**總釋一卷年譜一卷**　（清）倪璠撰　清同治八年（1869）刻本　十二冊

360000－1901－0039639　415455
庾子山全集十卷　（北周）庾信撰　（清）吳兆宜箋注　清天德堂刻本　四冊

360000－1901－0039640　415456
庾子山全集十卷　（北周）庾信撰　（清）吳兆宜箋注　清天德堂刻本　六冊

360000－1901－0039641　415457
庾子山全集十卷　（北周）庾信撰　（清）吳兆宜箋注　清天德堂刻本　十冊

360000－1901－0039642　415458
庾子山全集十卷　（北周）庾信撰　（清）吳兆宜箋注　清吳郡寶翰樓刻本　五冊

360000－1901－0039643　162698
與古爲新不分卷　（清）劉子雲撰　清光緒五年（1879）文藝齋刻本　一冊

360000－1901－0039644　405613
與古齋琴譜四卷　（清）祝鳳喈輯　清抄本　一冊　存一卷（一）

360000－1901－0039645　405506
與竹居棄稿五十首一卷　（清）湯荀業撰　清道光七年（1827）刻本　一冊

360000－1901－0039646　314192
語石十卷　葉昌熾撰　清宣統元年（1909）長洲葉昌熾刻本　四冊

360000－1901－0039647　316564
玉城紀圍詩鈔一卷　（清）張師亮撰　清咸豐十一年（1861）南香館刻本　一冊

360000－1901－0039648　404583
玉尺樓賦選五卷　（清）趙古農輯　清同治二年（1863）刻本　一冊　存二卷（一至二）

360000－1901－0039649　413464
玉尺堂輯宋大家東坡蘇文彙四卷　（明）張溥評定　（清）吳偉業點釋　清初刻本　一冊

360000－1901－0039650　801534
玉尺堂輯宋大家三蘇文瀾五卷首一卷　（明）張溥評定　清初刻本　一冊　存一卷（首一卷）

360000－1901－0039651　320068

玉耕堂詩鈔二卷 (清)何在田撰 清嘉慶五年(1800)臨川李宗濤刻本 二册

360000－1901－0039652 150150

玉海二百卷辭學指南四卷附刻詩攷一卷詩地理攷六卷漢藝文志攷證十卷通鑑地理通釋十四卷漢制攷四卷踐阼篇集解一卷周易鄭康成注一卷姓氏急就篇二卷急就篇補注四卷周書王會補注一卷小學紺珠十卷六經天文篇二卷通鑑答問五卷 (宋)王應麟撰 清嘉慶十一年(1806)合河康氏江寧藩署刻本 一百册

360000－1901－0039653 413092

玉海二百卷辭學指南四卷附刻詩攷一卷詩地理攷六卷漢藝文志攷證十卷通鑑地理通釋十四卷漢制攷四卷踐阼篇集解一卷周易鄭康成注一卷姓氏急就篇二卷急就篇補注四卷周書王會補注一卷小學紺珠十卷六經天文篇二卷通鑑答問五卷 (宋)王應麟撰 清嘉慶十一年(1806)合河康氏江寧藩署刻本 四十五册

存一百三十八卷(一至一百、一百五至一百六、一百十五至一百十九、一百二十六至一百五十六)

360000－1901－0039654 421783

玉海二百卷辭學指南四卷附刻詩攷一卷詩地理攷六卷漢藝文志攷證十卷通鑑地理通釋十四卷漢制攷四卷踐阼篇集解一卷周易鄭康成注一卷姓氏急就篇二卷急就篇補注四卷周書王會補注一卷小學紺珠十卷六經天文篇二卷通鑑答問五卷 (宋)王應麟撰 清嘉慶十一年(1806)合河康氏江寧藩署刻本 二册 存六卷(詩攷一卷、詩地理攷一至三、急就篇補注三至四)

360000－1901－0039655 713092

玉海二百卷辭學指南四卷附刻詩攷一卷詩地理攷六卷漢藝文志攷證十卷通鑑地理通釋十四卷漢制攷四卷踐阼篇集解一卷周易鄭康成注一卷姓氏急就篇二卷急就篇補注四卷周書王會補注一卷小學紺珠十卷六經天文篇二卷通鑑答問五卷 (宋)王應麟撰 清嘉慶十一年(1806)合河康氏江寧藩署刻本 五册 存十三卷(詩攷一卷、詩地理攷一、小學紺珠六至十、六經天文編二卷、通鑑答問二至五)

360000－1901－0039656 719977

玉海二百卷辭學指南四卷附刻詩攷一卷詩地理攷六卷漢藝文志攷證十卷通鑑地理通釋十四卷漢制攷四卷踐阼篇集解一卷周易鄭康成注一卷姓氏急就篇二卷急就篇補注四卷周書王會補注一卷小學紺珠十卷六經天文篇二卷通鑑答問五卷 (宋)王應麟撰 清嘉慶十一年(1806)合河康氏江寧藩署刻本 十七册 存四十七卷(玉海一百五十七至一百六十二、一百六十七至一百七十三、一百七十八至一百八十一,辭學指南三至四,詩地理攷四至六,漢藝文志攷證一至三、七至十,漢制攷四卷,周易鄭康成注一卷,姓氏急就篇二卷,急就篇補注四卷,周書王會補注一卷,小學紺珠三至五,六經天文篇二卷,通鑑答問一)

360000－1901－0039657 900916

玉海二百卷辭學指南四卷附刻詩攷一卷詩地理攷六卷漢藝文志攷證十卷通鑑地理通釋十四卷漢制攷四卷踐阼篇集解一卷周易鄭康成注一卷姓氏急就篇二卷急就篇補注四卷周書王會補注一卷小學紺珠十卷六經天文篇二卷通鑑答問五卷 (宋)王應麟撰 清刻本 十册 存三十五卷(詩地理攷六卷、通鑑地理通釋五至十四、漢制攷四卷、周易鄭康成注一卷、姓氏急就篇二卷、小學紺珠十卷、通鑑答問一至二)

360000－1901－0039658 150151

玉海二百卷辭學指南四卷附刻詩攷一卷詩地理攷六卷漢藝文志攷證十卷通鑑地理通釋十四卷漢制攷四卷踐阼篇集解一卷周易鄭康成注一卷姓氏急就篇二卷急就篇補注四卷周書王會補注一卷小學紺珠十卷六經天文篇二卷通鑑答問五卷 (宋)王應麟撰 **校補玉海瑣記二卷王深甯先生年譜一卷** (清)張大昌撰 清光緒九年至十六年(1883－1890)浙江書局刻本 一百二十五册

360000－1901－0039659 413100

玉海二百卷辭學指南四卷附刻詩攷一卷詩地理攷六卷漢藝文志攷證十卷通鑑地理通釋十

四卷漢制攷四卷踐阼篇集解一卷周易鄭康成注一卷姓氏急就篇二卷急就篇補注四卷周書王會補注一卷小學紺珠十卷六經天文篇二卷通鑑答問五卷　(宋)王應麟撰　校補玉海瑣記二卷王深甯先生年譜一卷　(清)張大昌撰

清光緒九年至十六年(1883－1890)浙江書局刻本　十一册　存二十一卷(玉海十四至十九、三十五、四十一至四十二、五十八至六十一、六十四至六十五、七十六至七十七、一百五十七至一百五十八,通鑑答問四至五)

360000－1901－0039660　721777

玉海二百卷辭學指南四卷附刻詩攷一卷詩地理攷六卷漢藝文志攷證十卷通鑑地理通釋十四卷漢制攷四卷踐阼篇集解一卷周易鄭康成注一卷姓氏急就篇二卷急就篇補注四卷周書王會補注一卷小學紺珠十卷六經天文篇二卷通鑑答問五卷　(宋)王應麟撰　校補玉海瑣記二卷王深甯先生年譜一卷　(清)張大昌撰

清光緒九年至十六年(1883－1890)浙江書局刻本　三册　存六卷(十七至十八、四十七至五十)

360000－1901－0039661　722450

玉海二百卷辭學指南四卷附刻詩攷一卷詩地理攷六卷漢藝文志攷證十卷通鑑地理通釋十四卷漢制攷四卷踐阼篇集解一卷周易鄭康成注一卷姓氏急就篇二卷急就篇補注四卷周書王會補注一卷小學紺珠十卷六經天文篇二卷通鑑答問五卷　(宋)王應麟撰　校補玉海瑣記二卷王深甯先生年譜一卷　(清)張大昌撰

清光緒九年至十六年(1883－1890)浙江書局刻本　十册　存二十一卷(九至十二、十九至二十二、二十五至二十六、二十九至三十五、五十三至五十六)

360000－1901－0039662　421778

玉海二百卷辭學指南四卷附刻詩攷一卷詩地理攷六卷漢藝文志攷證十卷通鑑地理通釋十四卷漢制攷四卷踐阼篇集解一卷周易鄭康成注一卷姓氏急就篇二卷急就篇補注四卷周書王會補注一卷小學紺珠十卷六經天文篇二卷通鑑答問五卷　(宋)王應麟撰　校補玉海瑣記二卷王深甯先生年譜一卷　(清)張大昌撰

清光緒十年(1884)成都志古堂刻本　一册　存二卷(玉海四至五)

360000－1901－0039663　713094

玉海二百卷辭學指南四卷附刻詩攷一卷詩地理攷六卷漢藝文志攷證十卷通鑑地理通釋十四卷漢制攷四卷踐阼篇集解一卷周易鄭康成注一卷姓氏急就篇二卷急就篇補注四卷周書王會補注一卷小學紺珠十卷六經天文篇二卷通鑑答問五卷　(宋)王應麟撰　校補玉海瑣記二卷王深甯先生年譜一卷　(清)張大昌撰

清光緒十年(1884)成都志古堂刻本　十二册　存二十四卷(一至三、六至八、十三至十六、二十三至二十四、三十六至四十六、五十二)

360000－1901－0039664　413100－1

玉海二百卷辭學指南四卷附刻詩攷一卷詩地理攷六卷漢藝文志攷證十卷通鑑地理通釋十四卷漢制攷四卷踐阼篇集解一卷周易鄭康成注一卷姓氏急就篇二卷急就篇補注四卷周書王會補注一卷小學紺珠十卷六經天文篇二卷通鑑答問五卷　(宋)王應麟撰　校補玉海瑣記二卷王深甯先生年譜一卷　(清)張大昌撰

清刻本　四十册　存八十五卷(五十七至九十六、一百一至一百二十一、一百二十七至一百二十八、一百三十一至一百三十三、一百三十八至一百四十二、一百四十五至一百五十八)

360000－1901－0039665　721772

玉海二百卷辭學指南四卷附刻詩攷一卷詩地理攷六卷漢藝文志攷證十卷通鑑地理通釋十四卷漢制攷四卷踐阼篇集解一卷周易鄭康成注一卷姓氏急就篇二卷急就篇補注四卷周書王會補注一卷小學紺珠十卷六經天文篇二卷通鑑答問五卷　(宋)王應麟撰　校補玉海瑣記二卷王深甯先生年譜一卷　(清)張大昌撰

清刻本　六册　存二十二卷(玉海一百七十四至一百七十七、一百八十二至一百九十二、一百九十六至二百,辭學指南一至二)

360000－1901－0039666　722448

玉海二百卷辭學指南四卷附刻詩攷一卷詩地理攷六卷漢藝文志攷證十卷通鑑地理通釋十四卷漢制攷四卷踐阼篇集解一卷周易鄭康成注一卷姓氏急就篇二卷急就篇補注四卷周書王會補注一卷小學紺珠十卷六經天文篇二卷通鑑答問五卷　（宋）王應麟撰　**校補玉海瑣記二卷王深甯先生年譜一卷**　（清）張大昌撰　清刻本　一册　存四卷（玉海六至九）

360000－1901－0039667　722510

玉海二百卷辭學指南四卷附刻詩攷一卷詩地理攷六卷漢藝文志攷證十卷通鑑地理通釋十四卷漢制攷四卷踐阼篇集解一卷周易鄭康成注一卷姓氏急就篇二卷急就篇補注四卷周書王會補注一卷小學紺珠十卷六經天文篇二卷通鑑答問五卷　（宋）王應麟撰　**校補玉海瑣記二卷王深甯先生年譜一卷**　（清）張大昌撰　清刻本　一册　存三卷（詩地理攷五至六、漢藝文志攷證一）

360000－1901－0039668　801042

玉海二百卷辭學指南四卷附刻詩攷一卷詩地理攷六卷漢藝文志攷證十卷通鑑地理通釋十四卷漢制攷四卷踐阼篇集解一卷周易鄭康成注一卷姓氏急就篇二卷急就篇補注四卷周書王會補注一卷小學紺珠十卷六經天文篇二卷通鑑答問五卷　（宋）王應麟撰　**校補玉海瑣記二卷王深甯先生年譜一卷**　（清）張大昌撰　清刻本　三十二册　存七十四卷（二十四至四十、四十三至九十九）

360000－1901－0039669　900917

玉海二百卷辭學指南四卷附刻詩攷一卷詩地理攷六卷漢藝文志攷證十卷通鑑地理通釋十四卷漢制攷四卷踐阼篇集解一卷周易鄭康成注一卷姓氏急就篇二卷急就篇補注四卷周書王會補注一卷小學紺珠十卷六經天文篇二卷通鑑答問五卷　（宋）王應麟撰　**校補玉海瑣記二卷王深甯先生年譜一卷**　（清）張大昌撰　清刻本　五十九册　存一百二十三卷（玉海一至四、七至二十三、一百至一百十六、一百二十至二百，辭學指南四卷）

360000－1901－0039670　900918

玉海二百卷辭學指南四卷附刻詩攷一卷詩地理攷六卷漢藝文志攷證十卷通鑑地理通釋十四卷漢制攷四卷踐阼篇集解一卷周易鄭康成注一卷姓氏急就篇二卷急就篇補注四卷周書王會補注一卷小學紺珠十卷六經天文篇二卷通鑑答問五卷　（宋）王應麟撰　**校補玉海瑣記二卷王深甯先生年譜一卷**　（清）張大昌撰　清刻本　六册　存二十三卷（通鑑地理通釋十四卷、漢制攷四卷、通鑑答問五卷）

360000－1901－0039671　900919

玉海二百卷辭學指南四卷附刻詩攷一卷詩地理攷六卷漢藝文志攷證十卷通鑑地理通釋十四卷漢制攷四卷踐阼篇集解一卷周易鄭康成注一卷姓氏急就篇二卷急就篇補注四卷周書王會補注一卷小學紺珠十卷六經天文篇二卷通鑑答問五卷　（宋）王應麟撰　**校補玉海瑣記二卷王深甯先生年譜一卷**　（清）張大昌撰　清刻本　一百八册　存二百三十七卷（玉海一至九十九、一百二至二百，辭學指南四卷，詩攷一卷，詩地理攷一、五至六，通鑑地理通釋十四卷，漢制攷一，周易鄭康成注一卷，姓氏急就篇二卷，急就篇補注四卷，小學紺珠三至十，通鑑答問一）

360000－1901－0039672　902261－1

禮記集說十卷　（元）陳澔撰　清刻本　一册　存一卷（七）

360000－1901－0039673　413092－2

玉海二百卷辭學指南四卷詩考一卷詩地理考六卷漢藝文志考證十卷通鑑地理通釋十四卷漢制考四卷踐阼篇集解一卷周易鄭康成注一卷姓氏急救篇二卷急就篇補注四卷周書王會補注一卷小學紺珠十卷六經天文篇二卷通鑑答問五卷　（宋）王應麟撰　元至元六年（1340）慶元路儒學刻元明遞修清康熙二十六年（1687）李振裕重修本　九册　存二十六卷（五十六至五十八、六十三至七十九、一百七十二至一百七十三、一百九十六至一百九十九）

360000－1901－0039674　719978

玉海二百卷辭學指南四卷詩考一卷詩地理考

六卷漢藝文志考證十卷通鑑地理通釋十四卷漢制考四卷踐阼篇集解一卷周易鄭康成注一卷姓氏急救篇二卷急就篇補注四卷周書王會補注一卷小學紺珠十卷六經天文篇二卷通鑑答問五卷　（宋）王應麟撰　元至元六年(1340)慶元路儒學刻元明遞修清康熙二十六年(1687)李振裕重修本　二册　存五卷(一百六十二至一百六十六)

360000－1901－0039675　250021
玉海二百卷辭學指南四卷詩考一卷詩地理考六卷漢藝文志考證十卷通鑑地理通釋十四卷漢制考四卷踐阼篇集解一卷周易鄭康成注一卷姓氏急救篇二卷急就篇補注四卷周書王會補注一卷小學紺珠十卷六經天文篇二卷通鑑答問五卷　（宋）王應麟撰　元至元六年(1340)慶元路儒學刻元明清遞修本　三十四册　存七十一卷(十一至十二、十五至十九、二十三至二十五、三十五至三十六、四十一至四十二、四十七至五十五、六十二至六十三、七十四至七十七、九十一至九十四、一百七至一百九、一百二十至一百二十一、一百二十三至一百二十四、一百三十五、一百三十八至一百四十四、一百四十八至一百四十九、一百五十四至一百五十七、一百六十九至一百七十、一百七十六至一百八十一、一百八十五至一百八十六、一百九十六至一百九十八,辭學指南四卷)

360000－1901－0039676　413099
玉海摘要二十一卷　（清）方維翰輯　清道光十五年(1835)刻本　四册　存六卷(三、六、十一至十二、十八至十九)

360000－1901－0039677　802770
玉函經銅函經真經不分卷　（□）□□輯　清抄本　一册

360000－1901－0039678　150146
玉函山房輯佚書　（清）馬國翰輯　清光緒九年(1883)長沙嫏嬛館刻本　九十九册　存六百十二種

360000－1901－0039679　150147
玉函山房輯佚書　（清）馬國翰輯　清光緒九年(1883)長沙嫏嬛館刻本　一百七册　存五百九十種

360000－1901－0039680　407911
玉函山房輯佚書　（清）馬國翰輯　清光緒九年(1883)長沙嫏嬛館刻本　二册　存九種

360000－1901－0039681　413149
玉函山房輯佚書　（清）馬國翰輯　清光緒九年(1883)長沙嫏嬛館刻本　二十六册　存九十種

360000－1901－0039682　413149－1
玉函山房輯佚書　（清）馬國翰輯　清光緒九年(1883)長沙嫏嬛館刻本　四册　存十九種

360000－1901－0039683　603164
玉函山房輯佚書　（清）馬國翰輯　清光緒九年(1883)長沙嫏嬛館刻本　十九册　存一百三十二種

360000－1901－0039684　800141
玉函山房輯佚書　（清）馬國翰輯　清光緒九年(1883)長沙嫏嬛館刻本　二十九册　存一百九十三種

360000－1901－0039685　802301
玉函山房輯佚書　（清）馬國翰輯　清光緒九年(1883)長沙嫏嬛館刻本　一册　存五種

360000－1901－0039686　900912
玉函山房輯佚書　（清）馬國翰輯　清光緒九年(1883)長沙嫏嬛館刻本　七十册　存四百十三種

360000－1901－0039687　900914
玉函山房輯佚書　（清）馬國翰輯　清光緒九年(1883)長沙嫏嬛館刻本　三十二册　存一百九種

360000－1901－0039688　150148
玉函山房輯佚書　（清）馬國翰輯　清光緒十年(1884)楚南湘遠堂刻本　八十册

360000－1901－0039689　413147
玉函山房輯佚書　（清）馬國翰輯　清光緒十

年(1884)楚南湘遠堂刻本　一册　存六種

360000－1901－0039690　900911
玉函山房輯佚書　(清)馬國翰輯　清光緒十年(1884)楚南湘遠堂刻本　八十九册　存二百六十六種

360000－1901－0039691　413148
玉函山房輯佚書　(清)馬國翰輯　清光緒十年(1884)章邱李氏重印馬氏刻本　四册　存六十八種

360000－1901－0039692　800140
玉函山房輯佚書　(清)馬國翰輯　清光緒十年(1884)章邱李氏重印馬氏刻本　一册　存十七種

360000－1901－0039693　900913
玉函山房輯佚書　(清)馬國翰輯　清刻本　二十八册　存一百十一種

360000－1901－0039694　900915
玉函山房輯佚書　(清)馬國翰輯　清刻本　三册　存二十七種

360000－1901－0039695　417153
玉函真義古鏡歌三卷　(清)蔣平階撰　(清)尹有本發義　清刻四祕全書本　一册

360000－1901－0039696　417153－1
玉函真義古鏡歌三卷　(清)蔣平階撰　(清)尹有本發義　清刻四祕全書本　一册

360000－1901－0039697　417153－2
玉函真義古鏡歌三卷　(清)蔣平階撰　(清)尹有本發義　清刻四祕全書本　一册

360000－1901－0039698　417153－3
玉函真義古鏡歌三卷　(清)蔣平階撰　(清)尹有本發義　清刻四祕全書本　一册

360000－1901－0039699　417153－4
玉函真義古鏡歌三卷　(清)蔣平階撰　(清)尹有本發義　清刻四祕全書本　一册

360000－1901－0039700　417153－5
玉函真義古鏡歌三卷　(清)蔣平階撰　(清)尹有本發義　清刻四祕全書本　一册

360000－1901－0039701　803335
玉函真義天元歌一卷　(清)蔣平階撰　(清)尹有本發義　清抄本　一册

360000－1901－0039702　414877
玉函真義天元歌一卷　(清)蔣平階撰　(清)尹有本發義　清刻本　一册

360000－1901－0039703　417152
玉函真義天元歌一卷　(清)蔣平階撰　(清)尹有本發義　清刻四祕全書本　一册

360000－1901－0039704　417152－1
玉函真義天元歌一卷　(清)蔣平階撰　(清)尹有本發義　清刻四祕全書本　一册

360000－1901－0039705　417152－2
玉函真義天元歌一卷　(清)蔣平階撰　(清)尹有本發義　清刻四祕全書本　一册

360000－1901－0039706　417306
玉函真義天元歌一卷　(清)蔣平階撰　(清)尹有本發義　清刻四祕全書本　一册

360000－1901－0039707　220758
玉華洞志六卷附紀遊詩一卷　(清)廖鶴齡撰　清雍正二年(1724)刻本　五册

360000－1901－0039708　230294
玉機微義五十卷　(明)徐用誠撰　(明)劉純續　明刻本　一册　存五卷(一至五)

360000－1901－0039709　150152
玉雞苗館叢書　(清)鄒淩瀚輯　清光緒十五年(1889)高安鄒氏玉雞苗館刻本　八册

360000－1901－0039710　307274
玉雞苗館叢書　(清)鄒淩瀚輯　清光緒十五年(1889)高安鄒氏玉雞苗館刻本　二册　存二種

360000－1901－0039711　300597
玉津閣文略九卷　(清)胡薇元撰　清光緒十四年(1888)刻本　二册

360000－1901－0039712　120317
玉井草廬詩鈔二卷　(清)黄元丙撰　清道光二十七年(1847)刻本　一册

360000－1901－0039713　300656
玉井山館筆記一卷舊遊日記一卷　(清)許宗衡撰　清同治十三年(1874)吳縣潘氏滂喜齋刻滂喜齋叢書本　一冊

360000－1901－0039714　800903
玉井山館集二十五卷　(清)許宗衡撰　清同治刻本　三冊　存十八卷(文略四至五、詩十五卷、詩餘一卷)

360000－1901－0039715　307930
玉井山館文略五卷　(清)許宗衡撰　清同治四年(1865)蓋平姚正鏞刻本　一冊

360000－1901－0039716　300612
玉井山館文略五卷文續二卷　(清)許宗衡撰　清同治四年(1865)刻本　三冊

360000－1901－0039717　300611
玉井山館文續二卷　(清)許宗衡撰　清同治九年(1870)刻本　一冊

360000－1901－0039718　407086
玉歷鈔傳不分卷附經驗良方一卷　(□)□□輯　清同治十三年(1874)刻本　一冊

360000－1901－0039719　407084
玉歷鈔傳警世不分卷　(□)□□輯　清同治五年(1866)紅杏山房抄本　一冊

360000－1901－0039720　407083
玉歷鈔傳警世不分卷　(清)楊法程輯　清咸豐元年(1851)刻本　一冊

360000－1901－0039721　804853
玉歷鈔傳警世不分卷附經驗百方一卷　(清)季亮録　清刻本　一冊

360000－1901－0039722　804017
玉歷鈔傳警世不分卷附經驗百方一卷　(清)季亮録　清同治二年(1863)刻本　一冊

360000－1901－0039723　407086－1
玉歷鈔傳警世不分卷附經驗百方一卷眼科神應方一卷　(□)□□輯　清同治十年(1871)刻本　一冊

360000－1901－0039724　241591
玉茗堂還魂記二卷五十五齣　(明)湯顯祖撰　清乾隆五十年(1785)冰絲館刻本　八冊

360000－1901－0039725　241592
玉茗堂還魂記二卷五十五齣　(明)湯顯祖撰　清乾隆五十年(1785)冰絲館刻本　三冊　存一卷(下)二十四齣(三十二至五十五)

360000－1901－0039726　240699
玉茗堂全集四十六卷　(明)湯顯祖撰　明天啓刻清康熙三十三年(1694)阮峴等修補本　十八冊

360000－1901－0039727　240700
玉茗堂全集四十六卷　(明)湯顯祖撰　明天啓刻清康熙三十三年(1694)阮峴等修補本　二十四冊

360000－1901－0039728　240701
玉茗堂全集四十六卷　(明)湯顯祖撰　明天啓刻清康熙三十三年(1694)阮峴等修補本　十六冊

360000－1901－0039729　413292
玉茗堂全集四十六卷　(明)湯顯祖撰　清竹林堂刻本　十九冊

360000－1901－0039730　413293
玉茗堂全集四十六卷　(明)湯顯祖撰　清竹林堂刻本　十二冊　存三十二卷(文集一至十六、詩集三至十八)

360000－1901－0039731　413294
玉茗堂全集四十六卷　(明)湯顯祖撰　清竹林堂刻本　五冊　存三十二卷(文集一至十六、詩集三至十八)

360000－1901－0039732　120315
玉茗堂四種傳奇　(明)湯顯祖撰　清帶耕書屋刻本　八冊　存三種

360000－1901－0039733　713291
玉茗堂四種傳奇　(明)湯顯祖撰　清刻本　四冊　存三種

360000－1901－0039734　241603
玉茗堂四種傳奇　(明)湯顯祖撰　清乾隆二

十六年(1761)刻本　四冊　存二種

360000－1901－0039735　230499
玉茗堂摘評王弇洲先生豔異編十二卷　題(明)王世貞撰　(明)湯顯祖評　明刻朱墨套印本　一冊　存二卷(五至六)

360000－1901－0039736　230540
玉輦真經安門密法一卷　題(唐)楊筠松撰　清抄本　一冊

360000－1901－0039737　160241
玉篇殘四卷又二卷　(南朝梁)顧野王撰　清光緒十年(1884)遵義黎氏日本東京使署影刻古逸叢書本　一冊

360000－1901－0039738　160242
玉篇殘四卷又二卷　(南朝梁)顧野王撰　清光緒十年(1884)遵義黎氏日本東京使署影刻古逸叢書本　一冊

360000－1901－0039739　411344
玉圃堂選古文廣義正集十六卷　(清)曹基　(清)張大純選評　清刻本　三冊　存十卷(四至九、十三至十六)

360000－1901－0039740　304286
玉山草堂集二卷集外詩一卷　(元)顧阿瑛撰　清刻本　一冊

360000－1901－0039741　414933
玉山草堂續集六卷　(清)錢林撰　清道光二十九年(1849)南海伍氏刻粵雅堂叢書本　一冊

360000－1901－0039742　304285
玉山詞三卷　(清)陸次雲撰　清刻本　二冊

360000－1901－0039743　711741
玉山樓綱鑑易知錄九十二卷明鑑易知錄十五卷　(清)吳乘權等輯　清刻本　三冊　存九卷(六十六至六十八、八十四至八十六、九十至九十二)

360000－1901－0039744　410130
玉師堂傳奇十種　(清)陳烺撰　清光緒石印本　十四冊

360000－1901－0039745　410131
玉師堂傳奇十種　(清)陳烺撰　清光緒石印本　十四冊

360000－1901－0039746　241133
玉蔬軒存草一卷　(清)龔鉽撰　稿本　一冊

360000－1901－0039747　300605
玉笥山房要集四卷文坿一卷　(清)顧廷綸撰　清光緒十二年(1886)刻本　一冊

360000－1901－0039748　900432
玉笥山房制義不分卷　(清)顧廷綸撰　清光緒二十年(1894)刻本　三冊

360000－1901－0039749　800483
玉臺畫史五卷別錄一卷　(清)湯漱玉輯　清刻本　一冊　存三卷(三至五)

360000－1901－0039750　300602
玉臺新詠十卷　(南朝陳)徐陵編　(清)吳兆宜注　(清)程琰刪補　清光緒五年(1879)宏達堂刻本　四冊

360000－1901－0039751　304818
玉臺新詠十卷　(南朝陳)徐陵編　(清)吳兆宜注　(清)程琰刪補　清光緒五年(1879)宏達堂刻本　五冊　存九卷(一至八、十)

360000－1901－0039752　417954
玉臺新詠十卷　(南朝陳)徐陵編　(清)吳兆宜注　(清)程琰刪補　清乾隆三十九年(1774)刻本　八冊

360000－1901－0039753　241356
玉臺新詠十卷　(清)朱存孝輯　清康熙五十六年(1717)刻本　一冊

360000－1901－0039754　241315
玉堂才調集不分卷　(清)于朋舉輯　清康熙十四年(1675)刻本　十冊

360000－1901－0039755　308496
玉堂才調集三十一卷　(清)于朋舉輯　清光緒二年(1876)紅杏山房刻本　八冊

360000－1901－0039756　413399
玉堂集賦不分卷　(清)張賓　(清)程邦勳輯

清奪錦堂刻本　九冊

360000－1901－0039757　120325
玉堂課草十二卷　(清)黄爵滋撰　清道光十二年(1832)仙屏書屋刻本　四冊

360000－1901－0039758　120326
玉堂課草十二卷　(清)黄爵滋撰　清道光十二年(1832)仙屏書屋刻本　四冊

360000－1901－0039759　410786
玉堂鳴盛集四卷　(清)潘世恩輯　清刻本　一冊　存二卷(三至四)

360000－1901－0039760　803477
玉堂字彙十二集　(明)梅膺祚撰　清刻本　二冊　存二集(巳、申)

360000－1901－0039761　803479
玉堂字彙十二集　(明)梅膺祚撰　清刻本　一冊　存六集(子、丑、寅、卯、辰、巳)

360000－1901－0039762　803478
玉堂字彙四集　(明)梅膺祚撰　清刻本　二冊　存二集(元、亨)

360000－1901－0039763　803476
玉堂字彙四集　(明)梅膺祚撰　清英德堂刻本　一冊　存一集(元)

360000－1901－0039764　304284
玉磑集四卷　(清)安致遠撰　清刻本　一冊

360000－1901－0039765　316781
玉谿生詩箋註三卷樊南文集箋註八卷首一卷　(唐)李商隱撰　(清)馮浩箋注　**附玉谿生年譜一卷**　(清)馮浩撰　清德聚堂刻本　四冊　存七卷(樊南文集箋註三至八、玉谿生年譜一卷)

360000－1901－0039766　315843
玉谿生詩箋註三卷樊南文集箋註八卷首一卷　(唐)李商隱撰　(清)馮浩箋注　**附玉谿生年譜一卷**　(清)馮浩撰　清德聚堂刻本　四冊　缺六卷(樊南文集箋註三至八)

360000－1901－0039767　415545
玉谿生詩箋註三卷首一卷　(唐)李商隱撰　(清)馮浩箋注　**附玉谿生年譜一卷**　(清)馮浩撰　清刻本　十一冊

360000－1901－0039768　805248
玉谿生詩箋註三卷首一卷　(唐)李商隱撰　(清)馮浩箋注　**附玉谿生年譜一卷**　(清)馮浩撰　清刻本　二冊　存二卷(一、三)

360000－1901－0039769　240147
玉谿生詩箋註三卷首一卷　(唐)李商隱撰　(清)馮浩箋注　**附玉谿生年譜一卷**　(清)馮浩撰　清乾隆四十五年(1780)德聚堂刻本　四冊

360000－1901－0039770　240148
玉谿生詩箋註三卷首一卷　(唐)李商隱撰　(清)馮浩箋注　**附玉谿生年譜一卷**　(清)馮浩撰　清乾隆四十五年(1780)德聚堂刻本　四冊

360000－1901－0039771　300606
玉谿生詩詳註三卷樊南文集詳註八卷首一卷　(唐)李商隱撰　(清)馮浩箋注　清乾隆四十五年(1780)刻同治七年(1868)上海馮寶圻補刻本　八冊

360000－1901－0039772　304287
玉谿生詩詳註三卷首一卷　(唐)李商隱撰　(清)馮浩箋注　清刻本　四冊

360000－1901－0039773　415538
玉谿生詩意八卷　(唐)李商隱撰　(清)朱鶴齡箋注　(清)屈復意　清乾隆四年(1739)刻本　三冊

360000－1901－0039774　240145
玉谿生詩意八卷　(唐)李商隱撰　(清)朱鶴齡箋注　(清)屈復意　**附録諸家詩評一卷**　清乾隆藝古堂刻本　四冊

360000－1901－0039775　240146
玉谿生詩意八卷　(唐)李商隱撰　(清)朱鶴齡箋注　(清)屈復意　**附録諸家詩評一卷**　清乾隆藝古堂刻本　三冊

360000－1901－0039776　411294

玉餘尺牘附編八卷　(清)蔣士敏撰　清光緒六年(1880)大亭山館刻本　一册　存三卷(一至三)

360000－1901－0039777　900208
玉餘尺牘附編八卷　(清)蔣士敏撰　清光緒六年(1880)大亭山館刻本　四册

360000－1901－0039778　900209
玉餘尺牘附編八卷　(清)蔣士敏撰　清光緒六年(1880)大亭山館刻本　一册　存五卷(四至八)

360000－1901－0039779　120318
玉鎮山房近體剩稿不分卷　(清)吴一嵩撰　清道光八年(1828)刻本　一册

360000－1901－0039780　230445
玉芝堂談薈三十六卷　(明)徐應秋輯　明崇禎徐氏蒨園刻清康熙四十二年(1703)補刻本　三册　存二卷(十七、二十)

360000－1901－0039781　230446
玉芝堂談薈三十六卷　(明)徐應秋輯　明崇禎徐氏蒨園刻清康熙四十二年(1703)補刻乾隆重修本　三十五册

360000－1901－0039782　230447
玉芝堂談薈三十六卷　(明)徐應秋輯　明崇禎徐氏蒨園刻清康熙四十二年(1703)補刻乾隆重修本　十九册　存二十二卷(七至九、十一、十七至二十二、二十四至三十二、三十四至三十六)

360000－1901－0039783　704625
玉芝堂談薈三十六卷　(明)徐應秋輯　明崇禎徐氏蒨園刻清康熙四十二年(1703)補刻乾隆重修本　十二册　存二十卷(一至十八、三十五至三十六)

360000－1901－0039784　713081
玉芝堂談薈三十六卷　(明)徐應秋輯　明崇禎徐氏蒨園刻清康熙四十二年(1703)補刻乾隆重修本　十二册　存十八卷(一、十九至三十五)

360000－1901－0039785　413082
玉芝堂談薈三十六卷　(明)徐應秋輯　清光緒刻本　八册　存八卷(一至六、三十五至三十六)

360000－1901－0039786　801391
郁芙識所見不分卷　(清)□□選　清抄本　一册

360000－1901－0039787　418986
郁郁齋古文析義詳解十六卷　(清)林雲銘評注　(清)吳乘權附注　清道光二十九年(1849)郁郁齋刻本　十六册

360000－1901－0039788　418987
郁郁齋古文析義詳解十六卷　(清)林雲銘評注　(清)吳乘權附注　清道光二十九年(1849)郁郁齋刻本　四册　存五卷(一、三至四、六、十六)

360000－1901－0039789　403881
育正堂重訂幼學須知句解四卷　(明)程登吉撰　清刻本　四册

360000－1901－0039790　804152
育正堂重訂幼學須知句解四卷　(明)程登吉撰　清刻本　一册　存二卷(一至二)

360000－1901－0039791　408224
喻氏醫書　(清)喻昌撰　清乾隆刻本　六册

360000－1901－0039792　121745
喻氏醫書三種　(清)喻昌撰　清刻本　八册　存二種

360000－1901－0039793　408223
喻氏醫書三種　(清)喻昌撰　清刻本　十册

360000－1901－0039794　408225
喻氏醫書三種　(清)喻昌撰　清刻本　十一册

360000－1901－0039795　408226
喻氏醫書三種　(清)喻昌撰　清刻本　十一册

360000－1901－0039796　408227
喻氏醫書三種　(清)喻昌撰　清刻本　九册

360000－1901－0039797　408201
喻氏醫書三種　(清)喻昌撰　清兩儀堂刻本　十册

360000－1901－0039798　408202
喻氏醫書三種　(清)喻昌撰　清兩儀堂刻本　十册

360000－1901－0039799　408216
喻氏醫書三種　(清)喻昌撰　清兩儀堂刻本　十册

360000－1901－0039800　408229
喻氏醫書三種　(清)喻昌撰　清末石印本　二册　存二種

360000－1901－0039801　408221
喻氏醫書三種　(清)喻昌撰　清乾隆刻本　十一册

360000－1901－0039802　408222
喻氏醫書三種　(清)喻昌撰　清乾隆刻本　八册

360000－1901－0039803　408200
喻氏醫書三種　(清)喻昌撰　清同文堂刻本　十二册

360000－1901－0039804　408203
喻氏醫書三種　(清)喻昌撰　清同文堂刻本　十一册

360000－1901－0039805　408204
喻氏醫書三種　(清)喻昌撰　清同文堂刻本　十二册

360000－1901－0039806　408205
喻氏醫書三種　(清)喻昌撰　清同文堂刻本　十册

360000－1901－0039807　408206
喻氏醫書三種　(清)喻昌撰　清同文堂刻本　十二册

360000－1901－0039808　408207
喻氏醫書三種　(清)喻昌撰　清同文堂刻本　八册

360000－1901－0039809　408208
喻氏醫書三種　(清)喻昌撰　清同文堂刻本　九册

360000－1901－0039810　408209
喻氏醫書三種　(清)喻昌撰　清同文堂刻本　十一册

360000－1901－0039811　408211
喻氏醫書三種　(清)喻昌撰　清同文堂刻本　十册

360000－1901－0039812　408212
喻氏醫書三種　(清)喻昌撰　清同文堂刻本　十册

360000－1901－0039813　408213
喻氏醫書三種　(清)喻昌撰　清同文堂刻本　十一册

360000－1901－0039814　408214
喻氏醫書三種　(清)喻昌撰　清同文堂刻本　十册

360000－1901－0039815　408217
喻氏醫書三種　(清)喻昌撰　清同文堂刻本　八册　存二種

360000－1901－0039816　408218
喻氏醫書三種　(清)喻昌撰　清同文堂刻本　八册　存二種

360000－1901－0039817　408230
喻氏醫書三種　(清)喻昌撰　清宣統元年(1909)上海掃葉山房石印本　六册

360000－1901－0039818　408199
喻氏醫書三種　(清)喻昌撰　清竹秀山堂刻本　十四册

360000－1901－0039819　408210
喻氏醫書三種　(清)喻昌撰　清竹秀山堂刻本　十一册

360000－1901－0039820　402434
御案春秋左傳經解備旨十二卷　(清)鄒聖脈纂輯　(清)鄒廷猷編　清光緒八年(1882)刻本　四册

360000－1901－0039821　402417－1
御案春秋左傳經解備旨十二卷　（清）鄒聖脈纂輯　（清）鄒廷猷編　清光緒刻本　五册

360000－1901－0039822　402420－1
御案春秋左傳經解備旨十二卷　（清）鄒聖脈纂輯　（清）鄒廷猷編　清光緒刻本　三册　存九卷（一至七、十至十一）

360000－1901－0039823　402423－1
御案春秋左傳經解備旨十二卷　（清）鄒聖脈纂輯　（清）鄒廷猷編　清光緒刻本　四册　存七卷（一至二、六至十）

360000－1901－0039824　402423－2
御案春秋左傳經解備旨十二卷　（清）鄒聖脈纂輯　（清）鄒廷猷編　清光緒刻本　一册　存四卷（四至七）

360000－1901－0039825　402424－1
御案春秋左傳經解備旨十二卷　（清）鄒聖脈纂輯　（清）鄒廷猷編　清光緒刻本　五册

360000－1901－0039826　402425－1
御案春秋左傳經解備旨十二卷　（清）鄒聖脈纂輯　（清）鄒廷猷編　清光緒刻本　一册　存五卷（一至五）

360000－1901－0039827　402426－1
御案春秋左傳經解備旨十二卷　（清）鄒聖脈纂輯　（清）鄒廷猷編　清光緒刻本　四册

360000－1901－0039828　402427－2
御案春秋左傳經解備旨十二卷　（清）鄒聖脈纂輯　（清）鄒廷猷編　清光緒刻本　四册

360000－1901－0039829　402444
御案春秋左傳經解備旨十二卷　（清）鄒聖脈纂輯　（清）鄒廷猷編　清光緒五年（1879）海陵書屋刻本　三册　存九卷（一至九）

360000－1901－0039830　402428
御案春秋左傳經解備旨十二卷　（清）鄒聖脈纂輯　（清）鄒廷猷編　清刻本　二册

360000－1901－0039831　402429
御案春秋左傳經解備旨十二卷　（清）鄒聖脈纂輯　（清）鄒廷猷編　清刻本　二册

360000－1901－0039832　402430
御案春秋左傳經解備旨十二卷　（清）鄒聖脈纂輯　（清）鄒廷猷編　清刻本　二册　存九卷（一至九）

360000－1901－0039833　402431
御案春秋左傳經解備旨十二卷　（清）鄒聖脈纂輯　（清）鄒廷猷編　清刻本　三册

360000－1901－0039834　402433
御案春秋左傳經解備旨十二卷　（清）鄒聖脈纂輯　（清）鄒廷猷編　清刻本　四册

360000－1901－0039835　402436
御案春秋左傳經解備旨十二卷　（清）鄒聖脈纂輯　（清）鄒廷猷編　清刻本　四册

360000－1901－0039836　402437
御案春秋左傳經解備旨十二卷　（清）鄒聖脈纂輯　（清）鄒廷猷編　清刻本　四册

360000－1901－0039837　402438
御案春秋左傳經解備旨十二卷　（清）鄒聖脈纂輯　（清）鄒廷猷編　清刻本　四册

360000－1901－0039838　402439
御案春秋左傳經解備旨十二卷　（清）鄒聖脈纂輯　（清）鄒廷猷編　清刻本　四册

360000－1901－0039839　402441
御案春秋左傳經解備旨十二卷　（清）鄒聖脈纂輯　（清）鄒廷猷編　清刻本　四册

360000－1901－0039840　402442
御案春秋左傳經解備旨十二卷　（清）鄒聖脈纂輯　（清）鄒廷猷編　清刻本　四册

360000－1901－0039841　402443
御案春秋左傳經解備旨十二卷　（清）鄒聖脈纂輯　（清）鄒廷猷編　清刻本　四册

360000－1901－0039842　402445
御案春秋左傳經解備旨十二卷　（清）鄒聖脈纂輯　（清）鄒廷猷編　清刻本　四册

360000－1901－0039843　402446

御案春秋左傳經解備旨十二卷　(清)鄒聖脈纂輯　(清)鄒廷猷編　清刻本　四冊

360000－1901－0039844　402447
御案春秋左傳經解備旨十二卷　(清)鄒聖脈纂輯　(清)鄒廷猷編　清刻本　三冊　存八卷(五至十二)

360000－1901－0039845　402449－2
御案春秋左傳經解備旨十二卷　(清)鄒聖脈纂輯　(清)鄒廷猷編　清刻本　二冊　存五卷(八至十二)

360000－1901－0039846　402451
御案春秋左傳經解備旨十二卷　(清)鄒聖脈纂輯　(清)鄒廷猷編　清刻本　四冊

360000－1901－0039847　402452
御案春秋左傳經解備旨十二卷　(清)鄒聖脈纂輯　(清)鄒廷猷編　清刻本　四冊

360000－1901－0039848　402453
御案春秋左傳經解備旨十二卷　(清)鄒聖脈纂輯　(清)鄒廷猷編　清刻本　三冊　存六卷(七至十二)

360000－1901－0039849　402454
御案春秋左傳經解備旨十二卷　(清)鄒聖脈纂輯　(清)鄒廷猷編　清刻本　五冊

360000－1901－0039850　402455
御案春秋左傳經解備旨十二卷　(清)鄒聖脈纂輯　(清)鄒廷猷編　清刻本　三冊　存十卷(一至五、七至八、十至十二)

360000－1901－0039851　402455－1
御案春秋左傳經解備旨十二卷　(清)鄒聖脈纂輯　(清)鄒廷猷編　清刻本　二冊　存四卷(五至六、八至九)

360000－1901－0039852　402456
御案春秋左傳經解備旨十二卷　(清)鄒聖脈纂輯　(清)鄒廷猷編　清刻本　六冊

360000－1901－0039853　402457
御案春秋左傳經解備旨十二卷　(清)鄒聖脈纂輯　(清)鄒廷猷編　清刻本　六冊

360000－1901－0039854　402458－1
御案春秋左傳經解備旨十二卷　(清)鄒聖脈纂輯　(清)鄒廷猷編　清刻本　四冊　存九卷(一至五、九至十二)

360000－1901－0039855　402459－1
御案春秋左傳經解備旨十二卷　(清)鄒聖脈纂輯　(清)鄒廷猷編　清刻本　六冊

360000－1901－0039856　402460－1
御案春秋左傳經解備旨十二卷　(清)鄒聖脈纂輯　(清)鄒廷猷編　清刻本　二冊　存五卷(四至八)

360000－1901－0039857　800433
御案春秋左傳經解備旨十二卷　(清)鄒聖脈纂輯　(清)鄒廷猷編　清刻本　二冊　存八卷(一至六、八至九)

360000－1901－0039858　800433－1
御案春秋左傳經解備旨十二卷　(清)鄒聖脈纂輯　(清)鄒廷猷編　清刻本　三冊　存五卷(一至三、八至九)

360000－1901－0039859　800433－2
御案春秋左傳經解備旨十二卷　(清)鄒聖脈纂輯　(清)鄒廷猷編　清刻本　一冊　存二卷(八至九)

360000－1901－0039860　800433－3
御案春秋左傳經解備旨十二卷　(清)鄒聖脈纂輯　(清)鄒廷猷編　清刻本　一冊　存一卷(九)

360000－1901－0039861　800434
御案春秋左傳經解備旨十二卷　(清)鄒聖脈纂輯　(清)鄒廷猷編　清刻本　二冊　存三卷(十至十二)

360000－1901－0039862　402440
御案春秋左傳經解備旨十二卷　(清)鄒聖脈纂輯　(清)鄒廷猷編　清刻本(卷一至三配清光緒五年刻本)　四冊

360000－1901－0039863　402450
御案春秋左傳經解備旨十二卷　(清)鄒聖脈

纂輯　（清）鄒廷猷編　清刻本（卷一至三配清光緒八年刻本）　四册

360000－1901－0039864　160110
御案監本五經　清石門馬氏大西山房刻本　二十四册

360000－1901－0039865　419747
御案詩經備旨八卷　（清）鄒聖脈纂輯　（清）鄒廷猷編　清光緒八年（1882）文奎堂刻本　三册

360000－1901－0039866　419748
御案詩經備旨八卷　（清）鄒聖脈纂輯　（清）鄒廷猷編　清光緒八年（1882）文奎堂刻本　五册

360000－1901－0039867　804706
御案詩經備旨八卷　（清）鄒聖脈纂輯　（清）鄒廷猷編　清光緒十二年（1886）上海點石齋石印本　一册　存四卷（一至四）

360000－1901－0039868　402464－1
御案詩經備旨八卷　（清）鄒聖脈纂輯　（清）鄒廷猷編　清光緒十三年（1887）石印五經備旨本　二册

360000－1901－0039869　802477
御案詩經備旨八卷　（清）鄒聖脈纂輯　（清）鄒廷猷編　清光緒文奎書屋刻本　二册　存五卷（一至三、七至八）

360000－1901－0039870　802479
御案詩經備旨八卷　（清）鄒聖脈纂輯　（清）鄒廷猷編　清光緒五年（1879）海陵書屋刻本　一册　存三卷（一至三）

360000－1901－0039871　802471
御案詩經備旨八卷　（清）鄒聖脈纂輯　（清）鄒廷猷編　清濟陽貽經別墅刻本　三册　存六卷（一至三、六至八）

360000－1901－0039872　802473
御案詩經備旨八卷　（清）鄒聖脈纂輯　（清）鄒廷猷編　清濟陽貽經別墅刻本　二册　存三卷（一至三）

360000－1901－0039873　419712
御案詩經備旨八卷　（清）鄒聖脈纂輯　（清）鄒廷猷編　清刻本　四册

360000－1901－0039874　419713
御案詩經備旨八卷　（清）鄒聖脈纂輯　（清）鄒廷猷編　清刻本　四册

360000－1901－0039875　419714
御案詩經備旨八卷　（清）鄒聖脈纂輯　（清）鄒廷猷編　清刻本　三册

360000－1901－0039876　419735
御案詩經備旨八卷　（清）鄒聖脈纂輯　（清）鄒廷猷編　清刻本　二册

360000－1901－0039877　419736
御案詩經備旨八卷　（清）鄒聖脈纂輯　（清）鄒廷猷編　清刻本　三册

360000－1901－0039878　419737
御案詩經備旨八卷　（清）鄒聖脈纂輯　（清）鄒廷猷編　清刻本　三册

360000－1901－0039879　419738
御案詩經備旨八卷　（清）鄒聖脈纂輯　（清）鄒廷猷編　清刻本　三册

360000－1901－0039880　419739
御案詩經備旨八卷　（清）鄒聖脈纂輯　（清）鄒廷猷編　清刻本　三册

360000－1901－0039881　419740
御案詩經備旨八卷　（清）鄒聖脈纂輯　（清）鄒廷猷編　清刻本　三册

360000－1901－0039882　419741
御案詩經備旨八卷　（清）鄒聖脈纂輯　（清）鄒廷猷編　清刻本　三册

360000－1901－0039883　419742
御案詩經備旨八卷　（清）鄒聖脈纂輯　（清）鄒廷猷編　清刻本　三册

360000－1901－0039884　419743
御案詩經備旨八卷　（清）鄒聖脈纂輯　（清）鄒廷猷編　清刻本　三册

360000－1901－0039885　419744
御案詩經備旨八卷　（清）鄒聖脈纂輯　（清）鄒廷猷編　清刻本　三册

360000－1901－0039886　419745
御案詩經備旨八卷　（清）鄒聖脈纂輯　（清）鄒廷猷編　清刻本　三册

360000－1901－0039887　419746
御案詩經備旨八卷　（清）鄒聖脈纂輯　（清）鄒廷猷編　清刻本　三册

360000－1901－0039888　419749
御案詩經備旨八卷　（清）鄒聖脈纂輯　（清）鄒廷猷編　清刻本　四册

360000－1901－0039889　419750
御案詩經備旨八卷　（清）鄒聖脈纂輯　（清）鄒廷猷編　清刻本　四册

360000－1901－0039890　419751
御案詩經備旨八卷　（清）鄒聖脈纂輯　（清）鄒廷猷編　清刻本　四册

360000－1901－0039891　419752
御案詩經備旨八卷　（清）鄒聖脈纂輯　（清）鄒廷猷編　清刻本　三册

360000－1901－0039892　419753
御案詩經備旨八卷　（清）鄒聖脈纂輯　（清）鄒廷猷編　清刻本　三册

360000－1901－0039893　419754
御案詩經備旨八卷　（清）鄒聖脈纂輯　（清）鄒廷猷編　清刻本　三册

360000－1901－0039894　419755
御案詩經備旨八卷　（清）鄒聖脈纂輯　（清）鄒廷猷編　清刻本　三册

360000－1901－0039895　419756
御案詩經備旨八卷　（清）鄒聖脈纂輯　（清）鄒廷猷編　清刻本　三册

360000－1901－0039896　419757
御案詩經備旨八卷　（清）鄒聖脈纂輯　（清）鄒廷猷編　清刻本　三册

360000－1901－0039897　603644
御案詩經備旨八卷　（清）鄒聖脈纂輯　（清）鄒廷猷編　清刻本　一册　存三卷（六至八）

360000－1901－0039898　719707
御案詩經備旨八卷　（清）鄒聖脈纂輯　（清）鄒廷猷編　清刻本　四册

360000－1901－0039899　719708
御案詩經備旨八卷　（清）鄒聖脈纂輯　（清）鄒廷猷編　清刻本　四册

360000－1901－0039900　801124
御案詩經備旨八卷　（清）鄒聖脈纂輯　（清）鄒廷猷編　清刻本　一册　存二卷（五至六）

360000－1901－0039901　801292
御案詩經備旨八卷　（清）鄒聖脈纂輯　（清）鄒廷猷編　清刻本　一册　存二卷（一至二）

360000－1901－0039902　801293
御案詩經備旨八卷　（清）鄒聖脈纂輯　（清）鄒廷猷編　清刻本　二册　存四卷（二至三、七至八）

360000－1901－0039903　801294
御案詩經備旨八卷　（清）鄒聖脈纂輯　（清）鄒廷猷編　清刻本　一册　存二卷（四至五）

360000－1901－0039904　801295
御案詩經備旨八卷　（清）鄒聖脈纂輯　（清）鄒廷猷編　清刻本　一册　存二卷（三至四）

360000－1901－0039905　801296
御案詩經備旨八卷　（清）鄒聖脈纂輯　（清）鄒廷猷編　清刻本　一册　存二卷（三至四）

360000－1901－0039906　802472
御案詩經備旨八卷　（清）鄒聖脈纂輯　（清）鄒廷猷編　清刻本　三册　存六卷（一至四、七至八）

360000－1901－0039907　802474
御案詩經備旨八卷　（清）鄒聖脈纂輯　（清）鄒廷猷編　清刻本　二册　存四卷（三、六至八）

360000－1901－0039908　802475

御案詩經備旨八卷　（清）鄒聖脈纂輯　（清）鄒廷猷編　清刻本　二冊　存五卷（四至八）

360000－1901－0039909　802476
御案詩經備旨八卷　（清）鄒聖脈纂輯　（清）鄒廷猷編　清刻本　二冊　存四卷（一至二、七至八）

360000－1901－0039910　802478
御案詩經備旨八卷　（清）鄒聖脈纂輯　（清）鄒廷猷編　清刻本　一冊　存二卷（一至二）

360000－1901－0039911　802480
御案詩經備旨八卷　（清）鄒聖脈纂輯　（清）鄒廷猷編　清刻本　一冊　存三卷（一至三）

360000－1901－0039912　802481
御案詩經備旨八卷　（清）鄒聖脈纂輯　（清）鄒廷猷編　清刻本　一冊　存三卷（一至三）

360000－1901－0039913　802482
御案詩經備旨八卷　（清）鄒聖脈纂輯　（清）鄒廷猷編　清刻本　一冊　存三卷（一至三）

360000－1901－0039914　802483
御案詩經備旨八卷　（清）鄒聖脈纂輯　（清）鄒廷猷編　清刻本　一冊　存二卷（四至五）

360000－1901－0039915　802484
御案詩經備旨八卷　（清）鄒聖脈纂輯　（清）鄒廷猷編　清刻本　一冊　存二卷（四至五）

360000－1901－0039916　802485
御案詩經備旨八卷　（清）鄒聖脈纂輯　（清）鄒廷猷編　清刻本　一冊　存二卷（一至二）

360000－1901－0039917　802486
御案詩經備旨八卷　（清）鄒聖脈纂輯　（清）鄒廷猷編　清刻本　一冊　存二卷（一至二）

360000－1901－0039918　802487
御案詩經備旨八卷　（清）鄒聖脈纂輯　（清）鄒廷猷編　清刻本　一冊　存四卷（一至四）

360000－1901－0039919　802488
御案詩經備旨八卷　（清）鄒聖脈纂輯　（清）鄒廷猷編　清刻本　一冊　存三卷（六至八）

360000－1901－0039920　802489
御案詩經備旨八卷　（清）鄒聖脈纂輯　（清）鄒廷猷編　清刻本　一冊　存二卷（四至五）

360000－1901－0039921　802490
御案詩經備旨八卷　（清）鄒聖脈纂輯　（清）鄒廷猷編　清刻本　一冊　存二卷（二至三）

360000－1901－0039922　802491
御案詩經備旨八卷　（清）鄒聖脈纂輯　（清）鄒廷猷編　清刻本　一冊　存二卷（三至四）

360000－1901－0039923　802492
御案詩經備旨八卷　（清）鄒聖脈纂輯　（清）鄒廷猷編　清刻本　二冊　存四卷（五至八）

360000－1901－0039924　802494
御案詩經備旨八卷　（清）鄒聖脈纂輯　（清）鄒廷猷編　清刻本　二冊　存五卷（四至八）

360000－1901－0039925　802496
御案詩經備旨八卷　（清）鄒聖脈纂輯　（清）鄒廷猷編　清刻本　二冊　存五卷（四至八）

360000－1901－0039926　802498
御案詩經備旨八卷　（清）鄒聖脈纂輯　（清）鄒廷猷編　清刻本　二冊　存五卷（四至八）

360000－1901－0039927　802499
御案詩經備旨八卷　（清）鄒聖脈纂輯　（清）鄒廷猷編　清刻本　二冊　存五卷（四至八）

360000－1901－0039928　802584
御案詩經備旨八卷　（清）鄒聖脈纂輯　（清）鄒廷猷編　清刻本　一冊　存二卷（三至四）

360000－1901－0039929　802585
御案詩經備旨八卷　（清）鄒聖脈纂輯　（清）鄒廷猷編　清刻本　二冊　存五卷（一至五）

360000－1901－0039930　900373－10
御案詩經備旨八卷　（清）鄒聖脈纂輯　（清）鄒廷猷編　清刻本　二冊　存四卷（三至四、七至八）

360000－1901－0039931　900373－11
御案詩經備旨八卷　（清）鄒聖脈纂輯　（清）鄒廷猷編　清刻本　二冊　存五卷（一至三、

七至八）

360000－1901－0039932　900373－12
御案詩經備旨八卷　（清）鄒聖脈纂輯　（清）鄒廷猷編　清刻本　一册　存二卷（七至八）

360000－1901－0039933　900373－13
御案詩經備旨八卷　（清）鄒聖脈纂輯　（清）鄒廷猷編　清刻本　一册　存二卷（七至八）

360000－1901－0039934　901640
御案詩經備旨八卷　（清）鄒聖脈纂輯　（清）鄒廷猷編　清刻本　四册

360000－1901－0039935　901641
御案詩經備旨八卷　（清）鄒聖脈纂輯　（清）鄒廷猷編　清刻本　四册

360000－1901－0039936　901642
御案詩經備旨八卷　（清）鄒聖脈纂輯　（清）鄒廷猷編　清刻本　三册

360000－1901－0039937　901643
御案詩經備旨八卷　（清）鄒聖脈纂輯　（清）鄒廷猷編　清刻本　三册　存七卷（一至二、四至八）

360000－1901－0039938　901644
御案詩經備旨八卷　（清）鄒聖脈纂輯　（清）鄒廷猷編　清刻本　二册　存五卷（一至二、六至八）

360000－1901－0039939　901645
御案詩經備旨八卷　（清）鄒聖脈纂輯　（清）鄒廷猷編　清刻本　二册　存五卷（一至五）

360000－1901－0039940　901646
御案詩經備旨八卷　（清）鄒聖脈纂輯　（清）鄒廷猷編　清刻本　三册　存六卷（二至三、五至八）

360000－1901－0039941　901647
御案詩經備旨八卷　（清）鄒聖脈纂輯　（清）鄒廷猷編　清刻本　二册　存四卷（五至八）

360000－1901－0039942　901648
御案詩經備旨八卷　（清）鄒聖脈纂輯　（清）鄒廷猷編　清刻本　三册　存六卷（一至二、五至八）

360000－1901－0039943　901650
御案詩經備旨八卷　（清）鄒聖脈纂輯　（清）鄒廷猷編　清刻本　三册　存七卷（二至八）

360000－1901－0039944　901651
御案詩經備旨八卷　（清）鄒聖脈纂輯　（清）鄒廷猷編　清刻本　二册　存五卷（一至二、六至八）

360000－1901－0039945　901652
御案詩經備旨八卷　（清）鄒聖脈纂輯　（清）鄒廷猷編　清刻本　一册　存二卷（五至六）

360000－1901－0039946　901653
御案詩經備旨八卷　（清）鄒聖脈纂輯　（清）鄒廷猷編　清刻本　一册　存二卷（六至七）

360000－1901－0039947　419711
御案詩經備旨八卷　（清）鄒聖脈纂輯　（清）鄒廷猷編　清兩儀堂刻本　四册

360000－1901－0039948　419733
御案詩經備旨八卷　（清）鄒聖脈纂輯　（清）鄒廷猷編　清兩儀堂刻本　四册

360000－1901－0039949　419734
御案詩經備旨八卷　（清）鄒聖脈纂輯　（清）鄒廷猷編　清兩儀堂刻本　四册

360000－1901－0039950　419721
御案詩經備旨八卷　（清）鄒聖脈纂輯　（清）鄒廷猷編　清末石印本　二册

360000－1901－0039951　419722
御案詩經備旨八卷　（清）鄒聖脈纂輯　（清）鄒廷猷編　清末石印本　二册

360000－1901－0039952　419723
御案詩經備旨八卷　（清）鄒聖脈纂輯　（清）鄒廷猷編　清末石印本　二册

360000－1901－0039953　419724
御案詩經備旨八卷　（清）鄒聖脈纂輯　（清）鄒廷猷編　清末石印本　一册

360000－1901－0039954　901649

御案詩經備旨八卷　(清)鄒聖脈纂輯　(清)鄒廷猷編　清三多齋刻本　一册　存一卷(五)

360000－1901－0039955　419709
御案詩經備旨八卷　(清)鄒聖脈纂輯　(清)鄒廷猷編　清務本堂刻本　四册

360000－1901－0039956　419710
御案詩經備旨八卷　(清)鄒聖脈纂輯　(清)鄒廷猷編　清英德堂刻本　四册

360000－1901－0039957　419725
御案詩經備旨八卷　(清)鄒聖脈纂輯　(清)鄒廷猷編　清芸生堂刻本　四册

360000－1901－0039958　419726
御案詩經備旨八卷　(清)鄒聖脈纂輯　(清)鄒廷猷編　清芸生堂刻本　四册

360000－1901－0039959　419727
御案詩經備旨八卷　(清)鄒聖脈纂輯　(清)鄒廷猷編　清芸生堂刻本　四册

360000－1901－0039960　419728
御案詩經備旨八卷　(清)鄒聖脈纂輯　(清)鄒廷猷編　清芸生堂刻本　四册

360000－1901－0039961　419729
御案詩經備旨八卷　(清)鄒聖脈纂輯　(清)鄒廷猷編　清芸生堂刻本　三册

360000－1901－0039962　419730
御案詩經備旨八卷　(清)鄒聖脈纂輯　(清)鄒廷猷編　清芸生堂刻本　三册

360000－1901－0039963　419731
御案詩經備旨八卷　(清)鄒聖脈纂輯　(清)鄒廷猷編　清芸生堂刻本　四册

360000－1901－0039964　419732
御案詩經備旨八卷　(清)鄒聖脈纂輯　(清)鄒廷猷編　清芸生堂刻本　四册

360000－1901－0039965　603557
御定康熙字典十二集三十六卷總目一卷檢字一卷辨似一卷等韻一卷補遺一卷備考一卷　(清)張玉書等纂修　清道光七年(1827)刻本　三十二册　存三十四卷(子集上中下、丑集上中下、寅集上中下、卯集上中下、辰集上中下、巳集上中下、午集上中下、未集上中下、申集上中下、酉集上中下,總目一卷,檢字一卷,辨似一卷,等韻一卷)

360000－1901－0039966　800195
御定康熙字典十二集三十六卷總目一卷檢字一卷辨似一卷等韻一卷補遺一卷備考一卷　(清)張玉書等纂修　清道光七年(1827)刻本　六册　存七卷(丑集上、辰集中下、巳集上中下、酉集下)

360000－1901－0039967　800223
御定康熙字典十二集三十六卷總目一卷檢字一卷辨似一卷等韻一卷補遺一卷備考一卷　(清)張玉書等纂修　清道光七年(1827)刻本　三十二册

360000－1901－0039968　800225
御定康熙字典十二集三十六卷總目一卷檢字一卷辨似一卷等韻一卷補遺一卷備考一卷　(清)張玉書等纂修　清道光七年(1827)刻本　四十册

360000－1901－0039969　801552
御定康熙字典十二集三十六卷總目一卷檢字一卷辨似一卷等韻一卷補遺一卷備考一卷　(清)張玉書等纂修　清道光七年(1827)刻本　二册　存二卷(巳集上、補遺一卷)

360000－1901－0039970　803151－4
御定康熙字典十二集三十六卷總目一卷檢字一卷辨似一卷等韻一卷補遺一卷備考一卷　(清)張玉書等纂修　清道光七年(1827)刻本　一册　存三卷(未集上中下)

360000－1901－0039971　803151－5
御定康熙字典十二集三十六卷總目一卷檢字一卷辨似一卷等韻一卷補遺一卷備考一卷　(清)張玉書等纂修　清道光七年(1827)刻本　二册　存二卷(未集中下)

360000－1901－0039972　803151－6
御定康熙字典十二集三十六卷總目一卷檢字

一卷辨似一卷等韻一卷補遺一卷備考一卷
(清)張玉書等纂修　清道光七年(1827)刻本
二册　存二卷(未集中下)

360000－1901－0039973　803151－7
御定康熙字典十二集三十六卷總目一卷檢字一卷辨似一卷等韻一卷補遺一卷備考一卷
(清)張玉書等纂修　清道光七年(1827)刻本
二册　存二卷(未集中下)

360000－1901－0039974　803152
御定康熙字典十二集三十六卷總目一卷檢字一卷辨似一卷等韻一卷補遺一卷備考一卷
(清)張玉書等纂修　清道光七年(1827)刻本
十九册　存二十一卷(子集下、丑集中下、寅集上中下、卯集下、午集上下、未集上中下、申集上、酉集中、戌集下、亥集中下,總目一卷,檢字一卷,辨似一卷,補遺一卷)

360000－1901－0039975　804250
御定康熙字典十二集三十六卷總目一卷檢字一卷辨似一卷等韻一卷補遺一卷備考一卷
(清)張玉書等纂修　清道光七年(1827)刻本
三册　存六卷(總目一卷、檢字一卷、辨似一卷、等韻一卷、補遺一卷、備考一卷)

360000－1901－0039976　804806－1
御定康熙字典十二集三十六卷總目一卷檢字一卷辨似一卷等韻一卷補遺一卷備考一卷
(清)張玉書等纂修　清道光七年(1827)刻本
一册　存一卷(寅集中)

360000－1901－0039977　900805
御定康熙字典十二集三十六卷總目一卷檢字一卷辨似一卷等韻一卷補遺一卷備考一卷
(清)張玉書等纂修　清道光七年(1827)刻本
一册　存一卷(午集中)

360000－1901－0039978　900806
御定康熙字典十二集三十六卷總目一卷檢字一卷辨似一卷等韻一卷補遺一卷備考一卷
(清)張玉書等纂修　清道光七年(1827)刻本
一册　存一卷(卯集中)

360000－1901－0039979　900808
御定康熙字典十二集三十六卷總目一卷檢字一卷辨似一卷等韻一卷補遺一卷備考一卷
(清)張玉書等纂修　清道光七年(1827)刻本
一册　存一卷(卯集中)

360000－1901－0039980　900809
御定康熙字典十二集三十六卷總目一卷檢字一卷辨似一卷等韻一卷補遺一卷備考一卷
(清)張玉書等纂修　清道光七年(1827)刻本
一册　存一卷(卯集中)

360000－1901－0039981　900811
御定康熙字典十二集三十六卷總目一卷檢字一卷辨似一卷等韻一卷補遺一卷備考一卷
(清)張玉書等纂修　清道光七年(1827)刻本
一册　存一卷(卯集中)

360000－1901－0039982　900814
御定康熙字典十二集三十六卷總目一卷檢字一卷辨似一卷等韻一卷補遺一卷備考一卷
(清)張玉書等纂修　清道光七年(1827)刻本
一册　存一卷(卯集中)

360000－1901－0039983　901127
御定康熙字典十二集三十六卷總目一卷檢字一卷辨似一卷等韻一卷補遺一卷備考一卷
(清)張玉書等纂修　清道光七年(1827)刻本
三十三册　缺一卷(辰集上)

360000－1901－0039984　901128
御定康熙字典十二集三十六卷總目一卷檢字一卷辨似一卷等韻一卷補遺一卷備考一卷
(清)張玉書等纂修　清道光七年(1827)刻本
三十九册

360000－1901－0039985　901137
御定康熙字典十二集三十六卷總目一卷檢字一卷辨似一卷等韻一卷補遺一卷備考一卷
(清)張玉書等纂修　清道光七年(1827)刻本
四十册

360000－1901－0039986　901372
御定康熙字典十二集三十六卷總目一卷檢字一卷辨似一卷等韻一卷補遺一卷備考一卷
(清)張玉書等纂修　清道光七年(1827)刻本

三十九册

360000－1901－0039987　901373
御定康熙字典十二集三十六卷總目一卷檢字一卷辨似一卷等韻一卷補遺一卷備考一卷　(清)張玉書等纂修　清道光七年(1827)刻本　三十八册

360000－1901－0039988　902070
御定康熙字典十二集三十六卷總目一卷檢字一卷辨似一卷等韻一卷補遺一卷備考一卷　(清)張玉書等纂修　清道光七年(1827)刻本　一册　存一卷(子集中)

360000－1901－0039989　902095
御定康熙字典十二集三十六卷總目一卷檢字一卷辨似一卷等韻一卷補遺一卷備考一卷　(清)張玉書等纂修　清道光七年(1827)刻本　四十册

360000－1901－0039990　902096
御定康熙字典十二集三十六卷總目一卷檢字一卷辨似一卷等韻一卷補遺一卷備考一卷　(清)張玉書等纂修　清道光七年(1827)刻本　三十二册

360000－1901－0039991　902097
御定康熙字典十二集三十六卷總目一卷檢字一卷辨似一卷等韻一卷補遺一卷備考一卷　(清)張玉書等纂修　清道光七年(1827)刻本　三十二册

360000－1901－0039992　902098
御定康熙字典十二集三十六卷總目一卷檢字一卷辨似一卷等韻一卷補遺一卷備考一卷　(清)張玉書等纂修　清道光七年(1827)刻本　三十九册

360000－1901－0039993　902099
御定康熙字典十二集三十六卷總目一卷檢字一卷辨似一卷等韻一卷補遺一卷備考一卷　(清)張玉書等纂修　清道光七年(1827)刻本　三十九册

360000－1901－0039994　804806
御定康熙字典十二集三十六卷總目一卷檢字一卷辨似一卷等韻一卷補遺一卷備考一卷　(清)張玉書等纂修　清道光七年(1827)刻本(丑集下、卯集上中、午集上、申集上、戌集中配清刻本)　三十七册　缺二卷(子集上中)

360000－1901－0039995　800226
御定康熙字典十二集三十六卷總目一卷檢字一卷辨似一卷等韻一卷補遺一卷備考一卷　(清)張玉書等纂修　清道光七年(1827)刻本(等韻、備考、子集上中、寅集上中下、卯集中下、午集上下、未集中下、申集上中下、戌集上、亥集上中下配清刻本)　三十三册

360000－1901－0039996　403827
禮運注一卷　康有爲撰　清光緒十年(1884)鉛印演孔叢書本　一册

360000－1901－0039997　403562
御定康熙字典十二集三十六卷總目一卷檢字一卷辨似一卷等韻一卷補遺一卷備考一卷　(清)張玉書等纂修　清道光七年(1827)武英殿刻本　四十册

360000－1901－0039998　403572
御定康熙字典十二集三十六卷總目一卷檢字一卷辨似一卷等韻一卷補遺一卷備考一卷　(清)張玉書等纂修　清光緒二十八年(1902)上海積山書局石印本　六册

360000－1901－0039999　160874
御定康熙字典十二集三十六卷總目一卷檢字一卷辨似一卷等韻一卷補遺一卷備考一卷　(清)張玉書等纂修　清光緒二十年(1894)上海點石齋石印本　六册

360000－1901－0040000　703108
御定康熙字典十二集三十六卷總目一卷檢字一卷辨似一卷等韻一卷補遺一卷備考一卷　(清)張玉書等纂修　清光緒二十年(1894)上海點石齋石印本　五册　缺九卷(寅集上中下、卯集上中下、辰集上中下)

360000－1901－0040001　703108－1
御定康熙字典十二集三十六卷總目一卷檢字一卷辨似一卷等韻一卷補遺一卷備考一卷

（清）張玉書等纂修　清光緒二十年（1894）上海點石齋石印本　二冊　存九卷（未集上中下、申集上中下、戌集上中下）

360000－1901－0040002　703108－2
御定康熙字典十二集三十六卷總目一卷檢字一卷辨似一卷等韻一卷補遺一卷備考一卷
（清）張玉書等纂修　清光緒二十年（1894）上海點石齋石印本　一冊　存六卷（酉集上中下、戌集上中下）

360000－1901－0040003　160883
御定康熙字典十二集三十六卷總目一卷檢字一卷辨似一卷等韻一卷補遺一卷備考一卷
（清）張玉書等纂修　清光緒九年（1883）上海同文書局石印本　六冊

360000－1901－0040004　164030
御定康熙字典十二集三十六卷總目一卷檢字一卷辨似一卷等韻一卷補遺一卷備考一卷
（清）張玉書等纂修　清光緒九年（1883）上海同文書局石印本　六冊

360000－1901－0040005　421905
御定康熙字典十二集三十六卷總目一卷檢字一卷辨似一卷等韻一卷補遺一卷備考一卷
（清）張玉書等纂修　清光緒九年（1883）上海同文書局石印本　三冊　存二十卷（寅集上中下、卯集上中下、辰集上中下、酉集上中下、戌集上中下、亥集上中下，補遺一卷，備考一卷）

360000－1901－0040006　603976
御定康熙字典十二集三十六卷總目一卷檢字一卷辨似一卷等韻一卷補遺一卷備考一卷
（清）張玉書等纂修　清光緒九年（1883）上海同文書局石印本　一冊　存十卷（子集上中下、丑集上中下，總目一卷，檢字一卷，辨似一卷，等韻一卷）

360000－1901－0040007　160867
御定康熙字典十二集三十六卷總目一卷檢字一卷辨似一卷等韻一卷補遺一卷備考一卷
（清）張玉書等纂修　清光緒六年（1880）上海點石齋石印本　一冊

360000－1901－0040008　403564
御定康熙字典十二集三十六卷總目一卷檢字一卷辨似一卷等韻一卷補遺一卷備考一卷
（清）張玉書等纂修　清光緒七年（1881）上海同文書局石印本　六冊

360000－1901－0040009　403566
御定康熙字典十二集三十六卷總目一卷檢字一卷辨似一卷等韻一卷補遺一卷備考一卷
（清）張玉書等纂修　清光緒三年（1877）上海點石齋石印本　四冊

360000－1901－0040010　160865
御定康熙字典十二集三十六卷總目一卷檢字一卷辨似一卷等韻一卷補遺一卷備考一卷
（清）張玉書等纂修　清光緒三年（1877）四明茹古齋鉛印本　三十八冊　缺五卷（子集上中、巳集中下、午集上）

360000－1901－0040011　160864
御定康熙字典十二集三十六卷總目一卷檢字一卷辨似一卷等韻一卷補遺一卷備考一卷
（清）張玉書等纂修　清光緒三十二年（1906）商務印書館石印本　六冊

360000－1901－0040012　603558
御定康熙字典十二集三十六卷總目一卷檢字一卷辨似一卷等韻一卷補遺一卷備考一卷
（清）張玉書等纂修　清光緒三十年（1904）上海文盛堂書局石印本　四冊　存二十七卷（子集上中下、丑集上中下、巳集上中下、午集上中下、未集上中下、申集上中下、亥集上中下，總目一卷，檢字一卷，辨似一卷，等韻一卷，補遺一卷，備考一卷）

360000－1901－0040013　160873
御定康熙字典十二集三十六卷總目一卷檢字一卷辨似一卷等韻一卷補遺一卷備考一卷
（清）張玉書等纂修　清光緒十九年（1893）上海復和書局石印本　六冊

360000－1901－0040014　160868
御定康熙字典十二集三十六卷總目一卷檢字一卷辨似一卷等韻一卷補遺一卷備考一卷
（清）張玉書等纂修　清光緒十六年（1890）上

海鴻寶齋石印本　六冊

360000－1901－0040015　403574
御定康熙字典十二集三十六卷總目一卷檢字一卷辨似一卷等韻一卷補遺一卷備考一卷
(清)張玉書等纂修　清光緒十六年(1890)上海鴻文書局石印本　六冊

360000－1901－0040016　403570
御定康熙字典十二集三十六卷總目一卷檢字一卷辨似一卷等韻一卷補遺一卷備考一卷
(清)張玉書等纂修　清光緒十六年(1890)上海同文書局石印本　六冊

360000－1901－0040017　160866
御定康熙字典十二集三十六卷總目一卷檢字一卷辨似一卷等韻一卷補遺一卷備考一卷
(清)張玉書等纂修　清光緒十三年(1887)上海點石齋石印本　六冊

360000－1901－0040018　403571
御定康熙字典十二集三十六卷總目一卷檢字一卷辨似一卷等韻一卷補遺一卷備考一卷
(清)張玉書等纂修　清光緒十三年(1887)上海積山書局石印本　六冊

360000－1901－0040019　603550
御定康熙字典十二集三十六卷總目一卷檢字一卷辨似一卷等韻一卷補遺一卷備考一卷
(清)張玉書等纂修　清光緒十三年(1887)上海同文書局石印本　六冊

360000－1901－0040020　160875
御定康熙字典十二集三十六卷總目一卷檢字一卷辨似一卷等韻一卷補遺一卷備考一卷
(清)張玉書等纂修　清光緒十五年(1889)上海點石齋石印本　六冊

360000－1901－0040021　160884
御定康熙字典十二集三十六卷總目一卷檢字一卷辨似一卷等韻一卷補遺一卷備考一卷
(清)張玉書等纂修　清光緒十一年(1885)上海同文書局石印本　六冊

360000－1901－0040022　160885
御定康熙字典十二集三十六卷總目一卷檢字一卷辨似一卷等韻一卷補遺一卷備考一卷
(清)張玉書等纂修　清光緒十一年(1885)上海同文書局石印本　六冊

360000－1901－0040023　160859
御定康熙字典十二集三十六卷總目一卷檢字一卷辨似一卷等韻一卷補遺一卷備考一卷
(清)張玉書等纂修　清光緒元年(1875)湖北崇文書局刻本　四十六冊

360000－1901－0040024　160860
御定康熙字典十二集三十六卷總目一卷檢字一卷辨似一卷等韻一卷補遺一卷備考一卷
(清)張玉書等纂修　清光緒元年(1875)湖北崇文書局刻本　四十冊

360000－1901－0040025　160861
御定康熙字典十二集三十六卷總目一卷檢字一卷辨似一卷等韻一卷補遺一卷備考一卷
(清)張玉書等纂修　清光緒元年(1875)湖北崇文書局刻本　四十冊

360000－1901－0040026　403567
御定康熙字典十二集三十六卷總目一卷檢字一卷辨似一卷等韻一卷補遺一卷備考一卷
(清)張玉書等纂修　清光緒元年(1875)湖北崇文書局刻本　二十八冊　缺十二卷(子集上中下、丑集上中下、寅集上中下、午集上、申集上中)

360000－1901－0040027　403568
御定康熙字典十二集三十六卷總目一卷檢字一卷辨似一卷等韻一卷補遺一卷備考一卷
(清)張玉書等纂修　清光緒元年(1875)湖北崇文書局刻本　二十一冊　缺二十卷(子集下、丑集上中、卯集上中下、辰集上中下、巳集上中下、午集上中、未集上中下、申集上下、酉集上)

360000－1901－0040028　603554
御定康熙字典十二集三十六卷總目一卷檢字一卷辨似一卷等韻一卷補遺一卷備考一卷
(清)張玉書等纂修　清康熙五十五年(1716)刻本　十三冊　存四十卷(子集上中下、丑集上中下、寅集上中下、卯集上中下、辰集上中下、巳集上中下、午集上中下、未集上中下、申集上中下、酉集上中下、戌集上中下、亥集上中下,總目一卷,檢字一卷,辨似一卷,等韻一卷)

360000－1901－0040029　603555
御定康熙字典十二集三十六卷總目一卷檢字一卷辨似一卷等韻一卷補遺一卷備考一卷
(清)張玉書等纂修　清康熙五十五年(1716)刻本　二十八册　存三十一卷(子集上下、丑集下、寅集上中下、卯集上下、辰集上中、巳集上中下、午集中、未集中下、申集上中下、酉集上下、戌集上中、亥集中下,總目一卷,檢字一卷,辨似一卷,等韻一卷,補遺一卷,備考一卷)

360000－1901－0040030　403558
御定康熙字典十二集三十六卷總目一卷檢字一卷辨似一卷等韻一卷補遺一卷備考一卷
(清)張玉書等纂修　清康熙五十五年(1716)武英殿刻本　四十册

360000－1901－0040031　160878
御定康熙字典十二集三十六卷總目一卷檢字一卷辨似一卷等韻一卷補遺一卷備考一卷
(清)張玉書等纂修　清刻本　四十册

360000－1901－0040032　160879
御定康熙字典十二集三十六卷總目一卷檢字一卷辨似一卷等韻一卷補遺一卷備考一卷
(清)張玉書等纂修　清刻本　四十册

360000－1901－0040033　403560
御定康熙字典十二集三十六卷總目一卷檢字一卷辨似一卷等韻一卷補遺一卷備考一卷
(清)張玉書等纂修　清刻本　四十册

360000－1901－0040034　403561
御定康熙字典十二集三十六卷總目一卷檢字一卷辨似一卷等韻一卷補遺一卷備考一卷
(清)張玉書等纂修　清刻本　三十二册　缺四卷(總目一卷、檢字一卷、辨似一卷、等韻一卷)

360000－1901－0040035　403563
御定康熙字典十二集三十六卷總目一卷檢字一卷辨似一卷等韻一卷補遺一卷備考一卷
(清)張玉書等纂修　清刻本　十三册　缺四卷(總目一卷、檢字一卷、辨似一卷、等韻一卷)

360000－1901－0040036　403569
御定康熙字典十二集三十六卷總目一卷檢字一卷辨似一卷等韻一卷補遺一卷備考一卷
(清)張玉書等纂修　清刻本　十三册　存十三卷(子集上中下、丑集上、辰集中下、巳集下、酉集上中、戌集中下、亥集中,備考一卷)

360000－1901－0040037　603556
御定康熙字典十二集三十六卷總目一卷檢字一卷辨似一卷等韻一卷補遺一卷備考一卷
(清)張玉書等纂修　清刻本　十三册　存十四卷(子集中下、寅集中、卯集上下、辰集上下、巳集中下、午集中下、未集上中下)

360000－1901－0040038　722174
御定康熙字典十二集三十六卷總目一卷檢字一卷辨似一卷等韻一卷補遺一卷備考一卷
(清)張玉書等纂修　清刻本　三册　存三卷(卯集上中、辰集中)

360000－1901－0040039　722174－1
御定康熙字典十二集三十六卷總目一卷檢字一卷辨似一卷等韻一卷補遺一卷備考一卷
(清)張玉書等纂修　清刻本　一册　存一卷(子集上)

360000－1901－0040040　722174－2
御定康熙字典十二集三十六卷總目一卷檢字一卷辨似一卷等韻一卷補遺一卷備考一卷
(清)張玉書等纂修　清刻本　十一册　存十四卷(子集上中下、丑集上中下、卯集中、巳集上、午集上、未集下、申集中下、酉集中、亥集下)

360000－1901－0040041　722303
御定康熙字典十二集三十六卷總目一卷檢字一卷辨似一卷等韻一卷補遺一卷備考一卷
(清)張玉書等纂修　清刻本　一册　存一卷(酉集中)

360000－1901－0040042　800186
御定康熙字典十二集三十六卷總目一卷檢字一卷辨似一卷等韻一卷補遺一卷備考一卷
（清）張玉書等纂修　清刻本　一册　存一卷（巳集中）

360000－1901－0040043　800187
御定康熙字典十二集三十六卷總目一卷檢字一卷辨似一卷等韻一卷補遺一卷備考一卷
（清）張玉書等纂修　清刻本　一册　存一卷（巳集中）

360000－1901－0040044　800188
御定康熙字典十二集三十六卷總目一卷檢字一卷辨似一卷等韻一卷補遺一卷備考一卷
（清）張玉書等纂修　清刻本　一册　存一卷（巳集中）

360000－1901－0040045　800189
御定康熙字典十二集三十六卷總目一卷檢字一卷辨似一卷等韻一卷補遺一卷備考一卷
（清）張玉書等纂修　清刻本　三册　存三卷（丑集上、巳集上中）

360000－1901－0040046　800190
御定康熙字典十二集三十六卷總目一卷檢字一卷辨似一卷等韻一卷補遺一卷備考一卷
（清）張玉書等纂修　清刻本　四册　存五卷（丑集上、巳集上中下、酉集下）

360000－1901－0040047　800191
御定康熙字典十二集三十六卷總目一卷檢字一卷辨似一卷等韻一卷補遺一卷備考一卷
（清）張玉書等纂修　清刻本　四册　存四卷（丑集上、巳集上中、酉集下）

360000－1901－0040048　800192
御定康熙字典十二集三十六卷總目一卷檢字一卷辨似一卷等韻一卷補遺一卷備考一卷
（清）張玉書等纂修　清刻本　六册　存八卷（丑集上中下、辰集中、巳集上中、酉集中下）

360000－1901－0040049　800193
御定康熙字典十二集三十六卷總目一卷檢字一卷辨似一卷等韻一卷補遺一卷備考一卷
（清）張玉書等纂修　清刻本　八册　存十卷（丑集上中、辰集中下、巳集上中下、酉集中下、亥集中）

360000－1901－0040050　800194
御定康熙字典十二集三十六卷總目一卷檢字一卷辨似一卷等韻一卷補遺一卷備考一卷
（清）張玉書等纂修　清刻本　十三册　存十四卷（子集上、丑集上中、寅集中、辰集中下、巳集上中下、酉集上中下、亥集上中）

360000－1901－0040051　800224
御定康熙字典十二集三十六卷總目一卷檢字一卷辨似一卷等韻一卷補遺一卷備考一卷
（清）張玉書等纂修　清刻本　三十二册

360000－1901－0040052　800227
御定康熙字典十二集三十六卷總目一卷檢字一卷辨似一卷等韻一卷補遺一卷備考一卷
（清）張玉書等纂修　清刻本　三十册　存三十五卷（子集上中下、丑集上中下、寅集上中下、卯集上中下、辰集上中下、巳集上中下、午集上中下、未集上中下、申集上中下、酉集上中下、戌集上中下、亥集上中）

360000－1901－0040053　800858
御定康熙字典十二集三十六卷總目一卷檢字一卷辨似一卷等韻一卷補遺一卷備考一卷
（清）張玉書等纂修　清刻本　三册　存三卷（亥集上中下）

360000－1901－0040054　801202
御定康熙字典十二集三十六卷總目一卷檢字一卷辨似一卷等韻一卷補遺一卷備考一卷
（清）張玉書等纂修　清刻本　九册　存八卷（丑集上中下、酉集中下、戌集上中下）

360000－1901－0040055　801203
御定康熙字典十二集三十六卷總目一卷檢字一卷辨似一卷等韻一卷補遺一卷備考一卷
（清）張玉書等纂修　清刻本　十一册　存十一卷（丑集中下、寅集上下、午集上中下、酉集上下、戌集上、亥集上）

360000－1901－0040056　801205

御定康熙字典十二集三十六卷總目一卷檢字一卷辨似一卷等韻一卷補遺一卷備考一卷
(清)張玉書等纂修　清刻本　八册　存八卷(丑集上、寅集上中、卯集中、辰集中、午集下、酉集上下)

360000－1901－0040057　801206
御定康熙字典十二集三十六卷總目一卷檢字一卷辨似一卷等韻一卷補遺一卷備考一卷
(清)張玉書等纂修　清刻本　二册　存二卷(寅集上、戌集上)

360000－1901－0040058　801207
御定康熙字典十二集三十六卷總目一卷檢字一卷辨似一卷等韻一卷補遺一卷備考一卷
(清)張玉書等纂修　清刻本　八册　存八卷(子集下、丑集下、寅集中下、卯集下、午集下、酉集下、戌集中)

360000－1901－0040059　801208
御定康熙字典十二集三十六卷總目一卷檢字一卷辨似一卷等韻一卷補遺一卷備考一卷
(清)張玉書等纂修　清刻本　二册　存二卷(寅集上中)

360000－1901－0040060　801209
御定康熙字典十二集三十六卷總目一卷檢字一卷辨似一卷等韻一卷補遺一卷備考一卷
(清)張玉書等纂修　清刻本　五册　存五卷(寅集下、酉集中下、戌集上中)

360000－1901－0040061　801210
御定康熙字典十二集三十六卷總目一卷檢字一卷辨似一卷等韻一卷補遺一卷備考一卷
(清)張玉書等纂修　清刻本　八册　存八卷(丑集中下、卯集下、辰集中、午集中、酉集上下、戌集下)

360000－1901－0040062　801211
御定康熙字典十二集三十六卷總目一卷檢字一卷辨似一卷等韻一卷補遺一卷備考一卷
(清)張玉書等纂修　清刻本　三册　存三卷(寅集下、午集上、酉集中)

360000－1901－0040063　801212
御定康熙字典十二集三十六卷總目一卷檢字一卷辨似一卷等韻一卷補遺一卷備考一卷
(清)張玉書等纂修　清刻本　三册　存三卷(卯集中、午集上、酉集下)

360000－1901－0040064　801213
御定康熙字典十二集三十六卷總目一卷檢字一卷辨似一卷等韻一卷補遺一卷備考一卷
(清)張玉書等纂修　清刻本　三册　存三卷(丑集下、辰集中、戌集上)

360000－1901－0040065　801245
御定康熙字典十二集三十六卷總目一卷檢字一卷辨似一卷等韻一卷補遺一卷備考一卷
(清)張玉書等纂修　清刻本　一册　存一卷(戌集上)

360000－1901－0040066　801246
御定康熙字典十二集三十六卷總目一卷檢字一卷辨似一卷等韻一卷補遺一卷備考一卷
(清)張玉書等纂修　清刻本　一册　存一卷(戌集中)

360000－1901－0040067　801247
御定康熙字典十二集三十六卷總目一卷檢字一卷辨似一卷等韻一卷補遺一卷備考一卷
(清)張玉書等纂修　清刻本　一册　存一卷(戌集下)

360000－1901－0040068　801248
御定康熙字典十二集三十六卷總目一卷檢字一卷辨似一卷等韻一卷補遺一卷備考一卷
(清)張玉書等纂修　清刻本　一册　存一卷(戌集下)

360000－1901－0040069　801255
御定康熙字典十二集三十六卷總目一卷檢字一卷辨似一卷等韻一卷補遺一卷備考一卷
(清)張玉書等纂修　清刻本　十四册　存十四卷(子集下、丑集上中、寅集上、卯集上中下、辰集上中下、巳集上中下、午集上)

360000－1901－0040070　801645
御定康熙字典十二集三十六卷總目一卷檢字一卷辨似一卷等韻一卷補遺一卷備考一卷

(清)張玉書等纂修　清刻本　二十八册　存二十九卷(寅集上中下、卯集上中下、辰集上中下、巳集上中、午集上中下、未集上中下、申集上中下、酉集上中下、戌集上中下、亥集上中下)

360000－1901－0040071　802610
御定康熙字典十二集三十六卷總目一卷檢字一卷辨似一卷等韻一卷補遺一卷備考一卷
(清)張玉書等纂修　清刻本　三册　存三卷(未集中下、申集上)

360000－1901－0040072　802610－1
御定康熙字典十二集三十六卷總目一卷檢字一卷辨似一卷等韻一卷補遺一卷備考一卷
(清)張玉書等纂修　清刻本　三册　存三卷(未集中下、申集中)

360000－1901－0040073　802610－2
御定康熙字典十二集三十六卷總目一卷檢字一卷辨似一卷等韻一卷補遺一卷備考一卷
(清)張玉書等纂修　清刻本　二册　存二卷(未集中、申集中)

360000－1901－0040074　802610－3
御定康熙字典十二集三十六卷總目一卷檢字一卷辨似一卷等韻一卷補遺一卷備考一卷
(清)張玉書等纂修　清刻本　二册　存二卷(申集中下)

360000－1901－0040075　802610－4
御定康熙字典十二集三十六卷總目一卷檢字一卷辨似一卷等韻一卷補遺一卷備考一卷
(清)張玉書等纂修　清刻本　六册　存六卷(未集上中下、申集上中下)

360000－1901－0040076　802610－5
御定康熙字典十二集三十六卷總目一卷檢字一卷辨似一卷等韻一卷補遺一卷備考一卷
(清)張玉書等纂修　清刻本　二册　存二卷(未集下、申集上)

360000－1901－0040077　802626
御定康熙字典十二集三十六卷總目一卷檢字一卷辨似一卷等韻一卷補遺一卷備考一卷
(清)張玉書等纂修　清刻本　四册　存八卷(丑集中下、寅集上中下、卯集上、戌集下、亥集上)

360000－1901－0040078　802626－1
御定康熙字典十二集三十六卷總目一卷檢字一卷辨似一卷等韻一卷補遺一卷備考一卷
(清)張玉書等纂修　清刻本　四册　存四卷(未集中、戌集上中下)

360000－1901－0040079　802626－2
御定康熙字典十二集三十六卷總目一卷檢字一卷辨似一卷等韻一卷補遺一卷備考一卷
(清)張玉書等纂修　清刻本　二册　存二卷(戌集上中)

360000－1901－0040080　802626－3
御定康熙字典十二集三十六卷總目一卷檢字一卷辨似一卷等韻一卷補遺一卷備考一卷
(清)張玉書等纂修　清刻本　二册　存二卷(戌集上、備考一卷)

360000－1901－0040081　802627
御定康熙字典十二集三十六卷總目一卷檢字一卷辨似一卷等韻一卷補遺一卷備考一卷
(清)張玉書等纂修　清刻本　三册　存九卷(丑集上中下、寅集上中下、申集上中下)

360000－1901－0040082　802627－1
御定康熙字典十二集三十六卷總目一卷檢字一卷辨似一卷等韻一卷補遺一卷備考一卷
(清)張玉書等纂修　清刻本　二册　存二卷(戌集上中)

360000－1901－0040083　802627－2
御定康熙字典十二集三十六卷總目一卷檢字一卷辨似一卷等韻一卷補遺一卷備考一卷
(清)張玉書等纂修　清刻本　三册　存四卷(子集上中下、未集上)

360000－1901－0040084　802627－3
御定康熙字典十二集三十六卷總目一卷檢字一卷辨似一卷等韻一卷補遺一卷備考一卷
(清)張玉書等纂修　清刻本　四册　存五卷(子集中、未集上、戌集上,檢字一卷,辨似一

卷）

360000－1901－0040085　802628

御定康熙字典十二集三十六卷總目一卷檢字一卷辨似一卷等韻一卷補遺一卷備考一卷

（清）張玉書等纂修　清刻本　二冊　存二卷（戌集上中）

360000－1901－0040086　802628－1

御定康熙字典十二集三十六卷總目一卷檢字一卷辨似一卷等韻一卷補遺一卷備考一卷

（清）張玉書等纂修　清刻本　二冊　存二卷（戌集上中）

360000－1901－0040087　802628－2

御定康熙字典十二集三十六卷總目一卷檢字一卷辨似一卷等韻一卷補遺一卷備考一卷

（清）張玉書等纂修　清刻本　二冊　存二卷（寅集上、未集中）

360000－1901－0040088　802628－3

御定康熙字典十二集三十六卷總目一卷檢字一卷辨似一卷等韻一卷補遺一卷備考一卷

（清）張玉書等纂修　清刻本　三冊　存四卷（寅集上、檢字一卷、辨似一卷、等韻一卷）

360000－1901－0040089　802628－4

御定康熙字典十二集三十六卷總目一卷檢字一卷辨似一卷等韻一卷補遺一卷備考一卷

（清）張玉書等纂修　清刻本　二冊　存二卷（戌集上中）

360000－1901－0040090　802628－5

御定康熙字典十二集三十六卷總目一卷檢字一卷辨似一卷等韻一卷補遺一卷備考一卷

（清）張玉書等纂修　清刻本　二冊　存二卷（亥集上中）

360000－1901－0040091　802629

御定康熙字典十二集三十六卷總目一卷檢字一卷辨似一卷等韻一卷補遺一卷備考一卷

（清）張玉書等纂修　清刻本　十三冊　存十五卷（子集中下、丑集上、寅集上中下、未集上中下、戌集上中下、亥集下，補遺一卷、備考一卷）

360000－1901－0040092　802629－1

御定康熙字典十二集三十六卷總目一卷檢字一卷辨似一卷等韻一卷補遺一卷備考一卷

（清）張玉書等纂修　清刻本　六冊　存六卷（子集下、寅集下、未集下、戌集上中，備考一卷）

360000－1901－0040093　802629－2

御定康熙字典十二集三十六卷總目一卷檢字一卷辨似一卷等韻一卷補遺一卷備考一卷

（清）張玉書等纂修　清刻本　四冊　存四卷（子集下、未集下、戌集上，備考一卷）

360000－1901－0040094　802629－3

御定康熙字典十二集三十六卷總目一卷檢字一卷辨似一卷等韻一卷補遺一卷備考一卷

（清）張玉書等纂修　清刻本　一冊　存一卷（戌集上）

360000－1901－0040095　802629－4

御定康熙字典十二集三十六卷總目一卷檢字一卷辨似一卷等韻一卷補遺一卷備考一卷

（清）張玉書等纂修　清刻本　一冊　存一卷（戌集上）

360000－1901－0040096　802629－5

御定康熙字典十二集三十六卷總目一卷檢字一卷辨似一卷等韻一卷補遺一卷備考一卷

（清）張玉書等纂修　清刻本　一冊　存一卷（戌集上）

360000－1901－0040097　802629－6

御定康熙字典十二集三十六卷總目一卷檢字一卷辨似一卷等韻一卷補遺一卷備考一卷

（清）張玉書等纂修　清刻本　一冊　存一卷（戌集上）

360000－1901－0040098　802851

御定康熙字典十二集三十六卷總目一卷檢字一卷辨似一卷等韻一卷補遺一卷備考一卷

（清）張玉書等纂修　清刻本　一冊　存一卷（備考一卷）

360000－1901－0040099　803062

御定康熙字典十二集三十六卷總目一卷檢字

一卷辨似一卷等韻一卷補遺一卷備考一卷
(清)張玉書等纂修　清刻本　五册　存六卷(辰集上下、申集上、酉集上、亥集中下)

360000－1901－0040100　803151
御定康熙字典十二集三十六卷總目一卷檢字一卷辨似一卷等韻一卷補遺一卷備考一卷
(清)張玉書等纂修　清刻本　一册　存三卷(未集上中下)

360000－1901－0040101　803151－1
御定康熙字典十二集三十六卷總目一卷檢字一卷辨似一卷等韻一卷補遺一卷備考一卷
(清)張玉書等纂修　清刻本　二册　存二卷(未集中下)

360000－1901－0040102　803151－2
御定康熙字典十二集三十六卷總目一卷檢字一卷辨似一卷等韻一卷補遺一卷備考一卷
(清)張玉書等纂修　清刻本　一册　存二卷(未集中下)

360000－1901－0040103　803151－3
御定康熙字典十二集三十六卷總目一卷檢字一卷辨似一卷等韻一卷補遺一卷備考一卷
(清)張玉書等纂修　清刻本　二册　存二卷(未集中下)

360000－1901－0040104　803153
御定康熙字典十二集三十六卷總目一卷檢字一卷辨似一卷等韻一卷補遺一卷備考一卷
(清)張玉書等纂修　清刻本　八册　存八卷(寅集下、申集上中、酉集上中下、戌集中下)

360000－1901－0040105　803179
御定康熙字典十二集三十六卷總目一卷檢字一卷辨似一卷等韻一卷補遺一卷備考一卷
(清)張玉書等纂修　清刻本　五册　存五卷(戌集上下、亥集上中下)

360000－1901－0040106　803179－1
御定康熙字典十二集三十六卷總目一卷檢字一卷辨似一卷等韻一卷補遺一卷備考一卷
(清)張玉書等纂修　清刻本　二册　存二卷(亥集上中)

360000－1901－0040107　803179－2
御定康熙字典十二集三十六卷總目一卷檢字一卷辨似一卷等韻一卷補遺一卷備考一卷
(清)張玉書等纂修　清刻本　二册　存二卷(亥集中下)

360000－1901－0040108　804087
御定康熙字典十二集三十六卷總目一卷檢字一卷辨似一卷等韻一卷補遺一卷備考一卷
(清)張玉書等纂修　清刻本　一册　存一卷(酉集上)

360000－1901－0040109　804088
御定康熙字典十二集三十六卷總目一卷檢字一卷辨似一卷等韻一卷補遺一卷備考一卷
(清)張玉書等纂修　清刻本　一册　存一卷(酉集中)

360000－1901－0040110　804805
御定康熙字典十二集三十六卷總目一卷檢字一卷辨似一卷等韻一卷補遺一卷備考一卷
(清)張玉書等纂修　清刻本　一册　存一卷(未集上)

360000－1901－0040111　900301
御定康熙字典十二集三十六卷總目一卷檢字一卷辨似一卷等韻一卷補遺一卷備考一卷
(清)張玉書等纂修　清刻本　四十册

360000－1901－0040112　900302
御定康熙字典十二集三十六卷總目一卷檢字一卷辨似一卷等韻一卷補遺一卷備考一卷
(清)張玉書等纂修　清刻本　四十册

360000－1901－0040113　900371
御定康熙字典十二集三十六卷總目一卷檢字一卷辨似一卷等韻一卷補遺一卷備考一卷
(清)張玉書等纂修　清刻本　三十七册

360000－1901－0040114　900372
御定康熙字典十二集三十六卷總目一卷檢字一卷辨似一卷等韻一卷補遺一卷備考一卷
(清)張玉書等纂修　清刻本　四十册

360000－1901－0040115　900373
御定康熙字典十二集三十六卷總目一卷檢字

一卷辨似一卷等韻一卷補遺一卷備考一卷
(清)張玉書等纂修　清刻本　三冊　存三卷(午集上、申集上下)

360000－1901－0040116　900373－1
御定康熙字典十二集三十六卷總目一卷檢字一卷辨似一卷等韻一卷補遺一卷備考一卷
(清)張玉書等纂修　清刻本　四冊　存四卷(午集上下、申集上中)

360000－1901－0040117　900373－2
御定康熙字典十二集三十六卷總目一卷檢字一卷辨似一卷等韻一卷補遺一卷備考一卷
(清)張玉書等纂修　清刻本　二冊　存二卷(申集上中)

360000－1901－0040118　900373－3
御定康熙字典十二集三十六卷總目一卷檢字一卷辨似一卷等韻一卷補遺一卷備考一卷
(清)張玉書等纂修　清刻本　二冊　存二卷(申集上中)

360000－1901－0040119　900373－4
御定康熙字典十二集三十六卷總目一卷檢字一卷辨似一卷等韻一卷補遺一卷備考一卷
(清)張玉書等纂修　清刻本　一冊　存一卷(申集上)

360000－1901－0040120　900373－5
御定康熙字典十二集三十六卷總目一卷檢字一卷辨似一卷等韻一卷補遺一卷備考一卷
(清)張玉書等纂修　清刻本　一冊　存一卷(申集上)

360000－1901－0040121　900373－6
御定康熙字典十二集三十六卷總目一卷檢字一卷辨似一卷等韻一卷補遺一卷備考一卷
(清)張玉書等纂修　清刻本　一冊　存一卷(申集上)

360000－1901－0040122　900373－7
御定康熙字典十二集三十六卷總目一卷檢字一卷辨似一卷等韻一卷補遺一卷備考一卷
(清)張玉書等纂修　清刻本　一冊　存一卷(申集上)

360000－1901－0040123　900373－8
御定康熙字典十二集三十六卷總目一卷檢字一卷辨似一卷等韻一卷補遺一卷備考一卷
(清)張玉書等纂修　清刻本　一冊　存一卷(申集上)

360000－1901－0040124　900416
御定康熙字典十二集三十六卷總目一卷檢字一卷辨似一卷等韻一卷補遺一卷備考一卷
(清)張玉書等纂修　清刻本　四十冊

360000－1901－0040125　900434
御定康熙字典十二集三十六卷總目一卷檢字一卷辨似一卷等韻一卷補遺一卷備考一卷
(清)張玉書等纂修　清刻本　三十四冊

360000－1901－0040126　900446
御定康熙字典十二集三十六卷總目一卷檢字一卷辨似一卷等韻一卷補遺一卷備考一卷
(清)張玉書等纂修　清刻本　十八冊　存二十卷(巳集下、午集上中下、未集上中下、申集上中下、酉集上中下、戌集上中下,總目一卷,檢字一卷,辨似一卷,等韻一卷)

360000－1901－0040127　900446－1
御定康熙字典十二集三十六卷總目一卷檢字一卷辨似一卷等韻一卷補遺一卷備考一卷
(清)張玉書等纂修　清刻本　一冊　存三卷(總目一卷、檢字一卷、辨似一卷)

360000－1901－0040128　900446－2
御定康熙字典十二集三十六卷總目一卷檢字一卷辨似一卷等韻一卷補遺一卷備考一卷
(清)張玉書等纂修　清刻本　一冊　存三卷(總目一卷、檢字一卷、辨似一卷)

360000－1901－0040129　900446－3
御定康熙字典十二集三十六卷總目一卷檢字一卷辨似一卷等韻一卷補遺一卷備考一卷
(清)張玉書等纂修　清刻本　一冊　存四卷(總目一卷、檢字一卷、辨似一卷、等韻一卷)

360000－1901－0040130　900807
御定康熙字典十二集三十六卷總目一卷檢字一卷辨似一卷等韻一卷補遺一卷備考一卷

(清)張玉書等纂修　清刻本　一冊　存一卷(卯集中)

360000－1901－0040131　900810
御定康熙字典十二集三十六卷總目一卷檢字一卷辨似一卷等韻一卷補遺一卷備考一卷
(清)張玉書等纂修　清刻本　一冊　存一卷(卯集中)

360000－1901－0040132　900812
御定康熙字典十二集三十六卷總目一卷檢字一卷辨似一卷等韻一卷補遺一卷備考一卷
(清)張玉書等纂修　清刻本　一冊　存一卷(卯集中)

360000－1901－0040133　900813
御定康熙字典十二集三十六卷總目一卷檢字一卷辨似一卷等韻一卷補遺一卷備考一卷
(清)張玉書等纂修　清刻本　二冊　存二卷(卯集上中)

360000－1901－0040134　900841
御定康熙字典十二集三十六卷總目一卷檢字一卷辨似一卷等韻一卷補遺一卷備考一卷
(清)張玉書等纂修　清刻本　三冊　存四卷(子集上、檢字一卷、辨似一卷、等韻一卷)

360000－1901－0040135　900842
御定康熙字典十二集三十六卷總目一卷檢字一卷辨似一卷等韻一卷補遺一卷備考一卷
(清)張玉書等纂修　清刻本　十九冊　存十四卷(子集上中下、卯集上中下、辰集上中下、巳集上中下,補遺一卷,備考一卷)

360000－1901－0040136　900843
御定康熙字典十二集三十六卷總目一卷檢字一卷辨似一卷等韻一卷補遺一卷備考一卷
(清)張玉書等纂修　清刻本　三十四冊　缺三卷(巳集上、補遺一卷、備考一卷)

360000－1901－0040137　900844
御定康熙字典十二集三十六卷總目一卷檢字一卷辨似一卷等韻一卷補遺一卷備考一卷
(清)張玉書等纂修　清刻本　三十四冊　存三十一卷(子集上下、丑集上中下、寅集上中下、卯集下、辰集中下、巳集上中、午集上中下、未集上中下、申集上中下、酉集上中下、戌集上中下、亥集上中下)

360000－1901－0040138　900844－1
御定康熙字典十二集三十六卷總目一卷檢字一卷辨似一卷等韻一卷補遺一卷備考一卷
(清)張玉書等纂修　清刻本　四十冊

360000－1901－0040139　900924
御定康熙字典十二集三十六卷總目一卷檢字一卷辨似一卷等韻一卷補遺一卷備考一卷
(清)張玉書等纂修　清刻本　三十四冊

360000－1901－0040140　901050
御定康熙字典十二集三十六卷總目一卷檢字一卷辨似一卷等韻一卷補遺一卷備考一卷
(清)張玉書等纂修　清刻本　四十冊

360000－1901－0040141　901126
御定康熙字典十二集三十六卷總目一卷檢字一卷辨似一卷等韻一卷補遺一卷備考一卷
(清)張玉書等纂修　清刻本　三十八冊

360000－1901－0040142　120301
立崖先生文集七卷詩集一卷　(清)宋華國撰　清道光十六年(1836)刻本　四冊

360000－1901－0040143　901374
御定康熙字典十二集三十六卷總目一卷檢字一卷辨似一卷等韻一卷補遺一卷備考一卷
(清)張玉書等纂修　清刻本　三十七冊

360000－1901－0040144　901375
御定康熙字典十二集三十六卷總目一卷檢字一卷辨似一卷等韻一卷補遺一卷備考一卷
(清)張玉書等纂修　清刻本　三十九冊

360000－1901－0040145　901376
御定康熙字典十二集三十六卷總目一卷檢字一卷辨似一卷等韻一卷補遺一卷備考一卷
(清)張玉書等纂修　清刻本　六冊　存十八卷(丑集上中下、寅集上中下、卯集上中下、未集上中下、戌集上中下、亥集上中下)

360000－1901－0040146　901376－1

御定康熙字典十二集三十六卷總目一卷檢字一卷辨似一卷等韻一卷補遺一卷備考一卷
(清)張玉書等纂修　清刻本　一册　存三卷(丑集上中下)

360000－1901－0040147　902090
御定康熙字典十二集三十六卷總目一卷檢字一卷辨似一卷等韻一卷補遺一卷備考一卷
(清)張玉書等纂修　清刻本　三十五册　缺一卷(巳集中)

360000－1901－0040148　902091
御定康熙字典十二集三十六卷總目一卷檢字一卷辨似一卷等韻一卷補遺一卷備考一卷
(清)張玉書等纂修　清刻本　八册　存九卷(丑集上中下、辰集上中、午集中下,補遺一卷,備考一卷)

360000－1901－0040149　902092
御定康熙字典十二集三十六卷總目一卷檢字一卷辨似一卷等韻一卷補遺一卷備考一卷
(清)張玉書等纂修　清刻本　二册　存二卷(丑集上、午集下)

360000－1901－0040150　902093
御定康熙字典十二集三十六卷總目一卷檢字一卷辨似一卷等韻一卷補遺一卷備考一卷
(清)張玉書等纂修　清刻本　二册　存二卷(丑集上中)

360000－1901－0040151　902100
御定康熙字典十二集三十六卷總目一卷檢字一卷辨似一卷等韻一卷補遺一卷備考一卷
(清)張玉書等纂修　清刻本　十三册　存十四卷(子集中、寅集上中下、辰集上下、巳集下、午集上中下、酉集上中下,補遺一卷)

360000－1901－0040152　902101
御定康熙字典十二集三十六卷總目一卷檢字一卷辨似一卷等韻一卷補遺一卷備考一卷
(清)張玉書等纂修　清刻本　三册　存三卷(午集上中下)

360000－1901－0040153　902101－1
御定康熙字典十二集三十六卷總目一卷檢字一卷辨似一卷等韻一卷補遺一卷備考一卷
(清)張玉書等纂修　清刻本　三册　存三卷(午集上中下)

360000－1901－0040154　902101－10
御定康熙字典十二集三十六卷總目一卷檢字一卷辨似一卷等韻一卷補遺一卷備考一卷
(清)張玉書等纂修　清刻本　二册　存二卷(酉集中下)

360000－1901－0040155　902101－11
御定康熙字典十二集三十六卷總目一卷檢字一卷辨似一卷等韻一卷補遺一卷備考一卷
(清)張玉書等纂修　清刻本　一册　存二卷(酉集上中)

360000－1901－0040156　902101－12
御定康熙字典十二集三十六卷總目一卷檢字一卷辨似一卷等韻一卷補遺一卷備考一卷
(清)張玉書等纂修　清刻本　三册　存四卷(午集上中下、未集上)

360000－1901－0040157　902101－13
御定康熙字典十二集三十六卷總目一卷檢字一卷辨似一卷等韻一卷補遺一卷備考一卷
(清)張玉書等纂修　清刻本　三册　存三卷(午集上中下)

360000－1901－0040158　902101－14
御定康熙字典十二集三十六卷總目一卷檢字一卷辨似一卷等韻一卷補遺一卷備考一卷
(清)張玉書等纂修　清刻本　二册　存二卷(午集中下)

360000－1901－0040159　902101－15
御定康熙字典十二集三十六卷總目一卷檢字一卷辨似一卷等韻一卷補遺一卷備考一卷
(清)張玉書等纂修　清刻本　一册　存一卷(午集中)

360000－1901－0040160　902101－2
御定康熙字典十二集三十六卷總目一卷檢字一卷辨似一卷等韻一卷補遺一卷備考一卷
(清)張玉書等纂修　清刻本　五册　存六卷(巳集上中下、午集上中下)

360000－1901－0040161　902101－3
御定康熙字典十二集三十六卷總目一卷檢字一卷辨似一卷等韻一卷補遺一卷備考一卷
(清)張玉書等纂修　清刻本　四册　存四卷(巳集上中下、午集下)

360000－1901－0040162　902101－4
御定康熙字典十二集三十六卷總目一卷檢字一卷辨似一卷等韻一卷補遺一卷備考一卷
(清)張玉書等纂修　清刻本　三册　存三卷(酉集上中下)

360000－1901－0040163　902101－5
御定康熙字典十二集三十六卷總目一卷檢字一卷辨似一卷等韻一卷補遺一卷備考一卷
(清)張玉書等纂修　清刻本　三册　存三卷(酉集上中下)

360000－1901－0040164　902101－6
御定康熙字典十二集三十六卷總目一卷檢字一卷辨似一卷等韻一卷補遺一卷備考一卷
(清)張玉書等纂修　清刻本　三册　存三卷(酉集上中下)

360000－1901－0040165　902101－7
御定康熙字典十二集三十六卷總目一卷檢字一卷辨似一卷等韻一卷補遺一卷備考一卷
(清)張玉書等纂修　清刻本　一册　存三卷(酉集上中下)

360000－1901－0040166　902101－8
御定康熙字典十二集三十六卷總目一卷檢字一卷辨似一卷等韻一卷補遺一卷備考一卷
(清)張玉書等纂修　清刻本　三册　存三卷(酉集上中下)

360000－1901－0040167　902101－9
御定康熙字典十二集三十六卷總目一卷檢字一卷辨似一卷等韻一卷補遺一卷備考一卷
(清)張玉書等纂修　清刻本　三册　存三卷(酉集上中下)

360000－1901－0040168　902206
御定康熙字典十二集三十六卷總目一卷檢字一卷辨似一卷等韻一卷補遺一卷備考一卷
(清)張玉書等纂修　清刻本　四十册

360000－1901－0040169　902373
御定康熙字典十二集三十六卷總目一卷檢字一卷辨似一卷等韻一卷補遺一卷備考一卷
(清)張玉書等纂修　清刻本　二册　存二卷(戌集中下)

360000－1901－0040170　901700
御定康熙字典十二集三十六卷總目一卷檢字一卷辨似一卷等韻一卷補遺一卷備考一卷
(清)張玉書等纂修　清刻本(總目配清道光十七年刻本)　三十八册

360000－1901－0040171　900815
御定康熙字典十二集三十六卷總目一卷檢字一卷辨似一卷等韻一卷補遺一卷備考一卷
(清)張玉書等纂修　清末上海鴻寶書局石印本　三册　存二十一卷(子集上中下、丑集上中下、寅集上中下、卯集上中下、辰集上中下、巳集上中下、午集上中下)

360000－1901－0040172　403565
御定康熙字典十二集三十六卷總目一卷檢字一卷辨似一卷等韻一卷補遺一卷備考一卷
(清)張玉書等纂修　清末上海商務印書館石印本　七册

360000－1901－0040173　902094
御定康熙字典十二集三十六卷總目一卷檢字一卷辨似一卷等韻一卷補遺一卷備考一卷
(清)張玉書等纂修　清末上海同文書局石印本(巳上中下、午上中下配清末石印本)　六册

360000－1901－0040174　421908
御定康熙字典十二集三十六卷總目一卷檢字一卷辨似一卷等韻一卷補遺一卷備考一卷
(清)張玉書等纂修　清末石印本　一册　存九卷(子集上中下、丑集上中下,檢字一卷,辨似一卷,等韻一卷)

360000－1901－0040175　421911
御定康熙字典十二集三十六卷總目一卷檢字一卷辨似一卷等韻一卷補遺一卷備考一卷

(清)張玉書等纂修　清末石印本　四册　存二十七卷(子集上中下、丑集上中下、寅集上中下、卯集上中下、辰集上中下、未集上中下、申集上中下、亥集上中下,等韻一卷,補遺一卷,備考一卷)

360000－1901－0040176　421912
御定康熙字典十二集三十六卷總目一卷檢字一卷辨似一卷等韻一卷補遺一卷備考一卷
(清)張玉書等纂修　清末石印本　二册　存三十卷(子集上中下、丑集上中下、午集上中下、未集上中下、申集上中下、酉集上中下、戌集上中下、亥集上中下,總目一卷,檢字一卷,辨似一卷,等韻一卷,補遺一卷,備考一卷)

360000－1901－0040177　603549
御定康熙字典十二集三十六卷總目一卷檢字一卷辨似一卷等韻一卷補遺一卷備考一卷
(清)張玉書等纂修　清末石印本　四册　缺一卷(辨似一卷)

360000－1901－0040178　603551
御定康熙字典十二集三十六卷總目一卷檢字一卷辨似一卷等韻一卷補遺一卷備考一卷
(清)張玉書等纂修　清末石印本　四册　存二十六卷(寅集上中下、卯集上中下、辰集上中下、未集上中下、申集上中下、酉集上中下、戌集上中下、亥集上中下,補遺一卷,備考一卷)

360000－1901－0040179　603560
御定康熙字典十二集三十六卷總目一卷檢字一卷辨似一卷等韻一卷補遺一卷備考一卷
(清)張玉書等纂修　清末石印本　四十五册　存二十九卷(卯集中下、辰集上中下、巳集上中下、午集上中下、未集上中下、申集上中下、酉集上中下、戌集上中下、亥集上中下,總目一卷,補遺一卷,備考一卷)

360000－1901－0040180　403573
御定康熙字典十二集三十六卷總目一卷檢字一卷辨似一卷等韻一卷補遺一卷備考一卷
(清)張玉書等纂修　清宣統元年(1909)上海章福記書局石印本　六册

360000－1901－0040181　417683
御定歷代賦彙一百四十卷外集二十卷逸句二卷補遺二十二卷目錄三卷　(清)陳元龍輯　清光緒二十年(1894)上海點石齋石印本　十六册

360000－1901－0040182　417684
御定歷代賦彙一百四十卷外集二十卷逸句二卷補遺二十二卷目錄三卷　(清)陳元龍輯　清光緒二十年(1894)上海點石齋石印本　四册　存四十八卷(三十至四十、七十七至八十七、一百二十七至一百四十,外集十一至二十,逸句二卷)

360000－1901－0040183　417684－1
御定歷代賦彙一百四十卷外集二十卷逸句二卷補遺二十二卷目錄三卷　(清)陳元龍輯　清光緒二十年(1894)上海點石齋石印本　二册　存二十四卷(八十八至九十九、外集十一至二十、逸句二卷)

360000－1901－0040184　241243
御定歷代賦彙一百四十卷外集二十卷逸句二卷補遺二十二卷目錄三卷　(清)陳元龍輯　清康熙四十五年(1706)内府刻本　四十册　缺五十八卷(一至十六、二十一至四十六、六十至六十五、七十五至七十七、八十一至八十四,目錄三卷)

360000－1901－0040185　241244
御定歷代賦彙一百四十卷外集二十卷逸句二卷補遺二十二卷目錄三卷　(清)陳元龍輯　清康熙四十五年(1706)内府刻本　十四册　存四十七卷(一百二至一百四十,外集一至二、六至十一)

360000－1901－0040186　417682
御定歷代賦彙一百四十卷外集二十卷逸句二卷補遺二十二卷目錄三卷　(清)陳元龍輯　清康熙四十五年(1706)内府刻本　十六册　存四十六卷(十五至十七、二十五至二十七、五十二至五十八、六十二至六十四、六十六至六十八,外集三至九、十三至二十,補遺三至五、十二至二十)

360000－1901－0040187　417682－1
御定歷代賦彙一百四十卷外集二十卷逸句二卷補遺二十二卷目錄三卷　(清)陳元龍輯　清康熙四十五年(1706)内府刻本　八册　存二十卷(一至十、十四至十六、二十三至二十六,目錄三卷)

360000－1901－0040188　417682－2
御定歷代賦彙一百四十卷外集二十卷逸句二卷補遺二十二卷目錄三卷　(清)陳元龍輯　清康熙四十五年(1706)内府刻本　二册　存七卷(四至六、十至十三)

360000－1901－0040189　307825
御定歷代賦彙一百四十卷外集二十卷逸句二卷補遺二十二卷目錄三卷　(清)陳元龍輯　清刻本　六十六册　存一百五十七卷(御定歷代賦彙十二至八十一、八十五至一百三十一、一百三十八至一百四十,外集一至十八,逸句二卷,補遺一至十三、十九至二十二)

360000－1901－0040190　309293
御定歷代賦彙一百四十卷外集二十卷逸句二卷補遺二十二卷目錄三卷　(清)陳元龍輯　清刻本　五册　存十九卷(御定歷代賦彙十七至二十、八十一至八十八、一百三十三至一百三十六,外集十一至十三)

360000－1901－0040191　400564
御定歷代紀事年表一百卷歷代三元甲子編年一卷　(清)龔士炯撰　(清)王之樞等續撰　清康熙五十年(1711)王之樞刻本　九十七册　存九十八卷(三至十三、十五至一百,歷代三元甲子編年一卷)

360000－1901－0040192　314343
御定歷代題畫詩類一百二十卷　(清)陳邦彦等編　清嘉慶二十二年(1817)刻本　二十八册

360000－1901－0040193　409694
御定歷代題畫詩類一百二十卷　(清)陳邦彦等編　清康熙四十六年(1707)内府刻本　二册　存十卷(一百十一至一百二十)

360000－1901－0040194　164230
御定駢字類編二百四十卷　(清)吳士玉(清)沈宗敬等輯　清抄本　十三册　存十五卷(一百四、一百七至一百十、一百三十八至一百三十九、一百六十七至一百七十、二百十一、二百十三至二百十四、二百十八)

360000－1901－0040195　417587
御定駢字類編二百四十卷　(清)吳士玉(清)沈宗敬等輯　清光緒十三年(1887)上海同文書局石印本　四十六册　存二百三十卷(一至六十一、六十六至七十一、七十八至二百四十)

360000－1901－0040196　417588
御定駢字類編二百四十卷　(清)吳士玉(清)沈宗敬等輯　清光緒十三年(1887)上海同文書局石印本　十册　存四十七卷(二十七至三十一、九十九至一百三、一百十三至一百三十三、一百七十二至一百七十五、二百十三至二百十七、二百二十九至二百三十五)

360000－1901－0040197　250148
御定駢字類編二百四十卷　(清)吳士玉(清)沈宗敬等輯　清雍正六年(1728)内府刻本　五十九册　存一百十八卷(七十三至八十四、九十一至九十六、一百二十一至一百六十八、一百七十八至一百七十九、一百八十一至一百八十四、一百八十七至二百四、二百十七至二百四十、二百四十九至二百五十、二百七十一至二百七十二)

360000－1901－0040198　162984
御定駢字類編二百四十卷　(清)吳士玉(清)沈宗敬等輯　清雍正六年(1728)内府刻本　二百四十一册

360000－1901－0040199　417586
御定駢字類編二百四十卷　(清)吳士玉(清)沈宗敬等輯　清雍正四年(1726)内府刻本　一百十二册　存二百二十八卷(一至二十、二十三至二十八、三十三至一百十、一百十五至二百三十八)

360000－1901－0040200　417586－1

御定駢字類編二百四十卷 （清）吳士玉（清）沈宗敬等輯　清雍正四年（1726）內府刻本　二冊　存二卷（一百十三、一百七十二）

360000－1901－0040201　161868
御定七政四餘萬年曆不分卷 （清）欽天監編　清嘉慶刻本　三冊

360000－1901－0040202　802614
御定七政四餘萬年曆不分卷 （清）欽天監編　清嘉慶刻本　一冊

360000－1901－0040203　802826
御定七政四餘萬年曆不分卷 （清）欽天監編　清嘉慶刻本　一冊

360000－1901－0040204　802524
御定七政四餘萬年曆不分卷 （清）欽天監編　清咸豐刻本　一冊

360000－1901－0040205　302796
御定七政四餘萬年書不分卷 （清）欽天監編　清刻本　八冊

360000－1901－0040206　801249
御定七政四餘萬年書不分卷 （清）欽天監編　清刻本　一冊

360000－1901－0040207　801250
御定七政四餘萬年書不分卷 （清）欽天監編　清刻本　一冊

360000－1901－0040208　802989－1
御定七政四餘萬年書不分卷 （清）欽天監編　清刻本　一冊

360000－1901－0040209　803071
御定七政四餘萬年書不分卷 （清）欽天監編　清刻本　一冊

360000－1901－0040210　804839
御定七政四餘萬年書不分卷 （清）欽天監編　清刻本　一冊

360000－1901－0040211　804840
御定七政四餘萬年書不分卷 （清）欽天監編　清刻本　一冊

360000－1901－0040212　241348
御定全唐詩錄一百卷詩人年表一卷 （清）徐倬等輯　清康熙四十五年（1706）揚州詩局刻本　二十四冊

360000－1901－0040213　241349
御定全唐詩錄一百卷詩人年表一卷 （清）徐倬等輯　清康熙四十五年（1706）揚州詩局刻本　二十二冊

360000－1901－0040214　316452
御定全唐詩錄一百卷詩人年表一卷 （清）徐倬等輯　清康熙四十五年（1706）揚州詩局刻本　二十四冊

360000－1901－0040215　417673
御定全唐詩錄一百卷詩人年表一卷 （清）徐倬等輯　清康熙四十五年（1706）揚州詩局刻本　一冊　存八卷（三至六、十九至二十二）

360000－1901－0040216　405915
御定孝經衍義一百卷首二卷 （清）葉方藹等纂　清刻本　一冊　存三卷（八十八至九十）

360000－1901－0040217　241381
御訂全金詩增補中州集七十二卷首二卷 （金）元好問輯　（清）郭元釪補輯　清康熙五十年（1711）內府刻本　二十四冊

360000－1901－0040218　241382
御訂全金詩增補中州集七十二卷首二卷 （金）元好問輯　（清）郭元釪補輯　清康熙五十年（1711）內府刻乾隆五十四年（1789）西爽閣重修本　二十四冊

360000－1901－0040219　241383
御訂全金詩增補中州集七十二卷首二卷 （金）元好問輯　（清）郭元釪補輯　清康熙五十年（1711）內府刻乾隆五十四年（1789）西爽閣重修本　二十四冊

360000－1901－0040220　421683
御刻三希堂石渠寶笈法帖不分卷 （清）梁詩正等輯　清末影印本　十冊

360000－1901－0040221　421684

御刻三希堂石渠寶笈法帖不分卷　(清)梁詩正等輯　清末影印本　七册

360000－1901－0040222　421685
御刻三希堂石渠寶笈法帖不分卷　(清)梁詩正等輯　清末影印本　一册

360000－1901－0040223　421687
御刻三希堂石渠寶笈法帖不分卷　(清)梁詩正等輯　**御刻三希堂石渠寶笈續法帖不分卷**　(清)蔣溥等輯　清末影印本　十一册

360000－1901－0040224　412638
御刻三希堂石渠寶笈法帖釋文十六卷　(清)梁詩正等輯　清乾隆六十年(1795)刻本　四册　存十五卷(一至十五)

360000－1901－0040225　417674
御覽集四卷　(清)沈初撰　清刻本　一册

360000－1901－0040226　163894
御覽曲洧舊聞十卷　(宋)朱弁撰　清光緒二十二年(1896)儷峰書屋刻本　二册

360000－1901－0040227　400234
御覽闕史二卷　(唐)高彦休撰　清光緒元年(1875)湖北崇文書局刻本　一册

360000－1901－0040228　400234－1
御覽闕史二卷　(唐)高彦休撰　清光緒元年(1875)湖北崇文書局刻本　一册

360000－1901－0040229　600221－4
御覽闕史二卷　(唐)高彦休撰　清光緒元年(1875)湖北崇文書局刻本　一册

360000－1901－0040230　600221－5
御覽闕史二卷　(唐)高彦休撰　清光緒元年(1875)湖北崇文書局刻本　一册

360000－1901－0040231　230611
御録經海一滴六卷　(清)世宗胤禛輯　清雍正十三年(1735)内府刻本　六册

360000－1901－0040232　415743
御批歷代通鑑輯覽選十二卷　(清)傅恒等撰　(清)張羅澄鈔　清光緒夢孔山房石印本　三册　存六卷(一至六)

360000－1901－0040233　415700
御批歷代通鑑輯覽一百二十卷　(清)傅恒等撰　清光緒二十八年(1902)萃文齋石印本　十三册　存七十一卷(一至三十八、四十一至五十二、六十三至七十七、一百一至一百六)

360000－1901－0040234　415700－1
御批歷代通鑑輯覽一百二十卷　(清)傅恒等撰　清光緒二十八年(1902)萃文齋石印本　三册　存三十五卷(二十八至六十二)

360000－1901－0040235　722328
御批歷代通鑑輯覽一百二十卷　(清)傅恒等撰　清光緒二十八年(1902)萃文齋石印本　九册　存三十九卷(七十八至一百二、一百七至一百二十)

360000－1901－0040236　415699
御批歷代通鑑輯覽一百二十卷　(清)傅恒等撰　清光緒二十八年(1902)美華書局石印本　二十册

360000－1901－0040237　415671
御批歷代通鑑輯覽一百二十卷　(清)傅恒等撰　清光緒二十八年(1902)三省堂石印本　二十册

360000－1901－0040238　415672
御批歷代通鑑輯覽一百二十卷　(清)傅恒等撰　清光緒二十八年(1902)三省堂石印本　十册

360000－1901－0040239　415693－2
御批歷代通鑑輯覽一百二十卷　(清)傅恒等撰　清光緒二十八年(1902)上海經香閣石印本　十五册　存一百十二卷(一至二十七、三十六至一百二十)

360000－1901－0040240　415744
御批歷代通鑑輯覽一百二十卷　(清)傅恒等撰　清光緒二十八年(1902)上海經香閣石印本　十一册　存八十五卷(一至十八、二十八至五十六、六十至七十、八十六至一百十二)

360000－1901－0040241　415745
御批歷代通鑑輯覽一百二十卷　(清)傅恒等

撰　清光緒二十八年(1902)上海經香閣石印本　三冊　存二十二卷(二十九至五十)

360000－1901－0040242　302192

御批歷代通鑑輯覽一百二十卷　(清)傅恒等撰　清光緒二十八年(1902)上海文林書局石印本　二十冊

360000－1901－0040243　302194

御批歷代通鑑輯覽一百二十卷　(清)傅恒等撰　清光緒二十八年(1902)上海文林書局石印本　二十冊

360000－1901－0040244　415673

御批歷代通鑑輯覽一百二十卷　(清)傅恒等撰　清光緒二十八年(1902)上海文林書局石印本　二十冊

360000－1901－0040245　415674

御批歷代通鑑輯覽一百二十卷　(清)傅恒等撰　清光緒二十八年(1902)上海文林書局石印本　二十冊

360000－1901－0040246　415675

御批歷代通鑑輯覽一百二十卷　(清)傅恒等撰　清光緒二十八年(1902)上海文林書局石印本　二十冊

360000－1901－0040247　415676

御批歷代通鑑輯覽一百二十卷　(清)傅恒等撰　清光緒二十八年(1902)上海文林書局石印本　十九冊

360000－1901－0040248　415677

御批歷代通鑑輯覽一百二十卷　(清)傅恒等撰　清光緒二十八年(1902)上海文林書局石印本　十冊　存五十七卷(一至十四、二十二至三十三、四十七至五十二、五十八至六十一、七十四至七十八、九十一至一百六)

360000－1901－0040249　415678

御批歷代通鑑輯覽一百二十卷　(清)傅恒等撰　清光緒二十八年(1902)上海文林書局石印本　十五冊　存八十五卷(一至六、二十八至一百六)

360000－1901－0040250　415678－1

御批歷代通鑑輯覽一百二十卷　(清)傅恒等撰　清光緒二十八年(1902)上海文林書局石印本　二十冊　存一百十九卷(一至五十七、五十九至一百二十)

360000－1901－0040251　603857

御批歷代通鑑輯覽一百二十卷　(清)傅恒等撰　清光緒二十八年(1902)上海文林書局石印本　二十冊

360000－1901－0040252　900555

御批歷代通鑑輯覽一百二十卷　(清)傅恒等撰　清光緒二十八年(1902)上海文林書局石印本　二十冊

360000－1901－0040253　308243

御批歷代通鑑輯覽一百二十卷　(清)傅恒等撰　清光緒二十八年(1902)上海文盛堂石印本　二十冊

360000－1901－0040254　412981

荔香室石刻二卷　(清)蔡載福輯　清宣統元年(1909)西泠印社影印本　二冊

360000－1901－0040255　415723

御批歷代通鑑輯覽一百二十卷　(清)傅恒等撰　清光緒二十九年(1903)上海蜚英書局石印本　二十冊

360000－1901－0040256　415669

御批歷代通鑑輯覽一百二十卷　(清)傅恒等撰　清光緒二十九年(1903)上海廣益書局石印本　三十二冊

360000－1901－0040257　415694

御批歷代通鑑輯覽一百二十卷　(清)傅恒等撰　清光緒二十九年(1903)上海廣益書局石印本　六冊　存三十四卷(一至六、三十五至四十、九十五至九十八、一百三至一百二十)

360000－1901－0040258　415718

御批歷代通鑑輯覽一百二十卷　(清)傅恒等撰　清光緒二十九年(1903)上海商務印書館鉛印本　十二冊

360000－1901－0040259　415719
御批歷代通鑑輯覽一百二十卷　（清）傅恒等撰　清光緒二十九年（1903）上海商務印書館鉛印本　二十四册

360000－1901－0040260　415720
御批歷代通鑑輯覽一百二十卷　（清）傅恒等撰　清光緒二十九年（1903）上海商務印書館鉛印本　二十三册

360000－1901－0040261　415721
御批歷代通鑑輯覽一百二十卷　（清）傅恒等撰　清光緒二十九年（1903）上海商務印書館鉛印本　十七册

360000－1901－0040262　603858
御批歷代通鑑輯覽一百二十卷　（清）傅恒等撰　清光緒二十九年（1903）上海商務印書館鉛印本　八册

360000－1901－0040263　310682
御批歷代通鑑輯覽一百二十卷　（清）傅恒等撰　清光緒二十九年（1903）上海通元書局石印本　二十四册

360000－1901－0040264　415679－1
御批歷代通鑑輯覽一百二十卷　（清）傅恒等撰　清光緒二十九年（1903）上海通元書局石印本　六册　存七十三卷（十五至四十、六十三至七十三、八十五至一百二十）

360000－1901－0040265　415684
御批歷代通鑑輯覽一百二十卷　（清）傅恒等撰　清光緒二十九年（1903）上海通元書局石印本　二十四册

360000－1901－0040266　415685
御批歷代通鑑輯覽一百二十卷　（清）傅恒等撰　清光緒二十九年（1903）上海通元書局石印本　二十四册

360000－1901－0040267　415686
御批歷代通鑑輯覽一百二十卷　（清）傅恒等撰　清光緒二十九年（1903）上海通元書局石印本　二十二册　存一百十卷（一至十二、十八至二十八、三十四至一百二十）

360000－1901－0040268　415687
御批歷代通鑑輯覽一百二十卷　（清）傅恒等撰　清光緒二十九年（1903）上海通元書局石印本　十六册　存七十九卷（十八至二十三、三十九至四十三、四十九至六十二、六十七至一百二十）

360000－1901－0040269　415688
御批歷代通鑑輯覽一百二十卷　（清）傅恒等撰　清光緒二十九年（1903）上海通元書局石印本　七册　存三十六卷（六至十二、十八至二十三、三十九至五十七、九十九至一百二）

360000－1901－0040270　415688－1
御批歷代通鑑輯覽一百二十卷　（清）傅恒等撰　清光緒二十九年（1903）上海通元書局石印本　六册　存二十七卷（十八至二十三、六十七至七十九、九十一至九十四、九十九至一百二）

360000－1901－0040271　305637
御批歷代通鑑輯覽一百二十卷　（清）傅恒等撰　清光緒二十九年（1903）上海通元書局石印本　二十三册　存一百十五卷（一至二十八、三十四至一百二十）

360000－1901－0040272　415679
御批歷代通鑑輯覽一百二十卷　（清）傅恒等撰　清光緒二十九年（1903）上海文瀾書局石印本　七册　存四十卷（一至六、二十二至二十七、七十九至八十四、九十一至一百十二）

360000－1901－0040273　415680
御批歷代通鑑輯覽一百二十卷　（清）傅恒等撰　清光緒二十九年（1903）上海文瀾書局石印本　六册　存六十六卷（一至六、十五至五十二、六十三至七十三、八十五至九十五）

360000－1901－0040274　415681
御批歷代通鑑輯覽一百二十卷　（清）傅恒等撰　清光緒二十九年（1903）上海文瀾書局石印本　六册　存三十八卷（一至二十一、五十三至五十七、七十九至九十）

360000－1901－0040275　415729

御批歷代通鑑輯覽一百二十卷　（清）傅恒等撰　清光緒二十九年（1903）通文書局石印本　十一冊　存八十九卷（一至四、十五至二十一、二十八至四十六、五十四至一百六、一百十三至一百十八）

360000－1901－0040276　415683
御批歷代通鑑輯覽一百二十卷　（清）傅恒等撰　清光緒二十九年（1903）中西書局石印本　十一冊　存一百十九卷（一至一百十九）

360000－1901－0040277　415682
御批歷代通鑑輯覽一百二十卷　（清）傅恒等撰　清光緒二十六年（1900）中西書局石印本　十六冊

360000－1901－0040278　302186
御批歷代通鑑輯覽一百二十卷　（清）傅恒等撰　清光緒二十年（1894）湖南澹雅書局刻本　八十冊

360000－1901－0040279　305634－1
御批歷代通鑑輯覽一百二十卷　（清）傅恒等撰　清光緒二十年（1894）湖南澹雅書局刻本　五十冊　存七十八卷（一至二十六、二十九至八十）

360000－1901－0040280　411710
御批歷代通鑑輯覽一百二十卷　（清）傅恒等撰　清光緒二十年（1894）湖南澹雅書局刻本　四十九冊　存一百十二卷（一至四十、四十四至四十六、五十一至五十七、五十九至一百二十）

360000－1901－0040281　411711
御批歷代通鑑輯覽一百二十卷　（清）傅恒等撰　清光緒二十年（1894）湖南澹雅書局刻本　六十三冊

360000－1901－0040282　411712
御批歷代通鑑輯覽一百二十卷　（清）傅恒等撰　清光緒二十年（1894）湖南澹雅書局刻本　三十三冊　存六十卷（一至九、十五至十八、二十至二十一、二十七至二十八、六十三至六十四、八十至一百二十）

360000－1901－0040283　415667
御批歷代通鑑輯覽一百二十卷　（清）傅恒等撰　清光緒二十年（1894）上海書局石印本　二十四冊

360000－1901－0040284　415668
御批歷代通鑑輯覽一百二十卷　（清）傅恒等撰　清光緒二十年（1894）上海書局石印本　二十冊　存九十九卷（一至三十五、四十六至七十五、八十一至一百四、一百六至一百十五）

360000－1901－0040285　415739
御批歷代通鑑輯覽一百二十卷　（清）傅恒等撰　清光緒二十七年（1901）上海經書閣石印本　十五冊　存一百十二卷（一至一百十二）

360000－1901－0040286　415693
御批歷代通鑑輯覽一百二十卷　（清）傅恒等撰　清光緒二十七年（1901）上海經香閣石印本　十冊　存七十六卷（一至十一、二十一至五十六、六十四至九十二）

360000－1901－0040287　415693－1
御批歷代通鑑輯覽一百二十卷　（清）傅恒等撰　清光緒二十七年（1901）上海經香閣石印本　六冊　存四十二卷（三十六至四十二、七十一至一百五）

360000－1901－0040288　415736
御批歷代通鑑輯覽一百二十卷　（清）傅恒等撰　清光緒二十七年（1901）上海經香閣石印本　八冊

360000－1901－0040289　415737
御批歷代通鑑輯覽一百二十卷　（清）傅恒等撰　清光緒二十七年（1901）上海經香閣石印本　十六冊

360000－1901－0040290　415716
御批歷代通鑑輯覽一百二十卷　（清）傅恒等撰　清光緒二十七年（1901）慎記書莊石印本　十冊　存一百十七卷（一至七十二、七十四至一百十七、一百二十）

360000－1901－0040291　411708

御批歷代通鑑輯覽一百二十卷　（清）傅恒等撰　清光緒二十四年（1898）湖北書局刻本　五十五冊　存一百十卷（一至七十三、七十八至八十五、八十八至九十三、九十六至一百五、一百八至一百二十）

360000－1901－0040292　415717

御批歷代通鑑輯覽一百二十卷　（清）傅恒等撰　清光緒二十四年（1898）上洋圖書集成局鉛印本　十四冊　存七十卷（一至五、十一至二十、三十一至五十、六十一至六十五、九十一至一百二十）

360000－1901－0040293　415691

御批歷代通鑑輯覽一百二十卷　（清）傅恒等撰　清光緒二十五年（1899）美華賓記石印本　二十冊

360000－1901－0040294　415691－1

御批歷代通鑑輯覽一百二十卷　（清）傅恒等撰　清光緒二十五年（1899）美華賓記石印本　十一冊　存六十六卷（一至六、十五至二十一、二十八至四十、四十七至五十七、六十三至七十二、八十四至八十九、九十六至一百、一百十三至一百二十）

360000－1901－0040295　415691－2

御批歷代通鑑輯覽一百二十卷　（清）傅恒等撰　清光緒二十五年（1899）美華賓記石印本　九冊　存五十三卷（十五至二十一、五十八至七十七、八十四至九十五、一百七至一百二十）

360000－1901－0040296　415691－3

御批歷代通鑑輯覽一百二十卷　（清）傅恒等撰　清光緒二十五年（1899）美華賓記石印本　三冊　存三十六卷（十五至四十、五十三至六十二）

360000－1901－0040297　415692

御批歷代通鑑輯覽一百二十卷　（清）傅恒等撰　清光緒二十五年（1899）美華賓記石印本　十一冊　存六十七卷（一至六十二、九十六至一百）

360000－1901－0040298　305642

御批歷代通鑑輯覽一百二十卷　（清）傅恒等撰　清光緒李之鼎宜秋館刻本　五十八冊　存一百十八卷（一至九十一、九十四至一百二十）

360000－1901－0040299　309196

御批歷代通鑑輯覽一百二十卷　（清）傅恒等撰　清光緒三十年（1904）上海經藝書局石印本　二十四冊

360000－1901－0040300　415722

御批歷代通鑑輯覽一百二十卷　（清）傅恒等撰　清光緒三十年（1904）上海經藝書局石印本　二十二冊

360000－1901－0040301　603859

御批歷代通鑑輯覽一百二十卷　（清）傅恒等撰　清光緒三十年（1904）上海經藝書局石印本　二十二冊　缺八卷（五十四至五十七、九十五至九十八）

360000－1901－0040302　415670

御批歷代通鑑輯覽一百二十卷　（清）傅恒等撰　清光緒三十年（1904）上海久敬書局石印本　二十八冊

360000－1901－0040303　307807

御批歷代通鑑輯覽一百二十卷　（清）傅恒等撰　清光緒三十年（1904）上海商務印書館鉛印本　四十冊

360000－1901－0040304　307816

御批歷代通鑑輯覽一百二十卷　（清）傅恒等撰　清光緒三十年（1904）上海商務印書館鉛印本　四十二冊　存八十五卷（二至十一、三十八至四十七、五十六至一百二十）

360000－1901－0040305　415709

御批歷代通鑑輯覽一百二十卷　（清）傅恒等撰　清光緒三十年（1904）上海商務印書館鉛印本　四十冊

360000－1901－0040306　415711

御批歷代通鑑輯覽一百二十卷　（清）傅恒等撰　清光緒三十年（1904）上海商務印書館鉛

印本　十九册　存一百七卷（六至十、十五至五十五、五十七至九十三、九十七至一百二十）

360000－1901－0040307　415712

御批歷代通鑑輯覽一百二十卷　（清）傅恒等撰　清光緒三十年（1904）上海商務印書館鉛印本　二十册　存七十九卷（一至三、六至二十、二十六至四十、四十六至五十五、六十四至七十二、七十九至八十七、九十九至一百六、一百十一至一百二十）

360000－1901－0040308　415713

御批歷代通鑑輯覽一百二十卷　（清）傅恒等撰　清光緒三十年（1904）上海商務印書館鉛印本　十一册　存三十八卷（八至十一、十五至十七、十九至二十一、二十七至四十、五十一至五十三、六十六至六十九、九十六至一百二）

360000－1901－0040309　415714

御批歷代通鑑輯覽一百二十卷　（清）傅恒等撰　清光緒三十年（1904）上海商務印書館鉛印本　七册　存二十五卷（八至十一、二十六至三十、五十一至五十三、六十四至六十九、九十九至一百五）

360000－1901－0040310　415715

御批歷代通鑑輯覽一百二十卷　（清）傅恒等撰　清光緒三十年（1904）上海商務印書館鉛印本　二十五册　存九十四卷（一至四、六至三十八、四十三至四十六、五十一至五十六、六十五至八十七、九十四至一百八、一百十二至一百二十）

360000－1901－0040311　415726

御批歷代通鑑輯覽一百二十卷　（清）傅恒等撰　清光緒三十年（1904）上海商務印書局鉛印本　十八册　存九十五卷（一至五、十一至十五、二十一至五十五、六十一至七十五、八十一至八十五、九十一至一百二十）

360000－1901－0040312　415727

御批歷代通鑑輯覽一百二十卷　（清）傅恒等撰　清光緒三十年（1904）上海商務印書局鉛印本　九册　存四十五卷（三十六至五十五、六十一至七十、一百一至一百十、一百十六至一百二十）

360000－1901－0040313　415728

御批歷代通鑑輯覽一百二十卷　（清）傅恒等撰　清光緒三十年（1904）上海商務印書局鉛印本　十一册　存四十三卷（二十一至二十五、三十至三十五、五十九至七十五、一百一至一百十、一百十六至一百二十）

360000－1901－0040314　415689

御批歷代通鑑輯覽一百二十卷　（清）傅恒等撰　清光緒三十年（1904）上海通元書局石印本　二十四册

360000－1901－0040315　305635

御批歷代通鑑輯覽一百二十卷　（清）傅恒等撰　清光緒三十年（1904）育文書局石印本　十八册　存九十卷（一至十七、二十四至六十六、九十一至一百二十）

360000－1901－0040316　161971

御批歷代通鑑輯覽一百二十卷　（清）傅恒等撰　清光緒三十一年（1905）商務印書館鉛印本　二十四册

360000－1901－0040317　161972

御批歷代通鑑輯覽一百二十卷　（清）傅恒等撰　清光緒三十一年（1905）商務印書館鉛印本　二十四册

360000－1901－0040318　307859

御批歷代通鑑輯覽一百二十卷　（清）傅恒等撰　清光緒十年（1884）上海文林惠記書局石印本　二十册

360000－1901－0040319　305636

御批歷代通鑑輯覽一百二十卷　（清）傅恒等撰　清光緒十三年（1887）上海同文書局石印本　十九册　存一百十四卷（一至四十六、五十三至一百二十）

360000－1901－0040320　310716

御批歷代通鑑輯覽一百二十卷　（清）傅恒等撰　清光緒十三年（1887）上海同文書局石印

本　二十冊

360000－1901－0040321　308636
御批歷代通鑑輯覽一百二十卷　(清)傅恒等撰　清光緒石印本　十六冊　存九十六卷(一至四十、四十七至七十七、九十六至一百二十)

360000－1901－0040322　308639
御批歷代通鑑輯覽一百二十卷　(清)傅恒等撰　清光緒石印本　十二冊　存七十二卷(七至十四、二十二至四十、四十七至五十七、六十九至七十八、八十五至一百、一百十三至一百二十)

360000－1901－0040323　161894
御批歷代通鑑輯覽一百二十卷　(清)傅恒等撰　清嘉慶五年(1800)江寧布政使司衙門刻本　六十一冊

360000－1901－0040324　305633
御批歷代通鑑輯覽一百二十卷　(清)傅恒等撰　清刻本　三十八冊　存四十六卷(一至四十六)

360000－1901－0040325　305634
御批歷代通鑑輯覽一百二十卷　(清)傅恒等撰　清刻本　九十四冊　存一百二卷(二至三十四、三十八、四十三至四十五、四十七至六十七、六十九至七十四、七十六至七十八、八十至八十八、九十一至一百十六)

360000－1901－0040326　305644
御批歷代通鑑輯覽一百二十卷　(清)傅恒等撰　清刻本　三十一冊　存六十三卷(三至四、三十至五十六、七十二至七十五、八十二至八十九、九十五至九十六、九十九至一百、一百三至一百二十)

360000－1901－0040327　305644－1
御批歷代通鑑輯覽一百二十卷　(清)傅恒等撰　清刻本　二十九冊　存三十九卷(八十一至一百十一、一百十三至一百二十)

360000－1901－0040328　307771
御批歷代通鑑輯覽一百二十卷　(清)傅恒等撰　清刻本　九冊　存十二卷(十二至十五、二十二、二十五、三十二至三十四、三十七至三十八、一百十三)

360000－1901－0040329　308010
御批歷代通鑑輯覽一百二十卷　(清)傅恒等撰　清刻本　六十四冊

360000－1901－0040330　308083
御批歷代通鑑輯覽一百二十卷　(清)傅恒等撰　清刻本　四冊　存十卷(一百十一至一百二十)

360000－1901－0040331　309263
御批歷代通鑑輯覽一百二十卷　(清)傅恒等撰　清刻本　二十五冊　存四十九卷(七十二至一百二十)

360000－1901－0040332　309846
御批歷代通鑑輯覽一百二十卷　(清)傅恒等撰　清刻本　五十二冊　存八十四卷(一至二、五至十四、十七至二十四、三十五至四十六、四十八至六十四、七十至七十八、八十至八十九、九十一至九十五、一百一、一百七至一百十三、一百十八至一百二十)

360000－1901－0040333　309905
歷代名賢齒譜九卷　(清)易宗涒輯　清雍正三年(1725)賜書堂刻本　十四冊　存八卷(一至八)

360000－1901－0040334　411057－1
御批歷代通鑑輯覽一百二十卷　(清)傅恒等撰　清刻本　五十二冊　存一百一卷(二十至一百二十)

360000－1901－0040335　411668－1
御批歷代通鑑輯覽一百二十卷　(清)傅恒等撰　清刻本　一冊　存二卷(六十二至六十三)

360000－1901－0040336　411704
御批歷代通鑑輯覽一百二十卷　(清)傅恒等撰　清刻本　六十五冊

360000－1901－0040337　411706

御批歷代通鑑輯覽一百二十卷　(清)傅恒等撰　清刻本　十二冊　存三十四卷(一至九、十二至二十一、二十四至二十五、二十八至三十六、三十八至四十一)

360000－1901－0040338　411707
御批歷代通鑑輯覽一百二十卷　(清)傅恒等撰　清刻本　二十六冊　存四十二卷(一至二、六至九、十一至十二、十五至十八、二十八至三十三、三十五至四十六、四十九至五十、五十五至六十四)

360000－1901－0040339　411707－1
御批歷代通鑑輯覽一百二十卷　(清)傅恒等撰　清刻本　二十一冊　存四十卷(四十二至七十五、七十八至八十三)

360000－1901－0040340　411709
御批歷代通鑑輯覽一百二十卷　(清)傅恒等撰　清刻本　四十二冊　存八十六卷(二十三至三十、三十三至三十六、三十九至四十六、四十九至五十、五十三至五十八、六十一至九十四、九十七至一百二十)

360000－1901－0040341　411714
御批歷代通鑑輯覽一百二十卷　(清)傅恒等撰　清刻本　三十八冊　存七十五卷(二至四、七至十、十五至十八、二十五至二十八、三十一至三十六、四十四至四十六、五十至五十九、六十一至七十三、七十九至八十、八十五至九十、九十二至九十三、九十七至一百十二、一百十五至一百十六)

360000－1901－0040342　411714－1
御批歷代通鑑輯覽一百二十卷　(清)傅恒等撰　清刻本　四十冊　存八十卷(四十一至一百二十)

360000－1901－0040343　411715
御批歷代通鑑輯覽一百二十卷　(清)傅恒等撰　清刻本　二十二冊　存四十三卷(八至九、十五至十六、二十八至二十九、三十一至三十二、八十四至九十五、九十八至一百二十)

360000－1901－0040344　411716
御批歷代通鑑輯覽一百二十卷　(清)傅恒等撰　清刻本　七冊　存二十四卷(十八至二十、一百至一百二十)

360000－1901－0040345　415732
御批歷代通鑑輯覽一百二十卷　(清)傅恒等撰　清刻本　一百九冊

360000－1901－0040346　415734
御批歷代通鑑輯覽一百二十卷　(清)傅恒等撰　清刻本　九冊　存十六卷(二十九、三十一至三十二、三十五至四十三、四十六、五十四、六十八至六十九)

360000－1901－0040347　711701
御批歷代通鑑輯覽一百二十卷　(清)傅恒等撰　清刻本　十八冊　存三十四卷(二十五至五十八)

360000－1901－0040348　711702
御批歷代通鑑輯覽一百二十卷　(清)傅恒等撰　清刻本　十八冊　存三十七卷(八十至八十五、九十至一百二十)

360000－1901－0040349　711704
御批歷代通鑑輯覽一百二十卷　(清)傅恒等撰　清刻本　二冊　存四卷(十九至二十、五十七至五十八)

360000－1901－0040350　711705
御批歷代通鑑輯覽一百二十卷　(清)傅恒等撰　清刻本　三冊　存五卷(四至五、六十五至六十六、九十七)

360000－1901－0040351　714848
御批歷代通鑑輯覽一百二十卷　(清)傅恒等撰　清刻本　十七冊　存三十四卷(二十一至二十四、二十九至三十二、三十九至四十、五十一至五十四、五十七至六十六、七十一至七十二、七十五至七十六、八十五至八十六、九十三至九十四、一百一至一百二)

360000－1901－0040352　715655
御批歷代通鑑輯覽一百二十卷　(清)傅恒等撰　清刻本　二十一冊　存二十二卷(三十

三、三十五至三十六、四十二至四十六、四十九、五十二至五十四、五十七至五十八、一百二、一百六、一百十、一百十三、一百十五至一百十八）

360000－1901－0040353　718238
御批歷代通鑑輯覽一百二十卷　（清）傅恒等撰　清刻本　三冊　存三卷（六十九至七十、七十二）

360000－1901－0040354　718298
御批歷代通鑑輯覽一百二十卷　（清）傅恒等撰　清刻本　九冊　存十八卷（六十六至七十九、八十六至八十九）

360000－1901－0040355　722133
御批歷代通鑑輯覽一百二十卷　（清）傅恒等撰　清刻本　十一冊　存二十二卷（六十三至八十二、一百一至一百二）

360000－1901－0040356　722326
御批歷代通鑑輯覽一百二十卷　（清）傅恒等撰　清刻本　十三冊　存十三卷（七十、七十二、七十六至七十八、八十至八十一、八十三至八十六、九十九、一百二）

360000－1901－0040357　722327
御批歷代通鑑輯覽一百二十卷　（清）傅恒等撰　清刻本　一冊　存一卷（七十三）

360000－1901－0040358　722432
御批歷代通鑑輯覽一百二十卷　（清）傅恒等撰　清刻本　四冊　存八卷（六十一至六十二、六十九至七十、八十至八十一、八十四至八十五）

360000－1901－0040359　722433
御批歷代通鑑輯覽一百二十卷　（清）傅恒等撰　清刻本　二冊　存四卷（六十九至七十、七十二至七十三）

360000－1901－0040360　722435
御批歷代通鑑輯覽一百二十卷　（清）傅恒等撰　清刻本　五冊　存七卷（七十二至七十三、八十至八十一、九十九至一百一）

360000－1901－0040361　722436
御批歷代通鑑輯覽一百二十卷　（清）傅恒等撰　清刻本　三冊　存六卷（五十五至五十八、六十五至六十六）

360000－1901－0040362　722437
御批歷代通鑑輯覽一百二十卷　（清）傅恒等撰　清刻本　一冊　存二卷（五十四至五十五）

360000－1901－0040363　722438
御批歷代通鑑輯覽一百二十卷　（清）傅恒等撰　清刻本　一冊　存二卷（八十四至八十五）

360000－1901－0040364　722439
御批歷代通鑑輯覽一百二十卷　（清）傅恒等撰　清刻本　一冊　存二卷（八十五至八十六）

360000－1901－0040365　722440
御批歷代通鑑輯覽一百二十卷　（清）傅恒等撰　清刻本　一冊　存二卷（一百四至一百五）

360000－1901－0040366　722441
御批歷代通鑑輯覽一百二十卷　（清）傅恒等撰　清刻本　二冊　存四卷（六十七至六十八、一百二至一百三）

360000－1901－0040367　722442
御批歷代通鑑輯覽一百二十卷　（清）傅恒等撰　清刻本　一冊　存一卷（六十八）

360000－1901－0040368　722471
御批歷代通鑑輯覽一百二十卷　（清）傅恒等撰　清刻本　三冊　存六卷（一百五至一百八、一百十一至一百十二）

360000－1901－0040369　805104
御批歷代通鑑輯覽一百二十卷　（清）傅恒等撰　清刻本　一冊　存二卷（九十二至九十三）

360000－1901－0040370　805225
御批歷代通鑑輯覽一百二十卷　（清）傅恒等

撰　清刻本　十冊　存十八卷(八十二至九十九)

360000－1901－0040371　900836
御批歷代通鑑輯覽一百二十卷　(清)傅恒等撰　清刻本　二冊　存二卷(四十七至四十八)

360000－1901－0040372　902505
御批歷代通鑑輯覽一百二十卷　(清)傅恒等撰　清刻本　二冊　存四卷(八十六至八十九)

360000－1901－0040373　305651
御批歷代通鑑輯覽一百二十卷　(清)傅恒等撰　清刻朱墨套印本　十冊　存二十卷(十三至十六、十九至二十、四十五至四十六、四十九至五十、五十三至五十四、五十七至五十八、八十九至九十、九十三至九十六)

360000－1901－0040374　307993
御批歷代通鑑輯覽一百二十卷　(清)傅恒等撰　清刻朱墨套印本　四十八冊　存九十六卷(十三至三十八、四十五至五十六、六十三至一百二十)

360000－1901－0040375　308006
御批歷代通鑑輯覽一百二十卷　(清)傅恒等撰　清刻朱墨套印本　五十三冊　存一百九卷(十二至一百二十)

360000－1901－0040376　309733
御批歷代通鑑輯覽一百二十卷　(清)傅恒等撰　清刻朱墨套印本　六冊　存十二卷(三十九至四十四、五十七至六十二)

360000－1901－0040377　411700
御批歷代通鑑輯覽一百二十卷　(清)傅恒等撰　清刻朱墨套印本　五十八冊　存一百十六卷(一至四十一、四十五至四十六、四十八至一百二十)

360000－1901－0040378　411701
御批歷代通鑑輯覽一百二十卷　(清)傅恒等撰　清刻朱墨套印本　三十七冊　存七十四卷(二、九至十、十三至十八、二十一至三十、三十五至三十六、三十九至四十二、五十三至五十四、五十七至六十三、六十六至六十九、七十六至八十七、九十二至一百一、一百四至一百十七)

360000－1901－0040379　711699
御批歷代通鑑輯覽一百二十卷　(清)傅恒等撰　清刻朱墨套印本　三十二冊　存六十六卷(三十三至六十二、八十三至一百、一百三至一百二十)

360000－1901－0040380　714847
御批歷代通鑑輯覽一百二十卷　(清)傅恒等撰　清刻朱墨套印本　三冊　存五卷(七十七至八十一)

360000－1901－0040381　722470
御批歷代通鑑輯覽一百二十卷　(清)傅恒等撰　清刻朱墨套印本　一冊　存二卷(一百十三至一百十四)

360000－1901－0040382　415701
御批歷代通鑑輯覽一百二十卷　(清)傅恒等撰　清末寶善書局石印本　二冊　存十二卷(十三至十八、一百九至一百十四)

360000－1901－0040383　415709－1
御批歷代通鑑輯覽一百二十卷　(清)傅恒等撰　清末鉛印本　十八冊　存八十六卷(三十五至一百二十)

360000－1901－0040384　722369
御批歷代通鑑輯覽一百二十卷　(清)傅恒等撰　清末鉛印本　四冊　存二十卷(十一至三十)

360000－1901－0040385　900554
御批歷代通鑑輯覽一百二十卷　(清)傅恒等撰　清末鉛印本　三十六冊　存一百六卷(一至十一、十五至三十八、四十二至五十、五十四至一百十五)

360000－1901－0040386　302193
御批歷代通鑑輯覽一百二十卷　(清)傅恒等撰　清末石印本　二十冊

360000－1901－0040387　307854
御批歷代通鑑輯覽一百二十卷　(清)傅恒等撰　清末石印本　二十冊

360000－1901－0040388　309466
御批歷代通鑑輯覽一百二十卷　(清)傅恒等撰　清末石印本　二十四冊

360000－1901－0040389　415690
御批歷代通鑑輯覽一百二十卷　(清)傅恒等撰　清末石印本　九冊

360000－1901－0040390　415695
御批歷代通鑑輯覽一百二十卷　(清)傅恒等撰　清末石印本　二十冊

360000－1901－0040391　415696
御批歷代通鑑輯覽一百二十卷　(清)傅恒等撰　清末石印本　四冊　存二十五卷(七十八至八十八、一百七至一百二十)

360000－1901－0040392　415696－1
御批歷代通鑑輯覽一百二十卷　(清)傅恒等撰　清末石印本　二冊　存二十卷(一百一至一百二十)

360000－1901－0040393　415697
御批歷代通鑑輯覽一百二十卷　(清)傅恒等撰　清末石印本　十七冊　存一百卷(七至八十九、九十六至一百十二)

360000－1901－0040394　415698
御批歷代通鑑輯覽一百二十卷　(清)傅恒等撰　清末石印本　十六冊　存九十六卷(七至二十七、四十一至九十五、一百一至一百二十)

360000－1901－0040395　415698－1
御批歷代通鑑輯覽一百二十卷　(清)傅恒等撰　清末石印本　九冊　存六十卷(七至二十一、四十一至六十二、七十三至九十五)

360000－1901－0040396　415698－2
御批歷代通鑑輯覽一百二十卷　(清)傅恒等撰　清末石印本　四冊　存二十三卷(四十一至五十七、七十八至八十三)

360000－1901－0040397　415702
御批歷代通鑑輯覽一百二十卷　(清)傅恒等撰　清末石印本　五冊　存二十四卷(四十九至五十七、七十二至七十五、九十一至九十四、一百十四至一百二十)

360000－1901－0040398　415702－1
御批歷代通鑑輯覽一百二十卷　(清)傅恒等撰　清末石印本　六冊　存三十二卷(五十三至五十七、六十三至七十二、七十八至八十三、九十六至一百六)

360000－1901－0040399　415702－2
御批歷代通鑑輯覽一百二十卷　(清)傅恒等撰　清末石印本　五冊　存三十四卷(二十八至五十二、六十八至七十二、一百一至一百四)

360000－1901－0040400　711710
御批歷代通鑑輯覽一百二十卷　(清)傅恒等撰　清末石印本　五冊　存七十卷(五十一至一百二十)

360000－1901－0040401　722329
御批歷代通鑑輯覽一百二十卷　(清)傅恒等撰　清末石印本　一冊　存六卷(一百一至一百六)

360000－1901－0040402　900835
御批歷代通鑑輯覽一百二十卷　(清)傅恒等撰　清末石印本　一冊　存五卷(九十一至九十五)

360000－1901－0040403　415701－1
御批歷代通鑑輯覽一百二十卷　(清)傅恒等撰　清末育文書局石印本　一冊　存四卷(六十三至六十六)

360000－1901－0040404　309143
御批歷代通鑑輯覽一百二十卷　(清)傅恒等撰　清乾隆三十二年(1767)刻本　三十二冊

360000－1901－0040405　310429
御批歷代通鑑輯覽一百二十卷　(清)傅恒等撰　清乾隆三十二年(1767)刻本　三十二冊　存五十九卷(一至四十六、八十八至一百)

360000－1901－0040406　310431
御批歷代通鑑輯覽一百二十卷　(清)傅恒等撰　清乾隆三十二年(1767)刻本　五十三册

360000－1901－0040407　411699
御批歷代通鑑輯覽一百二十卷　(清)傅恒等撰　清善成堂刻朱墨套印本　十六册　存三十二卷(一至三十二)

360000－1901－0040408　308421
御批歷代通鑑輯覽一百二十卷　(清)傅恒等撰　清同治刻本　十二册　存二十四卷(七十三至九十六)

360000－1901－0040409　305632
御批歷代通鑑輯覽一百二十卷　(清)傅恒等撰　清同治十年(1871)潯陽萬氏芋栗園刻本　六十五册　存六十六卷(一至十、二十五、四十六至九十九)

360000－1901－0040410　308603
御批歷代通鑑輯覽一百二十卷　(清)傅恒等撰　清同治十年(1871)潯陽萬氏芋栗園刻本　一百十八册

360000－1901－0040411　310714
御批歷代通鑑輯覽一百二十卷　(清)傅恒等撰　清同治十年(1871)潯陽萬氏芋栗園刻本　一百十八册

360000－1901－0040412　415730
御批歷代通鑑輯覽一百二十卷　(清)傅恒等撰　清同治十年(1871)潯陽萬氏芋栗園刻本　一百十册

360000－1901－0040413　415731
御批歷代通鑑輯覽一百二十卷　(清)傅恒等撰　清同治十年(1871)潯陽萬氏芋栗園刻本　一百册

360000－1901－0040414　415733
御批歷代通鑑輯覽一百二十卷　(清)傅恒等撰　清同治十年(1871)潯陽萬氏芋栗園刻本　一百一册

360000－1901－0040415　900553
御批歷代通鑑輯覽一百二十卷　(清)傅恒等撰　清同治十年(1871)潯陽萬氏芋栗園刻本　一百十七册　存一百十八卷(一至九、十一至一百五、一百七至一百二十)

360000－1901－0040416　308663
御批歷代通鑑輯覽一百二十卷　(清)傅恒等撰　清同治十年(1871)浙江書局刻朱墨套印本　三十四册　存八十五卷(三至二十六、三十至三十八、五十三至八十二、九十六至一百十、一百十四至一百二十)

360000－1901－0040417　310895
御批歷代通鑑輯覽一百二十卷　(清)傅恒等撰　清同治十年(1871)浙江書局刻朱墨套印本　四十八册

360000－1901－0040418　311037
御批歷代通鑑輯覽一百二十卷　(清)傅恒等撰　清同治十年(1871)浙江書局刻朱墨套印本　四十八册

360000－1901－0040419　313619
御批歷代通鑑輯覽一百二十卷　(清)傅恒等撰　清同治十年(1871)浙江書局刻朱墨套印本　六十四册

360000－1901－0040420　309808
御批歷代通鑑輯覽一百二十卷　(清)傅恒等撰　清同治十三年(1874)湖南書局刻本　三十五册　存八十七卷(一至二十九、六十三至一百二十)

360000－1901－0040421　411702
御批歷代通鑑輯覽一百二十卷　(清)傅恒等撰　清同治十三年(1874)湖南書局刻本　八册　存十九卷(一至十九)

360000－1901－0040422　411703
御批歷代通鑑輯覽一百二十卷　(清)傅恒等撰　清同治十三年(1874)湖南書局刻本　五十九册

360000－1901－0040423　411705
御批歷代通鑑輯覽一百二十卷　(清)傅恒等撰　清同治十三年(1874)湖南書局刻本　四

十三冊　存八十二卷(一至四十三、四十八至七十九、一百十四至一百二十)

360000－1901－0040424　711703
御批歷代通鑑輯覽一百二十卷　(清)傅恒等撰　清同治十三年(1874)湖南書局刻本　十一冊　存二十卷(一至三、六至十八、二十一至二十四)

360000－1901－0040425　308664
御批歷代通鑑輯覽一百二十卷　(清)傅恒等撰　清同治十三年(1874)文星書局刻朱墨套印本　四十五冊　存九十卷(一至四、九至七十二、九十七至一百十二、一百十五至一百二十)

360000－1901－0040426　302185
御批歷代通鑑輯覽一百二十卷　(清)傅恒等撰　清同治十一年(1872)湖北崇文書局刻本　六十冊

360000－1901－0040427　305645
御批歷代通鑑輯覽一百二十卷　(清)傅恒等撰　清同治十一年(1872)湖北崇文書局刻本　二十七冊　存五十五卷(一至五十五)

360000－1901－0040428　310782
御批歷代通鑑輯覽一百二十卷　(清)傅恒等撰　清同治十一年(1872)湖北崇文書局刻本　六十冊　存一百二卷(一至八十一、一百至一百二十)

360000－1901－0040429　411713
御批歷代通鑑輯覽一百二十卷　(清)傅恒等撰　清同治十一年(1872)湖北崇文書局刻本　三十三冊　存六十三卷(一至四、六至九、十五至二十一、二十五至二十八、三十三至四十二、四十五至五十二、五十五至五十六、六十八至七十、八十四、八十七至八十九、九十一至九十二、九十八至一百、一百三至一百四、一百六至一百七、一百九至一百十、一百十五至一百二十)

360000－1901－0040430　415706
御批歷代通鑑輯覽一百二十卷　(清)傅恒等撰　清宣統元年(1909)上海公記書局石印本　二冊　存十三卷(一至十三)

360000－1901－0040431　308983
御批歷代通鑑輯覽一百二十卷　(清)傅恒等撰　**歷代帝王年表一卷**　(清)萬本儀編　**讀史論略一卷**　(清)杜詔撰　清同治十年(1871)潯陽萬氏芋栗園刻本　七十二冊　存七十六卷(御批歷代通鑑輯覽四十七至一百二十、歷代帝王年表一卷、讀史論略一卷)

360000－1901－0040432　310520－1
御批續資治通鑑綱目二十七卷　(明)商輅等撰　(清)聖祖玄燁批　清刻本　五冊　存九卷(十九至二十七)

360000－1901－0040433　161417
御批增補了凡綱鑑四十卷首一卷　(明)袁黄纂　清光緒二十五年(1899)著易堂石印本　十冊

360000－1901－0040434　411934
御批增補了凡綱鑑四十卷首一卷　(明)袁黄纂　清光緒三十年(1904)上海廣益書局石印本　十冊

360000－1901－0040435　411935
御批增補了凡綱鑑四十卷首一卷　(明)袁黄纂　清光緒三十年(1904)上海廣益書局石印本　九冊　缺四卷(三十七至四十)

360000－1901－0040436　411936
御批增補了凡綱鑑四十卷首一卷　(明)袁黄纂　清光緒三十年(1904)上海廣益書局石印本　十冊　缺一卷(十六)

360000－1901－0040437　411937
御批增補了凡綱鑑四十卷首一卷　(明)袁黄纂　清光緒三十一年(1905)上海文盛書局石印本　十冊

360000－1901－0040438　411939
御批增補了凡綱鑑四十卷首一卷　(明)袁黄纂　**御撰資治通鑑綱目三編六卷**　(清)張廷玉等撰　清光緒二十八年(1902)上海慎記書局石印本　十二冊

360000－1901－0040439　411941
御批增補了凡綱鑑四十卷首一卷　(明)袁黃纂　**御撰資治通鑑綱目三編六卷**　(清)張廷玉等撰　清光緒二十八年(1902)上海慎記書局石印本　七册

360000－1901－0040440　411942
御批增補了凡綱鑑四十卷首一卷　(明)袁黃纂　**御撰資治通鑑綱目三編六卷**　(清)張廷玉等撰　清光緒二十八年(1902)上海慎記書局石印本　六册　存二十四卷(一至八、二十一至三十一、三十七至四十,首一卷)

360000－1901－0040441　411943
御批增補了凡綱鑑四十卷首一卷　(明)袁黃纂　**御撰資治通鑑綱目三編六卷**　(清)張廷玉等撰　清光緒二十五年(1899)上海著易堂石印本　十二册

360000－1901－0040442　411944
御批增補了凡綱鑑四十卷首一卷　(明)袁黃纂　**御撰資治通鑑綱目三編六卷**　(清)張廷玉等撰　清光緒二十五年(1899)上海著易堂石印本　七册　存二十九卷(一至八、十至十三、十六至十九、二十二至二十九、三十七至四十,首一卷)

360000－1901－0040443　411945
御批增補了凡綱鑑四十卷首一卷　(明)袁黃纂　**御撰資治通鑑綱目三編六卷**　(清)張廷玉等撰　清光緒三十年(1904)上海鴻文書局石印本　十一册　存三十九卷(一至九、十一至三十五、三十七至四十,首一卷)

360000－1901－0040444　411946
御批增補了凡綱鑑四十卷首一卷　(明)袁黃纂　**御撰資治通鑑綱目三編六卷**　(清)張廷玉等撰　清光緒石印本　九册　存二十二卷(御撰資治通鑑綱目一至六、十六至十七、二十三至三十二,首一卷,御撰資治通鑑綱目三編四至六)

360000－1901－0040445　310523
御批資治通鑑綱目全書　清康熙四十六年(1707)刻本　五十九册　缺九卷(御批續資治通鑑綱目十九至二十七)

360000－1901－0040446　220128
御批資治通鑑綱目全書　清康熙四十六年(1707)内府刻本　九十九册

360000－1901－0040447　220129
御批資治通鑑綱目全書　清康熙四十六年(1707)内府刻本　七十四册

360000－1901－0040448　220130
御批資治通鑑綱目全書　清康熙四十六年(1707)内府刻本　二十一册

360000－1901－0040449　220131
御批資治通鑑綱目全書　清康熙四十六年(1707)内府刻本　五十册　存三種

360000－1901－0040450　800916
御批資治通鑑綱目五十九卷　(宋)朱熹撰　(清)聖祖玄燁批　清刻本　二册　存二卷(四十、四十六)

360000－1901－0040451　415637
御批資治通鑑綱目五十九卷首一卷　(宋)朱熹撰　(清)聖祖玄燁批　**御批資治通鑑綱目前編十八卷外紀一卷舉要三卷**　(宋)金履祥撰　(清)聖祖玄燁批　**御批續資治通鑑綱目二十七卷**　(明)商輅撰　(清)聖祖玄燁批　清光緒二十八年(1902)上海經香閣石印本　十四册　存九十七卷(御批資治通鑑綱目一至四十、五十三至五十九,首一卷;御批資治通鑑綱目前編十八卷、外紀一卷、舉要三卷;御批續資治通鑑綱目二十七卷)

360000－1901－0040452　415629
御批資治通鑑綱目五十九卷首一卷　(宋)朱熹撰　(清)聖祖玄燁批　**御批資治通鑑綱目前編十八卷外紀一卷舉要三卷**　(宋)金履祥撰　(清)聖祖玄燁批　**御批續資治通鑑綱目二十七卷**　(明)商輅撰　(清)聖祖玄燁批　清光緒二十八年(1902)上海久敬齋石印本　十九册　存八十八卷(御批資治通鑑綱目三至九、十四至三十三、三十九至四十二、四十七至五十九,御批資治通鑑綱目前編十八卷、外紀一卷、舉要三卷,御批續資治通鑑綱目一至二十二)

360000－1901－0040453　415630
御批資治通鑑綱目五十九卷首一卷　（宋）朱熹撰　（清）聖祖玄燁批　**御批資治通鑑綱目前編十八卷外紀一卷舉要三卷**　（宋）金履祥撰　（清）聖祖玄燁批　**御批續資治通鑑綱目二十七卷**　（明）商輅撰　（清）聖祖玄燁批
清光緒二十八年（1902）上海久敬齋石印本
五冊　存二十五卷（御批資治通鑑綱目七至十、五十一至五十九；御批資治通鑑綱目前編一至二，外紀一卷、舉要三卷；御批續資治通鑑綱目五至十）

360000－1901－0040454　415631
御批資治通鑑綱目五十九卷首一卷　（宋）朱熹撰　（清）聖祖玄燁批　**御批資治通鑑綱目前編十八卷外紀一卷舉要三卷**　（宋）金履祥撰　（清）聖祖玄燁批　**御批續資治通鑑綱目二十七卷**　（明）商輅撰　（清）聖祖玄燁批
清光緒二十八年（1902）上海美華書局石印本　二冊　存十一卷（御批資治通鑑綱目前編一至二、十四至十八，外紀一卷，舉要三卷）

360000－1901－0040455　309197
御批資治通鑑綱目五十九卷首一卷　（宋）朱熹撰　（清）聖祖玄燁批　**御批資治通鑑綱目前編十八卷外紀一卷舉要三卷**　（宋）金履祥撰　（清）聖祖玄燁批　**御批續資治通鑑綱目二十七卷**　（明）商輅撰　（清）聖祖玄燁批
清光緒十三年（1887）上海同文書局石印本
二十一冊　存九十七卷（御批資治通鑑綱目一至五十五、首一卷，御批資治通鑑綱目前編十八卷、外紀一卷、舉要三卷，御批續資治通鑑綱目五至十八、二十三至二十七）

360000－1901－0040456　415635
御批資治通鑑綱目五十九卷首一卷　（宋）朱熹撰　（清）聖祖玄燁批　**御批資治通鑑綱目前編十八卷外紀一卷舉要三卷**　（宋）金履祥撰　（清）聖祖玄燁批　**御批續資治通鑑綱目二十七卷**　（明）商輅撰　（清）聖祖玄燁批
清光緒十三年（1887）上海同文書局石印本
十一冊　存四十八卷（御批資治通鑑綱目一至五、二十九至三十三、三十九至四十二、四十七至五十、五十六至五十九，御批資治通鑑綱目前編一至二、外紀一卷、舉要三卷，御批續資治通鑑綱目五至十九、二十三至二十七）

360000－1901－0040457　415636
御批資治通鑑綱目五十九卷首一卷　（宋）朱熹撰　（清）聖祖玄燁批　**御批資治通鑑綱目前編十八卷外紀一卷舉要三卷**　（宋）金履祥撰　（清）聖祖玄燁批　**御批續資治通鑑綱目二十七卷**　（明）商輅撰　（清）聖祖玄燁批
清光緒十三年（1887）上海同文書局石印本
二十四冊

360000－1901－0040458　415623
御批資治通鑑綱目五十九卷首一卷　（宋）朱熹撰　（清）聖祖玄燁批　**御批資治通鑑綱目前編十八卷外紀一卷舉要三卷**　（宋）金履祥撰　（清）聖祖玄燁批　**御批續資治通鑑綱目二十七卷**　（明）商輅撰　（清）聖祖玄燁批
清康熙四十六年（1707）刻本　六十五冊　存九十卷（御批資治通鑑綱目三、五至十五、十七至二十三、二十五、二十八至三十七、三十九、四十一至四十二、四十四至四十五、四十七至五十九，首一卷；御批資治通鑑綱目前編一至八、十七至十八，外紀一卷，舉要三卷；御批續資治通鑑綱目二十七卷）

360000－1901－0040459　415624
御批資治通鑑綱目五十九卷首一卷　（宋）朱熹撰　（清）聖祖玄燁批　**御批資治通鑑綱目前編十八卷外紀一卷舉要三卷**　（宋）金履祥撰　（清）聖祖玄燁批　**御批續資治通鑑綱目二十七卷**　（明）商輅撰　（清）聖祖玄燁批
清康熙四十六年（1707）刻本　三十冊　存六十四卷（御批資治通鑑綱目九至三十五、四十二至四十四、五十七至五十九，御批資治通鑑綱目前編五至十一、十七至十八，御批續資治通鑑綱目三至十二、十六至二十七）

360000－1901－0040460　415625
御批資治通鑑綱目五十九卷首一卷　（宋）朱熹撰　（清）聖祖玄燁批　**御批資治通鑑綱目前編十八卷外紀一卷舉要三卷**　（宋）金履祥撰　（清）聖祖玄燁批　**御批續資治通鑑綱目**

二十七卷　(明)商輅撰　(清)聖祖玄燁批　清康熙四十六年(1707)刻本　三十六册　存六十三卷(御批資治通鑑綱目二至三、五至十、十四、十七至二十五、二十八至二十九、三十五至三十六、四十三至四十五、四十九、五十四至五十九;御批資治通鑑綱目前編一至六、十一至十六,外紀一卷,舉要三卷;御批續資治通鑑綱目一至十一、十四至十七)

360000－1901－0040461　415626
御批資治通鑑綱目五十九卷首一卷　(宋)朱熹撰　(清)聖祖玄燁批　**御批資治通鑑綱目前編十八卷外紀一卷舉要三卷**　(宋)金履祥撰　(清)聖祖玄燁批　**御批續資治通鑑綱目二十七卷**　(明)商輅撰　(清)聖祖玄燁批　清康熙四十六年(1707)刻本　三十五册　存四十五卷(御批資治通鑑綱目二至三、五至十一、十五至十八、三十、三十三至三十四、三十六至四十一、四十五至四十九、五十一至五十七,首一卷;御批資治通鑑綱目前編一至五、十五至十六,舉要三卷)

360000－1901－0040462　415627
御批資治通鑑綱目五十九卷首一卷　(宋)朱熹撰　(清)聖祖玄燁批　**御批資治通鑑綱目前編十八卷外紀一卷舉要三卷**　(宋)金履祥撰　(清)聖祖玄燁批　**御批續資治通鑑綱目二十七卷**　(明)商輅撰　(清)聖祖玄燁批　清康熙四十六年(1707)刻本　十三册　存十八卷(御批資治通鑑綱目三至四、十二至十五、二十八至三十九)

360000－1901－0040463　415628
御批資治通鑑綱目五十九卷首一卷　(宋)朱熹撰　(清)聖祖玄燁批　**御批資治通鑑綱目前編十八卷外紀一卷舉要三卷**　(宋)金履祥撰　(清)聖祖玄燁批　**御批續資治通鑑綱目二十七卷**　(明)商輅撰　(清)聖祖玄燁批　清康熙四十六年(1707)刻本　十一册　存二十一卷(御批資治通鑑綱目二至四、七、十一至十二、二十二至二十四、四十五至四十六、五十八至五十九,御批資治通鑑綱目前編十五至十六,御批續資治通鑑綱目十、十八至二十、二十六至二十七)

360000－1901－0040464　308420
御批資治通鑑綱目五十九卷首一卷　(宋)朱熹撰　(清)聖祖玄燁批　**御批資治通鑑綱目前編十八卷外紀一卷舉要三卷**　(宋)金履祥撰　(清)聖祖玄燁批　**御批續資治通鑑綱目二十七卷**　(明)商輅撰　(清)聖祖玄燁批　清康熙四十六年至四十九年(1707－1710)揚州詩局刻本　十三册　存三十四卷(御批資治通鑑綱目二十一至二十三、二十六至三十三、四十四至四十五、四十八至四十九、五十八至五十九,御批資治通鑑綱目前編六至八、十一至十六,御批續資治通鑑綱目三至十)

360000－1901－0040465　722128
御批資治通鑑綱目五十九卷首一卷　(宋)朱熹撰　(清)聖祖玄燁批　**御批資治通鑑綱目前編十八卷外紀一卷舉要三卷**　(宋)金履祥撰　(清)聖祖玄燁批　**御批續資治通鑑綱目二十七卷**　(明)商輅撰　(清)聖祖玄燁批　清刻本　十九册　存十五卷(御批資治通鑑綱目六至八,御批續資治通鑑綱目十五至二十二、二十四至二十七)

360000－1901－0040466　421686
御題三希堂續刻法帖不分卷　(清)蔣溥等輯　清宣統元年(1909)影印本　一册

360000－1901－0040467　404736
御虛階不分卷　(清)黃正元撰　清刻本　一册

360000－1901－0040468　316727
御選歷代詩餘一百二十卷　(清)沈辰垣等輯　清康熙四十六年(1707)刻本　四十册

360000－1901－0040469　421901
御選歷代詩餘一百二十卷　(清)沈辰垣等輯　清康熙四十六年(1707)刻本　七册　存十二卷(五十至五十九、六十二至六十三)

360000－1901－0040470　241345
御選唐詩三十二卷目錄三卷　(清)聖祖玄燁輯　(清)陳廷敬等注　清康熙五十二年

(1713)内府刻朱墨套印本　二十四册

360000－1901－0040471　241346
御選唐詩三十二卷目録三卷　(清)聖祖玄燁輯　(清)陳廷敬等注　清康熙五十二年(1713)内府刻朱墨套印本　八册　缺十六卷(一至三、七至九、十五至十八、二十一至二十三,目録三卷)

360000－1901－0040472　316594
御選唐宋詩醇四十七卷目録二卷　(清)高宗弘曆輯　清光緒二十一年(1895)上海鴻文書局石印本　八册

360000－1901－0040473　316226
御選唐宋詩醇四十七卷目録二卷　(清)高宗弘曆輯　清光緒七年(1881)浙江書局刻本　二十册

360000－1901－0040474　316990
御選唐宋詩醇四十七卷目録二卷　(清)高宗弘曆輯　清光緒七年(1881)浙江書局刻本　二十册

360000－1901－0040475　304558
御選唐宋詩醇四十七卷目録二卷　(清)高宗弘曆輯　清光緒三年(1877)公益會刻本　十九册　存四十七卷(一至八、十一至四十七,目録二卷)

360000－1901－0040476　418001
御選唐宋詩醇四十七卷目録二卷　(清)高宗弘曆輯　清光緒三年(1877)浙江書局刻本　二十二册　存四十一卷(三至二十、二十二至二十五、二十九至四十七)

360000－1901－0040477　418002
御選唐宋詩醇四十七卷目録二卷　(清)高宗弘曆輯　清光緒三年(1877)浙江書局刻本　十册　存二十卷(十至十三、十六至十七、三十二至三十三、三十六至四十七)

360000－1901－0040478　418002－1
御選唐宋詩醇四十七卷目録二卷　(清)高宗弘曆輯　清光緒三年(1877)浙江書局刻本　三册　存六卷(十三至十四、四十至四十三)

360000－1901－0040479　418002－2
御選唐宋詩醇四十七卷目録二卷　(清)高宗弘曆輯　清光緒三年(1877)浙江書局刻本　一册　存二卷(四十至四十一)

360000－1901－0040480　304567
御選唐宋詩醇四十七卷目録二卷　(清)高宗弘曆輯　清光緒十八年(1892)益元書局刻本　十六册　存三十七卷(一至四、十一至四十一,目録二卷)

360000－1901－0040481　163386
御選唐宋詩醇四十七卷目録二卷　(清)高宗弘曆輯　清刻本　二十三册　缺一卷(目録上)

360000－1901－0040482　304560
御選唐宋詩醇四十七卷目録二卷　(清)高宗弘曆輯　清刻本　九册　存二十五卷(五至九、十五至二十一、二十五至三十一、四十二至四十七)

360000－1901－0040483　304562
御選唐宋詩醇四十七卷目録二卷　(清)高宗弘曆輯　清刻本　五册　存十一卷(七至十、二十二至二十六、三十六至三十七)

360000－1901－0040484　304564
御選唐宋詩醇四十七卷目録二卷　(清)高宗弘曆輯　清刻本　四册　存八卷(五至六、二十二至二十七)

360000－1901－0040485　308580
御選唐宋詩醇四十七卷目録二卷　(清)高宗弘曆輯　清刻本　十二册　存四十四卷(一至四十四)

360000－1901－0040486　417679
御選唐宋詩醇四十七卷目録二卷　(清)高宗弘曆輯　清刻本　三册　存九卷(一至三、二十九至三十四)

360000－1901－0040487　417679－1
御選唐宋詩醇四十七卷目録二卷　(清)高宗弘曆輯　清刻本　三册　存八卷(二十二至二十四、三十七至三十八、四十二至四十四)

360000－1901－0040488　417679－2
御選唐宋詩醇四十七卷目錄二卷　(清)高宗弘曆輯　清刻本　二冊　存三卷(三十五至三十六、三十九)

360000－1901－0040489　417679－3
御選唐宋詩醇四十七卷目錄二卷　(清)高宗弘曆輯　清刻本　一冊　存三卷(二十三至二十五)

360000－1901－0040490　417679－4
御選唐宋詩醇四十七卷目錄二卷　(清)高宗弘曆輯　清刻本　一冊　存二卷(四十一至四十二)

360000－1901－0040491　417681
御選唐宋詩醇四十七卷目錄二卷　(清)高宗弘曆輯　清刻本　五冊　存十九卷(二十三至三十八、四十五至四十七)

360000－1901－0040492　417999－1
御選唐宋詩醇四十七卷目錄二卷　(清)高宗弘曆輯　清刻本　十四冊　存三十四卷(七至十一、十五至三十六、三十九至四十、四十三至四十五,目錄二卷)

360000－1901－0040493　417999－4
御選唐宋詩醇四十七卷目錄二卷　(清)高宗弘曆輯　清刻本　六冊　存十六卷(一至三、六至八、十三至十五、三十六至三十九、四十二至四十四)

360000－1901－0040494　417999－5
御選唐宋詩醇四十七卷目錄二卷　(清)高宗弘曆輯　清刻本　九冊　存十九卷(十八至二十六、三十一至三十四、三十七至三十八、四十至四十一、四十四至四十五)

360000－1901－0040495　418002－3
御選唐宋詩醇四十七卷目錄二卷　(清)高宗弘曆輯　清刻本　一冊　存二卷(九至十)

360000－1901－0040496　603499－1
御選唐宋詩醇四十七卷目錄二卷　(清)高宗弘曆輯　清刻本　一冊　存三卷(三十七至三十九)

360000－1901－0040497　801376
御選唐宋詩醇四十七卷目錄二卷　(清)高宗弘曆輯　清刻本　一冊　存二卷(十一至十二)

360000－1901－0040498　163387
御選唐宋詩醇四十七卷目錄二卷　(清)高宗弘曆輯　清刻朱墨套印本　四十冊

360000－1901－0040499　805247
御選唐宋詩醇四十七卷目錄二卷　(清)高宗弘曆輯　清刻朱墨套印本　一冊　存四卷(一至四)

360000－1901－0040500　241231
御選唐宋詩醇四十七卷目錄二卷　(清)高宗弘曆輯　清乾隆二十五年(1760)刻本　二十二冊

360000－1901－0040501　241232
御選唐宋詩醇四十七卷目錄二卷　(清)高宗弘曆輯　清乾隆二十五年(1760)刻本　二十三冊

360000－1901－0040502　241233
御選唐宋詩醇四十七卷目錄二卷　(清)高宗弘曆輯　清乾隆二十五年(1760)刻本　十七冊　缺二卷(四十至四十一)

360000－1901－0040503　241234
御選唐宋詩醇四十七卷目錄二卷　(清)高宗弘曆輯　清乾隆二十五年(1760)刻本　十八冊　缺三卷(三十四至三十五、目錄下)

360000－1901－0040504　417992
御選唐宋詩醇四十七卷目錄二卷　(清)高宗弘曆輯　清乾隆二十五年(1760)刻本　十六冊

360000－1901－0040505　417993
御選唐宋詩醇四十七卷目錄二卷　(清)高宗弘曆輯　清乾隆二十五年(1760)刻本　二十四冊

360000－1901－0040506　417994
御選唐宋詩醇四十七卷目錄二卷　(清)高宗

弘曆輯　清乾隆二十五年(1760)刻本　十八冊　存四十三卷(一至二十八、三十五至四十七,目錄二卷)

360000－1901－0040507　417995
御選唐宋詩醇四十七卷目錄二卷　(清)高宗弘曆輯　清乾隆二十五年(1760)刻本　十四冊　存三十四卷(一至二十一、二十五至二十九、三十五至三十六、三十九至四十一、四十五至四十七)

360000－1901－0040508　417996
御選唐宋詩醇四十七卷目錄二卷　(清)高宗弘曆輯　清乾隆二十五年(1760)刻本　十二冊　存三十六卷(一至二十一、二十六至三十二、三十九至四十四,目錄二卷)

360000－1901－0040509　417997
御選唐宋詩醇四十七卷目錄二卷　(清)高宗弘曆輯　清乾隆二十五年(1760)刻本　十七冊　存三十三卷(一至九、十二至十三、十六至十九、二十三至二十五、三十一至三十九、四十二至四十五,目錄二卷)

360000－1901－0040510　417998
御選唐宋詩醇四十七卷目錄二卷　(清)高宗弘曆輯　清乾隆二十五年(1760)刻本　十二冊　存二十六卷(九至十二、十九至二十四、三十二至四十七)

360000－1901－0040511　417999
御選唐宋詩醇四十七卷目錄二卷　(清)高宗弘曆輯　清乾隆二十五年(1760)刻本　十三冊　存三十二卷(一至二、九至十、十三至二十四、二十八至三十一、三十四至三十五、三十八至四十五,目錄二卷)

360000－1901－0040512　417999－2
御選唐宋詩醇四十七卷目錄二卷　(清)高宗弘曆輯　清乾隆二十五年(1760)刻本　十冊　存三十四卷(一至十九、三十二至三十六、四十至四十七,目錄二卷)

360000－1901－0040513　417999－3
御選唐宋詩醇四十七卷目錄二卷　(清)高宗弘曆輯　清乾隆二十五年(1760)刻本　十一冊　存二十五卷(五至十、十三至二十八、四十五至四十七)

360000－1901－0040514　417999－6
御選唐宋詩醇四十七卷目錄二卷　(清)高宗弘曆輯　清乾隆二十五年(1760)刻本　四冊　存八卷(五至六、十七至二十、三十九至四十)

360000－1901－0040515　417999－7
御選唐宋詩醇四十七卷目錄二卷　(清)高宗弘曆輯　清乾隆二十五年(1760)刻本　一冊　存二卷(四十六至四十七)

360000－1901－0040516　417999－8
御選唐宋詩醇四十七卷目錄二卷　(清)高宗弘曆輯　清乾隆二十五年(1760)刻本　一冊　存三卷(十一至十三)

360000－1901－0040517　417999－9
御選唐宋詩醇四十七卷目錄二卷　(清)高宗弘曆輯　清乾隆二十五年(1760)刻本　一冊　存三卷(十至十二)

360000－1901－0040518　418003
御選唐宋詩醇四十七卷目錄二卷　(清)高宗弘曆輯　清乾隆二十五年(1760)刻四色套印本　二十三冊　存四十七卷(一至三十一、三十四至四十七,目錄二卷)

360000－1901－0040519　418003－1
御選唐宋詩醇四十七卷目錄二卷　(清)高宗弘曆輯　清乾隆二十五年(1760)刻四色套印本　一冊　存二卷(一至二)

360000－1901－0040520　603499
御選唐宋詩醇四十七卷目錄二卷　(清)高宗弘曆輯　清乾隆二十五年(1760)書業室刻本　二十四冊

360000－1901－0040521　417991
御選唐宋詩醇四十七卷目錄二卷　(清)高宗弘曆輯　清乾隆二十五年(1760)紫陽書院刻本　六冊　存二十四卷(一至二十二、目錄二卷)

360000－1901－0040522　417991－1
御選唐宋詩醇四十七卷目錄二卷　(清)高宗弘曆輯　清乾隆二十五年(1760)紫陽書院刻本　五册　存十六卷(一至八、十八至二十三,目錄二卷)

360000－1901－0040523　417991－2
御選唐宋詩醇四十七卷目錄二卷　(清)高宗弘曆輯　清乾隆二十五年(1760)紫陽書院刻本　四册　存七卷(八至九、四十一、四十四至四十七)

360000－1901－0040524　300092
御選唐宋詩醇四十七卷目錄二卷　(清)高宗弘曆輯　清宣統二年(1910)上海書局石印本　十册

360000－1901－0040525　300093
御選唐宋詩醇四十七卷目錄二卷　(清)高宗弘曆輯　清宣統二年(1910)上海書局石印本　十册

360000－1901－0040526　418000
御選唐宋詩醇四十七卷目錄二卷　(清)高宗弘曆輯　清宣統二年(1910)上海書局石印本　七册　存三十三卷(一至八、十九至二十五、三十二至四十七,目錄二卷)

360000－1901－0040527　417987
御選唐宋文醇五十八卷　(清)高宗弘曆輯　清光緒三年(1877)浙江書局刻本　二十四册

360000－1901－0040528　304556
御選唐宋文醇五十八卷　(清)高宗弘曆輯　清光緒十年(1884)刻本　二十二册　存五十三卷(一至二十二、二十八至五十八)

360000－1901－0040529　316660
御選唐宋文醇五十八卷　(清)高宗弘曆輯　清光緒浙江書局刻本　二十册

360000－1901－0040530　304554
御選唐宋文醇五十八卷　(清)高宗弘曆輯　清刻本　二十三册　存五十五卷(一至四十一、四十五至五十八)

360000－1901－0040531　304555
御選唐宋文醇五十八卷　(清)高宗弘曆輯　清刻本　五册　存十六卷(三十八至五十三)

360000－1901－0040532　304557
御選唐宋文醇五十八卷　(清)高宗弘曆輯　清刻本　十八册　存五十四卷(五至五十八)

360000－1901－0040533　417988
御選唐宋文醇五十八卷　(清)高宗弘曆輯　清刻本　三册　存八卷(十至十一、四十至四十二、五十至五十二)

360000－1901－0040534　417990
御選唐宋文醇五十八卷　(清)高宗弘曆輯　清刻本　五册　存二十卷(二至四、十三至十七、二十一至二十四、二十九至三十二、三十四至三十七)

360000－1901－0040535　417990－1
御選唐宋文醇五十八卷　(清)高宗弘曆輯　清刻本　三册　存九卷(三至五、三十二至三十四、四十二至四十四)

360000－1901－0040536　304563
御選唐宋文醇五十八卷　(清)高宗弘曆輯　清刻四色套印本　六册　存二十一卷(三十八至五十八)

360000－1901－0040537　417989
御選唐宋文醇五十八卷　(清)高宗弘曆輯　清乾隆刻本　十六册　存四十七卷(二至十、十四至四十六、五十一至五十三、五十七至五十八)

360000－1901－0040538　417989－1
御選唐宋文醇五十八卷　(清)高宗弘曆輯　清乾隆刻本　一册　存三卷(十七至十九)

360000－1901－0040539　241300
御選唐宋文醇五十八卷　(清)高宗弘曆輯　清乾隆三年(1738)刻本　九册　缺十六卷(二十二至三十三、三十八至四十一)

360000－1901－0040540　315976
御選唐宋文醇五十八卷　(清)高宗弘曆輯

清乾隆三年(1738)刻本　十冊

360000－1901－0040541　241298
御選唐宋文醇五十八卷　(清)高宗弘曆輯　清乾隆三年(1738)内府刻四色套印本　二十冊

360000－1901－0040542　241299
御選唐宋文醇五十八卷　(清)高宗弘曆輯　清乾隆三年(1738)内府刻四色套印本　十二冊　存十九卷(一至十九)

360000－1901－0040543　306532
御選語錄十九卷　(清)世宗胤禛輯　清刻本　三冊　存三卷(十六至十八)

360000－1901－0040544　405570
御選語錄十九卷　(清)世宗胤禛輯　清刻本　一冊　存二卷(三、八)

360000－1901－0040545　802278
御選語錄十九卷　(清)世宗胤禛輯　清刻本　一冊　存二卷(三、八)

360000－1901－0040546　405571
御選語錄十九卷　(清)世宗胤禛輯　**中峰淨土詩一卷**　(元)釋明本撰　清刻本　一冊　存二卷(三、中峰淨土詩一卷)

360000－1901－0040547　406741
御製大雲輪請雨經一卷附太上祈雨龍王真經三卷　(隋)釋那連提耶舍譯　清同治九年(1870)湖北崇文書局刻本　一冊

360000－1901－0040548　230185
御製耕織圖二卷　(清)焦秉貞繪　(清)聖祖玄燁題詩　清康熙三十五年(1696)内府刻本　景華題識　一冊

360000－1901－0040549　162617
御製耕織圖詩一卷　(清)焦秉貞繪　(清)聖祖玄燁題詩　清光緒五年(1879)點石齋石印本　二冊

360000－1901－0040550　305314
御製耕織圖詩一卷　(清)焦秉貞繪　(清)聖祖玄燁題詩　清光緒五年(1879)點石齋石印本　一冊

360000－1901－0040551　407207
御製曆象考成後編十卷　(清)顧琮等編　清光緒二十二年(1896)勵志書屋刻本　十冊

360000－1901－0040552　407208
御製曆象考成後編十卷　(清)顧琮等編　清乾隆七年(1742)刻本　十冊

360000－1901－0040553　303884
御製曆象考成上編十六卷　(清)允祿等編　清光緒二十一年(1895)湖北官書處刻本　十五冊

360000－1901－0040554　407255
御製曆象考成上編十六卷下編十卷表十六卷　(清)允祿等編　**御製曆象考成後編十卷**　(清)顧琮等編　清刻本　十四冊　存十八卷(上編二至六、九至十、十三至十四,下編三至六,後編三至七)

360000－1901－0040555　230505
御製律曆淵源　(清)允祿　(清)允祉纂修　清雍正二年(1724)内府刻乾隆七年(1742)補刻本　四十八冊　存三種

360000－1901－0040556　410347
御製全韻詩五卷　(清)高宗弘曆撰　清末影印本　四冊　缺一卷(上平)

360000－1901－0040557　410348
御製全韻詩五卷　(清)高宗弘曆撰　清末影印本　五冊

360000－1901－0040558　315954
御製全韻詩五卷　(清)高宗弘曆撰　清乾隆刻本　二冊

360000－1901－0040559　416713
御製勸善要言四卷　(清)世祖福臨輯　清咸豐八年(1858)洪都古艾樂善堂刻本　三冊　存二卷(一至二)

360000－1901－0040560　416713－1
御製勸善要言四卷　(清)世祖福臨輯　清咸豐八年(1858)洪都古艾樂善堂刻本　一冊

存一卷(一)

360000－1901－0040561　416964
御製勸善要言四卷　(清)世祖福臨輯　清咸豐八年(1858)洪都古艾樂善堂刻本　四冊

360000－1901－0040562　416964－1
御製勸善要言四卷　(清)世祖福臨輯　清咸豐八年(1858)洪都古艾樂善堂刻本　二冊　存三卷(二至四)

360000－1901－0040563　304046
御製勸善要言一卷　(清)世祖福臨輯　清刻本　一冊

360000－1901－0040564　313158
御製勸善要言一卷　(清)世祖福臨輯　清刻本　一冊

360000－1901－0040565　314871
御製勸善要言一卷　(清)世祖福臨輯　清刻本　一冊

360000－1901－0040566　417380
御製勸善要言一卷　(清)世祖福臨輯　清刻本　一冊

360000－1901－0040567　417381
御製勸善要言一卷　(清)世祖福臨輯　清刻本　一冊

360000－1901－0040568　303597
御製人臣儆心錄一卷　(清)世祖福臨撰　清刻本　一冊

360000－1901－0040569　305326
御製詩初集二十四卷　(清)宣宗旻寧撰　清刻本　五冊　存十卷(十五至二十四)

360000－1901－0040570　307862
御製詩初集四十八卷目錄六卷　(清)仁宗顒琰撰　清嘉慶八年(1803)刻本　二十八冊　存五十卷(三至四十、四十三至四十八,目錄六卷)

360000－1901－0040571　241054
御製詩初集四十四卷目錄四卷　(清)高宗弘曆撰　清乾隆十四年(1749)內府刻本　二十三冊　缺二卷(十五至十六)

360000－1901－0040572　405676
御製詩初集四十四卷目錄四卷　(清)高宗弘曆撰　清乾隆十四年(1749)內府刻本　一冊　存三卷(二十六至二十八)

360000－1901－0040573　417678－1
御製詩第三集八卷　(清)聖祖玄燁撰　清康熙內府刻本　二冊

360000－1901－0040574　241364
御製詩分門題註十三卷補十三卷　(清)高宗弘曆撰　清抄本　三冊

360000－1901－0040575　417678
御製詩集十卷第二集十卷　(清)聖祖玄燁撰　清康熙四十二年(1703)武英殿刻本　八冊

360000－1901－0040576　413209
林和靖先生詩集四卷省心錄一卷　(宋)林逋撰　清康熙四十七年(1708)吳調元刻本　一冊

360000－1901－0040577　163498
御製詩四集一百卷目錄十二卷　(清)高宗弘曆撰　清乾隆刻本　三十八冊　缺五卷(四十九至五十一、目錄三至四)

360000－1901－0040578　305313
御製詩文十全集五十四卷　(清)高宗弘曆撰　清光緒二十年(1894)刻本　七冊　存二十七卷(一至八、三十二至三十五、四十至五十四)

360000－1901－0040579　301565
御製詩餘集二十卷目錄三卷　(清)高宗弘曆撰　清嘉慶刻本　六冊

360000－1901－0040580　162608
御製數理精蘊表八卷　(清)允祉等撰　清光緒梅啓照等刻本　十冊

360000－1901－0040581　312099
御製數理精蘊表八卷　(清)允祉等撰　清刻本　十冊

360000－1901－0040582　803128

御製數理精藴表八卷　(清)允祉等撰　清刻本　一册　存一卷(二)

360000－1901－0040583　804027
御製數理精藴表八卷　(清)允祉等撰　清刻本　一册　存一卷(三)

360000－1901－0040584　306349
御製數理精藴上編五卷下編四十卷表八卷
清光緒八年(1882)廣東藩司刻本　二十四册　存四十五卷(上編五卷、下編四十卷)

360000－1901－0040585　309038
御製數理精藴上編五卷下編四十卷表八卷
清光緒八年(1882)江寧藩署刻本　五册　存七卷(下編二至三、九至十一、十八、三十八)

360000－1901－0040586　309052
御製數理精藴上編五卷下編四十卷表八卷
清光緒八年(1882)江寧藩署刻本　三十九册　存五十二卷(上編五卷、下編一至三十九、表八卷)

360000－1901－0040587　417330
御製數理精藴上編五卷下編四十卷表八卷
清光緒八年(1882)江寧藩署刻本　三册　存四卷(下編四至五,表三、七)

360000－1901－0040588　306356
御製數理精藴上編五卷下編四十卷表八卷
清光緒八年(1882)江寧藩署刻本　三十册　存四十五卷(上編五卷、下編四十卷)

360000－1901－0040589　306357
御製數理精藴上編五卷下編四十卷表八卷
清光緒八年(1882)江寧藩署刻本　三十六册　存四十七卷(下編二至四十、表八卷)

360000－1901－0040590　312617
御製數理精藴上編五卷下編四十卷表八卷
清光緒八年(1882)江寧藩署刻本　三十册　存四十五卷(上編五卷、下編四十卷)

360000－1901－0040591　313761
御製數理精藴上編五卷下編四十卷表八卷
清光緒八年(1882)江寧藩署刻本　四十册

360000－1901－0040592　312208
御製數理精藴上編五卷下編四十卷表八卷
清光緒八年(1882)刻本　四十册

360000－1901－0040593　303435
御製數理精藴上編五卷下編四十卷表八卷
清光緒八年(1882)石印本　二十四册

360000－1901－0040594　306350－1
御製數理精藴上編五卷下編四十卷表八卷
清光緒二十二年(1896)上海博文書局石印本　二十册　存四十六卷(上編五卷,下編一至二十四、三十一至四十,表一至七)

360000－1901－0040595　308452
御製數理精藴上編五卷下編四十卷表八卷
清光緒石印本　十四册　存二十三卷(下編八至十八、三十六至四十,表二至八)

360000－1901－0040596　417392
御製數理精藴上編五卷下編四十卷表八卷
清光緒石印本　二十册　存三十一卷(下編一至七、十九至二十四、三十一至四十,表八卷)

360000－1901－0040597　417393
御製數理精藴上編五卷下編四十卷表八卷
清光緒石印本　十册　存二十八卷(上編五卷,下編七至十八、二十四至三十,表一、三、五、八)

360000－1901－0040598　705714
御製數理精藴上編五卷下編四十卷表八卷
清光緒石印本　十二册　存十一卷(下編十九至二十二、表一至七)

360000－1901－0040599　303433
御製數理精藴上編五卷下編四十卷表八卷
清刻本　十册　存十三卷(上編四至五,下編八至九、十七至十八、二十、二十九至三十、三十三、三十五,表一、五)

360000－1901－0040600　306355
御製數理精藴上編五卷下編四十卷表八卷
清刻本　二十五册　存四十三卷(上編三至五,下編一至三十三,表一至三、五至八)

360000－1901－0040601　314904
御製數理精藴上編五卷下編四十卷表八卷
清刻本　三十二册

360000－1901－0040602　306351
御製數理精藴上編五卷下編四十卷表八卷
清末石印本　十七册　存三十五卷(下編八至三十五、表一至七)

360000－1901－0040603　301560
御製嗣統述聖詩二卷　(清)仁宗顒琰撰　清嘉慶刻本　二册

360000－1901－0040604　305315
御製文初集三十卷目録二卷　(清)高宗弘曆撰　清刻本　十五册　缺二卷(十七至十八)

360000－1901－0040605　241055
御製文初集三十卷目録二卷　(清)高宗弘曆撰　清乾隆二十九年(1764)内府刻本　八册

360000－1901－0040606　710345
御製文初集三十卷目録二卷　(清)高宗弘曆撰　清乾隆刻本　六册　存十二卷(三至六、十三至十六、二十五至二十六、二十九至三十)

360000－1901－0040607　241056
御製文二集四十四卷目録二卷　(清)高宗弘曆撰　清乾隆五十一年(1786)刻本　八册

360000－1901－0040608　710346
御製文集四十卷總目五卷二集五十卷總目六卷三集五十卷總目六卷　(清)聖祖玄燁撰　清康熙五十三年(1714)武英殿刻本　十六册　存五十六卷(三集五十卷、總目六卷)

360000－1901－0040609　301566
御製文三集十六卷　(清)高宗弘曆撰　清嘉慶五年(1800)刻本　四册

360000－1901－0040610　301564
御製文餘集二卷　(清)高宗弘曆撰　清嘉慶五年(1800)刻本　二册

360000－1901－0040611　230507
御製欽若曆書上編十六卷下編十卷表十六卷　(清)允祿等撰　清康熙内府刻本　十五册　存二十四卷(上編一至八、十五至十六,下編十卷,表二至五)

360000－1901－0040612　312700
御製圓明園詩二卷　(清)聖祖玄燁撰　(清)鄂爾泰等注　清光緒十三年(1887)天津石印書屋石印本　二册

360000－1901－0040613　417676
御製圓明園詩二卷　(清)聖祖玄燁撰　(清)鄂爾泰等注　清光緒十三年(1887)天津石印書屋石印本　二册

360000－1901－0040614　417675
御製圓明園詩二卷　(清)聖祖玄燁撰　(清)鄂爾泰等注　清刻本　一册

360000－1901－0040615　312486
御製圓明園詩二卷　(清)聖祖玄燁撰　(清)鄂爾泰等注　清末大同書局影印本　二册

360000－1901－0040616　416967
御製資政要覽三卷　(清)世祖福臨輯　清刻本　三册

360000－1901－0040617　416966
御製資政要覽三卷　(清)世祖福臨輯　**後序一卷**　(清)宋之繩等撰　清順治十二年(1655)内府刻本　一册　存一卷(三)

360000－1901－0040618　162618
御製資政要覽三卷　(清)世祖福臨撰　**後序一卷**　(清)宋之繩等撰　清順治十二年(1655)内府刻本　一册

360000－1901－0040619　160440
御註孝經一卷　(清)世祖福臨注　清大文堂刻本　一册

360000－1901－0040620　405887
御註孝經一卷　(清)世祖福臨注　清兩儀堂刻本　一册

360000－1901－0040621　165165
御撰資治通鑑綱目三編二十卷　(清)張廷玉等撰　清抄本　四册

360000－1901－0040622　415615
御撰資治通鑑綱目三編二十卷　（清）張廷玉等撰　清大文堂刻本　一册　存六卷（十一至十六）

360000－1901－0040623　415620
御撰資治通鑑綱目三編二十卷　（清）張廷玉等撰　清道光三十年（1850）刻本　六册

360000－1901－0040624　415620－1
御撰資治通鑑綱目三編二十卷　（清）張廷玉等撰　清道光三十年（1850）刻本　一册　存六卷（一至六）

360000－1901－0040625　415599
御撰資治通鑑綱目三編二十卷　（清）張廷玉等撰　清光緒八年（1882）掃葉山房刻本（卷十六至二十配清刻本）　七册

360000－1901－0040626　302152－1
御撰資治通鑑綱目三編二十卷　（清）張廷玉等撰　清刻本　五册

360000－1901－0040627　302174
御撰資治通鑑綱目三編二十卷　（清）張廷玉等撰　清刻本　八册

360000－1901－0040628　302175
御撰資治通鑑綱目三編二十卷　（清）張廷玉等撰　清刻本　六册

360000－1901－0040629　302183
御撰資治通鑑綱目三編二十卷　（清）張廷玉等撰　清刻本　四册

360000－1901－0040630　302255
御撰資治通鑑綱目三編二十卷　（清）張廷玉等撰　清刻本　四册

360000－1901－0040631　305617
御撰資治通鑑綱目三編二十卷　（清）張廷玉等撰　清刻本　四册

360000－1901－0040632　308325－1
御撰資治通鑑綱目三編二十卷　（清）張廷玉等撰　清刻本　六册

360000－1901－0040633　308560－1
御撰資治通鑑綱目三編二十卷　（清）張廷玉等撰　清刻本　三册　存十四卷（一至十、十七至二十）

360000－1901－0040634　415600
御撰資治通鑑綱目三編二十卷　（清）張廷玉等撰　清刻本　七册　存十八卷（一至十五、十八至二十）

360000－1901－0040635　415601
御撰資治通鑑綱目三編二十卷　（清）張廷玉等撰　清刻本　三册　存十九卷（一至六、八至二十）

360000－1901－0040636　415602
御撰資治通鑑綱目三編二十卷　（清）張廷玉等撰　清刻本　三册　存十五卷（一至九、十五至二十）

360000－1901－0040637　415603
御撰資治通鑑綱目三編二十卷　（清）張廷玉等撰　清刻本　四册　存十六卷（一至十六）

360000－1901－0040638　415603－1
御撰資治通鑑綱目三編二十卷　（清）張廷玉等撰　清刻本　二册　存十一卷（九至十四、十六至二十）

360000－1901－0040639　415612
御撰資治通鑑綱目三編二十卷　（清）張廷玉等撰　清刻本　六册

360000－1901－0040640　415613
御撰資治通鑑綱目三編二十卷　（清）張廷玉等撰　清刻本　三册　存十九卷（一至四、六至二十）

360000－1901－0040641　415614
御撰資治通鑑綱目三編二十卷　（清）張廷玉等撰　清刻本　三册　存十五卷（一至九、十五至二十）

360000－1901－0040642　415615－1
御撰資治通鑑綱目三編二十卷　（清）張廷玉等撰　清刻本　一册　存四卷（十三至十六）

360000－1901－0040643　415615－2

御撰資治通鑑綱目三編二十卷　(清)張廷玉等撰　清刻本　一冊　存五卷(十六至二十)

360000－1901－0040644　415621
御撰資治通鑑綱目三編二十卷　(清)張廷玉等撰　清刻本　三冊　存十五卷(一至六、十一至十五、十七至二十)

360000－1901－0040645　415622
御撰資治通鑑綱目三編二十卷　(清)張廷玉等撰　清刻本　二冊　存六卷(一至六)

360000－1901－0040646　415622－1
御撰資治通鑑綱目三編二十卷　(清)張廷玉等撰　清刻本　二冊

360000－1901－0040647　603626
御撰資治通鑑綱目三編二十卷　(清)張廷玉等撰　清刻本　五冊　存十七卷(四至二十)

360000－1901－0040648　711832
御撰資治通鑑綱目三編二十卷　(清)張廷玉等撰　清刻本　六冊

360000－1901－0040649　711833
御撰資治通鑑綱目三編二十卷　(清)張廷玉等撰　清刻本　四冊

360000－1901－0040650　711834
御撰資治通鑑綱目三編二十卷　(清)張廷玉等撰　清刻本　二冊　存十五卷(一至六、十二至二十)

360000－1901－0040651　711835
御撰資治通鑑綱目三編二十卷　(清)張廷玉等撰　清刻本　一冊　存七卷(七至十三)

360000－1901－0040652　722081
御撰資治通鑑綱目三編二十卷　(清)張廷玉等撰　清刻本　三冊

360000－1901－0040653　722156
御撰資治通鑑綱目三編二十卷　(清)張廷玉等撰　清刻本　四冊

360000－1901－0040654　800041
御撰資治通鑑綱目三編二十卷　(清)張廷玉等撰　清刻本　一冊　存十一卷(一至十一)

360000－1901－0040655　800042
御撰資治通鑑綱目三編二十卷　(清)張廷玉等撰　清刻本　一冊　存二卷(六至七)

360000－1901－0040656　800043
御撰資治通鑑綱目三編二十卷　(清)張廷玉等撰　清刻本　一冊　存六卷(一至六)

360000－1901－0040657　800044
御撰資治通鑑綱目三編二十卷　(清)張廷玉等撰　清刻本　一冊　存五卷(五至九)

360000－1901－0040658　800045
御撰資治通鑑綱目三編二十卷　(清)張廷玉等撰　清刻本　一冊　存五卷(六至十)

360000－1901－0040659　800046
御撰資治通鑑綱目三編二十卷　(清)張廷玉等撰　清刻本　一冊　存四卷(九至十二)

360000－1901－0040660　800047
御撰資治通鑑綱目三編二十卷　(清)張廷玉等撰　清刻本　一冊　存四卷(一至四)

360000－1901－0040661　800048
御撰資治通鑑綱目三編二十卷　(清)張廷玉等撰　清刻本　一冊　存五卷(一至五)

360000－1901－0040662　800049
御撰資治通鑑綱目三編二十卷　(清)張廷玉等撰　清刻本　二冊　存七卷(一至四、七至九)

360000－1901－0040663　800050
御撰資治通鑑綱目三編二十卷　(清)張廷玉等撰　清刻本　三冊　存九卷(一至三、七至九、十八至二十)

360000－1901－0040664　800051
御撰資治通鑑綱目三編二十卷　(清)張廷玉等撰　清刻本　二冊　存九卷(一至九)

360000－1901－0040665　800052
御撰資治通鑑綱目三編二十卷　(清)張廷玉等撰　清刻本　三冊　存十二卷(一至七、十二至十六)

360000－1901－0040666　800053

御撰資治通鑑綱目三編二十卷　(清)張廷玉等撰　清刻本　一册　存三卷(一至三)

360000－1901－0040667　800054
御撰資治通鑑綱目三編二十卷　(清)張廷玉等撰　清刻本　一册　存十卷(一至十)

360000－1901－0040668　800055
御撰資治通鑑綱目三編二十卷　(清)張廷玉等撰　清刻本　一册　存二卷(十九至二十)

360000－1901－0040669　800056
御撰資治通鑑綱目三編二十卷　(清)張廷玉等撰　清刻本　一册　存四卷(七至十)

360000－1901－0040670　800057
御撰資治通鑑綱目三編二十卷　(清)張廷玉等撰　清刻本　一册　存五卷(七至十一)

360000－1901－0040671　800058
御撰資治通鑑綱目三編二十卷　(清)張廷玉等撰　清刻本　二册　存十卷(六至十五)

360000－1901－0040672　220217
御撰資治通鑑綱目三編二十卷　(清)張廷玉等撰　清乾隆十一年(1746)刻本　六册

360000－1901－0040673　721866
御撰資治通鑑綱目三編二十卷　(清)張廷玉等撰　清文光堂刻本　四册

360000－1901－0040674　415619
御撰資治通鑑綱目三編二十卷　(清)張廷玉等撰　清咸豐五年(1855)刻本　五册

360000－1901－0040675　415606
御撰資治通鑑綱目三編六卷　(清)張廷玉等撰　清光緒二十八年(1902)上海美華書局石印本　一册　存三卷(一至三)

360000－1901－0040676　415610
御撰資治通鑑綱目三編六卷　(清)張廷玉等撰　清光緒二十五年(1899)上海萃文齋石印本　二册

360000－1901－0040677　415604
御撰資治通鑑綱目三編六卷　(清)張廷玉等撰　清光緒二十五年(1899)上海久敬齋石印本　一册　存三卷(一至三)

360000－1901－0040678　415611
御撰資治通鑑綱目三編六卷　(清)張廷玉等撰　清光緒三十年(1904)上海廣益書局石印本　二册

360000－1901－0040679　415605－1
御撰資治通鑑綱目三編六卷　(清)張廷玉等撰　清光緒三十年(1904)上海文盛書局石印本　一册　存二卷(一至二)

360000－1901－0040680　803168
御撰資治通鑑綱目三編六卷　(清)張廷玉等撰　清刻本　一册　存三卷(三至五)

360000－1901－0040681　415609
御撰資治通鑑綱目三編六卷　(清)張廷玉等撰　清末捷記書局石印本　一册

360000－1901－0040682　415608
御撰資治通鑑綱目三編六卷　(清)張廷玉等撰　清末上海富強齋石印本　二册

360000－1901－0040683　415611－1
御撰資治通鑑綱目三編六卷　(清)張廷玉等撰　清末石印本　一册　存一卷(二)

360000－1901－0040684　415607
御撰資治通鑑綱目三編六卷　(清)張廷玉等撰　**皇朝政典挈要六卷**　(日本)增田貢撰　(清)毛淦補編　清末上海富強齋石印本　二册　存八卷(御撰資治通鑑綱目三編六卷、皇朝政典挈要一至二)

360000－1901－0040685　415605
御撰資治通鑑綱目三編四卷　(清)張廷玉等撰　清光緒二十一年(1895)上海文盛堂石印本　一册　存二卷(一至二)

360000－1901－0040686　415657
御撰資治通鑑綱目三編四卷　(清)張廷玉等撰　清光緒二十一年(1895)上海文盛堂石印本　一册

360000－1901－0040687　415616
御撰資治通鑑綱目三編四卷　(清)張廷玉等

撰　清光緒十三年(1887)上海點石齋石印本　二册

360000－1901－0040688　415617
御撰資治通鑑綱目三編四卷　(清)張廷玉等撰　清光緒十三年(1887)上海點石齋石印本　二册

360000－1901－0040689　415618
御撰資治通鑑綱目三編四卷　(清)張廷玉等撰　清光緒十三年(1887)上海點石齋石印本　一册　存二卷(一至二)

360000－1901－0040690　305620
御撰資治通鑑綱目三編四十卷　(清)舒赫德等撰　清刻本　十一册　存三十八卷(三至四十)

360000－1901－0040691　308081
御撰資治通鑑綱目三編四十卷　(清)舒赫德等撰　清刻本　三册　存十六卷(五至二十)

360000－1901－0040692　309761
御撰資治通鑑綱目三編四十卷　(清)舒赫德等撰　清刻本　六册　存二十一卷(二十至四十)

360000－1901－0040693　309770
御撰資治通鑑綱目三編四十卷　(清)舒赫德等撰　清刻本　五册　存十九卷(十三至十九、二十四至三十五)

360000－1901－0040694　302146
御撰資治通鑑綱目三編四十卷　(清)舒赫德等撰　清同治十一年(1872)江西書局刻本　十二册

360000－1901－0040695　302182
御撰資治通鑑綱目三編四十卷　(清)舒赫德等撰　清同治十一年(1872)江西書局刻本　十二册

360000－1901－0040696　305619
御撰資治通鑑綱目三編四十卷　(清)舒赫德等撰　清同治十一年(1872)江西書局刻本　六册　存十九卷(一至十九)

360000－1901－0040697　307987
御撰資治通鑑綱目三編四十卷　(清)舒赫德等撰　清同治十一年(1872)江西書局刻本　十二册

360000－1901－0040698　309958
御撰資治通鑑綱目三編四十卷　(清)舒赫德等撰　清同治十一年(1872)江西書局刻本　六册　存二十卷(十七至十九、二十四至四十)

360000－1901－0040699　310786
御撰資治通鑑綱目三編四十卷　(清)舒赫德等撰　清同治十一年(1872)江西書局刻本　十二册

360000－1901－0040700　310813
御撰資治通鑑綱目三編四十卷　(清)舒赫德等撰　清同治十一年(1872)江西書局刻本　十二册

360000－1901－0040701　310841
御撰資治通鑑綱目三編四十卷　(清)舒赫德等撰　清同治十一年(1872)江西書局刻本　十二册

360000－1901－0040702　310896
御撰資治通鑑綱目三編四十卷　(清)舒赫德等撰　清同治十一年(1872)江西書局刻本　十二册

360000－1901－0040703　415597
御撰資治通鑑綱目三編四十卷　(清)舒赫德等撰　清同治十一年(1872)江西書局刻本　十册　存三十四卷(三至二十七、三十二至四十)

360000－1901－0040704　712028
御纂春秋直解十二卷　(清)傅恒等撰　清刻本　六册　存九卷(一至九)

360000－1901－0040705　721764
御纂春秋直解十二卷　(清)傅恒等撰　清刻本　七册　存十卷(三至十二)

360000－1901－0040706　721765

御纂春秋直解十二卷 (清)傅恒等撰 清刻本 二册 存三卷(十至十二)

360000－1901－0040707 721766
御纂春秋直解十二卷 (清)傅恒等撰 清刻本 二册 存四卷(九至十二)

360000－1901－0040708 721766－1
御纂春秋直解十二卷 (清)傅恒等撰 清刻本 一册 存二卷(十一至十二)

360000－1901－0040709 160766
御纂春秋直解十二卷 (清)傅恒等撰 清乾隆二十三年(1758)刻本 八册

360000－1901－0040710 712026
御纂春秋直解十二卷 (清)傅恒等撰 清乾隆二十三年(1758)刻本 六册

360000－1901－0040711 802504
御纂歷代三元甲子編年一卷御定萬年書一卷 (清)欽天監編 清刻本 一册

360000－1901－0040712 802526
御纂歷代三元甲子編年一卷御定萬年書一卷 (清)欽天監編 清刻本 一册

360000－1901－0040713 802989
御纂歷代三元甲子編年一卷御定萬年書一卷 (清)欽天監編 清刻本 一册

360000－1901－0040714 802992
御纂歷代三元甲子編年一卷御定萬年書一卷 (清)欽天監編 清刻本 一册

360000－1901－0040715 802992－1
御纂歷代三元甲子編年一卷御定萬年書一卷 (清)欽天監編 清刻本 一册

360000－1901－0040716 802992－2
御纂歷代三元甲子編年一卷御定萬年書一卷 (清)欽天監編 清刻本 一册

360000－1901－0040717 161880
御纂歷代三元甲子編年一卷御定萬年書一卷 (清)欽天監編 清末京都刻本 一册

360000－1901－0040718 302845
御纂歷代三元甲子編年一卷御定萬年書一卷 (清)欽天監編 清末刻本 二册

360000－1901－0040719 150078
御纂七經 (清)李光地等撰 清光緒三十年(1904)上海啓文書局石印本 二十四册

360000－1901－0040720 402620
御纂七經 (清)李光地等撰 清光緒上海鴻寶齋石印本 六册 存四種

360000－1901－0040721 150077
御纂七經 (清)李光地等撰 清光緒十八年(1892)五彩公司石印本 二十四册

360000－1901－0040722 402598
御纂七經 (清)李光地等撰 清光緒十四年(1888)戶部刻本 一百十八册

360000－1901－0040723 402598－1
御纂七經 (清)李光地等撰 清光緒十四年(1888)戶部刻本 五册 存二種

360000－1901－0040724 402607－3
御纂七經 (清)李光地等撰 清光緒十四年(1888)戶部刻本 二十二册 存四種

360000－1901－0040725 402612－6
御纂七經 (清)李光地等撰 清光緒十四年(1888)戶部刻本 十册 存三種

360000－1901－0040726 150075
御纂七經 (清)李光地等撰 清康熙至乾隆刻本 一百七十九册

360000－1901－0040727 421929
御纂七經 (清)李光地等撰 清康熙至乾隆刻本 四十八册 存二種

360000－1901－0040728 402602－1
御纂七經 (清)李光地等撰 清刻本 七十三册 存三種

360000－1901－0040729 402603
御纂七經 (清)李光地等撰 清刻本 一百二十册 存三種

360000－1901－0040730 402604

御纂七經　(清)李光地等撰　清刻本　九十冊　存三種

360000－1901－0040731　402605
御纂七經　(清)李光地等撰　清刻本　五十二冊　存三種

360000－1901－0040732　402606
御纂七經　(清)李光地等撰　清刻本　七十九冊

360000－1901－0040733　402607
御纂七經　(清)李光地等撰　清刻本　九十六冊

360000－1901－0040734　402608－4
御纂七經　(清)李光地等撰　清刻本　六十二冊

360000－1901－0040735　402609－10
御纂七經　(清)李光地等撰　清刻本　一百五冊　存三種

360000－1901－0040736　402609－2
御纂七經　(清)李光地等撰　清刻本　二十冊　存四種

360000－1901－0040737　402609－3
御纂七經　(清)李光地等撰　清刻本　二十四冊　存三種

360000－1901－0040738　402610－2
御纂七經　(清)李光地等撰　清刻本　五十八冊　存三種

360000－1901－0040739　402610－3
御纂七經　(清)李光地等撰　清刻本　二十四冊　存二種

360000－1901－0040740　402612－1
御纂七經　(清)李光地等撰　清刻本　九冊　存三種

360000－1901－0040741　402619
御纂七經　(清)李光地等撰　清刻本　十六冊　存二種

360000－1901－0040742　421928
御纂七經　(清)李光地等撰　清刻本　五十九冊　存三種

360000－1901－0040743　402656
御纂七經　(清)李光地等撰　清末石印本　三冊　存二種

360000－1901－0040744　150076
御纂七經　(清)李光地等撰　清同治六年至九年(1867－1870)浙江書局刻本　一百四十二冊

360000－1901－0040745　402599
御纂七經　(清)李光地等撰　清同治六年至九年(1867－1870)浙江書局刻本　六十冊　存四種

360000－1901－0040746　402600
御纂七經　(清)李光地等撰　清同治六年至九年(1867－1870)浙江書局刻本　七十四冊

360000－1901－0040747　402612－5
御纂七經　(清)李光地等撰　清同治六年至九年(1867－1870)浙江書局刻本　十冊　存二種

360000－1901－0040748　160012
御纂七經　(清)李光地等撰　清同治十一年(1872)江西書局刻本　一百八十八冊

360000－1901－0040749　402597
御纂七經　(清)李光地等撰　清同治十一年(1872)江西書局刻本　一百二十九冊　存四種

360000－1901－0040750　402602
御纂七經　(清)李光地等撰　清同治十一年(1872)江西書局刻本　九十六冊　存二種

360000－1901－0040751　402601
御纂七經　(清)李光地等撰　清尊經閣刻本　七十六冊　存四種

360000－1901－0040752　160013
御纂七經綱領不分卷　(清)潘任輯　清末江楚書局刻本　二冊

360000－1901－0040753　160014

御纂七經綱領不分卷　(清)潘任輯　清末江楚書局刻本　二册

360000－1901－0040754　160015
御纂七經綱領不分卷　(清)潘任輯　清末江楚書局刻本　二册

360000－1901－0040755　603051
御纂七經綱領不分卷　(清)潘任輯　清末江楚書局刻本　二册

360000－1901－0040756　603051－1
御纂七經綱領不分卷　(清)潘任輯　清末江楚書局刻本　二册

360000－1901－0040757　603051－10
御纂七經綱領不分卷　(清)潘任輯　清末江楚書局刻本　二册

360000－1901－0040758　603051－11
御纂七經綱領不分卷　(清)潘任輯　清末江楚書局刻本　二册

360000－1901－0040759　603051－12
御纂七經綱領不分卷　(清)潘任輯　清末江楚書局刻本　二册

360000－1901－0040760　603051－13
御纂七經綱領不分卷　(清)潘任輯　清末江楚書局刻本　二册

360000－1901－0040761　603051－14
御纂七經綱領不分卷　(清)潘任輯　清末江楚書局刻本　二册

360000－1901－0040762　603051－15
御纂七經綱領不分卷　(清)潘任輯　清末江楚書局刻本　二册

360000－1901－0040763　603051－2
御纂七經綱領不分卷　(清)潘任輯　清末江楚書局刻本　二册

360000－1901－0040764　603051－3
御纂七經綱領不分卷　(清)潘任輯　清末江楚書局刻本　二册

360000－1901－0040765　603051－4
御纂七經綱領不分卷　(清)潘任輯　清末江楚書局刻本　二册

360000－1901－0040766　603051－5
御纂七經綱領不分卷　(清)潘任輯　清末江楚書局刻本　二册

360000－1901－0040767　603051－6
御纂七經綱領不分卷　(清)潘任輯　清末江楚書局刻本　二册

360000－1901－0040768　603051－7
御纂七經綱領不分卷　(清)潘任輯　清末江楚書局刻本　二册

360000－1901－0040769　603051－8
御纂七經綱領不分卷　(清)潘任輯　清末江楚書局刻本　二册

360000－1901－0040770　603051－9
御纂詩義折中二十卷　(清)傅恒等撰　清光緒刻本　四册　存九卷(一至四、十六至二十)

360000－1901－0040771　419715
御纂詩義折中二十卷　(清)傅恒等撰　清光緒三十三年(1907)上海書局石印本　八册

360000－1901－0040772　160929
御纂詩義折中二十卷　(清)傅恒等撰　清光緒十八年(1892)刻本　十二册

360000－1901－0040773　160926
御纂詩義折中二十卷　(清)傅恒等撰　清光緒十八年(1892)刻本　十册

360000－1901－0040774　160927
御纂詩義折中二十卷　(清)傅恒等撰　清光緒十二年(1886)敬業堂刻本　十二册

360000－1901－0040775　160925
御纂詩義折中二十卷　(清)傅恒等撰　清刻本　八册

360000－1901－0040776　160928

360000－1901－0040777　419716
御纂詩義折中二十卷　(清)傅恒等撰　清刻本　九册　存十八卷(一至六、九至二十)

360000－1901－0040778　419717
御纂詩義折中二十卷　(清)傅恒等撰　清刻本　七册　存十八卷(一至五、八至二十)

360000－1901－0040779　419718
御纂詩義折中二十卷　(清)傅恒等撰　清刻本　六册　存十一卷(十至二十)

360000－1901－0040780　419719
御纂詩義折中二十卷　(清)傅恒等撰　清刻本　八册

360000－1901－0040781　419720
御纂詩義折中二十卷　(清)傅恒等撰　清刻本　四册　存九卷(一至九)

360000－1901－0040782　603635
御纂詩義折中二十卷　(清)傅恒等撰　清刻本　九册　存十八卷(三至二十)

360000－1901－0040783　902303
御纂詩義折中二十卷　(清)傅恒等撰　清刻本　一册　存三卷(一至三)

360000－1901－0040784　902305
御纂詩義折中二十卷　(清)傅恒等撰　清刻本　一册　存二卷(五至六)

360000－1901－0040785　902306
御纂詩義折中二十卷　(清)傅恒等撰　清刻本　一册　存二卷(十九至二十)

360000－1901－0040786　902307
御纂詩義折中二十卷　(清)傅恒等撰　清刻本　一册　存四卷(一至四)

360000－1901－0040787　902308
御纂詩義折中二十卷　(清)傅恒等撰　清刻本　一册　存三卷(一至三)

360000－1901－0040788　313854
御纂性理精義十二卷　(清)李光地等纂修　清道光三十年(1850)江西藩署刻本　四册

360000－1901－0040789　162671
御纂性理精義十二卷　(清)李光地等纂修　清道光三十年(1850)刻本　四册

360000－1901－0040790　162672
御纂性理精義十二卷　(清)李光地等纂修　清道光三十年(1850)刻本　三册　存八卷(一至二、七至十二)

360000－1901－0040791　230070
御纂性理精義十二卷　(清)李光地等纂修　清康熙刻本　六册

360000－1901－0040792　230071
御纂性理精義十二卷　(清)李光地等纂修　清康熙刻本　五册

360000－1901－0040793　301217
御纂性理精義十二卷　(清)李光地等纂修　清康熙五十六年(1717)刻本　四册

360000－1901－0040794　230069
御纂性理精義十二卷　(清)李光地等纂修　清康熙五十六年(1717)武英殿刻本　五册

360000－1901－0040795　305206
御纂性理精義十二卷　(清)李光地等纂修　清刻本　三册　存十卷(一至六、九至十二)

360000－1901－0040796　313855
御纂性理精義十二卷　(清)李光地等纂修　清刻本　四册

360000－1901－0040797　416570
御纂性理精義十二卷　(清)李光地等纂修　清刻本　三册

360000－1901－0040798　416589
御纂性理精義十二卷　(清)李光地等纂修　清刻本　四册

360000－1901－0040799　416589－1
御纂性理精義十二卷　(清)李光地等纂修　清刻本　一册　存二卷(九至十)

360000－1901－0040800　416590
御纂性理精義十二卷　(清)李光地等纂修　清刻本　四册

360000－1901－0040801　603314
御纂性理精義十二卷　(清)李光地等纂修
清刻本　五冊　存十卷(一至十)

360000－1901－0040802　603315－1
御纂性理精義十二卷　(清)李光地等纂修
清刻本　一冊　存一卷(七)

360000－1901－0040803　603315－2
御纂性理精義十二卷　(清)李光地等纂修
清刻本　一冊　存一卷(七)

360000－1901－0040804　716965
御纂性理精義十二卷　(清)李光地等纂修
清刻本　三冊　存十卷(三至十二)

360000－1901－0040805　716967
御纂性理精義十二卷　(清)李光地等纂修
清刻本　五冊　存十一卷(二至十二)

360000－1901－0040806　716968
御纂性理精義十二卷　(清)李光地等纂修
清刻本　二冊　存三卷(八、十一至十二)

360000－1901－0040807　716968－1
御纂性理精義十二卷　(清)李光地等纂修
清刻本　二冊　存五卷(五至七、十一至十二)

360000－1901－0040808　716977
御纂性理精義十二卷　(清)李光地等纂修
清刻本　一冊　存二卷(一至二)

360000－1901－0040809　722459
御纂性理精義十二卷　(清)李光地等纂修
清刻本　一冊　存四卷(九至十二)

360000－1901－0040810　722460
御纂性理精義十二卷　(清)李光地等纂修
清刻本　一冊　存二卷(一至二)

360000－1901－0040811　722461
御纂性理精義十二卷　(清)李光地等纂修
清刻本　一冊　存二卷(十一至十二)

360000－1901－0040812　803134
御纂性理精義十二卷　(清)李光地等纂修
清刻本　一冊　存二卷(十一至十二)

360000－1901－0040813　603315
御纂性理精義十二卷　(清)李光地等纂修
清咸豐二年(1852)刻本　一冊　存一卷(一)

360000－1901－0040814　716571
御纂性理精義十二卷　(清)李光地等纂修
清咸豐二年(1852)刻本　二冊　存三卷(一、七至八)

360000－1901－0040815　416587
御纂性理精義十二卷　(清)李光地等纂修
清咸豐二年(1852)李鴻緒刻本　六冊

360000－1901－0040816　416588
御纂性理精義十二卷　(清)李光地等纂修
清咸豐二年(1852)李鴻緒刻本　五冊

360000－1901－0040817　308412
御纂性理精義十二卷　(清)李光地等纂修
清咸豐元年(1851)刻本　四冊

360000－1901－0040818　420812
御纂醫宗金鑑九十卷首一卷　(清)吳謙等撰　清光緒八年(1882)兩儀堂刻本　十一冊　存二十六卷(一至十一、十四至十六、五十八至六十二、六十九至七十四,首一卷)

360000－1901－0040819　901831
御纂醫宗金鑑九十卷首一卷　(清)吳謙等撰　清光緒二年(1876)有益齋石印本　一冊　存三卷(二十一至二十三)

360000－1901－0040820　901832
御纂醫宗金鑑九十卷首一卷　(清)吳謙等撰　清光緒二年(1876)有益齋石印本　一冊　存三卷(二十一至二十三)

360000－1901－0040821　720787
御纂醫宗金鑑九十卷首一卷　(清)吳謙等撰　清光緒二十九年(1903)上海經香閣石印本　十一冊　存六十九卷(一至十五、二十二至七十四,首一卷)

360000－1901－0040822　165026
御纂醫宗金鑑九十卷首一卷　(清)吳謙等撰　清光緒三十二年(1906)商務印書館鉛印本

二十四册

360000－1901－0040823　165027
御纂醫宗金鑑九十卷首一卷　(清)吳謙等撰　清光緒三十二年(1906)商務印書館鉛印本　十六册　存六十六卷(一至十三、二十至四十九、五十三至五十九、六十三至七十四、八十八至九十,首一卷)

360000－1901－0040824　420793
御纂醫宗金鑑九十卷首一卷　(清)吳謙等撰　清光緒三十二年(1906)上海錦章書局石印本　十一册　存六十八卷(八至七十四、首一卷)

360000－1901－0040825　165036
御纂醫宗金鑑九十卷首一卷　(清)吳謙等撰　清光緒三十二年(1906)有益齋石印本　三册　存九卷(一至六、十四至十六)

360000－1901－0040826　420821
御纂醫宗金鑑九十卷首一卷　(清)吳謙等撰　清光緒十八年(1892)經文圖書印書局刻本　十二册　存四十九卷(五至十五、十九至二十、二十四至三十三、三十七至三十九、四十六至五十、五十八至七十四,首一卷)

360000－1901－0040827　165038
御纂醫宗金鑑九十卷首一卷　(清)吳謙等撰　清光緒十八年(1892)上海彩書局石印本　二十三册　存八十六卷(一至四十、四十五至九十)

360000－1901－0040828　420804
御纂醫宗金鑑九十卷首一卷　(清)吳謙等撰　清光緒十八年(1892)上海圖書集成印書局鉛印本　十五册　存五十八卷(一至二十五、三十四至四十三、五十至五十二、五十六至七十四,首一卷)

360000－1901－0040829　420804－1
御纂醫宗金鑑九十卷首一卷　(清)吳謙等撰　清光緒十八年(1892)上海圖書集成印書局鉛印本　六册　存十七卷(三至七、十一至十六、三十四至三十五、五十六至五十九)

360000－1901－0040830　165025
御纂醫宗金鑑九十卷首一卷　(清)吳謙等撰　清刻本　八十四册

360000－1901－0040831　165039
御纂醫宗金鑑九十卷首一卷　(清)吳謙等撰　清刻本　五十六册　存八十二卷(一至二十六、二十八至二十九、三十一至四十一、四十四至五十六、五十八至六十六、六十八、七十一至九十)

360000－1901－0040832　420784
御纂醫宗金鑑九十卷首一卷　(清)吳謙等撰　清刻本　二十七册　存七十三卷(一至五十八、七十五至七十六、七十八至九十)

360000－1901－0040833　420785
御纂醫宗金鑑九十卷首一卷　(清)吳謙等撰　清刻本　二十七册　存五十五卷(一至二、四至十二、十六、二十二至二十三、三十至三十三、三十七至四十九、五十四至五十六、五十九至六十七、七十至七十四、七十八至八十三,首一卷)

360000－1901－0040834　420786
御纂醫宗金鑑九十卷首一卷　(清)吳謙等撰　清刻本　三十五册　存六十九卷(一至十六、十八至二十七、三十六至三十九、四十四至四十九、五十二至五十六、五十八至五十九、六十一至六十四、六十六至八十三、八十八至九十,首一卷)

360000－1901－0040835　420787
御纂醫宗金鑑九十卷首一卷　(清)吳謙等撰　清刻本　十六册　存二十八卷(五至八、十一至十五、四十二至四十九、五十至五十四、六十一、六十四、六十六、七十一至七十二、七十九)

360000－1901－0040836　420788
御纂醫宗金鑑九十卷首一卷　(清)吳謙等撰　清刻本　四十册　存五十九卷(一至七、十至十三、十五至十七、十九至二十三、二十五至三十、三十三至三十八、四十四至四十六、四十八至五十一、五十三至五十四、五十七至

五十八、六十三至六十四、六十六、七十至七十一、七十四至七十五、七十八、八十至八十一、八十四至九十）

360000－1901－0040837　420789
御纂醫宗金鑑九十卷首一卷　（清）吳謙等撰　清刻本　二十八册　存五十七卷（一至十一、十五至十六、十八至二十三、二十八至三十四、三十六至三十七、三十九至四十、四十二至四十三、五十至五十五、五十九至六十四、六十七、七十四至八十一、八十七至九十）

360000－1901－0040838　420789－1
御纂醫宗金鑑九十卷首一卷　（清）吳謙等撰　清刻本　十册　存十五卷（四、二十至二十一、二十九至三十、三十四、五十至五十一、五十三至五十四、七十五至七十六、八十一、八十九至九十）

360000－1901－0040839　420790
御纂醫宗金鑑九十卷首一卷　（清）吳謙等撰　清刻本　二十册　存四十五卷（二至三、五至十五、十九至三十二、三十五至三十八、四十五至五十一、七十五、七十八、八十一至八十五）

360000－1901－0040840　420791
御纂醫宗金鑑九十卷首一卷　（清）吳謙等撰　清刻本　五册　存十二卷（一至三、十六至二十、二十三至二十五，首一卷）

360000－1901－0040841　420794
御纂醫宗金鑑九十卷首一卷　（清）吳謙等撰　清刻本　三十八册

360000－1901－0040842　420795
御纂醫宗金鑑九十卷首一卷　（清）吳謙等撰　清刻本　三十九册　存九十卷（一至六十三、六十五至九十，首一卷）

360000－1901－0040843　420795－1
御纂醫宗金鑑九十卷首一卷　（清）吳謙等撰　清刻本　三册　存六卷（一、五至九）

360000－1901－0040844　420795－2
御纂醫宗金鑑九十卷首一卷　（清）吳謙等撰　清刻本　七册　存九卷（一至二、五至七、十三至十四、十六、五十七）

360000－1901－0040845　420795－3
御纂醫宗金鑑九十卷首一卷　（清）吳謙等撰　清刻本　一册　存二卷（六至七）

360000－1901－0040846　420796
御纂醫宗金鑑九十卷首一卷　（清）吳謙等撰　清刻本　三十九册

360000－1901－0040847　420800
御纂醫宗金鑑九十卷首一卷　（清）吳謙等撰　清刻本　十九册　存八十四卷（一至二十三、二十七至五十五、五十八至八十四、八十七至九十，首一卷）

360000－1901－0040848　420801
御纂醫宗金鑑九十卷首一卷　（清）吳謙等撰　清刻本　十三册　存三十四卷（一至十一、二十至二十一、三十一至三十五、四十至四十二、四十六至五十五、六十四至六十六）

360000－1901－0040849　420802
御纂醫宗金鑑九十卷首一卷　（清）吳謙等撰　清刻本　三十册　存六十六卷（二至三十四、四十至五十五、六十一至六十四、六十六至七十一、七十五至七十六、八十三至八十四、八十八至九十）

360000－1901－0040850　420803
御纂醫宗金鑑九十卷首一卷　（清）吳謙等撰　清刻本　二十五册　存六十一卷（一至四、八至十六、十九至三十九、四十六至五十六、六十四至七十四、八十三至八十六，首一卷）

360000－1901－0040851　420805
御纂醫宗金鑑九十卷首一卷　（清）吳謙等撰　清刻本　二十二册　存六十九卷（一至三十九、四十三至四十九、五十三至七十四，首一卷）

360000－1901－0040852　420806
御纂醫宗金鑑九十卷首一卷　（清）吳謙等撰　清刻本　十二册　存四十卷（二十三至三十、四十三至七十四）

360000－1901－0040853　420807

御纂醫宗金鑑九十卷首一卷　（清）吳謙等撰　清刻本　十四册　存三十三卷（二至八、十八至十九、二十二至二十五、三十二至三十五、三十九至四十九、五十三至五十七）

360000－1901－0040854　420811

御纂醫宗金鑑九十卷首一卷　（清）吳謙等撰　清刻本　十册　存十七卷（八至九、十九至二十、二十二至二十四、五十五至五十六、六十至六十二、八十一至八十二、八十五至八十七）

360000－1901－0040855　420813

御纂醫宗金鑑九十卷首一卷　（清）吳謙等撰　清刻本　二十九册　存六十九卷（一至三、五至八、十至十八、二十至二十一、二十七至二十九、三十一至三十四、三十六至三十八、四十至五十、五十三至五十四、五十六至六十六、七十至七十四、七十七至七十八、八十一至八十六、八十八至九十，首一卷）

360000－1901－0040856　420814

御纂醫宗金鑑九十卷首一卷　（清）吳謙等撰　清刻本　二十七册　存六十一卷（一至六、八至九、十一至十三、十五至十八、二十二至二十六、二十八至三十、三十二至三十四、四十至四十五、四十七至五十一、五十三至五十四、五十六至六十、六十二至六十三、六十六至六十八、七十二至七十七、八十三至八十六、八十九至九十）

360000－1901－0040857　420815

御纂醫宗金鑑九十卷首一卷　（清）吳謙等撰　清刻本　二十册　存三十八卷（一至三、五至十七、二十七至三十、三十五至三十七、四十二至四十六、五十七至五十九、六十三至六十四、七十五、七十七、八十五至八十六，首一卷）

360000－1901－0040858　420816

御纂醫宗金鑑九十卷首一卷　（清）吳謙等撰　清刻本　十册　存二十八卷（一至三、五至七、九至十四、十六、三十六至三十九、五十二至五十三、六十三至六十五、七十至七十四，首一卷）

360000－1901－0040859　420817

御纂醫宗金鑑九十卷首一卷　（清）吳謙等撰　清刻本　十一册　存二十一卷（七至十一、十六至十七、二十七至二十九、四十四至四十五、五十六至五十七、六十四至六十六、七十三至七十六）

360000－1901－0040860　420818

御纂醫宗金鑑九十卷首一卷　（清）吳謙等撰　清刻本　一册　存一卷（十一）

360000－1901－0040861　420820

御纂醫宗金鑑九十卷首一卷　（清）吳謙等撰　清刻本　十八册　存四十七卷（八至二十六、三十至四十三、四十七至五十二、五十五至五十六、六十一至六十四、七十至七十一）

360000－1901－0040862　603920

御纂醫宗金鑑九十卷首一卷　（清）吳謙等撰　清刻本　六册　存七卷（七、十九至二十、七十九至八十二）

360000－1901－0040863　603920－1

御纂醫宗金鑑九十卷首一卷　（清）吳謙等撰　清刻本　一册　存一卷（八）

360000－1901－0040864　603920－2

御纂醫宗金鑑九十卷首一卷　（清）吳謙等撰　清刻本　一册　存二卷（十一至十二）

360000－1901－0040865　609537－1

御纂醫宗金鑑九十卷首一卷　（清）吳謙等撰　清刻本　七册　存二十二卷（八至十一、十三至十四、五十四至五十六、六十一至六十八、七十一至七十四，首一卷）

360000－1901－0040866　706833

御纂醫宗金鑑九十卷首一卷　（清）吳謙等撰　清刻本　十一册　存十六卷（二十一至二十五、三十四至三十八、四十二至四十七）

360000－1901－0040867　706834

御纂醫宗金鑑九十卷首一卷　（清）吳謙等撰

清刻本　一冊　存一卷(十八)

360000－1901－0040868　706979－1
御纂醫宗金鑑九十卷首一卷　(清)吳謙等撰
清刻本　一冊　存二卷(二十六至二十七)

360000－1901－0040869　708876
御纂醫宗金鑑九十卷首一卷　(清)吳謙等撰
清刻本　一冊　存三卷(三十一至三十三)

360000－1901－0040870　708877
御纂醫宗金鑑九十卷首一卷　(清)吳謙等撰
清刻本　一冊　存二卷(六十一至六十二)

360000－1901－0040871　708878
御纂醫宗金鑑九十卷首一卷　(清)吳謙等撰
清刻本　一冊　存二卷(十五至十六)

360000－1901－0040872　712777
御纂醫宗金鑑九十卷首一卷　(清)吳謙等撰
清刻本　一冊　存一卷(六十三)

360000－1901－0040873　716304
御纂醫宗金鑑九十卷首一卷　(清)吳謙等撰
清刻本　三冊　存八卷(二十、四十一至四十四、五十一至五十三)

360000－1901－0040874　717714
御纂醫宗金鑑九十卷首一卷　(清)吳謙等撰
清刻本　二冊　存二卷(四至五)

360000－1901－0040875　720779
御纂醫宗金鑑九十卷首一卷　(清)吳謙等撰
清刻本　四十五冊　存八十六卷(一至四十一、四十四至四十八、五十一至六十一、六十三至九十,首一卷)

360000－1901－0040876　720780
御纂醫宗金鑑九十卷首一卷　(清)吳謙等撰
清刻本　二十冊　存七十三卷(一至三十八、四十四至五十七、六十至六十一、六十四、六十七至六十九、七十二至七十八、八十一至八十四、八十七至九十)

360000－1901－0040877　720781
御纂醫宗金鑑九十卷首一卷　(清)吳謙等撰
清刻本　二冊　存四卷(七十九至八十、八十五至八十六)

360000－1901－0040878　720782
御纂醫宗金鑑九十卷首一卷　(清)吳謙等撰
清刻本　一冊　存三卷(四十一至四十三)

360000－1901－0040879　720788
御纂醫宗金鑑九十卷首一卷　(清)吳謙等撰
清刻本　十五冊　存四十卷(六至十四、十九至二十、二十三至三十八、四十四至四十五、五十二至五十五、八十四至九十)

360000－1901－0040880　720790
御纂醫宗金鑑九十卷首一卷　(清)吳謙等撰
清刻本　四冊　存十九卷(一至二、十四至十八、二十六至三十六,首一卷)

360000－1901－0040881　720791
御纂醫宗金鑑九十卷首一卷　(清)吳謙等撰
清刻本　五冊　存五卷(三、八、十二至十四)

360000－1901－0040882　720792
御纂醫宗金鑑九十卷首一卷　(清)吳謙等撰
清刻本　三冊　存八卷(五十七至六十四)

360000－1901－0040883　720793
御纂醫宗金鑑九十卷首一卷　(清)吳謙等撰
清刻本　二冊　存三卷(四、二十二至二十三)

360000－1901－0040884　720795
御纂醫宗金鑑九十卷首一卷　(清)吳謙等撰
清刻本　二冊　存四卷(十八至十九、二十四至二十五)

360000－1901－0040885　720796
御纂醫宗金鑑九十卷首一卷　(清)吳謙等撰
清刻本　二冊　存三卷(四至五、二十一)

360000－1901－0040886　720797
御纂醫宗金鑑九十卷首一卷　(清)吳謙等撰
清刻本　二冊　存六卷(二至三、四十至四十三)

360000－1901－0040887　720801
御纂醫宗金鑑九十卷首一卷　(清)吳謙等撰

清刻本　二册　存三卷(十六至十八)

360000－1901－0040888　720802

御纂醫宗金鑑九十卷首一卷　(清)吳謙等撰

清刻本　二册　存三卷(一、五十七至五十八)

360000－1901－0040889　720803

御纂醫宗金鑑九十卷首一卷　(清)吳謙等撰

清刻本　十三册　存三十卷(四、六至八、十四、十九、二十六至三十三、三十六至四十二、四十四至四十七、五十至五十三、五十六)

360000－1901－0040890　720804

御纂醫宗金鑑九十卷首一卷　(清)吳謙等撰

清刻本　七册　存十三卷(二至三、十一至十二、十五至十六、二十二至二十三、三十七至三十九、五十三至五十四)

360000－1901－0040891　720805

御纂醫宗金鑑九十卷首一卷　(清)吳謙等撰

清刻本　一册　存四卷(十二至十五)

360000－1901－0040892　720806

御纂醫宗金鑑九十卷首一卷　(清)吳謙等撰

清刻本　一册　存四卷(十二至十五)

360000－1901－0040893　722009

御纂醫宗金鑑九十卷首一卷　(清)吳謙等撰

清刻本　十五册　存十九卷(二十八至二十九、七十四至九十)

360000－1901－0040894　722090

御纂醫宗金鑑九十卷首一卷　(清)吳謙等撰

清刻本　四册　存四卷(六十二至六十五)

360000－1901－0040895　722256

御纂醫宗金鑑九十卷首一卷　(清)吳謙等撰

清刻本　三册　存五卷(十二至十五、十七)

360000－1901－0040896　722256－1

御纂醫宗金鑑九十卷首一卷　(清)吳謙等撰

清刻本　一册　存一卷(十六)

360000－1901－0040897　722256－2

御纂醫宗金鑑九十卷首一卷　(清)吳謙等撰

清刻本　一册　存二卷(十至十一)

360000－1901－0040898　722256－3

御纂醫宗金鑑九十卷首一卷　(清)吳謙等撰

清刻本　一册　存一卷(五十五)

360000－1901－0040899　800812

御纂醫宗金鑑九十卷首一卷　(清)吳謙等撰

清刻本　一册　存三卷(三十六至三十八)

360000－1901－0040900　800812－1

御纂醫宗金鑑九十卷首一卷　(清)吳謙等撰

清刻本　一册　存二卷(三十七至三十八)

360000－1901－0040901　801038

御纂醫宗金鑑九十卷首一卷　(清)吳謙等撰

清刻本　二十二册　存三十四卷(一、四至十一、十六至二十五、三十至三十三、三十五至四十一、四十四至四十七)

360000－1901－0040902　801038－1

御纂醫宗金鑑九十卷首一卷　(清)吳謙等撰

清刻本　一册　存一卷(十八)

360000－1901－0040903　801642

御纂醫宗金鑑九十卷首一卷　(清)吳謙等撰

清刻本　八册　存二十五卷(一、二十八至三十二、四十五至四十九、五十八至六十二、六十六至六十九、七十五、七十八至八十，首一卷)

360000－1901－0040904　801642－1

御纂醫宗金鑑九十卷首一卷　(清)吳謙等撰

清刻本　二册　存五卷(十八至十九、二十二至二十四)

360000－1901－0040905　801642－2

御纂醫宗金鑑九十卷首一卷　(清)吳謙等撰

清刻本　四册　存九卷(四至五、九至十三、六十四、七十八)

360000－1901－0040906　801643

御纂醫宗金鑑九十卷首一卷　(清)吳謙等撰

清刻本　四册　存十六卷(二至三、六至十五、六十七至七十)

360000－1901－0040907　801643－1

御纂醫宗金鑑九十卷首一卷　（清）吳謙等撰
　清刻本　二冊　存三卷（三、六至七）

360000－1901－0040908　801643－2
御纂醫宗金鑑九十卷首一卷　（清）吳謙等撰
　清刻本　十五冊　存三十七卷（一、十六至二十、二十六至三十二、四十八至五十、五十六至六十六、七十二至七十四、七十八至七十九、八十二至八十五、八十九）

360000－1901－0040909　801643－3
御纂醫宗金鑑九十卷首一卷　（清）吳謙等撰
　清刻本　四冊　存八卷（三十至三十二、四十八至五十、八十四、八十九）

360000－1901－0040910　801643－4
御纂醫宗金鑑九十卷首一卷　（清）吳謙等撰
　清刻本　二冊　存三卷（五十至五十一、八十四）

360000－1901－0040911　802586
御纂醫宗金鑑九十卷首一卷　（清）吳謙等撰
　清刻本　二冊　存三卷（二十一、三十三至三十四）

360000－1901－0040912　802587
御纂醫宗金鑑九十卷首一卷　（清）吳謙等撰
　清刻本　二冊　存五卷（二十至二十四）

360000－1901－0040913　802588
御纂醫宗金鑑九十卷首一卷　（清）吳謙等撰
　清刻本　二冊　存三卷（三十五至三十六、六十一）

360000－1901－0040914　802589
御纂醫宗金鑑九十卷首一卷　（清）吳謙等撰
　清刻本　七冊　存十二卷（三至四、十三至十四、三十一至三十三、五十一至五十二、七十八、八十六至八十七）

360000－1901－0040915　802631
御纂醫宗金鑑九十卷首一卷　（清）吳謙等撰
　清刻本　六冊　存十三卷（二至三、五至七、九至十一、三十四、四十四至四十六、六十二）

360000－1901－0040916　802631－1
御纂醫宗金鑑九十卷首一卷　（清）吳謙等撰
　清刻本　一冊　存二卷（八至九）

360000－1901－0040917　802631－2
御纂醫宗金鑑九十卷首一卷　（清）吳謙等撰
　清刻本　一冊　存二卷（九至十）

360000－1901－0040918　802633
御纂醫宗金鑑九十卷首一卷　（清）吳謙等撰
　清刻本　二冊　存七卷（二十六至二十九、三十五至三十七）

360000－1901－0040919　802633－1
御纂醫宗金鑑九十卷首一卷　（清）吳謙等撰
　清刻本　三冊　存七卷（三十一至三十二、四十一至四十三、八十四至八十五）

360000－1901－0040920　802840
御纂醫宗金鑑九十卷首一卷　（清）吳謙等撰
　清刻本　三冊　存九卷（二十一至二十四、三十至三十四）

360000－1901－0040921　802840－1
御纂醫宗金鑑九十卷首一卷　（清）吳謙等撰
　清刻本　二冊　存六卷（二十八至三十、五十八至六十）

360000－1901－0040922　803063
御纂醫宗金鑑九十卷首一卷　（清）吳謙等撰
　清刻本　六冊　存十五卷（二、四至六、十六、二十二至二十三、四十四至四十八、八十八至九十）

360000－1901－0040923　803063－1
御纂醫宗金鑑九十卷首一卷　（清）吳謙等撰
　清刻本　二冊　存三卷（四至六）

360000－1901－0040924　804821
御纂醫宗金鑑九十卷首一卷　（清）吳謙等撰
　清刻本　一冊　存三卷（五至七）

360000－1901－0040925　805022
御纂醫宗金鑑九十卷首一卷　（清）吳謙等撰
　清刻本　四冊　存七卷（一、七十九、八十七至九十，首一卷）

360000－1901－0040926　805441
御纂醫宗金鑑九十卷首一卷　(清)吴謙等撰　清刻本　十三册　存二十二卷(四十八至五十一、五十七至六十、六十四至六十五、七十七至八十六、八十九至九十)

360000－1901－0040927　805442
御纂醫宗金鑑九十卷首一卷　(清)吴謙等撰　清刻本　十四册　存二十卷(二十三至二十四、三十四至三十七、四十至四十一、四十四、四十七至五十三、五十六、六十五至六十六、七十五)

360000－1901－0040928　805443
御纂醫宗金鑑九十卷首一卷　(清)吴謙等撰　清刻本　十册　存十四卷(七至十四、十六至二十、二十二)

360000－1901－0040929　805444
御纂醫宗金鑑九十卷首一卷　(清)吴謙等撰　清刻本　一册　存二卷(七十九至八十)

360000－1901－0040930　900375
御纂醫宗金鑑九十卷首一卷　(清)吴謙等撰　清刻本　四册　存七卷(十四、三十九至四十一、四十八至四十九、七十一)

360000－1901－0040931　900375－1
御纂醫宗金鑑九十卷首一卷　(清)吴謙等撰　清刻本　一册　存二卷(四十一至四十二)

360000－1901－0040932　901837
御纂醫宗金鑑九十卷首一卷　(清)吴謙等撰　清刻本　二册　存四卷(二至三、七至八)

360000－1901－0040933　901838
御纂醫宗金鑑九十卷首一卷　(清)吴謙等撰　清刻本　三册　存七卷(三至六、十至十二)

360000－1901－0040934　901839
御纂醫宗金鑑九十卷首一卷　(清)吴謙等撰　清刻本　二册　存四卷(七至八、十三至十四)

360000－1901－0040935　901840
御纂醫宗金鑑九十卷首一卷　(清)吴謙等撰　清刻本　二册　存三卷(二、十五至十六)

360000－1901－0040936　901841
御纂醫宗金鑑九十卷首一卷　(清)吴謙等撰　清刻本　二册　存二卷(一、四)

360000－1901－0040937　901842
御纂醫宗金鑑九十卷首一卷　(清)吴謙等撰　清刻本　三册　存六卷(十一至十四、七十五至七十六)

360000－1901－0040938　901843
御纂醫宗金鑑九十卷首一卷　(清)吴謙等撰　清刻本　六册　存十四卷(一至二、四至六、八至九、十四至十六、六十六至六十九)

360000－1901－0040939　901844
御纂醫宗金鑑九十卷首一卷　(清)吴謙等撰　清刻本　四册　存十卷(一、五至十、十二至十四)

360000－1901－0040940　901845
御纂醫宗金鑑九十卷首一卷　(清)吴謙等撰　清刻本　四册　存十一卷(四至七、九至十一、十三至十六)

360000－1901－0040941　902207
御纂醫宗金鑑九十卷首一卷　(清)吴謙等撰　清刻本　十四册　存二十八卷(三至十、二十六至二十九、三十六至三十七、五十至五十一、五十六至五十七、六十一至六十二、六十五至六十六、七十九至八十三,首一卷)

360000－1901－0040942　902207－1
御纂醫宗金鑑九十卷首一卷　(清)吴謙等撰　清刻本　十四册　存二十四卷(一至十、十三、十七、二十七至二十九、五十至五十一、五十六至五十九、六十四至六十五、七十)

360000－1901－0040943　902207－2
御纂醫宗金鑑九十卷首一卷　(清)吴謙等撰　清刻本　十四册　存二十四卷(三至四、六至十一、二十七、五十至五十一、五十七、五十九至六十一、六十四至六十六、七十至七十一、七十九至八十、八十五至八十六)

360000－1901－0040944　902207－3
御纂醫宗金鑑九十卷首一卷　（清）吳謙等撰　清刻本　七冊　存十一卷（三至四、七至九、二十七至二十九、五十至五十二）

360000－1901－0040945　420792
御纂醫宗金鑑九十卷首一卷　（清）吳謙等撰　清末鉛印本　五冊　存二十七卷（一至十九、二十六至三十三）

360000－1901－0040946　712776
御纂醫宗金鑑九十卷首一卷　（清）吳謙等撰　清末商務印書館鉛印本　一冊　存三卷（七十九至八十一）

360000－1901－0040947　420810－1
御纂醫宗金鑑九十卷首一卷　（清）吳謙等撰　清末石印本　三冊　存十五卷（七至十五、五十至五十五）

360000－1901－0040948　802426
御纂醫宗金鑑九十卷首一卷　（清）吳謙等撰　清末石印本　一冊　存四卷（七十一至七十四）

360000－1901－0040949　901833
御纂醫宗金鑑九十卷首一卷　（清）吳謙等撰　清末石印本　七冊　存三十六卷（十八至二十一、三十九至五十、五十五至七十四）

360000－1901－0040950　901834
御纂醫宗金鑑九十卷首一卷　（清）吳謙等撰　清末石印本　二冊　存八卷（三至十）

360000－1901－0040951　901835
御纂醫宗金鑑九十卷首一卷　（清）吳謙等撰　清末石印本　三冊　存二十四卷（六至十一、十七至二十、四十五至五十八）

360000－1901－0040952　901836
御纂醫宗金鑑九十卷首一卷　（清）吳謙等撰　清末石印本　五冊　存二十四卷（一至二、十七至二十二、五十五至六十三、六十九至七十四，首一卷）

360000－1901－0040953　901847
御纂醫宗金鑑九十卷首一卷　（清）吳謙等撰　清末石印本　一冊　存十八卷（三十二至四十九）

360000－1901－0040954　410637
林蕙堂文集十二卷　（清）吳綺撰　清刻本　三冊

360000－1901－0040955　420799
御纂醫宗金鑑九十卷首一卷　（清）吳謙等撰　清三讓堂刻本　三十七冊　存八十四卷（一至二十三、二十七至五十五、五十八至八十四、八十七至九十，首一卷）

360000－1901－0040956　720798
御纂醫宗金鑑九十卷首一卷　（清）吳謙等撰　清三讓堂刻本　三冊　存六卷（五、四十八至五十二）

360000－1901－0040957　720800
御纂醫宗金鑑九十卷首一卷　（清）吳謙等撰　清文光堂刻本　一冊　存三卷（一至三）

360000－1901－0040958　721802
御纂醫宗金鑑九十卷首一卷　（清）吳謙等撰　清文光堂刻本　五冊　存六卷（二至三、六至七、五十八至五十九）

360000－1901－0040959　165028
御纂醫宗金鑑九十卷首一卷　（清）吳謙等撰　清宣統元年（1909）簡青齋書局石印本　十六冊　存七十五卷（一至七十四、首一卷）

360000－1901－0040960　420808
御纂醫宗金鑑九十卷首一卷　（清）吳謙等撰　清宣統元年（1909）簡青齋書局石印本　九冊　存五十四卷（一至三十八、五十九至七十四）

360000－1901－0040961　420808－1
御纂醫宗金鑑九十卷首一卷　（清）吳謙等撰　清宣統元年（1909）簡青齋書局石印本　三冊　存十四卷（三至六、七至十六）

360000－1901－0040962　712775
御纂醫宗金鑑九十卷首一卷　（清）吳謙等撰

清宣統元年(1909)簡青齋書局石印本　三冊　存十卷(七十五至八十四)

360000－1901－0040963　802631－3

御纂醫宗金鑑九十卷首一卷　(清)吳謙等撰　清宣統元年(1909)簡青齋書局石印本　一冊　存四卷(十七至二十)

360000－1901－0040964　901846

御纂醫宗金鑑九十卷首一卷　(清)吳謙等撰　清宣統元年(1909)簡青齋書局石印本　二冊　存九卷(三至六、五十九至六十三)

360000－1901－0040965　165029

御纂醫宗金鑑九十卷首一卷　(清)吳謙等撰　清宣統元年(1909)青齋書局石印本　六冊　存二十五卷(四十五至六十三、七十五至七十六、八十一至八十四)

360000－1901－0040966　420808－2

御纂醫宗金鑑九十卷首一卷　(清)吳謙等撰　清宣統元年(1909)簡青齋書局石印本　一冊　存四卷(三至六)

360000－1901－0040967　420810

御纂醫宗金鑑九十卷首一卷　(清)吳謙等撰　清宣統元年(1909)簡青齋書局石印本　七冊　存四十六卷(一至七、十七至二十三、三十至三十四、四十五至五十、五十五至七十四,首一卷)

360000－1901－0040968　420797

御纂醫宗金鑑九十卷首一卷　(清)吳謙等撰　清友于堂刻本　三十一冊　存六十九卷(一至六、八至二十六、三十至六十六、七十五至七十九、八十四至八十五)

360000－1901－0040969　420798

御纂醫宗金鑑九十卷首一卷　(清)吳謙等撰　清友于堂刻本　二十三冊　存六十二卷(一至四、七至十三、二十至三十四、三十七至三十九、四十二至五十三、五十五至五十六、五十九至六十一、六十四至七十四、八十三至八十六,首一卷)

360000－1901－0040970　720789

御纂醫宗金鑑九十卷首一卷　(清)吳謙等撰　清友于堂刻本　十二冊　存二十八卷(一至四、八至十一、二十二至二十五、三十一至三十四、四十六至四十九、六十至六十二、七十至七十四)

360000－1901－0040971　720799

御纂醫宗金鑑九十卷首一卷　(清)吳謙等撰　清竹秀山房刻本　二冊　存七卷(六十五至六十七、七十一至七十四)

360000－1901－0040972　900709

御纂醫宗金鑑三十卷　(清)吳謙等撰　清刻本　三冊　存三卷(一至二、二十二)

360000－1901－0040973　162883

御纂醫宗金鑑外科心法十六卷首一卷　(清)吳謙等撰　清道光元年(1821)胡珠抄本　十冊

360000－1901－0040974　420772

御纂醫宗金鑑外科心法要訣十六卷　(清)吳謙等撰　清光緒二十九年(1903)上海經香閣石印本　三冊　存十卷(一至十)

360000－1901－0040975　420771

御纂醫宗金鑑外科心法要訣十六卷　(清)吳謙等撰　清刻本　五冊

360000－1901－0040976　720787－1

御纂醫宗金鑑外科心法要訣十六卷　(清)吳謙等撰　清末石印本　一冊　存六卷(七至十二)

360000－1901－0040977　720794

御纂醫宗金鑑外科心法要訣十六卷　(清)吳謙等撰　清文奎堂刻本　二冊　存三卷(一、九至十)

360000－1901－0040978　720774

御纂醫宗金鑑外科心法要訣十六卷　(清)吳謙等撰　清宣統元年(1909)簡青齋書局石印本　一冊

360000－1901－0040979　720774－1

御纂醫宗金鑑外科心法要訣十六卷　(清)吳

謙等撰　清宣統元年(1909)簡青齋書局石印本　一冊　存六卷(十一至十六)

360000－1901－0040980　720776
御纂醫宗金鑑外科心法要訣十六卷　(清)吳謙等撰　清宣統元年(1909)上海章福記書局石印本　一冊

360000－1901－0040981　160610
御纂周易述義十卷　(清)傅恒等撰　清道光十八年(1838)刻本　八冊

360000－1901－0040982　160609
御纂周易述義十卷　(清)傅恒等撰　清刻本　六冊

360000－1901－0040983　411423
御纂周易述義十卷　(清)傅恒等撰　清刻本　六冊

360000－1901－0040984　411424
御纂周易述義十卷　(清)傅恒等撰　清同治十二年(1873)味經書院刻本　八冊

360000－1901－0040985　411425
御纂周易述義十卷　(清)傅恒等撰　清同治十二年(1873)味經書院刻本　六冊

360000－1901－0040986　402611－3
御纂周易折中二十二卷首一卷　(清)李光地等撰　清道光刻本　五冊　存十卷(三至十、十九至二十)

360000－1901－0040987　160597
御纂周易折中二十二卷首一卷　(清)李光地等撰　清光緒湖北崇文書局刻本　十二冊

360000－1901－0040988　402713
御纂周易折中二十二卷首一卷　(清)李光地等撰　清光緒十四年(1888)上海鴻文書局石印御纂七經本　二冊

360000－1901－0040989　603366
御纂周易折中二十二卷首一卷　(清)李光地等撰　清康熙五十四年(1715)刻本　十冊

360000－1901－0040990　603377
御纂周易折中二十二卷首一卷　(清)李光地等撰　清康熙五十四年(1715)刻本　十六冊

360000－1901－0040991　210038
御纂周易折中二十二卷首一卷　(清)李光地等撰　清康熙五十四年(1715)内府刻御纂七經本　十冊

360000－1901－0040992　402599－1
御纂周易折中二十二卷首一卷　(清)李光地等撰　清康熙五十四年(1715)内府刻御纂七經本　十冊

360000－1901－0040993　402604－1
御纂周易折中二十二卷首一卷　(清)李光地等撰　清康熙五十四年(1715)内府刻御纂七經本　八冊　存十九卷(一至四、九至二十二,首一卷)

360000－1901－0040994　402608
御纂周易折中二十二卷首一卷　(清)李光地等撰　清康熙五十四年(1715)内府刻御纂七經本　十冊　存二十卷(三至二十二)

360000－1901－0040995　603365
御纂周易折中二十二卷首一卷　(清)李光地等撰　清康熙五十四年(1715)内府刻御纂七經本　十冊

360000－1901－0040996　160599
御纂周易折中二十二卷首一卷　(清)李光地等撰　清刻本　十六冊

360000－1901－0040997　402608－1
御纂周易折中二十二卷首一卷　(清)李光地等撰　清刻本　六冊　存十一卷(七至八、十一至十二、十六至二十二)

360000－1901－0040998　402613
御纂周易折中二十二卷首一卷　(清)李光地等撰　清刻本　四冊　存十卷(六至十五)

360000－1901－0040999　402613－1
御纂周易折中二十二卷首一卷　(清)李光地等撰　清刻本　三冊　存五卷(五至八、十一)

360000－1901－0041000　402613－2

御纂周易折中二十二卷首一卷　(清)李光地等撰　清刻本　七册　存十四卷(五至十一、十三至十七、二十一至二十二)

360000－1901－0041001　402617－10
御纂周易折中二十二卷首一卷　(清)李光地等撰　清刻本　四册　存十二卷(五至六、十二至十九、二十一至二十二)

360000－1901－0041002　402617－11
御纂周易折中二十二卷首一卷　(清)李光地等撰　清刻本　三册　存四卷(八、十二、十六至十七)

360000－1901－0041003　402617－12
御纂周易折中二十二卷首一卷　(清)李光地等撰　清刻本　一册　存一卷(十二)

360000－1901－0041004　603368
御纂周易折中二十二卷首一卷　(清)李光地等撰　清刻本　八册

360000－1901－0041005　603370
御纂周易折中二十二卷首一卷　(清)李光地等撰　清刻本　五册　存十卷(一至十)

360000－1901－0041006　603372
御纂周易折中二十二卷首一卷　(清)李光地等撰　清刻本　十册

360000－1901－0041007　603374－1
御纂周易折中二十二卷首一卷　(清)李光地等撰　清刻本　十册　存二十卷(一至二、五至二十二)

360000－1901－0041008　603378
御纂周易折中二十二卷首一卷　(清)李光地等撰　清刻本　十二册

360000－1901－0041009　160600
御纂周易折中二十二卷首一卷　(清)李光地等撰　清四川尊經閣刻本　十四册

360000－1901－0041010　603374
御纂周易折中二十二卷首一卷　(清)李光地等撰　清同治十一年(1872)江西書局刻御纂七經本　十册　存十九卷(一至十八、首一卷)

360000－1901－0041011　160598
御纂周易折中二十二卷首一卷　(清)李光地等撰　清同治十年(1871)湖北崇文書局刻本　十二册

360000－1901－0041012　603367
御纂周易折中二十二卷首一卷　(清)李光地等撰　清同治十年(1871)湖北崇文書局刻本　十二册

360000－1901－0041013　603371
御纂周易折中二十二卷首一卷　(清)李光地等撰　清同治十一年(1872)江西書局刻御纂七經本　十二册

360000－1901－0041014　603376
御纂周易折中二十二卷首一卷　(清)李光地等撰　清同治十一年(1872)江西書局刻御纂七經本　十二册

360000－1901－0041015　120582
御纂朱子全書六十六卷　(宋)朱熹撰　(清)李光地等輯　清光緒江西書局刻本　四十册

360000－1901－0041016　120583
御纂朱子全書六十六卷　(宋)朱熹撰　(清)李光地等輯　清光緒江西書局刻本　四十册

360000－1901－0041017　123269
御纂朱子全書六十六卷　(宋)朱熹撰　(清)李光地等輯　清光緒江西書局刻本　四十册

360000－1901－0041018　123270
御纂朱子全書六十六卷　(宋)朱熹撰　(清)李光地等輯　清光緒江西書局刻本　四十册

360000－1901－0041019　120584
御纂朱子全書六十六卷　(宋)朱熹撰　(清)李光地等輯　清同治八年(1869)成都書局刻本　三十二册

360000－1901－0041020　123268
御纂朱子全書六十六卷　(宋)朱熹撰　(清)李光地等輯　清同治八年(1869)成都書局刻本　二十八册

360000－1901－0041021　163530
寓鶴山房詩存六卷　(清)詹振甲撰　**三生堂詩鈔三卷**　(清)邱卷珠　(清)張繡珠　(清)張喜珠撰　清道光四年(1824)三生堂刻本　二冊

360000－1901－0041022　240713
寓林集三十二卷詩集六卷　(明)黄汝亨撰　明天啓四年(1624)吳敬、吳芝等刻本　九冊　缺十八卷(四至八、二十至三十二)

360000－1901－0041023　800849
寓意草一卷　(清)喻昌撰　明崇禎十六年(1643)刻本　一冊

360000－1901－0041024　121610
寓意草一卷　(清)喻昌撰　清刻本　一冊

360000－1901－0041025　800847
寓意草一卷　(清)喻昌撰　清刻本　一冊

360000－1901－0041026　800848
寓意草一卷　(清)喻昌撰　清刻本　一冊

360000－1901－0041027　902013
寓意草一卷　(清)喻昌撰　清刻本　一冊

360000－1901－0041028　121609
寓意草一卷　(清)喻昌撰　清兩儀堂刻本　二冊

360000－1901－0041029　230288
寓意草一卷　(清)喻昌撰　清乾隆二十八年(1763)嵩秀堂刻喻氏醫書三種本　二冊

360000－1901－0041030　800851
寓意草一卷會講溫證語錄一卷　(清)喻昌撰　清乾隆七年(1742)刻本　一冊

360000－1901－0041031　121611
寓意草注釋四卷　(清)喻昌撰　(清)謝甘澍注釋　清光緒六年(1880)刻本　四冊

360000－1901－0041032　121612
寓意草注釋四卷　(清)喻昌撰　(清)謝甘澍注釋　清光緒六年(1880)刻本　四冊

360000－1901－0041033　722398
寓真軒詩鈔十二卷　(清)蔡希邠撰　清光緒二十年(1894)太平思順道署刻本　四冊　存七卷(六至十二)

360000－1901－0041034　121608
寓真軒詩鈔十二卷　(清)蔡希邠撰　清光緒十九年(1893)刻本　六冊

360000－1901－0041035　302238
裕昆要錄一卷　(清)陳延益輯　清光緒刻本　一冊

360000－1901－0041036　302239
裕昆要錄一卷　(清)陳延益輯　清光緒刻本　一冊

360000－1901－0041037　416700
裕昆要錄一卷　(清)陳延益輯　清光緒十一年(1885)刻民國十五年(1926)黄嗣艾印本　一冊

360000－1901－0041038　160954
愈妄闕齋所著書十四卷　(清)汪大鈞撰　清光緒十九年(1893)錢塘汪氏刻本　一冊

360000－1901－0041039　313874
愈愚錄六卷　(清)劉寶楠撰　清光緒十五年(1889)廣雅書局刻本　二冊

360000－1901－0041040　413207
愈愚錄六卷　(清)劉寶楠撰　清光緒十五年(1889)廣雅書局刻本　二冊

360000－1901－0041041　802131
毓甫草存不分卷　(清)□□輯　清抄本　一冊

360000－1901－0041042　230261
毓麟芝室痘疹玉髓摘要二卷　(明)萬全編　明萬曆三十八年(1610)刻清康熙二十六年(1687)重修痘疹全書本　一冊

360000－1901－0041043　110799
豫乘識小錄二卷　(清)朱雲錦撰　清同治十二年(1873)文耀齋刻本　二冊

360000－1901－0041044　161951
豫軍紀略十二卷　(清)尹耕雲等撰　清光緒

三年(1877)上海申報館鉛印本　六冊

360000－1901－0041045　161952
豫軍紀略十二卷　(清)尹耕雲等撰　清光緒三年(1877)上海申報館鉛印本　六冊

360000－1901－0041046　900576
豫省倉儲徵信錄一卷　(清)□□輯　清光緒刻本　一冊

360000－1901－0041047　900577
豫省倉儲徵信錄一卷　(清)□□輯　清光緒刻本　一冊

360000－1901－0041048　802742
豫游吟草一卷　(清)瓶華齋主人撰　稿本　一冊

360000－1901－0041049　404867
豫園賦鈔不分卷　(清)章第榮編　清道光二十三年(1843)刻本　四冊

360000－1901－0041050　407233－1
臨證指南醫案十卷　(清)葉桂撰　(清)徐大椿評　清刻本　五冊　存五卷(六至十)

360000－1901－0041051　150560
豫章叢書　(清)陶福履輯　清光緒十九年至二十一年(1893－1895)新建陶氏刻本　十五冊　存二十種

360000－1901－0041052　150560－1
豫章叢書　(清)陶福履輯　清光緒十九年至二十一年(1893－1895)新建陶氏刻本　一冊　存三種

360000－1901－0041053　150561
豫章叢書　(清)陶福履輯　清光緒十九年至二十一年(1893－1895)新建陶氏刻本　六冊　存十二種

360000－1901－0041054　150562
豫章叢書　(清)陶福履輯　清光緒十九年至二十一年(1893－1895)新建陶氏刻本　十二冊　存十二種

360000－1901－0041055　600345
豫章叢書　(清)陶福履輯　清光緒十九年至二十一年(1893－1895)新建陶氏刻本　四冊　存九種

360000－1901－0041056　421729
豫章法政公學講習科講義錄第一期□□號　(清)豫章法政公學輯　清宣統二年至三年(1910－1911)江新印刷所鉛印本　四冊　存四號(一、三至五)

360000－1901－0041057　421730
豫章法政公學講習科講義錄第一期□□號　(清)豫章法政公學輯　清宣統二年至三年(1910－1911)江新印刷所鉛印本　三冊　存三號(一、四至五)

360000－1901－0041058　718060
豫章風水說一卷　(清)應瑞寀撰　清咸豐五年(1855)刻本　一冊

360000－1901－0041059　122390
豫章閨秀詩鈔四卷　(清)蔡壽祺輯　(清)魯世保編　清同治十三年(1874)刻本　四冊

360000－1901－0041060　240310
豫章黃先生文集三十卷外集十四卷別集二十卷簡尺二卷詞一卷　(宋)黃庭堅撰　**伐檀集二卷**　(宋)黃庶撰　**山谷先生年譜三十卷**　(宋)黃罃撰　明弘治葉天爵刻嘉靖六年(1527)喬遷、余載仕重修本　三十二冊

360000－1901－0041061　240311
豫章黃先生文集三十卷外集十四卷別集二十卷簡尺二卷詞一卷　(宋)黃庭堅撰　**伐檀集二卷**　(宋)黃庶撰　**山谷先生年譜三十卷**　(宋)黃罃撰　明弘治葉天爵刻嘉靖六年(1527)喬遷、余載仕重修本　二冊　存五卷(別集一至五)

360000－1901－0041062　240309
豫章黃先生文集三十卷外集十四卷別集二十卷簡尺二卷詞一卷　(宋)黃庭堅撰　**伐檀集二卷**　(宋)黃庶撰　**山谷先生年譜三十卷**　(宋)黃罃撰　明弘治葉天爵刻嘉靖六年(1527)喬遷、余載仕重修本(文集卷八至十二配清抄本)清葉德輝題跋　三十六冊

360000－1901－0041063　308119
豫章羅先生文集十六卷首一卷　(宋)羅從彦撰　清光緒二十三年(1897)奉新縣署刻本　四册

360000－1901－0041064　414948
豫章羅先生文集十六卷首一卷　(宋)羅從彦撰　清光緒二十三年(1897)奉新縣署刻本　四册

360000－1901－0041065　414949
豫章羅先生文集十六卷首一卷　(宋)羅從彦撰　清光緒二十三年(1897)奉新縣署刻本　四册

360000－1901－0041066　414950
豫章羅先生文集十六卷首一卷　(宋)羅從彦撰　清光緒二十三年(1897)奉新縣署刻本　四册

360000－1901－0041067　414951
豫章羅先生文集十六卷首一卷　(宋)羅從彦撰　清光緒二十三年(1897)奉新縣署刻本　二册　存七卷(一至六、首一卷)

360000－1901－0041068　414951－1
豫章羅先生文集十六卷首一卷　(宋)羅從彦撰　清光緒二十三年(1897)奉新縣署刻本　二册　存七卷(一至六、首一卷)

360000－1901－0041069　414951－2
豫章羅先生文集十六卷首一卷　(宋)羅從彦撰　清光緒二十三年(1897)奉新縣署刻本　一册　存三卷(三至五)

360000－1901－0041070　308145
豫章羅先生文集十六卷首一卷　(宋)羅從彦撰　清刻本　一册　存六卷(十一至十六)

360000－1901－0041071　240338
豫章羅先生文集十七卷　(宋)羅從彦撰　**年譜一卷**　(元)曹道振撰　明正德十二年(1517)姜文魁刻隆慶五年(1571)羅文明重修本　清帥石生跋　四册

360000－1901－0041072　308343
豫章羅先生文集十七卷首一卷　(宋)羅從彦撰　清光緒二十六年(1900)奉新帥之憲綠滿窗刻本　五册　存十六卷(一至四、七至十七,首一卷)

360000－1901－0041073　414952
豫章羅先生文集十七卷首一卷　(宋)羅從彦撰　清光緒二十六年(1900)奉新帥之憲綠滿窗刻本　三册　存七卷(一至六、首一卷)

360000－1901－0041074　414953
豫章羅先生文集十七卷首一卷　(宋)羅從彦撰　清光緒二十六年(1900)奉新帥之憲綠滿窗刻本　三册　存七卷(一至六、首一卷)

360000－1901－0041075　414954
豫章羅先生文集十七卷首一卷　(宋)羅從彦撰　清光緒二十六年(1900)奉新帥之憲綠滿窗刻本　三册　存七卷(一至六、首一卷)

360000－1901－0041076　414955
豫章羅先生文集十七卷首一卷　(宋)羅從彦撰　清光緒二十六年(1900)奉新帥之憲綠滿窗刻本　二册　存四卷(三至六)

360000－1901－0041077　414955－1
豫章羅先生文集十七卷首一卷　(宋)羅從彦撰　清光緒二十六年(1900)奉新帥之憲綠滿窗刻本　二册　存四卷(三至六)

360000－1901－0041078　414955－2
豫章羅先生文集十七卷首一卷　(宋)羅從彦撰　清光緒二十六年(1900)奉新帥之憲綠滿窗刻本　二册　存四卷(三至六)

360000－1901－0041079　414955－3
豫章羅先生文集十七卷首一卷　(宋)羅從彦撰　清光緒二十六年(1900)奉新帥之憲綠滿窗刻本　二册　存四卷(三至六)

360000－1901－0041080　414955－4
豫章羅先生文集十七卷首一卷　(宋)羅從彦撰　清光緒二十六年(1900)奉新帥之憲綠滿窗刻本　一册　存二卷(五至六)

360000－1901－0041081　414955－5

豫章羅先生文集十七卷首一卷 （宋）羅從彥撰 清光緒二十六年（1900）奉新帥之憲綠滿窗刻本 一冊 存二卷（五至六）

360000－1901－0041082 414955－6
豫章羅先生文集十七卷首一卷 （宋）羅從彥撰 清光緒二十六年（1900）奉新帥之憲綠滿窗刻本 一冊 存二卷（五至六）

360000－1901－0041083 241535
豫章詩話六卷 （明）郭子章撰 民國抄本（豫章叢書底本） 四冊

360000－1901－0041084 241534
豫章詩話六卷 （明）郭子章撰 明萬曆三十年（1602）吳獻臺刻本 二冊

360000－1901－0041085 122378
豫章十代文獻略五十卷首一卷 （清）王謨撰 清乾隆三十九年（1774）刻本 十六冊

360000－1901－0041086 220349
豫章十代文獻略五十卷首一卷 （清）王謨撰 清乾隆三十九年（1774）刻本 十六冊

360000－1901－0041087 220350
豫章十代文獻略五十卷首一卷 （清）王謨撰 清乾隆三十九年（1774）刻本 十六冊

360000－1901－0041088 409932
豫章十代文獻略五十卷首一卷 （清）王謨撰 清乾隆三十九年（1774）刻本 三冊 存十二卷（十二至十六、三十八至四十、四十二至四十五）

360000－1901－0041089 601738
豫章十代文獻略五十卷首一卷 （清）王謨撰 清乾隆三十九年（1774）刻本 十九冊 存五十卷（豫章十代文獻略五十卷）

360000－1901－0041090 601739
豫章十代文獻略五十卷首一卷 （清）王謨撰 清乾隆三十九年（1774）刻本 十四冊

360000－1901－0041091 220351
豫章十代文獻略五十卷首一卷 （清）王謨撰 清乾隆三十九年（1774）刻五十三年（1788）重修本 二十冊

360000－1901－0041092 122388
豫章書院大題文抄不分卷 （清）張鶴齡輯 清光緒十四年（1888）刻本 六冊

360000－1901－0041093 210348
豫章書院四書講習錄十二卷 （清）陶成撰 清雍正三年（1725）吾廬刻本 二冊

360000－1901－0041094 122385
豫章先賢九家年譜 （清）楊希閔撰 清光緒四年（1878）刻本 十二冊

360000－1901－0041095 122386
豫章先賢九家年譜 （清）楊希閔撰 清光緒四年（1878）刻本 十冊

360000－1901－0041096 122387
豫章先賢九家年譜 （清）楊希閔撰 清光緒四年（1878）刻本 五冊 存五種

360000－1901－0041097 410147
豫章法政專門學校講義不分卷 （清）豫章法政專門學校編 清宣統摛華刷印所鉛印本 六冊

360000－1901－0041098 416751
諭兒書一卷 （清）吳汝綸撰 清末鉛印本 一冊

360000－1901－0041099 304742
諭摺彙存不分卷 （清）□□編 清末鉛印本 七十六冊

360000－1901－0041100 304742－1
諭摺彙存不分卷 （清）□□編 清末鉛印本 七冊

360000－1901－0041101 304742－2
諭摺彙存不分卷 （清）□□編 清末鉛印本 六冊

360000－1901－0041102 304743
諭摺彙存不分卷 （清）□□編 清末鉛印本 五十六冊

360000－1901－0041103 304744

諭摺彙存不分卷 （清）□□編 清末鉛印本 七十四册

360000－1901－0041104 304745

諭摺彙存不分卷 （清）□□編 清末鉛印本 五十四册